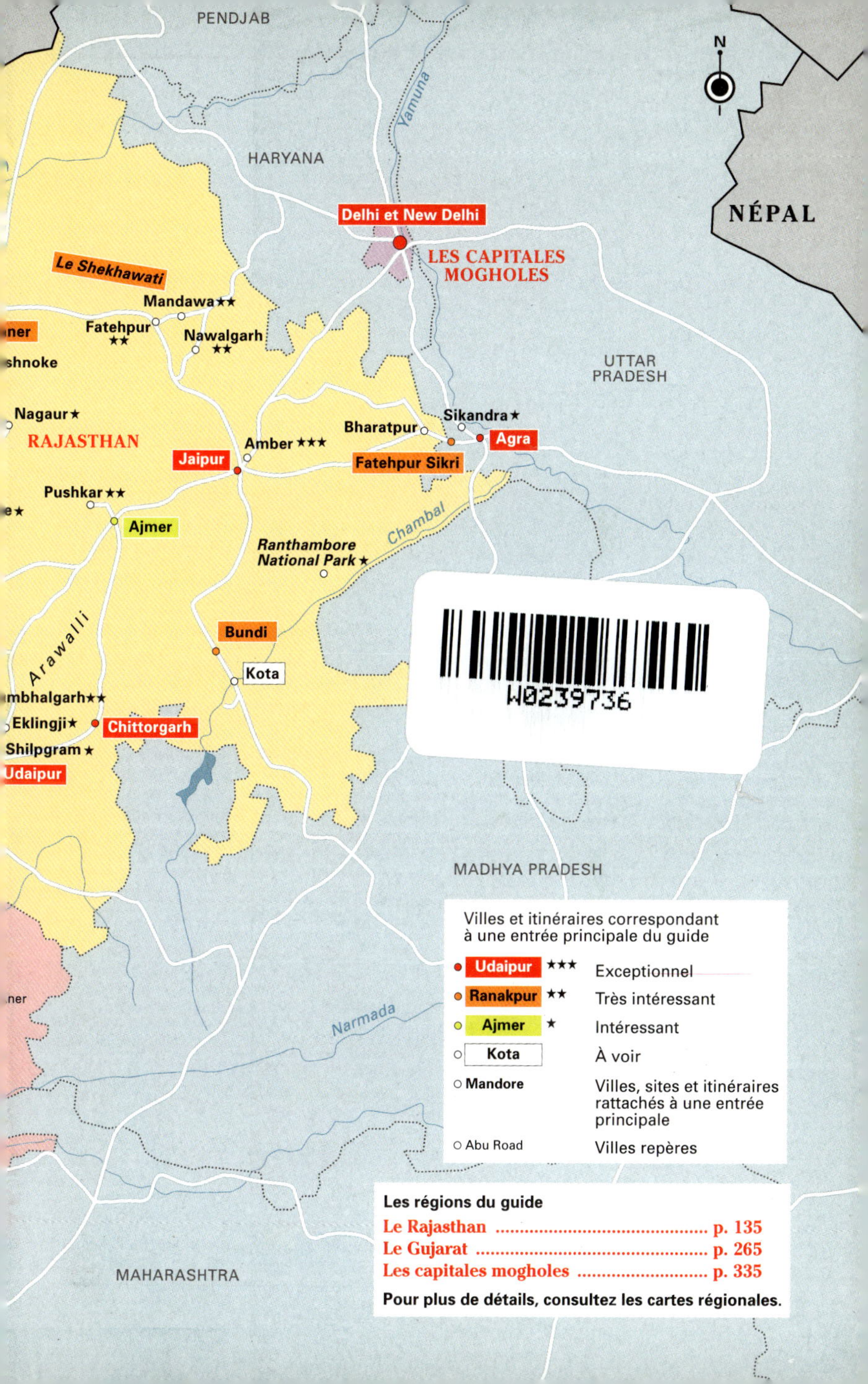
PENDJAB
HARYANA
Yamuna
NÉPAL
Delhi et New Delhi
LES CAPITALES MOGHOLES
Le Shekhawati
Mandawa★★
Fatehpur ★★
Nawalgarh ★★
UTTAR PRADESH
Nagaur★
RAJASTHAN
Sikandra★
Bharatpur
Agra
Amber ★★★
Jaipur
Fatehpur Sikri
Pushkar★★
Ajmer
Chambal
Ranthambore National Park★
Bundi
Arawalli
Kota
Eklingji★
Chittorgarh
Shilpgram★
Udaipur
MADHYA PRADESH
Villes et itinéraires correspondant à une entrée principale du guide
Udaipur ★★★ Exceptionnel
Ranakpur ★★ Très intéressant
Ajmer ★ Intéressant
Kota À voir
Mandore Villes, sites et itinéraires rattachés à une entrée principale
Abu Road Villes repères
Narmada
MAHARASHTRA
Les régions du guide
Le Rajasthan .... p. 135
Le Gujarat .... p. 265
Les capitales mogholes .... p. 335
Pour plus de détails, consultez les cartes régionales.

Rajasthan
Gujarat

Agra, Delhi et Fatehpur Sikri

GUIDES BLEUS

Direction :	Nathalie Pujo
Responsable de collection :	Béatrice Hemsen-Vigouroux
Introductions :	Jacques Pouchepadass, Amina Taha Hussein-Okada, Ysé Tardan-Masquelier, Max-Jean Zins
Rédaction générale :	Serge Bathendier, Dominique-Sila Khan ; avec la collaboration de Pierre Amado, Floriane Charron, Cécile Collette
Édition :	Joël Ambroggi, Christian Duponchelle
Avec la collaboration de :	Nicolas Durieu
Lecture-correction :	Émeline Guibert, Michel Mazoyer
Cartographie :	Frédéric Clémençon, Aurélie Huot, Dario Ingiusto
Mise en pages :	Étienne Hénocq
Couverture :	François Supiot (conception), Susan Pak Poy (réalisation)
Fabrication :	Nathalie Lautout, Caroline Le Page
Informatique éditoriale :	Lionel Barth

Crédit photographique : **Age Fotostock** : **ARCO / R. Kiedrowski** p. 233 ; **Walter Bibikow** p. 218 ; **Anders Blomqvist** p. 176 ; **Tibor Bognar** p. 259 ; **Christophe Boisvieux** p. 106 ; **Egon Bömsch** p. 146 ; **Marco Cristofori** p. 359 ; **Ian Cumming** p. 52 ; **Dinodia** p. 61, 86, 91, 96, 107, 131, 167, 169 dr., 177 bas, 294, 314, 325, 328, 336, 377 bas ; **Ben Edwards** p. 66 ; **Ephotocorp** p. 125 bas ; **Michele Falzone** p. 104 ht ; **FLPA / Neil Bowman** p. 305 ; **Robert Harding Produc** p. 99 ; **John Henry / Claude Wil** p. 293, 299 ht, 316, 334 ; **Mel Longhurst** p. 153, 171 ; **Raffaele Meucci** p. 355, 369 ; **P. Narayan** p. 121 bas, 199 ; **Photoshot** p. 389 ; **José Fuste Raga** p. 125 ht, 337 ; **Boaz Rottem** p. 38 ; **Vittorio Sciosia** p. 258 ; **John Sones** p. 250 ; **Luca Tettoni** p. 101 ; **Brent Winebrenner** p. 158, 244 • **BPK, Berlin, dist. RMN** : **Dietmar Katz** p. 124 • **Floriane Charron** : p. 30, 48, 54, 224, 264, 296, 304, 307, 308, 331, 333 • **hemis.fr** : **Jon Arnold** p. 120 ; **Christophe Boisvieux** p. 269, 271 ht g. ; **Marc Dozier** p. 140 ; **Patrick Frilet** p. 227 ; **Bruno Perousse** p. 271 bas ; **Jean-Baptiste Rabouan** p. 268, 298, 299 bas, 376 • **Leemage** : **Aisa** p. 254 ; **British Library** p. 177 ht ; **Cuboimages** p. 121 ht ; **Fototeca** p. 80 ; **Grapheast** p 104 bas ; **Heritage Images** p. 88, 89, 92, 114, 119 • **René Mattès** : p. 8, 18, 32, 35, 36, 43, 45, 71 ht, 85 ht, 123, 132, 134, 138 g. et dr., 139, 141 ht et bas, 148 ht et bas, 149, 150, 154, 161, 162, 168, 169 g., 174, 178, 184, 187, 190, 193, 194, 195, 205, 208, 209, 210, 212, 219, 220, 221, 225 ht dr., g. et bas, 230, 237, 238, 245 ht et bas, 247, 249, 255 ht, 257, 260, 263, 270, 273, 277, 279, 286, 289, 290, 318, 320, 343, 345, 347, 348, 352, 366, 368, 374, 378, 383, 384, 387, 390, 392 • **Musée de l'Armée, Paris, dist. RMN** : **Jean-Yves et Nicolas Dubois** p. 84 • **Musée Guimet, Paris** : **Aurélie Samuel** p. 108 ht • **Photothèque Hachette** : p. 90 ht et bas, 282 dr. et g., 283 • **RMN** : **Richard Lambert** p. 108 bas ; **Thierry Le Mage** p. 82 ; **Hervé Lewandowski** p. 109 • **Shutterstock** : **AJP** p. 71 bas ; **Jaimie Duplass** p. 70 bas ; **Highviews** p. 70 ht ; **Asit Jain** p. 105 ; **Kshishtof** p. 126 dr. ; **Ostill** p. 126 g. ; **RCH** p. 110 ; **Dmitry Rukhlenko** p. 255 bas dr. et g. ; **urosr** p. 64 • **Wikimedia Commons** : **José Cruz (Abr)** p. 76 ; **DhJ** p. 117 ; **Antonio Milena (Abr)** p. 73 ; **Notnarayan** p. 377 ht ; **Varun Shiv Kapur** p. 271 ht dr. ; **sirf.mein** p. 58 ; **World Economic Forum / Prabhas Roy** p. 69 ; DR, publié dans l'*Illustrated London News*, 1876, p. 85 bas.

Conformément à une jurisprudence constante (Toulouse, 14.01.1987), les erreurs ou omissions involontaires qui auraient pu subsister dans ce guide, malgré nos soins et les contrôles de l'équipe de rédaction, ne sauraient engager la responsabilité de l'Éditeur.

43, quai de Grenelle, 75015 Paris ; www.hachette.com ; www.guideshachette.com

À nos lecteurs

Aussi scrupuleusement établi soit-il, ce guide n'est pas à l'abri des modifications de dernières minutes, d'erreurs ou d'omissions. Ne manquez pas de nous faire part de vos remarques par courrier (43, quai de Grenelle, 75905 Paris Cedex 15) ou par e-mail (bleus@hachette-livre.fr). Informez-nous aussi de vos découvertes personnelles : nous accordons la plus grande attention au courrier de nos lecteurs.

Sommaire

Découvrir

Partir

Séjourner

Comprendre

Visiter

Classification des sites, monuments, musées...

★★★	**Exceptionnel**
★★	**Très intéressant**
★	**Intéressant**

Autres symboles

→	voir, se reporter à
i	info touristique
♥	coup de cœur de la rédaction
▶	début de détour
◀	fin de détour
h. pl.	hors plan
r.	dates de règne

Thémas

Pour aller plus loin, des sujets traités de façon approfondie en 2 pages largement illustrées

Cartes et plans

découvrir

partir

séjourner

comprendre

visiter

en savoir plus

Une présentation rapide des richesses touristiques du Gujarat et du Rajasthan

Découvrir

Les régions du guide

Le Rajasthan

Première destination touristique du pays, le Rajasthan évoque l'Inde des cartes postales : citadelles crânement perchées sur leurs collines, turbans et saris multicolores, bergers poussant leurs troupeaux à travers la steppe. Au-delà de ces images d'album, le Rajasthan recèle des trésors qu'un seul voyage ne peut épuiser : des étapes de charme à travers toute la région, une bigarrure de peuples et de tribus dont les traditions ne s'expriment jamais aussi bien que lors des nombreuses fêtes religieuses, qui se doublent parfois de foires agricoles comme celle de Pushkar, la plus connue. Ici, l'attachement aux valeurs ancestrales n'est pas une manifestation folklorique : c'est le signe d'une appartenance à l'une des nombreuses communautés qui peuplent la région.

Le Gujarat

Hormis l'exceptionnel site jaïn de Palitana, une ville de temples hissée sur une montagne, le Gujarat reste encore une région confidentielle pour les touristes étrangers. L'occasion d'une immersion dans le pays où l'on peut voyager durant des jours sans rencontrer la moindre concentration de touristes. Résultat : la possibilité de rapports humains véritables et de passionnantes rencontres. Le Gujarat, c'est un tissu serré de ports et de villes encerclées par le désert à l'intérieur du pays : autant d'étapes pour qui aime flâner dans les rues et les marchés. Pour les amoureux de la nature, rendez-vous au Parc national de Sasan Gir, dernier sanctuaire du lion d'Asie. Sans oublier l'hyperactive Ahmedabad, un des centres industriels majeurs du pays, mais aussi une ville très ancienne à l'exceptionnel patrimoine urbain.

Les capitales mogholes

Delhi, Fatehpur Sikri, Agra : le triangle d'or où les Grands Moghols déployèrent leurs fastes : mausolées gigantesques – le Taj Mahal d'Agra bien sûr mais aussi à Delhi le tombeau d'Humayun qui lui servit de modèle –, somptueux palais à l'intérieur des forts de Delhi et d'Agra, ou bien encore Fatehpur Sikri, la cité impériale rêvée par Akbar. Delhi, c'est avant tout la capitale de l'Union indienne : à ce titre, elle mérite mieux que la petite journée que lui concède la majorité des visiteurs. Après les visites des monuments et celle du Musée national, le temple de la civilisation indienne, il faut savoir se perdre dans les allées de Chandni Chowk, l'immense marché de la vieille ville ou flâner dans les *malls* de New Delhi, de grands centres commerciaux ultra-modernes à la rencontre des nouvelles classes moyennes indiennes.

◄ **Lycéennes en visite au tombeau d'Humayun à Delhi.**

Le Rajasthan et le Gujarat à la carte

■ Des forteresses imprenables

Elles sont l'image même de la fierté et de la bravoure rajputes : **Chittorgarh***** *(p. 172)*, forteresse naturelle dominant la plaine alentour ; **Jodhpur***** *(p. 217)*, fief des chevaliers Rathores ; **Jaigarh** *(p. 196)*, coffre-fort des princes qui y déposaient leur trésor ; **Jaisalmer***** *(p. 206)* et son rempart de 5 km hérissé de 99 bastions ; **Kumbhalgarh**** *(p. 239)*, dont les murailles serpentent sur les pentes des Arawalli ; **Bhuj*** *(p. 294)*, aux confins de l'Inde et du Pakistan ; le fort de **Junagadh**** *(p. 312)*, au pied du mont Girnar.

■ Des palais somptueux

Ils évoquent l'Inde des livres d'images : les belles façades d'**Udaipur***** *(p. 256)* surplombant son lac ; le château suspendu de **Bundi**** *(p. 160)* ou **Amber***** et son palais de miroirs *(p. 193)*. Dans chacun de ces palais resplendit encore le faste dont s'entouraient ces guerriers infatigables.

■ Les *haveli*

Dans le Marwar et le désert du Thar, le Saurashtra et la plaine du Gujarat, la prospère corporation des Baniyas a rivalisé avec ses seigneurs en se faisant bâtir de véritables petits palais. Balcons ouvragés toisant les ruelles de **Jaisalmer***** *(p. 208)*, façades de teck ciselé des *pol* d'**Ahmedabad**** *(p. 280)*. Dans le décor peint des *haveli* du **Shekhawati**** *(p. 240)*, les innovations du monde occidental - train, bicyclette ou automobile - se mêlent à la mythologie traditionnelle, voire à des scènes érotiques.

■ Des caravanes de chameaux

Depuis le Ier millénaire avant notre ère, le dromadaire est le véhicule du désert de Thar, des marais du Kutch et des steppes du Kathiawar. Dans les ballades des bardes du désert, il est la monture des princes et des marchands. À **Jaisalmer***** *(p. 201)*, les joueurs de *ravannatha* improvisent sur l'air du *gorbhand*, le harnais du dromadaire, orné de pompons de laine aux couleurs éclatantes et de petits miroirs. Lors des grandes foires de **Nagaur*** *(p. 227)* et **Pushkar**** *(p. 147)*, des milliers de bêtes sont amenées pour être vendues.

■ La ferveur populaire

Au Rajasthan, il y a autant de dieux que de légendes. On s'en convainc en visitant la galerie des Héros de **Mandore*** *(p. 223)*. Baba Ramdeo unit hindous et musulmans dans une même foi en son temple de **Ramdeora** *(p. 213)* ; la longue geste de Pabuji, preux rajput, est évoquée par les bardes bhopas, pour guérir les malades. La déesse s'est incarnée au pays des fils de rois, en la personne de Karni Mata, à qui on rend un culte au temple de **Deshnoke** *(p. 158)*, peuplé de centaines de rats sacrés qui courent allègrement entre les jambes des fidèles et des visiteurs.

■ Montagnes sacrées et dentelles de marbre des jaïns

Le Gujarat possède deux lieux de pèlerinage jaïns, tous deux perchés au sommet d'une montagne : **Palitana**** *(p. 317)* et le **mont Girnar**** *(p. 315)*. Au terme d'une longue ascension, on est récompensé par de superbes paysages et la riche parure sculptée des sanctuaires. Au Rajasthan, les dons des marchands jaïns ont permis d'offrir à leur communauté de magnifiques temples décorés à profusion : à **Ranakpur**** *(p. 237)*, blotti dans une région de collines ; au **mont Abu***** *(p. 231)* ; ou encore à l'intérieur du fort de **Jaisalmer***** *(p. 207)*.

Les noces de l'Inde et de l'islam

L'architecture musulmane du Gujarat est l'une des plus originales de l'Inde. Née de la commande des sultans et de leur cour, elle fut façonnée par le ciseau des maçons-sculpteurs hindous. Autant de lieux à découvrir : mosquées d'**Ahmedabad**** *(p. 277)*, prises dans les mailles des rues de la vieille ville, ou mausolées de **Sarkhej*** *(p. 285)*, édifiés autour d'un grand bassin.

La passion des étoffes

Au temps où Cambay était l'un des plus grands ports du monde, les convois chargés des soies précieuses de Chine renonçaient à la périlleuse traversée de l'Asie centrale pour suivre le cours de l'Indus jusqu'aux rives de la mer d'Oman. C'est là, après l'ultime épreuve de la traversée du désert de Thar, que l'on déroulait les ballots de soie brute pour rehausser de lumière couvertures et tentures murales. Les brocarts ou les « tissus de vent » du Gujarat étaient achetés à prix d'or par les cours royales d'Asie mineure ou d'Indonésie, ou celles, plus proches, des princes rajputs et des Grands Moghols. De Bhuj à Jaisalmer, des femmes, vêtues comme des princesses, perpétuent de leurs doigts de fée l'éclat des broderies d'antan. Outre des cotonnades bon marché, on trouve au Gujarat de somptueuses pièces comme les saris tissés de fils d'or, spécialité de Surat. Les villages des environs de Bhuj offrent l'occasion d'observer la dextérité des brodeuses ; la visite de **Patan** *(p. 289)* permet de s'initier au savant travail des saris *patola* ; à Ahmedabad, le **Calico Museum*** *(p. 281)* s'est consacré avec passion à l'art textile.

Des peintures murales aux miniatures

La miniature hindoue a trouvé ses accents les plus charmeurs au Rajasthan, qu'il s'agisse de représentations d'épisodes de la geste de Krishna ou de galantes scènes de cour. Peintes sur papier, soie, ivoire, mais aussi décorant les murs des palais et riches demeures, elles évoquent toujours un monde coloré et vivant, d'où le pittoresque n'est jamais absent. Ainsi, par exemple, un panneau mural du palais de **Bundi**** *(p. 160)* où l'on découvre la ville d'il y a deux siècles, corsetée de remparts, avec son bazar aux mille métiers ; ou encore les portraits des maîtres de **Kota** *(p. 165)* qui ornent un pavillon de leur ancien palais. Quant aux délicates miniatures proprement dites, il faut les découvrir dans les collections des palais, à **Jaipur***** et à **Kota**, ou à la galerie **Mehta** d'Ahmedabad *(p. 285)*.

Farniente sous les cocotiers ou méharée dans le désert

Le Gujarat compte quelques très belles plages pourvues d'hôtels ou de bungalows. Signalons surtout celles de l'île de **Diu*** et, sur le continent, celle du *Mandvi Beach Resort* à **Mandvi** *(p. 304)*. Quant au désert autour de **Jaisalmer***** *(p. 212)*, on le parcourt au pas d'un dromadaire au cours d'un safari de quelques jours ; plusieurs agents de voyages locaux organisent ce type de randonnée.

La terre du lion d'Asie et les amours du flamant rose

Plus petit que son cousin africain, le lion d'Asie prospère aujourd'hui dans la réserve de **Sasan Gir**** *(p. 323)*. Le **Petit Rann de Kutch**** *(p. 305)* est aussi une terre d'élection pour l'onagre, ou âne sauvage, autre espèce menacée. Au Rajasthan, on retiendra essentiellement le **Keoladeo Ghana National Park*** *(p. 388)* pour ses oiseaux et le **Ranthambore National Park*** *(p. 167)* pour ses tigres, deux des plus célèbres réserves de l'Inde.

Propositions de circuits

Le **Rajasthan**, grâce à son réseau routier globalement correct et surtout à d'importantes possibilités de logement à travers tout l'État, dans les villes et les villages, peut à lui seul faire l'objet d'un voyage.

Le **Gujarat** dispose d'un des meilleurs réseaux aériens du pays et de nombreux aéroports. Il est donc facile de concevoir un itinéraire exclusivement consacré à cet État en gagnant directement l'un de ses nombreux ports d'entrée depuis Bombay. Les distances pourront vous paraître importantes, mais, dans l'ensemble, les routes du Gujarat sont assez bonnes et permettent d'atteindre des moyennes d'env. 60 km/h.

1 Au pays des rois (Rajasthan ; *20 jours, environ 2 700 km*)

Un circuit de 20 jours qui prend en compte les sites incontournables du Rajasthan, avec des suggestions pour varier les étapes et les plaisirs.

1er-2e jours : le **Shekhawati★★** *(p. 240)*. Venant de Delhi, vous entrerez au Rajasthan par cette région de demeures de marchands, peintes de sujets naïfs. Vous pourrez loger agréablement dans l'un des nombreux palais de la région aménagés en hôtel.

3e jour : depuis **Fatehpur★★** *(267 km ; p. 246)*, la route vers l'O. est excellente. Départ matinal pour rouler « à la fraîche » jusqu'à **Bikaner★★** *(166 km ; p. 151)* : de hautes et austères murailles rouge sombre y protègent un décor foisonnant de miroirs, lambris et peintures sortis du désert comme par magie. En fin d'après-midi, excursion au très étrange temple au Rats de **Deshnoke** *(p. 158)*.

4e-5e jours : la belle route du désert conduit ensuite à **Jaisalmer★★★** *(333 km ; p. 201)*, impressionnante cité caravanière corsetée dans sa muraille. En chemin, haltes à **Gajner** *(p. 158)*, paisible lieu de pèlerinage au bord d'un lac, au curieux temple de **Ramdeora** *(p. 213)* et à **Pokaran★** *(p. 213)*, autre ville caravanière perdue dans le désert. Pour visiter Jaisalmer, prévoyez une deuxième nuit sur place. Une journée vous mènera successivement au **lac de Gadhisar★** *(p. 211)*, bordé de *ghat* couverts de minuscules temples et de *chhattri*, et où se trouve un intéressant musée d'ethnographie régionale, puis à la **citadelle★★★** *(p. 206)* avec son fort et ses temples jaïns. Au coucher du soleil, vision splendide des cénotaphes des souverains.

6e-7e jours : rejoindre ensuite **Jodhpur★★★** *(301 km ; p. 214)*. Si vous empruntez la route, ne manquez pas le détour par **Osiyan★** *(p. 223)* et ses vestiges de temples hindous ou jaïns des VIIIe et XIe s. ; ou encore **Mandore★**, ses *chhattri* de grès rose élevés dans un luxuriant jardin et son étonnante galerie rupestre des héros et des dieux. Visite de la ville bleue, de ses bazars et du **fort de Mehrangarh★★★** *(p. 217)*, édifié en 1459, qui servit jusqu'au début du siècle de résidence aux maharajas du Marwar. Même sans y loger, allez donc prendre un rafraîchissement à l'**Umaid Bhawan★** *(p. 222)*, un palais de maharaja en partie transformé en hôtel.

8e-9e jours : le **mont Abu★★★** *(237 km ; p. 229)*. Une journée complète est nécessaire pour visiter l'ensemble des temples jaïns du Delwara et flâner autour du lac qui fait la joie des Gujaratis en villégiature.

10e jour : il faudra ensuite 6 h par des petites routes pour rejoindre **Udaipur★★★** *(169 km)*.

11e-12e jours : deux jours de détente à **Udaipur***** *(p. 251)*, sur les bords du lac Pichola : une journée pour visiter le **City Palace***** *(p. 256)*, la **vieille ville** *(p. 260)* et ses jardins, l'autre pour entreprendre une excursion à **Ranakpur**** *(97 km ; p. 236)* où vous verrez, dans un repli des monts Arawalli, l'un des plus beaux temples jaïns de l'Inde.

13e jour : route pour **Bundi**** *(354 km)* ; à mi-chemin, une visite exceptionnelle, celle du fort de **Chittorgarh***** *(164 km ; p. 172)*, un des hauts lieux de la geste héroïque des Rajputs. Arrivée à Bundi dans la soirée.

14e jour : **Bundi**** *(p. 159)*. Partez le matin visiter la ville voisine de **Kota** *(41 km ; p. 165)* et gardez l'après-midi pour flâner dans les rues de Bundi et s'imprégner de son atmosphère ; visite du palais et de ses magnifiques fresques, chefs-d'œuvre de l'école de Bundi.

15e jour : on peut gagner directement **Jaipur***** *(212 km)* ou faire une dernière halte à **Ajmer*** *(163 km de Bundi ; 138 km de Jaipur ; p. 142)* pour y voir son fort et surtout le mausolée musulman de la *dargah*. Nuit à Jaipur.

16e jour : **Jaipur***** *(p. 180)* fut l'ultime endroit où s'exerça le pouvoir rajput. L'ancienne capitale d'**Amber***** *(p. 192)* épouse les sommets d'une colline que l'on atteint à dos d'éléphant. Visite de Jaipur, ville rose élevée au XVIIIe s. pour répondre aux rêves d'urbanisme idéal de Jai Singh.

17e jour : en quittant **Jaipur*****, vous laisserez le Rajasthan pour les lieux de représentation et d'exercice du pouvoir des Grands Moghols qui, à bien des égards, voulurent surpasser la splendeur des cours rajputes. Sur la route d'Agra *(236 km)*, étape à **Fatehpur Sikri**** *(p. 379)*, l'impossible rêve de l'empereur Akbar.

18e jour : **Agra***** *(p. 338)* conjugue les puissantes murailles de son fort Rouge et les splendeurs de marbre blanc de l'architecture moghole. C'est à Agra également que vit pour l'éternité le souvenir d'une superbe histoire d'amour : le Taj Mahal. Nuit à Agra.

19e jour : fin de la visite d'Agra et départ pour **Delhi*** *(201 km)* via **Sikandra*** *(p. 354)* où la dépouille de l'empereur Akbar repose sous un mausolée gardé aujourd'hui par des singes. Nuit à Delhi.

20e jour : promenade dans l'ancienne et la nouvelle **Delhi*** *(p. 356)* : **fort Rouge**** *(p. 364)*, **Jama Masjid*** *(p. 366)*, la plus grande mosquée de

☞ CONSEIL
Si vous aimez le désert, profitez du séjour à Jaisalmer pour organiser une méharée de deux jours *(p. 213)*.

☞ CONSEIL
Pour aller de Jaisalmer à Jodhpur, vous pouvez aussi emprunter le train de nuit.
Si vous voyagez par la route et disposez d'un véhicule, il vous sera possible de faire étape au château de Khimsar, à env. 40 km au S.-O. de Nagaur *(p. 227)*, où se tient en février une importante foire aux chameaux. Enfin, plutôt que de loger dans la ville de Jodhpur, pourquoi ne pas choisir les petits palais-hôtels de Luni ou Rohet *(p. 223)*, qui raccourciront l'étape vers le mont Abu.

☞ CONSEIL
- **Passer deux nuits à Agra permet d'aller admirer les jeux de lumière au lever et au coucher du soleil sur le marbre poli du Taj Mahal.**
- **Le train *Shatabdi Express* est aussi un moyen rapide et confortable pour rejoindre Delhi depuis Agra.**

l'Inde, **Qutb Minar★★★** *(p. 375)* et **mausolée d'Humayun★★★** *(p. 374)*.

2 Un balcon sur l'Arabie (Gujarat ; *10 jours, environ 1 240 km*)

Un périple de dix jours à travers le Gujarat avec, en fin de programme et au départ d'Ahmedabad, des suggestions pour gagner le Rajasthan.

☞ CONSEIL
Prévoir deux nuits à Bhuj : vous disposerez ainsi du temps nécessaire pour obtenir le permis de visiter les zones sous contrôle *(restricted areas)*, près de la frontière pakistanaise. Attention ! Ne fixez pas ce séjour un week-end : vous trouveriez porte close auprès des services administratifs.

1er et 2e jours : **Bhuj★** *(p. 294)* que vous gagnerez par avion depuis Bombay.

3e jour : route pour **Rajkot** *(239 km ; p. 322)*, une ancienne capitale du **Saurashtra★★** *(p. 321)*, qui abrita avant l'indépendance le siège de l'administration britannique, et où subsistent quelques édifices du XIXe s.

4e-5e jours : **Rajkot-Junagadh** *(102 km ; p. 311)*. Départ matinal si vous souhaitez faire l'ascension du **mont Girnar★★** *(p. 315)*, important lieu de pèlerinage qui domine la ville. Nuit à Junagadh.

☞ CONSEIL
Vous pourrez prolonger le séjour à Junagadh pour aller visiter Jamnagar *(138 km ; p. 332)* ou Porbandar *(105 km ; p. 328)*.

6e jour : excursion dans la réserve de **Sasan Gir★★** *(58 km ; p. 323)* si la période est favorable (réserve fermée de mi-juin à mi-oct.) pour aller voir le lion d'Asie. Sinon, rejoignez directement **Diu★** *(124 km)* en passant par **Somnath**.

7e jour : de Sasan Gir, route pour **Diu★** *(99 km ; p. 306)*. En chemin, vous découvrirez le temple de **Somnath** *(p. 326)*, un des lieux les plus saints pour les hindous, avant d'arriver à Diu, où vous visiterez quelques églises du temps des Portugais, irez flâner à la criée au poisson et prolongerez le farniente autant qu'il vous plaira (dernière étape au bord de la mer).

8e jour : départ vers **Bhavnagar** *(200 km ; p. 320)*. En route, allez visiter le fantastique cimetière de bateaux d'**Alang** *(50 km au S. de Bhavnagar)*. Si vous n'êtes pas à cheval sur le confort, vous pouvez aussi continuer directement vers **Palitana★★** *(54 km de Bhavnagar ; p. 317)* et être à pied d'œuvre pour faire l'ascension de la colline sainte de Shatrunjaya le lendemain matin.

9e jour : **Bhavnagar-Ahmedabad★★**. Partez très tôt pour être dès l'aube au pied de la colline de **Palitana★★** *(54 km ; p. 317)*, qu'il vous faudra gravir en 2 h pendant qu'il fait encore frais (mais possibilité de monter en chaise à porteurs). En chemin vers Ahmedabad *(215 km)*, vous pourrez visiter le site archéologique de **Lothal** *(p. 287)* et l'ensemble architectural de **Sarkhej★** *(p. 285)* dans la banlieue d'Ahmedabad. Si vous souhaitez profiter du calme de la campagne, faites étape au palais d'**Utelia** *(7 km O. de Lothal ; p. 287)* pour la nuit.

10e jour : **Ahmedabad**** *(p. 272)*. Une journée permettra de visiter quelques-uns des témoins de l'architecture indo-musulmane gujaratie et, selon vos centres d'intérêts, au moins l'un des musées de la ville. Depuis Ahmedabad, vous pourrez poursuivre le voyage vers le Rajasthan *(distances depuis Ahmedabad)*.

D'Ahmedabad au Rajasthan

La route du N. vous conduira au temple du soleil de **Modhera**** *(96 km ; p. 288)* puis à **Patan** *(34 km N. ; p. 289)*, ancienne capitale des Solankis, avant de rejoindre le **mont Abu***** *(140 km N. ; p. 229)*.

Vous pourrez aussi, après la visite de Modhera, gagner **Udaipur***** *(276 km ; p. 251)*.

3 L'Inde des caravanes *(22 jours, environ 2 880 km)*

Une suggestion d'itinéraire pour combiner au mieux la visite des hauts lieux du Gujarat et du Rajasthan.

1er et 2e jours : **Bhuj*** *(p. 294)*.

3e jour : route vers le très écossais château de **Wankaner** *(203 km ; p. 334)*, aux portes du **Saurashtra**** *(p. 321)*.

4e jour : visite du château de Wankaner et du trésor de la famille royale, rattachée à l'illustre branche des Rajputs Rathores de Jodhpur. Traversée du Kathiawar pour rejoindre, en 7 h de route, **Bhavnagar** *(217 km ; p. 320)*.

5e jour : départ très matinal pour **Palitana**** *(54 km ; p. 317)*, avec à la clé une ascension de 3 500 marches (possibilité de monter en chaise à porteurs) mais aussi une vision sublime de la cité des temples jaïns. Déjeuner au pied de la colline et départ pour **Ahmedabad**** *(215 km)*, capitale du Gujarat. Perdu aujourd'hui dans les marais du Kathiawar, **Lothal** *(p. 287)* fut un grand port commerçant avec l'Euphrate au IIe millénaire avant notre ère : visite du site et du musée. À **Sarkhej*** *(p. 285)*, dans les faubourgs S. d'Ahmedabad, beaux exemples d'architecture indo-musulmane médiévale. Arrivée en début de soirée. Nuit à Ahmedabad.

6e jour : la vieille ville d'**Ahmedabad**** *(p. 277)* permet d'apprécier les talents de sculpteurs gujaratis des XVe-XVIe s. : **Jumma Masjid*** *(p. 278)*, mosquées de **Rani Sipri*** *(p. 280)* et de **Siddi Saiyad**** *(p. 277)*, où tout est orné d'une profusion végétale pétrifiée. Promenade dans les ruelles étroites des *pol*. L'après-midi sera consacré à un remarquable musée d'art textile : le **Calico Museum*** *(p. 281)*.

7e jour : journée d'excursion autour des textiles et de la sculpture du Gujarat, dans le N. d'Ahmedabad. Visite du temple de **Modhera**** *(96 km ; p. 288)*, bel exemple d'architecture rajpute. La cité de **Patan** *(34 km ; p. 289)* a préservé le plus beau des puits du Gujarat. Dans la vieille ville, certaines familles tissent toujours les *patola* ou l'*ikat* de soie.

8e jour : départ pour **Udaipur***** *(264 km)* et le Rajasthan. Arrivée dans la soirée.

9e jour : découverte d'**Udaipur***** *(p. 251)* et de ses environs. Sur les berges d'un lac artificiel, les 250 m de façade du **City Palace***** *(p. 256)* dissimulent un labyrinthe de salles au décor de rêve, ainsi qu'une collection de ces miniatures qui firent la réputation des peintres du Mewar. Après le déjeuner, excursion aux temples de **Nagda*** *(27 km ; p. 263)*, bâtis au Xe s. dans un cadre bucolique, ou d'**Eklingji*** *(25 km ; p. 263)*, dédiés au dieu protecteur de la dynastie du Mewar. Retour et nuit à Udaipur.

10e jour : départ pour **Kumbhalgarh**★★ *(103 km ; p. 238)* et sa formidable citadelle ; nuit sur place dans un splendide cadre naturel.

11e jour : départ pour le Marwar. À **Ranakpur**★★ *(7 km ; p. 236)*, les sculptures de marbre déclinent l'iconographie très intellectuelle du jaïnisme avec une grâce infinie. Nuit dans le palais-hôtel de **Rohet** *(133 km ; p. 223)*, au cœur du pays des Bishnoïs.

12e jour : découverte en jeep des environs de Rohet où la communauté des Bishnoïs donne une véritable leçon d'écologie. Après le déjeuner, départ pour **Jodhpur**★★★ *(43 km ; p. 214)*. Visite du **fort de Mehrangarh**★★★ *(p. 217)* et excursion à **Mandore**★ *(p. 222)*. Retour à Jodhpur pour voyager en train de nuit vers Jaisalmer.

13e jour : arrivée matinale pour une journée plus reposante de promenades à **Jaisalmer**★★★ *(265 km ; p. 201)*.

14e jour : départ et traversée du Marusthali pour **Ramdeora** *(p. 213)* et l'antique cité d'**Osiyan**★ *(239 km ; p. 223)*. Nuit au château de Khimsar.

15e jour : sur la route de Bikaner, visite de **Nagaur**★ *(110 km ; p. 227)*, que les musulmans disputèrent à plusieurs reprises aux souverains rajputs et du temple de **Deshnoke** *(p. 158)*. Nuit à Bikaner *(114 km)*.

16e jour : visite du fort de **Bikaner**★★ *(p. 151)* et départ pour le **Shekhawati**★★ *(p. 240)* en découvrant en route **Fatehpur**★★ *(p. 246)* et **Mandawa**★★ *(p. 247)*. Nuit au fort de **Dundlod** *(209 km)*.

17e jour : sur la route de Jaipur, visite des *haveli* de **Nawalgarh**★★ *(p. 243)*.

18e-22e jour : voir programme de l'itinéraire « Au Pays des rois » 16e-20e j.

découvrir

partir

séjourner

comprendre

visiter

en savoir plus

Pour préparer votre voyage

Partir

Adresses utiles

■ Délégations de l'Office national indien du tourisme

En France : 13, bd Haussmann, 75009 Paris ☎ 01-45-23-30-45 ; www.incredibleindia.org (en français).

Au Canada : 60, Bloor Street, West Suite 1003, Toronto, Ontario M4W 3B8 ☎ (416) 962-37-87 ou 88.

■ Services consulaires

En France : 20-22, rue Albéric-Magnard, 75016 Paris ☎ 01-40-50-71-71 ; www.amb-inde.fr ; attention, les visas sont délivrés par ***VF Services (UK) Limited***, 42-44, rue de Paradis, 75010 Paris ☎ 0892-23-03-58 ; www.vfs-in-fr.com *(→ p. 22)*.

En Belgique : chaussée de Vleurgat 217, B-1050 Bruxelles ☎ 02-640-91-40 ; www.indembassy.be ; service des visas ouv. lun.-ven. sf j. fériés 9 h 30-11 h 30 et 16 h 45-17 h 15.

En Suisse : 9-11, rue du Valais, 1202 Genève ☎ 022-906-86-76 ; ouv. lun.-ven. 9 h 15-12 h 15 ; www.indembassybern.ch

Au Canada : consulat général de l'Inde, 365 Bloor Street East, Toronto, Ontario M4W 3L4 ☎ (1-416) 960-07-51 ; www.cgitoronto.ca ; ouv. lun.-ven. 9 h-11 h 30 et 15 h-16 h.

Quand partir

La haute saison touristique s'étend des mois de nov. à mars. Le ciel y est toujours clair et les températures restent très clémentes, à l'instar d'un printemps européen. La journée, le thermomètre oscille entre 22 et 25 °C. Les nuits restent assez fraîches (3 à 4 °C au minimum au mois de nov.). Les pluies de la mousson arrosent le N. du sous-continent à partir du mois de juin et jusqu'au mois de sept. Ce n'est pas la saison où il est le plus facile d'entreprendre un voyage ; les inondations sont cause de multiples perturbations (vols retardés ou annulés, routes coupées). Ce n'est pourtant pas non plus la période la plus désagréable. Entre deux averses, la lumière est très belle sur les paysages détrempés et l'atmosphère est très gaie, si du moins les eaux nourricières sont tombées en quantité suffisante. C'est après les premières pluies de la mousson que la nature offre ses plus beaux aspects.

◄ **Une apparition magique dans les brumes de l'aube : le Taj Mahal.**

TÉLÉPHONER EN INDE
Pour téléphoner en Inde depuis la France, composez le 0091 suivi de l'indicatif de la ville sans le 0 initial, puis le n° de votre correspondant. À noter que le décalage horaire entre la France et l'Inde est de 4 h 30 en hiver et de 3 h 30 en été.

Le statut de l'anglais

La Constitution avait classé l'anglais dans les langues « officielles » pour une durée de 10 ans, mais ce délai a été « prolongé » pour un temps indéterminé. L'anglais est connu d'un assez grand nombre d'Indiens, particulièrement dans le Sud, et partout parmi les fonctionnaires. Cette langue est d'ailleurs très souvent utilisée dans l'enseignement supérieur. Il est fréquent que les Indiens de différents États conversent en anglais, l'hindi étant souvent tenu pour une langue encore plus étrangère que l'anglais, dont l'enseignement avait été rendu obligatoire à l'école secondaire dès 1835.

A NOTER
Le Sri Manika Vinayakar Alayam **(17, rue Pajol, 75018 Paris ☎ 01-40-34-21-89 ; www.templeganesh.fr), dédié à Ganesha, est le seul temple hindou de Paris (trois offices chaque jour à 10 h, 12 h et 19 h). Le temple est ouvert à tous à condition de se déchausser et de suivre les règles du lieu.**

La période qui va de la mi-avril à l'arrivée des pluies est à éviter ; il règne sur tout le pays une chaleur intolérable, tandis que le ciel est constamment bouché de nuages de poussière ocre.

Renseignements météo internationale, *Météo France* ☎ 32-50 ; www.meteo.fr • *Météo Consult* ☎ 32-01 ; www.meteoconsult.fr • *La Chaîne météo* ☎ 32-09 ; www.lachainemeteo.com

Se documenter

Librairies spécialisées

Éditions Kailash, 69, rue Saint-Jacques, 75005 Paris ☎ 01-43-29-52-52 ; www.kailasheditions.com ; ouv. mar-sam. 14 h-19 h.

Fenêtre sur l'Asie, 49, rue Gay-Lussac, 75005 Paris ☎ 01-43-29-11-00 ; ouv. lun.-sam. 11 h-19 h.

Librairie Ambikâ, 51, rue Piat, 75020 Paris ☎ 01-43-66-84-21 ; www.indechezvous.com ; ouv. mar.-dim. 11 h-19 h, Seule librairie de France exclusivement consacrée à l'Inde : livres d'occasion, recherche de livres épuisés, cours de langue, agenda culturel.

Librairie orientale Samuelian, 51, rue Monsieur-le-Prince, 75006 Paris ☎ 01-43-26-88-65 ; ouv. mar.-sam. 11 h 30-12 h 45 et 14 h-18 h 30.

Librairie orientaliste Paul Geuthner, 16, rue de la Grande-Chaumière, 75006 Paris ☎ 01-46-34-71-30 ; www.geuthner.com ; ouv. mar.-ven. 9 h-12 h 30 et 14 h-18 h 30, lun. 14 h-18 h 30.

Librairies de voyages

À Paris

IGN (Institut géographique national), 107, rue La-Boétie, 75008 Paris ☎ 01-43-98-80-00 ; www.ign.fr ; ouv. lun. 12 h-18 h 30, mar.-ven. 11 h-19 h et sam. 11 h-18 h 30. Cartes et guides toutes destinations.

Itinéraires, 60, rue Saint-Honoré, 75001 Paris ☎ 01-42-36-12-63 ; www.itineraires.com ; ouv. lun. 11 h-19 h, mar.-sam. 10 h-19 h. Commandes sur le site Internet.

Ulysse, 26, rue Saint-Louis-en-l'Île, 75004 Paris ☎ 01-43-25-17-35 ; www.ulysse.fr ; ouv. mar.-ven. 14 h-20 h. Une des plus anciennes librairies de voyages, un grand choix de guides anciens et de documents inédits.

Voyageurs du monde, 55, rue Sainte-Anne, 75002 Paris ☎ 01-42-86-17-37 ; www.vdm.com ; ouv. lun.-sam. 9 h 30-19 h. Librairie du tour-opérateur *Voyageurs du monde*, spécialisée dans les guides de voyages, les cartes et les beaux-livres.

En province

Grenoble : *Gaïa Store*, 6, rue d'Alsace, 38000 ☎ 04-76-86-86-96 ; www.gaia-store.com • *Voyageurs du monde*, 16, bd Gambetta, 38000 ☎ 04-76-85-95-97.

Lille : *Voyageurs du monde*, 147, bd de la Liberté, 59000 ☎ 03-20-06-76-30.

Lyon : *Raconte-moi la terre*, 14, rue du Plat, 69002 ☎ 04-78-92-60-22 ; www.racontemoilaterre.com

Marseille : *Voyageurs du monde*, 25, rue Fort-Notre-Dame, 13001 ☎ 04-96-17-89-26.

Montpellier : *Les Cinq Continents*, 20, rue Jacques-Cœur, 34000 ☎ 04-67-66-46-70 ; www.lescinqcontinents.com

Nantes : *Géothèque*, 10, pl. du Pilori, 44000 ☎ 02-40-47-40-68 ; geotheque.over-blog.com • *Voyageurs du monde*, 1-3, rue des Bons-Français, 44000 ☎ 02-40-20-64-39.

Nice : *Voyageurs du monde*, 4, rue du Maréchal-Joffre, 06000 ☎ 04-97-03-64-65.

Rennes : *Ariane*, 20, rue du Capitaine-Dreyfus, 35000 ☎ 02-99-79-68-47 ; www.librairie-voyage.com

Strasbourg : *Géorama*, 20-22, rue du Fossé-des-Tanneurs, 67000 ☎ 03-88-75-01-95.

Toulouse : *Voyageurs du monde*, 26, rue des Marchands, 31000 ☎ 05-34-31-72-72.

En Belgique

Anticyclone des Açores, 34, rue Fossé-aux-Loups, 1000 Bruxelles ☎ 02-217-52-46 ; ouv. lun.-sam. 11 h-18 h. La plus grande librairie de voyages de Belgique.

Peuples et continents, 17, rue Ravenstein, 1000 Bruxelles ☎ 02-511-27-75 ; www.peuplesetcontinents.com ; ouv. lun.-ven. 9 h-18 h, sam. 10 h-18 h.

Le Monde à livre ouvert, 24, rue Bas-de-la-Place, 5000 Namur ☎ 081-413-490 ; www.lemondealivreouvert.be ; ouv. lun.-sam. 10 h-18 h.

L'Inde sur Internet

• www.amb-inde.fr : site officiel de l'ambassade de l'Inde à Paris. Actualité politique et économique, rubrique « L'Inde et Internet ». Liens vers d'autres sites.

www.incredibleindia.org (français) : site officiel du ministère du Tourisme indien • www.123india.com (anglais) : site portail sur l'Inde. Multiples informations sur les événements locaux • www.guimet.fr (français) : présentation du musée Guimet et de ses collections • www.mapsofindia.com (anglais) : cartes et plans de villes • www.artisanat-inde.com : articles rares, bijoux, étoffes, mobilier et antiquités importés d'Inde. Broderies du Rajasthan • www.aujourdhuilinde.com : site d'informations indépendant très complet, réalisé par des journalistes vivant en Inde. Dossiers thématiques, articles d'actualités, culture, tourisme • www.indeaparis.com : portail collectant des renseignements variés et présentant des rubriques thématiques sur l'Inde en France : bonnes adresses, culture, tourisme...

Le Gujarat sur Internet : www.ahmedabad.com • www.gujaratonline.com • www.gujaratinri.com • www.colorsofgujarat.com • www.gujarattourism.com

Le Rajasthan sur Internet : www.rajasthanonline.in • www.rajasthantourism.gov.in • www.travelrajasthan.net • www.rajasthan-tourism.org

En Suisse

Le Vent des routes, 50, rue des Bains, 1205 Genève ☎ 022-800-33-81 ; www.vdr.ch

Travel Book Shop, Rindermarkt 20, 8001 Zurich ☎ 44-252-38-83 ; ouv. mar.-ven. 9 h-18 h 30, sam. 9 h-16 h, lun. 13 h-18 h 30 ; www.travelbookshop.ch (en allemand).

Formalités

L'entrée en Inde

Un visa est obligatoire pour entrer en Inde, on ne peut en obtenir qu'auprès de *VFS* ☎ 0892-23-03-58 ; www.vfs-in-fr.com Pour un visa tourisme (séjour de six mois maximum), il faut remplir un formulaire en ligne et déposer celui-ci au centre *VFS* le plus proche muni d'un passeport en cours de validité pour au moins six mois, d'une photocopie des pages personnelles du passeport (identité, etc.), de deux photos d'identité conformes aux normes en vigueur et d'un moyen de paiement : carte bancaire, espèces, chèque de banque certifié à l'ordre de « VF Services (UK) Limited ». Il est possible de faire une demande de visa par courrier adressé au centre *VFS* de Paris uniquement : joindre aux documents mentionnés ci-dessus (dans ce cas, le seul moyen de paiement possible est le chèque certifié) une enveloppe Chronopost (Chronopass 13, enveloppe de 500 g) libellée à votre adresse.

À NOTER

Il existe des agences spécialisées dans l'obtention de visas, qui effectuent les démarches à votre place :

***Action Visas*, 10-12, rue du Moulin-des-Prés, 75013 Paris ☎ 01-45-88-56-70 ; www.action-visas.com**

***Visas Express*, 54, rue de l'Ouest, BP 48, 75661 Paris Cedex 14 ☎ 01-44-10-72-72 ; www.visas-express.fr**

Centres de demande de visa

VF Services (UK) Limited, 42-44, rue de Paradis, 75010 Paris ; 18-22, rue Edmond-Rostand, 13006 Marseille (ce centre n'accepte pas les cartes bancaires) ; on trouve également des centres de dépôt pour les demandes de visa à Bordeaux, Strasbourg et Nice (adresses sur le site Internet de *VFS*).

Vaccinations et santé

Aucun vaccin n'est administrativement exigé, mais il convient d'être à jour pour les vaccinations contre la diphtérie, le tétanos, la polio, la coqueluche et l'hépatite B. Les vaccinations contre la typhoïde et l'hépatite A sont vivement conseillées. Celles contre la rage et la méningite sont également recommandées en cas de séjour prolongé. Le paludisme est présent dans les zones rurales situées au-dessous de 1 500 m d'alt. Consultez votre médecin qui saura vous conseiller sur un traitement antipaludéen.

Centres de vaccination

Centre international de vaccination d'Air France, 148, rue de l'Université, 75007 Paris ☎ 01-43-17-22-00 ; rens. ☎ 0892-68-63-64 ; ouv. lun.-sam.

9 h-17 h, sans rendez-vous. Consultations de médecine des voyages sur rendez-vous.
Centre international de vaccination de l'Institut Pasteur, 209-211, rue de Vaugirard, 75015 Paris ☎ 0890-71-08-11 ; www.pasteur.fr ; ouv. lun., mar., mer., ven. 9 h-16 h 30, jeu. 10 h-16 h 30, sam. 9 h-11 h 30 sans rendez-vous.

Assurances

Si vous effectuez des dépenses médicales en Inde, vous devrez faire l'avance des frais. À votre retour en France, l'Assurance-maladie rembourse, sur présentation de factures acquittées, les frais médicaux engagés en Inde sur la base des tarifs français pour les actes et opérations similaires.
Il est conseillé de contracter une assurance individuelle couvrant la responsabilité civile, les accidents, le rapatriement et le décès. Lors de l'achat d'un vol sec ou d'un voyage organisé, la plupart des compagnies aériennes et des agences de voyages proposent une assurance en plus du billet.

À NOTER
Bon nombre d'assurances voyages sont comprises dans les cartes bancaires (les cartes *Visa Premier* ou *Platinium* et la *Gold American Express* incluent même une assurance annulation). Inutile donc de vous réassurer. En revanche, vérifiez votre contrat pour savoir exactement ce pour quoi vous êtes assuré.

Douane

Vous bénéficierez des tolérances habituelles en ce qui concerne vos effets personnels, les cigarettes (200), l'alcool (1 l), un appareil photo, un caméscope, une paire de jumelles, du matériel de camping personnel (interdiction de transporter du gaz), etc. Les objets de valeur (appareil photo, ordinateur portable, etc.) doivent être déclarés à votre arrivée. À la sortie du pays, les douaniers s'assureront que vous êtes toujours en leur possession. En cas de perte ou de vol, faites établir un constat par la police et conservez précieusement la déclaration afin de ne pas être accusé de revente.
L'exportation de **pierres précieuses** et de **bijoux** dépassant une valeur de 10 000 roupies ainsi que l'exportation de tout bijou en or (quelle que soit sa valeur marchande) sont soumises à l'obtention d'un permis auprès de la *Reserve Bank of India*. Lors de l'achat, pensez également à demander au commerçant un certificat d'authenticité et un permis d'exportation.
Au retour, sachez que l'exportation des antiquités indiennes de plus de 100 ans est interdite sans autorisation (pour l'obtenir, s'adresser un mois à l'avance auprès de la direction des Musées de New Delhi, Bombay, Calcutta et Madras). L'exportation d'objets réalisés avec des éléments provenant d'espèces animales menacées (ivoire, peau, etc.) est également prohibée.
Infos douanes service (centre de renseignement des usagers de la douane) ☎ 0811-20-44-44 ; www.douane.gouv.fr

Devises

L'unité monétaire est la roupie indienne, divisée en 100 *paise* (*paisa* au singulier). Une roupie vaut env. 0,017 € ; 1 € = 60,4 roupies (avr. 2010). L'importation et l'exportation de roupies sont interdites. En revanche, il n'existe actuellement aucune restriction à l'importation de devises étrangères en billets et en chèques de voyage jusqu'à concurrence de 1 000 dollars. Au-delà de cette valeur, les devises devront faire l'objet d'une déclaration (*Currency Declaration Form*) à l'entrée en Inde. Pour le change : → *p. 40*.

Change

Toutes les devises étrangères doivent obligatoirement être converties auprès des organismes de change agréés (banques, hôtels, certains magasins, etc.). Conservez les bordereaux de change : ils seront indispensables pour reconvertir l'excédent de monnaie indienne au départ ou pour l'achat de billets d'avion en roupies. Ils vous seront également demandés à la réception de la plupart des hôtels que vous réglerez en roupies. Gardez néanmoins des devises, car certains hôtels de grand standing exigent ce mode de règlement. Étant donné sa valeur, l'euro est autant accepté que le dollar (espèces et chèque de voyage).

Carte bancaire

Dans les villes, le paiement par carte bancaire (*Visa*, *American Express*, *Mastercard*, etc.) est généralement possible (pour les notes d'hôtel, les billets d'avion, les achats dans les *emporia* ou magasins d'antiquités, etc.). Le paiement avec une carte peut entraîner une majoration des prix de 10 à 20 %. Le réseau de distributeurs automatiques de billets s'est beaucoup développé ces dernières années, et il est maintenant facile de retirer de l'argent (commission sur chaque retrait).

Numéros à appeler pour faire opposition en cas de perte ou de vol de votre carte bancaire :

Carte Bleue *Visa* : numéros valables dans le monde entier ☎ 1-410-581-9994. *Visa* aux États-Unis, appel en PCV. Depuis l'Inde un numéro spécifique ☎ 000-800-100-12-19 ; www.visa.com

Carte *American Express* : numéro en France ☎ 01-47-77-72-00 ; numéro en Inde ☎ 1800-419-36-46 ; www.americanexpress.com

Carte *Eurocard/Mastercard* : ☎ 01-45-67-84-84. (24 h/24) en France ou 000-800-100-10-87 (n° vert à partir d'un fixe) depuis l'Inde ; www.mastercard.com

Carte *Diners Club* : numéros en France ☎ 01-70-75-51-16 ; numéro en Inde ☎ 1800-11-2484 ; www.dinersclub.fr

À emporter

Vêtements

Des vêtements légers de coton, quelle que soit la saison du voyage (avec un lainage pour les soirées d'hiver et les hôtels climatisés), et des vêtements plus chauds, en laine, si vous devez séjourner en altitude. Si vous désirez faire du trekking, emportez des chaussures fermées et montant jusqu'aux chevilles (à cause des sangsues). En revanche, vous trouverez sur place, sans aucune difficulté et à très bon marché, tongs et nu-pieds (indispensables car faciles à ôter à chaque fois que l'on entre dans un temple).

Petite pharmacie

Prévoyez d'emporter un antidiarrhéique, un antibiotique à large spectre, un antispasmodique, un antiseptique pour les petites plaies, des pansements et des compresses, du produit anti-moustique (en crème ou à vaporiser), une crème hydratante. Si vous êtes sujet au mal des transports, munissez-vous d'un médicament à base de diphenhydramine (type Nautamine®). Enfin, n'oubliez pas vos lunettes de soleil et des boules Quies. (→ *aussi p. 48*).

Bagages

Prenez une valise munie d'une serrure ou un sac muni d'un cadenas. Attention aux sacs de toile en période de mousson. Attention aussi aux excédents de bagages : en classe économique et sur les vols intérieurs, vous n'avez droit qu'à 20 kg (*Indian Airlines* est assez sévère sur ce point).

Autres

Un sac de couchage peut être utile pour les voyages en train de nuit et dans certains hôtels de catégorie inférieure. Pensez également à un cadenas (pour les bagages laissés à la consigne ou à la réception de l'hôtel), un réveille-matin, un couteau de poche (à ne pas transporter dans votre bagage à main dans l'avion) pour peler les fruits.

Le voyage par avion

Lignes régulières

Delhi est l'aéroport d'arrivée pour le Rajasthan et l'Inde du Nord tandis que Bombay (Mumbai) est la porte d'entrée du Gujarat. Il faut compter 9 à 12 h de vol (vols directs ou avec escales) pour se rendre à Delhi ou à Bombay.

Depuis Paris

Air France, ☎ 36-54 ; www.airfrance.fr Vols quotidiens pour Delhi et Bombay.

Air India, 5, rue des Colonnes, 75002 Paris ☎ 01-55-35-40-00 ; www.airindia.fr Trois vols par semaine pour Delhi.

Depuis la Belgique

Air France, aéroport de Bruxelles. Centrale de réservation pour les clients francophones et anglophones ☎ 070-22-24-66. Vols quotidiens Bruxelles-Paris-Delhi et Bruxelles-Paris-Bombay.

Air India, 60, rue Ravenstein, 1000 Bruxelles ☎ 02-512-75-15 ; www.airindia.fr

Depuis la Suisse

Air India, Talacker 50, 8001 Zurich ☎ 043-888-70-90 ; www.airindia.ch Vols Zurich-Delhi via Bombay, Paris ou Vienne. Vols Genève-Delhi via Paris ou Munich.

À NOTER
Les règlements internationaux interdisent désormais tout liquide dans les bagages à main, sauf si vous possédez une ordonnance.

Tenue vestimentaire

En règle générale, évitez les tenues trop débraillées, les Indiens sont attentifs aux détails vestimentaires (dans une société aussi codifiée que la leur, c'est un point de repère). Pour les femmes, shorts, bermudas, jupes courtes, tee-shirts sans manches et tenues décolletées sont à proscrire, de même que tee-shirts et débardeurs dénudant les épaules. Au pays où les femmes se baignent tout habillées, sachez que vous ne porterez votre maillot de bain que dans des lieux fortement touristiques.

BON À SAVOIR
Si vous partez en pleine saison touristique (aux alentours de Noël par exemple), vous avez intérêt à réserver depuis la France les vols intérieurs et le séjour dans les localités touristiques par l'intermédiaire d'une agence de voyages.

À NOTER
Pour les billets d'avion, n'oubliez pas que plus vous réservez tôt, plus les réductions possibles sont élevées.

Swiss ☎ 0-848-700-700 ; www.swiss.com Vols Zurich-Delhi via Bombay.
Air France, Kloten Airport, Zürich ; aéroport de Genève-Cointrin ☎ 0848-747-100 ; www.airfrance.ch Vols quotidiens Zurich-Paris-Delhi et Zurich-Paris-Bombay.

■ Vols à tarifs négociés

Anyway, ☎ 0-892-302-301 ; www.anyway.com
Ebookers, ☎ 0-892-234-235 ; www.ebookers.fr
Expedia, ☎ 0-892-301-300 ; www.expedia.fr
Go Voyages, ☎ 0-899-651-951 ; www.govoyages.com
Last Minute, ☎ 0-899-70-0170 ; www.lastminute.com
Nouvelles Frontières, ☎ 0-825-000-747 ; www.nouvelles-frontieres.fr
Opodo, ☎ 0-899-653-655 ; www.opodo.fr
Voyagermoinscher.com, site qui permet de comparer les tarifs des vols et les offres de voyages disponibles sur Internet. Une sélection des meilleures affaires du moment : promotions, dernières minutes ou enchères.

Le voyage individuel

Il ne présente pas de difficulté insurmontable. L'infrastructure hôtelière est suffisamment importante et le réseau aérien est bien développé. Trains et bus permettent également de sillonner le pays. Une assurance individuelle de voyage s'impose. Un impératif : confirmer les vols intérieurs et le vol retour. Notez que les irrégularités dans les horaires des diverses compagnies qui assurent les vols intérieurs sont fréquentes, surtout en janv.-fév. en raison des brouillards matinaux : les vols peuvent ainsi être reportés sans préavis. D'où la nécessité d'avoir un programme bien équilibré, point trop chargé.

Le voyage organisé

Le voyage en Inde reste un tourisme à vocation largement culturelle et figure au programme de nombreux tour-opérateurs. À côté du classique circuit en groupe, on trouve de plus en plus de formules de voyages individuels où toutes les prestations sont réservées depuis l'Europe : transports, transfert, hébergement, guides…

■ Les spécialistes

Acme Receptif, 501 Kirti Mahal, 19 Rajendra Place, New Delhi 110008 ☎ (00-91-11) 25-74-32-10 ou 25-73-15-68 ; www.acmetours.com Agence indienne dédiée aux voyageurs francophones : itinéraires personnalisés, réservations d'hôtels, billets de train ou d'avion, locations de voiture avec chauffeur. Propose des circuits : « Rajasthan, la vie de château » (16 j.), « Terre des maharajahs » (14 j.).
Les Comptoirs du monde, 22, rue Saint-Paul, 75004 Paris ☎ 01-44-54-84-54 ; www.comptoirsdumonde.fr Représentant exclusif pour la France du « Palace on Wheels », le luxueux train des maharajas. Circuit de 17 j. au Rajasthan : « Sur les pas des maharajas », au départ de Delhi avec visite d'Agra.
Horizons nouveaux, en Suisse : 6, rue de Médran, case postale 196, 1936 Verbier ☎ 02-77-71-71-71 (n° vert 0-800-200-238) ; en Belgique : Mme Anne Laurant, Beau-Site 1re avenue 12, 1330 Rixensart ☎ 02-652-3644 ; www.horizonsnouveaux.com Spécialiste de l'Inde et de l'Asie. Propose de nombreux voyages individuels, par exemple ; « Perles du Rajasthan » (16 j.), « Le Rajasthan des *Mille et une nuits* » (16 j.), ou moins classiques « Temples jaïns et palais rajputs » (16 j.) et « Le Rajasthan en Old Timer » (14 j.).

La Maison des Indes, 7, pl. Saint-Sulpice, 75006 Paris ☎ 01-56-81-38-38 ; www.maisondesindes.com Forte de sa connaissance du terrain, la Maison des Indes propose un éventail de circuits classiques ou inédits, des voyages en individuel ou en petits groupes qui favorisent une approche insolite de la diversité de l'Inde du Nord : déserts, puissantes citadelles, palais du Rajasthan, dentelles de marbre des temples jaïns du Gujarat, villes saintes, lagunes frangées de cocotiers.

Le Monde de l'Inde et de l'Asie, 15, rue des Écoles, 75005 Paris ☎ 01-53-10-31-00 ; www.votremonde.com Propose exclusivement des voyages à la carte pour individuels et groupes constitués. Trois circuits de 10, 15 ou 18 j. sont proposés sur le Rajasthan, ainsi qu'un voyage de 15 j. dans le Gujarat.

La Route des Indes, 7, rue d'Argenteuil, 75001 Paris ☎ 01-42-60-60-90 ; www.laroutedesindes.com Ce spécialiste de l'Inde et du monde indien propose des voyages sur mesure et conçoit des itinéraires personnalisés. Les conditions de prix sont avantageuses sur les vols, l'hébergement et les transports locaux. Expositions, conférences et projections sont organisées ponctuellement. Une librairie est également à la disposition des voyageurs.

Orients, 27, rue des Boulangers, 75005 Paris ☎ 01-40-51-10-40 ; www.orients.com Avec ce spécialiste des routes caravanières on découvrira l'Inde dans son ensemble, régionalisée et surtout l'Inde et ses nombreuses fêtes. Ces voyages originaux sont conçus pour de petits groupes (de 10 à 20 participants) ou sur mesure avec chauffeur. Guides accompagnateurs spécialisés. Propose au Rajasthan un circuit de 19 j. « Routes caravanières au pays des rajahs » avec variante spéciale pour la foire de Pushkar (ce circuit inclut les visites de Delhi, Agra et Fatehpur Sikri) ainsi que le circuit « Couleurs du Rajasthan » (12 j.). Au programme également : « Inde fervente et romanesque », un circuit de 16 j. combinant Gujarat et Madhya Pradesh. Belle brochure.

Voyageurs en Inde, 55, rue Sainte-Anne, 75002 Paris ☎ 01-42-86-16-90 ou 0892-23-76-76 ; www.vdm.com Un grand choix de circuits et d'itinéraires à la carte ou conçus par des professionnels de la destination. Plusieurs circuits intéressants, dont « Les palais rajputs et les forteresses mogholes » (17 j.) et « Le Gujarat, terre des princes » (14 j.).

■ Les généralistes

Fram, ☎ 0826-46-37-27 ; www.fram.fr Des voyages entièrement pris en charge avec accompagnateur de Paris à Paris et guides locaux. Au programme : « Au pays des maharadjahs », circuit au Rajasthan de 13 j./12 nuits.

Jet Tours, ☎ 0820-83-08-80 ; www.jettours.com Au programme : « Les couleurs du Rajasthan », circuit de 11 j./9 nuits au Rajasthan uniquement ; « Inde fastueuse », circuit de 13 j./11 nuits au Rajasthan et au Gujarat ; « Les perles du Rajasthan », circuit de 14 j./11 nuits. Brochure disponible dans toutes les agences de voyages.

Kuoni, ☎ 0820-05-15-15 ; www.kuoni.fr Propose un circuit de 13 j./11 nuits « Palais du Rajasthan », et un circuit « La vie de maharajah » (11 j./9 nuits). Le Rajasthan est également en partie abordé dans d'autres circuits plus généraux sur l'Inde du Nord.

Nouvelles Frontières, ☎ 0825-00-07-47 ; www.nouvelles-frontieres.fr Vols secs, voyages à la carte, séjours aventures, et de nombreux circuits dont « Rajasthan et Gujarat » (19 j.), « L'Inde des Rajputs » (14 j.) ou « La route du Rajasthan » (14 j.).

Partir en voyages, 30, rue de Washington, 75008 Paris ☎ 01-45-61-97-52 ; www.partir-en-voyages.fr Hébergements dans tout le pays en *guest houses*, pensions de famille, chambres d'hôtes, palais de maharaja ou plus classiquement en hôtels de toutes catégories.

Voyages culturels

Arts & vie, 251, rue de Vaugirard, 75015 Paris ☎ 01-40-43-20-21 ; www.artsetvie.com Antennes à Grenoble, Lyon, Marseille et Nice. Première association culturelle de voyages à l'étranger. Un circuit en Inde du Nord permettant la découverte du Rajasthan et du Népal, et un autre prévoyant la visite du Gujarat et du Rajasthan (17 j.).

Clio, 27, rue du Hameau, 75015 Paris ☎ 01-53-68-48-43 ou 0826-10-10-82 ; www.clio.fr Voyages culturels avec des conférenciers spécialisés. Circuits accompagnés « Trésors de l'Inde du Nord » (15 j.), « Le Rajasthan à l'occasion de la foire de Pushkar » (20 j.) ou « Rajasthan et Gujarat à l'occasion du festival de Mahaveerji, des passeurs de gué à la civilisation de l'Indus » (15 j.).

Explorator, 1, rue Gabriel-Laumain 75010 Paris ☎ 01-53-45-85-85 ; www.explorator.fr Spécialiste du voyage (à la carte ou organisé) par petits groupes de 6 à 14 personnes axé sur la découverte du patrimoine culturel et humain. Propose un circuit très complet, « Désert, princes et paysans du Rajasthan », de 19 j., comprenant le mont Abu, les temples de Kiradu et la belle Udaipur. Circuit « Trésors méconnus du Gujarat », de 15 j., incluant un safari en jeep dans le parc de Sasan Gir, et une visite de la petite île de Diu. Hébergement de charme.

Ikhar, 162, rue Jeanne-d'Arc, 75013 Paris ☎ 01-43-06-73-13 ; www.ikhar.com Au programme : « Rajasthan, forteresses et somptueux palais » (14 j.), « Rajasthan, vallée du Gange » (17 j.).

Séjours aventures, randonnées

Allibert, en France : ☎ 0-825-090-190 (0,15 €/mn) • 156, av. de l'Aiguille-du-Midi, 74400 Chamonix • 37, bd Beaumarchais, 75003 Paris • 19, rue Léon-Gambetta, 31000 Toulouse ; en Belgique : 15, rue Royale, 1000 Bruxelles, ☎ 02-526-92-90 ; en Suisse ☎ 022-849-85-51 ; www.allibert-trekking.com Propose un circuit de 16 j., « Palais rajputs et monts Arawalli ».

Atalante, 41, bd des Capucines, 75002 Paris ☎ 01-55-42-81-00 • 36, quai Arloing, 69256 Lyon Cedex 09 ☎ 04 72 53-24-80 • 44, rue César Franck, 1050 Bruxelles ☎ 02-627-07-97 ; www.atalante.fr Dans la brochure « Inde/Népal en liberté », itinéraires en petits groupes (de 2 à 8 pers.) à la semaine ou à la quinzaine au Rajasthan et au Gujarat. Atalante est l'organisme le plus spécialisé et le plus pointu sur ces régions.

Club Aventure, 18, rue Séguier, 75006 Paris ☎ 01-44-32-09-30 • 2, rue Vaubecour, 69002 Lyon • 51, rue Prévost-Martin CP 121, 1211 Genève ; centrale de rés. ☎ 0-826-88-20-80 ; www.clubaventure.fr Circuit de 16 j. « Rajasthan, désert du Thar et palais des maharajas ». Marche à pied facile et mini-bus pour cet itinéraire de découverte.

Nomade Aventure, 40, rue de la Montagne-Sainte-Geneviève, 75005 Paris ☎ 0-825-701-702 ; agences à Lyon et à Toulouse ; www.nomade-aventure.com Itinéraire « Désert et villes de prestige », 10 ou 17 j., au Rajasthan en voiture, en train, à pied et à dos de chameau : randonnée vers les lieux de pèlerinage hindous nichés dans les monts Arawalli, désert du Thar, visites de Jaipur, Agra et le Taj Mahal, Jaisalmer, Bara Bagh et Jodhpur. Trois autres circuits au Rajasthan, dont un prévoyant la visite du Gujarat.

Tamera, 26, rue du Bœuf, 69005 Lyon ☎ 04-78-37-88-88 ; www.tamera.fr Voyage de 18 j. au Rajasthan : itinéraire classique avec randonnée chamelière dans le désert du Thar.

Terres d'aventure, 30, rue Saint-Augustin, 75002 Paris ☎ 0-825-700-825 ; Belgique ☎ 02-543-95-60 ; www.terdav.com Voyages alliant marche à pied, balade à dos d'éléphant ou de chameau et jeep au Rajasthan.

découvrir

partir

séjourner

comprendre

visiter

en savoir plus

Toutes les informations utiles sur place

Séjourner

Se loger

Classification des hébergements

En matière d'hôtels, tous les choix sont disponibles au Rajasthan, depuis les établissements de prestige comme les anciens palais de maharajas (tel le *Lake Palace* d'Udaipur) jusqu'aux *guest houses* très modestes pour budgets serrés en passant par les hôtels de catégorie intermédiaire, d'un bon confort à l'occidentale et à prix abordables. Dans les villes, l'offre hôtelière est assez importante et vous pourrez toujours trouver à vous loger, même en pleine saison touristique (de nov. à mars) : c'est la rançon du développement du tourisme, et pas seulement étranger, les Indiens voyageant aussi beaucoup.

• Hôtels de charme

On trouve également de nombreux petits palais transformés en hôtels par leurs propriétaires. Au Gujarat, ce sont les somptueuses *haveli* *(→ théma p. 244-245)*, des maisons de riches marchands de la fin du XIXe s., qui accueillent désormais les voyageurs. Autant d'occasions d'étapes le plus souvent en dehors des villes, dans un cadre authentique, loin de la standardisation des hôtels de tourisme : les chambres y sont parfois biscornues, les tuyauteries fantasques, le mobilier fatigué, mais on y est toujours reçu avec courtoisie et bien servi. Ces demeures historiques sont regroupées sous le label « Heritage Hotels » (liste sur www.heritagehotels.com).

Gammes de prix

Pour les hôtels de catégorie supérieure, les prix sont indiqués en dollars ($), monnaie de référence pour les transactions dans l'hôtellerie indienne. On doit d'ailleurs y régler sa note en devises (ou en roupies sur présentation d'un bordereau de change d'un montant au moins équivalent). Pour

◄ Le lavage du linge dans une rivière près du village de Sasan Gir (Gujarat).

Urgences

En cas de difficulté, composez le **100**, qui doit théoriquement aboutir au standard téléphonique du bureau de police le plus proche. Il est de loin préférable, si vous en avez la possibilité, de vous y rendre vous-même. C'est ce que vous ferez impérativement en cas de problème sérieux (vol, accident de circulation...) ; en aucune circonstance vous n'essaierez d'arranger les choses « à l'amiable ». Du bureau de police, mettez-vous immédiatement en contact avec votre consulat. Sachez néanmoins que celui-ci ne peut pas organiser votre rapatriement ou vous consentir une avance d'argent.

• **Pour le Rajasthan :** ambassade et consulat de France à New Delhi, 2/50-E Shantipath, Chanakyapuri II A2 ☎ (011) 24-19-61-00.

• **Pour le Gujarat :** consulat général à Bombay, Hoechst House, 7th floor, 193 Backbay Reclamation, Nariman Point ☎ (022) 66-69-40-00.

▲ Dans les salons du *Lallgarh Palace* de Bikaner.

les autres établissements, les prix sont indiqués en roupies ; on peut y régler sa note en monnaie locale.

• **Prix pour une chambre double avec petit déjeuner en haute saison**
Hôtels de prestige : de 150 à plus de 500 $. Ces prix peuvent faire l'objet d'importantes remises dans le cadre d'un voyage à forfait souscrit auprès d'un agent de voyages.
Établissements de bon confort occidental : de 80 à 100 $.
Heritage Hotels : de 4 000 à 6 000 roupies (60 à 100 €).
Hôtels de catégorie moyenne : de 1 000 à 2 000 roupies (15 à 30 €).
Guest houses, plus simples mais qui peuvent réserver d'heureuses surprises : à partir de 300 roupies (à peine une dizaine d'euros).

Réservation

Elle s'impose durant la haute saison touristique (de nov. à mars) dans les établissements de prestige. Vous pourrez effectuer vos réservations hôtelières par l'intermédiaire de votre agent de voyages, ou directement en ligne sur le site Internet de l'établissement ou du groupe hôtelier auquel il appartient.

Se restaurer

Les restaurants

Il en existe pour toutes les bourses. Les plus chers sont ceux des grands hôtels, où il faut s'attendre à une addition de 15 à 20 €. En ville, on paiera de 10 à 15 € dans les restaurants de luxe, de 5 à 10 € dans des établissements plus simples. Il existe par ailleurs d'innombrables petites échoppes de **restauration rapide**, à l'indienne, où l'on sert principalement toutes sortes de beignets, ou, à l'occidentale, avec l'universel *burger* (mais végétarien le plus souvent) ; on peut y manger pour 1 ou 2 €. Enfin, vous trouverez les **restaurants populaires** où, assis sur des bancs de bois ou sur des *charpay* (sommier de cordes où l'on peut s'allonger ensuite pour la sieste), on vous servira, pour 1 ou 2 € du riz arrosé de *dal* ou d'un curry de légumes (seulement pour les amateurs d'exotisme dotés d'un solide estomac).

La cuisine indienne

Tourisme oblige, la cuisine servie dans les restaurants fréquentées par les étrangers s'est considérablement adoucie. Elle est même fade parfois – un comble en Inde –, et il faut insister auprès du serveur incrédule pour déguster un plat épicé à l'indienne *(indian spicy)*. Une façon de rendre hommage au raffinement de la cuisine indienne, qui joue sur une infinie palette d'épices ; sans oublier que les plats relevés, s'ils font un peu transpirer, provoquent une régulation thermique qui aide à supporter la chaleur. Ne pas oublier non plus que les hindous sont végétariens dans leur immense majorité : seules quelques castes sont autorisées à consommer de la viande. Ainsi, dans un restaurant fréquenté par une clientèle locale, mieux vaut commander des plats de légumes, souvent délicieux, qu'un morceau de viande qui a attendu longtemps au réfrigérateur (dans le meilleur des cas) l'arrivée d'un carnivore. Cette recommandation ne s'applique pas aux restaurants où s'attablent les musulmans.

• Viandes et légumes

Le **curry** : il n'y a pas un curry, mais des dizaines de curry, de poisson, de poulet, de mouton, d'œufs… qui, par le goût, les parfums, la consistance de la sauce, diffèrent beaucoup les uns des autres. Certains sont assez doux, d'autres vous mettent la bouche en feu : n'essayez pas d'éteindre l'incendie avec un verre d'eau, mais mangez plutôt un morceau de *chapati* ou du riz, ou encore du *raita*, sorte de yaourt aigre servi d'ordinaire en accompagnement.

Les currys peuvent être servis avec le *dal*, une sauce épaisse aux lentilles, avec du riz ou des *idli* (boulettes de farine de riz cuites à la vapeur), avec des *chapati*, galettes à la farine de froment, sans levain, cuites sur le gril ou à la poêle, sans matière grasse, avec des *nan*, crêpes de froment cuites au four, avec des *puri*, crêpes plus épaisses que les *chapati*, frites au *ghee* ou à l'huile, ou bien encore avec des *parata*, crêpes de froment parfois farcies aux légumes, et qui sont particulièrement savoureuses.

Les currys sont également servis avec des **condiments** : *chatni* (« chutney ») aigres-doux, confectionnés avec une vingtaine de variétés de légumes ou de fruits (celui à la mangue est le plus fameux), ou achards, proches des pickles.

Lorsque tout cela est devant vous, il ne vous reste plus qu'à faire comme les Indiens : manger avec les doigts, en faisant des boulettes avec le riz et en attrapant le curry avec le pain roulé en cornet

Laver son linge sale

La grande majorité des hôtels offre un service de blanchisserie. Vous laissez votre linge le matin et le récupérez le soir pour un prix généralement modique. À moins que vous ne logiez dans un grand hôtel qui possède son propre service de blanchisserie, il y a fort à parier que vos vêtements connaîtront le sort commun en Inde. Ils seront confiés à des *dhobiwallah*, la caste de blanchisseurs à qui les familles indiennes remettent leur linge sale (pour des raisons de pureté rituelle, les hindous de caste ne sont pas autorisés à entrer en contact avec la saleté). Dans chaque localité, il existe un *ghat* des blanchisseurs, où les *dhobiwallah* exercent leur activité. Là, en compagnie de leurs confrères, ils entreprendront de tordre vigoureusement votre linge et de le frapper méthodiquement contre une pierre. Si la saleté ne résiste pas à un tel traitement, les boutons non plus, hélas ! (prévoyez un stock de rechange.) Après avoir séché au soleil, vos effets subiront un solide repassage qui rend les plis durs comme des lames, avant de vous être retournés, comme neufs, un peu moins épais cependant.

(évitez tout de même cette méthode dans les grands hôtels). Au Gujarat, les restaurants proposent fréquemment des *thali*, assortiment de plusieurs currys (végétariens exclusivement) accompagné de riz, de pain et de condiments, le tout présenté dans un grand plat rond (le *thali*).

En dehors des currys, on trouve fréquemment à la carte des restaurants des ***biriani***, une spécialité d'origine musulmane. La préparation de ce plat de gala exige en principe 4 h : un mélange de riz cuit avec de la viande (poulet, mouton) richement épicée. Une des spécialités du Rajasthan est le poulet tandoori : des morceaux de poulet macérés dans du yaourt épicé et badigeonnés d'une pâte à base de piment, qui leur donnera une belle coloration rouge orangé, avant d'être cuits dans le *tandoor*, un four en terre.

• Fruits et douceurs

L'Inde est riche de fruits très variés et savoureux : mangues (mai-juin), ananas, anones ou pommes cannelles (un fruit de la famille de l'ananas à chair blanche et crémeuse), goyaves, bananes, jujubes, mandarines, noix de cajou, noix de coco, pommes des vergers du versant himalayen, etc. À l'exception des mangues, des bananes et des ananas, les fruits sont assez rarement servis dans les restaurants (→ *encadré ci-contre*).

Les **sucreries** sont surprenantes, et généralement peu prisées par les Occidentaux car elles sont douceâtres ou gorgées de sirop : en fin de repas, vous retrouverez souvent le ***gulab jamoun***, des boulettes confectionnées à base de lait et imbibées de sirop, ou le ***halva***, pâte compacte parfois fourrée avec des noix de cajou. Au moment de l'addition, est proposé un assortiment de graines séchées (anis, cardamome, fenouil...) et de sucre candi : une manière de se rafraîchir la bouche et de faciliter la digestion.

■ Boissons

Pendant les repas, l'Indien boit généralement de l'eau, mais vous pourrez arroser les vôtres avec des jus de fruits (non coupés d'eau), des boissons gazeuses (sucrées ou non) et, sauf au Gujarat où la prohibition est en vigueur, avec de la bière (très convenable), du vin, notamment celui de Golconde (Hyderabad). Outre un whisky de fabrication locale, de l'***asha*** (excellente liqueur aromatisée du Rajasthan), du rhum et d'autres alcools, on trouve également du « **champagne** » indien, correct, baptisé « Marquise de Pompadour ». À essayer.

Quelques précautions indispensables

Buvez exclusivement de l'**eau minérale** capsulée et décapsulée devant vous (on en trouve en bouteille plastique sans difficulté dans les villes et sur les grands sites touristiques ; si, en revanche, vous envisagez un long périple hors des sentiers battus, prévoyez d'en emporter une provision). Évitez glaces et glaçons (même dans les grands hôtels) ; rien ne peut vous assurer qu'ils sont fabriqués avec de l'eau purifiée. De même, méfiez-vous des jus de fruits coupés d'eau et abstenez-vous de crudités. Il est indispensable de peler les fruits. Rappelez-vous que les préparations à base de yaourt sont excellentes pour la flore intestinale. En cas de petit problème digestif, mettez-vous à la diète pendant quelques jours : riz blanc et bananes.

◀ Les sucreries sont très appréciées des Indiens.

Le **thé**, qu'il provienne des collines de Darjeeling, de l'Assam ou des monts Nilgiri, est la boisson nationale : il est infusé, chauffé avec du lait, et saupoudré d'épices. Si l'***indian tea*** ne vous plaît pas, vous pourrez toujours commander un sachet de thé dans de l'eau chaude *(black tea)*.

Le ***lassi***, une boisson au yaourt glacé, et le ***nimbu pani***, jus de citron vert pressé, sont très appréciés, de même que le ***nira***, lait de coco consommé avec une paille plongée à l'intérieur d'un fruit vert.

Dis-moi ce que tu manges...

Les habitudes alimentaires répondent strictement à la caste ou à la communauté à laquelle on appartient. Chez les musulmans, la viande de porc est considérée comme impure. Chez les jaïns, le végétarisme est absolu ; chez les hindous, où il est aussi d'inspiration religieuse, il est lié par ailleurs au système des castes. Il peut être absolu (de nombreux brahmanes suivent un régime strictement végétarien, ainsi que les adorateurs de Vishnou) ou concerner seulement certaines viandes, les unes étant considérées comme pures, les autres comme impures. Cette classification est très mouvante ; la viande de bœuf n'est consommée chez les hindous que par les intouchables (très occasionnellement d'ailleurs). Quant aux autres viandes ou aux poissons, les tabous varient d'une caste ou d'une sous-caste à l'autre, d'une région à l'autre. On pourrait écrire des volumes entiers sur les coutumes alimentaires des hindous, non seulement vis-à-vis des nourritures elles-mêmes, mais aussi sur la manière de les conserver, de les préparer, de les faire cuire, de les servir, etc. Ne dit-on pas : « Treize Rajputs, treize fourneaux » ?

Se déplacer

Train (même en 1re classe) et avion sont généralement moins chers qu'en Europe. L'avion dessert les principales localités du pays. Quant au train, rappelons que l'Inde possède un réseau ferré très étendu. Si vous n'êtes pas pressé, ce mode de transport vous emmènera partout dans le sous-continent. Pendant les périodes de haute saison touristique, les réservations dans les trains et les avions peuvent s'avérer difficiles à obtenir *(→ ci-dessous)*. **La route reste néanmoins le meilleur moyen de découvrir le pays.**

■ La route

L'essentiel du transport des hommes et des marchandises se fait par la route. L'embryon d'un **réseau autoroutier** (Delhi-Bombay via Jaipur et Udaipur),

▲ **Les rickshaws, un moyen de transport conseillé pour les courtes distances.**

permet désormais des liaisons assez rapides. Les **nationales**, en assez mauvais état, sont surchargées de convois de bus, de camions qui se croisent à toute vitesse, avertisseurs bloqués. Quant aux **routes secondaires**, étroites et peu souvent revêtues, elles ne possèdent quasiment pas de signalisation. Ajoutez à cela des piétons, des vélos, des charrettes tirées par des bœufs, des troupeaux, etc., et vous comprendrez qu'il ne faut pas espérer réaliser, sauf sur les autoroutes, de grandes moyennes horaires : 50 à 60 km/h sur les grands axes, 20 à 30 ailleurs. On peut facilement trouver des cartes routières dans les librairies des grandes villes. Aucune, malheureusement, n'est complètement fiable, ce qui au fond n'a guère d'importance puisque vous vous ferez conduire par un chauffeur.

• **En voiture**

Dans toutes les grandes villes et les localités touristiques, on peut louer sans difficulté des voitures, toujours avec **chauffeur**. Pour une location de quelques heures seulement, vous paierez à la course. Pour une durée plus longue, le prix vous sera fixé au km, augmenté des taxes et d'indemnités pour le chauffeur. Un supplément est demandé si le parcours a lieu en montagne ; il en est de même si le véhicule est pourvu de l'air conditionné (indispensable à certaines périodes de l'année). Il n'est pas inutile de vérifier l'état des pneus du véhicule. Pour le reste, sachez que l'on trouve des garages dans toutes les petites localités. Un long périple en voiture permet généralement d'en visiter quelques-uns…

• **Autocars**

Des autocars de luxe circulent régulièrement entre les principales villes du pays. Le nec plus ultra s'appelle « Video Deluxe Coach » ; ce sont des autobus équipés d'un écran qui diffuse à plein volume tout au long du trajet les dernières productions des studios de Bombay ou d'ailleurs. Les autocars ordinaires, très nombreux, inconfortables et toujours surchargés, permettent d'aller à peu près partout pour une somme modique. L'état des véhicules et la conduite pour le moins sportive des chauffeurs réservent ce mode de transport aux voyageurs les plus aventureux.

• **En ville**

Les **autobus** sont très bon marché pour les Occidentaux, mais ils sont le plus souvent bondés et y pénétrer relève souvent de l'exploit. Préférez en toutes circonstances les **taxis**, en général jaune et noir, nombreux dans les grandes villes. Autres moyens de locomotion : les **auto-rickshaws** (ou taxis-scooters), tricycles à moteur très pratiques pour se faufiler entre les voitures immobilisées.

Si vous payez 50 roupies pour une simple course en ville, sachez que ce prix – modeste – est supérieur à celui qu'aurait payé un Indien. Dans tous les cas, il est préférable de convenir à l'avance du prix de la course.

• Code de la route

Le point essentiel est la conduite à gauche. Cependant, vous découvrirez très vite que la tendance dominante est la conduite au milieu, qui impose, lors des croisements, de se rabattre à gauche, généralement le plus tard possible. Quant aux autres règles de conduite, elles n'existent pas, ou, si elles existent, elles ne sont guère respectées. Il y a cependant des signaux de stop à l'intersection des routes principales, mais la protection qu'ils assurent est des plus illusoires.

L'avion

Outre la compagnie nationale ***Indian Airlines***, qui déploie le réseau le plus étendu sur l'ensemble du pays, depuis 1993, le ciel indien s'est ouvert à plusieurs compagnies privées : *Jet Airways, Jetlite/Sahara Airlines, Kingfisher*...

• Réservations

Les Indiens se déplacent beaucoup : mieux vaut effectuer ses réservations plusieurs jours à l'avance, ou même avant votre départ si vous avez une idée précise de votre itinéraire.

• Conditions d'embarquement

Vous devrez vous présenter à l'aéroport au moins 1 h avant le décollage pour les vols intérieurs. Surveillez le poids de vos bagages (qui s'alourdissent d'achats au fil des jours) : les compagnies sont assez strictes sur les excédents de bagages (20 kg autorisés sur *Indian Airlines* pour les vols intérieurs).

Il est interdit de posséder en cabine tout objet pouvant ressembler à une arme (cela va jusqu'au couteau de poche et à la lime à ongles) ; briquets et allumettes sont également interdits.

• Forfaits

Indian Airlines propose trois forfaits « Discover India » de 7 j. (22 000 roupies), 15 j. (33 000 roupies) et 21 j. (44 000 roupies). Le forfait de 7 j. permet sept trajets, les autres un nombre illimité de vols dans tout le pays. La compagnie propose également un forfait « India Wonder Fares » de 7 j. (16 500 roupies) qui donne droit à un nombre illimité de vols dans une des quatre régions aériennes du pays (« Northern India » pour le Rajasthan, le Gujarat, Delhi et Agra).

• Taxe d'aéroport

Les compagnies aériennes incluent désormais le montant de la taxe d'aéroport dans le prix du billet. À noter que certaines villes comme Bombay ou Delhi possèdent plusieurs aérogares, l'une réservée aux vols internationaux, l'autre aux vols intérieurs.

Le train

Très pratique car il permet d'atteindre des régions loin de tout aéroport, le train est en revanche très lent : même à bord des plus rapides, il ne faut espérer parcourir plus de 50 à 60 km/h. Les trains les plus rapides sont les **Express**, viennent ensuite les **Mail**, puis les **Passenger Omnibus**.

Il existe quelques lignes à grande vitesse comme le ***Shatabdi Express***, qui relie Delhi à Agra en 2 h.

Les trains indiens ont un site internet très complet, qui présente l'ensemble du réseau ainsi que les horaires : www.indianrail.gouv.in

• Les classes

Les trains des **Indian State Railways** comportent huit classes de passagers qui ne sont pas toutes représentées dans chaque train : les 1res couchettes climatisées (**First A/C**), qui n'ont rien à envier aux wagons-lits européens ; les 1res assises climatisées (**A/C Chair Car**) ; les 1res couchettes non climatisées (**First Class**), disposées en compartiments de 2 ou 4 passagers (les banquettes sont transformées la nuit en couchettes) ; les 2des couchettes climatisées (**Seconde A/C**), qui se composent de boxes de 4 couchettes séparés par un rideau du couloir où sont installées d'autres couchettes (pendant les grosses chaleurs, préférez cette classe aux 1res non climatisées) ; enfin, les 2des non climatisées (**Sleeper**), toujours bondées : pour les amateurs de contacts humains uniquement, de même que les **2des assises** et les deux types de **3e classe** (climatisée ou non). Encore que l'on ne se sente jamais seul dans les autres catégories de voitures (les trains indiens transportant chaque jour près de 11 millions de passagers).

• Réservation

Elle est recommandée dans toutes les classes. La compagnie des chemins de fer est dotée d'un système de réservation informatisé qui permet depuis la plupart des grandes agglomérations de réserver sur n'importe quel parcours. Une réservation peut être effectuée trois mois à l'avance. Lors de la réservation, vous devrez préciser votre âge et votre sexe afin de permettre à l'ordinateur de répartir harmonieusement les passagers.

BON À SAVOIR

- À Delhi et Bombay, il existe un guichet de réservation pour les touristes étrangers. Avant de commencer votre voyage, vous pourrez y effectuer, une fois pour toutes, l'ensemble de vos réservations de train.
- Toilettes : tous les trains en sont pourvus.
- Consigne (Cloak Room) : il y en a une dans toutes les gares.

• Billets RAC et Waiting List

Lorsque le train que vous souhaitez prendre est complet, demandez au préposé de vous délivrer un **billet RAC** *(Reservation against Cancellation)*. Ce

▶ À l'intérieur d'un compartiment Sleeper.

billet (valable pour les couchettes) vous permet d'embarquer dans le train et de bénéficier d'une place assise. En cas de places réservées et non occupées *(no show)*, vous aurez la priorité pour l'occuper. À la remise de ce billet, le préposé vous dira combien de personnes sont avant vous sur la liste des RAC et quelles chances vous avez de trouver une couchette. Ce type de billet vous donne le droit de monter à bord, contrairement à un billet en liste d'attente *(Waiting List)*, qui ne vous y autorise que si une place se libère effectivement.

• **Forfaits**

Les forfaits « **Indrail Pass** » sont valables pour un nombre illimité de trajets pendant des périodes limitées : de 7, 15, 21, 30, 60 ou 90 jours. Ils existent pour les 1res et 2des classes et sont payables en devises. Ils donnent théoriquement priorité lors des réservations. Au plan strictement financier, ce type de forfait n'est pas véritablement une affaire, à moins de passer ses journées dans le train. À titre d'exemple, un forfait de 7 j. coûte 300 $ en « First A/C », 150 $ en « Seconde A/C ». De plus, vous découvrirez rapidement que beaucoup de trains ne comprennent aucune de ces deux classes. L'avantage de ce type de forfait est qu'ils vous épargneront de longues queues pour acheter votre billet. Pour la réservation, adressez-vous directement au *Stationmaster*. On peut acheter ces forfaits dans les gares des villes importantes et au bureau des étrangers à la gare de Delhi.

• **Le « Titi » maître à bord**

Dans chaque voiture, un TTE *(Travelling Ticket Examiner)* est chargé du confort des passagers. Si vous voyagez de nuit, c'est lui qui vous louera draps et couvertures ; il vous en coûtera quelques roupies. Le stock est généralement insuffisant pour tous les passagers et mieux vaut vous adresser à lui aussitôt monté dans le train. Toutefois, la propreté souvent douteuse des draps incite à se munir d'un sac de couchage.

• **Les repas**

Sur presque toutes les grandes lignes, des repas chauds sont proposés aux voyageurs pour des sommes très modiques. Le préposé passera prendre votre commande et vous apportera votre plateau-repas à votre place. Toutefois, si vous effectuez de longues distances, il est impératif de vous munir d'eau minérale (introuvable à bord, mais disponible le plus souvent sur les quais de gare).

• **Porteurs**

Vous les reconnaîtrez aisément à leur tenue rouge. Ils vous seront très utiles en vous conduisant directement sur le bon quai et porteront vos valises jusqu'à votre place à l'intérieur de la voiture. 30 à 50 roupies selon le nombre de bagages seront une bonne rémunération.

• **Palace-on-Wheels**

Le ministère du Tourisme du Rajasthan a voulu ressusciter la splendeur des trains des maharajas en organisant un circuit exceptionnel à travers l'État. Tracté par une locomotive à vapeur, le train, réservé exclusivement aux touristes, est composé de voitures ayant servi jadis aux déplacements princiers. Au départ de Delhi, ce programme de 7 j. (de sept. à avr., en pension complète) comprend les visites de Jaipur, Chittorgarh, Sawai Madhopur, Udaipur, Jaisalmer, Jodhpur, et Agra. Tarif de 3 250 à 3 965 $, selon la période, par personne, sur la base d'une chambre double.

Rens. sur www.palaceonwheels.net ou auprès du bureau du Tourisme du Rajasthan à Delhi.

D'autres trains « de croisière » proposent des programmes différents dans des

Séjourner

conditions de confort et de prix similaires : ***Royal Orient*** (circuit de 8 j. à travers le Rajasthan et le Gujarat au départ de Delhi : Chittorgarh, Udaipur, Junagadh, Sasan Gir, Palitana, Ahmedabad, Jaipur) ; ***Heritage on wheels*** (voyage de 3 j. à travers le Shekhawati au départ de Jaipur).
Rens. sur www.royalorienttrain.com

Vivre au quotidien

La langue

Les Indiens ont fréquemment recours aux initiales, sigles et acronymes. Aussi ne vous étonnez pas que l'on vous indique, par ex., *MG Road* pour *Mahatma Gandhi Road*.

Les recensements de 1961 et 1971 ont dénombré 1 652 langues parlées en Inde. Parmi elles, 22 ont été déclarées langues officielles dans l'aire géographique où elles sont utilisées. L'**hindi**, principale langue de l'Inde du N., est en théorie la langue officielle de l'Union.
En pratique, l'**anglais**, qui a le statut de « langue associée », est la seule langue pratiquée du S. de l'Inde à l'Himalaya. C'est elle qui prévaut à l'université. Cela ne signifie pas pour autant qu'elle soit comprise par tous, mais, en revanche, elle est pratiquée dans les hôtels, la plupart des restaurants (sauf les plus populaires), où l'on trouvera le plus souvent un menu en anglais, et dans les administrations, les banques et les services d'une manière générale (où les panneaux sont toujours en anglais). Il est indispensable de posséder quelques rudiments d'anglais pour pouvoir se débrouiller seul en Inde. Dans les grandes métropoles et les villes touristiques, vous trouverez toujours un chauffeur de taxi qui parle quelques mots d'anglais.

Merci, connais pas

On ne dit pas merci dans les langues de l'Inde. Sans doute pense-t-on que rendre un service ou faire un cadeau est un geste tout naturel, suffisamment gratifiant en soi. Mais comme il faut bien trouver un correspondant à *thank you* ou à *merci*, que nous employons à tout bout de champ, on utilise parfois *shukrya*, qui vient de l'arabe par le persan, ou le sanskrit *dhanyavad* « soyez prospère ! » – expression rare que les hôtesses de l'air ont mise à la mode pour traduire en hindi le *thank you* qui conclut leurs annonces en anglais.

P. A.

Argent

La roupie est divisée en 100 *paise* (*paisa* au singulier). On trouve des pièces de 10, 25, 50 *paise*, 1, 2 et 5 roupies, et des billets de 5, 10, 20, 50, 100, 500 et 1 000 roupies.
Les Indiens ont la fâcheuse habitude de maintenir les liasses par des agrafes : résultat, les billets sont très souvent troués. S'ils sont trop endommagés, ils sont refusés par les commerçants : il convient donc de vérifier soigneusement l'état des billets lors des opérations de change. Les coupures de 100 et 500 roupies sont trop importantes pour les menues dépenses quotidiennes (taxis, rickshaws, boissons, pourboires…) : il est impératif de se munir de petite monnaie avant de quitter son hôtel.

Change

On trouve des distributeurs automatiques de billets dans toutes les villes d'une certaine importance.

Les hôtels de catégorie moyenne et supérieure sont également habilités à pratiquer le change. Le taux y est sensiblement le même que dans les banques et l'attente infiniment moins longue. Conservez vos bordereaux de change et vos justificatifs de retrait : ils seront indispensables pour reconvertir l'excédent de monnaie indienne au départ (des bureaux de change sont prévus à cet effet dans les aéroports) ou pour l'achat de billets d'avion en roupies. Ils vous seront également demandés à la réception de la plupart des hôtels que vous réglerez en roupies. Gardez néanmoins des devises, car certains hôtels de grand standing exigent ce mode de règlement. Étant donné sa valeur, l'euro est autant accepté que le dollar (espèces et chèque de voyage).

BON À SAVOIR

• La carte Visa est acceptée dans de nombreux établissements, hôtels et restaurants parfois même assez modestes.

• Les banques sont généralement ouvertes du lun. au sam. de 10 h à 14 h (12 h 30 le sam.).

Budget

Un budget moyen est difficile à établir. On peut choisir de voyager de palace en palace, en avion et voiture particulière, ou de traverser le sous-continent à vélo en logeant dans les hôtels indiens les plus simples et en mangeant dans les petites échoppes au bord des routes. Pour voyager dans des conditions simples mais confortables (hôtels de catégorie moyenne, repas au restaurant, déplacement en trains, entrées des sites), on peut prévoir un budget d'environ 50 € par jour et par personne. Il sera largement suffisant pour vous offrir quelques extras. On peut voyager (beaucoup) moins cher en logeant dans les *guest houses* locaux et en se nourrissant sur les marchés.

Pourboires

C'est un usage très répandu et apprécié (restaurants, taxis…) : comptez de 5 à 10 % du prix à payer. Pour les menus services, par exemple les bagagistes qui apportent vos valises dans votre chambre, prévoir 50 roupies. Il est impératif d'être toujours en possession de petites coupures. Il ne semble pas nécessaire, dans un pays miné par la corruption, de donner de l'argent ni même des cadeaux aux policiers et autres fonctionnaires en service.

Décalage horaire

Il y a 4 h 30 (3 h 30 en été) de décalage entre l'Inde et la France : lorsqu'il est midi à Paris, il est 16 h 30 (15 h 30 en été) en Inde. L'Inde n'occupe qu'un seul fuseau horaire.

Vivre à l'heure indienne

Dès 5 h, avant le jour, les temples reçoivent la visite des fidèles qui viennent y faire leurs dévotions avant d'entamer une nouvelle journée. Rues et campagnes s'animent dès le lever du soleil.

L'heure des repas

Les hôtels suivent en la matière les usages internationaux : on y prend le petit déjeuner à partir de 7 h, le déjeuner de 12 h 30 à 14 h 30, et l'on y dîne à partir de 19 h. Signalons que la plupart des grands hôtels possèdent un *coffee-shop* ouvert 24 h sur 24, bien pratique en cas de départ très matinal. Les restaurants en ville ouvrent à peu près aux mêmes heures. Les petites échoppes populaires, quant à elles, servent tout au long de la journée.

BON À SAVOIR
Les bureaux du tourisme en Inde éditent chaque année la liste des principales fêtes avec leurs dates respectives (disponible généralement au mois d'oct.).

Les douze mois du calendrier indien

Le calendrier lunaire divise l'année en douze mois. L'année commence au printemps (mars-avr.), et les mois entre les 20 et 23 du mois grégorien correspondant.

Chaitra : mars-avr.
Vaishakha : avr.-mai.
Jyestah : mai-juin.
Ashadh : juin-juil.
Shravana : juil.-août.
Bhadra : août-sept.
Ashvina : sept.-oct.
Kartika : oct.-nov.
Agrahayana : nov.-déc.
Push : déc.-janv.
Magha : janv.-fév.
Phalgun : fév.-mars

Les lunaisons divisent chaque mois en deux quinzaines *(paksha).*

La première, quinzaine sombre, s'appelle *Krishna Paksha* ; elle prend fin la veille de la nouvelle lune *(Amawashya),* marquée sur les calendriers. Le jour suivant est le premier jour de la quinzaine claire, *Shukla Paksha*, qui s'achève à la pleine lune *(Pumima).*

Ainsi, la foire de Pushkar a lieu chaque année durant *Kartik Shukla* 8 à 15, ce qui signifie que ces festivités débutent le 8e jour de la quinzaine claire du mois de Kartik (oct.-nov.) et s'achève à la pleine lune.

Les banques, administrations et grands magasins comme les *emporia* d'État et les centres commerciaux observent des horaires plus occidentaux. Les administrations sont ouvertes de 9 h 30 à 17 h (13 h le sam.). Les petits commerces populaires ont des horaires plus élastiques : ils ouvrent vers 9 h ou 10 h et ferment à la disparition du dernier client.

Calendrier

Depuis l'indépendance, l'Inde utilise officiellement le calendrier de l'ère commune. Le calendrier religieux traditionnel hindou suit, lui, un cycle lunisolaire de douze mois. Ainsi, les fêtes principales, d'origine agricole, tombent-elles toujours à la même saison, avec un décalage de quelques jours d'une année à l'autre par rapport au calendrier universel. Les fêtes musulmanes respectent le calendrier lunaire de l'islam et sont donc mobiles. Parmi les chronologies ou ères servant à régler la vie religieuse des hindous, l'ère Shaka est la plus répandue ; ce calendrier lunisolaire débute en l'an 78 apr. J.-C. On utilise également l'ère Vikram (lunisolaire, principalement dans l'O. indien), qui débute en l'an 57 av. J.-C. Localement il existe de nombreux calendriers, vestiges de civilisations ou de royaumes aujourd'hui disparus. Musulmans, sikhs, bouddhistes ou jaïns possèdent par ailleurs leur propre mode de calcul.

Jours fériés et fêtes

En dehors des fêtes religieuses célébrées localement avec plus ou moins de faste, il existe des jours fériés chômés dans toute l'Inde.
1er janv. : jour de l'An.
26 janv. : *Republic Day*, Fête nationale.
Mars : Holi.
15 août : anniversaire de l'Indépendance indienne.
2 oct. : anniversaire de la naissance du Mahatma Gandhi.
25 déc. : Noël.
Parmi les principales fêtes religieuses hindoues, célébrées dans toute l'Inde, on retiendra :

• **Janvier-février**

Vasanta Panchami. 5e j. du mois de Magha, consacré à Sarasvati, déesse de l'Éloquence et des Beaux-Arts. C'est une fête célébrée tout d'abord par les intellectuels, au cours de laquelle des livres, des plumes et des pinceaux sont placés devant une image de la divinité. Dans de nombreuses localités du N., c'est aussi l'occasion d'un festival de cerfs-volants multicolores que font évoluer les familles réunies au complet sur le toit de leur maison, d'ordinaire réservé aux femmes.
Mahashivaratri. Le 13e j. du mois de Magha a lieu la nuit de Shiva, que les dévots passent en chants

et actions de grâces. Les 4 j. précédents donnent lieu dans de très nombreuses localités à de grandes foires (danses, chants, manèges dans le style des kermesses) qui attirent des dizaines de milliers de curieux.

• Février-mars

Holi. Fête très populaire de l'équinoxe de printemps célébrée à la pleine lune du mois de Phalguna dans toute l'Inde du N., particulièrement dans l'Orissa ; l'un des aspects les plus voyants de Holi consiste à jeter de l'eau colorée sur les vêtements des passants, aussi bien dans les villes que dans les campagnes.

• Mars

Gudi Parwa. Le 1er j. du mois de Chaitra, qui est aussi le 1er j. de l'année pour ceux dont la vie religieuse est réglée sur l'ère Shaka. On dresse des bannières de soie et d'or au cours de processions en l'honneur de Shalivahan, fondateur légendaire de ce calendrier. C'est le jour des amabilités et du langage châtié, où les injures et grossièretés sont donc prohibées.

▲ Célébration de la fête de la pleine lune en novembre, sur le lac Pichola (Udaipur).

Rama Navami. Du 1er au 9e j. de Chaitra, lorsque les *vaishnava*, adorateurs de Vishnou, commémorent la naissance de Rama, l'avatar du dieu, précisément le 9e j. à midi. Cette fête, particulièrement brillante dans le N. de l'Inde, notamment dans l'Uttar Pradesh où naquit Rama, fait appel à des groupes de danseurs qui retracent des épisodes fameux du *Ramayana*, où sont relatés les exploits du dieu lors de la conquête de Ceylan et l'anéantissement du démon Ravana, dont l'énorme effigie, en bois et en papier, est solennellement brûlée.

• Mars-avril

Hanuman Jayanti. Jour de la pleine lune du mois de Chaitra, pour célébrer la naissance de Hanuman, chef des singes, allié de Rama lors de ses combats contre Ravana. C'est une fête populaire chez les vishnouites.

Gangaur. Fête en l'honneur de Parvati au cours de laquelle les jeunes filles, dans leurs plus beaux atours, se rendent en procession dans les temples pour honorer la déesse. Ce mois est traditionnellement celui des mariages.

• Avril

Vaisakhi. Fête des moissons célébrée dans toute l'Inde du N., particulièrement au Pendjab.

• Juillet

Naga Panchami. Le 5e j. du mois de Shravana, consacré aux *naga*, génies des régions souterraines et des eaux (dans l'O. et le S. de l'Inde, on apporte des fruits et du lait aux serpents sacrés des temples et des sanctuaires domestiques). C'est un jour où l'on s'abstient de labourer la terre.

Janma Ashthami. Le 8e j. du mois de Shravana, célébré par les vishnouites pour commémorer la naissance de Krishna, particulièrement à Mathura et dans ses environs ; importantes *puja* en l'honneur du dieu, avatar de Vishnou, avec des offrandes végétales, l'aspersion et la toilette de ses statues.

• Juillet-août

Narali Purnima. Lors de la pleine lune du mois de Shravana, cette fête de la noix de coco marque la fin de la mousson ; ces fruits sont offerts à la mer, c'est-à-dire à Varuna, dieu des Eaux. À cette occasion, les membres masculins des trois castes supérieures (brahmanes, *kshatriya* et *vaishya*), les « deux fois nés », changent de cordon sacré, symbole d'une seconde naissance.

• Août

Ganesha Chaturthi a lieu le 4ᵉ j. du mois de Bhadra. Cette fête commémore la naissance de Ganesha, le dieu à tête d'éléphant, fils de Shiva et de Parvati, qui est l'une des divinités les plus populaires chez les hindous. Elle est particulièrement haute en couleur à Bombay. Ses dévots achètent des effigies du dieu en argile peinte, qu'ils emportent en palanquin à leur domicile. Elles y seront vénérées pendant une semaine, puis promenées en grande pompe, escortées de tambours et d'autres musiciens, déposées à terre lors d'une cérémonie d'adieu et enfin confiées à un officiant qui ira les immerger dans la mer, un lac ou un cours d'eau. Le jour de Chaturthi (4ᵉ j.), on évite de regarder la lune pour ne pas attirer le malheur sur sa tête.

• Septembre

Dussehra (prononcer « dashara »). De la 1ʳᵉ à la 9ᵉ nuit du mois d'Ashvina, cette fête en l'honneur de Durga, également connue sous le nom de **Durga Puja**, consacre la fin de la mousson. Elle culmine les 8ᵉ et 9ᵉ j. avec des réjouissances et des sacrifices d'animaux (chèvres et parfois buffles) en l'honneur de la déesse, épouse de Shiva. Dussehra était autrefois une fête royale et les armées des princes hindous choisissaient souvent ce jour pour partir en campagne.

• Octobre

Diwali. Également appelée fête des Lumières, marque le Nouvel An pour ceux dont la vie religieuse est réglée sur le calendrier Vikram. C'est la fête des riches négociants (surtout dans l'O. de l'Inde) qui illuminent leurs quartiers de résidence et leurs lieux de travail, et qui distribuent des vêtements usagés. Les célébrations durent 4 j., les 2 derniers j. du mois d'*Ashvina* et les 2 premiers du mois de Kartika, dans une explosion de feux d'artifice et de pétards. C'est la fête la plus gaie du calendrier hindou.

■ Poste

Les services postaux indiens fonctionnent avec régularité mais avec une tendance certaine à la lenteur. Une lettre postée en Inde mettra env. 10 j. avant de parvenir à son destinataire en Europe. Les

Le marchandage, une règle d'or

Dans un pays où le niveau de vie reste très bas, votre condition d'Occidental vous place dans la catégorie des riches. Dans les magasins touristiques, on vous proposera des prix trois à quatre fois supérieurs à un prix « indien ». C'est alors que doit intervenir votre talent pour le marchandage. En la matière, la réputation des commerçants indiens n'est plus à faire. Ils sauront vous faire rêver en vous assurant les yeux dans les yeux que leur famille descend en droite ligne des artisans qui décorèrent le Taj Mahal ou les murs des palais princiers. Et puisque vous êtes français (ou belge, suisse, lituanien...) et par conséquent ami de l'Inde, le brave homme est prêt à consentir un véritable sacrifice. Devant de telles envolées lyriques, ne perdez pas de vue votre objectif principal : l'article qui vous intéresse et le prix que vous êtes disposé à payer. Gardez le sourire et n'oubliez pas que le marchandage est avant tout un échange courtois au cours duquel personne ne doit être le dupe de l'autre. N'entamez pas un marchandage si vous n'êtes pas intéressé. Ce genre de plaisir gratuit est peu prisé des marchands et passera, à juste titre, pour discourtois. Marchander avec des devises en liquide peut s'avérer plus fructueux.

bureaux de poste sont ouverts de 10 h à 16 h 30 en sem. et de 10 h à 12 h le sam. Ils sont fermés le dim. à l'exception de la Grande Poste *(GPO)* des villes importantes, ouverte t.l.j. de 8 h à 21 h 30. On trouve aussi des timbres à la réception de la plupart des hôtels. Évitez de confier au réceptionniste de votre hôtel le soin de poster votre courrier : mieux vaut le glisser vous-même dans une boîte aux lettres, des colonnes de type britannique.

Téléphone et Internet

Le réseau de téléphone mobile couvre la quasi-totalité du territoire indien. Il y a plus de 560 millions d'Indiens abonnés à un réseau de téléphone mobile, soit près d'un habitant sur deux. Vous pourrez généralement connecter votre propre portable à un des réseaux indiens (rens. auprès de votre opérateur). Du fait de cette généralisation du téléphone mobile, on ne trouve pratiquement plus de cabines publiques, ni même de boutiques où l'on pouvait naguère passer ses communications. On trouve partout en revanche, même dans les petites localités, des **cafés Internet** dont les tarifs sont modiques. De plus en plus d'hôtels (même modestes) sont équipés d'un réseau wifi.

TÉLÉPHONER DE L'INDE À L'ÉTRANGER
Composer le 00, puis le code du pays (33 pour la France, 32 pour la Belgique, 41 pour la Suisse), suivi de l'indicatif régional et du numéro du correspondant, sans le 0 initial.

Achats

Une visite aux ***emporia*** des différents États de l'Inde à Delhi *(State Emporia)* vous donnera une idée de la diversité et de l'extraordinaire richesse de l'artisanat indien. Les prix demandés dans ces établissements ne donnent pas matière à

À NOTER
Il est interdit d'exporter des fourrures, des peaux de serpent, des antiquités, et d'importer en Europe tout objet en ivoire.

◀ Les marionnettes de Jaisalmer, en plus d'illustrer la geste ancienne des héros hindous, font d'excellents souvenirs de voyage.

discussion ; c'est exceptionnel en Inde. Partout ailleurs, le marchandage est la règle. À ce propos, il convient de signaler que dans les localités touristiques, beaucoup de magasins (privés) de souvenirs et d'artisanat arborent sur leur devanture la mention « Government Approved » ; cela ne signifie nullement qu'ils sont gérés par l'État. Comme ailleurs, le marchandage s'impose.

Que rapporter

Par la richesse de son artisanat, l'Inde est une invitation permanente à la dépense. Dépense qui au demeurant peut être fort modique, du fait de prix très avantageux pour les Occidentaux. On peut ainsi pour presque rien rapporter de belles cotonnades, des objets en bois sculptés, des marionnettes, des épices. Un peu plus chers (mais bien moins qu'en Europe) sont les soieries, les bijoux, les tapis (préférez ceux qui sont produits par des ateliers qui s'interdisent de recourir au travail des enfants : leurs produits sont signalés par le label « Rugmark » ; rens. sur www.rugmark.org), les objets en argent, les miniatures contemporaines...

Informations touristiques

• Offices du tourisme (OT)

Toutes les localités touristiques disposent d'un office où vous trouverez au moins quelques brochures et un interlocuteur anglophone pour vous renseigner. La qualité de l'accueil et l'efficacité varient d'une ville à l'autre et dépendent en fait des employés ; certains sont muets comme des tombes, d'autres d'une disponibilité et d'une amabilité à toute épreuve. D'une manière générale, mieux vaut vérifier les informations recueillies, notamment les horaires d'ouverture de sites, de trains ou d'avion. Les Indiens éprouvent une répugnance naturelle à avouer leur ignorance – surtout s'ils occupent un poste officiel – et préféreront toujours vous donner une réponse, même fantaisiste.

L'abréviation ITDC identifie les bureaux de tourisme fédéraux. Les offices du tourisme du Rajasthan portent le sigle RTDC *(Rajasthan Tourism Developpment Corporation)* ; ceux du Gujarat sont identifiés par TCGL.

Il existe en fait deux organismes de renseignements touristiques : le ***Government of India Tourist Office*** est géré par l'État fédéral et le ***State Tourist Office*** par l'État concerné, localement. Les seconds sont plus largement implantés, mais préférez-leur, si vous avez le choix, les bureaux de l'État fédéral, mieux documentés.

• Agents de voyages

Ils ne sont pas à proprement parler des bureaux de renseignements. Ils vendent des prestations (billetterie, réservation d'hôtels, circuit organisé, location de voiture avec chauffeur). Certaines agences sont néanmoins dirigées par des professionnels amoureux de leur région et vous y trouverez parfois le meilleur accueil.

• **Guides**

On peut s'attacher les services d'un guide local anglophone par l'intermédiaire des OT de la ville ou de la réception de son hôtel. S'ils ne sont pas toujours très au fait des données historiques ou artistiques, ils seront en revanche très utiles pour vous aider à vous repérer dans des villes où il est parfois difficile de se diriger. Le tarif extrêmement modique de ces guides (env. 350 roupies pour une demi-journée) incite à ne pas se priver de leurs services lorsque cela est nécessaire. Un seul inconvénient : ils ont une propension à vous détourner vers des magasins de souvenirs. On ne peut les en blâmer, et c'est à vous de refuser gentiment ou d'accepter de temps à autre un petit arrêt.

Dans les **temples** en activité, il n'est pas rare d'être « pris en charge » par un brahmane qui se fera un devoir de vous montrer les lieux, moyennant rétribution, bien entendu. Pittoresque dans un premier temps, ce genre de compagnie peut s'avérer lassante (d'autant qu'elle est rarement instructive), surtout lorsque l'on est sollicité dans chaque temple (et l'Inde n'en manque pas). Sachez que leur présence n'est nullement obligatoire pour visiter un temple : éconduisez-les avec politesse, mais fermement.

Médias

• **Presse**

Depuis quelques années, la presse francophone a fait une timide apparition en Inde. On ne trouve pour l'instant les quotidiens et magazines qu'à Delhi, sur Jan Path, à proximité de l'office du tourisme. La presse anglophone (*Herald Tribune*, ou *Times* de Londres) est en revanche bien présente. Il existe de nombreux quotidiens indiens en langue anglaise, tels *Times of India*, *Indian Express* ou *The Hindu* ; vous le constaterez, ils sont peu ouverts aux informations internationales, mais constituent une mine pour approcher les réalités du pays au travers des faits divers.
On trouve également d'excellents hebdomadaires anglophones (*India Today* est le meilleur), dont on lira avec intérêt les articles de fond sur les réalités indiennes, politiques, sociales et culturelles.

Ne manquez pas les éditions du dimanche où plusieurs pages sont consacrées aux annonces matrimoniales. Ce sont les parents qui y présentent leur progéniture : de véritables tranches de vie.

Dans de nombreux **hôtels**, vous trouverez à votre réveil, glissée sous la porte de votre chambre, l'édition du jour d'un quotidien anglophone.

À **Delhi**, découvrez l'hebdomadaire *Delhidiary*, qui donne les programmes des manifestations culturelles ainsi que de nombreux renseignements utiles sur la capitale : disponible dans les hôtels, les kiosques et à l'office du tourisme.

• **Télévision**

Même dans les villages les plus reculés, l'Inde est hérissée d'antennes paraboliques. Dans tout le pays, on reçoit les chaînes d'information anglophones *(BBC, CNN)* ainsi que les chaînes de loisirs internationales. Dans certains hôtels, il est possible de recevoir *TV 5 Monde*.

Santé

Les problèmes intestinaux sont les désagréments les plus courants pour les voyageurs. Il est impératif de suivre les quelques précautions indispensables *(→ encadré p. 34)*. En cas de troubles, cocktail antidiarrhéique et antibactérien s'impose (demandez conseil à votre médecin).

Méfiez-vous de la climatisation des hôtels, des restaurants et des avions ; prévoyez toujours un chandail dans vos bagages. Les piscines des hôtels sont à considérer avec circonspection. Désinfectez la moindre petite plaie.

En cas de troubles persistants, faites appeler un médecin anglophone par votre hôtel, il a généralement l'habitude des maux dont souffrent les touristes. En cas de problèmes graves, prenez contact avec votre assureur et faites-vous rapatrier. En cas d'hospitalisation, faites-vous diriger de préférence vers un établissement privé.

Tenez-vous à l'écart des chiens et des singes, la rage étant assez répandue en Inde. En cas de morsure, dirigez-vous immédiatement vers l'hôpital le plus proche.

Sachez enfin qu'il est très facile d'acheter sur place des tortillons ou de la crème anti-moustique.

▲ À l'entrée des toilettes publiques de Diu.

BON À SAVOIR
Tenue vestimentaire : dans ce domaine également, il convient de respecter certaines règles de bienséance *(→ encadré p. 25)*.

Toilettes

N'en cherchez pas en dehors des hôtels et des restaurants. Il y en a en revanche dans les trains. Dans les longs trajets en bus, il est toujours prévu des arrêts à intervalles réguliers. Il est conseillé d'avoir toujours du papier hygiénique sur soi.

Comportement

L'Inde est l'un des pays qui exigent peut-être le plus de tact de la part des Occidentaux, notamment dans le comportement qu'il convient d'adopter vis-à-vis des spectacles de misère et à l'égard de certains actes religieux, comme ceux qui touchent à la mort, par exemple sur les *ghat* de crémation *(burning ghat)*. Il est des moments où il faut savoir laisser son appareil photographique à l'hôtel. Les Indiens sont très attentifs aux égards et à la courtoisie. Les rapports humains sont en effet largement conditionnés par le système hiérarchique des castes, où chaque individu est tenu de remplir son rang et de rester à sa place. Ils s'inscrivent ainsi dans le cadre de codes bien précis à l'intérieur desquels un Occidental fait rapidement figure d'éléphant dans un magasin de porcelaine. Pas d'autre conseil que de rester courtois et mesuré en toutes circonstances, en gardant à l'esprit que les Européens sont, aux yeux des hindous pieux, des intouchables.

• Visite des lieux sacrés

Pour visiter les temples hindous ou jaïns, les mosquées et même certains sanctuaires bouddhiques pourtant désaffectés, vous enlèverez vos chaussures et les ferez garder à l'entrée contre quelques roupies. Dans certaines mosquées, des babouches vous seront prêtées à l'entrée, contre une petite pièce également. En vous rendant très tôt le matin sur les lieux de visite, vous éviterez de vous brûler les pieds. Sachez aussi que dans les temples hindous, le saint des saints est (sauf rares exceptions) inaccessible aux non-croyants.

• Files d'attente

Voilà au moins un usage que les Britanniques n'ont pas réussi à imposer aux Indiens. Ici les files d'attente s'apparentent davantage à une mêlée ouverte qu'aux paisibles « queues » que l'on admire dans les rues du Royaume-Uni. Le principe fondamental est de ne pas laisser le moindre espace entre votre prédécesseur et vous de sorte qu'aucun resquilleur ne puisse s'immiscer. Bien entendu, la personne derrière vous se fera un devoir de se coller contre votre dos. L'exercice est peu agréable par grosse chaleur, d'autant qu'il se pratique rarement en silence.

• Mendiants

La mendicité est une réalité omniprésente en Inde. Il est difficile d'y rester insensible, comme il est difficile de donner l'aumône à longueur de journée. Il faut savoir également que la mendicité peut être une véritable entreprise avec de véritables réseaux de type mafieux. Ce qui n'empêche pas les misères individuelles. La mendicité remplit également un rôle religieux en permettant à chacun de s'acquitter d'un devoir de charité en donnant l'aumône aux pauvres qui se pressent aux abords des temples, ou aux *sadhu* dont c'est en principe le seul moyen de subsistance. À chacun donc d'agir en son âme et conscience, sans oublier, une fois rentré, les nombreuses associations humanitaires.

Manger à l'indienne

Si vous êtes invité à prendre un repas chez un Indien, ôtez vos chaussures si vous remarquez que vos hôtes n'ont pas les leurs. On vous invitera à vous asseoir devant une table très basse, où l'absence de couvert et la présence d'un *thali* (plateau généralement en aluminium, mais qui peut aussi être une simple feuille de bananier) couvert de coupes et de coupelles *(ketori)* remplis de *chapati* ou de riz, de plats en sauce et de condiments divers, annoncent que vous allez devoir faire preuve d'un petit talent d'imitateur. Observez vos hôtes et vous remarquerez qu'ils prennent de la main droite (la main gauche étant réservée aux actes impurs comme la toilette intime) un morceau de *chapati*. Modelé du bout des doigts en un cornet, celui-ci sera garni de viande et de légumes. Le processus devient nettement plus compliqué lorsqu'il s'agit de rouler en boulette riz et légumes.

Drogue

L'usage, la détention et le trafic de drogue sont interdits et sévèrement réprimés.

Courant électrique

On utilise dans tout le pays du 220 V avec des prises de type européen.

Poids et mesures

L'Inde indépendante a adopté le système métrique. Sur les routes, les distances sont indiquées en km. Néanmoins, deux unités de mesure traditionnelles sont fréquemment utilisées : le *lakh* (100 000) et le *crore* (10 millions).

Photos

L'Inde est une invitation permanente à la prise de vue. Sachez néanmoins qu'il est interdit de photographier les ponts, aéroports, gares et installations militaires. Dans de nombreux musées, vous devrez acquitter un droit supplémentaire au prix d'entrée pour pouvoir prendre des photos. Quant aux scènes de rue, il est toujours préférable de demander l'autorisation – avec un sourire – à votre modèle improvisé. De manière générale, les Indiens adorent se faire prendre en photo et l'on vous demandera certainement au cours de votre voyage de poser à votre tour en compagnie d'une famille indienne en promenade.

Prohibition

La prohibition de l'alcool est appliquée dans tout le Gujarat : on trouve cependant dans les grandes villes des bureaux officiels de vente d'alcool où les étrangers sont autorisés à s'approvisionner. Les hôtels de luxe servent également des boissons alcoolisées à leurs clients. La prohibition de l'alcool n'est pas en vigueur dans le Rajasthan. De plus, certains jours de fête comme l'anniversaire de la naissance du Mahatma Gandhi, le 2 octobre, la vente d'alcool est bannie dans tout le pays, même aux bars des grands hôtels. L'alcool (vins, bières, liqueurs) ne s'achète que dans les boutiques spécialisées (*wine shops*). Abstenez-vous absolument d'acheter de l'alcool à des revendeurs de rue : l'alcool frelaté fait chaque année en Inde des dizaines de victimes.

Astrologues

Pour les actes importants de leur vie (le mariage, la conclusion d'une affaire commerciale, un voyage…), les hindous ont recours au service d'un astrologue avant de prendre leur décision. Ainsi, ne vous étonnez pas de voir dans les hôtels un astrologue tenir boutique entre le coiffeur et le marchand de souvenirs.

Être invité chez les Indiens

Si vous êtes invité chez des hôtes indiens, évitez de leur apporter des fleurs : ce n'est pas l'usage et, comme certaines fleurs conviennent au mariage, au deuil ou à telle ou telle divinité, vous risqueriez de commettre un impair. En revanche, il est toujours possible d'arriver avec quelques sucreries. Si vous apportez à des amis un véritable cadeau, veillez à ce qu'il soit joliment enveloppé et surtout ne vous étonnez pas que vos hôtes déposent le paquet dans un coin sans l'ouvrir et sans même vous dire merci. Rassurez-vous, ils l'ouvriront après votre départ et seront très contents.

Ne vous attendez pas à dîner avec vos hôtes d'un jour. Sauf s'ils sont très occidentalisés, ils se contenteront généralement de vous servir : c'est une marque de grand respect que de « nourrir » quelqu'un. N'oubliez pas d'utiliser exclusivement votre main droite. N'oubliez pas non plus de prendre congé aussitôt le repas terminé. C'est l'usage, même chez les Indiens occidentalisés, où le dîner est précédé par de longs apéritifs.

P. A.

Yoga et méditation

Certains Occidentaux, tentés par l'aventure mystique, vont en Inde pour suivre les enseignements d'un maître de méditation ou de yoga. Dans un passé récent, certains gourous se sont révélés être de fieffés escrocs : restez donc vigilant à l'égard d'un certain « tourisme mystique ». Entrer dans un ashram demande une préparation et un cheminement intérieur qui ne s'improvisent pas.

Sécurité

Même si la sécurité n'est pas un problème majeur, il faut néanmoins garder à l'esprit que 40 % de la population vit dans des conditions si précaires qu'un Occidental passe forcément pour quelqu'un de riche, même s'il voyage à petit budget. Quelques précautions élémentaires doivent donc être respectées. Dans les endroits publics, évitez de brandir des liasses de billets. Mieux vaut avoir une réserve de petites coupures dans une poche et le reste de son argent dans une autre, bien fermée.

Dans les hôtels bon marché, assurez-vous, avant de vous endormir, que votre porte est bien fermée et bouclez vos valises à clef lorsque vous quittez la chambre où vous ne laisserez aucun objet de valeur pendant la journée. Dans le train, faites comme les Indiens : attachez votre valise (fermée à clef) à un pied de la banquette à l'aide de votre propre cadenas. Attention aux pickpockets, en particulier dans les gares et les lieux touristiques, les marchés et certains temples.

Baignades

En dehors des piscines des hôtels, vous n'aurez la possibilité de vous baigner qu'au Gujarat, et encore...Ne vous attendez pas à découvrir des plages organisées et surveillées comme en Europe. Les bords de mer servent souvent de toilettes publiques aux habitants des localités riveraines : méfiance avant d'étendre sa serviette. Les seules réelles opportunités de baignade agréables se trouvent sur l'île de Diu et le long de la splendide plage du Mandvi Beach Resort, au sud de Bhuj.

Réserves naturelles

La période la plus agréable pour visiter les réserves d'animaux va d'oct. à mars. Toutefois, c'est pendant la saison sèche et torride qui précède la mousson (mai-juin) que l'on a le plus de chances de voir les grands mammifères qui viennent se désaltérer aux points d'eau. La visite d'une réserve se fait toujours en compagnie d'un guide du parc, et il est nécessaire le plus souvent de louer un véhicule tout-terrain.

Horoscopes

Par la tradition révélée de l'Inde, il existe un ordre cosmique *(dharma)* et l'homme en est partie intégrante. Entre le microcosme qu'est l'homme et le macrocosme qu'est l'univers, il existe donc naturellement une correspondance. De même que telle conjoncture astrale, observée depuis la plus haute Antiquité, permet de prédire l'arrivée de la mousson qui régit impitoyablement la vie de l'Inde, de même, pense-t-on, la vie quotidienne de chacun est soumise à l'influence des astres, en particulier des planètes, qui sont, dans l'astrologie indienne, au nombre de neuf : à Mercure, Vénus, Mars, Jupiter et Saturne sont joints la Terre, la Lune et les deux « nœuds », ascendant et descendant, de la Lune. Leur représentation figure dans de nombreux temples, où on les vénère particulièrement pour se les rendre propices lors d'occurrences astrales néfastes telles que les éclipses. Des millions d'almanachs *(panchang)* sont publiés chaque année dans toutes les langues, indiquant les moments favorables ou néfastes de chaque jour. Les astrologues *(jyotishi)*, qui sont des brahmanes, sont consultés par des gens de toutes catégories sociales dans les circonstances importantes de leur vie. La date même de l'indépendance de l'Inde, fixée par lord Mountbatten au 15 août 1947, dut être modifiée car, selon les astrologues, ce jour était néfaste : l'indépendance fut déclarée par Nehru le 15 à minuit, c'est-à-dire le 16 août...

▲ Dans une rue de Delhi, une affiche de Bollywood.

Loisirs

Musique et danse

Les grandes villes touristiques du Rajasthan organisent chaque année des festivals folkloriques à destination des touristes. Pour assister à des manifestations plus authentiques, il faut se rendre dans une des nombreuses foires qui jalonnent l'année. Des récitals de musique et des spectacles de danses classiques indiennes *(→ théma p. 254-255)* sont également organisés dans les grandes villes. Reportez-vous aux quotidiens locaux pour en avoir le programme.

Cinéma

Allez au moins une fois au cinéma pour assister à la projection d'un film produit dans un studio indien, un de ces innombrables *massala movies*. Pas besoin de comprendre les dialogues : en général, l'intrigue est mince, seules comptant les scènes d'action ou les parties musicales. Alors, peu de risques qu'une scène capitale vous échappe : elle sera ponctuée par les cris du public. Le spectacle est autant dans la salle que sur l'écran.

Sport

Le sport national, ou plutôt celui où l'Inde remporte ses succès internationaux les plus flatteurs, est le hockey sur gazon, et il n'est pas inintéressant d'assister à un grand match, si l'occasion se présente. Vous pourriez également voir des matchs de cricket ou de polo (à New Delhi et au Rajasthan surtout), un sport où l'Inde a brillé dans le passé *(→ encadré p. 188)*.

découvrir

partir

séjourner

comprendre

visiter

en savoir plus

Des introductions présentant l'identité culturelle de l'Inde

L'Inde aujourd'hui

par Max-Jean Zins

Certains films de la Nouvelle Vague indienne des années 1970 suggéraient que le passage d'une Inde traditionnelle, patriarcale et religieuse, à une Inde moderne, individualiste et capitaliste, sèmerait les germes d'une révolte plus ou moins consciente et solidaire. Quatre décennies plus tard, les thèmes de la littérature indienne sont plus cyniques. Ils dépeignent un monde où chacun tente de se faire une place au soleil. Dans ce gigantesque coude-à-coude d'un milliard deux cents millions d'habitants vers plus de bien être matériel, les victimes collatérales se comptent en dizaines de millions de personnes. L'Inde figure parmi les pays les plus corrompus du monde. La misère s'y étale tandis qu'une poignée de milliardaires paradent parmi les plus grandes fortunes du globe.

Et pourtant… Dans la spirale des transformations qui la bouleversent et qui n'épargnent rien, surtout pas son très spécifique système des castes, l'Inde, l'une des grandes puissances de demain, sait rester ce qu'elle est : un pays de fabuleuse culture, de temples luxuriants et de mosquées ciselées, de châteaux de rêves, un monde de couleurs et de tissus légers flottant au vent, une terre d'épices et de cuisines subtiles, de danses et de musiques, un univers de rites et de mythes liant présent et passé le plus ancien. À n'en pas douter, la découverte de ce pays abritant à lui seul un sixième de l'humanité sera toujours un peu la nôtre…

L'Inde qui brille

« Nous avons fait que l'Inde brille » : ce slogan des nationalistes hindous du Bharatya Janata Party (BJP) leur fit perdre les élections de 2004, car il semblait faire la part trop belle aux nouveaux riches du pays. Pourtant, il avait – et a toujours – sa part de réalité. Une réalité qui remonte au tout début des années 1990, quand le parti du Congrès fait prendre à l'Inde son tournant libéral. Une nouvelle ère commence alors pour le pays, que le jeune Premier ministre Rajiv Gandhi avait à peine eu le temps d'initier avant son assassinat en 1991.

◀ Ganesha, l'une des divinités les plus populaires du panthéon hindou.

L'Inde en bref

• **Superficie** : 3 287 000 km²
Langues officielles : 23 dont l'anglais
• **Capitale** : New Delhi
• **Mégalopoles** (estimation) : New Delhi, 13 millions d'hab. ; Mumbai (Bombay), 16 millions hab. ; Kolkata (Calcutta), 5 millions hab. (plus 15 millions avec le faubourg de Howrah) ; Chennai (Madras), 5,5 millions hab.
• **Institutions** : démocratie parlementaire, République fédérale : 28 États, 7 territoires • chef de l'État : Mme Pratiba Patil depuis juillet 2007 • chef du gouvernement : Manmohan Singh depuis mai 2004.
• **Démographie**
Population : 1,2 milliard d'hab.
Densité : 350,4 hab/km²
Population de moins de15 ans : 30,1 %
Taux de natalité : 21,3 ‰
Taux de mortalité : 7,5 ‰
Taux de mortalité infantile : 49 ‰
Population rurale : 71 % (2008)
Espérance de vie : 66 ans (1970 : 49 ans).
Indice de fécondité : 2,65
Développement humain : 126e rang mondial
Population vivant avec moins de 1 $ par jour (1995-2005) : 34 %
Analphabétisme (2001) : femmes 52,2 %, hommes 26,6 %
• **Religions** (2001)
hindous 80,5 %, musulmans 13,4 %, chrétiens 2,3 %, sikhs 1,9 %, bouddhistes 0,8 %, jaïns 0,4 %
• **Économie**
Monnaie : roupie (56,6 roupies = 1 euro)
PIB/hab. : 950 $ (2007)
Importations (2008) : 377 milliards de $
Exportations (2008) : 280 milliards de $
Dette publique (2009) : 59,6 % du PNB
Taux de croissance du PIB : 9 % en 2007, 6,7 % en 2009
Taux d'inflation : 10,7 % (2009)
Part dans le PNB : agriculture 17,5 %, industrie 20 %, services 62,5 %
L'Inde est le 1er producteur mondial de thé, de beurre, de jute, de sucre, de mil-sorgho, de longs métrages • le 2e producteur d'arachides, de blé, de riz, de mica, de logiciels • le 3e producteur de coton, de tabac, de charbon
Sources : Unesco, OCDE, Census of India, World Facts (chiffres 2010 sauf mention).

Une nouvelle croissance

Au fond, tout est question de chiffres. Dans les années 1960 et 1970, le **taux annuel de croissance économique** avoisinait régulièrement les 3,5 %. Qualifié avec ironie de « taux de croissance hindou », il semblait relever du destin de l'Inde. L'adoption de réformes libérales en 1991 lui fait atteindre des pics de **8 %**, voire 9 %. Abandonnant ses fonctions d'acteur économique direct et de régulateur administratif pointilleux, l'État se donne comme objectif de créer un environnement favorable à la **concurrence** et de favoriser l'intervention de **capitaux étrangers** dans des limites jugées raisonnables et dans des formes censées assurer des transferts pertinents de technologie. L'Inde – c'est là le cœur de sa stratégie – estime qu'elle est assez forte, qu'elle dispose de suffisamment de moyens économiques, technologiques et intellectuels, qu'elle est dotée d'un cadre politique suffisamment stable et efficace pour se lancer dans l'aventure de la **mondialisation**. Aiguillonner la concurrence interne et externe, cela semble pour les dirigeants nationaux, congressistes ou nationalistes hindous, le meilleur moyen de créer de la richesse, d'améliorer le rapport qualité-prix des produits et des services fabriqués et vendus en Inde ou exportés à l'étranger, de conquérir de nouveaux marchés extérieurs. Quitte, ensuite, à tenter de régler les questions sociales qui ne manqueront pas de survenir en chemin.

Les consommateurs, nerf de la guerre

Combien sont-ils ? Nul ne le sait exactement. Peut-être **300 millions**, consommant ou aspirant à consommer produits et services nouveaux. Jeunes, bien vêtus, souvent à l'occidentale, ils sont de tous les spots publicitaires. Tout est fait pour répondre à leurs besoins ou leurs rêves de consommation, notamment au niveau de la fiscalité ou des plans d'épargne. Ils sont les **enfants choyés de l'Inde**. On attend de leurs dépenses qu'elles soient le moteur de la croissance. Les économistes indiens sont en vérité tous plus ou moins keynésiens. Ils savent que ces consommateurs des couches dites « moyennes » en Inde (elles ont un revenu nettement plus élevé que la masse des 800 millions de pauvres) sont minoritaires. Mais ils estiment que, déjà suffisant pour « amorcer la pompe », leur nombre ne cessera de s'étoffer dans les campagnes parmi les paysans aisés comme dans les villes en plein essor. Ils pensent également que l'Inde dans son ensemble bénéficiera peu à peu, comme par « goutte à goutte », des retombées induites par la relance de la croissance à la consommation. C'est ce qu'ils appellent le *trickle down effect* ou « l'effet de percolation ».

On touche là, bien évidemment, l'un des paris les plus sensibles de la stratégie économique de l'Inde. En attendant de voir la majorité du pays rejoindre les rangs des très attractives couches moyennes, l'État indien doit se faire **providence**. Ses fonctions directes ou indirectes de redistribution sont centrales dans le schéma du libéralisme indien. Sur ce point, le parti du Congrès, avec sa longue expérience politique, se révèle plus efficace que le BJP.

Le pragmatisme de l'*intelligentsia*

L'*intelligentsia* indienne est particulièrement brillante, et possède de très anciennes racines ; elles remontent à l'époque où le système des castes et la domination politique des rois – hindous ou musulmans – valorisent **ceux qui savent**, ceux qui transmettent la connaissance des rites, ceux qui se mettent au service intellectuel du pouvoir. Somme toute, les colonisateurs britanniques ne font que se glisser dans le moule ancien en formant pour leurs besoins une élite déjà faite pour apprendre et servir. Quand celle-ci se met à servir la cause de l'indépendance, elle le fait avec tous les nouveaux outils dont elle dispose. Parmi ces outils figure la

« Incredible India »

Le **tourisme** fait partie du *soft power* ou « pouvoir doux » que cultivent aujourd'hui les États pour promouvoir leur image dans le monde et, bien sûr, renforcer leur influence. En 2002, l'Inde décide de prendre le problème à bras le corps. Le ministère du Tourisme lance sa campagne de marketing « *Incredible India* ». Objectif : passer de 2,6 millions de touristes en 2000 à 9 millions en 2020. La campagne démarre sur les chapeaux de roues. Relayée dans le monde entier (affiches, spots télévisés, Internet, articles de presse...), disposant d'un budget de plus en plus important au fil des ans, elle se fonde sur la pluralité des images de l'Inde. Elle sait se faire ironique, comme sur cette affiche montrant un tigre égaré dans une petite guérite moghole où l'on peut lire que « tous les Indiens ne sont pas végétariens ».

Palais des *Mille et Une Nuits*, turbans et saris multicolores ou jungles impénétrables : l'Inde a plus encore à proposer aux visiteurs étrangers. Le tourisme médical y est en rapide expansion, et on s'attend à ce qu'il progresse de près de 25 % de 2009 à 2013, date à laquelle il pourrait générer un revenu de 2 milliards de dollars.

▶ Ambiance studieuse dans les salles de classe … nombreuses universités …rment les informaticiens …diens, réputés pour leurs …étences dans ce domaine.

langue anglaise et le corpus des **valeurs importées de l'Occident** utiles à la formation d'un grand État-nation indépendant. La nécessité d'une éducation de haut niveau, la liberté de parole et de pensée, l'affirmation du soi souverain quant il s'agit de défendre ou transmettre une idée, en somme, l'ensemble de ces notions par lesquelles transite la formation de toute *intelligentsia* qui se respecte, devient l'apanage des élites urbaines indiennes dès la fin du XIXe s. De ce point de vue, parmi ces dernières, nul sentiment d'infériorité par rapport à l'Occident. « Que pensez-vous de la civilisation occidentale ? », demanda-t-on un jour au Mahatma Gandhi. « Ce serait une bonne idée », répondit-il malicieusement.

Le rôle de la diaspora

La diaspora indienne, avec son *Non Resident India* (NRI), nouvelle icône de la croissance, est devenue une composante à part entière de la stratégie de développement de l'Inde à partir de la fin des années 1980. Elle compte aujourd'hui **25 à 30 millions de personnes**. Dans certaines régions, par exemple le Moyen-Orient, il s'agit souvent de travailleurs peu qualifiés mais dont les transferts de salaire se révèlent très utiles pour certains États comme le Kerala. En Europe (plus d'un million de personnes au Royaume-Uni), aux États-Unis (près de 3 millions), au Canada (1 million), il s'agit d'une communauté généralement très éduquée (11 % des doctorants américains sont d'origine indienne). L'Inde réalise que l'intérêt financier et économique de sa diaspora peut aussi être diplomatique et politique. Il n'est pas un colloque international de scientifiques, d'artistes ou d'écrivains qui ne comporte un ou plusieurs intellectuels indiens de haut niveau, et des Indiens ou des citoyens d'origine indienne acquièrent des

Priorité aux formations supérieures

L'Inde d'aujourd'hui poursuit une stratégie offensive de formation supérieure dans ses universités et ses 15 Indian Institutes of Technology (IIT), fleuron de ses réseaux d'ingénierie et de technologie. Parmi les plus récents de ces IIT, deux ont été créés au Gujarat (à Gandhinagar) et au Rajasthan (à Jodhpur) en 2008. En 2015, l'Inde devrait disposer de 15 à 18 millions d'étudiants, former 1,4 million d'ingénieurs par an, doubler le nombre actuel de ses doctorants pour qu'il atteigne 50 000. Revers de la médaille, elle néglige son enseignement primaire, même si des réformes constitutionnelles récentes (2010) ont été adoptées pour le rendre obligatoire. L'Inde privilégie l'excellence et l'un de ses grands défis est d'y intégrer les éléments des couches montantes urbaines et rurales issus des castes inférieures et moyennes aujourd'hui en pleine expansion.

postes de premier rang au FMI, à la Banque mondiale, à l'ONU, voire au sein de l'Administration américaine ou dans des Assemblées élues. New Delhi souhaite former des « **lobbies indiens** » qui, comme aux États-Unis, pourraient conforter son image et sa place dans le monde.

La plus grande démocratie du monde

« La vérité est que la démocratie a survécu en Inde non pas parce que les Indiens sont des démocrates, mais parce que la démocratie est apparue comme l'instrument le plus efficace pour la conquête complaisante du pouvoir. » Cette appréciation de Pavan K. Varma, haut fonctionnaire et écrivain célèbre, sur la démocratie de son pays peut paraître cynique. Mais, réaliste, elle permet de faire comprendre le succès de cette démocratie mieux que les jugements vainement laudateurs ou dépréciateurs sur le « tempérament démocratique ou tolérant » des Indiens ou sur leur « naturelle incapacité » à faire de leur système une vraie démocratie en raison du système des castes, parangon de l'inégalité institutionnalisée.

On vote beaucoup en Inde

L'Inde ne cesse de voter. Au niveau national, elle élit les députés de l'**Assemblée du peuple** *(Lok Sabha)*, tous les cinq ans sauf quand il y une dissolution anticipée. Au niveau des États régionaux qui composent sa Fédération, elle élit les membres des **Assemblées législatives** *(Vidhan Sabha)*, normalement tous les cinq ans également. Elle vote aussi au niveau local des villes et des villages. Elle élit, mais cette fois-ci au suffrage indirect, ses représentants au **Sénat** *(Rajya Sabha)* et son **président de la République** (élu par un large collège électoral tous les cinq ans). En fait, il ne se passe guère d'années ou des millions d'Indiens et d'Indiennes âgés d'au moins 18 ans ne soient appelés à voter à l'issue de campagnes électorales intenses où règne une liberté de parole et de conscience garantie par une Constitution très respectée sur ce point. Lors des élections de 2009, 714 millions d'électeurs et électrices (43 millions de plus que lors du précédent scrutin de 2004) ont été appelés à déposer leur bulletin dans 828 804 bureaux de vote. Plus de 1,3 million d'urnes électroniques étaient disponibles. Les résultats ont été annoncés dans les trois jours suivant la clôture des opérations de vote, qui ont duré quatre semaines. Quel pays fait mieux ?

De la diversité...

L'Inde est une nation extraordinairement diverse. La Constitution recense, outre l'anglais, **22 langues officielles**, mais les linguistes en repèrent plusieurs centaines. Selon le recensement de 2001, **six grandes communautés religieuses** coexistent : 828 millions d'hindous (80,5 % de la population), 140 millions de musulmans (13,4 %), 25 millions de chrétiens (2,3 %), 20 millions de sikhs (1,8 %), 8 millions de bouddhistes (0,7 %) et 4,2 millions de jaïns (0,4 %). Le pays comprend des **centaines de castes** ou *jati* s'empilant dans cinq grands ensembles sociétaux définis par les **quatre castes** *(varna)* que sont les *varna* dites de prêtres (brahmane), de guerriers *(kshatriya)*, de commerçants *(vaishya)* et de serviteurs *(shudra)* auxquels s'ajoute le cinquième ensemble des « **hors castes** » qu'on n'appelle plus aujourd'hui « intouchables » mais « *dalit* » (littéralement « hommes brisés, opprimés »). Et encore, cette classification est trop simple pour rendre compte de la diversité régionale ! Quant aux 28 États et 7 Territoires de l'Union indienne, ils sont tous fiers de leurs spécificités et pour la plupart parlent leur propre langue.

à l'unité

ette mosaïque étaye pourtant une construction politique une et viable. ans sa démocratie vivante et son corollaire, la laïcité, l'Inde aurait sans oute éclaté depuis longtemps. Mais le fait, pour l'État central, d'autoriser 'expression des différences et des divergences lui permet d'être soudé en une **fédération plus centralisatrice que décentralisatrice** au vu des pouvoirs respectifs de l'Union et des États provinciaux. Toute l'intelligence des dirigeants indiens, depuis l'aube de la longue lutte pour l'indépendance nationale, a été de partir du constat de la diversité de leur pays pour mieux en asseoir l'unité. La liberté de parole et de la presse, le droit de grève, de formation des partis politiques, l'existence d'un Parlement élu par tous dans le respect des pouvoirs dévolus aux Assemblées des États, le traitement égal de toutes les religions sans faire de l'hindouisme, très majoritaire, une religion officielle, le droit reconnu de parler la langue de son choix, tout cela a finalement permis à un peuple de vivre ensemble. Tout se passe donc comme si l'unité de l'Inde était renforcé par la reconnaissance de sa pluralité. Certes, cela implique beaucoup de luttes, cela ne va pas sans sérieuses anicroches, sans défauts, sans violences. Mais au fond, sans tous les compromis et les dosages quotidiens que suppose cette démarche, l'Inde ne serait pas la puissance qu'elle est aujourd'hui. Condamnée à la démocratie pour exister, tel semble être le sort de cet immense pays. Une destinée somme toute enviable.

Le temps des notables

Durant les quelque trois premières décennies de l'histoire de l'Inde indépendante, la **notabilité rurale et urbaine** a capté à son profit le système politique. C'est d'ailleurs la raison pour laquelle le paysage politique de l'époque est beaucoup moins agité qu'aujourd'hui. La démocratie ronronne. Les propriétaires fonciers à la campagne et les couches moyennes intellectuelles à la ville sont souvent issues des castes supérieures, elles s'arrangent pour organiser autour d'elles leur clientèle électorale, constituée massivement de personnes hors castes et des castes inférieures. Grâce à ces « **banques de votes** », les élites gagnent les élections et passent entre elles les compromis nécessaires pour amener l'État central à suivre une politique plutôt de centre-gauche de par ses accents socialisants et laïcs. Au niveau des provinces, les politiques mises en œuvre sont plutôt de centre-droit, sauf dans des États comme le Kerala (puis le Bengale occidental après 1977) où les communistes parviennent au pouvoir. Le **parti du Congrès** constitue la pièce majeure du dispositif en place et parvient, grâce à sa pluralité et son absence de discipline rigide interne, à garder le pouvoir et à assurer la stabilité gouvernementale. Le règne (1947-1964) du Premier ministre Jawaharlal Nehru incarne ces « belles années congressistes » au cours desquelles l'Inde jette les bases de son économie mixte et les grands principes de sa politique de non-alignement.

La montée des castes inférieures

Mais l'électorat des castes inférieures et moyennes, prenant conscience qu'il représente l'énorme majorité des votants, commence à percevoir l'intérêt du jeu politique. Dans les années 1970 et 1980, les castes du bas de l'échelle génèrent leurs propres leaders, créent leurs propres partis de paysans moyens, développent des organisations qui, comme le Bahujan Samaj Party (BSP), dans le nord de l'Inde, se donnent pour objectif de rallier les *dalit*. Le processus pousse les partis traditionnels, de droite comme de gauche, à présenter des candidats des castes inférieures lors des élections et à faire voter par les

Assemblées des États des lois de **discrimination positive** en faveur de ces dernières. Des **quotas** sont réservés en faveur des *dalit*, des tribus, des membres des « autres classes arriérées » (*Other Backward Classes* ou *OBC*), fixés sur la base de l'importance numérique de leur communauté respective. Ils sont aujourd'hui le lot commun des politiques des États dans toutes les sphères des examens et concours publics servant de base au recrutement des nouvelles élites. Plusieurs organisations demandent maintenant que les membres défavorisés des minorités, musulmane et chrétienne notamment, bénéficient de quotas.

L'Inde actuelle est ainsi le théâtre d'une formidable **révolution sociologique** portant sur le devant de la scène de nouvelles élites issues du peuple. Il faut cependant reconnaître que ces dernières appartiennent pour beaucoup aux éléments les plus débrouillards, les plus pressés d'appartenir, eux aussi, à ces couches de consommateurs tellement prisées par le pouvoir, tellement attirantes pour des millions de gens qui n'ont rien ou presque pour vivre, mais qui savent que les produits qu'ils désirent existent. Pour Pavan K. Varma, « la démocratie a survécu et prospéré en Inde parce qu'elle a été vite perçue comme l'un des moyens les plus efficaces pour progresser vers le haut de l'échelle sociale, et pour acquérir du pouvoir personnel ainsi que de la fortune ». De là procèdent les paradoxes de la démocratie indienne d'aujourd'hui.

Caste et démocratie

La démocratie indienne porte en elle plusieurs **paradoxes**. Le premier concerne le rapport entre caste et démocratie. Le système traditionnel brahmanique est en train d'imploser. Il repose sur l'idée que les trois plus hautes ***varna*** (brahmane, guerriers et commerçants) sont situées en haut de l'échelle sociale parce qu'elles sont « pures » et que la quatrième, celle des ***shoudra*** destinée à les servir, est « impure ». Quant à la cinquième catégorie, celle des

▲ Scène de vénération autour d'une représentation de Bhimrao Ramji Ambedkar. Bien qu'intouchable, cet homme politique avait pu suivre des études de droit et d'économie au Royaume-Uni ainsi qu'à New York. De retour en Inde, il s'était fait l'avocat de la cause des *dalit*. Il fut le principal rédacteur de la Constitution indienne.

« **hors castes** », elle est si « impure » que ses membres sont considérés comme polluants et donc « intouchables ». À eux d'exercer les travaux rebutants de la vidange, de l'équarrissage, de la tannerie, du traitement des restes mortuaires… Certes, cette idéologie n'est pas encore éteinte en Inde. Mais des millions d'hommes et de femmes de castes inférieures la rejettent désormais. Sans pour autant renier la caste, bien au contraire. Car c'est désormais leur intérêt de se faire répertorier comme *dalit* ou membres d'une autre caste inférieure pour bénéficier des quotas en vigueur. On voit même des gens des castes supérieures essayer de se faire enregistrer comme appartenant aux basses castes pour profiter des lois. De sorte que, si le système des castes dans sa version brahmanique est en train de subir des coups mortels, la caste, elle, se renforce aux yeux de la majorité du peuple. Et c'est non pas parmi les castes inférieures mais parmi les castes supérieures, notamment urbaines, que raisonner en termes de caste est considéré comme dépassé. En d'autres termes, dans l'Inde d'aujourd'hui, caste et démocratie politique ne sont pas contradictoires, toutes deux se nourrissant l'une de l'autre.

Pauvreté et démocratie

Le second paradoxe de la démocratie en Inde a trait au rapport entre pauvreté et démocratie. Les pauvres sont surtout des gens des castes inférieures, et l'écart entre riches et pauvres ne cesse de croître depuis une vingtaine d'années. Pourtant, les pauvres ne boudent pas les élections. Alors que l'abstentionnisme est plus élevé parmi l'électorat défavorisé dans les autres démocraties du monde, en Inde, **le nombre des abstentionnistes décroît régulièrement** (60 % des inscrits ont voté aux législatives de 2009). Et les pauvres votent même en moyenne plus que les riches. Le phénomène s'explique précisément par l'intérêt que les basses castes portent à l'élection comme moyen de gravir l'échelle sociale grâce à la politique des quotas. La caste ne détourne pas la démocratie, elle contribue pour l'heure à l'enraciner dans les pratiques politiques. C'est d'ailleurs l'une des grandes raisons de l'optimisme politique relevé par les sondages d'opinion en Inde, et ce malgré la pauvreté du pays. Si les hautes castes ne bénéficiant pas de quotas se montrent circonspects devant l'avenir et envoient volontiers leur progéniture étudier à l'étranger pour assurer leur avenir, la majorité de l'opinion s'affirme, quant à elle, convaincue que la vie des enfants sera meilleure que celle des parents.

Un sujet tabou

On peut, en Inde, parler facilement de tous les sujets politiques, de religion, de capitalisme, de socialisme, de la gauche, de la droite, du syndicalisme, etc. : les gens le font chaque jour entre eux. En revanche, il est une question « politique » que l'étranger se doit de ne pas poser d'emblée à quelqu'un qu'il ne connaît pas bien : **s'enquérir de la caste de son interlocuteur**. Il s'agit d'un sujet certes central, mais qui concerne l'intimité de l'identité des individus et des familles. Il constitue une donnée complexe et les Indiens, qui en possèdent les clés de compréhension, savent aussi que les étrangers n'en connaissent que très mal tous les tenants et les aboutissants. Il convient donc, si l'on veut être correct et poli, de ne pas demander à un Indien sa caste. Si la discussion se prolonge et devient amicale, il est à peu près certain qu'il abordera lui-même la question, à sa façon. Le respect suppose qu'on lui laisse le choix de le faire, s'il désire le faire.

Un large éventail d'inégalités

Que la démocratie assure la promotion d'élites de castes inférieures n'empêche pas le nombre des pauvres d'augmenter plus vite que celui des consommateurs des classes moyennes. Le phénomène est en partie dû à la croissance démographique (la population indienne actuelle progresse de plus d'un million d'habitants par mois), croissance rendue possible par la baisse du taux de mortalité infantile due au progrès de la santé (vaccinations, hôpitaux, nombre de médecins...). Ainsi, l'essor démographique du pays apparaît comme la rançon de son développement. Mais l'éventail des inégalités demeure très large.

➤ Comment mesurer la pauvreté ?

Les enjeux des chiffres

L'Inde dispose d'une longue expérience en matière de statistiques, de recensements, de sondages et d'élaboration d'échantillons représentatifs de toutes sortes. Il est pourtant très difficile de se faire une idée exacte du niveau du **seuil de pauvreté** en dessous duquel vit une partie de la population. Or, une variation d'un point ou deux dans, par exemple, le calcul des revenus par habitant, peut faire basculer des dizaines de millions de gens au-dessus ou en dessous de ce seuil fatidique. De plus, des politiques gouvernementales sont mises en œuvre en matière d'aides publiques sur la base des données fournies, et les positions des acteurs politiques ou syndicaux se nourrissent des chiffres régulièrement publiés. Enfin, il est clair que soutenir que le seuil de pauvreté baisse ou progresse depuis 1991, année du lancement de la politique économique néolibérale, revient à porter un jugement politique sur la stratégie gouvernementale développée depuis cette date.

Plus de quarante-six points d'écart

Les chiffres les plus « optimistes » sont ceux du gouvernement. Les autorités indiennes affirment que **27,5 %** seulement de la population vit en dessous du seuil de pauvreté en 2005. Le calcul de la **Banque mondiale** est moins favorable. Selon elle, pour la même année, **42 %** de la population indienne est en dessous de ce seuil. Certains **économistes** parviennent à des résultats encore plus sombres. Pour eux, **74 %** de la population se situe en dessous du seuil de pauvreté en 2008 ; et ces derniers d'ajouter que la situation s'est nettement dégradée depuis 1991, notamment en raison du développement du chômage, de la cherté du crédit et de la baisse des revenus agricoles engendrée par celle des prix à la production. Plus généralement, maints commentateurs indiens s'accordent à dire que les inégalités de revenus se sont accrues au cours des deux dernières décennies. De ce point de vue, « l'Inde qui brille » est une réalité ; mais pour combien de personnes ?

➤ L'hypothèque maoïste

Un croissant rouge

« J'ai constamment soutenu que l'extrémisme de gauche constituait sans doute la plus grave des menaces pour la sécurité intérieure de notre pays », affirmait en 2009 le Premier ministre indien. L'essor de la **guérilla maoïste** semble lui donner raison. Il existe dorénavant en Inde une sorte de vaste

-M, issu d'une scission
mmuniste de l'Inde en
ède une base électorale
olide dans l'est du pays.

Selon l'Institute for Conflict Management de New Delhi, 294 insurgés ont été tués en 2009 contre 214 en 2008, et les forces de sécurité (312 morts) ont subi 50 % de pertes en plus que l'année précédente. Dans un rapport récent, la Commission de planification estime que seulement 7,5 % des résidents des 33 districts sélectionnés au sein de la zone où sévissent les maoïstes ont accès à l'eau potable et moins de 15 % disposent de l'électricité.

« croissant rouge » qui, du **Bengale occidental** à l'**Andhra Pradesh**, couvre le Bihar, le Chhattisgarh et le Maharashtra en écornant le Madhya Pradesh, l'Orissa, le Tamil Nadu et le Karnataka. À l'instar des maoïstes népalais ayant provoqué la chute de la monarchie en 2008, les maoïstes indiens prélèvent leurs armes sur les policiers et les militaires qu'ils attaquent. Ils minent les routes, font sauter des cars et dérailler des trains, terrorisent ceux qui leur résistent. Ils disposent cependant d'un soutien dans les zones qu'ils contrôlent, essentiellement rurales et habitées par des populations tribales.

Maoïstes contre communistes

Les maoïstes d'aujourd'hui sont les héritiers du Parti communiste de l'Inde (marxiste-léniniste) ou PCI-ML, né en 1967 d'une scission du Parti communiste de l'Inde (marxiste) ou **PCI-M**. On les appelle souvent « **naxalistes** » par référence aux premières actions armées menées à la fin des années 1960 au Bengale occidental en milieu rural, dans la région de Naxalbari, qu'ils souhaitaient transformer en « base rouge ». Depuis l'origine, ils se heurtent violemment au PCI-M, partisan de la démarche parlementaire, et qui, à la tête d'un Front de gauche, dirige sans discontinuité l'État du Bengale occidental depuis 1977.

La Nano pour le Gujarat

Dernièrement, l'opposition des « naxalistes » au projet d'installation d'une usine du groupe **Tata** au Bengale occidental, destinée à produire la « voiture la moins chère du monde », la Nano, a relancé leur image sur la scène internationale. Cette implantation industrielle, à laquelle le gouvernement communiste du Bengale avait donné son accord, impliquait en effet le déplacement de plusieurs milliers de villageois et la vente de terres agricoles. L'action des « naxalistes », tacitement approuvée par différentes ONG indiennes et internationales ainsi que par la droite bengalie, a contraint la firme Tata à renoncer en 2008 à son projet, qui a été délocalisé au Gujarat, où les maoïstes sont absents du paysage politique. À la grande amertume du gouvernement communiste du Bengale occidental, la Nano se construira donc dans un État dirigé par des nationalistes hindous, à **Sanand**, à environ 40 km d'Ahmedabad.

Les musulmans en Inde

Plus de 150 millions de musulmans

L'Inde, avec l'Indonésie, le Pakistan et le Bangladesh, figure parmi les quatre plus grandes puissances musulmanes de la planète en termes démographiques. Les musulmans y forment la **première minorité religieuse** du pays, loin devant les autres (→ *p. 56*) : selon les dernières projections de 2006, on estime leur nombre à plus de **150 millions** ; ils représentent 9,1 % des 50,7 millions d'habitants du Gujarat et 8,5 % des 56,5 millions d'habitants du Rajasthan, deux États proches du Pakistan qui sont hindous à près de 90 %. Dans un pays où la majorité hindoue représente **830 millions** de personnes (80,4 % de la population), la situation des musulmans revêt évidemment une grande importance politique. La stabilité du pays repose en partie sur la capacité des deux communautés à vivre ensemble.

Des relations difficiles

L'histoire des rapports entre hindous et musulmans remonte à l'arrivée d'un premier islam marchand, pacifique et maritime au VIIIe s., puis d'un second, guerrier et terrien, fait de vagues successives en provenance des régions ouzbeks et afghanes à partir des Xe et XIe s., et qui culmine avec l'installation en Inde du grand Empire moghol au XVIe s. Les relations entre les deux communautés ont toujours été complexes, parfois amicales, parfois hostiles, toujours syncrétiques. En 1947, la **partition** entre l'Inde et le Pakistan s'est faite dans le sang, et le souvenir des massacres entre hindous et musulmans est encore vif dans les deux pays. La communauté musulmane indienne en subit aujourd'hui les séquelles les plus lourdes. Alors que les musulmans indiens, qui se sentent indiens tout comme les membres des autres minorités, n'ont aucune envie de partir au Pakistan, ils se voient sans cesse soupçonnés par certains hindous d'être la « cinquième colonne » de ce pays. Chaque match de cricket entre l'Inde et le Pakistan est ainsi examiné

À part le cricket...

En Inde, si on a l'esprit compétitif, c'est contre soi-même. Essayer de se surpasser par rapport à ce que l'on est : oui ! S'éreinter à vaincre un adversaire qui, par nature, n'est pas vous-même : pourquoi faire ? Là réside une des raisons des maigres résultats sportifs du pays. Depuis 1900, l'Inde n'a récolté que 20 médailles olympiques, dont plus de la moitié en hockey sur gazon. Aux Jeux de Pékin en 2008, elle n'a glané qu'une médaille d'or (tir à la carabine) et deux de bronze (lutte et boxe).
Deux bémols à ce bilan. Le sport de l'Inde, c'est le cricket, mais il ne fait pas partie du menu olympique. De plus, de grands industriels commencent à investir dans le sport, tel Lakshmi Mittal qui a créé en 2005 le Mittal Champions Trust, un fonds destiné à recruter et à entraîner l'élite sportive.
Et l'Inde, qui a organisé les jeux du Commonwealth en octobre 2010, se met à rêver : elle s'est portée candidate pour accueillir les Jeux olympiques de 2020.

à la loupe par ceux qui, en Inde, n'attendent qu'un signe pour dénoncer l'attitude « antipatriotique » des spectateurs musulmans.

Essor de l'extrémisme hindou

Le climat s'est nettement détérioré à partir de la fin des années 1980, avec la montée du **parti nationaliste hindou**, le Bharatiya Janata Party (BJP), au détriment du parti du Congrès. Alors que celui-ci reste attaché à la laïcité (« sécularisme ») de l'État, au sens où toutes les religions doivent être traitées sur un pied d'égalité, le BJP préconise l'hindouisation *(hindutva)* du pays. Il dispose d'organisations fascisantes, l'une paramilitaire (le Rashtriya Swayamsevak Sangh, ou RSS, dont faisaient partie les assassins du Mahatma Gandhi en 1948), l'autre culturelle (Vishva Hindu Parishad, ou VHP). À leur appel, dans la ville d'Ayodhya en Uttar Pradesh, des milliers de fanatiques hindous détruisent en 1992 une **mosquée** du XVIe s. construite sur un temple qui aurait été le lieu de naissance de Rama, puis érigent sur les décombres un nouveau sanctuaire dédié à leur dieu. Cette destruction, qui a soulevé une immense émotion en Inde, et qui n'a pas encore trouvé sa conclusion juridique, a beaucoup contribué à aviver les tensions entre hindous et musulmans.

▲ En 1992, des militants hindous se rendent à Ayodhya, lieu de naissance de Rama. La destruction de la mosquée durant cette année déclencha de violentes émeutes à Bombay et Delhi.

Pogroms au Gujarat

Le 27 février 2002, en gare de Godhra, dans le Gujarat, une altercation oppose des pèlerins hindous de retour d'Ayodhya et des musulmans. On dénombre 59 morts. Le lendemain, les pogroms antimusulmans commencent, notamment à Ahmedabad. Le bilan officiel fait état de plus de 1 200 morts (et plus de 2 500 blessés), mais il s'élève sans doute à quelque 2 000 morts. Le gouvernement du Gujarat et son chef, **Narendra Modi**, une figure de proue du BJP, sont accusés d'avoir couvert, voire encouragé, les émeutiers. Modi est convoqué devant la justice. L'Union européenne, puis les États-Unis, lui refusent un visa d'entrée sur leur territoire. La réprobation internationale ne l'empêche pas de gagner les élections législatives régionales de 2007 puis celles, nationales, de 2009. La réputation de non-violence du Gujarat, l'État de naissance du Mahatma Gandhi, n'en est pas moins entachée.

En janvier 2010, un groupe de parlementaires européens allemands s'est rendu au Gujarat pour y étudier la question des minorités. Il a estimé que l'Union européenne devait maintenir son refus de droit d'entrée sur le territoire de l'UE à Narendra Modi.

Une situation qui se détériore

Toutefois, le cas du Gujarat ne devrait pas masquer une tendance de fond : la détérioration relative des **conditions de vie des musulmans** un peu partout en Inde. C'est ce que suggère en 2006 le « **rapport Sachar** » (du nom du juge qui en présida la rédaction) commandé par le Premier ministre sur « le statut social, économique et d'éducation de la communauté musulmane de l'Inde ». À l'issue d'une minutieuse enquête, ses auteurs concluent que les musulmans, en tant que communauté, sont victimes d'une **discrimination globale** à multiples facettes, en termes d'éducation, de logement, d'emploi et d'image. Le rapport aborde sans fard « le sentiment de malaise » que cela engendre. Il note une sorte de tendance au repli de la communauté sur elle-même, par exemple dans le domaine de l'habitat urbain (« ghettoïsation »). Pire, il estime qu'« en dépit du boom économique [...], les musulmans payent le plus lourd tribut à la libéralisation ». En effet, celle-ci affecte durement le secteur inorganisé, dépourvu de protection sociale ; or c'est là que la communauté musulmane a son principal réservoir d'emplois. De même, les domaines les plus touchés par la concurrence (occidentale et chinoise) sont traditionnellement ceux où les musulmans trouvent du travail : soierie, tissage, cordonnerie, réparation automobile, habillement... Cet écart qui se creuse entre les musulmans et les autres communautés ne manque pas d'inquiéter le gouvernement dans le contexte de l'essor des mouvements islamistes.

➤ L'Inde et les femmes

L'image du dévouement

Le statut de la femme en Inde est contradictoire. D'un côté, la femme bénéficie d'une place importante dans la société. Le phénomène est directement lié au **rôle primordial de la famille**. Même si elle tend à se rapprocher, surtout dans les villes, du modèle nucléaire couple marié-enfants, la famille vit toujours dans un réseau de relations élargies, comprenant les grands-parents, les oncles, les tantes, les cousins, les petits-cousins et toutes les parentés par alliance. Dans ce cadre, la femme est l'objet d'une **forte idéalisation**, que ce soit en tant que mère vis-à-vis de ses enfants, en tant qu'épouse vis-à-vis de son mari, en tant que sœur vis-à-vis de son frère, ou plus généralement en tant que gardienne par excellence du foyer. Dans une société patriarcale dominée par l'homme, elle est conçue comme l'image même du dévouement. Le sacrifice est en quelque sorte son lot. Et c'est parce qu'elle sait se sacrifier pour une cause qui la transcende que la femme suscite toutes les marques de dévotion dont l'Inde est capable, et qu'elle peut rejoindre, dans l'imaginaire, le statut des déesses.

Des postes à responsabilité

Mais il faut aussi comprendre que l'Inde conçoit que la femme puisse légitimement se dévouer à une cause dépassant le cadre de la famille, et qui, par exemple, peut être d'ordre politique comme le service de la Nation. Dès lors que la femme se montre pour ainsi dire la digne servante de la cause qu'elle s'est choisie, on lui reconnaît le droit d'exercer son pouvoir, son intelligence, ses capacités, sa force et sa puissance (l'expression de la puissance, *shakti*, est d'ailleurs une déesse, donc une femme, tout comme le savoir est personnifié par la déesse Sarasvati). Elle aura donc le droit de commander aux hommes, et ce droit sera parfois mieux reconnu et accepté par la société indienne que cela ne l'est dans les pays industriels avancés, car il suscitera le respect et la dévotion de la part des hommes. Au demeurant, le système des castes, si prégnant en Inde, a au moins cela de positif pour les femmes des castes supérieures : elles ont le pas sur les hommes des castes inférieures. Chacun peut donc mesurer, que, dans ce pays, l'inégalité entre les sexes ne trouve pas son reflet systématique dans l'inégalité sociale globale.

Un monde très féminin

Aussi, n'est-il pas surprenant de voir tant de femmes exercer le pouvoir dans le sous-continent indien. Le Pakistan a été dirigé par Benazir Bhutto, et le Sri Lanka a vu deux femmes présider à ses destinées. Au Bangladesh, une femme est Premier ministre, une autre est à la tête de l'opposition. L'Inde a été gouvernée d'une main de fer par **Indira Gandhi**, et c'est **Sonia Gandhi**, d'origine italienne, qui préside le parti du Congrès. Plusieurs États, au Sud comme au Nord, ont eu, ou ont, des femmes au poste de chef du gouvernement. Actuellement, le grand parti *dalit* (« intouchable ») de l'Inde est dirigé par Mme *Mayawati* Naina Kumari, Premier ministre du gouvernement de l'Uttar Pradesh, l'État le plus peuplé du pays. L'Inde est un monde très féminin, au sens fort du terme puisque la puissance est un attribut de la féminité. Les femmes y sont partout chez elles, dans l'espace privé comme dans l'espace public, certes à des degrés divers. Elles bénéficient d'une forte visibilité, à l'image des saris qu'elles portent et qui font de leur pays l'un des plus riches en couleur de la planète.

40 millions d'absentes

Mais la médaille a son revers. Terrible. Car il n'est rien de plus terrible que la vérité nue des statistiques : il manque à l'appel en Inde, au bas mot, 40 millions de femmes. Une véritable hécatombe. Le ratio naturel hommes-femmes dans le monde devrait être d'environ 105 femmes pour 100 hommes. En Inde, à l'exemple de la Chine, le ratio entre les sexes n'est que de 927 femmes pour 1 000 hommes. Plus étonnant, il se détériore depuis un demi-siècle : 976 en 1961, 964 en 1971, 962 en 1981, 953 en 1991 et la chute s'accélère ces dernières années. Pourquoi ?

Un quotidien d'injustices

La première raison de ce déficit de femmes s'explique par une **mortalité infantile** plus grande des filles. On estime que la femme doit attendre d'avoir 34 ans pour qu'elle puisse être l'égale de l'homme devant la mort. Avant, son espérance de vie (un peu plus de 60 ans

Vaches sacrées

En Inde, on fait travailler les vaches, on les houspille si elles dérangent (elles sont d'ailleurs peu à peu interdites dans les villes), mais on ne les mange pas quand on est hindou. En ce sens, elles sont sacrées. Mais pourquoi ? L'anthropologue Charles Malamoud donne une réponse tirée des *Veda*, textes fondateurs de l'hindouisme. Il y est écrit que la vache est la créature du dieu du feu Agni, qui, trouvant sa bête fort belle, s'unit à elle. Son sperme devint alors le lait de la vache.

Ainsi peut-on comprendre le rôle éminent du lait dans la cuisine indienne, puisque ce liquide exprime la pureté du feu – quand un paysan trait une vache, c'est du « lait cuit » qu'il recueille, et non du lait cru. Chez les Indiens, le produit alimentaire le plus pur est le *ghee*, beurre clarifié, obtenu à partir du lait qu'on cuit à plusieurs reprises pour le décanter. Cher, il s'achète en boîte de conserve et s'utilise dans les grandes occasions.

Deux géographies culinaires contrastées marquent d'ailleurs l'Asie : l'Asie du Sud, Asie du lait, et l'Asie sinisée échappant aux *Veda*, où les produits lactés étaient inexistants jusqu'à une époque très récente.

◀ Intervention de Sonia Gandhi au Forum économique mondial à New Delhi en novembre 2006.

en Inde pour tous) est inférieure à celle de l'homme. Les filles sont en général moins bien nourries et soignées que les garçons. On donne souvent la première part de nourriture au petit frère ; sa sœur mange après, et se fait d'ailleurs un devoir de nourrir son frère. De même, on appelle plus rapidement le médecin ou on va plus facilement au dispensaire si c'est le garçon qui est malade. Il en résulte que le corps des filles est affaibli quand il s'agit de lutter contre la maladie ou de supporter un accouchement. C'est par ces **injustices répétées** que se creuse le déficit des femmes, beaucoup plus que dans les « massacres » de petites filles à la naissance, dont la presse est friande. On trouvera toujours des cas de meurtres de petites filles, mais ils sont trop peu nombreux pour faire bouger les statistiques de la mortalité infantile entre 0 et 1 an. Et c'est après cet âge que l'inégalité durable et structurelle s'installe entre les sexes.

Le poids de la dot

En second lieu, les **fœticides** sont devenus un vrai phénomène de société depuis que les progrès scientifiques permettent de connaître le sexe des enfants à naître. Si le fœtus est de sexe féminin, l'avortement pourra être pratiqué ; les familles ne le feront pratiquement jamais s'il est de sexe masculin. Certes, une loi interdit de détecter le sexe des fœtus pour d'autres motifs que médicaux, mais elle est contournée. Parmi les raisons qui président à la suppression des fœtus féminins, la **dot** est un élément important. Une fille coûte cher au moment du mariage, puisqu'il faut la doter. Avoir plusieurs filles peut se révéler financièrement catastrophique pour des milliers de foyers. De plus, dans les terres à blé irriguées et mécanisées du ▶▶▶

Sati

La sati a été interdite en Inde en 1827. Cette pratique désigne le suicide par immolation d'une épouse sur le bûcher funéraire de son mari. En tant que telle, c'est une pratique dévotionnelle très rare - pas plus de cinq cas par siècle selon une étude.

Forcer les épouses à se tuer était plus fréquent. Parfois, on glanait dans les villages les petites épouses, mariées enfant à un mari lui-même enfant, décédé, pour les jeter sur le bûcher. Encore aujourd'hui, il se trouve des criminels qui, pour faire disparaître une épouse, font passer leur crime pour une sati. Dans certains cas, la femme est aspergée d'essence et brûlée comme une torche devant son fourneau. Si la police enquête, on dit que la maladroite a laissé son sari de nylon prendre sur le feu. Mais il s'agit bien de meurtre, pas d'une sati.

Cuisine à l'indienne

E[illegible] hindoue, les hommes offrent aux dieux la première part de nourriture, celle qui est la plus pure ; la part qui leur revient n'est que le reste de cette offrande. Par là même entachée d'impureté, la nourriture impose donc les plus grandes précautions pour être mangée sans risque : cuisiner est une sorte de rituel perpétuel de purification, aux techniques particulièrement élaborées.

▲ Le *ghee* est un produit coûteux, utilisé uniquement lors des repas de fête.

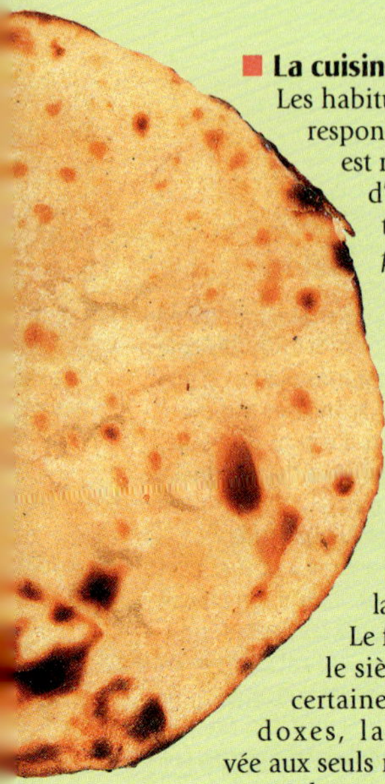

La cuisine, pièce interdite

Les habitudes alimentaires correspondent à la caste, mais il est néanmoins impossible d'établir une classification stricte (*→ encadré p. 35*). Ainsi le végétarisme est très répandu chez les hautes castes (les castes de brahmanes par exemple), mais les castes guerrières, comme les Rajputs du Rajasthan, se donnent le droit de manger de la viande, y compris celle issue de la chasse.

Le **feu** ou le **fourneau** est le siège de la pureté. Chez certaines familles très orthodoxes, la cuisine est réservée aux seuls membres de la famille ou au domestique cuisinier de caste supérieure. Dans un passé pas très lointain, les femmes qui avaient leurs menstruations, jugées impures, ne pouvaient franchir la porte de la cuisine ; les étrangers, bien sûr, étaient bannis de ce lieu ou priés gentiment de retirer leurs chaussures (surtout si elles étaient en cuir) avant d'y entrer. Quant à aller au restaurant, c'est une pratique de masse récente en Inde.

▶ Le *nan* et le *chapati* sont deux formes de pain sans levain, de consommation courante dans le sous-continent indien, et diffèrent simplement par leur forme et leur cuisson. Ils sont frits avec du *ghee* et fréquemment servis avec de la viande, des légumes ou du fromage.

Façon de cuire et restes

La façon de cuire est primordiale dans la préparation des mets. Les produits alimentaires frits dans les dérivés du **lait de vache** (beurre, beurre clarifié ou *ghee*), le plus pur des aliments (*→ encadré p. 68*), sont jugés plus purs que les produits bouillis, qui sont eux-mêmes plus purs que les produits crus, donc non élaborés. La cuisine indienne regorge ainsi d'aliments frits, comme les beignets ou les galettes de blé cuites dans le *ghee*.

Les **reliefs** d'un repas sont une sorte de reste du reste, les aliments dévolus aux humains étant le reste de la part offerte aux dieux. Ils sont donc très impurs. Lors d'un buffet, l'assiette vide et le verre bu sont pudiquement remisés à l'écart de la vue, par terre, au coin d'un mur ou d'un meuble. Retraiter les restes d'un repas pour celui du lendemain est une pratique récente : en Inde, le premier livre de recettes

▲ **L'épice, pierre angulaire de la cuisine indienne, se trouve dans toutes ses variétés sur les étals des nombreux marchés du Rajasthan et du Gujarat, comme ici à Ahmedabad.**

élaborées avec les restes date de 1971. Dans les foyers, le réfrigérateur, un produit de consommation envié, est plein de bouteilles d'eau ou de lait, de plaquettes de beurre ou de friandises, plus rarement de restes.

Manières de table

Manger étant un acte engageant un Soi que l'on doit préserver, le moment du repas pris en commun n'est pas le lieu privilégié de la convivialité. Celle-ci se développe ailleurs, notamment avant le repas, au moment « de **l'apéritif** », plus long en Inde qu'en France (au moins une heure), où l'on sert des aliments liquides et solides, des boissons alcoolisées ou non. Le repas lui-même est plus bref, moins « convivial ». D'ailleurs, les Indiens adorent les buffets : on y choisit ce qu'on souhaite, on s'y sent bien car, seul avec son assiette, on peut défendre son « quant à soi » parmi la foule des convives, et on peut s'en aller quand on veut. Une fois que le repas est achevé, on quitte la maison de l'hôte sans s'attarder.

Bien évidemment, ces remarques ne sont ni un code de bonnes manières, ni une recette du « cuire » en Inde. Chaque famille indienne cuisine comme elle l'entend, au gré de ses traditions, de sa religion, des coutumes de sa caste et de sa région. Et si l'écho de l'héritage culturel védique se fait toujours entendre, la cuisine indienne s'ouvre aujourd'hui à tous les métissages internationaux comme elle s'était déjà ouverte à la grande cuisine musulmane moghole, qui fit du poulet tandoori de couleur rouge – symbole du pouvoir des empereurs – l'un des fleurons de la cuisine du nord de l'Inde.

▲ **Le *tikka masala*, poulet au curry servi avec une sauce au yaourt et à la tomate, est supposément d'origine moghole. Il est des plus appréciés au Royaume-Uni, colonisation oblige : l'ancien ministre des Affaires étrangères Robin Cook est allé jusqu'à le proclamer plat national !**

▶▶▶ nord-ouest de l'Inde, par exemple, les filles constituent une charge nette pour les familles, car il n'est pas nécessaire de faire appel à elles pour travailler dans les champs. La situation est autre dans les régions du Sud, riches en riz, où résonnent encore les échos du vieux système matriarcal : les rizières ont besoin de leurs bras et elles perçoivent un salaire ; le ratio hommes-femmes y est plus équilibré, et ce dans toutes les communautés religieuses.

Le prix des femmes

La valorisation de la **société de consommation** aggrave les effets de la dot pour les femmes : pour des millions de familles des couches moyennes ou désireuses d'en faire partie, la dot devient un moyen d'entrer dans la danse de la consommation. Elle permet rapidement à la famille du fils, le futur mari, de disposer selon ses rêves ou son rang social, qui d'une moto, d'une voiture, d'un réfrigérateur, d'une maison… Alors que la dot commençait à être mal vue dans les années 1970, celle-ci opère un retour remarqué à la fin des années 1980. « Tout le monde » dote, les députés, les industriels, les élus locaux, les familles, les riches, les pauvres (sauf les millions de misérables qui, de toute façon, n'ont rien). La dot s'étale dans les journaux, les réceptions, les cadeaux qu'on montre et remontre. Au bout du compte, le phénomène fragilise la femme qui devient un **objet d'échange** en vue d'obtenir des biens. Les meurtres liés à des conflits de dot se multiplient, des femmes sont brûlées vives dans le secret des maisons et les assassins déguisent leur crime en sati (→ *encadré p. 69*).

À la fin des années 1980, le film *Agnida* (*agni* = « feu » en hindi) du jeune réalisateur Arun Kumar, diffusé à la télévision à une heure de grande écoute, met pour la première fois en évidence les effets pervers du système de la dot dans une société vouée à la consommation. L'Inde, si ouverte aux femmes, découvre qu'elle peut aussi leur être très dure.

La nouvelle puissance indienne

Pauvre, l'Inde mise sur son image de non-violence et de culture pour faire entendre sa voix. Le non-alignement, l'hostilité à l'arme atomique sont ses credo. Mais sa défaite face à la Chine en 1962 lui montre le peu de poids des États sans puissance. Elle accroît ses dépenses militaires, gagne deux guerres contre le Pakistan en 1965 et 1971, procède à un premier test nucléaire pacifique en 1974, puis à cinq essais militaires en 1998. Aujourd'hui grande puissante émergente, elle souhaite devenir membre permanent du Conseil de sécurité de l'ONU. La France la soutient sur ce point.

Le rival chinois

Dès 1947, les dirigeants indiens considèrent la Chine avec une certaine appréhension. Les deux pays partagent une longue frontière fixée par l'Empire britannique sans l'assentiment des Chinois, qui en contestent le tracé. L'Inde sait aussi qu'elle n'a pas les moyens militaires de défendre cette frontière en cas d'attaque, et ce d'autant plus qu'elle ne peut espérer l'aide militaire de l'un des deux blocs puisqu'elle entend rester non-alignée. Dès lors, sa stratégie consiste à aider son grand voisin communiste, que l'Occident refuse de reconnaître, à tisser des liens avec la communauté internationale, avec l'espoir que cela suffira à contenir ses ambitions territoriales. Illustration de cette politique : en 1953, dans un traité commercial bilatéral, l'Inde reconnaît la souveraineté de la Chine sur le Tibet, mais fait inscrire dans le préambule les principes de la **coexistence pacifique** par lesquels les contractants s'interdisent de résoudre leurs différends par la guerre. C'est en fait lâcher la proie pour l'ombre et quand, en 1962, la Chine décide de modifier par les armes le tracé de la frontière, l'Inde subit une humiliante défaite.

Une relation bilatérale apaisée

Aujourd'hui, New Delhi ne craint plus la Chine comme avant. Elle a modernisé ses forces militaires, mais surtout, elle dispose de l'arme nucléaire qu'elle dit avoir développée principalement pour rééquilibrer la balance avec la Chine. Les deux pays n'ont pas encore reconnu officiellement le tracé de leur frontière, et leur différend est toujours susceptible de s'envenimer. Des tensions diplomatiques s'expriment d'ailleurs à l'occasion sur le sujet, la Chine reprochant notamment à l'Inde son soutien au **dalaï-lama**, qu'elle abrite sur son sol depuis sa fuite du Tibet en 1959. Mais leur dissuasion nucléaire réciproque a déplacé le champ de leurs relations vers l'économique et le politique. En 2007, la Chine est ainsi devenue le **premier partenaire commercial** de l'Inde. Et les deux pays, qui savent que le monde les regarde, tentent diplomatiquement d'engranger le bénéfice de leur image respective sur l'échiquier international. Le grand acquis de l'Inde, de ce point de vue, reste sa démocratie : c'est elle qui donne du sens à sa puissance. Et on a tendance à penser, en Inde, que l'hypercentralisation et l'autoritarisme chinois pourraient à terme se révéler néfaste pour le régime.

▲ **Démonstration de la puissance militaire du pays lors d'un défilé à New Delhi en 2004.**

Le Cachemire, point de tension

L'ancien État princier du Cachemire, tout au nord de l'Inde, est la grande pomme de discorde avec le Pakistan. En 1947, son maharaja, un hindou rejeté par la majorité de la population musulmane, hésite sur la conduite à tenir. Doit-il déclarer son rattachement à l'Inde comme le lui permet la loi britannique sur le transfert des pouvoirs au Pakistan et à l'Inde, ou nourrir le rêve d'un État indépendant ? L'intrusion sur son territoire de tribus soutenues pas l'armée pakistanaise lui fait choisir l'Inde, qu'il appelle au secours en octobre 1947. La première guerre indo-pakistanaise éclate. Elle s'achève en 1949 sur la division *de facto* du Cachemire en deux parties l'une indienne, l'autre pakistanaise. Ni la guerre de 1965, ni celle de 1971, ni les combats de 1999 ne parviendront à faire évoluer le *statu quo*. En fait, l'Inde, sans le dire officiellement, se satisferait de cette division. Mais le Pakistan estime que le Cachemire, à majorité musulmane, devrait lui revenir. Le maintien de la tension avec l'Inde constitue en outre pour les militaires d'Islamabad un prétexte utile pour se maintenir au pouvoir.
Le pourrissement de la situation en Afghanistan et la volonté des groupes extrémistes de porter la guerre sainte au Cachemire laissent à penser que la paix pour les 4 millions de Cachemiris indiens et les 2,6 millions de Cachemiris pakistanais n'est pas pour demain. L'un des plus ravissants États himalayens avec ses lacs, ses glaciers, ses rivières, ses vallées fertiles et ses pics enneigés, ne retrouvera pas ses touristes avant longtemps.

L'écharde pakistanaise

Avec le Pakistan, le climat ne s'est jamais vraiment embelli. Les relations entre les deux pays restent marquées par le souvenir des massacres fratricides de la partition de 1947, qui engendrèrent la division de l'Inde britannique et la création du Pakistan. Ce pays s'est à nouveau scindé dans le sang en 1971 quand son aile orientale est devenue indépendante sous le nom de **Bangladesh** avec le soutien de l'Inde, ce qui a alors déclenché une nouvelle guerre indo-pakistanaise. La lutte pour le contrôle du **Cachemire**, objet des deux guerres indo-pakistanaises de 1947-1949 et de 1965, constitue toujours le principal sujet de désaccord entre les deux États. La fin de la guerre froide et la disparition de l'URSS en 1991 n'ont pas contribué à dégeler la situation. Le seul point positif, si l'on peut dire, est que l'Inde et le Pakistan disposent de l'**arme atomique** depuis 1998, ce qui conduit les observateurs à dire qu'une guerre totale entre les deux pays n'est plus envisageable. Cela ne les empêche pas de se livrer à des affrontements armés, comme en 1999 dans le secteur himalayen de **Kargil**, toujours susceptibles de dérapages inquiétants. Les deux armées sont en fait constamment sur le qui-vive tout le long de la frontière.

La 3e armée du monde

Les dépenses militaires indiennes actuelles représentent officiellement environ 13 % du budget national. Leur montant a été multiplié par 9 de 1990 à 2010. De type professionnel, l'armée indienne est la 3e du monde par le nombre après la Chine et les États-Unis. Elle dispose de plus de **4,5 millions d'hommes** (et de femmes), sans compter les forces auxiliaires. Elle bénéficie d'une solide réputation de compétence dans un pays où la jeunesse ne se précipite pas dans les bureaux de recrutement, sauf lors des grandes fièvres patriotiques comme pendant la guerre de Kargil de 1999. L'armée indienne est également très bien équipée (le pays est l'un des premiers importateurs d'armes de la planète, les États-Unis et Israël sont ses premiers fournisseurs). Elle sait aussi se mobiliser en cas de **catastrophes naturelles** – ce fut le cas lors du tremblement de terre au Gujarat en 2001 – et son rôle est alors apprécié par la population.

Effets du bourbier afghan

On doit reconnaître que l'évolution actuelle de la situation en Afghanistan ne semble guère propice à l'amélioration à moyen terme des rapports indo-pakistanais. Le retrait des forces américaines et de l'OTAN annoncé par le président Barack Obama, lié à l'enlisement des armées sur le terrain et au déficit de crédibilité des autorités de Kaboul dans leur pays, conduit Washington à chercher de nouveaux interlocuteurs parmi les **talibans**. Or l'**armée pakistanaise** est la seule institution de la région à entretenir des liens, certes complexes mais étroits, avec ces derniers. La place qui lui est attribuée dans la résolution du conflit ne peut que provoquer des inquiétudes du côté de l'Inde. New Delhi, après les attentats du **11 septembre 2001**, s'était posée comme le grand soutien de la démocratie face au terrorisme dans la région. Elle avait soutenu l'effort de reconstruction de l'Afghanistan. L'Inde avait pris des positions défavorables à l'Iran au sein de l'Agence internationale de l'énergie atomique. Elle avait renforcé son amitié avec les États-Unis dans tous les domaines, y compris militaire et les dirigeants des deux pays ont conclu en 2008 un important accord nucléaire. Le retour sur le devant de la scène de l'armée pakistanaise la rend un peu amère, et lui fait craindre qu'Islamabad n'en profite pour lui rendre la vie plus difficile au Cachemire. Dans ce contexte, l'Inde, réaliste, semble avoir choisi de diversifier ses relations avec ses voisins immédiats ou plus lointains, notamment la **Chine** et la **Russie**, sans renoncer à ses amitiés occidentales. L'écharde pakistanaise continuera sans doute encore longtemps à la piquer.

L'ambition indienne

La confrontation avec le Pakistan entrave inévitablement le rôle régional de l'Inde. De plus, la taille et la puissance indienne provoquent immanquablement des sentiments ambivalents chez ses petits voisins. La seule association régionale de la zone, la **South Asian Association for Regional Cooperation** (SAARC), créée à l'initiative du Bangladesh en 1985, joue de ce fait un rôle limité. Dans ces conditions, l'Inde a tendance à regarder hors de sa sphère immédiate pour chercher à

La South Asian Association for Regional Cooperation (SAARC), dont le secrétariat permanent est situé à Katmandou, regroupe, outre l'Inde et le Pakistan, le Sri Lanka, le Népal, le Bangladesh, le Bhoutan et les îles Maldives. Selon sa charte, toutes ses décisions doivent être prises à l'unanimité et elle ne peut se saisir de problèmes bilatéraux concernant ses membres, seules les questions multilatérales sont de sa compétence.

Créée en 1967, l'Association of Southeast Asian Nations (ASEAN) comprend aujourd'hui l'Indonésie, la Malaisie, les Philippines, Singapour, la Thaïlande, Brunei, la Birmanie (Myanmar), le Cambodge, le Laos et le Vietnam.

Créé en 2001, l'OCS regroupe la Russie, la Chine, le Kazakhstan, le Kirghizistan, le Tadjikistan et l'Ouzbékistan.

▲ **Dmitri Medvedev, Lula, Hu Jintao et le Premier ministre indien Manmohan Singh durant le second sommet du BRIC (« Brésil, Russie, Inde, Chine »), mouvement de coopération entre les quatre pays dont le poids économique devrait compter parmi les plus importants au XXIe s.**

conforter son commerce, ses échanges, ses ambitions nationales. Elle regarde vers l'Asie du Sud-Est et l'**ASEAN** dont elle est « partenaire sectoriel », vers l'Asie centrale et l'**Organisation de coopération de Shanghai** dont elle est « État observateur », vers la Russie avec laquelle elle entretient un « partenariat stratégique », vers l'Amérique, vers le Moyen-Orient, vers l'Afrique. Bref ! Elle regarde vers le monde, non pas en dominant sa région – le voudrait-elle qu'elle ne le pourrait pas –, mais en confortant son influence internationale. Pour la première fois de sa très longue histoire, l'Inde est convaincue qu'elle jouera dans le monde de demain un rôle qu'elle n'a encore jamais eu. On peut penser que ce monde-là, au regard de ce qu'est l'Inde et de ce qu'elle peut lui apporter, y trouvera lui aussi son intérêt.

Histoire de l'Inde

par Jacques Pouchepadass

Ce qu'il est convenu d'appeler histoire de l'Inde, c'est celle de l'espace compris entre l'arc montagneux de l'Himalaya et de l'Hindu Kuch et les côtes du Deccan, formidable creuset où se sont fondus les peuples migrants ou envahisseurs arrivés d'Asie centrale, par vagues successives, au fil des siècles. Ce sous-continent n'a connu, avant le XVIIIe siècle, que trois phases de cohésion politique relative, et n'a formé un État réellement unitaire que pendant les deux siècles de la colonisation britannique. Aujourd'hui, il est de nouveau fractionné en une demi-douzaine d'États indépendants.

Cet ensemble infiniment divers a pourtant toujours été perçu de l'extérieur comme une aire culturelle dotée d'une personnalité propre, dont les habitants partageaient une vision distincte du monde et de la société. Il a été nommé « Inde » par les Perses et les Grecs antiques d'après le fleuve Indus. L'appellation générique « hindou » est également d'origine étrangère et n'a pas d'équivalent dans les langues indigènes, qui ne conçoivent pas la « religion » comme un domaine séparé de la vie en général.

Histoire

Aux origines de la civilisation indienne

Si les premiers outils de pierre taillée trouvés sur le sous-continent indien remontent à presque deux millions d'années, le néolithique, en revanche, y a été comparativement tardif (IIIe millénaire avant l'ère chrétienne). Une région, toutefois, fait exception : le Baloutchistan, dans la zone où les vallées du plateau iranien débouchent sur la plaine de l'Indus.

La civilisation de l'Indus (2500-1500)

Au Baloutchistan a pris naissance, à la fin du VIIIe millénaire av. J.-C., en même temps qu'au Moyen-Orient, une des plus vieilles agricultures de la planète. De ce monde paysan est issue, 4 000 ans plus tard, la civilisation urbaine de l'**Indus**, contemporaine de celle de Sumer en Mésopotamie. Dans une aire grande comme une fois et demie la France, qui englobe le bassin de l'Indus et les régions adjacentes (dont le Gujarat), on voit apparaître un semis de villes fortifiées à l'urbanisme avancé et surmontées d'acropoles monumentales, dont les principales sont **Mohenjo-Daro** et **Harappa**. Cette civilisation commerce avec le monde iranien et l'Asie centrale, et, par mer, avec la Mésopotamie, notamment à partir de ports dont on a retrouvé les vestiges sur la côte du

Gujarat. Elle a laissé d'admirables sceaux de stéatite gravés de figures animalières et portant des inscriptions que nul n'a encore réussi à déchiffrer. Faute de sources textuelles, on ignore presque tout de son histoire. Son extinction, dans la première moitié du IIe millénaire av. J.-C., est probablement liée à la décadence du commerce et au dépérissement écologique du système de l'Indus.

Aryens et dravidiens

Les termes « aryen » et « dravidien » désignent des catégories linguistiques. Les langues de l'Inde du Nord, dérivées du sanskrit, qui appartient à la famille indo-européenne, sont dites **indo-aryennes** d'après l'appellation *Arya* (« noble ») que les porteurs de la langue védique se donnaient à eux-mêmes. Les langues de l'Inde du Sud appartiennent à la famille **dravidienne** (du sanskrit *dravida*), groupe linguistique homogène et sans parenté formellement établie. C'est sous l'influence des théories raciales du XIXe s. qu'on s'est mis à identifier ces catégories linguistiques à des populations distinctes, dont les différences biologiques et ethniques se seraient perpétuées jusqu'à nous. On interprétait alors l'immigration des Aryas védiques dans le sous-continent comme une invasion de conquérants au teint clair qui auraient repoussé vers le sud les aborigènes dravidiens, à peau noire.

Ce scénario est aujourd'hui remis en cause, et le brassage continuel des populations dans l'histoire exclut de toute façon la perpétuation de types physiques purs. Si l'Inde de langue dravidienne présente bien des spécificités du point de vue des castes, des rites ou des systèmes de parenté, elle n'en est pas moins essentiellement indienne (les langues dravidiennes sont d'ailleurs très sanskritisées). La revendication identitaire dravidienne d'aujourd'hui résonne davantage comme une construction idéologique du militantisme régionaliste.

Les Indo-Aryens et le monde védique (1500-500)

À la même époque arrive du plateau iranien, par les passes montagneuses de l'Hindu Kuch, une immigration de pasteurs semi-nomades, de langue indo-européenne, qui se donnent à eux-mêmes le nom d'**Aryens** (ou **Aryas**). On les connaît par leurs textes sacrés en langue sanskrite, les ***Veda***. À mesure qu'ils se répandent à travers l'Inde du Nord, ces pasteurs se sédentarisent en fusionnant avec les sociétés locales, et se convertissent progressivement à l'agriculture. Leurs prêtres, les **brahmanes**, élaborent en sanskrit une immense littérature de mythes et de spéculations qui est parvenue jusqu'à nous, et dont les plus beaux fleurons sont les épopées du *Mahabharata* et du *Ramayana*, composées vers le milieu du Ier millénaire av. J.-C. L'interpénétration entre la culture indo-aryenne et les traditions autochtones est profonde, non seulement dans la vie matérielle mais aussi dans les domaines des institutions, de la langue et de la religion. Et c'est grâce à ce processus de synthèse extrêmement diversifié que prend forme ce que nous appelons l'**hindouisme**.

L'espace gangétique à l'époque du Bouddha (VIe-IVe siècle)

Dans l'Inde du Nord aryanisée au cours du Ier millénaire av. J.-C., les clans laissent peu à peu place aux royaumes. Les textes divisent déjà nettement la société en quatre « classes » *(varna)* : prêtres, guerriers, éleveurs-agriculteurs et serviteurs, conformément à l'idéologie sociale brahmanique d'où naîtra le système des **castes**. L'expansion démographique accompagne des transformations économiques de grande portée : progrès des défrichements, essor de la riziculture, apparition de l'usage du fer et de la monnaie, renouveau des échanges. La seconde civilisation urbaine de l'histoire indienne s'épanouit bientôt dans la vallée du Gange, où grandissent des villes fortifiées dotées de monuments publics, centres d'un commerce actif.

Au Ve s. av. J.-C. naissent deux sectes religieuses promises à un grand avenir : le **jaïnisme** et surtout le **bouddhisme**, qui traduisent une réaction contre la religion magique des *Veda* et l'exclusivisme social des brahmanes. Un puissant royaume, le **Magadha**, grandit à la même époque sur le Gange. Il englobe déjà la plus grande partie de l'Inde du Nord lorsque **Alexandre le Grand**, après avoir abattu l'Empire perse, franchit l'Indus en 326 av. J.-C. et soumet une partie du Pendjab. Son armée refusant d'aller plus loin, il rentre en Perse l'année suivante, mais en laissant derrière lui des garnisons. Il jette ainsi les bases d'une culture indo-grecque qui fleurira dans l'Inde du Nord-Ouest pendant plusieurs siècles.

L'époque classique

Au cours des derniers siècles avant l'ère chrétienne, les éléments fondamentaux de la civilisation indienne arrivent à maturité : économie et techniques agricoles et marchandes, formes urbaines, idéologie et structure de la royauté hindoue, organisation sociale et religieuse, systèmes de pensée, langue et littérature sanskrites. Le millénaire qui s'étend du IVe au VIe siècle après Jésus-Christ constitue à proprement parler l'âge classique de l'histoire de l'Inde. C'est aussi l'époque des seules phases d'unité politique qu'elle ait connues avant l'âge moderne.

L'Empire maurya (IVe-IIIe siècle)

Le trône de Magadha est usurpé vers 320 av. J.-C. par Chandragupta Maurya. La dynastie ainsi fondée culmine sous **Ashoka** (r. 268-231), qui règne sur l'Inde entière sauf l'extrême Sud. Cet empereur dévot est une des figures légendaires du bouddhisme, alors en plein essor. L'empire, bien que doté d'une bureaucratie et d'une armée permanente, est plutôt une pyramide de royaumes assujettis qu'un État unitaire. C'est alors qu'apparaissent en Inde la grande architecture en pierre de taille et la sculpture sur pierre, où l'on reconnaît des influences de la Grèce et de l'art impérial des Perses achéménides.

L'empire se disloque après Ashoka et l'histoire de l'Inde redevient obscure, sauf au **Pendjab**, où règnent des rois grecs venus de Bactriane au IIIe s. av. J.-C. Dans leurs royaumes, notamment sous le roi Ménandre (r. v. 160-v. 140), s'épanouit une culture indo-grecque où le bouddhisme rencontre l'art hellénistique, et dont le plus beau vestige est un admirable monnayage frappé de portraits royaux.

Tourmentes et splendeurs des « siècles obscurs » (IIe siècle av.-IIIe siècle apr. J.-C.)

Cependant, suite aux mouvements de peuples nomades à travers la haute Asie, l'Inde est confrontée par les passes du nord-ouest à une succession d'invasions. Au Ier s. av. J.-C., les **Shakas** balaient les derniers royaumes indo-grecs et conquièrent le quart nord-ouest de l'Inde, suivis peu après par les Parthes, eux-mêmes supplantés par les **Kushanas**. Sous le long règne de Kanishka (fin Ier-début IIe s. apr. J.-C.), l'Empire kushana s'étend de l'Asie centrale à Bénarès et au Gujarat, avec pour capitale Purushapura (actuelle Peshawar).

Cet empire est un espace de paix où se développent le commerce à longue distance, l'agriculture irriguée et l'urbanisation, et dont les souverains tolérants protègent les religions locales (notamment le bouddhisme, dont l'expansion commence alors vers la haute Asie et la Chine). La philosophie et les lettres sanskrites y fleurissent en même temps que les arts, et notamment

Histoire

L'expansion indienne outre-mer

L'Inde antique a exporté sa culture à travers toute l'Asie du Sud-Est, où l'on trouve des inscriptions sanskrites dès le IIIe s. de notre ère. Ce processus d'indianisation, exemple unique d'expansion culturelle sans conquête militaire, s'est étalé sur plus d'un millénaire. Les villes-temples de Barabudur à Java, d'Angkor au Cambodge et de Pagan, en Birmanie, ont été édifiées entre le IXe et le XIIIe s. par des souverains qui portaient des noms sanskrits. Il n'y a pas eu pourtant de « colonisation » indienne de ces régions, mais une profonde imprégnation par les valeurs religieuses, les conceptions sociales, politiques et juridiques, ainsi que par les traditions littéraires et artistiques de l'Inde. C'est la diaspora des marchands indiens qui a servi de relais à cette diffusion, mais les brahmanes hindous et les moines bouddhistes et jaïns en ont été les acteurs essentiels, en fournissant aux élites locales une tradition savante et une culture politique qui leur étaient nécessaires dans la phase d'émergence des royautés, et dont elles firent un usage immensément créatif.

la sculpture, dont l'inspiration indienne est imprégnée d'influences helléniques. Au **Gandhara**, région carrefour et foyer du bouddhisme située au cœur de l'Empire kushana, l'art gréco-bouddhique, notamment la sculpture, produit alors ses chefs-d'œuvre.

Le morcellement politique du sous-continent n'empêche pas l'essor du commerce et des communautés marchandes ni le développement des villes et des artisanats. Les corporations marchandes sont des institutions puissantes, dont le commerce caravanier et maritime atteint l'Asie orientale et centrale ainsi que la Méditerranée. Le **bouddhisme** et le **jaïnisme**, protégés par nombre de princes et de corporations, connaissent un grand développement, d'ailleurs accompagné de schismes (ainsi, dans le bouddhisme, entre le Petit et le Grand Véhicule). Le mécénat royal et marchand permet une floraison de l'art bouddhique et jaïn, dont témoignent les stupas de Bharhut et Sanchi, les sanctuaires rupestres d'Ajanta et d'Ellora, la sculpture du Gandhara, celle des écoles de Mathura et d'Amaravati.

L'« âge d'or » des Guptas (IVe-VIe siècle)

Une nouvelle entreprise conquérante partie du Magadha se développe à partir de 320 environ, sous la dynastie des **Guptas**. Leur empire s'étend au Ve s. sur toute l'Inde du Nord, du Gujarat au Bengale. Ce grand siècle des Guptas est un âge de prospérité, comme le montrent l'abondance et la qualité du monnayage d'or et d'argent, ainsi que les splendides vestiges du mécénat des empereurs

▶ D'après le *Kamasutra*, il faut, pour garder l'harmonie dans un couple, se parfumer et se maquiller ensemble en se regardant dans le miroir. Miniature indienne de la fin du XVIIIe s.

et des corporations marchandes. Les souverains hindous tolèrent et protègent le bouddhisme, qui est florissant. Les lettres sanskrites connaissent sous leur patronage un bel épanouissement, dont le chef-d'œuvre est la ***Shakuntala*** du dramaturge Kalidasa. Le raffinement des mœurs est illustré par le ***Kamasutra***, manuel de vie et d'amour du jeune homme de la bonne société cultivée. Le temps des Guptas, enfin, est la période classique de la sculpture et de la peinture indiennes *(→ encadré p. 101)*.

L'empire cède au début du VIe s. sous les coups des Huns hephthalites (branche orientale des Huns), cavaliers nomades originaires de l'Altaï qui envahissent l'Inde du Nord et y détruisent les villes et le commerce. Ces Huns, bientôt contraints au repli par un regain des résistances locales, seront finalement anéantis en Asie centrale par les Turcs. Mais cet épisode marque la fin de l'âge classique : l'Inde du Nord replonge dans le morcellement pour six siècles. C'est alors à l'extrême sud du Deccan que la civilisation indienne brille de son plus vif éclat.

L'Inde du Sud dans sa première grandeur

Séparé de la plaine indo-gangétique par des alignements montagneux boisés difficiles à pénétrer, le Deccan a généralement suivi un cours historique autonome jusqu'à l'époque moderne. L'aryanisation y est néanmoins déjà avancée quand le sud de la péninsule, où l'on parle des langues dravidiennes, entre dans l'histoire, vers le début de l'ère chrétienne, lorsque apparaissent les premières inscriptions, rédigées en sanskrit.

Histoire

L'âge du *Sangam* (Ier-IVe siècle)

La vitalité de la culture locale est attestée par les recueils de poésie profane qui composent le ***Sangam***, monument inaugural de la littérature tamoule. La région passe alors de l'âge des chefferies tribales à celui des royaumes et de l'agriculture sédentaire. Elle est dominée par trois maisons royales rivales : Cholas à l'est, Pandyas au sud et Cheras à l'ouest. L'économie prospère de ces royaumes est fondée sur la riziculture irriguée et sur un commerce maritime actif avec la Méditerranée romaine et l'Asie orientale. Cet ordre politique est rompu au IVe s. par des tribus forestières descendues des montagnes du Deccan central, et l'histoire de l'Inde du Sud sombre dans l'obscurité pour 300 ans.

Le monde tamoul, des Pallavas aux Cholas (VIIe-XIIe siècle)

Les VIIe et VIIIe s. sont la grande époque de la dynastie des **Pallavas** de Kanchipuram, à laquelle remontent les premiers monuments de pierre de l'Inde du Sud et la poésie mystique tamoule des douze Alvar. Au milieu du IXe s., la prééminence passe pour quatre siècles aux **Cholas** de Thanjavur. Leur empire méridional, avec ses systèmes d'irrigation et son organisation agraire, est remarquablement administré. Ils appuient l'expansion outre-mer des corporations marchandes et lancent des expéditions maritimes dans l'océan Indien oriental contre le royaume de Shrivijaya, qui règne sur les détroits.

Une diaspora indienne se répand dans l'Asie du Sud-Est, où se développent des États hindouisés. Les souverains cholas, dont le pouvoir est indissociable de leur fonction rituelle, dotent richement les grands temples, dont l'architecture et le décor incarnent (avec le décalage chronologique propre au Sud péninsulaire) l'âge classique de l'art indien à son sommet ; de même toute la statuaire chola, et notamment les bronzes à la cire perdue de Thanjavur.

La prépondérance islamique

Face à une Inde du Nord chroniquement morcelée et affaiblie par des guerres intestines incessantes, la menace des invasions en provenance d'Asie centrale reparaît au XIe siècle. Les attaques sont menées par des conquérants au passé nomade encore frais et récemment islamisés, qui règnent sur l'Afghanistan. Ces invasions, du XIe au XIIIe siècle, ouvrent un nouvel âge de la civilisation du sous-continent, celui de la rencontre de l'islam et de l'indianité.

La conquête turque et le sultanat de Delhi (XIe-XIVe siècle)

L'Inde est d'abord victime, au début du XIe s., d'un chef turc d'Afghanistan, **Mahmud de Ghazni**, qui en trente ans lance dix-sept raids de pillage jusqu'au Gange et au Gujarat, et annexe à son royaume le Pendjab et les régions voisines. Un autre chef afghan, **Mohammed de Ghor**, après avoir vaincu en 1192 la résistance acharnée des princes rajputs enfin coalisés *(→ théma p. 84-85)*, conquiert en dix ans toute l'Inde du Nord jusqu'au Bengale, fondant ainsi le **sultanat de Delhi**.

Cet État musulman n'est d'abord qu'un régime d'occupation militaire sanguinaire et iconoclaste, miné par les rébellions internes et menacé d'invasion au nord-ouest par les Mongols de Gengis Khan. Il se stabilise en 1296 avec l'avènement d'**Ala ud-din**, chef du clan Khalji, qui abat une main de fer sur ses rivaux musulmans et sur les chefs hindous insoumis, repousse les dernières incursions des Mongols, conquiert le Rajasthan et le Gujarat, et soumet en trois campagnes tout le Deccan jusqu'à Madurai.

Naissance d'une culture indo-musulmane

Le sultanat, ensuite, s'indianise progressivement, car les nécessités de la coexistence imposent la tolérance mutuelle. Des contaminations réciproques s'observent dans les pratiques religieuses populaires et les courants mystiques, comme dans l'architecture et la musique. L'**islam** devient progressivement une composante

▲ Tamerlan sur son trône par Rembrandt (musée du Louvre).

de la civilisation de l'Inde. Le sultanat décline sous la dynastie des Tughluq (1320-1413), qui perdent le Deccan, l'Inde centrale puis le Bengale. Le coup de grâce lui est porté en 1398 par le conquérant turc Tamerlan *(→ encadré p. 342)*, qui lance un raid de pillage dévastateur sur Delhi et la vallée du Gange, laissant l'Inde du Nord dans le chaos.

Vijayanagar et les monarchies régionales (XVe-XVIe siècles)

De l'anarchie qui suit émergent, au début du XVe s., une quinzaine d'États régionaux, tous musulmans (comme le royaume du Bengale ou les sultanats du Gujarat et du Deccan), sauf le Rajasthan et Vijayanagar. Dans l'Inde du Nord, les Rajputs du **Rajasthan** reconstituent leurs royaumes et se regroupent en confédération sous la direction de Rana Kumbha (r. 1431-1468). Au sud, l'empire de **Vijayanagar**, fondé en 1336 au cœur du Deccan, englobe un siècle plus tard la plus grande partie de l'Inde péninsulaire. Sa puissance militaire s'appuie sur un réseau de forteresses stratégiques, et son économie sur la riziculture irriguée des plaines côtières ainsi que sur le grand commerce maritime des deux côtes du Deccan. L'**hindouisme** y est florissant, comme les lettres sanskrites et dravidiennes, les sciences et les arts, que le mécénat royal et aristocratique favorise, à l'écart des influences persanes qui s'exercent dans les États musulmans. L'empire de Vijayanagar sera abattu en 1565 par une coalition des sultanats du Deccan septentrional.

À la fin du XVe s., l'expansion navale des Portugais *(→ encadré p. 309)* met fin à la domination commerciale des musulmans dans l'océan Indien. Vasco de Gama prend pied sur la côte occidentale du Deccan en 1498. Son successeur Albuquerque donne à l'empire maritime portugais ses points d'appui sur tout le pourtour de l'océan Indien, et s'empare en 1510 du port de Goa qui devient sa capitale. L'ère du contact direct entre l'Inde et l'Europe est désormais ouverte.

L'Empire moghol

Après le siècle de divisions qui suit le raid de Tamerlan, l'Inde du Nord est de nouveau unifiée par un conquérant musulman originaire d'Asie centrale. L'empire qu'il y fonde, élargi par ses successeurs au sous-continent tout entier, est contemporain de la Renaissance européenne et du « siècle de Louis XIV ». Il fait de l'Inde une des grandes puissances des Temps modernes. ▶▶▶

Une puissance économique à l'âge moderne

Dans l'océan Indien, avant la navigation à vapeur, le commerce a toujours été rythmé par les inversions saisonnières de la mousson. Ne pouvant traverser tout l'océan en une saison, les navires relâchaient à mi-course sur les côtes de l'Inde. Cet avantage de situation fit la fortune des ports indiens, et particulièrement ceux du **Gujarat**, faciles d'accès en suivant les côtes depuis la mer Rouge ou le golfe Persique, et débouchés naturels pour l'exportation des produits de l'Inde du Nord et du centre. Bien des navires venus de l'ouest se dispensaient d'aller plus loin, car ils trouvaient là, outre les épices et cotonnades de luxe de l'Inde, les clous de girofle et la muscade de l'Asie du Sud-Est ainsi que les soieries et porcelaines apportées par les jonques chinoises à Malacca, où les marchands indiens allaient les quérir pour les entreposer dans leurs ports.

Du XVe s. au début du XVIIIe s., et bien que les Européens soient maîtres de la mer à partir du XVIe s., le Gujarat détient le plus gros commerce maritime et la plus grosse production textile de toute l'Inde. Ses ports cosmopolites, Cambay puis Surat en tête, travaillent avec des communautés de marchands gujaratis expatriés sur tout le pourtour de l'océan. Cette diaspora, majoritairement musulmane, a puissamment contribué à l'islamisation de l'Asie du Sud-Est.

Les Rajputs, fiers guerriers

Les Rajputs sont la grande caste princière et guerrière de l'Inde du Nord. Certains de leurs clans revendiquent des ascendances royales plus que millénaires, mais les Rajputs n'ont émergé comme groupe social doté d'une identité propre que progressivement, à partir du XIe siècle.

À l'origine du nom

Au XIe s., le terme « Rajput » (du sanskrit *rajaputra*, « fils de roi ») apparaît dans les inscriptions indiennes pour désigner un homme qui exerce localement un pouvoir acquis par la force militaire. Il s'appliquait généralement à un chef de guerre et à ses compagnons d'armes qui, s'étant emparés d'une région, y avaient fondé une principauté, où ils régnaient en seigneurs et protecteurs sur les villages tout en y prélevant les redevances foncières. Ce titre sanctionnait leur mérite personnel et leur position d'autorité, sans considération d'ethnie ou de rang social d'origine. Il attestait qu'ils étaient reconnus par la collectivité comme *kshatriya*, c'est-à-dire membres de la classe noble et militaire de l'ordre social hindou, qui n'est inférieure qu'aux brahmanes.

◄ **Armure rajpute de l'époque moghole (XVIIIe s. ; musée de l'Armée, Paris).**

Une communauté militaire

Ces gens de guerre provenaient pour la plupart des zones sèches de l'Inde du Nord et du centre (et notamment du Rajasthan), pays de tribus nomades et de paysanneries déshéritées. Nombre d'hommes de ces régions, pour améliorer leurs maigres revenus, allaient chaque année se louer pendant la morte saison comme fantassins ou cavaliers là où l'on recrutait des soldats. Ce marché de l'emploi militaire était le vivier des Rajputs, qui ne constituaient donc pas une caste homogène et fermée, mais un groupe mélangé en renouvellement constant. Et comme on gagnait ce statut en suivant un chef dans ses entreprises militaires, les Rajputs étaient disséminés à travers l'espace indo-gangétique en une multitude de chefferies fréquemment exposées aux vicissitudes de la guerre.

Un imaginaire social héroïque

Cet ensemble humain, bien que composite et dispersé, était néanmoins uni par une identité affirmée et des valeurs communes. Un Rajput se définissait d'abord comme membre de son clan, groupe de solidarité se réclamant d'un ancêtre commun mythique et divisé en une multitude de lignages aux liens

◀ **Sous l'influence moghole, les Rajputs se firent élever des cénotaphes ornés de stèles où figurent les rois défunts et leurs épouses.**

généalogiques souvent fictifs, mais symboliquement puissants.
En second lieu, tout Rajput adhérait avec flamme à un idéal chevaleresque de bravoure personnelle et de loyauté envers son chef, ainsi qu'à un code intransigeant de l'honneur. Ces règles de conduite sociale avaient toutefois leur revers : la guerre étant pour les Rajputs un véritable style de vie, clans et lignages étaient en concurrence ou en conflit permanent, si bien que cette élite guerrière de l'Inde ne sut presque jamais s'unir pour faire obstacle aux envahisseurs.

Les Rajputs sous l'Empire moghol

Ils y parvinrent pourtant face au conquérant moghol Babur, mais furent écrasés en 1527. Akbar (r. 1556-1605), petit-fils de Babur, réduisit en 1567 les derniers chefs rajputs insoumis. Il enleva notamment la formidable forteresse de Chittor (aujourd'hui Chittorgarh), où les assiégés se firent tuer jusqu'au dernier, après avoir sacrifié leurs femmes et leurs filles pour leur éviter le déshonneur aux mains de l'ennemi. Devenus vassaux des Moghols, les chefs rajputs servirent loyalement l'empire, dont Akbar leur ouvrait les plus hauts emplois. Leurs royautés, jusque-là simples chefferies combattantes, devinrent alors des États organisés. Les bardes attachés aux maisons royales et aux grands lignages composaient la grande tradition mythique des Rajputs, qui fixe à trente-six le nombre des clans royaux de la caste et leur attribue des ascendances célestes (→ *encadré p. 112*). C'est alors seulement que les Rajputs évoluèrent en véritable caste, régie par des règles strictes en matière de mariage, et dont on est membre par naissance.

La fin des royaumes rajputs

Les Britanniques, en 1818, passèrent des traités de protectorat avec les États du Rajasthan sans les annexer. Les princes rajputs leur témoignèrent en retour une loyauté sans faille. Mais ces royaumes désarmés n'étaient plus que les vestiges d'un ordre politique révolu. Les chefs de l'Inde indépendante les amenèrent dès 1947 à fusionner avec l'Union indienne. Les Rajputs, dont les familles princières sont encore très respectées par la population, ont néanmoins réintégré le cadre commun de l'humanité. Ils forment aujourd'hui une caste d'exploitants fonciers présente dans toute l'Inde du Nord.

▲ **Rajputs du Pendjab vus par l'occupant britannique (gravure de l'*Illustrated London News*, 1876).**

▸▸▸ La conquête moghole

Le sultanat de Delhi, cinquante ans après le raid de Tamerlan, se reconstitue partiellement sous les **Lodis** (1451-1526). Mais ses luttes internes en font une proie facile pour **Babur**, descendant de Tamerlan et de Gengis Khan, brillant capitaine et fin lettré, qui s'est taillé un royaume en Afghanistan. Vainqueur des Lodis à Panipat en 1526, il s'empare de Delhi et d'Agra, et fonde l'Empire « moghol » (corruption du mot « mongol »). Il écrase, l'année suivante, le grand Rajasthan confédéré mené par Rana Sanga. Son successeur Humayun est détrôné en 1540 par le noble afghan Sher Khan. Sous le nom de **Sher Shah**, ce soldat et homme d'État hors pair règne pendant cinq ans sur presque toute l'Inde du Nord, et en réorganise magistralement le gouvernement. Mais sa mort accidentelle en 1545 permet à Humayun de reconquérir son trône avec l'appui perse, avant de disparaître accidentellement à son tour.

▲ Le Grand Moghol Akbar, qui fonda Fatehpur Sikri.

Akbar le Grand

L'expansion reprend sous son fils **Akbar** (r. 1556-1605), qui régnera sans partage sur l'Afghanistan, l'Inde du Nord et le nord-ouest du Deccan, où il s'empare en 1573 du **Gujarat**, première région économique du sous-continent *(→ encadré p. 83)*. Excellent homme politique, il ouvre les emplois supérieurs de l'État à toutes les composantes de l'aristocratie du pays, et notamment aux princes rajputs, pratique la tolérance à l'égard des hindous, supprimant l'impôt sur les non-croyants, et développe un culte impérial syncrétique qui s'adresse aux hindous comme aux musulmans *(→ encadré p. 380)*. Sur les bases établies par Sher Shah, il dote ses territoires d'une solide armature administrative et fiscale, dont les Britanniques recueilleront l'héritage deux siècles plus tard.

Le siècle des Grands Moghols (1605-1707)

L'apogée impérial se poursuit sous les règnes de **Jahangir** (r. 1605-1628) et de **Shah Jahan** (r. 1628-1658). L'empire, soutenu par une armée nombreuse et redoutable, inclut désormais tout le Deccan, sauf l'extrême Sud. L'ordre régnant favorise le développement du commerce et des manufactures, ainsi que l'essor urbain. Lahore, Delhi, Agra et Ahmedabad comptent alors parmi les plus grandes villes du monde. Le faste de la cour et le souci du prestige chez les grands suscitent une magnifique floraison d'art indo-persan, dont le chef-d'œuvre emblématique est le **Taj Mahal**.

La crise politique (1707-1757)

Le déclin commence sous **Aurangzeb** (r. 1658-1707), avec la multiplication des rébellions provinciales, et notamment des soulèvements hindous : sikhs et Jats *(→ encadré p. 388)* au nord de Delhi, Rajputs au Rajasthan, Marathes

(→ *encadré p. 187)* dans le Deccan. Sous la pression des religieux sunnites, le souverain renoue avec la discrimination et l'iconoclasme antihindou, qui galvanisent les rébellions dans tout l'empire. Face à l'insaisissable guérilla marathe, les armées mogholes finissent par s'enliser dans le Deccan, où Aurangzeb trouve la mort après 25 ans de campagnes vaines et ruineuses. L'empire glisse ensuite vers l'éclatement.

Le raid de pillage lancé sur Delhi par le shah de Perse en 1739 donne le signal de la débâcle : l'Empire moghol se réduit au territoire de Delhi. Les **Marathes**, devenus une force dominante, s'emparent de la ville en 1757, puis progressent jusqu'au Pendjab. Ils s'y heurtent aux ambitions expansionnistes du nouveau royaume afghan et sont écrasés à Panipat en 1761. Mais leur vainqueur est rappelé en Afghanistan par des problèmes internes. La confédération marathe se fractionne bientôt en cinq royaumes. Le pouvoir est alors vacant au sommet.

Les rivalités européennes

Cette situation profite aux compagnies marchandes européennes, qui rivalisent pour la maîtrise du commerce des mers indiennes, et dont les comptoirs s'échelonnent sur les côtes, du Gujarat au Bengale. Les Hollandais ont délogé les Portugais de leur monopole au début du XVIIe s. Cinquante ans plus tard, c'est leur concurrente britannique, l'East India Company *(→ encadré p. 206)*, qui a pris l'avantage, mais elle trouve bientôt sur sa route la **Compagnie française des Indes orientales** fondée par Colbert, qui est basée à Pondichéry depuis 1673. À partir de 1744, cette rivalité franco-anglaise débouche sur des conflits armés, par contrecoup des guerres qui se succèdent en Europe entre les deux pays, et parce que les deux compagnies se mettent à s'immiscer dans les conflits indiens en vue de conquérir de nouveaux avantages.

Sous la direction de Dupleix, l'influence française atteint son zénith dans le Deccan vers 1750. Elle périclite ensuite sous ses successeurs moins doués, qui pâtissent de surcroît de la supériorité anglaise sur les mers. Battus dans le sous-continent comme en Europe au terme de la guerre de Sept Ans (1763), les Français ne conservent en Inde que cinq comptoirs, dont Pondichéry.

Histoire

L'Inde sous les Anglais

Victime de ses divisions face à l'expansion planétaire du capitalisme européen, l'Inde entre dans l'ère moderne en tant que colonie de la Grande-Bretagne. De cette expérience de sujétion étalée sur deux siècles, elle tirera à la fois son organisation d'État moderne unifié et des handicaps structurels majeurs, facteurs de sous-développement.

Essor et suprématie de la Compagnie anglaise des Indes (1757-1858)

Les menées diplomatiques et militaires de Robert Clive donnent à l'**East India Company** le contrôle du Bengale en 1757, puis de toute l'Inde orientale en 1765. Jusqu'en 1818, à partir de ses bases de Calcutta, Bombay et Madras, la Compagnie étend ensuite sa domination de proche en proche sur presque tout le sous-continent à l'est de l'Indus. L'expansion sera parachevée entre 1843 et 1886 avec l'annexion du Sind, du royaume sikh du Pendjab, du Baloutchistan et enfin de la Birmanie, absorbée par étapes pour décourager toute avancée française à partir de l'Indochine.

Le premier souci des Britanniques dans les régions conquises est d'asseoir l'**impôt foncier** pour subvenir aux besoins budgétaires du gouvernement, au prix d'une aggravation générale de la condition paysanne. Après 1815,

▲ **Un navire de Compagnie des Indes Orientales s'apprête à accoster à Bombay (par Joseph Heard, vers 1850).**

l'Angleterre de la révolution industrielle inonde l'Inde de **produits manufacturés** et renvoie de nombreux artisans ruinés vers l'agriculture, déjà surpeuplée dans les conditions de l'époque. La concurrence du capital européen fait barrage à l'entrée des indigènes dans les secteurs d'entreprise modernes. La colonie est soumise à un véritable « drainage de richesses » : la métropole y investit peu, les entreprises britanniques y opèrent avec des capitaux empruntés sur place, et les bénéfices qu'elles réalisent sont systématiquement expatriés. L'éducation anglaise est exportée et donne naissance à une bourgeoisie anglophone issue des castes supérieures, qui s'engage dans les professions libérales et occupe les échelons moyens de l'administration.

La grande rébellion (1857-1858)

Les révoltes paysannes ou tribales sont fréquentes, mais d'ordinaire facilement réprimées. Il en va autrement de la grande rébellion militaire, paysanne et aristocratique dite « **révolte des Cipayes** » (du hindi *sipahi*, « soldat »), qui enflamme la plaine du Gange puis l'Inde centrale à partir de mai 1857 (→ *encadré p. 365*). Née d'une affaire de cartouches graissées dont l'emploi heurte un tabou des soldats indigènes relatif au contact avec des substances d'origine animale, la mutinerie vire au soulèvement populaire. Elle exprime le malaise social engendré par la modernisation et la christianisation, autant que les rancœurs d'une aristocratie spoliée et d'une paysannerie accablée d'impôts. Mais ce n'est qu'une addition de révoltes locales mal coordonnées qui n'englobe qu'une partie du sous-continent. Les Anglais, d'abord pris de court, reprennent l'avantage au bout d'un an, au terme d'une guerre de reconquête ponctuée d'atrocités de part et d'autre.

L'apogée de l'empire des Indes (1858-1918)

Ce traumatisme transforme le caractère de la domination coloniale. L'East India Company est abolie, et l'empire des Indes directement géré par le gouvernement de Londres. À l'élan de la mission civilisatrice succèdent le respect affiché des traditions locales et le renforcement des hiérarchies princières et foncières en place. Commence alors le demi-siècle d'apogée de cette immense colonie d'exploitation, soumise à un régime autoritaire et figé : le grand **Raj** victorien (du terme hindi signifiant « royaume », repris par les Anglais pour désigner leur empire indien).

L'essor considérable de l'agriculture de marché, contrastant avec la quasi-stagnation des cultures vivrières, va de pair pendant tout le XIXe s. avec la récurrence de grandes **famines** meurtrières. Celles-ci régressent toutefois au XXe s. grâce aux progrès du ravitaillement par chemin de fer, de l'irrigation, des politiques de prévention. Situation de dépendance, déséquilibres structurels entre secteurs et inégalités spatiales de développement se combinent pour faire de l'Inde colonisée une économie désarticulée, trait majeur de ce qu'on appellera plus tard le sous-développement.

Cependant, la revendication de libertés politiques se développe au sein de la petite élite indigène anglophone, qui se donne en 1885 une organisation militante, le **Congrès national indien**, ou parti du Congrès. Des courants nationalistes radicaux à forte coloration religieuse s'y développent au début du XXe s., et certains groupes clandestins versent dans l'action terroriste.

Gandhi et le combat de l'indépendance (1917-1947)

Seule l'entrée en scène de **Gandhi** *(→ théma p. 282-283)*, dont le charisme personnel et le discours moralisant suscitent la ferveur des foules, donne au parti du Congrès, à partir de 1917, une véritable audience populaire. Le Mahatma (« la grande âme », ainsi que le surnommait Rabindranath Tagore) lance contre le pouvoir colonial des campagnes nationales d'agitation non violente d'une ampleur spectaculaire. Cependant la **Ligue musulmane**, née en 1906, initialement solidaire du combat pour l'autonomie, adopte à partir des années 1930, face au parti du Congrès à majorité hindoue, une ligne concurrente communautariste, puis ouvertement séparatiste. Le parti du Congrès refusant tout démembrement du pays, les violences religieuses se déchaînent au lendemain de la Seconde Guerre mondiale. Le gouvernement de Londres dépêche alors lord Mountbatten à New Delhi en janvier 1947, pour négocier un transfert rapide du pouvoir aux autorités indiennes. ▶▶▶

Les maharajas

L'empire britannique des Indes incluait 562 États indigènes sous protectorat. Beaucoup n'étaient que de modestes seigneuries, mais quelques dizaines étaient de véritables royaumes, dont les souverains avaient droit au titre de maharaja (« grand roi »). Il y eut des princes consciencieux et éclairés, mais la plupart étaient de petits potentats oisifs ou tyranniques que leur statut, protégé sous la tutelle britannique, rendait irresponsables. Leur faste fascinait les coloniaux britanniques, et ceux que l'Europe mondaine côtoyait sur les champs de course du Royaume-Uni ou dans les casinos de la Côte d'Azur faisaient partie de la mythologie ordinaire de la presse à sensation, de part et d'autre de la Manche. Leurs critiques les plus virulents étaient les nationalistes indiens, qui stigmatisaient leur loyauté envers la Grande-Bretagne, leur archaïsme et leur obscurantisme.

▲ Le maharaja de Jaipur Ram Singh II (r. 1835-1880) en 1877.

Lors de l'indépendance, les territoires des maharajas furent fondus dans l'Union indienne qui, en compensation, leur accorda des « listes civiles » (indemnités de train de vie) et leur laissa leurs biens de famille ainsi que des avantages honorifiques. Ces privilèges, très critiqués à gauche, furent abolis par Indira Gandhi en 1971. Certains princes sont entrés dans la vie politique ou les affaires, d'autres vivent des restes de leur patrimoine, quitte parfois à transformer leurs palais en hôtels.

Aventuriers français en Inde

Chambéry possède une célèbre fontaine rappelant les largesses du comte de Boigne pour sa ville natale. Lyon a son lycée La Martinière, dont le nom conserve la mémoire de son fondateur, Claude Martin. Les deux hommes furent de ces officiers qui, après le rappel de Dupleix (1754) et la chute de Pondichéry face aux Britanniques (1761), demeurèrent en Inde pour y chercher fortune à titre personnel dans les royaumes indigènes.

◀ Dupleix parvint à dominer la moitié du Deccan grâce à un sens aigu de la diplomatie et du commerce : il intervint directement dans les affaires des princes indiens en mettant à leur disposition son armée de cipayes en échange de l'entretien de cette troupe et de concessions territoriales.

Au service des princes indiens

En 1763, le traité de Paris met fin à la guerre de Sept Ans, qui opposait les puissances européennes, et notamment la France et l'Angleterre, dont l'affrontement s'était propagé à l'Amérique du Nord et à l'Inde. La France, vaincue, doit abandonner ses possessions américaines. En Inde, elle ne conserve que cinq comptoirs délabrés, placés sous surveillance anglaise. Des dizaines d'officiers français démobilisés ou déserteurs des garnisons des comptoirs, qui au départ n'avaient gagné l'Inde que pour s'y enrichir, décident alors d'y courir l'aventure pour leur propre compte avec leurs « partis », contingents de soldats indiens entraînés à l'européenne, en vendant leurs services aux princes indigènes. Une fois engagés, ils se retrouvent à la tête de corps de bataille forts parfois de plusieurs milliers d'hommes, et dotés d'un encadrement cosmopolite de subalternes européens (français, mais aussi italiens, hollandais, allemands). La force de frappe de ces unités redoutées, qui tranchent sur les armées indiennes par leurs manœuvres disciplinées et l'usage expert de l'artillerie, s'avère souvent décisive au combat. En échange de leurs services et pour subvenir à l'entretien des troupes, ils reçoivent en fief d'immenses domaines où

▶ En 1748, Dupleix force les Britanniques à lever le siège de Pondichéry. De 1742 à 1754, le drapeau blanc à fleur de lys a défié les armées anglaises sur tous les champs de bataille de l'Inde.

▲ **Constantia, le palais que Claude Martin avait bâti à Lucknow (Uttar Pradesh), abrite aujourd'hui le collège La Martinière.**

ils règnent en quasi-souverains depuis leurs quartiers généraux, sur lesquels flotte parfois un pavillon français.

Nababs français

Alors que les Britanniques en Inde les voyaient comme des agents français, ces aventuriers poursuivaient le plus souvent des buts plus personnels que patriotiques. C'est le cas de Claude Martin (1735-1800), qui s'embarqua très jeune pour l'Inde où il servit sous Lally-Tollendal (gouverneur des établissements français de 1756 à 1761). Fait prisonnier par les Britanniques, il passa sans hésiter à leur service, commandant une troupe prête à marcher sur ses anciens compagnons d'armes. Il enrôla à son service un autre Français, René Madec, lui aussi capturé par les Britanniques à Gingee (près de Pondichéry) en 1761, et qui, sous les armes anglaises et bientôt pour son propre compte, s'illustra dans toute l'Inde à la tête de 100 000 hommes encadrés par 150 officiers européens.

Benoît de Boigne (1751-1830) est une autre de ces figures romanesques : né à Chambéry, cette force de la nature s'engage tout d'abord au service des Britanniques, avant de servir les rois marathes à la tête d'une armée de 30 000 hommes en ordre de marche derrière la croix blanche de Savoie. Depuis sa citadelle d'Aligarh, il est alors le véritable maître d'une grande partie de l'Inde du Nord. À son départ, en 1795, il est remplacé par Pierre Perron, paré du titre de général.

Fidèles à leurs origines

Hommes de guerre souvent efficaces, parfois surestimés, les aventuriers français furent également des hommes d'affaires avisés.

Claude Martin, installé à Lucknow à partir de 1766, prospéra grâce au commerce de l'indigo, auquel il intéressa René Madec. Par testament, il offrit à Lyon un établissement d'enseignement, connu depuis lors sous le nom de lycée La Martinière, qui possède son homologue, toujours en fonction, dans la ville de Lucknow.

En effet, ces exilés n'oubliaient pas leur patrie : Boigne, rentré en Europe en 1795 à la tête d'une fortune colossale, consacra une partie de celle-ci à l'embellissement de Chambéry, qui lui rendit hommage en lui dédiant, après sa mort, la fontaine des Éléphants qui orne toujours le centre-ville.

René Madec, anobli par Louis XVI, rentra dans sa Bretagne natale pour y mener une vie retirée aux côtés de son épouse, descendante d'une famille française émigrée aux Indes sous Henri IV. On le voyait chevaucher dans la lande bretonne, suivi de son fidèle serviteur indien, coiffé d'un turban et culotté de pantalons bouffants. S.B.

L'**indépendance** est proclamée le 15 août suivant, assortie de la partition du sous-continent en deux États distincts, l'Inde et le **Pakistan**. Le **Pendjab** sombre alors dans une furie meurtrière opposant sikhs et hindous d'un côté et musulmans de l'autre, qui fait 500 000 morts et que prolongent d'immenses exodes de population (au moins 14 millions de personnes déplacées entre 1947 et 1950).

La partition du sous-continent

Hindous et **musulmans**, en règle générale, coexistaient pacifiquement dans l'Inde coloniale. Mais les Britanniques institutionnalisèrent les distinctions religieuses en 1919, en créant des électorats communautaires séparés. La logique de division ainsi enclenchée stimula chez les musulmans une conscience de minorité menacée, déjà alertée, depuis quelque temps, par l'émergence de courants hindouistes militants à connotation anti-islamique. Mais l'idée d'un **Pakistan** séparé, lancée dès 1930, était énergiquement rejetée par le parti du Congrès, et les négociations sur l'avenir constitutionnel de l'Inde échouèrent sur ce point jusqu'en 1945. L'exaspération mutuelle finit par engendrer de sanglantes émeutes communautaires, ce qui persuada les Britanniques, pressés d'en finir, qu'une partition était inéluctable.

Au lendemain de la déclaration d'indépendance de 1947 fut publié un tracé frontalier hâtif traversant des communautés profondément imbriquées. Si Gandhi put éviter le pire au Bengale, le Pendjab connut des massacres d'une horreur insoutenable. L'antagonisme entre l'Inde et le Pakistan s'est poursuivi, provoquant trois guerres (1948, 1965, 1971) et plaçant le Cachemire, à partir de 1989, en situation insurrectionnelle pour 15 ans. Un « dialogue » circonspect est officiellement ouvert entre Delhi et Islamabad depuis 2004.

La construction nationale

L'amère expérience de la création du Pakistan, des échanges de populations et des violences intercommunautaires inspire aux nouveaux chefs de l'Inde un souci dominant : l'unité. Unification politique, démocratie, égalité sont les maîtres mots de la période allant de 1947 à 1964.

Nehru ou le modernisme au pouvoir

Les destinées de l'Inde pendant les deux décennies qui suivent sont gouvernées par une organisation hégémonique, le parti du Congrès, et par son chef, **Jawaharlal Nehru**, Premier ministre jusqu'à sa mort en 1964. Un conflit armé éclate dès 1947 avec le Pakistan autour du rattachement de l'État princier du **Cachemire** que les deux pays revendiquent. Un cessez-le-feu intervient le 1er janvier 1949 sous l'égide de l'ONU, mais sans résoudre le problème de fond.

La Constitution votée en 1950 fait de l'Inde une démocratie parlementaire, condamne le système des castes et le statut des intouchables, et proclame la laïcité de l'État et la liberté religieuse, ainsi que

▲ **Nehru lors de la conférence de Belgrade (1961) des pays non alignés.**

le droit de tous au bien-être et à la justice sociale. Sur la scène internationale, dans le contexte de la guerre froide, l'Inde de Nehru se fait porte-parole de la coexistence pacifique à la tête des **pays « non alignés »** (conférence de Bandung, 1955). Mais la débâcle de 1962, face une attaque éclair lancée par la Chine pour s'emparer de territoires himalayens contestés, puis la mort de Nehru mettent un terme à ce magistère pacifiste de l'Inde sur la scène internationale.

La voie indienne du développement

À l'intérieur, Nehru engage l'Inde sur la voie du socialisme démocratique, avec une économie mixte à fort secteur public, pilotée par une planification quinquennale. Malgré les inerties administratives et des freins budgétaires, une vaste **industrie** lourde est créée de toutes pièces et le bilan est considérable en termes d'équipements publics : barrages, centrales électriques, aéroports, réseaux de communication et d'irrigation, équipements scolaires et hospitaliers. Dans l'**agriculture**, restée très archaïque, l'accent est d'abord mis sur les réformes de structure (réforme agraire, développement rural). Mais après la mort de Nehru, la recherche de l'autosuffisance alimentaire à court terme est privilégiée, et avec elle la « révolution verte », qui concentre le développement subventionné des nouvelles technologies sur les régions avancées et les exploitants aisés.

Le succès est spectaculaire : malgré l'augmentation de sa population, l'Inde devient autosuffisante au milieu des années 1970. Mais tout ceci a un coût social : les plus riches continuent de s'enrichir, alors que le pourcentage des pauvres reste stable ou progresse.

Histoire

La démocratie à l'épreuve

L'Inde après Nehru traverse plusieurs crises politiques et affronte de graves tensions sociales et religieuses. Mais elle donne la preuve que son unité d'État fédéral est solide, tout comme son enracinement dans la démocratie.

Indira Gandhi : populisme et autoritarisme (1966-1977)

Le successeur de Nehru, Lal Bahadur Shastri, est confronté en septembre 1965 à une nouvelle guerre contre le Pakistan au sujet du Cachemire. Le conflit tourne à l'avantage de l'Inde au bout d'un mois et s'achève par un cessez-le-feu signé sous l'égide de l'ONU. Shastri étant décédé peu après, le parti du Congrès désigne pour lui succéder la fille de Nehru, **Indira Gandhi**, tacticienne audacieuse sous des apparences timides, politiquement orientée au centre gauche. Les élections de 1967 ayant révélé l'usure de la popularité du Congrès, elle décrète, deux ans plus tard, la nationalisation des quatorze plus grandes banques privées du pays, qui suscite la sécession de la fraction conservatrice du parti. Mais après une campagne populiste illustrée par le slogan « À bas la pauvreté ! », elle remporte haut la main les élections de mars 1971.

À ce moment précis, le gouvernement pakistanais lance son armée contre sa province du Bengale oriental, où les autonomistes viennent de remporter les élections. Les réfugiés affluent bientôt par millions au Bengale indien. Indira Gandhi signe en août un traité d'amitié et de coopération avec l'URSS, qui la garantit contre tout risque d'intervention hostile de la Chine, puis dépêche ses troupes au Bengale oriental début décembre. L'armée pakistanaise capitule moins de quinze jours plus tard et le **Bangladesh** se proclame formellement indépendant le lendemain. La paix entre l'Inde et le Pakistan est signée à Simla, en 1972. La popularité d'Indira en Inde atteint alors son point culminant.

La première alternance politique

Les promesses électorales de 1971 n'étant pas tenues, l'opinion déchante dans les années qui suivent. Un puissant mouvement de contestation se lève en 1974 autour de Jayaprakash Narayan, vétéran gandhien de la lutte d'indépendance. L'année suivante, Indira risquant la chute parce que son mandat de députée est menacé d'invalidation, fait voter par le Parlement l'instauration de l'**état d'urgence** et publie un programme de réforme radicale en vingt points. Mais les dérives autoritaires du gouvernement font sombrer ce programme dans le discrédit. L'état d'urgence est levé en 1977, au bout de 22 mois.

Aux élections suivantes, le parti du Congrès connaît sa première défaite face à une coalition improbable, le parti Janata, qui rassemble depuis les socialistes jusqu'à la droite hindouiste, et se désagrège deux ans plus tard. Les élections de 1980 le ramènent au pouvoir avec Indira Gandhi. Après les excès de centralisme du passé récent, de graves tensions éclatent entre le pouvoir central et divers États. Au **Pendjab**, le séparatisme sikh vire à la guerre civile. L'armée indienne donne l'assaut, en juillet 1984, contre le temple d'Or d'Amritsar, lieu saint du sikhisme. Trois mois plus tard, Indira Gandhi est assassinée par ses gardes du corps sikhs. Porté par une vague de sympathie, le parti du Congrès remporte largement les élections en décembre.

Les années Rajiv

Le poste de Premier ministre est confié à **Rajiv Gandhi**, fils aîné d'Indira. Cet homme de 41 ans, sans passé politique, veut libéraliser l'économie et combattre la corruption, l'esprit de caste et l'intolérance religieuse. Il signe la paix avec les sikhs. Mais les tensions entre hindous et musulmans s'exacerbent, et le **BJP**, parti nationaliste hindou, entame son ascension. En 1988, l'Inde intervient au **Sri Lanka**, auquel Rajiv a offert une assistance pour démilitariser le nord et l'est de l'île tenus par une rébellion tamoule. L'opération est un fiasco, bien que le corps expéditionnaire indien compte jusqu'à 50 000 hommes. La tension remonte entre l'Inde et le Pakistan, qui appuie maintenant un mouvement indépendantiste musulman au Cachemire. Enfin, le gouvernement est ébranlé par des affaires de pots-de-vin liés à des contrats d'armement.

Le parti du Congrès est battu en 1989 par une nouvelle coalition, le National Front, qui éclate au bout de 14 mois. Lors de la campagne de 1991, Rajiv Gandhi est assassiné par un commando suicide de rebelles tamouls sri-lankais, payant ainsi l'intervention indienne dans la guerre civile de l'île. Le Congrès, qui ne remporte que 45 % des sièges, revient au gouvernement grâce à la division de ses adversaires et nomme Premier ministre Narasimha Rao. Le BJP, avec le quart des députés, est le premier parti de l'opposition.

Ascension et règne des nationalistes hindous

L'Inde, en cette année 1991, fait face à une grave crise des paiements et s'engage, sous la pression des agences internationales, dans un processus d'ajustement structurel qui constitue un revirement historique de sa politique économique. Après quatre décennies d'une stratégie de développement étatiste et autocentré, elle prend le virage libéral de la dérégulation, des privatisations et de l'ouverture au marché. Dès le milieu des années 1990, les grands équilibres sont en voie de rétablissement, et les exportations croissent à un rythme sans précédent. Mais le parti du Congrès perd le soutien des couches pauvres. Or il vient déjà de perdre celui des musulmans, pour n'avoir pas empêché, en 1992, la destruction de la mosquée d'Ayodhya par les extrémistes hindous, qui a déclenché une vague meurtrière de violences intercommunautaires.

Les élections de 1996 sont une nouvelle défaite pour le parti du Congrès et donnent 29 % des sièges au BJP dans une assemblée sans majorité. Le pays revient devant les urnes deux ans plus tard. Le BJP, qui enlève 46 % des sièges avec ses alliés, accède cette fois au pouvoir. Le Premier ministre **Atal Bihari Vajpayee** poursuit la politique de libéralisation et met son radicalisme hindouiste en veilleuse pour ménager ses alliés et l'opinion. Mais son œcuménisme de façade est endommagé par les attaques qui se multiplient contre les chrétiens du pays. Toutefois, sa détermination face au Pakistan, qui soutient la guérilla séparatiste au Cachemire, lui vaut un large consensus dans l'opinion. Il prend la communauté internationale par surprise en faisant procéder, en mai 1998, à cinq **essais nucléaires** souterrains, qui suscitent aussitôt une réplique identique de la part du Pakistan.

Crises au tournant du millénaire

Les deux pays frôlent la guerre au printemps 1999, lorsque des maquisards infiltrés du Pakistan investissent les positions indiennes sur les hauteurs de Kargil, au Ladakh. Un retour au *statu quo ante* est décidé d'un commun accord dans l'été, mais les duels d'artillerie continuent sur la ligne de contrôle. La tension entre hindous et musulmans, dont le point de fixation est le débat sur la construction d'un temple hindou à la place de la mosquée détruite d'Ayodhya, est très vive. Elle débouche sur un carnage au Gujarat, État sous gouvernement BJP, en février-mars 2002. La tendance, en revanche, est à l'apaisement avec le Pakistan, dont le président Mucharraf, sous l'influence des États-Unis, a mis l'extrémisme islamiste hors la loi en janvier 2002. Un nouveau cessez-le-feu au Cachemire est proclamé en 2003, et le dialogue indo-pakistanais reprend officiellement, mais à petits pas, au début de 2004.

Le retour du parti du Congrès

Contre toute attente, les élections générales de mai 2004 ramènent au pouvoir une coalition de gauche réunie autour du parti du Congrès présidé par Sonia Gandhi, veuve d'origine italienne de Rajiv. Ce basculement exprime d'abord le mécontentement des masses pauvres face à la politique économique ultralibérale du BJP des nationalistes hindous, dont le slogan électoral, « L'Inde qui brille », traduisait un engagement exclusif en faveur des nouvelles classes moyennes et de l'économie high-tech. Ce parti demeure néanmoins la principale force d'alternance. L'accession au poste de Premier ministre de l'économiste **Manmohan**

Les ultras hindous

Le **nationalisme hindou** défend une conception ethnique de la nation indienne définie par son identité hindoue. Ce n'est pas un fondamentalisme centré sur la défense d'une orthodoxie (ce que la diversité extrême de l'hindouisme empêche), mais un courant qui milite pour l'unité et la prééminence des hindous en tant que communauté politique. Ce n'est pas non plus un traditionalisme, car son idée de cohésion identitaire implique le renouveau de la nation par la réforme sociale et la modernisation. Le cadre institutionnel qui correspond à son ambition est l'État-nation, homogène au-dedans et respecté au-dehors.

Ses racines historiques plongent dans les mouvements de réformisme hindou de la fin du XIXe s. et les courants nationalistes radicaux qui en dérivèrent au début du XXe s., où déjà se faisaient jour des sentiments antimusulmans. Le nationalisme hindou s'incarne dans une nébuleuse d'organisations dont le cœur est le **RSS** (Rashtriya Swayamsevak Sangh), fondé en 1925 et auquel appartenait l'assassin du Mahatma Gandhi. Cette organisation militante, dotée d'une discipline paramilitaire, est en principe non politique mais proche des partis de la droite hindouiste. L'un de ces partis est le **BJP**, né en 1980, qui a gouverné de 1998 à 2004.

▲ Manifestation du parti du Congrès lors de la campagne électorale de 2004.

Singh, maître d'œuvre congressiste du tournant libéral dans les années 1990, garantit la poursuite de la politique d'ouverture de l'économie, mais avec le souci d'un partage plus équitable des bénéfices de la croissance. De fait, son gouvernement de coalition, qui a besoin du soutien des partis de gauche, mène, en dépit des impératifs de la mondialisation libérale, d'audacieuses politiques sociales dans les campagnes.

Aux élections suivantes de mai 2009, il est plébiscité avec le parti du Congrès pour sa gouvernance compétente de juste milieu, alors que le sectarisme du BJP est rejeté par un électorat en majorité modéré et las des violences communautaires. Le parti du Congrès remporte 38 % des sièges à lui seul (son meilleur score depuis vingt-cinq ans) et atteint largement la majorité absolue avec sa coalition et les partis extérieurs qui la soutiennent. Avec Manmohan Singh, reconduit à l'âge de soixante-dix-sept ans à la tête du gouvernement, les conditions sont réunies pour une relance vigoureuse des réformes.

Une puissance émergente

Du fait de son poids démographique, économique et militaire, de sa richesse culturelle, de la solidité de sa démocratie, l'Inde est aujourd'hui un acteur majeur sur la scène internationale. Mais pour se hisser au rang de grande puissance auquel elle aspire, il lui reste encore d'énormes défis à relever.

Atouts et handicaps

Avec une population qui a franchi le cap du milliard en 2000 et dont la moitié a moins de vingt-cinq ans, l'Inde devrait devenir le pays le plus peuplé de la planète vers 2040, bien que la baisse de la fécondité se généralise. Le pays affiche le taux de croissance le plus élevé après celui de la Chine : 9 % en moyenne entre 2004 et 2008, et encore 6,7 % en 2009, malgré la crise mondiale. L'Inde est aujourd'hui une puissance nucléaire, un pays leader dans le secteur informatique et les biotechnologies, le premier fabricant au monde de

médicaments génériques et un acteur dans la course à la conquête de l'espace (elle a envoyé en novembre 2008 une sonde spatiale sur la Lune).
Il lui reste cependant des handicaps majeurs à surmonter : les infrastructures sont vétustes et dramatiquement insuffisantes, l'agriculture occupe toujours 58 % de la population active, tout en ne générant que 20 % du revenu national, et l'industrie ne parvient pas à employer tous les ruraux chassés des campagnes par la misère. Les disparités régionales de richesse ne cessent de se creuser avec la libéralisation. Selon la Banque mondiale, près d'un tiers des Indiens vit sous le seuil de pauvreté (1 dollar/jour). Le système éducatif public est l'un des moins performants du monde, et le tiers de la population reste illettré. La classe moyenne (300 millions d'individus) est prospère, mais surplombe 800 millions de déshérités. Le pays se place au 126e rang (sur 186) pour l'indice de développement humain des Nations unies. Enfin, il tire 60 % de son énergie du charbon et se classe comme le quatrième émetteur de gaz à effet de serre derrière la Chine, les États-Unis et la Russie.

L'Inde et ses voisins

Le processus de paix engagé depuis 2004 entre l'Inde et le Pakistan est périodiquement mis en danger par des actions terroristes d'inspiration islamiste visant à le torpiller – on se rappelle l'assaut du 26 novembre 2008 sur Bombay (166 morts). Ces attentats ont mis en lumière l'émergence d'un radicalisme djihadiste au sein même de la jeunesse musulmane indienne, en réaction aux offensives violentes orchestrées par le nationalisme hindou dans un passé récent, et notamment aux pogroms antimusulmans intervenus en 2002 dans l'État du Gujarat gouverné par le BJP (2 000 morts).
L'État pakistanais est chaque fois suspecté d'avoir joué un rôle dans ces agressions. Le gouvernement Manmohan Singh persiste néanmoins dans sa stratégie de dialogue à petits pas, notamment pour prévenir l'ingérence des États-Unis dans la question du Cachemire, dont l'Inde s'est au demeurant beaucoup rapprochée. Ceux-ci, en effet, font pression pour un règlement rapide du problème, afin que le Pakistan puisse déployer plus d'hommes sur les confins afghans dans la lutte antiterroriste. Aux frontières de l'est, les différends territoriaux jamais réglés entre New Delhi et Pékin se sont aggravés du fait des incursions constantes de soldats chinois en terre indienne, mais les risques de dégénérescence sont limités car la Chine est désormais le premier partenaire commercial de l'Inde.

L'art au Rajasthan et au Gujarat

par Amina Taha Hussein-Okada

À l'instar d'autres régions du sous-continent indien, l'art qui s'épanouit au Rajasthan et au Gujarat témoigne d'une profonde diversité esthétique et de particularismes régionaux liés aux mutations historiques et religieuses qui affectèrent plus spécifiquement ces deux États de l'Inde occidentale.
Ainsi, si l'art bouddhique n'y est pour ainsi dire pas représenté, alors qu'il laissa de nombreux et remarquables vestiges dans des États limitrophes – tels le Madhya Pradesh et l'Uttar Pradesh –, l'art jaïn y fut en revanche florissant et marqua tout particulièrement de son empreinte architecturale le Gujarat. Quant à l'architecture civile, elle trouva dans les palais et les forteresses du Rajasthan l'une de ses expressions les plus séduisantes et les plus éclectiques, mêlant avec une éblouissante virtuosité aux traits spécifiquement indiens des formes et des motifs décoratifs d'inspiration moghole.

À l'aube de la civilisation indienne : les sites harappéens

Terres d'antique civilisation, le Gujarat et le Rajasthan abritent d'importants vestiges de sites harappéens, qui attestent de l'expansion méridionale de la civilisation urbaine de l'Indus *(→ encadré)* au IIIe millénaire avant notre ère. Bien que cette civilisation soit surtout célèbre par les vestiges des grandes agglomérations urbaines de Mohenjo-Daro dans le Sind et Harappa dans le Pendjab, son aire d'extension fut aussi étendue que l'Europe occidentale et comprenait des sites urbains répartis entre la région de Delhi, le Gujarat, le Rajasthan ou encore le Baloutchistan pakistanais.

Une cité portuaire florissante

Lothal – aujourd'hui à 15 km de la mer, près d'Utelia, mais situé autrefois près du rivage – est le plus important des sites harappéens découverts au Gujarat. Des fouilles y ont relevé cinq niveaux successifs d'occupation allant de 2300 av. J.-C. à 1600 av. J.-C. À l'instar des grandes agglomérations urbaines de la vallée de l'Indus, Mohenjo-Daro et Harappa *(→ encadré)*, le site de Lothal était constitué d'une ville haute, ou « acropole », et d'une ville basse.

▲ Sceau provenant de Mohenjo-Daro.

L'« acropole » abritait peut-être les demeures des gouvernants de la cité ; les vestiges de plusieurs maisons, dotées de salles d'ablution et d'un réseau sophistiqué de canalisations souterraines, attestent une volonté d'hygiène corporelle et de planification urbaine, que reflète également le plan en damier des rues de la ville basse.
Mais les structures les plus notables de Lothal sont le « grand bassin » et l'« entrepôt », qui témoignent peut-être des activités commerciales d'une cité portuaire autrefois florissante. Si l'entrepôt a été identifié à un grenier à céréales, le grand bassin, construit en briques cuites, a pu être considéré comme des docks où auraient mouillé les bateaux de commerce, ou encore comme un réservoir ou un grand bassin d'irrigation. La présence de docks, et plus encore d'un entrepôt à céréales, ainsi que la découverte de nombreuses empreintes de sceaux en stéatite (qui servirent sans doute à sceller des ballots de marchandises) ont été avancés pour souligner le caractère portuaire du site harappéen de Lothal et évoquer de probables échanges commerciaux avec le monde mésopotamien.

Un artisanat élaboré

À Lothal furent découverts des vestiges d'ateliers où l'on travaillait les perles, l'ivoire, les coquillages et les métaux. Les perles de cornaline, les poids cubiques, les sceaux en stéatite et les céramiques à décor peint et aux formes variées demeurent

La civilisation de l'Indus

Les grandes agglomérations urbaines de la civilisation de l'Indus (2500-1800 av. J.-C.) commerçaient activement avec les cités marchandes du sud de l'Iran et de la Mésopotamie ; un cachet et une empreinte en plâtre portant la représentation d'un bateau attestent que la navigation y était connue. Les sites de Mohenjo-Daro et de Harappa ont par ailleurs livré un matériel archéologique abondant, et notamment plusieurs milliers de sceaux en stéatite gravés de pictogrammes non déchiffrés et de représentations d'animaux, réels ou imaginaires ; ces sceaux (de propriété ?) servaient sans doute à clore des ballots de marchandises.
Les grandes **cités harappéennes** – du site éponyme de Harappa – furent abandonnées vers 1800 avant notre ère, marquant ainsi la fin de la civilisation classique de l'Indus. Des facteurs complexes semblent expliquer la lente extinction de ces grandes cités, dès 1900-1850 avant notre ère. Les catastrophes naturelles (inondations, mouvements tectoniques), l'épuisement des sols et l'arrivée soudaine d'envahisseurs venus du nord-ouest de l'Iran (qui auraient précédé les migrations indo-aryennes ou en auraient constitué la première vague) ont longtemps été invoquées pour expliquer le déclin puis l'abandon des cités harappéennes. Une autre thèse est aujourd'hui avancée : le fractionnement géographique d'une civilisation auparavant caractérisée par une grande unité culturelle et un processus complexe de régionalisation, favorisé par une notable modification du système agraire.

caractéristiques des productions harappéennes de la vallée de l'Indus ; elles mettent en évidence la diffusion et l'homogénéité de cette culture matérielle jusque dans les sites côtiers du Gujarat. En revanche, seules de très rares figures féminines en terre cuite furent découvertes à Lothal, contrairement aux très nombreuses effigies de « déesses-mères » que livrèrent les sites de Mohenjo-Daro et de Harappa.

Une vingtaine de sépultures furent également mises au jour dans le cimetière de Lothal ; la présence d'ossements de chèvre dans une tombe pourrait suggérer la pratique de sacrifices rituels.

Le site de Kalibangan

Au Rajasthan, le site de Kalibangan a révélé deux périodes d'occupation successives se situant entre 2450 et 1750 avant notre ère. L'une des découvertes les plus originales a été faite non loin du mur d'enceinte en briques crues entourant l'établissement pré-harappéen (vers 2450-2300 av. J.-C.) : il s'agit des restes d'un champ labouré montrant des traces de sillons en angle droit qui permettaient la culture simultanée de deux céréales.

Élevée sur les décombres des niveaux d'occupation antérieurs, la ville haute ou « citadelle » a livré, outre les restes d'habitations à caractère résidentiel, cinq ou six plates-formes massives en briques crues, dont la fonction demeure incomprise. Sur l'une d'entre elles, on découvre une rangée de sept foyers – ou « autels du feu » (?) – rectangulaires ; dans une autre, une cavité contient des ossements de bovidés et des bois de cervidés suggérant un sacrifice ; ces éléments semblent indiquer que ces curieuses structures étaient peut-être utilisées à des fins religieuses ou rituelles. Dans la ville basse, le plan en damier des rues délimitant des blocs d'habitation rectangulaires dotés de canalisations souterraines pour l'évacuation des eaux usées reproduit celui des grandes agglomérations urbaines de la vallée de l'Indus.

Enfin, le cimetière, situé à 300 m de la citadelle, a révélé trois modes différents et complexes d'inhumation, dans des fosses rectangulaires, ovales ou encore circulaires

Rayonnement de l'esthétique gupta

Des deux religions nouvelles apparues dans la plaine du Gange autour du VIe s. avant notre ère – le bouddhisme et le jaïnisme *(→ p. 103)* –, la première ne laissera guère de trace architecturale et artistique au Gujarat et au Rajasthan. Le jaïnisme, en revanche, marquera durablement de son empreinte architecturale le paysage artistique de ces deux régions, tout particulièrement à l'époque médiévale.

L'architecture rupestre

L'architecture rupestre caractérise les plus anciennes fondations religieuses inspirées tant par le bouddhisme et le jaïnisme que par l'hindouisme. De remarquables ensembles subsistent dans l'État voisin du Maharashtra (cavernes de Bhaja, de Karli, de Pitalkhora, d'Ajanta, d'Ellora). Pour autant, les cavernes d'**Uparkot** (Ier-IIe s.), près de Junagadh, constituent un exemple isolé dans la tradition architecturale du Gujarat et destiné à rester sans lendemain. Elles furent aménagées sous l'égide des Kshatrapas, qui régnèrent en Inde occidentale au cours des premiers siècles de notre ère. Pourvues de deux étages, ces cavernes de plan complexe comportent une double rangée de piliers hypostyles, aux chapiteaux délicieusement sculptés de couples d'amoureux *(mithuna)*, de beautés célestes *(surasundari)* et de motifs végétaux d'une belle vivacité, mais aujourd'hui grandement érodés.

▲ Tête de Bouddha provenant du site de Mathura (Ve s.).

La naissance de centres artistiques

Aux Ve et VIe s., alors que la brillante **dynastie des Guptas** étend son hégémonie politique, mais également artistique, sur toute l'Inde septentrionale, des centres artistiques régionaux voient le jour au Rajasthan (Tanesara, près d'Udaipur) et au Gujarat (Shamalaji), déclinant le modèle esthétique gupta en de brillants idiomes locaux. Sur le site de Shamalaji subsistent ainsi plusieurs monticules : il s'agit sans doute des soubassements d'anciens temples shivaïtes érigés sous l'égide de la dynastie locale des Maitrakas, qui régnèrent à l'époque gupta ; une belle effigie en pierre du taureau Nandi, monture du dieu Shiva, fut du reste découverte parmi ces ruines, et de superbes sculptures, pour la plupart shivaïtes et qui comptent aujourd'hui parmi les fleurons des musées de Baroda et de Mumbai (Bombay), attestent la virtuosité et l'originalité de ces ateliers régionaux. Centre artistique fécond à l'époque gupta, le site de Shamalaji a également livré, outre ces vestiges shivaïtes, un remarquable ensemble de sculptures figurant des déesses-mères ou Matrika, autrefois abritées dans des sanctuaires qui leur étaient consacrés.

Art

L'époque gupta ou l'âge d'or de l'Inde classique

L'époque gupta (IVe-VIe s.) marque l'apogée de la civilisation indienne. Durant cet âge d'or qui vit s'épanouir la pensée religieuse, les sciences, la littérature et le théâtre, l'art atteignit un raffinement et une perfection sans précédent. Les canons esthétiques et les modèles iconographiques élaborés à cette époque marqueront d'une empreinte durable les créations artistiques du nord du sous-continent indien et, bien au-delà, rayonneront sur l'ensemble des arts de l'Asie.

Deux grands foyers situés dans l'Uttar Pradesh dominent la production artistique. À **Mathura**, les artistes guptas élaborèrent un style imposant dont les caractéristiques procèdent de l'art robuste et éclectique des Kushana (Ier-IIIe s.) et dont les sculptures imposantes sont taillées dans le grès rouge des carrières de Sikri. À **Sarnath**, c'est dans le grès beige de Chunar que les artistes guptas approfondissent et affinent les tendances développées dans l'école de Mathura. Frémissantes d'intériorité et de spiritualité contenue, dominées par une élégance hautaine, les sculptures de l'école de Sarnath – et tout particulièrement les images du Bouddha, aux yeux mi-clos et au calme sourire – incarnent l'accomplissement le plus magistral de l'esthétique subtile des artistes guptas.

L'époque médiévale

L'architecture religieuse de l'Inde présente certaines particularités et constantes techniques qui se maintiendront sans évolution notable au fil des siècles. En effet, elle fut très tôt régie par des rituels de construction et des traités iconométriques qui gouvernaient l'édification des temples en matériaux durables et fixaient les règles et les canons de l'architecture comme de la sculpture.

L'art du plein cintre, du dôme et de la voûte semble avoir été ignoré des maîtres d'œuvre de l'Inde. Ceux-ci privilégièrent ostensiblement le principe de l'encorbellement par assises horizontales, qui permettait d'obtenir voûtes et dômes au moyen d'un entrecroisement de briques ou de dalles de pierre et rendait quasi inutile l'emploi de mortier.

Qu'ils soient brahmaniques ou jaïns, les temples de l'Inde occidentale relèvent du style architectural dit « septentrional » ou *nagara*, caractérisé par une tour curviligne ou « en obus » surmontant le sanctuaire. Ils n'en présentent pas moins un certain nombre de particularités régionales plus ou moins prononcées selon les lieux et les siècles.

Les temples brahmaniques

Les premiers temples du Rajasthan

C'est à Abhaneri (temple de Harshat Mata, VIIIe-IXe s.) et à Osiyan que les premiers temples du début de l'époque médiévale sont attestés. Important centre religieux à l'époque des Gurjara-Pratiharas (VIIIe-IXe s.), le site d'**Osiyan** *(→ p. 223)* regroupe une vingtaine de temples hindous et jaïns, élevés entre le VIIIe et le XIIe s. Bâtis sur une haute plate-forme et constitués d'un sanctuaire principal entouré de quatre petits sanctuaires latéraux, les plus anciens de ces temples – Osiyan, ceux de Surya et deux des trois temples de Harihara – sont de type *panchayatana* (c'est-à-dire « à cinq sanctuaires ») et de style nagara (surmontés d'une tour curviligne). Ils préfigurent les fondations ultérieures, qui seront également de type *panchayatana*, généralement élevées sur d'imposantes plates-formes et agrémentées d'un porche hypostyle. Si les temples d'Osiyan illustrent divers développements du style nagara, ils possèdent également des traits régionaux distinctifs – dans l'agencement architectural comme dans le décor sculpté – qui se retrouveront dans les temples jaïns du mont Abû *(→ ci-après)* et jusque dans les temples médiévaux bâtis dans la péninsule du Kathiawar au Gujarat *(→ p. 321)*.

En revanche, le temple d'Ambika à **Jagat**, élevé au Xe s. sous les Gurjara-Pratiharas, fut quant à lui construit sur le modèle des célèbres temples Chandella de Khajuraho, au Madhya Pradesh ; les gracieuses figures féminines saisies dans des poses variées, les couples d'amoureux *(mithuna)*, les danseuses et les musiciens qui ornent ses murs lui ont valu d'être parfois désigné du nom de « Khajuraho du Rajasthan ».

Grandeur de l'architecture médiévale

Aux environs d'Udaipur, les deux temples vishnouites de **Nagda** – familièrement dénommés Sas Bahu (« Belle-mère, belle-fille ») – furent bâtis vers la fin du Xe s. et le début du XIe s. Élevés sur une vaste plate-forme, ils se distinguent par un sanctuaire de plan étoilé, un *mandapa* (salle hypostyle) et un porche à banquettes et à murets ; devant l'un des temples se dresse un triple portique *(torana)* à quatre colonnes, richement sculpté.

Quant au majestueux temple de **Modhera**, joyau de l'architecture brahmanique au Gujarat, c'est l'un des très rares temples hindous à être consacrés au dieu Soleil Surya (avec les temples de Martand au Cachemire et de Konarak dans l'Orissa). Daté de 1026, il demeure impressionnant par l'ampleur de sa conception. Érigé sur une haute plate-forme, il surplombe un superbe bassin sacré à gradins agrémenté de petits pavillons. Les sculptures et les frises délicatement ouvragées se déployant sur les murs extérieurs du *mandapa* et du *garbha-griha* (la cella) contribuent à sa grandiose beauté.

➤ Splendeur de l'architecture jaïne

C'est au Rajasthan et au Gujarat que furent édifiés, entre le XIe et le XVe s., les plus beaux temples jaïns de l'Inde.

Les « passeurs de gué » de Ranakpur et Palitana

En dépit du schisme qui, au Ier s. de notre ère, divisa les jaïns en deux communautés – les *shvetambara*, ou « vêtus de blanc », et les *digambara*, « vêtus d'espace », c'est-à-dire nus –, les divergences doctrinales au sein du jaïnisme sont peu marquées et les deux sectes vénèrent également les 24 ***tirthankara*** (ou ***jina***), les « passeurs de gué », qui tous ont franchi le cycle des renaissances et atteint l'Absolu. C'est la gloire du premier de ces « passeurs de gué », Adinath, qu'exalte le principal sanctuaire des temples de **Ranakpur**, à une centaine ▶▶▶

Le jaïnisme, à l'instar du bouddhisme, s'opposa à l'hégémonie et à l'orthodoxie brahmaniques, dont il réprouvait notamment les rites et les sacrifices d'animaux, tout en admettant certains postulats philosophiques de l'idéologie dominante. Mahavira, le fondateur du jaïnisme et contemporain du Bouddha, prêchait les vertus de l'ascèse et d'une existence monastique, le respect de toute forme de vie et le refus de toute violence *(ahimsa)*.

☞ Pour en savoir plus sur le jaïnisme, reportez-vous au texte sur les religions de l'Inde, p. 115.

Art

Le temple hindou

▲ L'architecture pyramidale est caractéristique du style dravidien (temple de Sri Meenakshi à Madurai, dans l'État du Tamil Nadu).

Empreint d'un fort caractère symbolique et cosmologique, le plan général du temple hindou révèle une remarquable uniformité au fil des siècles et à travers les régions de l'Inde, en dépit de variantes locales. Si les traités classent généralement les temples sous trois grandes catégories – *nagara*, *dravida* et *vesara* –, la production architecturale se répartit essentiellement en deux styles principaux, auxquels peuvent être ajoutés quelques styles hybrides ou régionaux témoignant de traditions locales.

Typologie des temples hindous

Le **style dit septentrional** (ou ***nagara***), issu de la tradition post-gupta (→ *encadré p. 101*), se reconnaît à la tour curviligne ou « en obus » (*shikhara*) qui surmonte le sanctuaire et domine de toute sa hauteur le complexe religieux.
Le **style méridional** ou **dravidien**, issu du style Pallava (IVe-IXe s.), se caractérise par la tour en forme de pyramide rectangulaire tronquée qui couronne le sanctuaire. Il se distingue également par l'importance donnée aux sanctuaires annexes, aux salles et aux galeries de circulation, aux enceintes percées de portes monumentales, ainsi que par une tendance prononcée pour le gigantisme architectural (temples de Madurai et de Shrirangam).
Le temple de Vishnou à Deogarh (VIe s., Uttar Pradesh) préfigure les développements architecturaux ultérieurs des grands temples brahmaniques de l'Inde septentrionale et méridionale. Constitué d'un sanctuaire central surmonté d'une tour et entouré de quatre petits sanctuaires latéraux

◀ En rhétorique sanskrite, c'est par la répétition des arguments que l'on amplifie et intensifie le sens d'une proposition. Selon la même technique, la tour-sanctuaire va s'élever et s'amplifier par une accumulation de *shikhara* en réduction, rigoureusement étagés et serrés les uns contre les autres, de façon à s'intégrer dans la courbure générale du monument.

(aujourd'hui ruinés), il représente l'un des tout premiers exemples de temples de type ***panchayatana***, c'est-à-dire « à cinq sanctuaires ».

Dès le début de la période post-gupta (VIe-VIIe s.), le ***mandapa*** est réservé aux fidèles : il s'agit d'une salle plus vaste, généralement hypostyle, reliée au sanctuaire (la cella) par un vestibule *(antarala)* et à laquelle on accède par un porche. L'ensemble est édifié à l'intérieur d'une enceinte rectangulaire pouvant englober des sanctuaires annexes de moindres proportions.

Vers de véritables cités religieuses

D'abord simples cellules couvertes d'un toit plat et précédées d'un portique, les sanctuaires deviendront de **hautes tours à toiture développée** *(shikhara, vimana)*, précédées de salles plus ou moins nombreuses, et complétées de constructions annexes dont l'évolution est caractérisée par une extension progressive. L'étirement en hauteur du sanctuaire pour accentuer l'identification du temple à la montagne sacrée *(→ ci-après)*, et l'accumulation d'éléments représentant symboliquement l'univers entraînèrent nécessairement un renforcement des murs.

Dès l'époque médiévale, l'Inde se couvre de temples grandioses, bâtis selon des techniques de plus en plus perfectionnées et présentant une **ornementation** de plus en plus foisonnante et envahissante. Ils sont édifiés grâce au patronage et aux donations de souverains, voire aux libéralités de commerçants fortunés ou de riches dévots. Certains, parmi les temples les plus importants et les plus actifs, s'apparentent alors à de véritables cités religieuses encloses au sein des enceintes fortifiées, où affluent fidèles et pèlerins.

Le temple et son symbolisme

Réceptacle du divin et véritable microcosme, le temple hindou tire son caractère sacré des rapports symboliques et des corrélations formelles qu'il entretient avec le cosmos divin ; ainsi était proclamée l'identité de l'univers et du divin par l'intermédiaire de constructions rituelles appelées à **reproduire le schéma cosmique**. Les temples couronnés d'une tour et dotés de quatre sanctuaires latéraux semblent ainsi évoquer symboliquement le **mont Meru** – montagne mythique occupant le centre de la surface terrestre, que la cosmogonie indienne tient pour l'axe du monde – et les quatre îles *(dvîpa)* qui l'entourent. Les enceintes concentriques qui enveloppent le temple, à l'image de l'embryon lové dans les replis de la matrice, rappellent en outre les trois ou cinq rangées concentriques de montagnes encerclées par les eaux qui enveloppent le mont Meru. Et, de même que dans la cosmologie indienne l'univers se déploie et s'organise autour de l'embryon *(garbha)* du monde, le temple hindou s'organise autour de la cella *(garbha-griha)*, le sanctuaire qui abrite l'image de la divinité.

▲ Le temple de Vishwanath, de style *nagara*, fait partie du complexe religieux de Khajuraho, au nord du Madhya Pradesh. On distingue bien à gauche la tour-sanctuaire, ou *shikhara*, demeure de la divinité. Le vestibule central *(jagamohan)* et les pavillons qui lui sont adjoints sont destinés à abriter les fidèles.

L'iconographie jaïne

Les *jina*, ou *tirthankara*, sont traditionnellement figurés dans deux postures : assis dans l'attitude de la méditation ou debout, figés dans la posture statique et hiératique dite de « l'abandon du corps » ou *kâyotsarga*, traduisant à la fois une ascèse extrême et une intense méditation. Conformément aux canons de l'art jaïn, les formes corporelles des *jinas*, délibérément idéalisées et exagérées, se doivent de refléter une morphologie conventionnelle exprimant non pas tant une réalité physique qu'un état hautement spirituel et manifestant en termes plastiques la nature suprahumaine du *jina* : traitement idéalisé et quasi abstrait du corps perçu comme éternellement juvénile, jambes tubulaires, longueur disproportionnée des bras censés descendre jusqu'aux genoux, largeur des épaules et du torse, bombé et comme dilaté par le souffle interne *(prana)*. Si les images produites pour la communauté des *digambara* sont d'une totale nudité et d'une parfaite sobriété, les sculptures des *shvetambara*, l'autre communauté jaïne, sont quant à elles incrustées de pierres fines et de métaux précieux.

▲ Galerie de *tirthankara* à Palitana.

▶▶▶ de kilomètres d'Udaipur, au Rajasthan. Édifié dans la première moitié du XVe s., il éblouit d'emblée par son ampleur et sa complexité architecturales et par l'infinie variété de son décor sculpté dans le marbre blanc, travaillé et ciselé comme de l'ivoire. Bâtis au XIIIe s. et au XVe s., les temples de Ranakpur sont particulièrement remarquables par leur foisonnante ornementation sculptée. Divinités, nymphes, dryades et beautés célestes, traitées en très haut relief, animent les niches, les frises et les piliers, rivalisant de grâce et de délicatesse.

À **Palitana**, au Gujarat, la colline de Shatrunjaya – la Sainte Montagne des jaïns – constitue une véritable cité religieuse abritant plus de 860 temples, pour la plupart reconstruits au XVIe s. Presque tous bâtis sur le même modèle, ils sont répartis en onze ensembles ceints de murs appelés *tuk* ou *basti* et abritent près de 7 000 images des *tirthankara*, ainsi que de nombreuses divinités du panthéon jaïn.

Au mont Abu, une dentelle de pierre

Berceau de nombre de légendes et de bien des apparitions divines, lieu de l'origine miraculeuse et mythique des grands clans rajputs « nés du Feu » *(→ encadré p. 112)*, le **mont Abu**, le mont de la Sagesse, fut initialement un lieu saint du shivaïsme avant de devenir un haut lieu du jaïnisme *(→ encadré p. 233)* constellé d'admirables temples de marbre. Sur ce plateau parsemé de blocs erratiques qui se dresse à l'extrémité méridionale des monts Arawalli, les temples jaïns de **Delwara** émerveillent eux aussi par la féerie de leur ornementation sculptée et par la profusion et la perfection des sculptures, des frises et des motifs décoratifs qui ornent les piliers, les consoles ou les amples plafonds des

Le temple de Vimal Vasahi, consacré à Adinath (le premier des *tirthankara*), fut construit par Vimal, commandant en chef du roi Bhima Ier des Solankis. Ses différents sanctuaires sont particulièrement remarquables par leur décoration intérieure. L'exquise minutie des détails rappelle que les artistes responsables de cet extraordinaire filigrane marmoréen étaient rétribués en fonction du poids de la poussière de marbre obtenue en travaillant la matière brute !

coupoles. Rappelons du reste que les sculpteurs virtuoses qui réalisèrent ce travail œuvraient indifféremment pour les temples d'obédience jaïne ou brahmanique.

L'architecture islamique du Gujarat

Superbement éclectique, greffant sur des plans et des formes islamiques des motifs et des décors purement hindous, l'architecture indo-musulmane du Gujarat a produits de nombreux chefs-d'œuvre, dont témoignent les mosquées et les monuments érigés à Ahmedabad, la capitale fondée en 1411 par le sultan Ahmed Shah Ier.

▲ La Jami Masjid d'Ahmedabad.

Les plus anciens monuments indo-islamiques du Gujarat utilisent fréquemment des matériaux de réemploi, colonnes ou linteaux provenant des vestiges de temples hindous et jaïns détruits et désacralisés. En conséquence, ils possèdent un caractère passablement hybride ; ainsi de la Grande Mosquée de **Cambay** (vers 1325).

Mais c'est avec le règne d'Ahmed Shah (1411-1442) que commence véritablement la grande époque de l'architecture gujarati. La Jami Masjid d'**Ahmedabad**, édifiée en 1423, constitue le modèle le plus abouti de toutes les mosquées de l'Inde occidentale. De dimensions imposantes, dotée d'une grande cour intérieure et d'une vaste salle hypostyle comportant 260 piliers soutenant de nombreux dômes, agrémentée d'une majestueuse façade encadrée par deux tours octogonales engagées – lesquelles supportaient autrefois des minarets aujourd'hui détruits –, la Jami Masjid est également remarquable par l'élégance et la délicatesse de son ornementation sculptée. Datant du XVIe s., la petite mosquée de Sidi Sayyid est aussi l'un des fleurons de l'architecture islamique du Gujarat ; aux tympans des fenêtres, les écrans de marbre, délicatement ajourés et magistralement ornés d'entrelacs végétaux où se déploient palmiers et banians, confèrent à ce modeste édifice un charme exceptionnel.

Forteresses et palais du Rajasthan

Au Rajasthan, l'éthique martiale de l'aristocratie rajpute, issue de clans féodaux exaltant par-dessus tout les valeurs guerrières, devait laisser sur l'architecture du pays une empreinte profondément originale. Les palais du Rajasthan – en fait des palais fortifiés *(garh)* enclos entre les

Art

L'image divine

▲ **Des artisans bronziers façonnent une sculpture de fonte à la cire perdue à Swanimalai (État du Tamil Nadu).**

L'art indien, dans ses expressions les plus achevées, peut être classé parmi les plus beaux du monde. Pourtant, la notion même de Beau, au sens où l'entend l'Occident, n'existe pas à proprement parler dans le vocabulaire indien. Pour autant, il ne s'agit nullement là d'une notion ou d'une conception étrangère à l'artiste indien, mais dans l'Inde ancienne et médiévale, l'art n'a jamais été perçu comme un fait esthétique à part entière, mais a toujours été déterminé et défini par des « lois » et des « codes » esthétiques, seuls garants véritables de « l'exactitude » canonique des images peintes ou sculptées.

Donner forme au divin

Même s'il comporte des aspects profanes, l'art de l'Inde est avant tout d'essence religieuse : architecture, sculpture, peinture participent de l'ordre divin dont l'ordre humain se veut la réplique. Ainsi l'architecte, lorsqu'il élève un temple vers les cieux, ou le sculpteur, dont le ciseau fait surgir de la pierre l'image d'un dieu, n'accomplissent-ils pas une quelconque œuvre d'art ; leur geste revêt une importance autrement plus considérable, car l'un comme l'autre façonnent le divin, et leur œuvre, empreinte d'un fort caractère sacré autant que rituel, apparaît comme l'intermédiaire entre l'homme et la divinité.

La puissance de l'esprit religieux est si grande en Inde que dès la plus haute Antiquité, on prêta aux images – notamment aux effigies divines, que les textes désignent du nom explicite d'*arca* (« hommage »), un caractère quasi magique plus ou moins admis et plus ou moins explicité. D'où les précautions rituelles et

◀ **Représentation d'Adinath, le premier des vingt-quatre *tirthankara* jaïns (x[e]-xie s. ; musée Guimet, Paris).**

les règles impérieuses gouvernant la fabrication matérielle d'images : certes elles sont conçues comme objets de vénération et supports de méditation pour les dévots, mais elles sont aussi et avant tout perçues comme le substitut sur Terre de la divinité.

▼ **Brahma (XIe-XIIe s. ; musée Guimet, Paris) représente la création de l'univers. Cette trinité hindoue est également composée de Shiva, expression de la destruction, et de Vishnou, expression de la préservation.**

Un art rigoureusement codifié

C'est pourquoi la fabrication des images entrait naturellement dans la catégorie des techniques rituelles. Des traités complexes d'iconométrie et d'iconographie *(shilpashastra)* président à la confection des images divines, dont ils déterminent et précisent les proportions idéales, les caractères distinctifs, les attitudes et les gestes de mains *(mudra, hasta)* appropriés et jusqu'aux couleurs hautement symboliques. L'artiste doit se conformer scrupuleusement aux prescriptions de ces traités sans jamais donner libre cours à la fantaisie ou à l'interprétation personnelle. Issue de ces textes normatifs et de ces règles codifiées à l'extrême – lesquels constituent les seules véritables lois esthétiques de l'art indien –, l'image est dès lors conforme aux canons qui, selon les *shilpashastra*, définissent et expriment le divin ; et c'est de cette conformité et de cette exactitude iconographique qu'elle tire sa perfection, ainsi que son caractère bénéfique.

La science des formes

Conçue et élaborée suivant les règles canoniques des *shastra*, l'image exprime donc un « type idéal », un « canon parfait » que l'artiste se devra de reproduire le plus fidèlement possible. Ce faisant, l'artiste *(shilpin)* – que son statut, dans l'Inde ancienne, assimilait à celui de l'artisan – ne représente ou ne façonne pas tant un objet réel ou un objet vu qu'un objet « connu ». Car l'art indien est un art objectif, que fonde et régente la « science des formes » *(rupabheda)*. Toutefois, les formes *(rupa)* dont traite cette science ne sont pas uniquement des formes sensibles, naturelles ou extérieures ; elles sont également, et surtout, des « formes mentales ». Et c'est de cette science subtile des formes appréhendées et définies par les sens autant que par l'esprit que l'art indien tire son caractère à la fois naturaliste et idéalisé, sensuel et abstrait, et volontiers symbolique.

remparts d'inexpugnables citadelles – étaient avant tout conçus pour la sécurité des souverains et de leur cour. Ces forteresses reflètent, par leur architecture, l'histoire mouvementée des clans rajputs, hostile à la domination musulmane puis moghole et qui se posèrent d'emblée en défenseurs acharnés de l'hindouisme face aux conquérants de l'islam. Une époque troublée et flamboyante, jalonnée de guerres incessantes et de sièges héroïques.

Une architecture martiale et défensive

Souvent édifiées sur des crêtes abruptes, au sommet de hauts plateaux dominant la plaine ou un col stratégique, les citadelles rajputes sont de véritables acropoles entourées de murailles altières ; celles-ci sont hérissées de tours de guet renforcées de bastions et de parapets crénelés. Au pied des fortifications était parfois creusé un fossé, le plus souvent à sec hormis durant la saison des pluies. Percées dans la pierre des enceintes fortifiées, des portes monumentales défendaient l'accès aux forteresses. Bâties dans l'axe des rampes pavées menant au palais enclavé dans ses remparts massifs, elles étaient souvent, comme à **Chittor**, au nombre de sept et souvent disposées en chicane, afin de ralentir la progression des armées ennemies en temps de guerre.

À l'intérieur des forteresses, de nombreux palais et pavillons annexes, édifiés au fil des siècles par les souverains successifs, enserrent un réseau complexe de cours secrètes, d'étroits corridors reliant entre eux les différents appartements et dont l'ostensible étroitesse volontaire permettait de ralentir l'irruption d'une force ennemie à l'intérieur de la forteresse.

L'influence moghole

Au XVIe s., l'architecture et l'art moghols, notamment sous le règne de l'empereur Akbar, avaient assimilé certains traits architecturaux hindous, comme les petits kiosques hypostyles à coupole *(chhattri)*. De même, l'art rajput adoptera graduellement, aux XVIIe et XVIIIe s., certaines formes mogholes : colonnes de marbre ou de grès à facettes, vastes arches constituées d'arcs polylobés, toits incurvés de type *bangla* – dont la forme, initialement dérivée de l'architecture

▲ **La porte des Éléphants du fort de Bundi.**

de pierre du Bengale, fut transposée dans l'architecture palatiale moghole –, décor de niches réelles ou peintes ornées de vases et d'aiguières d'inspiration persane. De la même façon, l'influence moghole affectera notablement l'organisation spatiale interne des palais fortifiés du Rajasthan, dont le caractère, à l'origine essentiellement défensif et martial, perdra peu à peu au fil des siècles de son aspect farouche et austère.

L'empreinte moghole se manifeste également dans les **jardins d'agrément**, parsemés de bassins et de fontaines. Jardins parfois surélevés, comme l'Amar Vilas d'**Udaipur**, planté d'arbres et de massifs fleuris entourant un bassin quadrangulaire, ou jardins en terrasses, comme dans le palais d'**Amber** à côté de Jaipur, où se déploient des parterres fleuris au dessin géométrique. À Amber encore, un petit jardin quadripartite de style moghol *(char bagh)*, au tracé géométrique, sépare la salle des audiences privées du Sukh Mandir, gracieux pavillon d'agrément où la famille royale venait se rafraîchir durant la saison chaude.

Des palais au plan labyrinthique

L'organisation spatiale des palais rajputs révèle un plan apparemment confus et incohérent qui s'ordonne néanmoins autour de deux grandes divisions de l'espace : d'une part, les **parties publiques** regroupant les salles d'audience, les salles d'apparat et les édifices officiels ; d'autre part, les **parties privatives** abritant les appartements du souverain, les quartiers réservés aux femmes *(rawala)* et les pavillons d'agrément. Cet agencement intérieur – qui, des espaces publics situés à la périphérie du complexe palatial, mène progressivement aux zones privatives qui en sont éloignées – traduit le caractère défensif des premières constructions rajputes, bâties en des temps troublés de guerres incessantes. De là est est issu le plan apparemment incohérent et volontairement confus de ces palais fortifiés : un enchevêtrement désordonné et quasi labyrinthique de cours, d'esplanades, de passages secrets ou dérobés, de corridors étroits, de rampes, d'escaliers, de terrasses et de jardins enfermant, dans un dédale inextricable, palais, pavillons et salles d'apparat.

Cet aspect désordonné des palais fortifiés du Rajasthan s'explique également par l'adjonction fréquente, au fil des années ou des siècles, de salles ou d'édifices bâtis durant leurs règnes par les maîtres successifs des lieux ; ainsi du palais de **Bundi**, véritable agrégat de palais et d'édifices disparates étagés sur plusieurs terrasses surplombant la ville et son lac.

Des portes aux fonctions diverses

L'ornementation des portes monumentales gardant l'accès des forteresses rajputes procédait d'un répertoire à la fois décoratif et ostensiblement symbolique. Ainsi, à **Chittor**, la porte de Rama (Rama Pol), flanquée de deux puissantes tours octogonales, s'orne de frises de divinités hindoues et de processions de guerriers. Plus caractéristiques encore des forteresses rajputes sont les portes des Éléphants (Hathi Pol), porches imposants commandant l'entrée principale du district royal, symboliquement ornés de deux statues d'éléphants affrontés dont les trompes dressées se rejoignent en simulant l'arcature de la porte ; dans les forts de **Bundi** et de **Kota**, de spectaculaires Hathi Pol se dressent ainsi à l'entrée du complexe palatial.

Aux portes monumentales pourvues de vantaux hérissés de pointes métalliques et dont la fonction était essentiellement défensive répondent, au cœur des forteresses, des portes ou porches à fonction cérémonielle. Ces portails, ou *tripolia*, marquaient généralement l'entrée de la place d'armes ou de l'esplanade destinée aux parades et aux cérémonies publiques.

Les clans rajputs

Les premiers clans rajputs, issus de l'émiettement, au VIIe s., du grand royaume fondé par le roi Harsha (606-647) dans l'Inde du Nord, affirmèrent rapidement leur puissance et se lancèrent à la conquête des régions septentrionales du sous-continent. Les anciennes dynasties, qui régnèrent sur le Rajasthan et se dressèrent avec fougue contre les envahisseurs musulmans acharnés à conquérir l'Inde dès la fin du XIIe s., s'enorgueillissaient d'une origine divine. Ainsi les **Sisodias** du Mewar, les **Kachhwahas** d'Amber-Jaipur et les **Rathores** du Marwar, de Bikaner et de Kishangarh affirmaient descendre du Soleil et tenaient Rama, septième incarnation ou *avatara* du dieu Vishnou, pour leur ancêtre. Les **Bhattis** de Jaisalmer descendaient, eux, de la Lune et reconnaissaient Krishna, huitième *avatara* de Vishnou, pour leur ancêtre. Enfin, les **Chauhans** d'Ajmer, de Bundi-Kota et de Sirohi descendaient du Feu, créé par le sage Vasishtha en vertu de ses pouvoirs spirituels. Forts de cette généalogie divine et de ces lignées mythiques, les Rajputs se posèrent d'emblée en défenseurs opiniâtres de l'hindouisme et de ses valeurs face aux conquérants musulmans.

Une ornementation foisonnante

Également inspiré de l'esthétique moghole, mais inhérent aussi bien au génie rajput, est l'amour des **peintures murales**. Il s'exprime dans le décor peint de motifs floraux et de scènes mythologiques qui pare les murs et les plafonds des palais et des *haveli* *(→ théma p. 244-245)* du Rajasthan et qui rehausse l'ornementation des portes et des portails de cérémonie.

Mais c'est surtout dans les galeries de peintures *(chitra shala)* des palais que se manifeste le goût des Rajputs pour l'opulence décorative et les couleurs vives et chatoyantes. Les *chitra shala* déclinent en coloris éclatants et en scènes animées les thèmes de prédilection des peintres rajputs – portraits de souverains, scènes de cour, de chasse et de batailles, scènes mythologiques –, transformant les murs des palais en de véritables livres d'images destinés à la délectation des monarques et de leur cour. Quant aux palais des Miroirs (Shish Mahal), aux murs constellés de fragments de miroirs et de verres colorés, ils se voulaient, eux, le modeste reflet des murs incrustés de pierres semi-précieuses des palais moghols de Delhi et d'Agra. Ainsi, à la splendeur des édifices moghols magnifiée par l'éclat des pierres fines serties dans la pierre, les souverains du Rajasthan opposèrent une luxuriance et une exubérance décoratives foncièrement rajpute, rehaussant d'une profusion de verreries polychromes les murs de stuc de leurs pavillons d'agrément, et les transformant en de féeriques écrins étincelants.

Manuscrits et miniatures

De 1400 à 1600, un ensemble de manuscrits hindous fut illustré en Inde du Nord, dans une région mal définie s'étendant entre le Penjab, le Rajasthan et le Bihar. Les illustrations de ces manuscrits, peintes sur papier dans un style plus animé et plus spontané que celui des manuscrits jaïns de la même époque, sont dominées par une palette intense et des lignes volontiers anguleuses. Empreint tout à la fois de lyrisme et d'un certain charme rustique, ce style, dont la genèse reste malaisée à définir, jouera un rôle déterminant dans l'élaboration des styles picturaux ultérieurs, et notamment dans le développement des différentes écoles de miniatures rajputes.

Les manuscrits jaïns du Gujarat

La tradition picturale dite de l'Inde occidentale qui s'épanouit dans le Gujarat, le Rajasthan et le Malwa du XIe au XVIe s. se caractérise par son caractère profondément conservateur, qui demeura quasiment inchangé durant plusieurs siècles. Cette école de peinture jaïne entraîna, essentiellement sous l'impulsion des *shvetambara* – l'une des deux principales sectes du jaïnisme –, la production de très nombreux manuscrits enluminés conservés dans les bibliothèques *(bhandara)* et dans les temples que subventionnaient de riches marchands jaïns dans le but de s'acquérir des mérites.

À la feuille de rondier traditionnelle, de format horizontal, la tradition de l'Inde occidentale substitua, dès le XIIe s. et surtout à partir du XIVe s., le **papier** venu d'Iran, dont l'usage fut introduit en Inde par les musulmans : sa surface plus importante permettait, sur un format qui demeure horizontal, des compositions plus amples. Les scènes se détachent sur un fond rouge ou bleu outremer, la palette est restreinte, le modelé rudimentaire, le style linéaire et volontiers schématique, porté à certains maniérismes : nez et menton proéminents, projection latérale de l'œil. Ce style quelque peu archaïque, fixé dès la fin du XIIIe s. et qui n'évoluera plus guère, doit beaucoup à l'influence artistique de la Perse, ainsi qu'à la peinture mamelouke d'Égypte et de Syrie : des contrées qui entretenaient un commerce actif avec le Gujarat, longtemps sous domination musulmane.

Les miniatures rajputes

À compter du XVIe s. et jusqu'au milieu du XIXe s, les peintres attachés aux ateliers des cours royales du Rajasthan illustrèrent abondamment les grands textes religieux – majoritairement vishnouites – de l'hindouisme, ainsi que des textes profanes : le *Ramayana* (la geste de Rama et son combat titanesque avec le démon Ravana), le *Gita Govinda* de Jayadeva (relatant les amours à la fois mystiques et sensuelles du dieu Krishna et de la bouvière Radha), mais aussi des textes poétiques déclinant, sur des registres variés et volontiers métaphoriques, les diverses situations amoureuses : ainsi la *Rasikapriya* de Keshava Das, la série des Douze Mois de l'année *(Barahmasa)* ou encore « les Guirlandes de ragas » *(Ragamala)*, les modes musicaux personnifiés *(→ aussi encadré p. 373)*.

Parallèlement à cette production traditionnelle, les peintres se livraient à l'illustration de thèmes empruntés au répertoire moghol *(→ encadré p. 372)* : portraits de souverains et de nobles, scènes de cour, de chasse et de guerre, scènes érotiques. Des

Technique de la miniature indienne

Les miniatures, mogholes ou rajputes, étaient exécutées sur un papier préalablement poli, souvent à l'aide d'une bille d'agate, et soigneusement apprêté. Les premiers contours de la composition étaient d'abord tracés en rouge, puis repris ou modifiés au trait noir. Les couleurs, obtenues à base de pigments minéraux et végétaux, étaient appliquées avec soin par le peintre, qui s'attachait généralement à peindre d'abord le paysage et le décor architectural, puis les personnages, en commençant par les costumes et en terminant par les visages. Les pinceaux, extrêmement fins, pouvaient n'être constitués que de deux ou trois poils souples et tendres provenant de la queue d'un chaton ou d'un écureuil.

Une fois achevées, les miniatures étaient posées sur une étoffe de soie ou de velours – la surface peinte au contact de l'étoffe – et de nouveau polies au verso à la bille d'agate. Cet ultime polissage permettait de fixer les couleurs et conférait aux miniatures cet aspect émaillé qui contribue à leur beauté et à leur éclat.

◀ **Miniature du XVIIIe s. illustrant un passage du *Mahabharata*.**

souverains mécènes aux goûts raffinés, désireux de voir l'excellence des travaux des peintres de leur cour contribuer à la grandeur de leurs royaumes, commanditèrent ces délicates et chatoyantes miniatures, dont le style variait d'une cour à l'autre, d'une école à l'autre.

À chaque école son style

À la cour d'**Amber-Jaipur**, qui entretenait de longue date des relations privilégiées avec la Couronne moghole, l'influence des productions mogholes fut prépondérante et donna naissance à des œuvres suaves et harmonieuses, dominées par les scènes de cour et les portraits d'apparat. Également mogholisante, l'**école de Bikaner** bénéficia, dès le XVIIe s., de l'afflux d'artistes musulmans formés dans les ateliers moghols, qui renouvelèrent et enrichirent le répertoire des peintres locaux.

Contrastant avec les réalisations sophistiquées de ces deux écoles, les travaux des artistes du **Mewar** (région d'Udaipur) se distinguent par leurs stylisations vigoureuses et parfois naïves, leurs compositions compartimentées et leur palette vive, où éclatent les rouges ardents, les jaunes vifs et le bleu indigo. Les peintres de **Jodhpur** et de **Nagaur**, héritiers d'une féconde tradition populaire, produisirent des œuvres robustes, dans lesquelles les monarques et les fiers guerriers rajputs apparaissent immanquablement coiffés de turbans volumineux et extravagants.

Dans la principauté de **Bundi**, une école originale vit le jour dès la fin du XVIe s, pour s'épanouir pleinement au XVIIIe s. (→ *encadré p. 160)*. Dans cette région verdoyante située au cœur d'un pays aride, les peintres développèrent spontanément un goût assez insolite pour le paysage et réalisèrent d'exquises miniatures, dominées par le vert intense de jungles luxuriantes et de forêts profondes peuplées de tigres.

L'école de Kishangarh : la plus originale

Dans le royaume de **Kishangarh**, le mécénat d'un souverain esthète et poète, le maharaja Savant Singh, l'incomparable beauté d'une musicienne de cour, Bani-Thani, et le style puissamment personnel du peintre Nihal Chand se conjuguèrent pour donner naissance, au milieu du XVIIIe s., à la plus originale sans doute des écoles de miniatures rajputes. Par-delà la représentation des amours romantiques et terrestres du maharaja et de la musicienne, le peintre évoquait les rencontres mystiques des amants divins, Krishna et Radha – telles que les avait chantées, au XIIe s., le poète Jayadeva, dans son célèbre *Gita Govinda*. Sous le pinceau de Nihal Chand, le souverain dévot de Krishna apparaissait sous les traits de sa divinité d'élection et Bani-Thani sous les traits de Radha. L'école de Kishangarh se caractérise par son élégance et son lyrisme, mais également par son maniérisme, avec ses personnages aux silhouettes altières et aux yeux exagérément étirés vers les tempes. Par sa subtile fusion entre les thèmes mondains et les thèmes mystiques, elle révèle l'essence même de la peinture rajpute, ainsi que l'âme fervente et éprise de beauté d'un peuple profondément artiste.

Les religions en Inde du Nord

par Ysé Tardan-Masquelier

Démocratie laïque la plus vaste du monde, l'Inde est la nation qui abrite le plus grand nombre de religions : hindouisme, bouddhisme, jaïnisme ; communautés disparues ailleurs, comme les Parsis descendants des zoroastriens de Perse ; juifs, chrétiens et musulmans venus de l'Ouest, présents dans toute leur diversité ; religions récentes, comme celles des sikhs, née au XVIe siècle en Inde du Nord, ou celle des bahaïs, fondée à la fin du XIXe siècle en Iran…

L'hindouisme représente 82 % de la population indienne et, avec des diasporas importantes (dans le Sud-Est asiatique, en Afrique du Sud, en Grande-Bretagne et aux États-Unis), compte environ un milliard de croyants, ce qui en fait aujourd'hui la religion d'un sixième de l'humanité. Parler d'hindouisme au singulier est trompeur, car le mot recouvre une extraordinaire diversité de doctrines, de cultes et de sagesses qui n'ont jamais été unifiés par une autorité centrale ou une construction dogmatique. Il se justifie cependant, car ce foisonnement repose sur une culture commune qui s'exprime au long des siècles par la fidélité aux textes fondateurs, la dévotion envers de grandes divinités, la croyance en un temps cyclique et en la réincarnation, la quête de la libération définitive, une éthique qui valorise également la famille et la vie renoncée.

L'axe indo-gangétique, berceau des religions

Sur le cours moyen et inférieur de l'Indus et de ses affluents, une importante civilisation urbaine – avec des métropoles comme Mohenjo-Daro ou Harappa – s'est épanouie au cours du IIIe millénaire avant notre ère. Elle a été recouverte par des pasteurs nomades venus des rives de la mer Caspienne : les Aryas, branche orientale de la vaste migration indo-européenne, porteurs d'une vision du monde différente qui va constituer le socle de l'hindouisme futur.

Une religion de l'Indus ?

Toutes les tentatives pour déchiffrer une éventuelle langue de l'Indus ayant jusqu'à maintenant échoué, la connaissance de la religion, qui est d'abord fondée sur des textes, échappe à l'historien (→ *encadré p. 78*). Les vestiges de vastes bâtiments et de bassins évoquent des structures cultuelles ; des statuettes féminines pourraient avoir été l'objet de dévotions domestiques envers un principe divin féminin ; de nombreux sceaux de stéatite, qui servaient à authentifier les objets de commerce, portent des signes, dont certains représentaient peut-être des divinités ou écrivaient leurs noms ; enfin ces peuples pratiquaient l'inhumation plutôt que l'incinération, mais nous ne savons rien de leurs croyances concernant la mort et l'au-delà.

Les origines, pomme de discorde

Dès l'arrivée au pouvoir du Bharatiya Janata Party (BJP), le NCERT, l'organisme qui a la responsabilité des programmes scolaires et universitaires, ainsi que le Conseil indien de la recherche historique (ICHR), qui regroupe les historiens chercheurs, ont été priés de s'aligner sur l'idéologie nationaliste hindoue. L'un des enjeux majeurs concernait la production de nouveaux manuels scolaires, qui furent révisés sur la base de l'origine aryenne de la culture de l'Indus, de la continuité généalogique entre Aryas et hindous actuels, de l'exaltation du génie védique, inventeur des sciences et des mathématiques, et de bien d'autres affirmations qui allaient toutes dans le même sens. En 2000, dans *The Deciphered Indus Script*, Navaratna Srinivasa Rajaram et Natwar Jha tentèrent sans grand succès de démontrer que les signes des sceaux de l'Indus témoignaient d'un proto-sanskrit et d'une civilisation du cheval caractéristique des seuls Aryas, qui constituaient donc une population autochtone, et non des envahisseurs. Quand on se souvient que la région en question est aujourd'hui divisée depuis la partition entre Inde et Pakistan, on perçoit mieux les conséquences concrètes et l'importance de cette controverse…

Les *Veda*, textes fondateurs

Les premiers récits mythiques et cycles liturgiques aryas sont condensés dans un corpus de textes sacrés, les *Veda*, dont la composition orale date de 1800 à 800 environ avant notre ère. Répartis en quatre collections, ils célèbrent, par des hymnes, des formules rituelles et des chants, les divinités qui ont créé le monde en lui conférant un ordre *(dharma)*. Leurs auteurs, les grands *rishi* ou « voyants », sont des personnages intemporels, qui ont reçu des révélations et les transcrivent dans une langue raffinée, le sanskrit, idiome privilégié des savoirs religieux.

Chaque dieu représente une force de la nature (ciel étoilé, orage), un élément (le feu) ou une fonction (souveraineté, guerre, fécondité). Les divinités sont donc innombrables, mais elles participent toutes d'une réalité unique, *brahman*, le sacré, qui s'exprime à travers la parole créatrice. Le croyant apprend et récite des parties des *Veda* et, en les utilisant lors de l'action rituelle, *rita*, il collabore à la continuation de l'ordre originel qui soutient le monde.

La société védique était composée de quatre classes : les brahmanes, qui sont les spécialistes du culte ; les guerriers et les princes ; les commerçants et les artisans ; les serviteurs. Seules les trois premières classes recevaient des initiations et des savoirs. Le culte solennel avait pour but de régénérer la communauté à travers le renforcement de la fonction royale. La religion familiale prescrivait, à l'aurore et au crépuscule, l'*agnihotra*, offrande de lait faite dans le feu en l'honneur des dieux, qui possédait des vertus fécondantes et protectrices. Elle comportait aussi des rites de passage aux différents âges de la vie.

Nouvelles sagesses

Dès les IXe-VIIIe s. avant notre ère, des ermites vivaient, seuls ou en groupes, en marge de la religion védique, pratiquant la mendicité et recherchant les pouvoirs magiques. Parmi eux, et aussi chez des brahmanes et des princes qui doutent que les rites puissent à eux seuls répondre à toutes les attentes humaines, se font jour de nouvelles idées. L'exigence d'une religion plus intériorisée les conduit à proposer des réflexions sur le désir, le renoncement et l'ascèse. Il semble que toutes sortes de *shramana*, c'est-à-dire d'ascètes, thérapeutes, maîtres à penser ou ancêtres des yogis, parcouraient en prêchant les nombreuses principautés de la région indo-gangétique que les rois aryas avaient fondées dans leur avancée conquérante vers l'est et le sud. Certains de ces maîtres rompent, à partir du VIe s., avec les traditions issues des *Veda*. C'est parmi eux que surgissent deux enseignements inspirés, qui se sont développés en véritables mouvements religieux, toujours vivants aujourd'hui : le jaïnisme et, évidemment, le bouddhisme. Leurs premiers textes racontent la même histoire fondatrice, indice d'une contestation de la supériorité des brahmanes, puisque c'est un prince qui, renonçant à régner pour poursuivre la vérité, prétend trouver un remède à la souffrance des êtres humains.

Les *Upanishad* : la voie du Soi

Les *Upanishad* sont des collections de récits et de dialogues qui mettent en scène des maîtres et des disciples en quête de sérénité. Pour eux, l'être humain est habité par une conscience éternelle, l'*atman* ou Soi, identique au *brahman*, cet Absolu qu'évoquaient déjà les *Veda*. Le Soi migre de vie en vie, et les expériences, les attachements, les pensées qu'il connaît au cours de ses existences successives le recouvrent d'une sorte de voile d'ignorance : l'individu, exilé de sa nature profonde, se trouve comme divisé, en proie à une dualité qui le fait continûment souffrir. Les sages des *Upanishad* se proposent donc de libérer le Soi en associant la réflexion philosophique, qui permet de prendre conscience de l'origine de la souffrance, et l'ascèse, qui conduit au détachement. Sa libération obtenue, le Soi ne revient plus dans le cycle des existences et se fond définitivement dans l'Absolu.

La « Bonne Loi » du Bouddha

Le Bouddha fait un constat analogue lors de sa première prédication publique à Sarnath, à côté de Bénarès, qui s'appelait alors Kashi, un royaume où le brahmanisme était puissant. S'étant éveillé à la compréhension de la condition humaine, il propose d'accéder au *nirvana*, un état indescriptible d'extinction des désirs et des caractéristiques individuelles, état de vide qui est aussi, paradoxalement, un état de béatitude totale. Cette expérience est ouverte à tout être qui suit dans son intégralité le chemin de sagesse qu'il enseigne. Cependant, à la différence des maîtres des *Upanishad*, le Bouddha affirme que la croyance en un Soi éternel est une illusion : la seule certitude avérée est celle de l'impermanence de toute chose.

▲ Les cinq premiers disciples du Bouddha en prière devant la roue du Dharma, dans le parc des gazelles à Sarnath.

En quelques générations, le bouddhisme originel se répand dans l'ensemble du sous-continent, gagnant l'île de Sri Lanka, qui restera à travers l'histoire un bastion et un relais privilégié dans sa diffusion vers l'Asie du Sud. Dès le IVe s. avant notre ère, il se structure à travers une succession de conciles, qui consacrent aussi sa division en un riche éventail de courants dont les plus connus sont le Theravada, la « Voie des Anciens », et le Mahayana, le « Grand Véhicule ». L'empereur Ashoka des Mauryas (r. 268-231), en proclamant sa conversion aux principes de non-violence du Bouddha, assure le succès de cette nouvelle voie de salut.

L'ascèse extrême de Mahavira

Dans ces mêmes royaumes gangétiques, le prince Mahavira effectue à la même époque que le Bouddha un parcours identique, renonçant à la royauté pour devenir un ascète itinérant. Particulièrement attentif à toutes les formes d'existence, même les plus humbles, il prône une non-violence absolue. La communauté jaïne, constituée de moines et de laïcs, vénère ceux qu'elle appelle *tirthankara*, « ouvreurs de gué », des sages omniscients et parfaitement purifiés par le renoncement et la méditation. Les moines se départagent très tôt en ascètes nus, les *digambara* (« vêtus de ciel »), et en ermites (hommes et femmes), les *shvetambara* (« vêtus de blanc »). Le jaïnisme s'est particulièrement développé le long des grands axes commerciaux où les marchands ont adopté son éthique exigeante.

« Tout est douleur »

Les Occidentaux, découvrant le bouddhisme, ont jugé qu'il était profondément pessimiste et tendait au néant. Mieux connue, la prédication du Bouddha résonne différemment. Le mot que nous traduisons par « douleur » désigne en réalité le fait que toute situation, même agréable, est passagère. Le remède consiste à ne pas s'attacher, à admettre comme seule vérité cette impermanence : « Ô moines, c'est par la compréhension de cette Noble Vérité sur la douleur, parmi les choses qui n'avaient jamais été entendues auparavant que s'est révélée à moi la vision de l'œil divin, que s'est élevée en moi la connaissance, s'est élevée en moi la sagesse, s'est élevée en moi la science, s'est élevée en moi la lumière. » Tels sont les mots que le Bouddha a choisis pour décrire son Éveil et exprimer les premiers éléments d'une doctrine qui va bouleverser totalement les conceptions que l'on se faisait alors de l'être humain et de sa condition terrestre.

La fixation des doctrines et des pratiques hindoues

Les nouvelles sagesses ont eu un impact profond sur la réflexion et la pratique des brahmanes : elles les ont incités à mieux définir les rites, à mettre de l'ordre dans les récits mythiques, à encourager une relation plus personnelle avec les dieux et à renforcer l'organisation religieuse de la société. Ces mutations sont à l'origine de l'hindouisme proprement dit, et elles s'opèrent entre le règne des Mauryas et celui des Guptas.

Les épopées, réservoirs de mythes

Le *Mahabharata*, œuvre majeure de l'hindouisme naissant (autour des IVe-IIIe s. avant notre ère), est une épopée de plus de 100 000 stances attribuée à un auteur unique, Vyasa. À l'intérieur d'un récit cadre qui raconte une guerre fratricide entre descendants des clans aryas se trouvent des enseignements spirituels et des exposés philosophiques. Des thèmes centraux de la culture hindoue y sont mis en scène : l'équilibre du monde ; la malédiction, le vœu et la dette, figures du destin ; la méditation sur le caractère cyclique du temps ; la quête de la délivrance exigeant l'ascèse et l'accomplissement du devoir dévolu à la naissance. Pour sauver les êtres, les dieux s'incarnent en héros guerriers ou en maîtres spirituels, comme Krishna, qui est l'*avatara* (littéralement la « descente ») de Vishnou sur terre.

Le *Ramayana*, un peu plus récent, témoigne de l'hindouisation progressive du Deccan. Il raconte l'histoire de Rama, prince d'Ayodhya, lui aussi un *avatara* de Vishnou, qui, injustement contraint à l'exil, s'enfonce, accompagné de son épouse Sita et de son frère Lakshmana, vers les espaces sauvages et inexplorés du Sud, imaginés comme le royaume des « démons ». Sita est enlevée par Ravana, le roi démoniaque de l'île de Lanka ; Rama, aidé par Hanuman, le roi des singes, figure du parfait dévot, la libère et finit par récupérer son trône, rétablissant l'ordre du monde.

▲ Rouleau contenant une portion du Sri Bhagavata Purana, dont les douze *skanda* (livres) racontent les différentes légendes qui évoquent les avatars de Vishnou.

Quant aux *Purana* (littéralement les « Antiques »), ce sont d'énormes cycles de mythes qui témoignent de l'organisation des croyances concernant les grands dieux. On ne peut comprendre le programme iconographique d'un temple sans s'y référer.

Vishnou, Shiva et la déesse

Le foisonnement des formes auxquelles les hindous rendent hommage est au premier abord déconcertant, et le sous-continent porte bien son titre de « terre des trente-trois millions de dieux ». Pourtant trois Êtres suprêmes aux aspects multiples transcendent cette diversité : Vishnou, Shiva et la déesse.

Vishnou *(→ théma p. 176-177)* est celui qui protège et permet aux êtres de déployer leur existence dans une durée. À travers ses dix *avatara*, dont les principaux sont Rama et Krishna, il assure la stabilité de l'univers. La *Bhagavad-Gita*, qui est un chapitre du *Mahabharata*, le fait parler à la première personne : il y offre à ses adeptes un salut qui repose sur une relation d'amour, innovation radicale dans un monde dominé par le rite.

Avec **Shiva** *(→ théma p. 120-121)*, le divin prend des formes paradoxales : à la fois bénéfique et terrible, créateur et porteur de mort. Patron des ascètes, Shiva incarne aussi la puissance du désir érotique, qui conduit à l'extase. Les **déesses** *(→ théma p. 124-125)* sont puissantes : ainsi Vishnou a pour épouse Lakshmi, source de richesse et de fécondité. Pourtant c'est la déesse shivaïte qui occupe une place privilégiée : à la fois épouse, mère, amante et dévoratrice, elle cristallise tous les aspects du féminin, et elle est l'objet d'une dévotion intense.

Les rites et l'harmonie du cosmos

Sous l'influence des sages qui prônent la non-violence, l'ancien système sacrificiel évolue vers une célébration communautaire, la *puja*, toujours en ▶▶▶

Shiva, entre ascèse et jouissance

Le dieu qu'honorent les shivaïtes est une figure complexe, qui peut se présenter sous un aspect bénéfique ou démoniaque. Il a repris les valeurs incarnées par le dieu Rudra, qui, dans les textes védiques, patronne la violence et la mort, considérés comme des éléments nécessaires au sacrifice. Mais Shiva est aussi tourné vers la vie, et il symbolise le mouvement de transformation qui anime continuellement le cosmos : le nom principal de son épouse, Shakti, signifie « énergie ».

◄ *Sadhu* portant le trident *(trishula)*, l'un des attributs de Shiva qui matérialise les trois *guna*, ou conditions de l'existence : *Sattva* (la préservation, la pure essence des choses), *Rajas* (l'énergie active et créative) et *Tamas* (la passivité, la tendance désintégrante).

Le dieu des ascètes et des yogis

Depuis l'Antiquité, Shiva représente les valeurs de **la vie renoncée**, différentes de celles de la société de castes. Il fait grand usage des techniques ascétiques que l'on rencontre, sous une forme modérée, dans le yoga classique. Dans les mythes, il va maigre, nu, les cheveux et les ongles non coupés, couvert de cendres, capable de méditer assis, dans un état d'immobilité absolue, totalement absorbé, indifférent aux séductions du monde. Sous cet aspect, il est *mahayogi*, le « **yogi suprême** », qui pratique une forme extrême de méditation solitaire. Il fait monter en lui un « feu intérieur », qui lui permet de donner à son corps un éclat insoutenable et une puissance surnaturelle ; son incandescence brûle tous les désirs, toutes les impuretés.

Il a été le patron des ascètes radicaux, en particulier les Kapalikas, les « porteurs de crâne », une secte aujourd'hui disparue, mais qui a été très influente au Ier millénaire. Ce nom évoque leur coutume de mendier avec un crâne de brahmane en guise de bol.

Les spiritualités de l'Inde font sans cesse référence aux pouvoirs obtenus par l'effort ascétique continu. Dans les recueils de légendes que sont les *Purana* médiévaux, on voit les dieux penser que, s'ils n'y mettent pas bon ordre, le grand Ascète à lui seul deviendra plus puissant qu'eux tous rassemblés. Ils décident donc de lui envoyer Kama, le génie de l'éros, mais le dieu le réduit en cendres d'un seul regard.

L'érotisme shivaïte

C'est **Parvati**, la « fille de la montagne », l'une des métamorphoses de Shakti, qui réussira à le séduire. Le grand poète Kalidasa, qui a sans doute vécu à la cour d'un prince gupta, en raconte l'histoire dans un superbe drame, le *Kumarasambhava*. Au terme de pénitences effrayantes, Parvati gagnera le droit de devenir l'amante, l'épouse et la première adepte de Shiva. L'amour qu'elle a su inspirer au dieu le fait sortir de lui-même et rejaillit sur les humains : « Tu es le plus grand des yogis, lui dit-elle, mais par l'effet de ta compassion, tu es devenu ardent en amour. » Le couple divin s'adonne alors à d'intenses plaisirs charnels pour atteindre la jouissance suprême. Ils possèdent tous les charmes imaginables et leur union amoureuse est comparable à une danse qui anime et soutient le cosmos.

Les enfants de Shiva et de la Déesse

C'est séparément et de manière bien étrange qu'ils « engendrent » deux fils. **Kumara** naît de la semence que son père a laissé échapper dans le Gange, et il est élevé par les Pléiades. Guerrier adolescent, particulièrement honoré dans le Sud sous le nom de Murukan, il est une figure de l'éternelle jeunesse. Quant à **Ganesha**, selon le *Shiva Purana*, Parvati l'aurait fabriqué à partir de sa sueur, ou de sa crasse, afin de garder sa porte contre les irruptions intempestives de Shiva pendant son bain. Comme il résistait au grand dieu, celui-ci le décapita, puis, cédant au désespoir de la déesse, lui rendit son intégrité avec la tête du premier animal venu, qui fut un éléphant, symbole de sagesse. Patron des lettres et de l'enseignement, scribe et protecteur des savants, il est le dieu des Commencements. On place son effigie à l'entrée des maisons et des temples, où il joue le rôle protecteur de gardien de seuil. On l'invoque au début d'un ouvrage, ou pour le succès d'une entreprise.

▼ **Shiva patronne la sphère du désir et des plaisirs sensuels, mais le *lingam*, son emblème principal, qui surgit d'une cavité circulaire appelée *yoni*, ne peut être simplement assimilé à un phallus. Il représente aussi la source de toute fécondité, l'axe du monde, l'origine séminale, l'élan vital. D'ailleurs le terme *lingam* dans le champ philosophique et littéraire prend le sens abstrait de « marque, caractéristique, symbole ».**

▲ **La modernité confère à Ganesha un regain de popularité. Les petits commerces comme les grandes entreprises se mettent volontiers sous son égide. Il est une sorte de lutin protecteur des foyers et les enfants l'adorent. Son image, banalisée sur toutes sortes de logos, conserve encore une aura religieuse de fécondité et de bonheur.**

usage aujourd'hui. Des plateaux d'offrandes végétales circulent des fidèles aux brahmanes et aux divinités, tandis que des chants liturgiques et des récitations de textes sacrés en sanskrit accompagnent les processions, les circumambulations, les prosternations nombreuses. Ces innovations sont attachées à un nouvel espace, le temple, qui naît à cette période et va prendre une extension extraordinaire à l'époque médiévale. Le sanctuaire est le lieu médiateur par excellence, où les hommes rencontrent les divinités qui descendent dans leurs effigies : d'où cette sacralisation de l'image divine, qui constitue l'une des caractéristiques fortes de l'hindouisme.

La communauté religieuse est segmentée en castes, s'étageant par degrés relatifs de pureté, qui excluent ceux que l'on appellera les intouchables. La hiérarchie et les relations qui existent entre groupes sociaux distincts sont déterminées par les *dharmashastra,* des traités normatifs qui règlent les obligations ou interdictions propres à chaque caste, en se référant à l'idée d'harmonie universelle.

La religion familiale se structure autour des rites de passage qui scandent et sacralisent l'existence : naissance, initiation d'adolescence, mariage, retraite, funérailles. Chaque lignage possède sa « divinité d'élection », forme locale de l'un des grands dieux, et ses rites particuliers.

Le prestige du renoncement

Dans les hautes castes, de jeunes hommes quittent le monde pour devenir renonçants. Ils se soustraient à l'obligation d'avoir un fils et de soutenir l'économie des temples. Ils adoptent l'état d'ascètes mendiants, généralement solitaires. Mais on repère aussi, à partir des Ve-VIe s., les premiers groupes d'ascètes tantriques, dont les doctrines divergent profondément de la vision brahmanique. Ils honorent des formes divines souvent terrifiantes, et les plus transgressifs adoptent volontairement des comportements réputés impurs, en matière de nourriture, de sexualité ou de relations entre castes. Leurs pratiques, comme la répétition de formules de puissance *(mantra)* ou la méditation sur des diagrammes colorés *(yantra, mandala),* ont pourtant été diffusées largement dans l'hindouisme majoritaire.

Quant à l'état monastique, il continue d'être valorisé chez les jaïns, dont la présence se renforce dans les régions qui correspondent aux États actuels du Gujarat, du Rajasthan, du Maharashtra et du Karnataka. Les monastères bouddhistes se multiplient hors du sous-continent (vers l'Asie centrale,

La religion au féminin

Le ***stridharma***, le « devoir d'épouse », consistait à ne vivre que pour son mari et sa progéniture. La vie maritale commençait pour la jeune fille par un deuil radical, puisqu'elle était séparée de sa famille maternelle (les légendes sont remplies d'évocations de la tristesse provoquée par cet arrachement). C'était en accomplissant toutes les prières et les rites pour le bien-être de sa belle-famille, qu'elle se réalisait religieusement. Son époux devait être « son seul dieu », disent les textes brahmaniques, et s'il mourait avant elle, elle y était pour quelque chose : une implicite mais profonde culpabilité planait sur les veuves et a permis qu'elles soient réduites, quand le contexte familial s'y prêtait, à une vie recluse vouée à des tâches subalternes, ou même à monter sur le bûcher de leur époux. Aujourd'hui, un tel sacrifice est formellement interdit par la loi, et les grandes féministes indiennes font la critique d'une religion qui a justifié si longtemps le sort funeste des femmes.

▲ **La Kartik Purnima, fête hindoue de la pleine lune de novembre célébrée en l'honneur de Shiva Tripurari (« l'ennemi du démon Tripurasura »). Durant ce festival des lumières divines *(deva diwali)*, on allume des milliers de lampes dans les temples et le long des *ghat* pour éviter aux fidèles les tourments de l'enfer après la mort.**

la Chine, le Japon, le Sud-Est asiatique), tandis que l'université de Nalanda, dans l'ancien royaume de Magadha (Bihar), devient sous les Guptas le haut lieu des philosophies et des sciences du Grand Véhicule. Les différentes formes de renoncement, puissants contre-pouvoirs au brahmanisme, ont ainsi stimulé la vitalité des pratiques et l'évolution des doctrines.

Lumières de l'Inde médiévale

Entre le VIe siècle et le IXe siècle, de profonds bouleversements géopolitiques vont modifier le paysage religieux. Une fraction des Huns hephtalites et des Gurjaras, qui ont provoqué par leurs invasions la chute de l'Empire gupta, va s'hindouiser et se fabriquer des origines prestigieuses, védiques, lors d'une cérémonie qui aurait eu lieu sur le mont Abu en 747. L'incursion sur l'Indus des premiers cavaliers arabes porteurs de l'islam aboutit au début du VIIIe siècle à la création du sultanat chiite du Sind, qui s'étend jusqu'à Multan et au Kathiawar. La scène religieuse de l'Inde du Nord devient donc extrêmement complexe.

L'éclosion de l'hindouisme méridional

Dans un premier temps, les cultures dravidiennes patronnées par de puissantes dynasties (Chalukyas, Pallavas) viennent enrichir et transformer l'apport sanskrit du Nord, l'infléchissant dans une direction plus émotionnelle et mystique. Nombreux sont les saints que la ferveur populaire vénère et leurs vies, rassemblées à partir du XIe s. en deux recueils, l'un vishnouite (le *Nalayira Prabandham*), l'autre shivaïte (le *Periya Puranam*), forment une sorte de *Légende dorée* du pays tamoul. Philosophe et réformateur, Shankara, né à la fin du VIIIe s. dans l'actuel Kerala, commente les *Upanishad* dans le sens d'une métaphysique de l'unité absolue, le *Vedanta*. Il crée un monachisme hindou ▶▶▶

Déesses hindoues

La seule entité féminine que les *Veda* vénèrent est la Parole. Dans un hymne célèbre, où elle s'exprime à la première personne, elle fait figure de grande déesse originelle. C'est par elle que les dieux ont des noms, c'est-à-dire qu'ils existent. Elle apparaît aussi comme l'Énergie primordiale, qui anime tout, la Puissance (*shakti*) par excellence. Cette notion d'énergie créatrice demeurera au fondement de toutes les représentations féminines du divin dans l'hindouisme.

◀ **Kali se bat contre une armée de démons. La Déesse sombre – c'est là le sens de l'adjectif *kali* – est connue dès le *Mahabharata*. Vierge, elle donne la victoire aux guerriers et, sous son nom de Durga, elle tue le démon-buffle Mahishasura, restaurant ainsi l'ordre du monde. Les fêtes de Kali demeurent très populaires au Bengale.**

Les déesses dans l'hindouisme brahmanique

Dans la synthèse que les brahmanes réalisent vers les IVe-IIIe s. avant notre ère, chaque dieu est pourvu d'une *shakti*, **figure féminine** destinée à symboliser sa faculté créatrice. Brahma a Sarasvati, qui patronne la Connaissance (parole et arts). Les fonctions de fertilité et de fécondité sont incarnées par Lakshmi, la Prospérité, et Bhu, la Terre, qui sont les épouses de Vishnou. De même, Ganesha, le dieu favorable aux entreprises humaines et que l'on prie à chaque commencement, fait couple avec Siddhi (la Réussite) ou Riddhi (la Richesse). Quant à Shiva, il a pour épouse, partie de lui-même et pôle complémentaire, une déesse aux aspects multiples. Avec elle, le mot *shakti* devient aussi un nom propre.

Les brahmanes ont voulu des déesses apaisées et soumises, qui reflètent les valeurs matrimoniales, la continuité des générations, la place seconde et pourtant essentielle de la femme dans le système. Les épouses des dieux portent les idéaux d'une société où les rapports entre les sexes sont étroitement codifiés.

Mystique et érotisme

Les grands mouvements de dévotion *(bhakti)* ont débordé et subverti ce cadre. Au début du IIe millénaire après notre ère, particulièrement dans l'Orissa et au Bengale, **Radha**, la gardienne de vaches amante de Krishna, devient une grande divinité. Elle forme avec l'avatar de Vishnou une unité indissoluble, exprimant la plénitude essentielle du divin, selon le motif cher à l'Inde de la fusion masculin-fémi-

◀ Sur d'immenses temples médiévaux (ici celui de Khajuraho dans l'État du Madya Pradesh) courent des frises qui répètent indéfiniment le thème de l'union sexuelle. Ce motif exprime à la fois la jouissance qui caractérise l'état divin et l'union d'énergies complémentaires qui permettent au cosmos de continuer d'exister et de prospérer. Le féminin y représente la potentialité créatrice du masculin.

nin. Cet érotisme mystique prend une connotation plus transgressive chez la déesse shivaïte, qui est la moitié d'un Shiva androgyne et son opposé complémentaire. Dans certains systèmes, elle permet au grand Dieu transcendant, immobile, passif, de s'extérioriser sans sortir de son état. Elle est alors à la fois sa capacité créatrice et le cosmos en tant qu'émanation de Shiva. Cela l'amène à jouer le rôle de mère universelle, mais aussi d'intermédiaire entre Shiva, le monde et les êtres, et elle devient la médiatrice par excellence.

Le corps de la déesse et la terre de l'Inde

Sati, la fille du dieu Daksha qui personnifie le sacrifice *(→ aussi encadré p. 69)*, devient l'épouse de Shiva. Lors d'une célébration à laquelle il a convié tous les dieux et les *rishi,* Daksha oublie volontairement Shiva, l'impur, le sauvage. Sati, de colère, se jette dans le foyer des offrandes, ou se brûle à la chaleur de son propre feu intérieur. Sati morte, Shiva saccage l'aire sacrée, puis, portant sur sa tête les restes de son épouse, il se met à errer en une danse frénétique, qui ébranle les fondements de l'univers. Les ossements de la déesse tombent, au fil de cette course folle, en des lieux divers de la terre, les *shaktapithas* (« sièges de la *shakti* »), qui deviennent des centres de pouvoir, et donc des lieux de pèlerinage, donnant une dimension sacrée à la terre de l'Inde.

▶ Sita est l'épouse parfaite de Rama dans le *Ramayana* : accusée d'infidélité, elle se jette au feu pour prouver son innocence et ressort indemne des flammes du bûcher. Elle incarne les valeurs auxquelles la jeune Indienne doit se conformer et personnifie le *stridharma,* le « devoir d'épouse », qui constitue la base de la communauté religieuse. Son mythe est associé à la pureté et à la fidélité.

Les Parsis sont les anciens adorateurs du feu, adeptes de Zoroastre ; chassés de Perse par les musulmans, ils se sont réfugiés au Gujarat, puis dans la région de Bombay. Aujourd'hui très peu nombreux (environ 250 000), ils ont encore leurs rites spectaculaires, comme l'exposition des cadavres aux vautours au sommet des « tours du silence ». Ils ont souvent l'esprit d'entreprise, comme la famille Tata.

organisé en monastères *(matha)*, qui continuent de remplir aujourd'hui des fonctions rituelles et enseignantes importantes. Au XIe s., le vedantin Ramanuja revient aux fondements de la tradition dévotionnelle vishnouite dans son célèbre commentaire à la *Bhagavad-Gita*. Il vit dans un monde où les temples sont devenus des villes, bruissant de l'activité des brahmanes liturgistes, des chanteurs et danseuses, des architectes, sculpteurs et peintres, de tous les artisans qui participent à l'expression du sacré. Les pèlerinages relient les sanctuaires, tissant le réseau d'une géographie sacrée. Les dieux sont perçus comme proches des hommes, aimants et attentifs à leurs demandes.

Les écoles spirituelles du Nord

Ces évolutions se diffusent vers le nord du sous-continent, où elles rencontrent des écoles spirituelles florissantes, bien que les invasions musulmanes successives ne les aient pas épargnées. En remontant vers le nord-ouest, elles reçoivent l'influence

▲ Le *sadhu* (« homme de bien »), ascète hindou qui choisit une vie renoncée afin d'atteindre l'arrêt du cycle des renaissances *(moksha)*, a acquis en Inde et au Népal une réputation d'homme saint, manifestation terrestre de la présence divine. Certains *sadhu* vivent en reclus, mais d'autres s'entourent de disciples ou se regroupent en sectes : les plus répandues sont d'obédience shivaïte ou vishnouite, et leurs membres sont reconnaissables à leur marque frontale, le *tilak*. Les shivaïtes utilisent des motifs horizontaux reliés au *bindu* (point central) et tracés à partir d'une pâte faite de safran (*kumkum*), de poudre de vermillion (*sindhoor*), d'argile ou bien encore de pâte de bois de santal mêlée à de la cendre (*dhuni*). Les vishnouites utilisent des motifs verticaux qui s'entrecroisent au *bindu* pour former un V.

de la lignée des Sant du Maharashtra adeptes de Vithoba (une forme de Vishnou) ; vers le nord-est, elles s'enrichissent des cultes tantriques de l'Orissa et du Bengale. Les shivaïtes du Cachemire, dont le grand nom est Abhinavagupta (env. 950-1015), s'illustrent par des textes qui témoignent d'une très haute inspiration mystique. Les Ramanandi, dont le fondateur, né à Allahabad, prêche l'ouverture à l'islam, sont les tenants d'un vishnouisme épuré, quasi monothéiste. Les adeptes de Vallabha et Caitanya, venus de Bénarès et du Bengale, s'implantent à Mathura, l'ancienne ville de Krishna sur les bords de la Yamuna. Les Nath Yogi sont depuis le XIIIe s. les héros de légendes qui se sont répandues dans toute l'Inde du Nord. Certaines figures de sainteté sont honorées par tous, comme la princesse rajpute Mirabai (→ *encadré p. 175)*, veuve du roi de Chittor, dont les poèmes ont été chantés sur tous les chemins de pèlerinage, ou Tulsi Das, d'Ayodhya, qui composa un *Ramayana* en hindi, afin que le peuple puisse le comprendre.

Hindouisme et islam : confrontations et influences

Les Moghols furent plutôt conciliants avec ces manifestations de la piété hindoue : Akbar (→ *encadré p. 380)* les favorisa ouvertement, à l'égal des autres communautés religieuses, et même sous Aurangzeb, qui passe aujourd'hui pour le modèle d'un islam quasi fondamentaliste, les saints hindous aussi bien que musulmans ont joui d'un immense prestige. Brahmanes et théologiens musulmans connaissaient plus ou moins bien leurs textes sacrés respectifs, même s'ils ne se concédaient rien.

Contrairement à une idée reçue, hindous et musulmans ont vécu en échangeant étroitement. Certains courants hindous ont évolué vers une inspiration monothéiste et renoncé au culte de l'image divine. Les confréries soufies, qui représentent l'aspect mystique de l'islam, se sont développées de manière très florissante sur l'ensemble du sous-continent, prônant une dévotion envers les saints tout aussi spectaculaire que les manifestations de la vénération hindoue. Le maître soufi et le gourou sont des intercesseurs analogues entre le divin et les êtres humains souffrants, et, vivants ou morts, ils disposent de pouvoirs de guérison pour lesquels on les implore.

Les « Lions du Pendjab »

Cette proximité sur fond de conflits explique l'émergence de mouvements syncrétistes dont le plus puissant est le sikhisme. En 1604, Gourou

Le mysticisme médiéval

De nombreuses traditions littéraires sont nées du lyrisme religieux et des premiers recueils rassemblés, à partir du XVe s., par les dévots dans différentes régions du sous-continent. Ainsi ce sont les poèmes de Mirabai qui consacrent le rajasthani comme langue de culture :

« Sans Hari (Vishnou), quelle est ma condition et mon salut ?

Tu es appelé mon protecteur, moi je suis ta servante.

Du commencement à la fin, je retourne ton nom en mon cœur.

À chaque instant, je crie le douloureux désir que j'éprouve pour toi, ô Seigneur.

Le monde est un océan mouvant dont je suis entourée de tous côtés.

La voile de mon bateau est déchirée, répare-la, Seigneur, le bateau coule.

L'épouse tourmentée par la séparation attend l'époux, prends-la auprès de toi.

Mira l'esclave crie le nom de Ram et prend refuge en toi. »

Mirabai, *Chant* 58.

Dara Sukhoh, candidat malheureux à la succession de son père l'empereur Shah Jahan, a traduit en 1657 certaines *Upanishad* en persan, qu'il assortit d'un commentaire, *Majma al-bahrain*, « Le confluent des deux mers », dans lequel il mettait en perspective l'hindouisme et l'islam, en faisant des *Veda* les prémisses de la révélation coranique. C'est sa version, traduite par Anquetil-Duperron, qui donnera à l'Occident une première connaissance de ces textes.

Arjan, le cinquième chef spirituel des sikhs, rassembla en un livre sacré, l'*Adi Granth*, les hymnes des quatre gourous précédents et de mystiques hindous ou musulmans. Il a lui-même déterminé l'orientation de ce recueil : « J'ai pris le Un sans forme dans mon cœur et l'y honore. Je ne suis ni hindou ni musulman. » Il y affirmait sa fidélité à deux grands maîtres spirituels : Kabir, un tisserand d'une basse caste hindoue récemment islamisée, qui vécut à Bénarès au milieu du XVe s., et Nanak (1469-1539), qui créa au Pendjab une première communauté sikhe très vite nombreuse. L'un comme l'autre chantèrent un Dieu qui n'est ni celui des lettrés hindous ni celui des théologiens musulmans, mais le Dieu intérieur qui se révèle aux « dévots du Sans Forme », un nom que se donnaient déjà les Sant du Maharashtra. En proie à des divisions violentes, les sikhs, par la voix de leur dixième gourou, Govind Singh (1666-1708), décidèrent que désormais seul l'*Adi Granth*, le Livre, serait leur guide, d'où son titre de *Guru Granth*. Une majorité se dégagea également en faveur d'une fraternité militante, le Khalsa (« les Purs »), qui finira par tenir un vaste royaume au Pendjab au cours du XIXe s. Au prix de réformes et d'une histoire mouvementée, les « Lions du Pendjab » réussiront à maintenir une éthique exigeante et une identité religieuse originale, entre hindous et musulmans.

Déclin du bouddhisme, apogée du jaïnisme

Le destin indien de ces deux sagesses jumelles diverge à l'époque médiévale. Le bouddhisme avait commencé à décliner en Inde bien avant que les musulmans ne lui donnent le coup de grâce en ravageant l'université de Nalanda lors de leur conquête du Bengale en 1199. La prédication du Bouddha avait incité le brahmanisme ancien à se risquer à une réflexion nouvelle et cette ouverture conjuguée au développement des grands cultes de dévotion répondit aux besoins des croyants, si bien que le bouddhisme perdit une part de son originalité sur sa terre natale.

Il n'en alla pas de même pour le jaïnisme, sans doute parce que celui-ci resta concentré dans le sous-continent, alors que le bouddhisme développait une intense activité missionnaire. Les maîtres jaïns surent mieux se concilier les princes et ils eurent leur part de pouvoir dans beaucoup de royaumes, en particulier dans le Deccan, au Gujarat et au Rajasthan. Ils furent des adversaires philosophiques redoutables pour les brahmanes et ils reçurent le soutien indéfectible des grandes corporations marchandes.

Entre traditions et modernité

Au XIXe siècle, se posa la question d'une réforme de l'hindouisme. En effet, la société indienne, régie par les coutumes de castes, éprouvait difficilement son inadaptation à une modernité étrangère qui lui renvoyait une image d'archaïsme et d'injustice. Certains penseurs se sont attachés à une réforme qui prenait ses modèles dans les idées occidentales importées par la colonisation britannique, tandis que d'autres ont souhaité effectuer un retour aux traditions en les exaltant. La diversité des positions sur les rapports entre l'État laïc et les religions que l'on rencontre en Inde aujourd'hui, et la vitalité de l'hindouisme actuel en sont les héritières.

La présence chrétienne

Les chrétiens indiens font remonter leur origine à la prédication de l'apôtre Thomas parmi les pêcheurs de la côte tamoule. Peu nombreux jusqu'au XVIe s., les chrétiens se fondent dans le tissu d'une société qui admet et englobe les rites les plus divers. Mais l'arrivée des missionnaires européens dans le sillage des marchands crée des tensions et des divisions lorsqu'ils prônent une « latinisation » de ces anciennes communautés. D'autre part, la nouvelle visibilité du christianisme et son association à des entreprises commerciales et bientôt colonisatrices suscitent chez les hindous des réactions contrastées : espérance d'un statut social amélioré par la conversion, fascination pour la pensée chrétienne, méfiance devant le prosélytisme étranger... Les missions catholiques se sont surtout développées dans le Sud, tandis que les diverses Églises protestantes ont plutôt travaillé parmi les tribus indigènes du Nord-Ouest et du Nord-Est, tout en assumant l'éducation des enfants de hautes castes dans leurs collèges urbains.

Comme en Chine, ce sont les jésuites qui ont montré le plus d'ouverture aux cultures locales. On en a des témoignages savoureux : dans une lettre de 1709, un missionnaire explique qu'ils « s'exercent au cérémonial et à la vie légumineuse [c'est-à-dire au végétarisme]. Le Père Barbier a voulu, ces jours-ci, vivre de cette mode, et ne manger que d'une main, sans cuillère et sans fourchette, et les pieds croisés. Il s'en est tiré, mais avec peine ».

Les mouvements réformistes

Des penseurs, notamment au Bengale et au Maharashtra, s'inspirèrent de la philosophie européenne des Lumières et de la morale chrétienne pour critiquer, sans l'abandonner, leur religion. À Calcutta, un intellectuel appartenant à une haute caste, Ram Mohan Roy (1772-1833), brava l'opposition des milieux orthodoxes par ses positions progressistes sur l'interprétation des *Upanishad* ou l'interdiction des sati, la crémation des veuves sur le bûcher de leur mari *(→ encadré p. 219)*. Il fonda en 1829 le Brahmo Samaj et inaugura un temple dédié à « l'Être éternel, insondable et immuable qui est l'Auteur et le Préservateur de l'univers ». Même si ce mouvement ne réussit pas à avoir une audience populaire large, il constitua un creuset pour les dirigeants de la future démocratie indienne.

Le saint bengali Ramakrishna (1836-1886) eut une plus grande influence en délivrant un enseignement syncrétiste, axé sur l'unité du divin à travers toutes les religions : « Il n'y a qu'un Dieu, disait-il, mais ses noms sont innombrables. » Il souhaitait ainsi contrer les tensions entre communautés religieuses, en cette période troublée qui se situe entre la révolte des Cipayes *(→ encadré p. 365)* et l'indépendance. Son disciple Vivekananda, fondateur des Missions Ramakrishna, propagea, en Inde et à travers le monde, cette sagesse universaliste.

Une Inde hindoue ?

Le nationalisme hindou, aujourd'hui porté par le BJP (Bharatiya Janata Party), se rattache à un courant idéologique fondé par Dayananda Sarasvati (1824-1883), un brahmane de Nagpur qui réinterpréta les *Veda* et l'histoire du sous-continent. Il conçut le projet d'une « nation hindoue » héritière du prestigieux passé des Aryas védiques, humiliée par des siècles de domination musulmane puis britannique, et enfin décidée à exister. En 1875, il fonde l'Arya Samaj, « la communauté des Aryas », un cercle de pensée qui inspira un parti politique xénophobe et anti-musulman, la Hindu Mahasabha, très actif dans le Nord-Ouest indien. En 1925, naquit l'Association des serviteurs de la nation (RSS), une organisation militante qui établit des réseaux d'éducation à la morale nationaliste et d'entraide au niveau local.

En 1947, le drame de la partition fournit aux nationalistes hindous l'occasion de développer leur doctrine. Pour eux, le découpage britannique opérait une « amputation » illégitime de la région d'origine des Aryas, qui correspond au Pendjab et au Cachemire actuels. Ils voyaient les musulmans et les chrétiens de l'Inde comme les descendants d'hindous convertis, qu'il fallait soit « réhindouiser » soit encourager à partir. Selon les nationalistes hindous, les Indiens étaient moins les citoyens d'une nation laïque attentive à leurs différences, que des fils de la « Mère Inde », une figure politique de la déesse. C'est par un jeune militant élevé dans leurs rangs, Nathuram Godse, que Gandhi fut assassiné le 30 janvier 1948, six mois après la partition, pour le punir d'avoir donné trop de gages d'amitié aux musulmans.

L'Inde, ou la mosaïque des religions

Le bouddhisme et le jaïnisme, nés à la fin du VIe s. avant notre ère, ne représentent plus aujourd'hui que respectivement 0,7 % et 0,4 % de la population (soit 7 et 4 millions de personnes) ; les sikhs, apparus au XVe s., sont 19 millions (1,8 %). Les religions tribales sont plus difficiles à comptabiliser, car éclatées en particularités locales et fortement pénétrées par l'hindouisme, l'islam et le christianisme.

Parmi les religions venues d'ailleurs, les 250 000 Parsis sont les seuls survivants d'une communauté disparue, d'origine iranienne ; on compte 25 à 30 millions (2,5 %) de chrétiens, qu'ils soient catholiques, orthodoxes, protestants ou d'autres obédiences.

Quant aux musulmans, sunnites, chiites, ismaéliens, etc., ils sont près de 150 millions (13 %). Enfin, l'Inde abrite 2 millions de bahaïs. Toutes ces communautés sont des minorités immergées dans l'hindouisme qui est la religion de 82 % des Indiens.

L'État laïc et les religions

Le nationalisme hindou n'a donc cessé d'être une puissante composante du paysage politique et religieux, même si bien d'autres dynamiques lui font échec. Il remplit une fonction identitaire qui constitue l'un des ciments de la société indienne et qui maintient un lien fort entre l'Inde et les diasporas hindoues. Il joue sur la fierté d'une communauté qui, parmi les cultures de l'humanité, a élevé au plus haut degré le souci de la sagesse et de l'action désintéressée, mais qui a vécu les épreuves d'une double domination, celle des princes musulmans et celle des colonisateurs britanniques.

Dès l'indépendance, Nehru a dû affronter les tenants de cet hindouisme militant et montrer que le sécularisme de l'État démocratique était un principe régulateur des relations entre les nombreuses religions présentes sur le sol de l'Inde. Cette fermeté était d'autant plus nécessaire que la partition de 1947 avait dramatiquement déchiré le fragile tissu des relations entre hindous et musulmans. Les violences religieuses restent fréquentes : émeutes

▲ **Les fidèles prennent un bain cérémoniel dans les eaux du fleuve Godavari lors de la Kumbhamela organisée en 2003 à Nasik (Maharashtra). La Maha Kumbhamela (« grande fête de la cruche »), organisée tous les douze ans, peut rassembler jusqu'à 60 millions de personnes, comme ce fut le cas en 2001, faisant de cet évènement le plus grand pèlerinage de la planète.**

dans les grandes villes à l'occasion de processions, massacres de sikhs à Delhi en 1984 après l'assassinat d'Indira Gandhi par deux des leurs, massacres de musulmans au Gujarat en 2002... La justice passe souvent tardivement, et des réformes difficiles, comme l'uniformisation du code civil, différent selon que l'on est hindou ou musulman, demeurent encore en suspens.

La vitalité des pratiques religieuses

Ce qui frappe dès que l'on pose le pied en terre indienne, c'est la visibilité des religions, en particulier de l'hindouisme. La modernité, loin d'être un obstacle, sert d'amplificateur aux pratiques et aux scénarios rituels : des processions traversent en tous sens les métropoles, et les images des dieux portées par les foules, oscillant au-dessus des embouteillages, sont un spectacle quotidien. Les grands pèlerinages drainent des millions de personnes et réclament donc une logistique extraordinaire, en particulier la Kumbhamela qui se déroule selon un cycle de douze ans dans quatre villes saintes (Allahabad ou Prayag en Uttar Pradesh, Haridwar en Uttaranchal, Ujjain au Madhya Pradesh et Nasik au Maharashtra). Les ascètes de toutes obédiences sont partout – sur les routes, les places des villages, sous les portiques des temples. Le cinéma a consacré le mariage improbable de l'ultra-modernité et des mythes fondateurs ; chaque chaîne de télévision a son émission religieuse, généralement quotidienne, les gourous cathodiques sont des stars, le *Mahabharata* et le *Ramayana* inspirent des mises en scène futuristes.

La famille reste le creuset d'une relation au divin qui continue à gouverner les passages cruciaux de la vie : naissance, initiation, mariage, retraite, et pour finir, l'espoir d'une belle renaissance, plus assurée si l'on meurt à Bénarès. Mais les hindous n'hésitent pas à demander une guérison miraculeuse sur le tombeau d'un saint musulman ou dans un sanctuaire dédié à la Vierge chrétienne, une pratique qui témoigne d'échanges entre religions différentes, bien antérieurs à la mondialisation.

Pigeon
WELCOME APPLIANCES
WELCOME
APPLIANCES
Topman
SHOE BAZAR

découvrir

partir

séjourner

comprendre

visiter

en savoir plus

Région par région,
les villes, sites et itinéraires

Le Rajasthan

La terre des seigneurs ou l'Inde romantique. Voici sans doute la plus spectaculaire contrée du sous-continent. Il faut dire qu'ici le pittoresque n'a pas ménagé ses effets : perchées sur des sommets inaccessibles, d'imprenables citadelles dont les pierres résonnent encore des terribles combats livrés sous leurs murs ; des palais de rêve sortis tout droit des livres d'images d'une Inde de légende ; un passé de faits d'armes et de gloire dont tirent encore fierté les Rajputs d'aujourd'hui, des hommes droits comme des lances, dont les turbans sont autant de taches de couleur, jaunes, rouges, mauves, roses, qui dodelinent dans la poussière ocre que soulèvent leurs troupeaux, les jupes des femmes, brodées de fils d'or et d'argent, leur faisant un écho ondoyant.

À côté de ce Rajasthan traditionnel, la modernité s'est emparée de certaines villes, et de la capitale, Jaipur, en tout premier lieu. Les caravanes de chameaux qui, il y a dix ans encore, glissaient devant les murs de la ville rose ont été remplacées par le tohu-bohu pétaradant d'une circulation automobile qui n'a rien à envier à celle de Delhi. Et dans les extensions modernes de la ville, les centres commerciaux nichés dans des immeubles de béton et de verre attirent la clientèle des classes moyennes, qui ont déserté les marchés traditionnels.

◄ Le Rajasthan est le pays des forteresses : en témoigne le fort de Mehrangarh à Jodhpur, le plus imposant de toute la région.

Les entrées principales

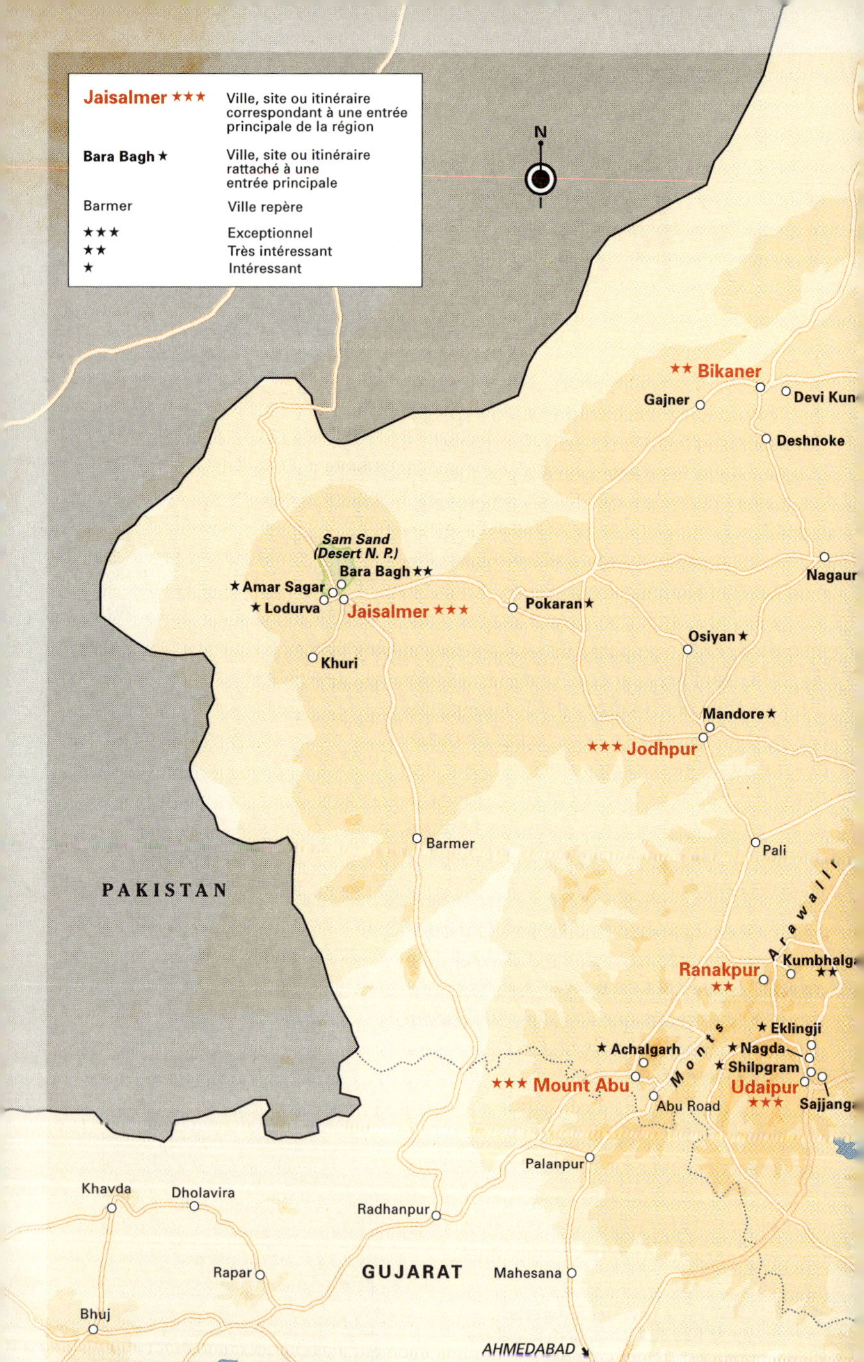

Que voir au Rajasthan

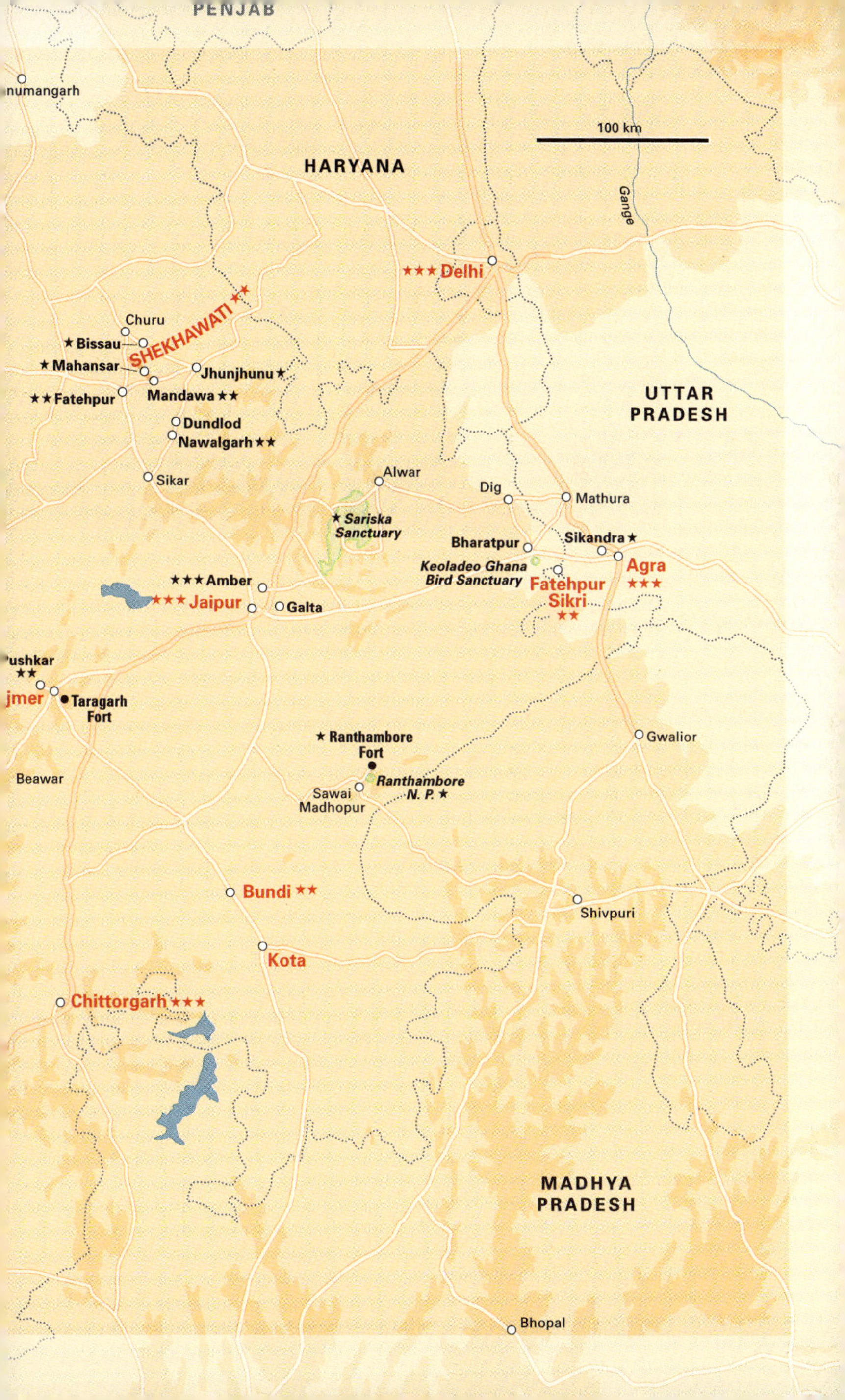

PENJAB
numangarh
100 km
HARYANA
Gange
★★★ Delhi
SHEKHAWATI ★★
Churu
★ Bissau
★ Mahansar
Jhunjhunu ★
★★ Fatehpur
Mandawa ★★
Dundlod
Nawalgarh ★★
Sikar
UTTAR PRADESH
Alwar
Dig
Mathura
★ Sariska Sanctuary
Bharatpur
Sikandra ★
Agra ★★★
Keoladeo Ghana Bird Sanctuary
Fatehpur Sikri ★★
★★★ Amber
★★★ Jaipur
Galta
ushkar ★★
jmer
Taragarh Fort
★ Ranthambore Fort
Gwalior
Beawar
Ranthambore N. P. ★
Sawai Madhopur
Bundi ★★
Shivpuri
Kota
Chittorgarh ★★★
MADHYA PRADESH
Bhopal

Le Rajasthan comble son retard

Avec une superficie de 342 239 km^2 (c'est le plus grand État de l'Inde), le Rajasthan comptait plus de 56 millions d'habitants au dernier recensement de 2001. Longtemps confiné dans le peloton de queue des États indiens en matière de développement humain, le Rajasthan a comblé son retard depuis ces vingt dernières années. L'**alphabétisation**, après avoir stagnée longtemps dans les profondeurs du classement, a rattrapé la moyenne nationale depuis la dernière décennie du XXe s. avec un taux de 60,4 % (61,9 % pour l'ensemble du pays), mais qui présente encore cependant une **forte disparité** entre les hommes, alphabétisés à 75,7 %, et les femmes, à 43,9 % (moyenne nationale : 73,2 % pour les hommes, 50,9 % pour les femmes). Ces progrès sont à mettre sur le compte de campagnes volontaristes d'alphabétisation conduites par les autorités locales et appuyées par des ONG. Ils sont également le résultat du développement économique qu'a connu le Rajasthan ces trente dernières années.

Un État agricole et touristique

L'**agriculture** reste encore l'activité majoritaire du Rajasthan : elle représente environ 23 % de la richesse produite dans l'État, et les trois quarts des habitants du Rajasthan vivent dans les campagnes. On pratique ici deux récoltes : l'une en mars-avril, l'autre en septembre-octobre : les céréales et les oléagineux (moutarde et colza) sont les principales productions, augmentées de cultures maraîchères et fruitières. Le riz est également présent dans les zones irriguées du nord de l'État. La région de Bikaner est réputée pour l'excellence de ses piments. Le Rajasthan possède également près de 20 % du cheptel indien.

Depuis une vingtaine d'années, les secteurs de l'industrie et des services sont parvenus à faire du Rajasthan la 8e économie de l'Union indienne avec un taux de croissance annuel flirtant avec les 6 %. Certaines villes (Jaipur, Kota) sont devenues d'importants centres industriels (agro-alimentaire, textile, sidérurgie…), revivifiés par l'ouverture de l'autoroute entre Delhi et Bombay. L'**industrie** produit environ 33 % de la richesse de l'État. L'activité minière est également un secteur important de l'économie locale : elle emploie environ 2 millions de personnes et le sous-sol du Rajasthan recèle 90 % des réserves

1 **Avec des moyens d'un autre temps, les femmes assument une bonne part des travaux agricoles.** 2 **Un puits dans la campagne autour de Jaisalmer. Seules 20 % des terres du Rajasthan sont irriguées : l'agriculture dépend donc encore largement des caprices des moussons. De plus, les nappes phréatiques se trouvant à grande profondeur (entre 30 et 60 m), l'eau de pluie doit être conservée dans des bassins et des réservoirs.** 3 **Le turban est aussi un signe de reconnaissance entre communautés, qui possèdent chacune leur couleur et leur forme.**

minières de l'Inde : argent, cuivre, zinc (100 % de la production nationale dans la région d'Udaipur), marbre d'excellente qualité (les mines de Markana, près de Jodhpur, ont fourni le matériau pour la construction du Taj Mahal). Mais ce sont les **services**, avec 44 % de la richesse produite, qui se taillent la part du lion. Parmi eux, le **tourisme** occupe une place de choix : le Rajasthan est la première destination touristique en Inde pour les visiteurs étrangers. Une vocation due au pittoresque de la région, mais aussi au volontarisme des anciennes familles princières, qui ont converti certains de leurs palais en hôtels. À leur suite, les héritiers de modestes lignées ont fait de même. De fait, c'est au Rajasthan que l'on trouve le plus grand nombre de ces établissements de charme, dont la plupart sont réunis sous le label *Heritage Hotels*.

Le poids des traditions

Comme nulle part ailleurs sans doute en Inde, la présence des **anciennes familles princières** se fait sentir. Si celles-ci n'exercent plus d'autorité politique sur leurs anciennes possessions depuis l'indépendance, dans les campagnes notamment, elles jouissent encore de la considération et du respect de leurs anciens sujets. Plus généralement, les traditions restent vivaces dans cette région plutôt conservatrice : en témoignent les turbans multicolores qui ornent encore la tête des hommes. Néanmoins les choses évoluent. Les **femmes** par exemple voient leur situation s'améliorer, et prennent une part de plus en plus active dans la vie collective. Nombre d'entre elles ont été élues maires de leur village et, de 2003 à 2008, l'État a été dirigé par une femme Premier ministre, issue des rangs du BJP, le parti conservateur hindou.

Populations du Rajasthan

Pasteurs en turban poussant leurs bétails, paysannes somptueusement parées de bijoux d'argent, charmeurs de serpents, forgerons itinérants parcourant le pays à bord de leurs chariots tirés par des bœufs, danseuses, musiciens et montreurs de marionnettes que vous rencontrerez immanquablement dans vos lieux de séjour : le Rajasthan est une illustration de la diversité indienne qu'il faut savoir apprivoiser.

▲ **Figures archétypales de l'exotisme indien, les charmeurs de serpents forment une caste professionnelle : ils chassent les serpents des maisons et extraient le venin en cas d'accident. La tribu des Kalbeliyas du Rajasthan forme la majorité de ce groupe mal considéré, malgré son utilité.**

Les populations tribales

Descendantes, affirme-t-on, des habitants de l'Inde pré-aryenne, les populations tribales comptent pour 12 % de la population totale du Rajasthan. Présentes surtout dans les marges du territoire de l'État, les collines du Sud ou les steppes du Shekhawati, ces tribus sont recensées par l'administration indienne dans la catégorie des Scheduled Tribes, ce qui permet à leurs membres d'occuper les emplois publics réservés à ces communautés. Les **Bhils** représentent près de 40 % des populations tribales du Rajasthan. Connus pour être d'excellents archers – on en rencontrait encore il y a peu chevauchant leur bicyclette, leur arc attaché dans le dos –, ils sont disséminés entre le sud du Rajasthan, le Madhya Pradesh et le Gujarat. Dans le passé, ils mirent leurs talents guerriers au service des princes indiens, les *maharawals* du Mewar notamment, et un régiment de l'armée indienne porte encore leur nom. Ce sont aujourd'hui de paisibles agriculteurs qui vivent en marge des villages, occupant un habitat dispersé dans des régions parfois difficiles d'accès. Les Bhils sont connus pour leurs cérémonies animées et pour le ***ghoomar***, une danse au cours de laquelle les participants tournent éperdument sur eux-mêmes sans jamais perdre l'équilibre. La danse consistant à évoluer avec une dizaine de pots empilés sur la tête, et que l'on voit souvent représentée au cours des spectacles folkloriques, est également d'origine bhil.

Les **Minas**, qui peuplent les parties nord de l'État mais sont également présents autour de Jaipur et de Kota, sont aujourd'hui un peuple d'agriculteurs. Ils revendiquent pourtant des ancêtres qui furent les maîtres des royaumes de la région, avant que les Rajputs s'en emparent. Des membres de la tribu étaient traditionnellement les gardiens

▲ **Une danseuse bhil en pleine représentation : un exercice de haute voltige.**

du trésor des maharajas de Jaipur. Les Minas pratiquent des rites qui les rattachent à l'hindouisme. On reconnaît les femmes minas à leurs abondantes parures de bijoux : anneaux de nez, boucles d'oreille, colliers, bracelets aux bras et aux chevilles. Elles ne portent pas d'or, mais de l'argent pour les bijoux du visage, du cuivre pour ceux des pieds.

Danseuses et musiciens

Les plus célèbres communautés sont celles liées au **spectacle** : musiciens, danseuses, charmeurs de serpents, bardes, marionnettistes. Autrefois, ces artistes étaient attachés à des familles nobles et, en échange d'une subsistance assurée tout au long de l'année, agrémentaient les soirées de leurs maîtres. Certains bardes étaient les dépositaires de la généalogie de la famille qu'ils mettaient en paroles et musique. Les temps ont changé et les mécènes ont disparu. Les artistes ont dû s'adapter. Beaucoup se sont regroupés aujourd'hui à **Kathputli**, un bidonville de la périphérie de Delhi ; menant une existence des plus précaires, ils sont néanmoins régulièrement invités dans les manifestations les plus huppées de la capitale : inaugurations, soirées privées, réceptions diplomatiques. Certains connaissent même une carrière internationale grâce aux festivals de musiques du monde organisés un peu partout en Europe et aux États-Unis : tel est le cas de la danseuse Suva Devi, qui a connu le succès international après son apparition dans *Latcho Drom* (1993), un film du réalisateur français Tony Gatlif, et qui continue de vivre modestement dans son village près de Jodhpur. Quant aux **marionnettistes**, le tourisme leur offre la scène des hôtels et des festivals folkloriques. Ce n'est pas leur seule occasion d'exercer leur talent. La verve que peuvent se permettre les personnages du théâtre de marionnettes en fait un outil privilégié pour les campagnes d'information conduites par les ONG dans les milieux populaires.

▼ **Le théâtre de marionnettes est un art extrêmement ancien en Inde : on y fait référence dans le *Mahabharata*, dans le *Kamasutra* et dans la littérature tamoule.**

Ajmer★

Situation : à 230 km S.-E. de Bikaner, 163 km N.-O. de Bundi, 190 km N. de Chittorgarh, 138 km S.-O. de Jaipur.

Alt. 485 m ; 500 000 hab.

☎ 0145.

ⓘ ***RTDC Hotel Khadim***, Savitri Girls College Rd (B1) ☎ 262-74-26 ; ouv. t.l.j. sf dim. 8 h-12 h et 15 h-17 h.

À ne pas manquer

HÉBERGEMENT

• ***Mansingh Palace***, au N. du centre-ville par Ana Sagar Link Rd (h. pl. par A1) ☎ 242-58-55 ; www.mansinghhotels.com 54 ch. Le meilleur hôtel de la ville, confortable mais à l'atmosphère un peu standardisée. Bon restaurant.

• ***Shankar Palace Hotel***, Jaipur Rd (AB2) ☎ 510-08-50. Hôtel simple mais bien tenu et bon marché. Bien situé pour les visites.

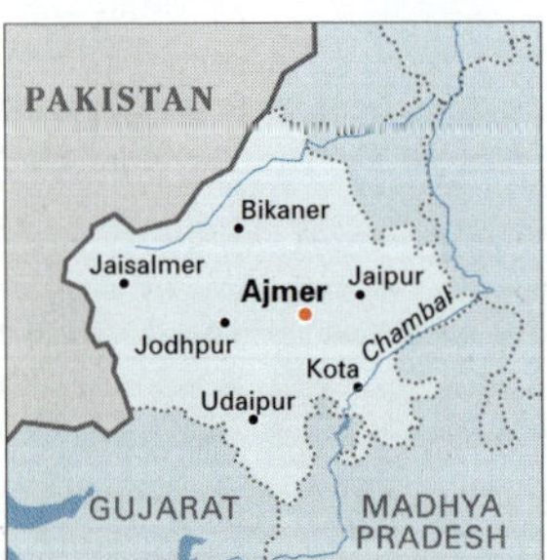

Ajmer abrite un haut lieu de l'islam en Inde, le mausolée d'un saint soufi (→ *encadré p. 145*) qui vécut au tournant des XIIe-XIIIe s. et qui est aujourd'hui vénéré par les représentants de toutes les castes et religions du pays. Si le tombeau du saint homme, la mosquée du XIIIe s. ou le musée installé dans le fort de l'empereur moghol Akbar sont au cœur d'un quartier pittoresque de la vieille ville, Ajmer est par ailleurs une ville sans grand charme, polluée et bruyante, et on ne s'y attardera guère. Elle constitue néanmoins une bonne base de départ pour se rendre à Pushkar, où se déroule en octobre-novembre la fête religieuse de Kartik Purnima ainsi qu'une impressionnante foire aux chameaux.

Ajmer mode d'emploi

Arrivée

En train. Gare sur Station Rd B3 rens. ☎ 243-25-35. Liaisons quotidiennes avec Abu Road (6 h), Udaipur (7 h 30), Ahmedabad (9 h), Delhi par le Shatabdi Express (env. 7 h) et Jaipur par le même train (2 h 30). Il est conseillé de rejoindre Agra par la route via Jaipur, le train mettant beaucoup plus de temps.

En bus. Gare routière centrale **Bus Stand** sur la route de Jaipur B2 rens. ☎ 242-93-98. Services pour Jaipur (2 h 30, départ toutes les 15 mn), Bundi (5 h), Kota (6 h), Chittorgarh (5 h), Jodhpur (6 h), Udaipur (8 h), Bikaner (8 h), Delhi (9 h) et Agra (10 h). Bus pour Pushkar juste à la sortie de la gare ferroviaire B3 départ toutes les 15 mn.

Combien de temps

Une demi-journée suffit pour voir l'essentiel. En dehors du musée, se trouvant dans une partie distincte de la vieille ville, et du lac Ana Sagar, situé dans des quartiers modernes, l'essentiel, le mausolée et la mosquée, se visite à pied depuis la porte qui y donne accès et où on laissera taxi, auto-rickshaw et *tonga* (charrette à cheval).

■ Adresse utile

Poste. *General Post Office (GPO)* sur Station Rd B3.

Ajmer dans l'histoire

Une ville maintes fois disputée

Les débuts de l'histoire d'Ajmer se perdent dans la légende. Selon la tradition, son roi fondateur (Ajaypal) descendrait d'un clan issu d'un mariage mixte entre Gujars et Rajputs. Toujours est-il que la dynastie des Rajputs chauhans (→ *encadré p. 112)* érigea sur ce site stratégique (Ajmer commande un passage naturel d'E. en O. à travers les Arawalli) une forteresse et fit creuser un lac artificiel. Après la défaite en 1191-1192 de Prithviraj Chauhan, dernier roi chauhan de Delhi et roi d'Ajmer, les sultans victorieux firent de la cité l'une de leurs provinces. Au XVIe s., la ville et les régions avoisinantes passèrent sous le contrôle du Grand Moghol Akbar. En 1818, elles devinrent une province de l'Empire britannique sous le nom d'Ajmer-Merwara, tandis que les autres royaumes du Rajasthan restaient indépendants.

Visiter Ajmer

■ Akbar Fort* A2-3

Rajputana Museum • ouv. t.l.j. 10 h-17 h • entrée payante.

Il ne reste plus grand-chose du fort érigé au XVIe s. par Akbar, mais les hauts murs et le portail monumental richement sculpté témoignent de sa grandeur passée. Le fils d'Akbar, Jahangir (r. 1605-1628), y résida quelques années lors de sa campagne contre le Mewar. C'est ici en 1616 qu'il reçut les lettres de créance de sir Thomas Roe, premier ambassadeur britannique. Le fort fut aménagé en **musée** dès 1908.

Une vaste esplanade, dont on ne voit plus qu'une petite partie, servait de cour d'audiences publiques ; les affaires courantes de l'État y étaient réglées, et certaines exécutions capitales s'y déroulaient. L'empereur apparaissait au public du haut du balcon surmontant la porte d'entrée.

• **Le pavillon central** abrite une salle de réception et deux pièces latérales occupées aujourd'hui par l'administration du musée. À l'entrée sont exposés deux ***lingam*** de Shiva ornés d'un visage sur chacune de leurs quatre faces. L'un représente Shiva lui-même, les trois autres figurent Vishnou, Brahma et Surya (le dieu du Soleil), qui sont considérés dans la perspective shivaïte comme des aspects de Shiva. Les *jali* de pierre sont un ajout des Britanniques du début du XXe s.

• **Le musée** comprend une **galerie des Sculptures** *(1re à g. en entrant)* où l'on verra en particulier une **statue** de Surya (Xe s.) portant de hautes bottes à la mode scythe.

Dans la **galerie S.** *(mur suivant)*, deux salles sont essentiellement consacrées à l'épigraphie. Dans la 1re salle, on peut voir l'**inscription dite « de Barli »**, un texte en brahmi du IIe s. av. notre ère, ainsi que des **stèles** sur lesquelles sont gravés les fragments d'un dramet rédigé en sanskri au XIIe s. par le souverain chauhan Vigraharaja. Les salles suivantes sont consacrées aux armes, à l'artisanat et à la préhistoire.

La **galerie E.** abrite de magnifiques **sculptures jaïnes**, notamment des *tirthankara* (dont un très beau en pierre noire) et une Sarasvati.

Ajmer

■ Nasiyan Temple* A2

Ouv. t.l.j. 8 h-18 h • entrée payante.

Situé à l'un des principaux carrefours du centre-ville, ce temple jaïn de la seconde moitié du XIXe s. abrite une **salle** abondamment décorée jusqu'aux plafonds recouverts de mosaïques de verres colorés ; les peintures murales représentent, entre autres, des scènes de la vie d'Adinath, le premier *tirthankara*. Mais le plus étonnant se trouve à l'étage, dans une salle appelée Svarna

Nagari (la cité d'Or) : il s'agit de deux gigantesques **maquettes**** en bois doré. La première est une vision de l'univers selon la cosmologie jaïne. Un disque tournant autour d'un axe et divisé en six parties représente les différents âges de l'univers. La seconde maquette, plus sophistiquée encore, montre le palais d'Ayodhya (ville sainte de l'hindouïsme) autour duquel le dieu Indra, descendu du ciel, organisa une procession solennelle pour célébrer la naissance d'Adinath. On observera les bâtiments représentés avec un luxe de détails et les milliers de figurines multicolores : soldats, chevaux, éléphants, danseuses, musiciens, génies célestes installés dans leurs barques volantes.

■ Dargah* A3

Accès à pied, par Delhi Gate ; suivre la rue tout droit jusqu'à la porte du mausolée qui se trouve tout au bout • ouv. t.l.j. 5 h-21 h • avant d'entrer, déposer ses chaussures dans un petit stand à dr. du mausolée ; à l'intérieur du tombeau proprement dit, se couvrir la tête : des foulards et calottes sont vendus dans la rue principale et autour de la dargah.

La *dargah*, dont la construction commença au XIIIe s., est une véritable cité religieuse musulmane, avec ses mosquées, ses cours et ses allées bordées d'étals où l'on vend des offrandes. Elle entoure le mausolée de Muin-ud-din Chishti (1141-1236), un saint soufi affilié à la confrérie des Chishtis, qui fut l'un des premiers mystiques musulmans à s'installer en Inde (fin du XIIe s.). Il fonda à cet endroit un centre soufi qui se transforma en lieu de dévotion après sa mort. Aujourd'hui, les pèlerins, qu'ils soient hindous ou jaïns, affluent de partout pour honorer le saint homme, faire des vœux et apporter des offrandes. Les femmes qui ont obtenu un enfant grâce à son intercession se rendent souvent le vendredi à la *dargah* après s'être vêtues d'un sari vert, la couleur de l'islam.

• **Le complexe sacré**. Dès l'entrée dans la première cour, le parfum pénétrant des roses d'Ajmer flatte les narines du visiteur : des monceaux de roses, mais aussi des piles de draps ornementaux et des paquets d'encens sont présentés à la vente sur des étals. Une porte aux vantaux d'argent donne ensuite accès à une 2e cour où l'on aperçoit deux immenses **chaudrons** à offrandes qui furent donnés par Akbar et son fils Jahangir et remplacés au XXe s. C'est dans ces récipients que sont cuits des tonnes de riz au lait pendant l'Urs annuel, l'anniversaire de la mort du saint (durant le 7e mois du calendrier musulman). Pendant la fête, des dévots spécialement entraînés plongent au fond de ces

☞ CONSEILS

• En raison de la foule, éviter les visites le ven., jour de la prière, et les jours précédents et suivants l'Urs, date anniversaire de la mort du saint (7e mois du calendrier musulman).

• Dès l'entrée, vous serez sollicités pour des donations par les desservants du tombeau, qui vous proposeront aussi de vous servir de guides. Il est préférable de ne pas répondre à leurs demandes.

• Attention aux pickpockets, y compris à l'intérieur du complexe.

Des ascètes vêtus de laine

Islam mystique, né en Perse au IXe s. en réaction contre une religion contrôlée par l'État et trop hiérarchisée, le **soufisme** *(→ aussi théma p. 270-271)* trouva dans les pratiques dévotionnelles indiennes (la *bhakti*) un écho favorable. Son nom dérive de *sûf*, la laine dont se vêtaient ses ascètes, les derviches, qui quêtaient l'extase divine dans le chant et la danse. L'ordre soufi de Chishti fut fondé à Ajmer au XIIIe s. et trouva protection et intérêt en la personne du Grand Moghol Akbar pour avoir prophétisé la naissance de son fils Jahangir.

Dans la cour principale de la *dargah*, des fils de coton sont noués aux fenêtres ou aux branches d'un arbre sacré par ceux qui viennent faire un vœu.

gigantesques marmites pour y recueillir le riz au lait bouillant qu'ils vont vendre comme offrande aux pèlerins ; il s'agit d'un rituel local appelé « le pillage des chaudrons ». À dr. s'élève une petite mosquée élevée par Akbar. Près du principal bassin à ablutions, on peut voir des Bhishtis (porteurs d'eau musulmans) avec leurs outres en cuir traditionnelles.

• **Le mausolée** proprement dit se trouve dans la cour suivante, qui résonne des chants des *qawali* (le terme désigne aussi bien les chants à la gloire du saint soufi que les musiciens eux-mêmes). La tombe est régulièrement recouverte par les adorateurs d'étoffes colorées sur lesquelles on jette par poignées des pétales de roses. La **mosquée** en arrière du mausolée a été élevée par l'empereur moghol Shah Jahan ; elle est en marbre blanc, le matériau préféré du bâtisseur du Taj Mahal. Dans la même cour se trouvent également les **tombes** de la fille de Muin-ud-din Chishti et d'une des filles de Shah Jahan. On peut observer les dévots (le plus souvent des femmes) assis en prière devant les tombeaux, qui implorent l'aide du saint et des membres de sa famille. Les prières personnelles *(dua)* sont faites par les adeptes de toutes les religions, tandis que les prières rituelles ou *namaz* (cinq fois par jour chez les sunnites) ne sont pratiquées que par les musulmans.

Après vous être rechaussé, vous suivrez la ruelle à g. où les boutiques d'offrandes ont laissé la place aux marchands de viande et de poisson et aux petites gargotes servant du poulet et de la chèvre. À env. 300 m à dr., vous apercevrez les marches qui mènent à l'une des plus vieilles mosquées de l'Inde du Nord.

■ Mosquée Adhai-din-ka-Jhonpra* A3

Ouv. 8 h-18 h • entrée libre.

Cette mosquée a été bâtie peu après la défaite de Prithviraj Chauhan, au tout début du XIIIe s., par Qutub-ud-din Aibak, premier sultan de Delhi. Véritable chef-d'œuvre de l'architecture des sultanats, elle reprend comme modèle la mosquée Quwwat-ul-Islam de Delhi.

▲ Après s'être déchaussé, on pourra visiter l'intérieur de la mosquée Adhai-din-ka-Jhonpra : une extraordinaire forêt de colonnes et de magnifiques plafonds décorés dans le style indigène. Les colonnes sont en partie faites avec des matériaux récupérés sur d'anciens temples.

Un escalier où de nombreux mendiants attendent patiemment une obole conduit à une cour rectangulaire entourée de murs. Au fond de cet espace vide, on aperçoit une très belle **façade** à sept arcades. Près de l'entrée de la cour, une petite galerie fermée abrite des stèles et des sculptures trouvées sur le site. À cet endroit se trouvait un ensemble de temples royaux édifiés par les souverains de la dynastie des Chauhans et peut-être un collège sanskrit. Pour asseoir son autorité, Qutub-ud-din Aibak fit démolir ces constructions mais récupéra les matériaux.

■ Ana Sagar Lake

À la limite N. de la vieille ville.

Ce lac fut creusé au XIIe s. durant le règne de la dynastie des Chauhans. Au XVIIe s., Shah Jahan y fit aménager cinq gracieux pavillons de marbre blanc. Les abords de ce beau lac entouré de montagnes ne sont malheureusement pas exploités. On n'y trouve ni restaurant ni café, et la propreté des berges laisse à désirer. Pendant l'hiver, le lac est visité par de nombreux oiseaux migrateurs dont des flamants.

■ Mayo College

À 2 km au S.-E. du centre-ville.

Cette institution, fondée par le vice-roi des Indes (1869-1872) lord Richard Mayo, fut un peu l'équivalent aux Indes britanniques d'Eton College. La plupart des fils des princes du Rajasthan et des États voisins venaient y faire leurs études. Aujourd'hui, l'ouverture de lycées, collèges et universités privés n'a pas découragé ces derniers : à Jaipur et dans d'autres villes du Rajasthan, il est de bon ton d'y envoyer ses fils, et même ses filles, si l'on est un tant soit peu fortuné. Il n'est pas toujours possible de visiter ce collège, dont l'attrait principal réside dans l'architecture coloniale des anciens bâtiments.

Environs d'Ajmer

1 Taragarh Fort *8 km S.*

Accès à pied en 1 h par une rue latérale près de la mosquée Adhai-din-ka-Jhonpra ; par la route, suivre Station Rd **B3** *pour contourner par le S. la colline où est juché le fort.*

On accède à cette forteresse par une série de portes dont la plupart sont en très mauvais état. De fait, le principal intérêt de la visite est la vue que l'on a sur la cité d'Ajmer et ses environs. Bastion des Chauhans qui défendait le passage au milieu des monts Arawalli, le fort passa entre plusieurs mains avant d'être conquis par les sultans de Delhi au XIIIe s. Ceux-ci y firent construire une mosquée et un sanctuaire *(dargah)* pour abriter la **tombe** de Miran Sayyid Hussain, ancien gouverneur de Taragarh, qui mourut au cours d'une bataille en 1202. Considéré comme un descendant de la famille d'Ali (le cousin et gendre du Prophète), il est révéré à l'égal d'un saint martyr. La tombe de sa monture est une autre curiosité de l'endroit ; sur un rocher, les desservants de la *dargah* vous montreront une empreinte qui aurait été laissée par un sabot du cheval. De nombreux autres tombeaux et cénotaphes se trouvent également en haut du fort.

2 Pushkar** *12 km N.-O.*

Cars réguliers à côté de la gare ferroviaire d'Ajmer, cars directs depuis Jaipur • consommation d'alcool, de viande, de poisson et d'œufs interdite dans toute la ville.

Pushkar (qui signifie « étang aux lotus ») est une jolie petite ville lovée autour d'un lac. Seule cité indienne où l'on honore Brahma, elle est un haut lieu ▶▶▶

L'architecture

Conquérants avides de pillage plutôt que missionnaires zélés, les premiers envahisseurs musulmans de l'Inde n'eurent pas le temps d'emmener des architectes avec eux lorsqu'ils déferlèrent des hauts plateaux d'Afghanistan. Aussi, après avoir décidé de faire souche dans cette Inde aux fabuleuses richesses, firent-ils appel à des maîtres hindous pour construire leurs mosquées et leurs tombeaux.

L'improbable rencontre

La rigueur austère des musulmans et la profusion des hindous : deux mondes que tout semble opposer. Les uns enterrent soigneusement leurs morts sous des édifices à coupoles, les autres brûlent les dépouilles comme des oripeaux devenus inutiles. Pour être face à Dieu, les musulmans se rassemblent dans des salles de prières dont le plan – une cour entourée d'un portique – rappelle celui de la maison du Prophète à Médine ; les hindous, eux, se présentent individuellement devant l'image de la divinité, abritée dans le saint des saints des temples, après avoir traversé une succession de salles figurant un parcours initiatique. La mosquée est la maison commune, le temple la représentation de l'univers. Pourtant, entre ces exigences contradictoires, va s'élaborer une subtile alchimie qui aboutira à l'apparition d'un art original indo-musulman.

Les premières mosquées

Tandis qu'ils traversent en vainqueurs les plaines de la vallée du Gange, les musulmans ne sont guère respectueux des édifices qu'ils rencontrent. Sitôt conquise l'ancienne capitale du dernier roi hindou – la future **Delhi** – à la fin du XIIe s., les vainqueurs ont pour première préoccupation de détruire méthodiquement les temples des infidèles. Des éléphants tirant de lourdes chaînes se chargent de la besogne. Dans ces gigantesques amas de ruines, les conquérants musulmans puisent les matériaux pour construire leurs premiers édifices, des mosquées dont la présence signifie que désormais

ndo-musulmane

◄ Dans une salle du site de Sarkhej, près d'Ahmedabad. La caractéristique du style indo-musulman du Gujarat est le jeu avec la lumière ; elle pénètre en faisceaux par l'ouverture de fenêtres à la base des dômes, ou se diffuse à travers les écrans de grès ajourés qui rythment les parois. Mosquées et mausolées présentent une extraordinaire collection de ces *jali*.

l'Inde appartient au Dal al Islam, à la terre de l'Islam. Faute d'artisans musulmans, ce sont des mains hindoues qui vont relever les blocs des anciens temples pour construire les lieux de prière de leurs nouveaux maîtres. Et pour se conformer aux règles de l'islam, qui interdisent toute représentation figurée dans ces lieux, ce sont des hindous qui vont systématiquement marteler ou dissimuler sous une épaisse couche de plâtre les gracieuses figures de dieux, déesses et danseuses lascives qui ornaient à profusion les murs des temples. Un travail parfois inachevé comme on peut le voir dans la **mosquée du Qutb Minar**, dans la partie sud de Delhi, où apparaissent encore par endroits les anciennes images. C'est cette mosquée édifiée à l'emplacement d'un temple hindou qui servira de modèle aux premiers oratoires musulmans de l'Inde.

◄ L'architecture indo-musulmane (ici le Qutb Minar à Delhi) offre de nouvelles surfaces au ciseau du sculpteur. Les anciennes niches sont désertées par les images des divinités et permettent aux artistes de déployer un vocabulaire décoratif mêlant le monde végétal, les formes géométriques et les éléments symboliques.

▼ Le temple de Pittalhar, sur le mont Abu, avec ses coupoles « à la musulmane ».

Des solutions originales

L'**arc en ogive** est un élément essentiel de l'architecture musulmane : il doit encadrer le **mihrab**, la niche qui, dans la salle de prière, désigne la direction de La Mecque et sert d'ornementation aux portiques entourant les cours des mosquées. Le langage architectural dominant dans le monde musulman, celui de la Perse, habituée à la construction en brique, ne pouvait fournir de solution pour des édifices élevés en pierre, et la tradition hindoue ignorait l'ogive. Les maîtres hindous utilisèrent alors la méthode qu'ils connaissaient : celle de l'**encorbellement**. Pour les tombeaux à coupoles, un modèle existait sur place. Celui des ***mandapa***, salles de danse qui précèdent l'entrée des temples : un carré surmonté d'une coupole montée en encorbellement, comme on peut le voir dans les temples jaïns du **mont Abu**. Pour simuler le parfait hémisphère exigé par les musulmans, les arêtes des lits de pierre superposées furent noyées dans une épaisse couche de plâtre. Autre importation des premiers musulmans en Inde, les **tours de victoire**, dont le modèle sera repris durant des siècles par les princes indiens, hindous et musulmans. La première d'entre elles est le Qutb Minar, un édifice sans égal alors en Inde, construit à la fin du XIIe s.

Des chameaux par milliers

Pushkar est également connue pour sa célèbre **foire aux Chameaux**. Pendant les dix jours précédant le jour de la pleine lune du mois de Kartika, des milliers de bêtes sont regroupés sur une grande étendue sablonneuse au S. de la ville. La foire est l'occasion de nombreuses festivités : courses de chameaux somptueusement caparaçonnés, spectacles de danse et de chants donnés un peu partout, jusque dans les camps pour touristes. Selon la tradition, toutes les transactions doivent être réalisées avant le jour de la pleine lune, mais les réjouissances, elles, se prolongent encore quelque temps.

▲ **La foire aux Chameaux de Puskar attire tous les ans des centaines de milliers d'Indiens, mais aussi de nombreux visiteurs étrangers.**

▶▶▶ de pèlerinage. On raconte que le dieu créateur de l'univers voulut accomplir à cet endroit une offrande. Mais il devait d'abord débarrasser les lieux d'un *rakshasa*, redoutable divinité avide de chair humaine. Il s'empara donc du lotus où il était assis en sortant du nombril de Vishnou, et s'en servit comme d'une arme pour abattre le démon. Durant la lutte, un pétale de la fleur tomba à terre… et se transforma en lac. C'est ainsi que tout au long de l'année, et plus encore lors de Kartik Purnima, le jour de la pleine lune du mois de Kartika (oct.-nov.) durant lequel se déroula le combat, les pèlerins se rendent sur les nombreux ***ghat*** pour s'immerger dans l'eau sacrée et se purifier de leurs péchés *(interdiction de photographier et de marcher sur les rives en étant chaussé ; éviter également de porter du cuir à proximité immédiate du lac)*. En ville, outre le **temple de Brahma**, on découvre plusieurs centaines de temples, chacun ayant été bâti par une communauté différente.

♥ HÔTELS

• ***Pushkar Palace***, ☎ (0145) 277-20-01 ; www.hotelpushkarpalace.com L'ancien palais du souverain de Jaisalmer est devenu le meilleur hôtel de Pushkar. Très bien situé près du lac (belle vue depuis les chambres situées dans les étages) mais restauration moyenne.

• ***Jagat Palace***, en dehors de la ville, à g. sur la route d'Ajmer ☎ (0145) 277- 29-53 ; www.hotelpushkarpalace.com Hôtel récent mélangeant avec succès les styles ancien et moderne. Belles chambres confortables avec vue sur le désert ou le jardin ; piscine.

✐ À NOTER

Il est pratiquement impossible de réserver une chambre d'hôtel au moment de la fête de Kartik Purnima (oct-nov.).

☞ CONSEIL

Attention aux guides improvisés qui vous suivront pas à pas (souvent des jeunes gens parlant français et vêtus à la mode occidentale) : ce sont des *panda*, des prêtres de pèlerinage et de rites funéraires qui vous demanderont des sommes exorbitantes pour un culte « porte-bonheur » au bord du lac.

Bikaner★★

Visiter Bikaner, c'est d'abord découvrir une véritable cité royale aux couloirs interminables, aux salons décorés à la feuille d'or, aux terrasses en panorama sur la ville cernée par les sables. C'est aussi aller à la rencontre d'une vieille ville, labyrinthe traditionnel à parcourir en goûtant, au gré des étals, les douceurs à base de lait confit *(mawa)* ou les *papad* virilement épicées, deux spécialités de la région. C'est enfin arpenter de larges avenues bordées de bâtiments officiels : la cité porte l'empreinte moderniste de Ganga Singh, le plus célèbre des maharajas de Jodhpur *(→ encadré p. 157)*, digne héritier de Rao Bikaji, un cadet de la maison de Jodhpur qui fonda Bikaner au XVe s. et se tailla un fief dans ces confins du désert du Thar *(→ encadré p. 213)*. Une jolie étape entre Jaipur et Jaisalmer.

Situation : à 229 km N.-O. d'Ajmer, 316 km N.-O. de Jaipur, 328 km N.-E. de Jaisalmer, 246 km N. de Jodhpur.

Alt. 237 m • 529 000 hab.

À ne pas manquer

Le fort de Junagarh★★	**155**
Les bazars de la vieille ville★	**154**

☎ 0151.

ⓘ Office du tourisme à l'entrée du fort de Junagarh (A2) ; ouv. t.l.j. sf dim. 10 h-17 h.
• Tourist Reception Center, Hotel Dhola Maru Campus (B3) ☎ 222-67-01 ; ouv. du lun. au ven. 9 h 30-18 h.

♥ HÔTEL
***Bhanwar Niwas*, dans la vieille ville (A3) ☎ 252-93-23 ; www.bhanwarniwas.com ; 20 ch., double à partir de 5 400 roupies. Une *haveli* construite au début du siècle transformée en hôtel de charme, et dont la décoration d'origine a été soigneusement préservée. Chambres confortables (salles de bains d'époque) dotées de climatisation. Le restaurant ne propose le soir qu'un menu fixe, uniquement végétarien.**

Bikaner mode d'emploi

■ Arrivée

En train. Gare ferroviaire dans le centre, à la lisière E. de la vieille ville A3 rens. ☎ 220-01-31 ; rés. ☎ 252-31-32. Liaisons régulières avec Delhi (11 h), Jaipur (7 h), Jodhpur (6 h).

En bus. **Central Bus Stand** au N. de la ville, face au Lallgarh Palace B1 rens. ☎ 252-38-00. Liaisons avec Ajmer (7 h), Jaipur (7 h), Jaisalmer (8 h), Jodhpur (6 h) et Udaipur (13 h).

En avion. L'aéroport le plus proche est celui de Jodhpur (246 km).

■ S'orienter

Bikaner s'étire du N. au S., entre le fort de Junagarh A2 et la vieille ville A3. Entre les deux, **Kem Rd** est la principale artère commerçante de la ville ; à son extrémité S., **Kota Gate** A2-3 marque l'entrée dans la vieille ville. En poursuivant au-delà de la porte, Market Street conduit au **temple de Bhandasar** h. pl. par A3.

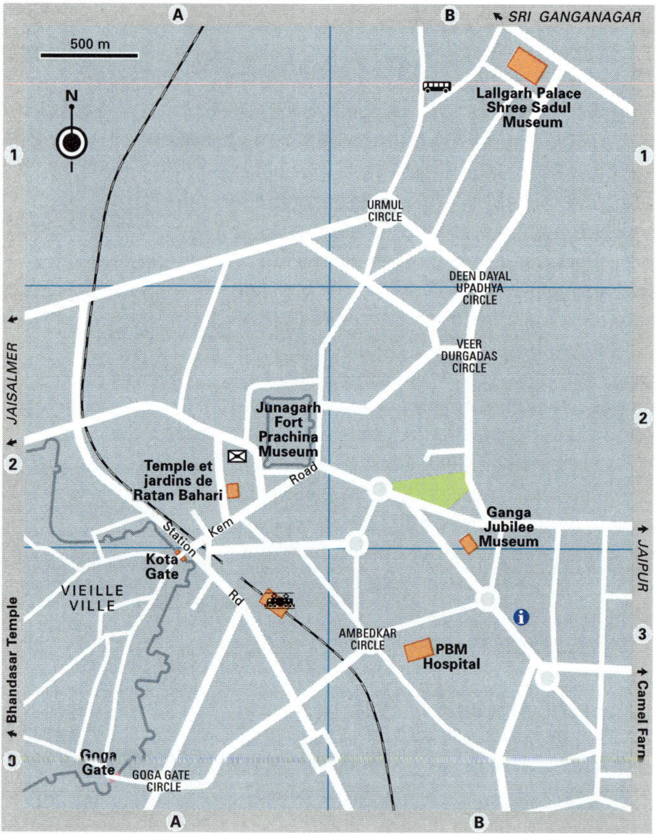

Bikaner

■ Se déplacer

Nombreux rickshaws, utiles pour aller de la vieille ville au fort ; compter env. 20 roupies pour la course.

■ Combien de temps

Une journée suffit pour voir l'essentiel : le fort de Junagarh, la vieille ville et le temple de Bhandasar, le Sri Sadul Museum, consacré à la dynastie de l'État de Bikaner. En commençant tôt le matin (par la vieille ville en raison des horaires d'ouverture du fort), il est possible de se rendre dans l'après-midi au temple aux Rats de Deshnoke (33 km).

■ Adresses utiles

Agences de voyages. Pour organiser des safaris en jeep ou à dos de chameaux d'une ou plusieurs journées à la découverte des villages des environs. ***Thar Desert Safari***, derrière la station d'autobus **B1** ☎ 226-08-96 • ***Victor Desert Safari***, Market Street (la rue principale de la vieille ville), non loin du temple de Bhandasar **h. pl. par A3** ☎ 645-02-09.

Change. Plusieurs banques et distributeurs automatiques le long de Kem Rd, qui relie le fort à la vieille ville.

Poste. Au coin S.-O. du fort A2 ☎ 252-35-24 et à Kota Gate, au bout de Kem Rd A3 ☎ 254-26-31.

Urgences. *PBM Hospital* B3 ☎ 222-63-34.

■ Fêtes et manifestations

Janvier. ***Camel Festival*** : courses de chameaux, concours de harnachement, manifestations folkloriques. On pourra à cette occasion goûter les confiseries confectionnées à base de lait de chamelle. Prochaines éditions : **2011**, 18-19 janv. ; **2012**, 8-9 janv. ; **2013**, 26-27 janv. ; **2014**, 15-16 janv. ; **2015**, 4-5 janv.

Novembre. ***Festival de Kolayat*** (48 km S.-O.) : ce centre de pèlerinage accueille à cette occasion de nombreux *sadhu* qui viennent démontrer leur endurance dans leurs exercices yogiques. Les pèlerins visitent le temple érigé en mémoire de Kapil Muni, un saint homme qui vécut ici, et se purifient dans les eaux du lac sacré. Prochaines éditions : **2010**, 19-21 nov. ; **2011**, 8-10 nov. ; **2012**, 26-28 nov. ; **2013**, 15-17 nov. ; **2014**, 4-6 nov. ; **2015**, 23-25 nov.

Visiter Bikaner

■ Bhandasar Jain Temple* h. pl. par A3

Ouv. du lever au coucher du soleil • entrée libre ; droit à acquitter pour l'usage d'appareils photo et de caméras.

Ce sanctuaire jaïn qui se dresse à l'entrée S. de la vieille ville fut édifié en 1468, non loin du lieu où Rao Bikaji érigea un peu plus tard le premier fort (fin du XVe s.). On raconte que son fondateur, un riche marchand jaïn, fit emplir de *ghee* les fondations de l'édifice pour témoigner de sa piété ; certains fidèles assurent qu'aux grandes chaleurs de l'été, les murs sentent encore le beurre…

Le temple originel entoure la **cella** renfermant la statue du cinquième *tirthankara*. À une période plus tardive, on lui a ajouté un *mandapa* qui a été orné de **peintures** à la fin du XIXe s. Commençant devant la cella et se déployant dans le sens des aiguilles d'une montre, elles figurent une procession qui débute au temple de Bhandasar et traverse

HÉBERGEMENT

Laxmi Niwas Palace (B1) ☎ 220-27-77 ; www.laxminiwaspalace.com ; ch. double à partir de 8 500 roupies. Cette aile du palais de Lallgarh a été récemment confiée à une société hôtelière qui en a fait un établissement de tout premier ordre. Chambres vastes et confortables, salles de bains impeccables, grand patio pour dîner en compagnie de musiciens et de danseuses.

CONSEIL

La promenade de la vieille ville (comptez environ 1 h 30) est plus agréable à effectuer le matin, quand la foule n'est pas encore au rendez-vous. Le mieux est de se faire conduire en rickshaw au temple de Bhandasar et, de là, continuer à pied. Si vous disposez d'un chauffeur, demandez-lui de vous attendre à l'entrée du fort de Junagarh.

▶ Les murs extérieurs de la cella du temple de Bhandasar sont ornés de gracieuses statues de danseuses et de musiciennes peintes de couleurs vives, à la manière des poupées du Rajasthan.

les ruelles de la ville, bordées de belles *haveli* (→ *théma p. 244-245)* et d'échoppes où sont accroupis marchands et artisans. Cette représentation pittoresque de Bikaner ne fournira certes pas un plan pour le visiteur d'aujourd'hui, mais elle lui permettra de se faire une idée de la beauté de la cité à cette époque, avant que ses rues ne soient envahies par les détritus et les animaux.

Le temple est servi par un brahmane qui, au lever et au coucher du soleil, exécute une *puja* dans un grand fracas de tambours. La communauté jaïne, bien qu'extrêmement minoritaire, est encore très active à Bikaner ; elle dispose d'une cinquantaine de lieux de culte.

En sortant du temple, prenez la rue qui descend en face (Market Street), l'une des artères principales de la ville. En suivant toujours cette rue, vous parviendrez en env. 30 mn à Kem Rd.

Tout au long du chemin à travers la vieille ville, vous découvrirez de très belles *haveli* (→ *théma p. 244-245)* aux façades ajourées dans le grès local (il servit également à la construction du fort de Junagarh). La quasi-totalité d'entre elles sont aujourd'hui inoccupées, leurs propriétaires étant, comme dans le Shekhawati (→ *p. 240)*, partis exercer leur activité à Bombay ou Calcutta.

■ À travers les bazars de la ville* A3

La rue qui descend face au temple traverse tout d'abord le **marché aux épices** avant d'aboutir à une place où est installé le marché aux fruits et légumes. Au fond de la place, prendre du côté dr. (à l'entrée de la ruelle du côté g., deux splendides *haveli* se font face). Vient ensuite le **marché du *mawa*** : il s'agit de lait confit par une longue

♥ SHOPPING

***Rishan Shop*, Kem Rd (A2), est la pâtisserie la plus renommée de la ville. On y découvrira, joliment rangées sur leurs étals, de petites bouchées confectionnées à partir de *mawa*, fourrées de fruits confits ou d'amandes et parfois ornées d'une fine feuille d'argent. L'établissement propose également une variété de *namkins*, bouchées salées (comme les samosas typiques de Bikaner) à base de vermicelles frits et épicés.**

► Aux portes de la vieille ville, de hauts murs rouges s'imposent au regard : il s'agit du fort de Junagarh, l'ancien palais des maîtres de Bikaner, toujours propriété de la famille royale.

cuisson, qui sert à confectionner les sucreries renommées de Bikaner. Durant votre promenade, vous remarquerez des **estrades** de bois placées au coin des rues ; ce sont les *pata*, typiques de Bikaner, installés et entretenus pour les habitants du quartier qui viennent s'y détendre et bavarder. Vous déboucherez sur **Kem Rd**, large avenue débordante d'activité mais de moindre intérêt. Vous pourrez y prendre un rickshaw pour gagner le fort de Junagarh, à moins que vous ne préfériez pousser un peu plus avant jusqu'à la fameuse pâtisserie ***Rishan***, sur le côté g. de l'avenue.

■ Junagarh Fort** A2

Ouv. t.l.j. 10 h-16 h 30 • entrée payante, supplément pour l'utilisation d'un appareil photo • la location d'un audioguide en français (payant, incluant le droit à l'utilisation d'un appareil photo) permet de se promener seul et librement dans le fort ; sans location, visite guidée obligatoire (il faut alors attendre qu'un groupe suffisamment important soit constitué) sous la conduite de guides anglophones pressés d'en terminer • prévoir un minimum de 1 h 30.

La construction du fort de Junagarh débuta en 1589 sous le règne de Rai Singh. Ce fut ensuite une succession d'agrandissements, qui ne s'achevèrent qu'en 1937 avec l'édification du Durbar Hall. Seule une partie de cette véritable cité interdite est accessible à la visite ; on pourra cependant en apprécier l'ampleur depuis son point le plus élevé, le **Chhatar Mahal**, curieux pavillon bleu visible partout dans la ville *(→ ci-dessous)*.

Avant d'accéder à l'entrée du palais, on franchit une série de **portes** fortifiées qui firent de Junagarh une forteresse imprenable. Sur la seconde de ces portes figurent des **empreintes de mains** commémorant des sati *(→ encadré p. 218)* du temps jadis ; la mémoire des infortunées épouses royales contraintes au suicide est toujours vénérée par les habitants, comme en témoignent les poudres colorées et les sucreries que continue de déposer une population fervente.

• **La cour de Holi**. Passée une première cour, on pénètre dans le cœur du palais. Durant la fête de Holi *(→ p. 43)*, le souverain prenait place sur la plate-forme face à l'entrée : les courtisans pouvaient alors l'asperger, respectueusement, avec l'eau colorée contenue dans le bassin. Derrière les *jali* qui surplombent la cour, les femmes assistaient à l'événement en toute discrétion. Sur le mur du pavillon à dr., en hauteur, des **peintures** évoquent le règne de Ganga Singh au travers de ses innovations modernistes (*→ encadré p. 157*). Sur le côté g., on trouve le **Karan Mahal****, une splendide salle d'audience publique (Diwan-i-Am) au plafond et aux murs richement décorés à la feuille d'or.

• **La cour des audiences privées**. Une somptueuse **porte** d'argent massif (aujourd'hui déposée à g. du passage) donnait sur la cour suivante. Au fond de celle-ci, l'**Anup Mahal** (XVIIe s.) servait aux audiences privées. Sur le côté dr., voyez une petite salle appelée **Badal Mahal*** ou encore Sadar Mahal, du nom de Sardar Singh, le souverain (r. 1851-1872) qui en conçut l'idée : elle est ornée de peintures murales représentant un ciel d'orage, avec éclairs et rideaux de pluie dans la partie inférieure. Pour que l'illusion soit encore plus rafraîchissante, un système de ruissellement d'eau avait été aménagé dans une niche contre un mur.

Du côté opposé se trouve le **Rai Niwas**, la partie la plus ancienne du palais (fin du XVIe s.) : elle conserve de splendides **panneaux de portes*** laquées ornées de scènes mythologiques ; les murs sont également décorés de délicates miniatures. Dans les vitrines sont exposés les **insignes royaux**, disques

Bikaner

d'or et tête de poisson ; ce dernier représente le Mahi Maratib, l'ordre du Poisson, une dignité accordée par les empereurs moghols à leurs fidèles alliés, souverains de Bikaner.

Revenir à la cour de Holi et prendre l'escalier qui conduit à l'étage.

• **Les appartements royaux**. La première salle est consacrée à une caste de **fakirs** locaux qui vivent ordinairement à Katariasar, un village à 45 km de Bikaner : sont présentés ici quelques planches à clous et autres matelas hérissés de pointes. On accède ensuite à une **terrasse★**, d'où l'on découvre l'ensemble du palais en contrebas : en face, les bâtiments administratifs et l'ancienne prison *(sur la g.)* ; à dr., les écuries, précédées d'un quadrilatère réservé à l'éléphant royal, utilisé lors des parades officielles. Donnant sur la terrasse, la **chambre à coucher** du souverain est un somptueux écrin surélevé entouré d'un couloir où se tenaient les domestiques.
Depuis la terrasse, on grimpe jusqu'au **Chhatar Mahal**, le pavillon bleu décoré de faïences de Hollande et du Portugal ainsi que de scènes peintes évoquant les aventures amoureuses de Krishna. C'est là, au point le plus haut de sa capitale, que le maharaja venait se reposer, éventé par ses serviteurs.

Revenir à la salle des fakirs.

• **Dungar Niwas**. Des appartements royaux, de longs couloirs et galeries conduisent à la partie la plus récente du palais, une immense **salle des Audiences publiques** élevée en 1937 par l'architecte britannique responsable du Lallgarh Palace. Sous les arcs impressionnants (l'architecture traditionnelle indienne n'en utilisait pas de si grands), les murs sont ornés de reliefs évoquant les grandes légendes hindoues. Cette salle d'apparat conserve le trésor le plus précieux du palais : le **trône de couronnement** des Rathores (la lignée à laquelle appartient la famille royale de Bikaner), splendide ouvrage sculpté dans le bois de santal en 1212. Les pièces suivantes évoquent le long règne de Ganga Singh, notamment son rôle militaire et diplomatique, au travers d'une collection de **photographies** d'époque et d'**objets personnels**. Parmi ces derniers, on cherchera une curieuse **cuillère** que le souverain avait fait réaliser à son usage : fier de son imposante moustache, il n'en était pas moins conscient des désagréments que pouvait occasionner cette abondante pilosité lors des dîners de gala : sa cuillère personnelle était donc dotée d'un fil d'argent qui retenait les poils de sa moustache, les empêchant ainsi d'être souillés par le potage. La visite se termine par une collection de ***howdah*** et de **palanquins** disposés autour d'un avion de fabrication française offert à Ganga Singh par les Britanniques après la Première Guerre mondiale.

■ Prachina Bikaner Cultural Center and Museum A2

Devant le guichet d'entrée du fort • ouv. t.l.j. 9 h-18 h • billet d'entrée distinct.

Cette petite collection complète la visite du palais. On y verra les **vaisselles** et **verreries** d'apparat utilisées à la cour de la fin du XIXe s. aux premières décennies du XXe s. Celle-ci s'est alors mise au goût européen, comme en témoignent les menus rédigés en français ainsi que la reconstitution de salons du palais avec leurs meubles inspirés par la mode britannique. Une seconde section est consacrée aux **costumes** d'apparat (très belle collection de tissus royaux).

■ Lallgarh Palace B1

À 2 km N.-E. de Junagarh Fort (prendre un rickshaw).

Pour marquer l'entrée dans le XXe s., le maharaja Ganga Singh voulut un nouveau palais qui serait tout à la fois respectueux des traditions rajputes et doté des dernières innovations. Les plans furent conçus par un architecte anglais, sir Samuel Swinton Jacob. Les travaux, entrepris en 1902, ne s'achevèrent qu'en 1926 ; c'est que l'imposante construction de grès rouge est un véritable « Versailles des sables », avec d'immenses cours intérieures autour desquelles se déploient d'interminables couloirs.

Toujours propriété de la famille royale, l'édifice est divisé aujourd'hui en trois parties : l'aile face à l'entrée est aménagée en hôtel *(Lallgarh Palace Hotel)*, géré directement par la famille royale : on peut y jeter un coup d'œil pour découvrir ses longs couloirs (où dit-on rôdent la nuit quelques fantômes), sa vaste cour et sa piscine intérieure. L'aile au centre du complexe sert de résidence à la famille royale. L'aile N. enfin abrite un second hôtel, le *Laxmi Niwas Palace* *(→ p. 153)*.

• **Sri Sadul Museum** *(face à l'entrée • ouv. t.l.j. 10 h-17 h 30 • entrée payante)*. Cette exposition est consacrée à la dynastie royale de Bikaner, plus particulièrement à ses derniers représentants au XXe s. La visite commence avec le **wagon royal**, une voiture construite en 1946. Les salles présentent ensuite les **portraits** de tous les mahajaras de Bikaner (le dernier d'entre eux fut Narendra Singh, décédé en 2003 sans héritier mâle). Après une section présentant de belles **miniatures** de l'école de Bikaner, les salles suivantes évoquent le règne de Ganga Singh, ses activités politiques, militaires et diplomatiques au travers de photographies et de documents d'époque. La dernière salle est consacrée aux membres de la famille royale d'aujourd'hui.

■ Ganga Jubilee Museum B2-3

À l'entrée E. de la ville, sur la route de Jaipur • ouv. 10 h-16 h 30.

Ce musée construit en 1937 pour le jubilé de Ganga Singh présente des **céramiques** depuis la préhistoire jusqu'à l'époque gupta (IVe-VIe s. ; → *encadré p. 101*) ainsi que des **sculptures**, dont une statue de Sarasvati (XIe ou XIIe s.) et une image en métal d'un *tirthankara* jaïn. On découvre également une collection de miniatures de différentes écoles rajputes *(→ encadré p. 373)*, des manuscrits, des armes... Une section est consacrée à l'artisanat local avec notamment des *kuppi*, récipients laqués en peau de chameau. Le musée abrite enfin des **reliefs** qui ornaient autrefois les riches demeures de Bikaner, du temps où les marchands de la ville affrétaient des caravanes de chameaux qui traversaient le désert du Thar pour se rendre dans le Sindh, aujourd'hui pakistanais.

Le Tigre et le chasseur

Dans l'une des salles du musée Sri Sadul, une photo montre celui que l'on surnommait en France le Tigre, Georges Clemenceau, de retour d'une chasse... au tigre. Il était l'invité de Ganga Singh, avant-dernier maharaja de Bikaner qui régna de 1887 à 1943. Soldat avant tout, Ganga Singh combattit avec son régiment en Chine lors de la révolte des Boxers, puis sur le front français et au Moyen-Orient lors de la Première Guerre mondiale, à la tête du *Bikaner Camel Corps*. Il fut aussi diplomate, représentant de l'Empire à la conférence de la Paix en 1919, puis délégué de l'Inde à la Société des Nations, l'ancêtre de l'ONU. Dans le fort de Junagarh, sur le mur dominant à dr. la cour de Holi, trois peintures rappellent ses principales innovations dans son État de Bikaner : le train, le canal d'irrigation Ganga et l'électrification. Son portrait s'affiche partout dans ses palais : au-dessous d'un turban crânement posé sur la tête, un regard pénétrant souligné d'une sévère moustache.

▶ Dans le temple de Karni Mata, on se promène – déchaussé – parmi une multitude de rats.

Un défi au dieu de la Mort

Karni Mata, vénérée aujourd'hui comme une sainte, naquit au XVe s. et atteignit allègrement le siècle suivant : selon la légende, elle aurait vécu 151 ans, entourée de la vénération des siens, les Charans, une caste de guerriers particulièrement respectés au Rajasthan et au Gujarat. Un jour, un enfant de sa communauté mourut : pour le ressusciter, la sainte femme descendit au royaume de Yama, le premier homme – et par conséquent le premier mort – qui, depuis, régnait sur les Enfers. Trop tard : il avait déjà été réincarné en gros rat blanc. Furieuse, Karni Mata usa de ses pouvoirs pour détourner les membres de sa caste du jugement du roi des Enfers, qui déterminait leur prochaine naissance : ils seraient désormais réincarnés directement dans le corps d'un rat.

Depuis, les Charans défunts peuplent le temple dédié à leur protectrice sous forme de rats. Familiers et inoffensifs, les rongeurs grimpent à l'occasion sur l'épaule du prêtre qui les nourrit à la main, et se détournent parfois de leur mangeoire pour se faufiler entre les jambes des visiteurs et des dévots.

Environs de Bikaner

1 Devi Kund *8 km E. par la route de Jaipur et à dr. à 6,5 km*
Ouv. t.l.j. 9 h-17 h • entrée libre.
Le lieu abrite les *chhattri* (cénotaphes) des maharajas de Bikaner, dont certains sont décorés de peintures sur la coupole. Le mausolée de Surat Singh (1787-1828), tout en marbre blanc, conserve le plus bel ensemble peint dans le style rajput.

2 Gajner *23 km S.-O. par la route de Jaisalmer*
Gajner Palace Hotel ☎ (1534) 25-50-61 • entrée payante incluant un rafraîchissement servi sur une terrasse dominant le lac.
Le palais d'été des maharajas de Bikaner se trouve au bord d'un lac artificiel qui a donné naissance à une belle oasis. De là, les souverains partaient chasser sur un vaste domaine devenu un parc naturel, le **Gajner Wildlife Sanctuary**. Des safaris en jeep sont organisés pour découvrir la faune locale, antilopes blackbucks et blue bulls, gazelles chinkaras, sangliers… Pour avoir le plus de chance de voir des animaux, il faut partir en expédition dès le lever du jour ou au crépuscule *(rens. sur place ou au Lallgarh Palace Hotel à Bikaner ☎ [0151] 254-02-02).* Le *Gajner Palace* propose de magnifiques chambres avec vue sur le lac.

3 Deshnoke *33 km S. par la route de Jodhpur*
Ouv. t.l.j. du lever au coucher du soleil.
Le **temple de Karni Mata**, une mystique qui passe pour une incarnation de Durga, est peuplé de **rats sacrés** ; ces petits animaux errent en toute liberté partout dans le sanctuaire, y compris jusque devant la statue de la sainte devant laquelle est déposé un grand plat métallique rempli de grain ou de lait. La façade du temple, en marbre blanc sculpté, date du règne de Ganga Singh (1887-1943), tout comme les portes en argent massif enrichies de reliefs.

Bundi★★ et Kota

En approchant Bundi, on est loin des étendues désertiques de l'ouest du Rajasthan. Champs, collines, vergers : ici, tout est vert. La région est la plus fertile du Rajasthan, bénéficiant de conditions climatiques plus favorables, mais aussi de l'aménagement du bassin de la Chambal. Mais de la plaine, la vieille ville reste invisible. Il faut gravir une ceinture de collines avant de la découvrir, blottie au fond d'une vallée, presque oubliée par le temps si ce n'est cette gigantesque antenne de télécommunication que l'on a cru bon de construire là. Sur la crête, une puissante forteresse veille sur les ruelles étroites bordées d'échoppes et d'anciennes demeures seigneuriales de la cité.

Bundi est indissociable de Kota, sa voisine, qui fut son fief jusqu'à ce que l'habile jeu diplomatique des Moghols en fasse des ennemis. C'est aujourd'hui une populeuse ville industrielle.

Situation de Bundi : à 136 km S.-E. d'Ajmer, 164 km N.-E. de Chittorgarh, 212 km S. de Jaipur, 279 km N.-E. d'Udaipur.

90 000 hab.

Situation de Kota :
à 36 km S.-E. de Bundi.

1 600 000 hab.

☎ 0747.

🛈 Collectorate Campus
☎ 244-36-97 ; ouv. du lun. au ven. 9 h 30-18 h.

À ne pas manquer

Garh Palace★★★	160
Le bazar★	163

1 Bundi★★

Depuis la rue principale de la vieille ville, une longue esplanade monte vers Harazi Gate, la porte qui fermait autrefois l'enceinte extérieure du palais ; c'est là que commence la visite. Ne manquez pas ensuite de flâner dans les paisibles ruelles du bazar.

■ Bundi mode d'emploi

Arrivée. **En train** : gare la plus proche à Kota (→ *ci-dessous*) • **en bus** : la gare routière se trouve au S. de la ville, près du marché aux fruits et légumes (20 mn à pied du centre-ville). Liaisons très fréquentes avec Kota • **en avion** : aéroport le plus proche à Jaipur (212 km).

Combien de temps. Entre la visite du palais, du fort et la promenade dans l'agréable centre-ville, il faut compter une journée. On peut donc prévoir deux nuits sur place.

♥ HÔTEL
Haveli Braj Bhushanjee, dans la rue principale de la vieille ville, à deux pas de l'entrée du palais ☎ 244-23-22 ; www.kiplingsbundi.com ; 23 ch. Cette demeure a été aménagée en hôtel de charme par une famille qui compte parmi ses ancêtres plusieurs Premiers ministres de l'État de Bundi. Les chambres de la partie ancienne, bien que ravissantes, sont assez exiguës. Celles de l'annexe sont en revanche un peu plus grandes et plus lumineuses. Restaurant strictement végétarien.

Hébergement. La ville offre de bonnes possibilités de logement. À votre arrivée, dirigez-vous vers l'entrée du palais : c'est dans ce quartier que se trouvent hôtels et *guest houses*.

■ Garh Palace***

Ouv. t.l.j. 8 h-17 h • entrée payante, supplément pour l'utilisation d'appareils photo et vidéo, flash interdit pour les peintures.

Des salles grandioses, des terrasses ouvrant vertigineusement sur la ville en contrebas, des miniatures et des fresques comptant parmi ce que la délicieuse école de Bundi nous a laissé de meilleur : la visite du palais des rajas de Bundi justifie à elle seule le voyage. Pour l'essentiel, cet ensemble date du début du XVIIe s. ; une grande partie de la décoration peinte est contemporaine de la construction.

Depuis **Harazi Gate** *(billetterie)*, un chemin empierré monte rudement *(5 mn de marche)* jusqu'à l'entrée du palais proprement dit, **Hathi Pol**, la porte des Éléphants, ainsi nommée en raison des deux pachydermes de pierre qui en gardent l'entrée. Cette porte donne accès à la première cour. Une plate-forme à g. permettait au roi de descendre de son éléphant, tandis que face à l'entrée étaient aménagées les écuries pour les chevaux. Au-dessus de Hathi Pol, des musiciens sur leur balcon saluaient de leurs instruments l'arrivée du souverain ou des invités de marque.

• **Diwan-i-Am** *(face à l'entrée à l'étage, accès depuis la cour par un escalier à dr.)*. Ce vaste hall servait aux audiences publiques ; on y voit encore le trône de marbre du souverain, entouré d'une délicate balustrade également en marbre. À l'autre extré-

Guerriers et mécènes

Le **royaume de Bundi** fut fondé au XIVe s. par les Haras, descendants des Chauhans, l'un des quatre clans rajputs apparus lors du sacrifice du feu sur le mont Abu *(→ encadrés p. 233 et 112)*. Les rajas de Bundi furent, avec ceux du Mewar, les derniers à se soumettre aux Moghols. Rebelles, ils l'étaient encore au XXe s. En 1911, lors de l'inauguration de la Nouvelle Delhi en présence de George V, le raja de Bundi fut le seul, avec le maître de la capitale du Mewar, Udaipur *(→ p. 258)*, à refuser d'assister à la cérémonie.
Sous le patronage de ces seigneurs indociles se développa l'une des plus attachantes écoles de **miniatures** du Rajasthan *(→ encadré p. 373)*. L'école de Bundi atteignit sa maturité au XVIIe s. pour s'épanouir encore au siècle suivant. Héritage sans doute de la peinture persane, elle mêle la plus grande grâce, qui se lit par exemple dans les visages pleins et frais des jeunes filles, aux tons chauds et brillants et à un foisonnant décor de fleurs, d'oiseaux, de forêts, plus typiquement indien. Au XVIIIe s., l'école évolue vers un plus grand dépouillement des fonds, sur lesquels se détache par exemple le corps gracieux d'une jeune fille. On pourra voir sur les murs du palais de merveilleux exemples de cette grande école de Bundi.

▶ Krishna et Radha dansant sous l'orage, tendrement enlacés, à l'abri d'une cape.

mité du Diwan-i-Am, un passage donne accès à une terrasse agrémentée d'un bassin rempli jadis de poissons multicolores.

• **Chhatra Mahal**★★. Du côté g. de la terrasse, sous un grand portique, se trouvaient les appartements privés du roi, gardés par une splendide **porte**★ de teck incrusté d'ivoire. La grande salle était entièrement décorée de peintures exécutées sur marbre ce qui, malheureusement, ne leur a pas permis de franchir l'épreuve du temps.
Les véritables merveilles se trouvent dans la petite salle de dr., dont les murs sont entièrement couverts de **fresques**★★ remontant à la construction du palais : une explosion de couleurs rehaussées d'or, de détails et de grâce, qui mérite d'être admirée en détail, chaque peinture étant un véritable chef-d'œuvre de la célèbre école de peinture locale. Côté dr., on pourra découvrir Krishna et Radha dansant sous l'orage, sous un ciel que les Occidentaux qualifieraient de menaçant, mais qui, pour les habitants de l'Inde, est une promesse de vie et de renouveau. On sent dans cette œuvre d'une grande sensibilité toute la joie et l'exubérance qu'apportent les pluies de la mousson. Au-dessus de la porte, en bas d'une scène d'adoration dont l'image a disparu, éléphants et chevaux témoignent de la maîtrise des artistes de Bundi. On en retrouve de splendides exemples dans l'encadrement de la fenêtre à g. avec un puissant combat d'éléphants. Face à l'entrée se déploie une procession de mariage qui conduit vers l'élue le roi monté sur son éléphant.

• **Diwan-i-Khas**. À dr. de la terrasse, la salle des Audiences privées est remarquable par les **consoles**★★ de ses piliers, de splendides éléphants en bois sculpté. À l'angle g., une pièce protégée de grillage de pierre *(jali)* était destinée aux femmes, qui pouvaient, sans être vues, assister aux audiences. Dans le fond de la salle, côté g., un passage secret obstrué par une dalle de pierre – aujourd'hui scellée – permettait au souverain de rejoindre directement le harem. Du Diwan-i-Khas, un escalier donne accès au niveau supérieur.

• **Phool Mahal**. Dans cette salle datant, comme le reste de cette partie du palais, du tout début du XVIIe s., on remarquera une scène de procession célébrant la mousson : les images de Krishna et de Radha sont hissées dans un palanquin que le souverain porte en personne. De là, un autre escalier permet de monter plus haut.

• **Badal Mahal**. Ce palais des Nuages jouxtant le harem était destiné aux plaisirs royaux. Ici, les **peintures**** remontent au XVIIIe s. En raison de la destination des lieux, elles représentent principalement (au plafond) des couples divins : Rama et Sita portés par les anges à leur retour d'exil ; Krishna et Radha autour desquels les *gopi* forment une joyeuse ronde, entraînées par l'image démultipliée de Krishna ; épousailles de Radha et Krishna. Quelques scènes amoureuses apparaissent également sur les murs *(côté g.)*.
Le style de ces peintures a suscité beaucoup d'interrogations. On y trouve en effet de nombreux éléments qui semblent empruntés à des civilisations étrangères à l'Inde ; les anges qui soutiennent la nacelle de Krishna et Radha évoquent une miniature persane ; les représentations d'animaux – aigles et poules notamment autour de la scène à la nacelle – dénotent une influence plus occidentale, tandis qu'apparaissent, du côté g. de la salle, les motifs du dragon et du phénix, inconnus dans l'art indien mais répandus dans le monde chinois.

Du Badal Mahal, regagner Hathi Pol par le même chemin.

• **Chitrasala***** *(après avoir franchi Hathi Pol, prendre à g. le chemin qui grimpe vers la citadelle, puis, à moins de 200 m, passer une porte à g.)*. On accède à ce qui fut l'un des plus somptueux **jardins d'agrément** du complexe palatial ; dominé par les hautes façades du *zenana*, il jouxtait le Diwan-i-Am. Du jardin, belle vue sur la ville en contrebas et à g. sur la première cour du palais.
Mais c'est l'extraordinaire ensemble de **peintures***** murales qui retient l'attention ici : elles remontent à la seconde moitié du XVIIIe s., époque de la construction du jardin. Sur le **mur de g.**, belle représentation de Shiva, de Parvati, son épouse, et de Ganesha, leur enfant, montés sur le taureau Nandi. Notez dans la chevelure de Shiva le visage de Ganga, la déesse du Gange, dont les eaux tumultueuses s'apaisent en glissant dans la chevelure du dieu. La famille divine part à la rencontre de la déesse Annapurna, qui dispense

▲ **Les jeunes femmes figurant sur le mur du fond du Chitrasala sont toutes indiennes comme en témoignent leurs traits, mais représentées pour les unes à la mode persane avec leur coiffe surmontée d'une aigrette, pour les autres en princesses rajputes.**

la nourriture aux hommes, montée sur son éléphant. Un peu plus loin, sur le même mur, on peut assister à une audience royale : elle se tient dans le Diwan-i-Khas du palais, dont on reconnaît les consoles en forme d'éléphants.

Sur le **mur du fond**, côté g., autre réception, mais dans le Diwan-i-Am cette fois, flanqué à dr. du Chitrasala, dont on peut identifier les jardins. Cette partie du portique conserve sur le mur et contre la face interne des piliers de splendides **représentations de jeunes femmes**. Sur la face arrière du pilier central, l'une d'elles se retire une épine du pied, un thème traditionnel de l'iconographie hindoue. On y admirera le rendu de ses vêtements, tuniques et écharpes de mousseline transparente qui se superposent en mêlant leurs couleurs d'une manière particulièrement séduisante.

Sur le dernier mur, un petit **oratoire** a été aménagé autour des sandales de bois du raja Umaid Singh qui, à la fin du XVIIIe s., fit construire le Chitrasala.

Du Chitrasala, le chemin monte en 20 mn env. au fort de Taragarh (→ *ci-dessous*). Avant de l'atteindre, le pavillon de Balwan Singh, à mi-hauteur de la colline, offre de belles vues sur l'ensemble palatial.

■ Bazar de la vieille ville*

En redescendant du Garh Palace, prendre à g.

Pour une fois, on ne sera pas gêné par le trafic incessant des motos et autres deux-roues pétaradant et klaxonnant que l'on trouve dans la plupart des villes de l'Inde : la rue est piétonnière, ce qui rend d'autant plus agréable la promenade dans le bazar. Les marchands s'y tiennent accroupis sur de petites plates-formes au-dessus de la chaussée. Le vendeur de lait, qui a reçu le matin même ses produits des villageois des alentours, y côtoie le vendeur d'épices et le marchand de bobines et de fil, assiégé par les enfants lorsqu'approche la fête des Cerfs-Volants (Vasanta Panchami, → *p. 42*) du mois de janvier.

On parvient rapidement à un carrefour où de dignes commerçants attendent le client, assis sur un drap blanc, devant le monumental coffre-fort qui trône au fond de leur boutique : c'est le **quartier des bijoutiers**. Au carrefour, suivre la rue à dr. ; à une centaine de mètres à dr. se dresse l'imposante façade de l'ancien **pavillon** réservé aux invités du roi. Il abrite aujourd'hui une banque, la bibliothèque municipale et une école. On peut entrer dans la cour pour apprécier les dimensions de l'édifice. La rue sort ensuite de la vieille ville par la **porte de Chogan** pour déboucher sur le vaste **marché aux**

L'escarpolette d'or

Du Badal Mahal, un couloir donne accès au *zenana*, un vaste ensemble de bâtiments autour d'une cour centrale. Dans cette dernière, une monumentale escarpolette de pierre servait à la distraction des épouses royales.

Le thème de la balançoire *(jhula dola)* a son origine dans un rite védique. Il était exécuté au solstice d'été, alors que le soleil était assimilé à « l'escarpolette d'or qui se balance dans le ciel », pour aider l'astre à redresser sa course vers son apogée et assurer à la terre fécondité et prospérité.

Ce thème de la balançoire est également étroitement associé à Krishna. On le retrouve dans de nombreuses miniatures ou dans la fête de Dolayatra, propre à l'Orissa, au cours de laquelle on balance les effigies de Krishna et de Radha sur des escarpolettes. Aujourd'hui, lors du mariage de certains brahmanes, une balançoire est encore placée sous une tente, symbole de la voûte céleste. Vous en verrez aussi dans les chambres nuptiales de certains palais convertis en hôtels.

fruits et légumes. Face à la porte se dressent deux puits jumeaux. Ces fondations pieuses étaient destinées à abreuver les voyageurs et leurs bêtes.

Traverser le marché.

■ Raniji-ki-Baori**

Ouv. t.l.j. 10 h-17 h • entrée libre.

Le **puits de la Rani** est une impressionnante réalisation aménagée au XVIIe s. Comme ses homologues du Gujarat, il présente une longue volée de marches qui descendent jusqu'à l'eau encadrées de murs abondamment décorés de sculptures où l'on reconnaît Vishnou et ses avatars.

■ Late Maharaja Bahadur Singh Museum

En contrebas du Garh Palace • ouv. t.l.j. 10 h-17 h • entrée payante.

Ce petit musée occupe depuis 2006 l'une des nombreuses propriétés royales de la ville. On peut y voir une galerie de **trophées de chasse**, dont un malheureux tigre abattu par lord Mountbatten en 1968. Exposition d'armes et de costumes royaux.

■ Jait Sagar Tank

À 3 km du centre (il est indispensable d'être motorisé) • accès libre.

Ce beau lac, où se reflètent les collines alentour et où fleurissent des tapis de lotus à partir du mois de décembre, fut creusé par les rois de Bundi au XVIIe s. À son extrémité en venant de la ville, le **Sukh Mahal** est un joli pavillon d'agrément où résida Rudyard Kipling lorsqu'il rédigeait son roman *Kim*. L'auteur du *Livre de la jungle* habita l'appartement situé du côté g. de la terrasse. Beau point de vue sur le lac.

■ Les *chhattri*

2 km environ du Sukh Mahal en suivant la rive du lac, du côté dr. de la route • entrée libre • demander le gardien, qui réside dans l'une des maisons voisines.

L'enclos renferme environ 80 monuments commémoratifs, *chhattri* monumentaux pour les rois de Bundi, simples plates-formes pour les reines, petits monuments à coupoles pour les princes et princesses.

À g. de l'entrée, dominé par un imposant pittosporum, le **cénotaphe de Bishnou Singh** (début du XIXe s.) présente un élégant ensemble de sculptures sur marbre ; l'éléphant, animal emblème du pouvoir royal, y tient une bonne place.

En face, le **monument de Bishan Singh** date de 1728 ; il rappelle la mémoire du roi et de ses 64 épouses, qui périrent sur son bûcher funéraire.

Le poète de l'Empire

En 1871, un petit garçon accoudé au bastingage d'un steamer voit lentement s'éloigner le rivage indien. Comme la plupart des jeunes Britanniques nés dans les colonies, **Rudyard Kipling** part étudier au Royaume-Uni. Onze longues années de tristesse dont le futur prix Nobel de littérature ne s'évade qu'en se souvenant du pays merveilleux de sa tendre enfance. En 1882, il regagne sa terre natale. Il devient rédacteur dans plusieurs gazettes, où il publie contes et poèmes inspirés par le sous-continent. En 1889, il retourne au Royaume-Uni. Il ne reviendra en Inde qu'une seule fois pour un court séjour en 1891. Pourtant, l'expérience indienne ne cessera de le hanter sa vie durant et lui inspirera ses plus célèbres ouvrages : *Kim*, les deux ouvrages du *Livre de la jungle* et *L'homme qui voulut être roi*. Un univers grouillant de peuples, de parfums, de couleurs, « seul pays où l'homme puisse faire ce qui lui plaît ». Un monde où se brouillent les repères lorsqu'un dieu peut se faire mendiant, un roi vagabond, où le surnaturel appartient au quotidien. Mais contrairement à d'autres Occidentaux qui voudront se couler dans le moule de la spiritualité indienne, Kipling restera indéfectiblement britannique. Et c'est de la confrontation entre ces deux univers que naît toute la force poétique et la puissance d'évocation de son œuvre.

Sous la coupole, une stèle représente le souverain en compagnie de son épouse principale. Face à l'entrée, une plate-forme servait aux astrologues à déterminer l'orientation selon laquelle devait être placée la dépouille sur le bûcher. Au centre de la plate-forme, une dalle indique les huit points cardinaux de l'astronomie indienne : ces huit points cardinaux expliquent la forme octogonale de toutes les plates-formes des cénotaphes.

Vous pourrez poursuivre votre promenade dans ce parc romantique à la découverte des autres monuments funéraires qui se dressent au milieu d'une végétation exubérante.

Taragarh Fort

Accès par le sentier qui part du Garh Palace (30 mn aller) ou en voiture par la route • entrée libre.

Le vieux fort dresse son imposante couronne de murailles au-dessus de la vallée depuis le XIVe s. L'intérieur, largement ruiné, présente des vestiges de palais ainsi qu'un magasin à poudre. Des remparts, vue spectaculaire sur la ville en contrebas.

Pour les environs de Bundi : → *p. 167.*

2 Kota

Cette grande cité industrielle (pneumatiques, textiles synthétiques...) établie sur la rive gauche de la rivière Chambal est loin de posséder le charme de Bundi. Fondée au XIIIe s., elle fut à partir du XVIIe s. la capitale d'un État princier donné en fief à l'un de ses fils par le maharaja de Bundi. Elle en conserve de formidables remparts en surplomb de la rivière, un vaste palais dont une partie est ouverte à la visite, et quelques belles demeures ruinées dans la vieille ville. Sur une île au milieu de Kishore Sagar, un lac artificiel aménagé au XVe s. au centre de la cité, se tient le Jag Mandir, petit pavillon de plaisance d'où jaillissent des bouquets de palmiers. Il ne se visite pas.

☎ 0744.

i ***Hotel Chambal*** ☎ 232-76-95 ; ouv. du lun. au ven. 9 h 30-18 h.

Kota mode d'emploi

Arrivée. **En train** : la gare se trouve à la lisière N. de la ville. Kota est reliée à Bombay, Delhi, Agra, Bénarès, ainsi qu'à Sawai Madhopur, la porte d'entrée du parc de Ranthambore ; rens. ☎ 131 • **en bus** : gare routière **Bus Stand** à l'entrée du pont sur la Chambal, rens. ☎ 245-10-20. Liaisons avec les principales villes du Rajasthan • **en avion** : aéroport le plus proche à Jaipur (246 km).

S'organiser. Une demi-journée suffit pour voir l'essentiel. Bonnes possibilités hôtelières.

♥ HÔTEL

Sunkhdam Kothi, Civil Lines ☎ 232-00-81 ; 14 ch. Au milieu d'un jardin, cette bâtisse fut construite en 1870 pour un officiel britannique. À l'intérieur, la disposition des pièces renvoie au style victorien ; l'extérieur, avec ses dentelures de pierre et ses terrasses, porte la marque de l'influence indienne.
Les chambres sont confortables, certaines donnent sur une terrasse. Personnel d'une grande gentillesse.

■ Maharao Madho Singh Museum**

Ouv. t.l.j. sf ven. 10 h-16 h 30 • entrée payante (deux billets distincts sont nécessaires pour visiter l'ensemble des salles ouvertes au public) ; supplément pour l'utilisation d'appareils photo et vidéo • prévoir 1 h 30.

L'héritier de la famille royale, toujours propriétaire, a consenti à ouvrir une partie du formidable complexe édifié à partir du XVIIe s. au-dessus de la rivière. On y accède par **Hathi Pol**, la porte des Éléphants (XVIIIe s.). Une rampe conduit ensuite à la vaste esplanade précédant le palais, où se déroulaient jadis les grandes manifestations royales.

La visite comprend deux parties distinctes : les salles d'Audience, transformées en musée, et une portion des appartements privés, de loin la plus intéressante avec ses miniatures et les vues qu'elle offre sur la ville.

• **Darbar Hall** *(dans la cour dans le prolongement de l'entrée)* abrite principalement des ***howdahs*** royaux, disposés au centre de la salle. Parmi la collection d'objets hétéroclites, on s'amusera à dénicher quelques instruments ménagers du tout début du XXe s. (une machine à laver, une autre à fabriquer des crèmes glacées, un ventilateur à kérosène...). À dr. de la cour, le **Shish Mahal*** est joliment orné de verres colorés et de fresques, comme celle évoquant la vie du jeune Krishna à Mathura (salle du fond). Entre ces deux salles, un couloir donne accès à une autre section où sont présentées des **collections d'armes et de photographies** anciennes ainsi que quelques miniatures sans grand intérêt.

• **Les appartements privés** *(accès par le Shish Mahal sous la conduite d'un gardien)* sont la plus jolie partie du palais. Vous serez conduit sur la terrasse, le Barah Dari, sur laquelle donne la chambre à coucher royale. La première salle est entièrement ornée de **miniatures**, essentiellement du début du XIXe s. ; il s'agit principalement de portraits royaux, mais aussi *(côté g.)* de représentations d'Occidentaux. Dans la chambre royale, votre guide se fera un devoir de soulever les draps du **lit**, afin de vous montrer ses pieds en argent. Un balcon donne sur la ville.

En sortant du musée, prendre au premier carrefour à g.

■ Rampura Bazar

En passant devant quelques anciennes *haveli* *(→ théma p. 244-245)* toujours occupées, on trouvera sur Rampura Bazar, principale artère commerçante de la ville, toute l'animation et tous les produits des quartiers marchands des villes indiennes. **Behru Gali**, une ruelle à dr. *(après env. 20 mn de marche depuis le musée ; demandez votre chemin, la rue est connue de tous les habitants)* gardée par le petit oratoire consacré à Behru, la divinité locale *(au début de la rue à g.)*, est bordée de boutiques proposant les réputés saris au fil d'argent et d'or confectionnés dans un faubourg de Kota (Kaithoun). Un travail exécuté uniquement par des familles musulmanes sur des métiers rudimentaires.

■ Government Museum (Brij Vilas Palace Museum)

Sur la rive N.-E. du Kishore Sagar • ouv. 10 h-16 h 30 ; f. ven.

Le musée comprend une collection de **sculptures** des IXe et Xe s. provenant principalement du centre religieux hindou et jaïn de Kishan Vilas *(90 km E.)* et de Baroli *(48 km S.-O.)*, notamment une **sculpture** de Vishnou étendu sur le serpent Ananta avec Lakshmi à ses pieds (VIIIe s.). Une salle du musée abrite quelques miniatures et manuscrits enluminés de l'école locale de peinture. Voyez surtout les quelques feuillets d'un **exemplaire du *Bhagavata-Purana****, ouvrage édifiant sur la vie de Krishna exécuté vers 1640.

Le tigre toujours menacé

À la fin des années 1960, on ne comptait plus qu'environ 2 000 tigres en Inde contre 40 000 à la fin du XIXe s. La survie même de l'animal, emblème de l'Inde, était menacée. Dès 1970, la chasse en fut interdite et, en 1973, le *Project Tiger* fut lancé : campagne de sensibilisation du public, récolte de fonds en Inde et à l'étranger (le WWF a contribué au financement du projet), mesures pour préserver les écosystèmes permettant la survie du fauve, chasse aux braconniers, malheureusement toujours actifs en raison des prix élevés des os de tigre, employés dans la pharmacopée traditionnelle asiatique. Protégée à l'intérieur de 27 réserves, l'espèce semblait définitivement sauvée. En 2002, les autorités annonçaient une population de 3 508 tigres. En 2008, la publication de nouveaux chiffres par la National Tiger Conservation Authority fit l'effet d'une douche froide : il n'y aurait en fait que 1 400 tigres sauvages, sans doute même moins. La faute au braconnage mais aussi à la déforestation. La survie du tigre ne semble aujourd'hui assurée que dans quelques parcs nationaux : celui de Corbett dans le Nord, celui de Kaziranga dans le Nord-Est, celui de Kanha, au centre du pays, et celui de Bandipur dans le Karnataka, dernier refuge du tigre en Inde du Sud.

Environs de Bundi

1 Ranthambore National Park* *125 km N.-E. de Bundi*

Ouv. t.l.j., d'oct. à juin 7 h-10 h 30 et 14 h 30-18 h, en avr. et mai 6 h-9 h 30 et 15 h 30-19 h • entrée payante, supplément pour la place de bus ou la location d'une jeep (→ encadré ci-joint).

Ce parc créé en 1973 pour garantir la survie du tigre (une trentaine d'individus) est situé dans un splendide milieu naturel et mérite amplement le voyage. Forêts denses, plaines de hautes ▶▶▶

HÉBERGEMENT

Très nombreux *lodges* le long de la route d'accès au parc, de grand luxe *(Taj Sawai Madhopur Lodge, Oberoi Vanyavilas)* ou plus simples. Le *Tiger Den Resort*, le plus proche de l'entrée du parc, est un excellent choix : agréables bungalows ouvrant sur de vastes pelouses, piscine, accueil sympathique ☎ [07462] 25-20-70 www.tigerdenresort.com 5 500 roupies la chambre double avec petit déjeuner.

À NOTER

Les visites de Ranthambore National Park s'effectuent uniquement sous la conduite des guides du parc à bord de bus découverts de 20 places (300 roupies par personne) ou en jeep (5 passagers, 1 700 roupies pour la location du véhicule pour une demi-journée) ; ce dernier mode de transport est nettement préférable : le 4x4 se faufile partout dans la jungle et peut s'arrêter à votre convenance. Les billets d'entrée et de bus s'obtiennent (réservation la veille conseillée pour un départ matinal) au complexe touristique *Vinayaka*, à 5 km de l'entrée du parc ☎ [07462] 22-08-08. Devant le bâtiment, de nombreuses jeeps attendent le client. Tous les hôtels peuvent se charger de ces formalités.

Paysages du Rajasthan

Les balades et légendes le chantent depuis des siècles : il y a deux Rajasthan, celui du désert au nord-ouest, et celui des collines verdoyantes et arrosées au sud-est. Entre les deux, les monts Arawalli, une chaîne qui traverse l'État du nord-est au sud-ouest : longue de 480 kilomètres, elle culmine à 1 772 mètres au mont Abu, la seule station d'altitude du Rajasthan. Ces spécificités ont suscité des activités et des modes de vie propres : au désert, les routes des caravanes et les épopées des chevaliers errants. Au sud-est, les vallées fraîches et verdoyantes, domaine de la douceur de vivre mais aussi de la chasse, l'activité princière par excellence.

Aux confins nord-ouest de l'Inde

Le Rajasthan partage une frontière de plus de 1 000 km avec le Pakistan. Elle traverse le **désert du Thar** *(→ aussi encadré p. 213)*, immense zone aride qui se prolonge au Pakistan et dans l'État du Gujarat au sud du Rajasthan. Ce « Great Indian Desert » est la région la plus dramatiquement sèche de l'Inde. Elle ne reçoit qu'une moyenne de 100 mm de précipitations par an, moins encore par endroits et pas du tout certaines années lorsque la mousson de juillet-août oublie cette partie de l'Inde. Trois villes veillent sur ces étendues, Jaisalmer, Bikaner et Jodhpur.

Marwar et Mewar

Le **Marwar**, au nord-ouest du Rajasthan, est une zone aride très marquée par la proximité du désert : maigres pâturages et steppes semées d'acacias constituent l'ordinaire du paysage. C'est dans cette région, à laquelle appartient le **Shekhawati**, que s'est développée, au XIXe s., une classe de marchands qui ont étendu leurs activités aux grands centres économiques de l'Inde du Nord, Bombay et Calcutta notamment, où ils sont toujours désignés sous le nom de Marwaris, même si leurs familles ont quitté leur région natale depuis plusieurs générations.

Au sud-est de l'État, au-delà des monts Arawalli, s'étend le **Mewar**. C'est le Rajasthan romantique dont la ville emblématique est Udaipur, avec ses palais dissimulés dans la végétation, ses collines boisées, ses lacs et ses cours d'eau affluents de la Chambal. Coulant au sud-est du Rajasthan, cette rivière arrose les anciennes principautés de Bundi et Kota ; la vallée de la Chambal a été aménagée de quatre barrages hydro-électriques, dont le dernier, celui de Kota, sert également à l'irrigation de la région.

Une région pauvre en eau

Hormis les franges irriguées au nord et au sud, le Rajasthan connaît de récurrentes **pénuries d'eau** : selon les autorités, ces difficultés concernent les deux tiers de l'État. Les moussons de ces vingt dernières années ont été catastrophiques, et n'ont pas permis de reconstituer les nappes phréatiques. De fait, la fourniture en eau potable n'est plus assurée quotidiennement dans de nombreuses villes. Dans les campagnes, la précieuse ressource est acheminée par camion ou en train, tandis que la corvée d'eau devient, pour les villageoises, une activité de plus en plus prenante. Beaucoup doivent y consacrer quatre heures par jour. Dans les régions les plus touchées, on assiste régulièrement à des soulèvements de paysans qui exigent des pouvoirs publics que leurs familles et leur bétail soient correctement approvisionnés.

Protéger la nature

Comme partout en Inde, la nature fait au Rajasthan l'objet de l'attention des pouvoirs publics depuis l'indépendance. On y compte plusieurs **parcs naturels**, autant de sanctuaires qui abritent de nombreuses espèces animales : le tigre *(→ encadré p. 167)* dans le **parc de Ranthambore**, au sud-est de l'État, une splendide région de collines et de savanes ; les ours au mont Abu, havre de fraîcheur perché à près de 2 000 m d'altitude et qui domine la frontière avec le Gujarat. On peut également visiter le **parc de Kumbhalgarh**, où se cachent de grands mammifères (ours et léopards), ainsi que le **Desert National Park**, aux environs de Jaisalmer, où subsistent quelques espèces vivant dans les zones arides (antilopes, renards…).

1 Le désert du Thar près du village de Khuri. **2** Villageoises revenant du puits avec leur lourde charge sur la tête. **3** Dans la forêt profonde du parc de Ranthambore, où rôdent encore quelques tigres…

▶▶▶ herbes et lacs composent en effet un paysage luxuriant sorti tout droit du *Livre de la jungle*. Si, en dehors des mois les plus chauds, les possibilités d'apercevoir le grand félin sont assez minces, on pourra néanmoins rencontrer les espèces qui assurent sa subsistance – sangliers, gazelles chinkaras, chitals et sambars (deux espèces de cervidés) – mais aussi, avec un peu de chance, des léopards, des ours, des hyènes et des chacals.

2 Ranthambore Fort*

Accès libre aux voitures de tourisme par la route qui file au-delà de l'entrée du parc national.

Cette place forte aux murs vertigineux est d'origine très ancienne, mais on ne connaît pas la date de sa fondation. Elle fut au XIIIe s la capitale de la dynastie rajpute des Chauhans (Ajmer). C'était alors une ville splendide, couverte de temples et de palais, alimentée en eau par d'immenses réservoirs. En 1301, elle fut prise d'assaut par Ala ud-din Khalji, le sultan de Delhi. Mise à sac et quasi abandonnée, elle fut de nouveau occupée au XVIe s., lorsqu'un clan rajput du Malwar s'y fortifia. Par la suite, les Moghols en confièrent la garde aux souverains de Jaipur. Ranthambore est la seconde plus grande citadelle du Rajasthan après celle de Chittorgarh.

• **L'ascension**. Une montée d'environ 15 mn par des escaliers conduit à l'entrée de la citadelle en passant par quatre portes fortifiées : la deuxième, **Hathi Pol**, est flanquée d'un buste colossal du XIIIe s., la troisième, celle de Ganesha, est coudée pour renforcer la défense du fort. La dernière porte débouche sur un pittoresque passage voûté que l'on suivra à dr. Situé au cœur d'une nature exubérante, Ranthambore pourrait être un amas de ruines envahies par la jungle. Il n'en est rien. On découvre des pelouses fraîchement entretenues (avec l'aide de quelques vaches), des sentiers joliment aménagés qui conduisent à de nombreux monuments bien dégagés par les services archéologiques. Le site comprend un temple de Ganesha particulièrement vénéré par les habitants de la région.

• **Vers le temple de Ganesha**. En suivant les panneaux indiquant la direction de ce temple, vous découvrirez les principaux monuments de cette partie de la ville (l'autre partie reste encore envahie par la jungle) : le ***chhattri* aux 32 colonnes**, dressé au point le plus haut de la citadelle ; plus avant, au-delà d'une esplanade qui servait probablement aux cavalcades royales, s'étire la longue masse sombre du **palais du roi Hamir** (XIIIe s.), flanqué du *zenana* dont ne subsistent que quelques pans de murs. Laissant à g. le palais pour continuer tout droit (restes, à dr. du sentier, d'un palais au portique joliment orné de piliers ouvragés), on parvient bientôt au plus vaste des **réservoirs** de la ville, là où selon la légende se jeta la fille du roi en compagnie de centaines de femmes rajputes alors que les troupes musulmanes avançaient à travers la ville.

Contournez le bassin par la dr., pour rejoindre le **temple de Ganesha**, autour duquel s'ébattent des singes. Ayant rendu hommage au dieu éléphant, à qui une souris dans une cage tient compagnie, vous reviendrez par le même chemin pour prendre à g. en direction du **temple de Kali** *(panneau indicateur)*. Arrivé à ce petit oratoire, prendre à dr. un petit chemin puis à g. à la première intersection : le sentier suit une **rue de la vieille ville** où s'élèvent encore de part et d'autre des pans de murs de maisons et de boutiques ; le départ de rues perpendiculaires est également encore visible. Avant la bifurcation à g., un petit temple toujours en activité est installé dans un édifice construit à la manière d'une maison avec sa cour centrale entourée d'un portique.

▲ Le *chhattri* aux 32 colonnes du fort de Ranthambore.

Le chemin aboutit à un carrefour à dr. duquel se dresse le *chhattri* aux 32 colonnes *(→ ci-dessus)*. Prendre à dr. En surplomb d'un bassin agrémenté de gracieux pavillons, un **mausolée** à coupole abrite la dépouille du général musulman qui enleva la ville. Il repose en compagnie de ses six frères à en croire la légende. Au-delà, un chemin s'aventure jusqu'au bord de la forteresse où subsistent les restes d'une mosquée. Revenir par le même chemin et continuer tout droit au-delà du mausolée musulman.

• **Badra Mahal**. C'est un ensemble de pavillons d'agrément aménagés en bordure du rempart ; de la terrasse, splendide vue sur le paysage et ses lacs ; les crêtes des collines sont piquetées de petits pavillons et de postes de guet. Le Badra Mahal conserve encore quelques traces de sa décoration peinte. Au-delà de ce palais, le sentier retrouve la porte d'entrée de la citadelle.

Chittorgarh★★★

Situation : à 190 km S. d'Ajmer, 164 km S.-O. de Bundi, 321 km S.-O. de Jaipur, 112 km N-E. d'Udaipur.

Alt. 408 m • 96 000 hab.

☎ 01472.

ⓘ Tourist Reception Center, face à la gare ☎ 24-10-89 ; ouv. du lun. au ven. 9 h 30-18 h.

À ne pas manquer

♥ HÔTEL

***Castle Bijaipur*, à Bijaipur ☎ (01472) 27-62-22 ; www.castlebijaipur.com ; ch. double à partir de 4 500 roupies. Au-dessus du village, cette forteresse du XVIe s. aménagée en palais au XVIIIe s. accueille les visiteurs dans d'excellentes conditions de confort. Chambres impeccables donnant sur une véranda, accueil chaleureux et bonne table. Agréable piscine.**

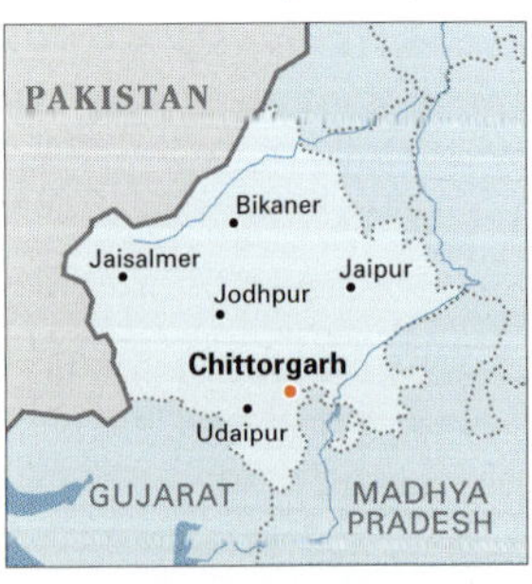

« On ne fait pas Chittor le guide à la main », écrivait Rudyard Kipling au XIXe s. Il est vrai que l'on ne verra pas ici de palais délicieux, de jardins apaisants ou de temples finement ciselés. L'intérêt exceptionnel est ailleurs, dans le site même : une plaine interminable au milieu de laquelle se dresse une imposante plate-forme ovale dominant les environs du haut de ses 150 mètres. Cette terrible masse sombre, c'est Chittorgarh, véritable cité fortifiée dont les pans de murs écroulés racontent la bravoure et la mort. Les chevaliers rajputs *(→ théma p. 84-85)* s'accrochèrent en effet à ces murailles, résistant aux plus terribles assauts. Par trois fois, alors que la ville allait succomber, ils s'élancèrent l'épée à la main dans une dernière sortie sans espoir, au milieu de la masse des assaillants qui devait les engloutir. Pendant ce temps, leurs épouses, leurs mères et leurs filles, restées dans la citadelle, se jetaient vives dans un immense bûcher pour échapper à la souillure de la servitude.

Chittorgarh mode d'emploi

■ Arrivée

Par la route. Grâce à l'autoroute, Chittor est à 90 mn de route d'Udaipur. Des services réguliers de bus permettent de faire l'aller-retour dans la journée (départs toutes les 30 mn environ). La gare routière se trouve en lisière de la vieille ville, en contrebas du fort. Le mieux est alors de prendre un rickshaw que vous conserverez pour la durée de la visite, le plateau sur lequel se dresse le fort étant très étendu.

En train. La gare routière se trouve au S. de la ville, à 6 km environ du fort (rickshaw indispensable). Quatre à cinq liaisons quotidiennes depuis Udaipur (3 h).

S'orienter

La citadelle s'élève sur un plateau s'étirant sur 5 km du N. au S. et dominant la ville qui s'étend à l'O. (vieille ville au pied de la forteresse, ville moderne au-delà de la rivière Gambhiri). Le plateau est loin d'être un désert semé de ruines. La pointe N. est occupée par un village, la partie centrale abrite les monuments les plus importants : on y trouve une cafétéria avec une jolie terrasse au pied de la tour de la Victoire (boisson et snacks).

S'organiser

Pour faire le tour de la citadelle, il est impératif d'être motorisé ; nombreux rickshaws en ville. Ne pas manquer la vue sur l'immense plaine en contrebas depuis le flanc E. de la forteresse. Le dimanche, les familles viennent par centaines pique-niquer sur le site. Ambiance garantie.

Hébergement

Chittorgarh offre des possibilités de logement modestes mais convenables : le ***Pratap*** ☎ 24-00-99 et le ***Meera*** ☎ 24-02-66, tous deux situés à proximité de la gare de chemin de fer. Pour un hôtel de charme, poussez jusqu'à Bijaipur (38 km N.-E. en direction de Kota).

Chittorgarh dans l'histoire

La cité du *jauhar*

La citadelle de Chittor occupe une place particulière dans l'histoire des souverains rajputs du Mewar. Fondé au début du VIIIe s, le fort abrita la capitale de la plus ancienne dynastie du Rajasthan, dont le maharana d'Udaipur est aujourd'hui l'héritier. Pour son malheur, la forteresse occupe une position stratégique commandant le passage entre le Rajasthan et le Deccan ; elle fut donc convoitée par tous les grands conquérants de l'Inde. Par trois fois, les rois du Mewar y furent assiégés ; chaque fois, les femmes du harem se jetèrent dans le feu pour échapper aux assaillants – le terrible rite du *jauhar* –, tandis que les hommes se faisaient massacrer dans un dernier assaut désespéré.

Une place sans cesse assaillie

Ala ud-din Khalji, sultan de Delhi, fut le premier à enlever la place au début du XIVe s. La légende prétend qu'il fut attiré là par la beauté d'une femme (*→ encadré*). Vingt ans plus tard, les Rajputs reprenaient le fort. En 1534, c'est le sultan du Gujarat qui se présenta sous les murs, secondé par des artilleurs portugais. Nouveau *jauhar* – 13 000 femmes

Pour l'amour d'une reine

La beauté de la reine rajpute **Padmini** était si célèbre que sa renommée parvint jusqu'à Ala ud-din Khalji, le maître de Delhi. Brûlant de s'emparer de la belle, le sultan leva une armée et marcha sur Chittorgarh. Devant la résistance farouche des Rajputs, il promit qu'il lèverait le camp s'il pouvait voir les traits de la reine. Le raja accéda à sa requête, mais aux conditions suivantes : Padmini se tiendrait sur la terrasse de l'un des deux pavillons du palais, tandis que le sultan, installé en face sur l'autre terrasse, lui tournerait le dos et n'apercevrait son image que dans un miroir.

Ce qui fut dit fut fait. Mais alors que le raja raccompagnait Ala ud-din Khalji à la porte de la citadelle, ce dernier se saisit du prince par traîtrise et l'emmena dans son camp. Pour le libérer, il demanda Padmini pour rançon. Les défenseurs firent mine d'obtempérer : un cortège de palanquins descendit vers le campement du sultan. Mais à la place de la reine et de ses suivantes, les rideaux dissimulaient des hommes en armes, qui réussirent à libérer leur roi. Un long siège commença alors : à bout de vivres, les défenseurs se sacrifièrent en un ultime assaut. La belle Padmini, elle, préféra se jeter sur le bûcher plutôt que de tomber vivante entre les mains du sultan.

En 1510, les Portugais s'étaient établis à Goa. Pour affermir leur pouvoir, ils s'immiscèrent dans les querelles indiennes, exploitant le principe du « diviser pour régner » *(→ encadré p. 309)*.

périrent – et nouveau massacre des défenseurs. Après avoir repris la place quelques années plus tard, les Rajputs en furent délogés par l'empereur moghol Akbar en personne en 1568-1569. Cette fois, le conquérant décida de raser la ville. Un prince rajput, Udai Singh, parvint néanmoins à s'échapper. Après avoir trouvé refuge dans les monts Arawalli, il fonda une nouvelle capitale, Udaipur. Quant à Chittor, elle sombra dans l'oubli.

Visiter Chittorgarh

Ouv. t.l.j. 8 h-18 h 30 • entrée payante • prévoir un minimum de 4 h pour découvrir l'ensemble du fort.

■ Sept portes

La monumentale rampe d'accès (XVe s.) grimpe en lacet sur le plateau. Elle franchit sept portes sur env. 1 km. La 1re porte, **Padal Pol,** fut le théâtre des combats les plus acharnés lors des sièges successifs. Entre la 2e (Bhairava Pol) et la 3e porte (Hanuman Pol) se trouvent à dr. les ***chhattri*** de deux princes, Jai Mal et Patta, héroïques défenseurs de la ville lors du siège conduit par Akbar, et dont la bravoure est toujours chantée par les bardes du Rajasthan.

▲ Chittorgarh et sa tour de la Victoire, qui s'élève à une hauteur de 37 m.

Les 3e, 4e et 6e portes abritent chacune une petite chapelle dédiée respectivement à Hanuman, Ganesha et Lakshma.

La dernière porte, **Rama Pol★**, est la plus remarquable de toutes avec ses deux puissantes tours octogonales et son décor sculpté (images de Ganesha et de Bhairava, une forme terrible de Shiva ; éléphants). À dr., à l'intérieur, petit temple de Rama, septième avatar de Vishnou.

Passé la dernière porte, tourner à g. pour gagner la zone monumentale L'embranchement de dr. donne accès au village.

■ Shanthinath Temple★★

Dédié au 16e *tirthankara*, ce petit sanctuaire jaïn du milieu du XVe s. est minutieusement décoré de sculptures qui lui ont valu le surnom de Shringar Chauri, le « coffret de bois de santal ».

Derrière se trouve un autre oratoire jaïn légèrement postérieur. Englobé au XVIe s. dans un mur de défense, il fut dégagé par les archéologues après l'indépendance de l'Inde.

■ Kumbha Palace★

Côté dr. de la route, en face du temple précédent.

Ce complexe palatial remonte aux premiers temps de l'occupation du site (VIIIe s.). Agrandi au XIIIe s., il abrita la célèbre reine Padmini. Il fut reconstruit au XVe s. par le roi Kumbha, l'un des grands souverains du Mewar, qui fortifia le fort de Kumbhalgarh (→ p. 238).

On pénètre dans l'enceinte par une **rampe** jadis destinée aux chevaux ; au-delà de la porte immédiatement à g., on voit encore les **stalles** des montures royales. Côté dr. s'étend le ***zenana***, dominé par deux hautes tours dont les étages intérieurs ont disparu.

Au pied de la première tour, parmi les salles du palais dont ne subsistent que les bases des murs, on remarquera le départ d'un escalier. Il conduit à un **passage souterrain** (aujourd'hui muré) qui menait au bassin de Gaumukh *(→ ci-dessous)* ; c'est dans ce tunnel que Padmini se sacrifia par le feu. Face au *zenana*, une tour abritait les appartements royaux. De la terrasse, on découvre une large vue sur les cours – la plus vaste, à l'O., est dotée d'une plate-forme servant aux cérémonies religieuses – et l'ensemble des dépendances du palais.

Au fond se dressent la tour de la Victoire et deux édifices, une tour et un temple, liés au souvenir de Mirabai, la princesse dévote de Krishna. Elle habitait la tour *(à dr., presqu'à l'aplomb de la muraille)* et se rendait chaque jour au temple de Krishna dont le gracieux *shikhara* s'élève à g.

En suivant la route toujours vers le S., on parvient à une vaste esplanade dominée par une tour imposante. Vous laisserez ici votre véhicule (au niveau du rest house *du RTDC) pour partir à la découverte des monuments.*

■ Jaya Stambha*** (Victory Tower)

Possibilité d'y monter (157 marches) • entrée payante.

La **tour de la Victoire** fut élevée de 1448 à 1458 pour commémorer une victoire du maharana Kumbha sur le sultan d'Ujjain en 1440. L'extérieur est magnifiquement ouvragé à l'image d'une colonne de temple : de nombreuses figures de divinité y apparaissent, principalement celle de Vishnou, auquel l'ouvrage est dédié.

Au pied de la tour s'étend une vaste **esplanade** accessible par deux portes monumentales *(à l'E. et au N.)* et dotée de deux plates-formes. C'était en effet le lieu de crémation des membres de la famille royale : la plus grande des plates-formes était réservée aux souverains, l'autre aux épouses royales. C'est là également que fut pratiqué le sacrifice du *jauhar* au moment de la prise de la ville de 1534.

Au S. de l'esplanade se dressait une véritable cité de temples, tous détruits par les Moghols. Seul le temple de Samiddeshwara, dominé par un élégant *shikhara*, a été relevé. ►►►

Mirabai, l'amoureuse de Krishna

Petite fille de Rao Jodha, le fondateur de Jodhpur, Mirabai fut mariée au prince de Chittor alors qu'elle n'était encore qu'une enfant, comme l'exigeait la coutume. Alors qu'elle franchissait les portes de la citadelle, elle serrait contre elle une image de Krishna qu'elle chérissait depuis sa plus tendre enfance. Très vite, elle scandalisa sa belle-famille, affirmant qu'elle n'avait qu'un époux, Krishna, et refusant de sacrifier aux divinités des rois de Chittor. Veuve à 20 ans, elle put laisser libre cours à son amour pour la divinité : on la voyait traverser les rues de la ville, dansant et chantant des hymnes en l'honneur de son dieu bien-aimé.

En butte à l'hostilité de la famille royale, elle s'exila à Vrindavan, la ville sainte de Krishna, où elle se présenta comme la réincarnation d'une *gopi*. Chassée par les prêtres, elle mena une vie errante à travers l'Inde du Nord et mourut sans doute à Dwarka, où Krishna acheva sa vie terrestre. Mirabai a composé des hymnes en l'honneur de Krishna, poèmes dévotionnels où elle chante son amour spirituel et charnel pour son dieu *(→ encadré p. 127)*. Ses poèmes continuent depuis d'être chantés. En 2009, la chanteuse Vandana Vishwas a publié une splendide mise en musique des hymnes de Mirabai.

Vishnou, le dieu sauveur

Le premier grand texte de la tradition vishnouite est la *Bhagavad-Gita*, le « Chant du bienheureux Seigneur », qui fait partie de l'épopée du *Mahabharata*. Tout d'abord Vishnou parle par la bouche du prince Krishna, qui délivre un enseignement de sagesse à son cousin Arjuna. Peu à peu, au fil du dialogue, le dieu se révèle dans toute sa majesté, s'exprimant à la première personne : « Je suis le Seigneur des êtres. [...] Toutes les fois que l'ordre chancelle, que le désordre se dresse. [...] Je m'incarne pour la protection des bons et la perte des méchants, pour le triomphe de l'ordre » (IV, 6-8).

▲ L'un des textes majeurs consacré à Krishna est la *Bhagavad-Gita*. Son cadre est la grande bataille finale qui opposa les cousins ennemis du *Mahabharata*. Krishna s'est incarné dans la personne du cocher d'Arjuna et répond à ses incertitudes. Il lui expose la nécessité de faire la guerre et de tuer des personnes qu'il admire et qu'il aime, en lui opposant son devoir de caste et le nécessaire détachement de l'esprit quant à la rétribution des actes. Finalement, face au doute qui envahit Arjuna, il se révèle à lui comme étant Dieu, l'Absolu.

Les dix avatars dans les *Purana*

La mythologie vishnouite illustre abondamment la fonction protectrice de Vishnou, à travers la liste classique de ses dix « descentes » ou *avataras* : le Poisson (Matsya), la Tortue (Kurma), le Sanglier (Varaha), l'Homme-Lion (Narasimha), le Nain (Vamana), Rama-à-la-hache (Parashurama), Rama, **Krishna**, le Bouddha et Kalki. Si, curieusement, le Bouddha fait partie de la liste, c'est probablement en raison d'une tentative audacieuse et tardive de s'annexer le bouddhisme. Quant à Kalki, il apparaîtra à la fin de ce monde.

Toutes ces figures expriment l'action de Vishnou pour le rétablissement du *dharma*. Un exemple : dans le célèbre mythe du **barattage de la mer de lait**, les dieux et les démons ont décidé de « baratter » ensemble l'océan primordial pour en tirer la liqueur d'immortalité. Ils arrachent à sa base le mont Mandara pour servir de baratton et utilisent comme corde le serpent Vasuki, souverain des espaces souterrains. Mais le mont Mandara, n'ayant pas d'assise, « glisse », et Vishnou, prenant à la demande des dieux la forme d'une tortue géante (Kurma) et plongeant au fond de l'océan, offre l'appui de sa carapace. Le barattage peut alors reprendre et il fait émerger toutes sortes de réalités : le nectar d'immortalité, Lakshmi la déesse auspicieuse, la mousson fécondante, le cheval royal,

▲ **Allongé sur le serpent Shesha (littéralement « le reste » d'un cosmos disparu), Vishnou est inactif, entre deux cycles cosmiques, ou entre deux univers, l'ancien et le nouveau. Rien n'existe encore, tout est à l'état latent. La déesse Lakshmi représente l'énergie divine créatrice. Cette iconographie s'oppose à celle du dieu debout, tenant dans ses mains le disque, la conque, la massue et la fleur de lotus, qui symbolisent respectivement le mental, l'expansion, le pouvoir et la créativité.**

la vache Surabhi, promesse d'abondance, etc. On voit ainsi comment Vishnou permet que la rivalité entre les dieux et les démons devienne une compétition créatrice.

Krishna, enfant dieu

Krishna fit l'objet d'une dévotion particulière dans les marches occidentales de l'Inde. C'est là qu'il acheva sa vie terrestre, roi de **Dwarka**, dans le Gujarat, avant de périr à **Somnath** (Saurashtra). La princesse Mira, qui vécut à Chittor, lui consacra sa vie et chanta son amour dans d'admirables poèmes. Il est aussi la divinité tutélaire des Shekhavats, seigneurs du Shekhawati, qui lui rendent un culte sous la forme de Gopinathji, seigneur des vaches, en mémoire de son adolescence parmi les pasteurs. Le XVIIe s. vit au Rajasthan un essor sans précédent de la *bhakti*, dévotion à Krishna, dont les hauts faits envahissent la littérature et l'image, la peinture. Y. T.-M.

◄ **Les *Purana* consacrés à Krishna insistent sur sa jeunesse et ses aventures amoureuses avec les bouvières, les *gopi*. Jayadeva, poète du XIIIe s., rédigea un long poème en sanscrit, le *Gita Govinda*, relatant ses amours avec l'une d'elles, Radha.**

▲ **Dans le temple de Samiddheshwara, la statue de Shiva, taillée dans un unique bloc de roche, présente la triple effigie du Créateur, du Conservateur et du Destructeur. Une représentation rare que l'on peut voir également dans les grottes d'Elephanta à Bombay.**

▶▶▶ ■ Samiddheshwara Temple*

Ce sanctuaire shivaïte fut construit en 1428 par le maharana Mokal (1421-1433) et relevé par Fateh Singh, maharana d'Udaipur, en 1905. Il est situé à l'emplacement d'un temple plus ancien, probablement du XIe s., auquel appartenait l'idole placée dans la cella *(accessible aux visiteurs)* : une monumentale **statue*** de Shiva.

La **décoration extérieure*** mérite également l'attention, en dépit des destructions iconoclastes des musulmans. On y découvre la succession traditionnelle de registres présentant au-dessus de fleurs de lotus, des frises d'éléphants, de danseuses et de musiciens, puis de divinités dans les parties supérieures. Vous remarquerez sur le flanc N. (le mieux conservé), au niveau de la cella, un curieux attelage tiré par des bœufs qui semblent peiner sous le poids de la charge tandis que le cocher s'est endormi. À l'arrière de la cella *(côté E.)*, voyez également sur la frise des danseuses *(extrémité S.)* la représentation d'un **sati** *(→ encadré p. 62)* : une femme, allongée sur sa couche au-dessus de jarres contenant de l'eau du Gange, se sacrifie sur le bûcher funéraire de son mari ; en arrière-plan, Ganesha, dont la trompe a disparu, apparaît pour lui prêter secours dans ses derniers instants.

■ Gaumukh Kund

Au S. de l'esplanade, quelques marches donnent accès à ce **bassin** sacré alimenté par une source pérenne, la seule de la citadelle, qui se déverse par des conduits en forme de tête de vache. L'endroit attire de nombreux visiteurs qui se faufilent sous la plate-forme, où jaillit la source, pour recueillir et boire l'eau purificatrice.

La route continue vers le S. Avant un virage, elle grimpe brutalement en offrant une vue *(en arrière)* sur la tour de la Victoire et le palais de Kumbha. Au sommet se dresse *(à dr.)* le temple de Kalika Mata.

■ Kalika Mata Temple*

Ce sanctuaire fut érigé au Xᵉ s. en l'honneur du dieu Surya, comme l'atteste l'image du dieu-soleil sculptée au-dessus de la porte. Il fut par la suite consacré à Kali, après une restauration au XVIᵉ s. Le *mandapa* conserve un bel ensemble sculpté, de même que le couloir qui entoure la cella.

■ Padmini's Palace

Plus loin à g.

La reine Padmini, originaire du Cachemire, craignait les fortes chaleurs estivales du Rajasthan. Son roi lui fit construire un élégant pavillon d'été au milieu d'un bassin. C'est de là qu'elle fit admirer sa beauté au sultan Ala ud-din Khalji, qui se tenait dans un pavillon sur la rive *(→ encadré p. 173)* ; des miroirs rappellent l'événement. Le pavillon et ses dépendances ont été considérablement restaurés en 1905.

Le chemin se poursuit vers le S. et coupe vers l'E. avant d'atteindre l'extrémité S. de la forteresse, défendue par un bastion que l'on aperçoit au loin. La route revient ensuite vers le N., en suivant cette fois *(à dr.)* le versant oriental de la muraille. Vous remarquerez quelques vestiges sur la route des remparts, notamment ceux d'un petit temple de Vishnou construit au bord d'un bassin. 500 m plus loin, à g., se dresse un temple shivaïte de la fin du XVᵉ s., dont la tour est en partie écroulée ; puis, à 300 m à dr., on découvre la Suraj Pol, une porte (reconstruite) près d'un oratoire shivaïte, avant d'apercevoir une seconde tour.

■ Kirti Stambha**

La **tour de la Renommée** fut érigée au XIIIᵉ s. par un riche marchand jaïn près du temple de Mahavira. On peut y voir des reliefs représentant des *tirthankara* et quatre grandes sculptures du premier d'entre eux, Adinath.

Jaipur★★★

Situation : à 233 km O. d'Agra, 653 km N.-E. d'Ahmedabad, 138 km N.-E. d'Ajmer, 125 km S.-O. d'Alwar, 316 km S.-E. de Bikaner, 258 km S.-O. de Delhi, 337 km N.-E. de Jodhpur, 403 km N.-E. d'Udaipur.

Alt. 431 m • 4 200 000 hab. (estimation 2010) • Capitale du Rajasthan • Aéroport, université.

☎ 0141.

RTDC, Paryatan Bhavan, Mirza Ismail Rd (MI Rd ; A1) ☎ 511-05-95 ; ouv. t.l.j. 9 h-18 h. • À la gare ferroviaire, platform 3 (A2) ☎ 231-57-14 ; ouv. t.l.j. 7 h-20 h. • À la gare routière ☎ 220-67-20. • À l'aéroport ☎ 272-26-47.

À ne pas manquer

Le musée du City Palace★★★	189
Le palais d'Amber★★★	193
Hawa Mahal★★	187

À NOTER
Jaipur étant une ville touristique, on y trouve de nombreux hôtels de toutes catégories. Liste complète sur le site www.hotelsjaipur.com ; possibilité de réservation en ligne.

Jaipur, la plus célèbre cité du Rajasthan, la ville aux murs rose, est l'étape obligatoire de tout périple dans la région. Rançon de cette notoriété, des cohortes de touristes – étrangers et indiens – explorent les salles d'apparat du palais royal ou grimpent à l'assaut du palais d'Amber, juchés sur des éléphants. Autant dire que dans ces deux lieux le dépaysement n'est pas garanti. Surfaite alors la renommée d'une ville débordée par l'afflux touristique ? C'est oublier que l'Inde a toujours absorbé les étrangers qui se risquaient sur son sol, et que Jaipur n'a rien d'une ville-musée. Pour s'en convaincre, il suffit de se rendre aux cérémonies quotidiennes du temple de Govind Dev, où l'Inde millénaire rend hommage à Krishna, ou bien d'explorer les bazars de la vieille ville. Quant aux quartiers modernes au sud des remparts, les gratte-ciel y poussent comme des champignons, entre centres commerciaux et résidences huppées destinés à la nouvelle classe moyenne indienne.

Jaipur mode d'emploi

Arrivée

En train. Jaipur Railway Station A2 rens. ☎ 131 et 220-45-31 ; bureau de réservation informatisée ouv. 8 h-20 h, dim. 8 h-14 h. Liaisons avec Delhi (4 h 50), Agra (4 h 40), Ajmer (2 h), Abu Road (5 h 30), Ahmedabad (11 h), Bharatpur (3 h), Bikaner (7 h), Jodhpur (5 h 30), Sawai Madhopur (2 h) et Udaipur (7 h 30) ; les temps de parcours indiqués sont ceux des trains les plus rapides.

En bus. Central Bus Stand A1. Liaisons quotidiennes avec Delhi (5 h 30, départ toutes les heures), Agra (5 h), Ajmer (2 h 30), Jaisalmer (15 h), Jodhpur (7 h), Kota (5 h) et Udaipur (10 h).

En avion. Aéroport à 15 km S. de la ville (bus et taxis pour le centre-ville). Liaisons quotidiennes avec Delhi, Udaipur, Agra, Ahmedabad, Bombay, Goa, Bangalore Hyderabad, Calcutta. Jaipur est très bien desservi par plusieurs compagnies.

■ S'orienter

Construite sur un plan en damier, Jaipur est une ville où l'on se repère facilement. Le **carrefour de Badi Chaupar** C2 servira de point de repère ; il est traversé d'E. en O. par l'avenue principale de la ville qui porte le nom de **Tripolia Bazar** vers l'O. et de **Ramganj Bazar** vers l'E. Au N. de Badi Chaupar se trouvent le fameux palais des Vents (Hawa Mahal), l'un des symboles de Jaipur, puis l'entrée des visiteurs du City Palace. C'est à partir de Badi Chaupar que l'on rejoint les principaux bazars *(→ p. 191)*. La plupart des hôtels se trouvent dans la partie moderne de la ville, au S. et à l'O. de la vieille ville.

■ Se déplacer

À pied dans la vieille ville. Pour gagner le fort d'Amber, empruntez un rickshaw ou un taxi (compter env. 200 roupies l'aller simple ; inutile de demander de vous attendre, vous trouverez aisément un véhicule pour rentrer). Si vous prévoyez de visiter Amber et les forts de Jaigarh et Nahalgarh, il est préférable de louer les services d'un taxi pour toute l'excursion. Prix à négocier avant le départ. Deux compagnies proposent en principe des tarifs fixes à leurs clients : ***Pink City Radio Taxi*** ☎ 325-50-00 et ***Shyam Radio Taxi*** ☎ 237-22-22.

■ Combien de temps

Une journée bien remplie suffit pour visiter l'essentiel : le palais d'Amber et le City Palace. Si vous commencez tôt, il vous restera du temps pour explorer un peu les bazars. Jaipur étant une ville où il fait bon flâner, mieux vaut prévoir deux jours ; jour 1 : Amber et les forts de Jaigarh et Nahalgarh, possibilité de terminer la journée par les cénotaphes de Gaitor ; jour 2 : visite du City Palace et du Jantar Mantar, promenade dans la ville, visite de l'Albert Hall.

■ Adresses utiles

Change. Plusieurs banques dans MI Rd AB2, nombreux distributeurs partout dans la ville. Bureaux de change à l'entrée du City Palace, côté Jaleb Chowk C2.

Compagnies aériennes. ***Indian Airlines***, Nehru Palace, Tonk Rd h. pl. par B3 ☎ 274-95-00 • ***Jet Air***, en face du Ganpati Plaza, MI Rd A2 ☎ 255-17-33 • ***Kingfisher***, Church Rd A2 ☎ 272-07-75 • ***Sahara***, Shalimar Complex, Church Rd A2

HÉBERGEMENT

Khandela Haveli, Bhaskar Marg (A1) ☎ 403-60-64 www.khandelahaveli.com ; 22 ch., ch. double à partir de 5 000 roupies. Ouvert en 2009, ce très joli petit établissement a été construit à partir de matériaux provenant d'une *haveli (→ théma p. 244-245)* du Shekhawati. Excellent confort, très bonne table : vous commandez dans la journée le repas que vous souhaitez. Belle terrasse pour dîner. Piscine sur le toit et service sympathique.

♥ HÔTEL

Samode Haveli, Ganga Pol (D1) ☎ 263-24-07 www.samode.com 29 ch., ch. double à partir de 195 € avec petit déjeuner. Un somptueux palais construit au XVIIIe s. par un ministre du maharaja, protégé de l'animation de la ville par des jardins. Magnifique décoration dans le goût rajput. C'est l'hôtel de charme par excellence (peu de chambres et voyageurs individuels seulement). Service attentionné, piscine.

A
B
BIKANER
Bhaskar Marg
Tulsi Marg
Nirvan Marg
Mira Marg
Shiv Marg
Sawai Jai Singh Rd
Kabir Marg
BANI PARK
Kanti Chandra Marg
Gare centrale des bus
Chand Pol
Chand Pol Baz
Sansar Chandra Road
Khajane Walon Ka Rasta
Station Road
Gare ferroviaire
Mirza Ismail (M.I.) Road
Church Rd
Gopi Nath Marg
Jai Mahal
Ajmer Road
AJMER
Ashoka Marg
Raj Mandir
Bhagat Singh Marg
Patel Marg
Lajpat Marg
Mahavir Road
Maharani College
Sardar Patel Marg
Prithviraj Marg
Sarojini Marg
Dass Marg
Jamna Bajaj Road
C-SCHEME
Vivekanand Road
STATUE CIRCLE
Hospital Road
Singh
Hôpit
Bhagwan
RAM BAGH
Ram
Sawai
J. Ne
Rambagh Palace
500 m
1
2
3

Jaipur

C
D
AMBER, DELHI
N
1
2
3
Nahargarh Fort
Ambar Road
Gangaun Bazar
Zorawar Darwaza
Samode Haveli
City Palace
Deorhi Bazar
Ghora Nikas Road
CHHOTI CHAUPAR
Tripolia Bazar
Hawa Mahal
BADI CHAUPAR
Ramganj Bazar
Haldion - ka - Rasta
Suraj Pol Bazar
Surajpol Darwaza
Kishan Pol Bazar
Chaura Rasta
Johari Bazar
Ghat Damaja Bazar
Pahar Ganjka Rasta
Nehru Bazar
Bapu Bazar
Ajmer arwaza
Sanganer Darwaza
Rasta Balaji Ki Kothi
Ram Niwas Garden
Tagore Memorial Theatre
Agra Road
Ghat Darwaza
Zoo
Albert Hall (musée)
Maharaja College
Road
Dungri
Medical College
Moti
Industrial Road
City Palace
1 Ser Deorhi
2 Nakkar-Khana
3 Jaleb Chowk
4 Entrée du musée
5 Mubarak Mahal (musée)
6 Diwan-i-Khas
7 Diwan-i-Am (musée)
8 Chandra Mahal
9 Govind Dev Temple
10 Tripolia Gate
11 Ishwari Lath
12 Jantar Mantar (observatoire)

▲ Après un virage, le palais d'Amber se révèle soudain, comme un rêve surgi d'une légende orientale.

☎ 236-57-41 • *Spice Jet*, à l'aéroport ☎ 511-98-82 • *Indigo*, à l'aéroport ☎ 511-99-91 • *Air France* (agent), Jaipur Tower, MI Rd A2 ☎ 236-93-17.

Compagnies de bus. *De Luxe Buses* ☎ 220-44-45 • *Express Buses* ☎ 220-79-06.

Poste. *General Post Office (GPO)*, MI Rd B2 ☎ 236-87-40 ; ouv. du lun. au ven. 10 h-20 h, sam. 10 h-18 h.

Shopping. *Gem Testing Laboratory*, MI Rd B2 ☎ 256-82-21 ; ouv. du lun. au ven. 10 h-16 h. Pour faire expertiser les pierres que vous avez achetées en cas de litige. Les pierres déposées pour expertise sont remises le lendemain de 16 h à 17 h. Coût : 700 roupies par pierre.

Urgences. *SMS Hospital*, Ram Singh Rd B3 ☎ 256-02-91 • **urgences antirabiques** ☎ 94-14-04-29-08 (portable).

■ Fêtes et manifestations

14 janvier. *Kite Festival* : juchés sur les toits, les habitants font évoluer des milliers de cerfs-volants multicolores.

Février-mars. *Elephant Festival* : en l'honneur de Ganesha, un cortège d'éléphants caparaçonnés traverse la vieille ville, la veille de la pleine lune

♥ SHOPPING

• ***Dwarka***, H-20 Bhagat Singh Marg, C-Scheme (A2) ☎ 236-03-01. Entreprise familiale proposant des bijoux contemporains, plus faciles à porter que les bijoux indiens traditionnels. La maison travaille l'or, l'argent et le bois. Prix fixes, bijoux fantaisie très abordables.

• ***Fabindia***, B-4E, Prithviraj Rd, C-Scheme (B3) ☎ 401-52-79. Très belle collection de cotons imprimés, vêtements, mais aussi tissu au mètre. La boutique présente également une ligne de linge de bain ainsi que des produits cosmétiques naturels.

du mois de Chaitra. Prochaines éditions : **2011**, 19 mars ; **2012**, 7 mars ; **2013**, 26 mars ; **2014**, 16 mars ; **2015**, 5 mars.

Avril-mai. *Gangaur* : la fête se clôt par une immense procession à travers la ville, derrière la statue de Gauri, une incarnation de Parvati, accompagnée d'un cortège d'éléphants caparaçonnés et de chameaux. Prochaines éditions : **2011**, 6-7 avr. ; **2012**, 25-26 mars ; **2013**, 13-14 avr. ; **2014**, 2-3 avr. ; **2015**, 22-23 avr.

Juillet-août. *Teej* : pour célébrer l'arrivée de la mousson, cortège d'éléphants et de chameaux à travers la ville. Prochaines éditions : **2011**, 2-3 août ; **2012**, 22-23 juil. ; **2013**, 9-10 juil. ; **2014**, 30-31 juil. ; **2015**, 17-18 août.

☞ CONSEIL
La réputation de Jaipur en matière de pierres précieuses a fait se multiplier bijoutiers et revendeurs dans la ville. Avant d'acquérir le bijou de vos rêves, il faut revenir aux réalités. Le prix des diamants et des pierres précieuses est fixé par un cours international. Il n'y a donc aucune raison de croire que l'on fera ici des affaires extraordinaires. La modeste différence de prix avec le marché européen s'explique essentiellement par le montant des taxes. L'intérêt est de trouver des bijoux originaux, façonnés dans la tradition indienne – parfois difficile à assumer une fois rentré en Occident – ou par des créateurs contemporains. Un bijou ne s'achète jamais au coin d'une rue ou dans une boutique vers laquelle vous a poussé quelque rabatteur (qui prendra toujours son pourcentage au passage). Il est impératif de s'adresser à des spécialistes reconnus par exemple *Gem Palace*, MI Rd (AB2) ☎ 237-41-75, maison fondée en 1852 et qui est une référence en ce domaine (prix élevés, pas de marchandage possible).

Jaipur dans l'histoire

Un repaire de guerriers

Vers le XIIe s., le chef du clan rajput des Kachhwahas s'établit dans la plus formidable position stratégique de la région : un véritable nid d'aigle, le fort de Jaigarh, qui contrôle l'étroite gorge d'Amber, point de passage obligé entre Delhi et le Rajasthan. Vers le sud, on surplombe de là l'immense plaine poudreuse où s'étalera plus tard la ville rose. Incessantes batailles contre d'autres clans rajputs (→ *théma p. 84-85*), résistance acharnée contre les envahisseurs musulmans venus de Delhi ou des hauteurs de l'Afghanistan, l'histoire des premiers siècles d'Amber est une succession de faits d'armes. Réalité, légende ? De quoi en tout cas se forger une solide réputation de braves.

Histoires de pierres

Koh i Noor, Orlov, Régent... L'Inde a fourni aux couronnes européennes les **diamants** les plus mythiques de l'histoire. Productrice à l'époque des Grands Moghols (le Français Jean-Baptiste Tavernier décrit au XVIIe s. les fabuleuses mines de Golconde en Andhra Pradesh), elle reste aujourd'hui le principal centre de taille et de polissage de diamants venus d'Afrique du Sud, du Brésil ou de Russie : l'industrie du diamant et des pierres précieuses représente près de 20 % de la valeur des exportations indiennes. Une industrie fondée sur le travail de modestes artisans qui, au fond de leur atelier, taillent pour les négociants les diamants ou les émeraudes moyennant un revenu d'une centaine de roupies par jour. L'industrie de la pierre précieuse est encadrée par la Gem and Jewellery Export Promotion Council (GJPEC), présente à Bombay, Delhi et Jaipur. Cette dernière continue de s'affirmer comme l'une des premières places du négoce des pierres précieuses en Inde. On y trouve également le Gem Testing Laboratory, qui a la double mission de contrôler la qualité des pierres et de former les artisans.

Au service des Grands Moghols

En 1526, le premier empereur moghol, Babur, se rend maître de Delhi. Plutôt que d'affronter cet adversaire redoutable, le maître d'Amber décide de se mettre à son service, l'année suivante, il commande une troupe au service de l'empereur. Des liens matrimoniaux se tissent. Man Singh Ier (r. 1589-1614) est l'un des conseillers d'Akbar, et conduit pour lui des expéditions dans l'Orissa, l'Assam et jusqu'à Kaboul, dont il devient le gouverneur. Sûr désormais de l'alliance moghole contre ses frères ennemis rajputs, Man Singh abandonne la forteresse de Jaigarh pour construire un palais en contrebas ; c'est l'origine du complexe palatial d'Amber. Ses successeurs continueront de servir fidèlement le trône impérial jusqu'à Aurangzeb, le dernier des Grands Moghols.

Un prince astronome

À l'avènement du maharaja Jai Singh II (r. 1699-1743), le royaume d'Amber est prospère et en paix grâce à la protection impériale. Mais la modeste bourgade au pied du palais d'Amber, coincée au fond de la gorge, devient vite trop exiguë pour abriter commerçants et artisans qui affluent. En 1727, Jai Singh II décide la fondation d'une ville nouvelle, dans la plaine cette fois : Jaipur, la première cité indienne construite d'un seul élan, selon un plan raisonné. En effet, le roi est un esprit curieux et érudit, qui attire auprès de lui des savants de toute l'Inde ; passionné d'astronomie, ne fait-il pas construire cinq observatoires dans la plaine du Gange, à Jaipur, Delhi, Ujjain, Bénarès et Mathura (ce dernier a disparu) ?

Ville nouvelle, urbanisme sacré

Jai Singh II confie donc les plans de la nouvelle cité à un prêtre bengali, Vydhiadara, maître de tous les secrets de l'architecture sacrée. Ainsi la ville est-elle divisée en neuf quartiers, soit le nombre traditionnel des planètes dans l'astronomie hindoue. Dans cette cité débordante d'activité, il faut aussi faciliter la circulation des hommes et des marchandises. On perce de larges avenues se coupant à angle droit, délimitant autant de quartiers dont chacun est réservé à un commerce ou à un artisanat particulier. Les travaux sont rondement menés ; en 1733, le prince fait son entrée solennelle dans sa ville où, déjà, les premières échoppes ont ouvert leurs portes.

La ville rose

Quarante ans plus tard, la cité suscite l'admiration des Européens qui la découvrent. « La ville de Jaipur est la plus belle de l'Hindoustan », s'écrie un voyageur français en 1776. Elle n'est pourtant pas encore la ville rose des dépliants touristiques. Elle ne sera peinte dans cette couleur qu'en 1876, lors de la visite en Inde du prince de Galles. Depuis lors, les propriétaires sont tenus d'entretenir régulièrement le revêtement de leurs demeures sous peine de fortes amendes.

Au service des Anglais, puis de l'Inde indépendante

Maintenant leurs positions entre les Moghols, sur le déclin, les Jats de Bharatpur (→ *encadré p. 388*) et les Marathes, alors au faîte de leur puissance, les descendants de Jai Singh II sont néanmoins contraints de se placer sous la protection des Anglais par un traité signé en 1818. Ils restent loyaux pendant la révolte des Cipayes (→ *encadré p. 365*), en 1857. Deux ans après la proclamation de l'indépendance de l'Inde (1947), l'État princier de Jaipur est incorporé à l'État du Rajasthan, au sein de l'Union indienne. Les anciens maharajas n'en continuent pas moins de servir leur pays, comme Man Singh II († 1970), le dernier souverain ayant régné sur l'État de Jaipur, qui fut ambassadeur de l'Inde indépendante à Madrid, ou l'actuel maharaja Bhawani Singh, qui a derrière lui une longue carrière politique.

1 La ville de Jaipur★★

Combien de temps. Prévoir au minimum 4 h pour la visite du palais des Vents (Hawa Mahal) et du complexe du City Palace. Possibilité de prolonger la visite par une promenade dans les bazars de la ville et la découverte de l'Albert Hall ; compter alors une journée.

Se déplacer. À pied uniquement. Si vous résidez en dehors du centre-ville, le mieux est de vous faire conduire tout d'abord à Badi Chaupar C2, à proximité du palais des Vents.

S'organiser. Commencer la visite par le palais des Vents (meilleur éclairage pour les photos le matin) puis, avant d'entrer dans la partie musée du City Palace, ne pas manquer l'impressionnante cérémonie quotidienne qui se déroule à 10 h 30 au temple de Govind Dev C1. Possibilité de déjeuner agréablement au restaurant du City Palace (terrasse).

■ Hawa Mahal★★ C2

Accès par Tripolia Bazar • ouv. t.l.j. sf ven. 9 h-16 h 30 • entrée payante.

Séduisante fantaisie architecturale réalisée en 1799 sous le règne de Pratap Singh, le Hawa Mahal (palais des Vents) dresse du côté du Deorhi Bazar une haute façade rose bosselée de loges saillantes

◄ **La façade du Hawa Mahal du côté de Deorhi Bazar. Sur les cinq étages, de petites ouvertures en forme d'alvéoles permettaient aux femmes de contempler le spectacle de la rue et des manifestations publiques à l'abri des regards indiscrets.**

Tous contre les Marathes

Lorsqu'on atterrit à Bombay, on débarque à l'aéroport Chatrapati Shivaji. C'est le nom du roi des Marathes qui, jusqu'à sa mort en 1680, défia le pouvoir des Moghols et fonda un immense empire en Inde centrale, de Bombay aux portes de Madras. Il entraînait avec lui les populations du centre de l'Inde, oublieuses des distinctions de castes mais unies par une langue et des traditions communes. Son fils et successeur fut moins heureux : prisonnier des Moghols, il finit découpé en petits morceaux à Delhi. Cette défaite n'entama pas la détermination des Marathes, qui livrèrent une incessante guérilla contre le pouvoir moghol. Au début du XVIIIe s., sous la conduite de Premiers ministres, les Peshwas, dont la fonction était héréditaire, l'empire de Shivaji fut peu à peu reconstitué et, à partir de 1780, les Marathes s'affichèrent comme les véritables maîtres de Delhi. La confrontation avec les Britanniques devint inévitable. Trois guerres successives opposèrent les Tuniques rouges et les armées marathes, puissamment armées et commandées par des mercenaires européens, parmi lesquels le Savoyard Benoît de Boigne. Elles se soldèrent par la victoire des Britanniques en 1818, et l'annexion de l'Empire marathe aux territoires de la Couronne.

couvertes de demi-dômes et ouvrant sur la rue par des fenêtres à écrans de pierre ajourée. L'intérieur de l'édifice abrite une petite collection d'art et d'artisanat.

■ City Palace* (partie publique) C1

Entrée par Deorhi Bazar • accès libre.

L'ensemble des bâtiments du complexe royal occupe deux des neuf quartiers de la ville du XVIIIe s. Une partie seulement, le cœur des palais, est transformée en musée *(→ ci-contre)*. Les vastes esplanades qui l'entourent sont ouvertes au public. C'est dans ce périmètre que se trouve également le célèbre observatoire de Jai Singh II. On entre dans le complexe par **Ser Deorhi** (→ plan n° 1), une porte monumentale faisant face à l'est. Le bâtiment à dr. après la porte abritait les chariots tirés par des éléphants, ce qui explique les dimensions imposantes des porches d'accès. Une 2e porte, **Nakkar-Khana** (2), ouvre dans l'axe ; elle est surmontée d'une galerie qui faisait office d'estrade pour les musiciens accueillant les invités de marque du souverain. On pénètre ensuite dans l'immense **Jaleb Chowk** (3), une cour bordée d'édifices où logeaient les serviteurs du palais. Cette esplanade servait à la revue des troupes et de lieu de rassemblement pour les grandes processions.

■ Govind Dev Temple* C1 (9)

Accès par un passage couvert à dr. de Jaleb Chowk, puis à g. à env. 200 m.

Ce temple dédié à Krishna est sans conteste le plus populaire et le plus vénéré de Jaipur. La statue qu'il abrite provient de Vrindavan, la ville sainte où vécut le dieu. Au XVIIIe s., elle fut transportée à Jaipur par Jai Singh II, le maharaja obéissant à un ordre que la divinité lui aurait envoyé durant son sommeil.

Le temple lui-même fut construit à la fin du XIXe s. par Madho Singh II. De considérables travaux s'y sont achevés en juillet 2009. Depuis la construction de l'édifice, l'immense hall – 5 000 fidèles peuvent y prendre place pour vénérer Krishna – était encombré d'une forêt de piliers destinés à soutenir la toiture. Pour offrir une meilleure visibilité, il a été décidé d'abattre les piliers et de remplacer la toiture par une seule dalle de béton de 36 m sur 38. Une véritable prouesse technologique (c'est la plus grande dalle de cette portée au monde), qui fut inaugurée dans la liesse.

La cella abritant la statue de Radha et Krishna est d'ordinaire dissimulée derrière une porte. Elle est cependant présentée à la population plusieurs fois par jour, revêtue à chaque fois de parures

Le polo, sport des princes

Le polo reste en Inde le sport des princes. Tragique illustration : c'est au cours d'une partie de polo que le jeune héritier de la dynastie de Jodhpur a été victime d'une terrible chute qui l'a laissé invalide. Le polo est apparu, semble-t-il, il y a plus de 25 siècles chez les peuples nomades d'Asie centrale. Ce jeu de balle et de maillets tenus par des compétiteurs à cheval se pratique au VIe s. av. notre ère à la cour de Darius, le roi de Perse. Puis il gagna la Chine vers le VIIe s., où il prit le nom de *pulu* ; on le connaît également dans l'Empire byzantin. Au XIIIe s., Gengis Khan l'importe en Afghanistan. De là, il pénètre en Inde au XVIe s. avec les Grands Moghols. Sport royal, il fournit un thème de choix pour les miniaturistes de la cour impériale. Il disparaît pratiquement complètement du territoire indien avec l'affaiblissement des Grands Moghols au XVIIe s. En 1854, des officiers britanniques le découvrent dans les confins birmans et s'en emparent immédiatement. La première compétition officielle de polo se dispute dix ans plus tard en Angleterre entre officiers de cavalerie. C'est avec eux que ce sport réapparaîtra en Inde.

différentes. Bien avant l'ouverture de la porte, la foule commence à s'amasser sagement dans le hall. Puis, quand approche l'heure du *darshan*, les fidèles commencent à se presser devant les grilles afin d'être au plus près de leur dieu. Quand enfin s'ouvre la porte, une grande clameur s'élève tandis que des centaines de bras se lèvent. S'en suit l'explosion des hymnes chantés à tue-tête pendant que le prêtre fait l'offrande du feu au couple divin. Une telle cérémonie se tient tous les jours à 10 h 30 (d'autres ont lieu avant le lever du soleil, en fin de journée, puis après le crépuscule). Un moment inoubliable durant lequel on touche du doigt la ferveur religieuse indienne.

Musée du City Palace***

Accès : une entrée sur Jaleb Chowk, une autre au S. (accès par un passage à g. de Jaleb Chowk, à proximité du Jantar Mantar) • ouv. t.l.j. 9 h-17 h • entrée payante incluant le prêt d'un audioguide (pièce d'identité à laisser en caution) et le droit d'utilisation d'un appareil photo ; billet valable aussi pour la vis. du fort de Jaigarh (→ p. 196) • cafétéria.

La visite présentée ci-après commence du côté de l'entrée S. La première porte donne accès à une vaste cour aménagée par un successeur de Jai Singh II.

• **Mubarak Mahal*** (5). Ce gracieux pavillon qui se dresse au milieu de cette cour fut érigé par Madho Singh II (r. 1882-1922) dans un style qui conjugue influences indiennes, musulmanes et européennes. Il était destiné à recevoir les hôtes de marque. L'intérieur abrite une **collection de vêtements et de textiles**. On y verra la tunique gigantesque de Madho Singh Ier (r. 1750-1767). Sont exposées également les tenues de polo de Man Singh II (r. 1922-1949), qui fut un champion de la discipline, ainsi que celle Ram Singh II (r. 1835-1880), qui introduisit ce sport à Jaipur.

• **Sileh Khana**. Accessibles par un escalier prenant à g. de Rajendra Pol, par où se poursuit la visite, ces salles au premier étage présentent une importante **collection d'armes** : poignards et coutelas, épées (certaines ayant appartenu à Jai Singh II ou à Shah Jahan, le bâtisseur du Taj Mahal), boucliers et armures qui retiennent l'attention d'une foule essentiellement masculine tandis que les dames préfèrent lever les yeux pour admirer les plafonds peints où de gracieuses danseuses évoluent parmi les entrelacs de fleurs.

La visite se poursuit en franchissant **Rajendra Pol**, gardée par deux éléphants monolithes particulièrement photogéniques.

À NOTER
Une partie des appartements privés du City Palace est également ouverte à la visite (environ 45 mn) sous la conduite d'un guide, au prix prohibitif de 2 500 roupies par personne (rafraîchissement offert). Billets en vente sous Rajendra Pol, à l'intérieur du musée.

▲ **Promenade dépaysante dans la vieille ville de Jaipur.**

• **Diwan-i-Khas** (6, au centre de la cour suivante). Ce pavillon de grès rose rehaussé de peintures imitant le marbre fut construit au XVIIIe s., puis redécoré à la fin du XIXe s. avec notamment l'ajout de lustres en cristal de Bohême. On peut y voir deux énormes **jarres** d'argent fabriquées pour le voyage qu'accomplit Madho Singh II à Londres en 1902. Ce pieux souverain tenait en effet à emporter de l'eau sacrée du Gange pour ses ablutions. Chacune de ces jarres, d'un poids de 345 kg, a une contenance d'environ 4 000 litres.

• **Durbar Hall** (Sabha Niwas, à dr. de la cour). Le souverain donnait ses audiences officielles dans cette immense salle entourée d'un portique. Elle abrite aujourd'hui des **portraits** de souverains de Jaipur et des **photographies** de grandes réceptions, notamment celle donnée par lord et lady Mountbatten en 1947.

• **Pital Niwas**★★ (à g. de la cour). La **porte de Krishna**, décorée de scènes peintes relatant des épisodes de la vie du dieu, donne accès à cette cour dominée par le **Chandra Mahal** (8), le palais de la Lune, en marbre blanc. L'ensemble comporte sept étages rythmés de gracieuses galeries et de clochetons. Ils sont occupés par l'actuel maharaja. Lorsqu'il séjourne dans son palais, le drapeau de Jaipur aux cinq couleurs est hissé au sommet. La cour est percée de quatre **portes** finement ouvragées, symbolisant chacune une saison de l'année : le paon pour la mousson, la fleur de lotus pour l'été, la rose pour l'hiver et la couleur verte pour le printemps. C'est l'endroit le plus séduisant de l'ensemble.

■ Jantar Mantar★★ C2 (12)

Ouv. t.l.j. 9 h-16 h 30 • entrée payante.

Comme il l'avait fait en 1724 à Delhi et le fit plus tard à Mathura (cet observatoire a disparu), Bénarès et Ujjain, le maharaja Jai Singh II, qui avait entrepris de réviser le calendrier hindou, fit bâtir cet observatoire astronomique dans les années 1728-1733. Il est composé d'instruments colossaux élevés pour la plupart en appareils maçonnés recouverts de stuc. Leur usage reste mystérieux pour les profanes (des panneaux permettent néanmoins de les identifier), mais ils dessinent d'étranges formes géométriques que l'on croirait réalisées par des sculpteurs contemporains.

À travers la vieille ville

Revenu à Badi Chaupar, vous pourrez explorer à g. **Ramganj Bazar** CD2, le coin des marchands de chaussures, si vous souhaitez trouver les babouches traditionnelles de Jaipur, noires et brodées.

À dr., **Tripolia Bazar** C2 est quant à lui spécialisé dans les ustensiles de cuisine ; on y trouve également quelques marchands d'épices. À 400 m env. à dr., Tripolia Gate est l'entrée du palais réservée à l'usage exclusif du maharaja et à ses invités de marque.

En poursuivant dans la même direction, vous aboutirez à **Chhoti Chaupar** C1-2, l'autre principal carrefour de la vieille ville. Il est dominé par une haute tour octogonale, **Ishwari Lath** (11), qui commémore l'accession au trône d'Ishwari Singh, fils aîné de Jai Singh II. Là, vous pourrez commencer votre périple à travers les bazars en prenant, à g., **Kishan Pol Bazar** C2, puis en tournant à g. dans l'une des ruelles qui rejoint Chaura Rasta, que vous traverserez pour gagner, par d'autres petites ruelles, **Johari Bazar** C2, le domaine des cotonnades. Les bijoutiers sont regroupés dans **Haldion-ka-Rasta** C2, une ruelle perpendiculaire plus au N. En descendant Johari Bazar vers le S., on atteint rapidement le rempart de la ville ; au pied des murs, les marchés de

Principaux instruments d'observation astronomique

- Le **Ram Yantra** *(dans le prolongement de l'entrée)* est une double structure circulaire composée de 12 piliers et de 12 dalles horizontales gradués. Il permet de calculer les distances des azimuts et des planètes par rapport à la Terre, par lecture directe.
- Le **Kapali Yantra** *(de l'entrée, à dr. de l'allée)* est composé de deux hémisphères de marbre placés sur une plateforme. Celui de l'O. *(le plus proche de l'entrée)* ne sert qu'à vérifier les calculs, l'instrument d'observation étant celui de l'E. Son rebord gradué représente l'horizon et le fond la sphère céleste. L'instrument permet de définir l'heure solaire et l'ascendant des planètes.
- Le **Laghu Samrat Yantra** *(à g.)* est un cadran solaire constitué d'un gnomon à escalier (l'inclinaison de 27° correspond à la latitude de Jaipur) : cette aiguille monumentale projette son ombre sur les deux cadrans qui le flanquent.
- Le **Narivalaya Yantra** *(à g.)* est un double cadran solaire, l'un au N., utilisé entre mars et sept., l'autre au S., servant l'autre moitié de l'année. Les graduations donnent une précision à la minute.
- Le **Yantra Raj** *(en arrière du précédent)* est un astrolabe monumental. L'orifice central marque l'emplacement de l'étoile polaire.
- L'**Unnatansha Yantra** *(en arrière du précédent)* est un gigantesque disque de métal gradué sur 360°, suspendu à un cadre maçonné et susceptible de tourner sur lui-même. Il permet de calculer la position des astres.
- Le **Jai Prakash Yantra** se compose de deux hémisphères en marbre représentant la voûte céleste inversée. À l'intérieur, des dalles graduées servent chacune pour une heure de temps d'observation. Elles sont disposées en alternance d'un hémisphère à l'autre. L'instrument peut également être utilisé de nuit.
- Les **Rashi Yantras** *(en arrière du précédent)* forment un ensemble de douze structures représentant chacune un signe du zodiaque.
- Le **Bhrihat Samrat Yantra** *(au fond du complexe)* domine l'ensemble. C'est un gigantesque cadran solaire dont le gnomon culmine à 27 m. En projetant son ombre sur les cadrans latéraux, il permet de déterminer l'heure à deux secondes près.

Bapu Bazar et de **Nehru Bazar** C2 exposent leurs spécialités de cotonnades imprimées au tampon.

■ Albert Hall C2

Ouv. 9 h 45-18 h, f. lun. • entrée payante.

Le projet de créer un **musée** qui rendrait compte de l'histoire, mais aussi de l'art industriel, de l'éducation et de l'économie fut décidé par Ram Singh II, et la première pierre fut posée en 1876 par le prince de Galles, le futur Édouard VII. L'imposant édifice fut inauguré en 1887. Il se dresse au bout d'une majestueuse avenue qui descend de la vieille ville à travers les vastes **jardins de Ram Niwas**, dont les parterres et l'ombre sont appréciés des habitants de Jaipur à l'heure de la sieste.

En partie hindoue, en partie musulmane, la construction intègre quelques emprunts à la période victorienne, avec notamment les globes de fer qui pendent au bout de lampadaires en fer forgé ou encore les aménagements intérieurs. Les tourniquets d'entrée en fer forgé sont également d'époque et proviennent d'une fonderie londonienne. À l'extérieur, les murs sont ornés de reproductions de chefs-d'œuvre des grandes civilisations : archers de Suse (exposés au Louvre), fresques égyptiennes, peintures chinoises et japonaises, panneau provenant du cycle de la *Vie de saint François* que Giotto réalisa à Assise.

• Le **pavillon** en avant du bâtiment principal renferme quelques **tapis persans**, notamment un splendide **tapis**** en coton, laine et soie reproduisant un jardin de style moghol *(chahar bagh)* : on y voit les parterres plantés d'arbres et de fleurs multicolores, entre lesquels coulent les petits canaux d'irrigation où s'ébattent des poissons. Réalisé en Perse en 1632, c'est le plus ancien tapis connu de ce type, et l'un des plus grands tapis-jardin au monde (9,23 m sur 3,75 m).

• Le **rez-de-chaussée** abrite de l'**artisanat indien** du XIXe s. et, dans la galerie latérale, une jolie collection de **sculptures** : buste de Shiva du VIIIe s. provenant de la région d'Udaipur, opulente Yakshi du IVe s. de style gupta, Bouddha et *bodhisattva* du IVe s. témoignant de l'art gréco-indien qui s'épanouit en Afghanistan à la suite de la conquête d'Alexandre le Grand. La partie centrale est consacrée aux civilisations du monde : la partie égyptienne conserve une momie de Basse Époque, qui continue de fasciner les hindous adeptes de la crémation.

• Le **1er étage** présente d'autres collections d'**artisanat.** Dans la partie centrale de cet étage, on peut voir une importante collection de **miniatures**.

2 Amber***

Situation : 8 km N. de Jaipur h. pl. par D1

Pendant près de trois siècles, les murs du palais d'Amber, désormais fraîchement repeints dans un style un peu bollywoodien, ont abrité la vie d'une des cours les plus fastueuses du Rajasthan : audiences solennelles données sous des pavillons de marbre incrustés de miroirs qui reflétaient à l'infini l'image du maître des lieux, nuits de délices sur les terrasses au clair de lune, intrigues et trahisons suivies passionnément par les dizaines de femmes du harem, le trésor le mieux gardé du palais. Au-dessus d'Amber se dresse en vigie le fort de Jaigarh, plus rude, plus militaire : c'est là que les premiers souverains s'accrochèrent en arrivant dans la région. Quant au

▲ Le Jal Mahal, palais d'été des maharajas de Jaipur sur le lac Sagar.

fort de Nahalgarh, c'est en fait un simple pavillon de plaisance dominant joliment Jaipur depuis le XIXe s.

Y aller. Depuis la ville, le plus simple est d'emprunter un rickshaw. Inutile de lui demander d'attendre, vous en trouverez sans problème un autre pour le retour.

Combien de temps. Prévoir un minimum de 3 h pour la visite du palais d'Amber. Si vous envisagez de visiter ensuite Jaigarh et Nahalgarh, prévoir 3 h de plus. Au fort de Nahalgarh, un agréable restaurant permet de déjeuner en terrasse, avec vue sur Jaipur en contrebas.

De Jaipur à Amber

En quittant Jaipur par la route d'Amber D1, vous passerez devant les ***chhattri*** des maharanis *(1,5 km)*, cénotaphes en forme de kiosques des épouses des maharajas de Jaipur ; pour ne pas survivre à leur époux, plusieurs d'entre elles accomplirent le sacrifice de la sati *(→ encadré p. 69)* en se jetant sur un bûcher allumé en ce lieu. Un peu plus loin à dr., au milieu d'un lac, vous apercevrez le **Jal Mahal**, conçu au XVIIIe s. dans le style indo-musulman *(pas de vis.)*. La route pénètre à l'intérieur de l'immense enceinte urbaine d'Amber en franchissant **Ghati Darwaza**, la porte de la Passe. Juste avant cette porte, vous aurez laissé à g. la route qui grimpe aux forts de Jaigarh et Nahalgarh. Vous découvrirez alors, échelonnés à flanc de colline, le fort de Jaigarh, le palais d'Amber et le village, modeste agglomération au fond d'une cuvette. Puis la route descend vers le point de départ de la rampe qui monte au palais.

Amber Palace

Accès : à pied (env. 400 m, montée facile) ou à dos d'éléphant (→ ci-après) • ouv. t.l.j. 8 h-18 h • entrée payante ; guichet situé dans Jaleb Chowk, la 1re cour du palais • possibilité de louer un audioguide (100 roupies) remis avec un plan du palais.

• **Au pied du palais**. Près d'un vaste lac artificiel où se reflètent, lorsqu'il est en eau, les façades du palais, s'étend un splendide **jardin** de type moghol, agrémenté d'élégants pavillons. Il a fait l'objet d'une complète réhabilitation. Si l'on a choisi de monter à pied au palais, on le traversera pour gagner la rampe d'accès.

• **Jaleb Chowk**. En franchissant **Suraj Pol**, la porte du Soleil, on pénètre sur cette vaste esplanade entourée de bâtiments qui servaient autrefois de casernes, d'écuries et de logis au personnel du palais. C'est ici que l'on descend d'éléphant. Côté g., un escalier monte vers **Singh Pol** qui donne accès au complexe du palais. En contrebas de cette porte à dr., un petit **temple de Kali*** *(se déchausser en entrant, et laisser à l'extérieur tout article de cuir et les appareils photo ; brève cérémonie tous les jours à 11 h)* abrite une statue de la terrible déesse de la Destruction et de la Mort, amenée, dit-on, du Bengale par Man Singh Ier (r. 1589-1614). Ce sanctuaire, temple familial de la dynastie, fut rénové par Man Singh II, le dernier maharaja ayant régné sur l'État de Jaipur (1922-1949).

• **Diwan-i-Am***. Ce hall des audiences publiques installé sur le rebord de la terrasse donnant sur Jaleb Chowk est un vaste bâtiment construit sous Jai Singh Ier (1621-1667). Il comporte une salle centrale à piliers de marbre gris entourée de galeries à deux rangées de colonnes de grès rouge. Dans son ensemble, l'édifice puise son inspiration dans le style des premières constructions mogholes. Le goût indien pour le foisonnement de la nature y a ajouté, sous l'auvent par exemple, des têtes d'éléphants ou des fleurs de lotus. Dans l'angle g. de la cour *(en diagonale par rapport à la porte par laquelle vous êtes entré)* se trouve un **hammam** avec sa succession de salles ; la dernière, dotée d'une vaste baignoire, est aménagée dans un bastion en surplomb de la muraille.

• **Ganesh Pol***. Cette porte monumentale donne accès à la partie privée du palais. Elle fut bâtie en 1639 par Jai Singh Ier. Du côté de la cour du Diwan-i-Am, elle présente une harmonieuse façade à étages d'arcades, ouvertes au rez-de-chaussée de part et d'autre de la porte, mais masquées au premier étage par des écrans de marbre qui permettaient aux femmes du harem de suivre les cérémonies à l'abri des regards. La porte est surmontée d'un pavillon et de deux kiosques. Au centre de la façade, des **peintures** du XVIIIe s. montrent le dieu Ganesha. La porte donne sur un beau jardin à la moghole replanté comme au temps des maha-

À NOTER
La plate-forme où l'on est hissé (par 2) sur le dos des éléphants grimpant jusqu'au palais se trouve au pied de la rampe, à g. de la route en venant de Jaipur, au-delà du parc de stationnement. L'ascension (env. 10 mn) coûte 570 roupies par éléphant.

BON À SAVOIR
Un son et lumière de 1 h env. est donné tous les soirs à 19 h 30 au palais d'Amber (200 roupies). Les spectateurs sont installés dans les jardins au pied du palais. Spectacle en anglais.

▲ Pour beaucoup de touristes, monter au palais à dos d'éléphant est le *must* d'une visite à Amber.

▶ À l'intérieur du Diwan-i-Khas.

rajas ; sur ce jardin donnent le Diwan-i-Khas *(à g.)* et le Sukh Mandir *(à dr.)*.

• **Diwan-i-Khas**** *(f. au public mais visible de l'extérieur)*. Ce hall des audiences privées fut élevé au XVIIe s. par Jai Singh Ier. Il est formé de plusieurs salles et d'une **véranda** ornées de mosaïques de verres colorés, de miroirs, de motifs en plâtre sculpté, de panneaux d'albâtre avec incrustations de marbre et de pâte de verre.

• **Jas Mandir** *(f. au public)*. Ce « hall de Gloire » situé au-dessus du Diwan-i-Khas était, lui aussi, une salle de réception et d'audience, plus intime, magnifiquement décoré de mosaïques de verres colorés, de miroirs, de moulures dorées et de pierres de couleur finement polies. À distance, on pourra remarquer au-dessus de l'entrée des **canalisations** en plomb : elles sont percées de petits trous par lesquels l'eau humectait les tentures qui fermaient la salle.
Dans l'angle à g. lorsqu'on fait face au Diwan-i-Khas, une rampe conduit à l'étage supérieur, celui des femmes. À travers les *jali* aménagés au-dessus de Ganesh Pol, elles pouvaient, sans être vues, assister aux cérémonies officielles qui se tenaient dans le Diwan-i-Am.

• **Sukh Mandir***. Face au Diwan-i-Khas, ce « palais des Plaisirs » était un salon d'agrément où le maître des lieux venait prendre le frais. Le hall principal est traversé par un petit canal où l'eau dévalait en chantant une rampe de pierre au fond de la pièce avant de s'écouler dans le jardin. Ce canal était alimenté en eau par un bassin placé sur le toit. Sur les côtés sont présentés de beaux vantaux de porte en bois de santal incrusté d'ivoire.

Emprunter le passage ménagé dans le mur opposé à Ganesh Pol.

• **Le palais de Man Singh**. Le couloir débouche sur la partie la plus ancienne du complexe, la résidence que fit construire Man Singh Ier (r. 1589-1614) lorsque, sûr de son alliance avec les Moghols, il put abandonner le nid d'aigle de Jaigarh. Le palais fut achevé en 1599, comme l'indique une plaque commémorative d'époque apposée contre le mur de droite en entrant (traduction en anglais). Cet immense quadrilatère était l'endroit où étaient enfermées les femmes du harem. Autour de la vaste cour étaient disposés les appartements des épouses royales. Ils étaient composés de plusieurs pièces et de logements pour les serviteurs ; chacun possédait sa petite cour fermée et son étage. Celui de l'épouse principale, le plus vaste, se trouvait face à l'entrée *(du côté opposé à celui par lequel vous êtes arrivé)*.

Sous l'appartement situé du côté g., on peut descendre jusqu'à une immense **citerne** : le palais en comptait trois de ce type. Sur les côtés, des escaliers assez raides grimpent vers l'étage supérieur où, en avant d'un long couloir de service, sont aménagés d'autres appartements, plus exigus, destinés aux épouses secondaires. De là, on peut embrasser une vue d'ensemble de ce véritable bagne féminin, dont les occupantes étaient astreintes à un seul travail forcé, le bon plaisir de leur maître, qui trônait dans le pavillon au centre de la cour. Le complexe comprenait également de grandes **cuisines** *(à g. du couloir par lequel vous êtes entré)*, ainsi que des latrines et un hammam en arrière du logement de l'épouse principale. Les appartements du souverain étaient aménagés dans les pavillons qui dominent l'ensemble *(accès interdit)*.

Regagner la sortie par le même chemin. Retour au village obligatoirement à pied, par le même chemin ou en suivant un chemin qui part du Jaleb Chowk (du côté opposé à l'entrée) en descendant un vallon entre les collines qui supportent le fort d'Amber et celui de Jaigarh ; en chemin, quelques temples et les vestiges d'anciennes demeures de riches marchands (compter 15 mn jusqu'au point de départ).

■ Jaigarh Fort

Quitter Amber en dir. de Jaipur et prendre la route qui monte à dr. après la Ghati Darwaza ; au sommet de la côte, l'embranchement de dr. conduit à Jaigarh, celui de g. à Nahalgarh • ouv. t.l.j. 9 h-16 h 30 • entrée payante • compter au moins 1 h 30.

Premier refuge du clan rajput qui s'empara de la région au XIIe s., la formidable forteresse doit son aspect actuel aux règnes de Man Singh Ier (1589-1614) et Mirja Raja Jai Singh (1621-1667) : une citadelle coiffant une colline longue de 3 km pour 1 km de large. À l'intérieur, une succession de cours d'apparat précède l'ensemble des palais. De place en place, des tours de guet défendaient l'accès du site. La région étant pacifiée au XVIe s., le fort perdit son rôle de résidence royale au profit du palais d'Amber construit en contrebas et que l'on découvre depuis les remparts. Il continua cependant d'être occupé par une troupe importante : c'est que les maîtres d'Amber, puis de Jaipur, y conservaient leurs fabuleuses richesses.

On pénètre dans l'enceinte par **Doondar Gate**, un ouvrage élevé en 1942. Cette porte donne accès à une vaste esplanade où se trouve le plus grand

À la recherche du trésor du maharaja

En 1976, une armée d'archéologues, de policiers, d'agents du fisc et d'ouvriers munis de pelles et de pioches s'empare du fort de Jaigarh. C'est que, selon la légende, est conservé dans ses souterrains le fabuleux trésor des rois de Jaipur. Un amoncellement d'or et de pierres précieuses constitué au fil des siècles. Depuis toujours, la garde de cette caverne d'Ali Baba indienne a été confiée aux Minas, fidèles serviteurs des souverains. Le maharaja lui-même en ignorait l'accès. Il était cependant autorisé, une fois dans sa vie, à contempler ses richesses : le chef des Minas, seul dépositaire du secret qu'il transmettait à son successeur, l'y conduisait les yeux bandés. Sur la foi d'un plan remis par un Mina aux autorités indiennes, les fouilles se poursuivirent plusieurs mois, en vain. Selon une croyance tenace, le trésor est toujours là.

des cinq réservoirs couverts que compte la citadelle, d'une contenance de 2 500 m³. À dr., un passage conduit au « clou » de la visite du fort, le Jaivan, le plus grand canon sur roue du monde *(→ ci-après)*.

• **Jaleb Chowk**. C'était la cour d'honneur du palais, utilisée aujourd'hui pour les cérémonies de Dussehra *(→ p. 44)* en présence du maharaja. Du côté g., l'armurerie présente différents types de canons fondus dans la citadelle à partir du XVIIe s. À côté, deux petits temples restaurés au XXe s. occupent l'emplacement de sanctuaires fondés au XIIIe s.

• **Gun foundry** (fonderie de canons). De Jaleb Chowk, prendre un passage à dr. juste avant la cour suivante. Immédiatement à dr., un passage conduit vers Awani Gate : de là, un chemin empierré facilement praticable descend vers le palais d'Amber *(30 mn environ)*. Plus loin s'étend à g. une cour où est conservé sous un auvent un **canon** fondu à la fin du XVIIe s. : 16 paires de bœufs étaient nécessaires pour tirer cette pièce. Plus loin encore, à g. en suivant le rempart, un bâtiment abrite l'ancienne **fonderie de canons**. On y voit la fosse où était placé le moule, et en arrière un édifice octogonal pourvu de roues : le mécanisme permettait de creuser la bouche du canon encore dans son moule. Le maharaja assistait au processus, dont le détail était gardé secret, depuis l'estrade située en face du dispositif.
Dans la cour suivante se trouve le four où était fondu le métal. La cour à g., le **Surya Mandir**, abrite les instruments utilisés dans la fonderie. Depuis les remparts, on découvre des **vues** splendides sur le fort d'Amber en contrebas.

Revenir par le même chemin jusqu'à Jaleb Chowk, et poursuivre vers la cour suivante.

• **Subhat Niwas**. Cette cour est bordée à g. d'un édifice qui abritait la garde du souverain. On y voit aujourd'hui d'énormes tambours de guerre ainsi que des palanquins.

• **Khilbati Niwas**. C'était la cour des audiences privées, durant lesquelles le souverain trônait sous le petit kiosque sur la g. ; il abrite de curieuses machines à soufflet qui servaient à rafraîchir l'eau.

• **Lakshmi Vilas**. Cette cour destinée à la détente du souverain est dotée d'un gracieux pavillon face auquel les musiciens prenaient place sur une estrade. De là, un couloir donne accès aux appartements royaux.

• **Les appartements royaux**. À g. du long couloir qui suit l'entrée, un passage conduit à la salle de réception du souverain, un élégant pavillon ouvert au centre d'une cour, où une scène de repas a été reconstituée à l'aide de mannequins. Immédiatement avant celle-ci, on trouve à dr. le petit **théâtre de marionnettes** (XVIIe s.) du complexe royal. En poursuivant tout droit dans le couloir principal, on débouche sur une vaste esplanade.

• **Vilas Mandir**. Cette immense cour est celle du *zenana*. Un vaste hall y abritait les réjouissances des femmes du harem.

• **Alaam Mandir**. De la cour précédente, un passage donne accès à cette dernière partie du complexe royal. C'est là peut-être qu'on peut le mieux se rendre compte des splendeurs dont s'entouraient les souverains de l'époque : un gracieux kiosque en dentelles de pierre y précède un jardin soigneusement entretenu ouvrant par une immense arche sur les collines alentour. Une promenade au-dessus de cet ensemble permet d'en faire le tour et d'imaginer le véritable paradis qui entourait le repos du maître des lieux.

Revenir par le même chemin jusqu'à l'entrée.

• **Javan Cannon*** *(accès par la 1re cour du fort en 5 mn à pied)*. Avant de gravir la rampe qui conduit au canon, on laissera sur la g. un petit fortin rectangulaire qui servait d'armurerie *(entrée interdite)* ; il est dominé par la Diya Burj, une haute tour de guet. Sur une terrasse en surplomb du paysage, le célèbre canon de Jaigarh repose sur son affût. Avec ses 6 m de long et ses 50 tonnes, il passe pour l'une des plus considérables pièces de ce type. Il était capable de tirer des boulets de 50 kg propulsés grâce à 100 kg de poudre à une distance d'1 km. Il fut fondu en 1720 sur l'ordre de Jai Singh II, et n'a servi qu'une seule fois.

■ Nahalgarh Fort

Ouv. t.l.j. 10 h-17 h 30 • entrée payante ; le billet d'entrée du City Palace de Jaipur donne accès au fort.

Cette « forteresse du Tigre » n'a de redoutable que le nom. Il s'agit plutôt d'une aimable résidence d'agrément que les maharajas firent édifier au XVIIIe s. au sommet d'une colline dominant Jaipur. La cour rectangulaire, peinte de jaune, donne accès à des appartements tous semblables, pourvus d'une cour et d'une pièce de réception au rez-de-chaussée, de chambres à l'étage. La décoration, avec ses cheminées et ses volets à l'européenne, date de 1860.

■ Gaitor* h. pl. par C1

Ouv. t.l.j. 9 h-16 h 30 • entrée payante ; droit photo.

Peu de visiteurs viennent jusqu'ici pour admirer les ***chhattri*** des maharajas. Ils méritent pourtant que l'on y consacre quelques instants, au moins autant que les boutiques de souvenirs vers lesquelles les guides locaux s'empressent d'emmener leur clientèle. Face à l'entrée se dresse le **monument de Madho Singh II** († 1922). Au fond d'un second enclos situé au-delà du premier, on verra également le **cénotaphe de Jai Singh II**** († 1743), le fondateur de Jaipur : c'est une merveille de marbre dont les plinthes sont ornées de jolies scènes de chasse et d'éléphants ; sous la coupole apparaissent des statues de divinités. Immédiatement avant ce monument, un second cénotaphe est la copie conforme du précédent : il fut réalisé pour Ram Singh II († 1880) en marbre de Carrare alors que l'original fut édifié avec le marbre local.

Environs de Jaipur

1 Galta *8 km E. par la route d'Agra*

Suivre la route d'Agra, puis à 4,5 km prendre à g. (panneau indicateur).

Cette petite excursion d'environ 1 h à suivre en voiture pourra être réalisée en fin de visite, lorsque les principales curiosités de la ville n'auront plus de secret pour vous. Au programme, le joli palais d'une princesse et un ensemble de temples nichés au creux d'un vallon. Avec en prime des centaines de singes qui gambadent dans les sous-bois et occupent parfois sans vergogne la chaussée, au grand dam des cyclistes.

• **Le palais Sisodia** *(à 200 m de l'embranchement • ouv. 8 h-17 h • entrée payante)* fut construit en 1722 pour la fille du roi d'Udaipur – du clan rajput des Sisodias –, que son père venait de donner en mariage à Jai Singh II (r. 1699-1743), le fondateur de Jaipur. La jeune et fière princesse – elle descendait de la plus noble des lignées rajputes – refusa en effet d'être enfermée dans le harem d'Amber en compagnie de l'armée des épouses royales. Son désir exaucé, elle exigea ensuite que son fils, le futur Madho Singh Ier (r. 1750-1767), ait la préséance sur les autres descendants mâles du souverain. À la mort de Jai Singh, Madho Singh dut cependant affronter sept années de guerre civile avant de s'établir définitivement sur le trône. Le palais de la princesse, parfaitement conservé, est orné à l'extérieur de chatoyantes **peintures** représentant des scènes religieuses et profanes. C'est le principal intérêt du lieu : l'intérieur est fermé à la visite et les jardins ont été défigurés par des aménagements intempestifs.

• **Galta** *(à env. 4 km du palais)* est une petite cité religieuse blottie au fond d'une vallée. C'est un lieu de pèlerinage pour les habitants des environs, qui viennent vénérer la mémoire d'un sage qui vécut ici. Pour l'essentiel, les divers édifices remontent aux XVIIe et XVIIIe s. On rencontre tout d'abord des ***dharmasala*** où résident quelques *sadhu* en robe safran, et dont les murs extérieurs conservent une partie de leur décoration peinte. Plus loin s'étend un premier **bassin** entouré de pavillons : il est réservé aux ablutions des femmes. Celui des hommes se trouve plus haut en remontant dans le vallon.

Un escalier permet d'accéder au rebord de la falaise où s'élève, du côté g., le plus ancien lieu de culte de l'endroit, un **temple à Hanuman**, où l'image du dieu fut sculptée directement dans la paroi

◄ **Les bassins, ici celui réservé aux femmes, sont alimentés par une source pérenne qui jaillit de la paroi à travers la gueule d'une vache.**

La triste épopée des Meos

Les Meos forment une importante population d'agriculteurs (environ 1 million en Inde et autant au Pakistan) qui vivent principalement dans la région d'Alwar. Déclarés musulmans lors des recensements, ils fréquentent assidûment les mausolées soufis *(→ théma p. 270-271)*. Mais ils suivent aussi de nombreux rites hindous, ont leur propre version du *Mahabharata* et reçoivent souvent l'enseignement de yogis hindous. Dès le début du XXe s., leurs coutumes religieuses apparaissent inacceptables à certains réformateurs hindous et musulmans. Ainsi, le mouvement Arya Samaj tente de convertir de force les Meos à sa vision de l'hindouisme, tandis que le Tablighi Jamaat essaie de les détourner du culte des saints soufis pour en faire, selon ses idées, de « purs » musulmans. Au moment de la partition en 1947, ils sont sommés par les fondamentalistes hindous d'abandonner totalement l'islam ou de gagner le Pakistan. Ceux qui refusent ce choix sont massacrés ; les plus nombreux passent la frontière, abandonnant leurs terres aux Jats *(→ encadré p. 388)*. Mais les Meos, attachés à leur région natale et à leurs coutumes syncrétiques, sont très mal acceptés dans leur pays d'adoption. Finalement, le parti du Congrès les invitera à revenir en Inde et une partie de leurs terres leur sera restituée.

rocheuse. Au-delà, un chemin conduit à Jaipur *(3 km env.)* en passant près d'un **temple à Surya**, dieu du Soleil, bâti sous le règne de Jai Singh II (1699-1743). Chaque année lors de l'équinoxe du printemps, sa statue est transportée à Jaipur sur un chariot tiré par sept chevaux blancs. On commémore ainsi la descente sur terre du clan rajput des Kachhwahas *(→ encadré p. 112)*, maîtres du royaume d'Amber.

2 Sariska Sanctuary* *107 km N.-E. par la route de Delhi*

Forest Reception Office ☎ [01442] 284-13-33 • ouv. d'oct. à fév. 7 h-16 h, 15 h 30 en déc.-janv., de mars à sept. 6 h-16 h • entrée payante • accès possible en voiture particulière (mais il ne faut pas quitter les routes balisées) ou jeeps collectives (5 personnes).

Sariska Sanctuary abrite notamment des daims, des antilopes, des sambars, des sangliers, des porcs-épics, des hyènes, des chacals et des chats sauvages. En ce qui concerne les grands fauves, il reste une soixantaine de léopards, mais le tigre *(→ encadré p. 167)* a disparu en 2006 à la barbe des responsables du Project Tiger, qui gèrent la réserve. Une disparition qui a été abondamment commentée dans le pays : depuis, deux félins venus de la réserve de Ranthambore ont été réintroduits à Sariska. On découvrira lors de la visite une belle forêt d'*Anogeissus pendula*, arbres dont les feuilles, d'un vert tendre, prennent une jolie teinte cuivrée en hiver. On observera aussi les jujubiers et les bambous, ainsi que les *Butea monosperma* aux fleurs rouge-orangé. Les « arbres tendus » *(Diospyros melanoxylon)*, dont le tronc est recouvert d'une écorce ressemblant à une peau de crocodile, fournissent les feuilles dans lesquelles on enveloppe les fameuses petites cigarettes indiennes, ou *bidi*.

☞ CONSEILS

• Mieux vaut arriver la veille pour entreprendre la visite tôt le lendemain matin. Deux hôtels sont installés à Sariska (*RTDC-Hotel Tiger Den Sariska* ☎ *[01442] 284-13-42 ; The Sariska Palace* ☎ *[01442] 284-13-23).*

• La saison la plus agréable se situe entre sept. et avr., mais la saison chaude (d'avr. à juin) est la meilleure période pour observer les animaux qui sortent de leur cache pour s'abreuver aux rares points d'eau.

Jaisalmer★★★

C'est dans cette cité caravanière que, pendant près de mille ans, les caravanes chargées de soies, d'épices ou d'opium se préparaient ici à affronter la traversée du désert du Thar *(→ encadré p. 213)*. Une épreuve rendue encore plus terrible par la menace perpétuelle des pillards pathans. Pour protéger les marchands et leurs biens, il ne fallait rien moins que de redoutables guerriers : ce furent les Rajputs Bhattis, dont les princes édifièrent la puissante citadelle qui domine le paysage. Autour de la forteresse se déploient la ville basse, havre de paix (les voitures y sont interdites) aux ruelles bordées de somptueuses maisons de marchands, les fameuses *haveli* du Rajasthan *(→ théma p. 244-245)*.

Même si elle connaît l'affluence touristique, Jaisalmer reste une destination à part. Comme un bout du monde que l'on est heureux d'atteindre après d'interminables kilomètres à travers la steppe jaune et poussiéreuse.

Situation : à 500 km O. d'Ajmer, 328 km S.-O. de Bikaner, 295 km N.-O. de Jodhpur.

Alt. 235 m • 58 300 hab.

☎ 02992.

ⓘ Tourist Reception Center, Station Rd, près du lac Gadhisar (C3) ☎ 25-24-06 ; ouv. du lun. au sam. 9 h 30-18 h. On peut vous mettre en contact avec un guide local et vous y trouverez une liste d'agents de voyages.

♥ HÔTEL

***Killa Bhawan*, 445 Kotri Para, dans la citadelle (BC2) ☎ 25-12-04 www.killabhawan.com ; 9 ch., double à partir de 60 €. Dans une ancienne maison de maître du XVIIIe s. Les quatre chambres du bas partagent les sanitaires deux à deux, les chambres du haut disposent chacune d'une terrasse privée donnant sur les remparts et la ville. Réservation indispensable.**

Jaisalmer mode d'emploi

■ Arrivée

En train. Railway Station, à l'E. de la ville D2 rens. ☎ 131 ; rés. ☎ 25-23-54. Deux trains quotidiens pour Jodhpur (départs 17 h 15 et 23 h 15, arrivées 22 h 45 et 5 h 20) ; le parcours entre les deux villes ne présentant pas d'intérêt, on peut opter sans remords pour le voyage de nuit. Le train de 17 h 15 se dirige ensuite vers Delhi (durée 15 h 50) via Jaipur (11 h 45) ; également liaison avec Bikaner (5 h 20 ; départ 22 h 45).

En bus. Bus Stand B3. Liaisons fréquentes avec Bikaner (6 h) et Jodhpur (6 h).

En avion. L'aéroport le plus proche est celui de Jodhpur (295 km).

■ S'orienter

Visible de partout, la **citadelle** BC2 est le cœur historique de la ville : on y trouve le palais des *maha-*

À ne pas manquer

La Citadelle★★★	206
La Patwon-ki-Haveli★★★	210
La Salam Singh-ki-Haveli★★	209

Jaisalmer

rawal, de très beaux temples jaïns et un lacis de ruelles bordées de splendides *haveli* – beaucoup abritent de petits hôtels – et de nombreux magasins de souvenirs et d'artisanat. Dans la ville basse, la partie la plus animée se trouve le long de **Gandhi Chowk** BC2, la principale rue commerçante de la vieille ville. Les hôtels de tourisme récents se trouvent à la périphérie.

Se déplacer

À pied dans la citadelle et la vieille ville (la circulation automobile y est interdite). On peut en revanche emprunter un rickshaw – surtout si l'on est chargé de bagages – pour grimper jusqu'à la citadelle.

En raison de la proximité de la frontière pakistanaise, la région de Jaisalmer est sous haute surveillance : les environs immédiats entre la ville et Sam Sand

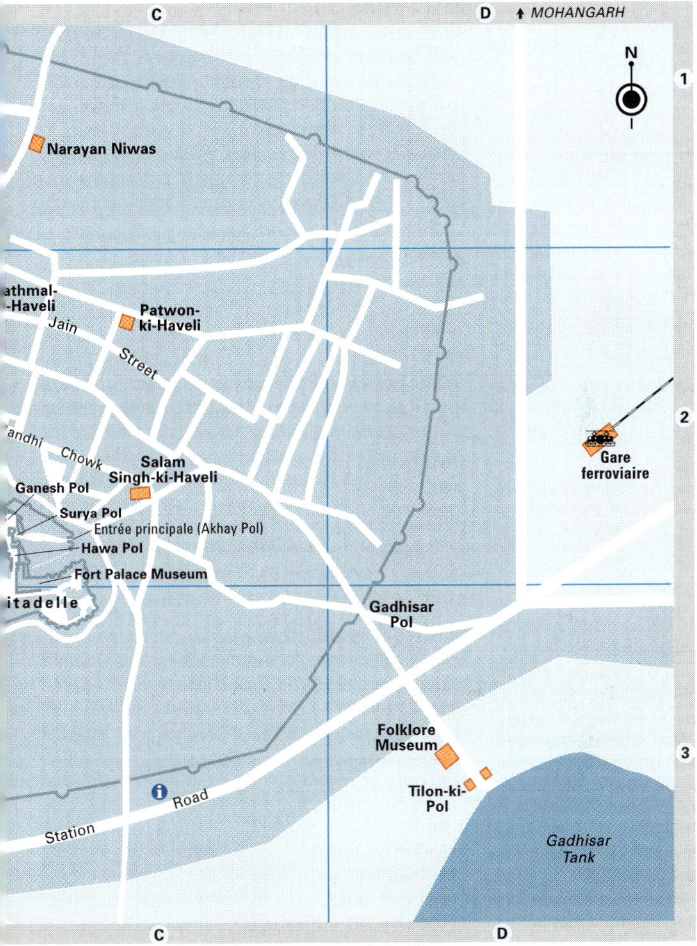

(accessibles en voiture de tourisme) sont libres d'accès. Au-delà, si on veut par exemple visiter le Desert National Park, un permis est obligatoire. Il s'obtient auprès du **District Collector**, Sam Rd B2 ☎ 25-22-01 (photocopie du passeport et paiement du droit d'entrée au parc, 200 roupies).

■ Combien de temps

Une journée suffit pour découvrir l'essentiel, la citadelle puis la ville basse. En fin d'après-midi, vous pourrez vous écarter de la ville pour admirer le coucher de soleil sur les remparts.

En restant deux jours complets, on pourra découvrir les environs, Amar Sagar, Bada Bagh, le temple de Lodurva. L'excursion (env. 4 h) ne nécessite pas de jeep. On pourra aussi s'offrir une promenade en chameau depuis le village de Khuri, moins fréquenté que Sam Sand.

Shopping

Succès touristique oblige, les ruelles de la citadelle abritent désormais un véritable bazar. Les boutiques proposent toutes les mêmes articles (cotonnades brodées, boîtes ouvragées, souvenirs) pas toujours d'une excellente qualité. La ville basse n'échappe pas à cette frénésie commerçante. Partout, un marchandage des plus fermes s'impose : on peut commencer sans honte à la moitié du prix demandé.

Adresses utiles

Agences de voyages. Il en existe plusieurs dizaines qui proposent toutes les mêmes excursions autour de la ville : une journée en jeep dans les environs, ou des randonnées d'un ou deux jours à dos de chameaux. Le mieux est de se rendre à l'office du tourisme où l'on vous indiquera les agences les plus recommandables.

Change. Distributeurs automatiques près d'Amar Sagar Pol **B2** et le long de Sam Rd **AB2**. Pas de distributeurs à l'intérieur de la citadelle.

Poste. Gandhi Chowk **B2** et Hanuman Circle **B2**.

Urgence. *Government Hospital*, Hanuman Circle **B1** ☎ 25-23-43.

Fêtes et manifestations

Janvier-février. Le *Desert Festival* est organisé par le département du Tourisme ; durant trois jours, on peut assister à des représentations folkloriques, des courses de chameaux et diverses compétitions auxquelles sont conviés les touristes (tir à la corde, concours de nœud de turban, plus belles moustaches de Jaisalmer...), qui s'achèvent en soirée à Sam Sand. Si l'on souhaite être à Jaisalmer au moment du festival, il est prudent de réserver suffisamment à l'avance. Prochaines éditions : **2011**, 16-18 fév. ; **2012**, 5-7 fév. ; **2013**, 23-25 fév. ; **2014**, 12-14 fév., **2015**, 1er-3 fév.

À NOTER
Les Vyas Chhattri, à l'O. de la ville (A1-2, → *p. 212*), ont longtemps été l'emplacement idéal pour admirer Jaisalmer au soleil couchant. Aujourd'hui, les brahmanes, maîtres des lieux, font payer l'entrée pour jouir d'une vue en partie obstruée par des constructions modernes. L'office du tourisme a donc aménagé un autre « Sunset Point » libre d'accès, au N. des remparts (B1). On peut également se rendre à Sam Sand (→ *p. 212)* pour assister au crépuscule sur les dunes.

À NOTER
Les randonnées en chameau autour de Jaisalmer partent invariablement vers l'O., jusqu'à Sam Sand, que l'on atteint en deux jours en traversant une région de steppes arides ponctuées de villages. Les agences incluent dans le prix la monture, les repas et le bivouac. Des randonnées sont également possibles à partir de Khuri (45 km S.), le long de pistes moins fréquentées.

Jaisalmer dans l'histoire

Une prophétie de Krishna

La légende prétend que Krishna promit aux Yadavas, le clan mythologique qui régna sur Mathura et Dwarka, une capitale qui existerait des siècles. Aussi, lorsqu'au XIIe s. Jai Singh, chef d'un clan rajput qui se revendiquait de cette illustre ascendance, décida de construire une nouvelle capitale, il prit soin de consulter un mage. « Construis au sommet d'une colline triangulaire », lui répondit le saint homme. La première pierre de

Jaisalmer fut posée en 1155. Sept ans après se dressait une puissante citadelle. Elle ne put néanmoins contenir les assauts des sultans de Delhi qui, à deux reprises au XIVe s., réussirent à s'emparer de la ville.

Une nouvelle ville hors des murs

Au siècle suivant, une muraille supplémentaire vint renforcer les défenses de la citadelle. Mais au XVIIIe s., la ville haute fut peu à peu délaissée au profit de nouveaux quartiers qui apparurent entre les deux murailles, des pâtés de maisons *(muhalla)* à l'intérieur desquels chacun se groupait en fonction de son appartenance à un clan ou à un métier. Les plus riches familles se firent construire de somptueuses *haveli*, dont les dernières datent de la fin du XIXe s.

Opium, épices et soieries

Au XVIIIe s., Jaisalmer atteint son apogée, ses princes et ses marchands contrôlant alors le trafic des caravanes. Vers l'Occident, elles transportent l'opium, l'indigo, les épices et la soie ; des régions occidentales, elles rapportent l'ivoire d'Afrique, les dattes et les fruits secs d'Arabie, la médecine de Perse. Cette soudaine richesse finit par émousser l'énergie des princes plongés dans les délices de leur harem, entre *hookah* (le narguilé indien) bourrés d'opium et lascives concubines. Ce furent les Premiers ministres qui détenaient l'essentiel du pouvoir. Au début du XIXe s., Salam Singh fut l'un des plus puissants et des plus haïs d'entre eux. Il accabla la population d'impôts et se conduisit en véritable maître de la principauté (on prétendit ainsi que le *maharawal* devait demander à son ministre la permission de seller son cheval). Mais déjà Jaisalmer avait perdu sa souveraineté et son importance. Les Britanniques s'en étaient assurés le contrôle ; plus grave encore, le commerce vers l'ouest passait désormais par Bombay, le grand port créé par la Compagnie des Indes.

Les touristes succèdent aux caravanes

Jaisalmer désormais condamnée, les marchands abandonnèrent leurs belles demeures pour exercer leur activité dans les grandes villes de l'Empire.

▲ L'ancienne cité caravanière a toujours belle allure. Une allure splendide même, lorsque le couchant enflamme ses murailles.

Les marchands à la conquête de l'Inde

En 1598, la reine d'Angleterre et d'Irlande Élisabeth Ire accorde une charte à un groupe de marchands de la Cité de Londres. C'est l'acte de naissance de la **Compagnie des Indes Orientales**, une société par actions qui obtient le monopole du commerce avec l'Extrême-Orient, des Indes à la péninsule Indonésienne. Dirigée depuis Londres par un gouverneur, elle a pour objectif d'organiser des expéditions commerciales, financées par les parts que détiennent les associés pour l'occasion. Elle prend pied en Inde en 1612 avec la création du comptoir de Surat, sur la côte du Gujarat. De nombreux autres suivront, la Compagnie grignotant ainsi petit à petit le territoire de l'Inde avec l'assentiment de l'empereur de Delhi. En 1678, la Compagnie obtient de Charles II de nouveaux droits : ceux de battre monnaie, d'exercer souverainement la justice sur ses territoires, et surtout de disposer de forces armées. Ce sont ainsi les troupes de la Compagnie qui bouteront les Français hors de l'Inde au XVIIIe s. Après la révolte des Cipayes en 1858 *(→ encadré p. 365)*, les possessions de la Compagnie sont remises à la Couronne britannique. Les fonctionnaires succèdent alors aux marchands pour administrer le joyau de l'Empire britannique.

La ville perdit définitivement toute importance après l'indépendance, qui ferma hermétiquement la frontière avec le Pakistan. Privée de rôle économique, elle sembla dès lors flotter dans un manteau devenu trop grand pour elle. L'essor du tourisme lui a cependant apporté un regain d'activité, avec l'arrivée des voyageurs qui viennent à la rencontre de cette fascinante cité, de ses bazars toujours animés, de ses murailles ocre que le soleil couchant embrase.

1 La citadelle***

Une rampe pour les guerriers, un corset de formidables murailles, d'étroites ruelles encombrées de vaches méditatives, des *haveli* aux façades couvertes de dentelles de bois et de pierre : la citadelle de Jaisalmer est un enchantement tout droit sorti d'un livre d'explorateur du temps jadis. Et à chaque pas s'offre la débauche de couleurs des articles d'artisanat proposés aux visiteurs.

Combien de temps. Prévoir 3 h.

■ Rampe* C2

Pour atteindre le plateau supérieur de la citadelle, on franchit successivement **Akhay Pol** (1740), **Surya Pol** (la porte du Soleil), **Ganesh Pol**, surmontée d'une minuscule représentation du dieu éléphant (Ganesha), et enfin **Hawa Pol***, la porte du Vent, au-dessus de laquelle se dresse l'ensemble des palais royaux. Une fois cette dernière porte franchie, on débouche sur une place dominée par les façades ouvragées des palais.

Au fond du côté dr., une ruelle conduit aux **temples jaïns**, l'ancien quartier des brahmanes ; on découvrira en chemin de splendides *haveli* dont les rez-de-chaussée abritent des boutiques, tandis que les parties hautes sont transformées en *guest houses*.

Côté g. de la place, une rue conduit à l'ancien **quartier des Rajputs**, constitué de maisons basses agrémentées de petites cours. La rue se termine sur une **plate-forme** où un canon continue de surveiller les environs. De là, on découvre une belle vue sur les remparts et la ville, léchée par les sables du désert.

■ Fort Palace Museum** C2

Ouv. 8 h-18 h en été, 9 h-18 h en hiver • entrée payante (inclut un audioguide en français), supplément pour l'utilisation d'appareils photo et vidéo.

L'ensemble des palais des *maharawal* de Jaisalmer mit plus de trois siècles pour devenir ce véritable labyrinthe de couloirs, de cours et de terrasses.

À g. de l'entrée des palais, sur une estrade à degrés, un **trône** de marbre est destiné au souverain lors de la fête de Dussehra (→ *p. 44*). De nos jours, l'héritier de la famille royale y prend encore place. Au pied de l'estrade, par deux fois au XIVe s., les femmes se livrèrent au sacrifice du *jauhar* : pour ne pas tomber entre les mains des armées des sultans de Delhi, sur le point de prendre la ville, elles préférèrent se jeter vivantes sur le bûcher.

Après une première cour, on entre dans la partie réservée au souverain, dévolue aux audiences d'État et à ses réceptions privées. Suit une salle où est exposée une collection d'armes, puis on gagne le **Gaj Vilas** (l'aile la plus récente du palais, achevée en 1884), une salle réservée à la danse et ornée de faïences italiennes. La salle suivante présente quelques **insignes royaux** (les plus anciens remonteraient au XIVe s.) et quelques **statues** du XVe s. provenant de temples disparus de la région : il s'agit essentiellement de danseuses ; on notera l'influence de l'art populaire dans le traitement des visages et les parures.

Le **Rang Mahal***, la salle de la maharani, est construit au-dessus de Hawa Pol. Il est orné d'un intéressant cycle de peintures (fin XVIIIe-début XIXe s.) montrant quelques paysages urbains des cités du Rajasthan : Bikaner et la procession de Gangaur (→ *p. 43*), Jaipur, etc.

Le **Sarvottam Vilas****, au plus haut de la forteresse, fut aménagé dans la première moitié du XVIIIe s. C'est l'une des plus séduisantes salles du palais avec ses ornementations de faïences bleues et de miroirs. On y expose une tunique de géant, qui, assure-t-on, appartint à l'un des *maharawal* de Jaisalmer. Le **Ras Durbar,** qui lui fait suite, est une modeste salle où le souverain nouvellement couronné tenait sa première audience.

Le ***zenana***, le harem dans lequel on pénètre ensuite, est une longue succession de couloirs, d'escaliers et de salles vides qui conduisent vers la sortie ; c'est la partie la plus ancienne du palais (XVIe-XVIIe s.).

■ Temples jaïns** B3

Ouv. 7 h-12 h sf le temple de Parshvanath, ouv. aux étrangers 11 h-12 h 30 seulement • entrée payante (billet groupé pour les trois temples en vente en face du temple de Chandra Prabhu) ; il est d'usage de laisser une dizaine de roupies au gardien de vos chaussures • on entre déchaussé et en principe sans porter aucun objet de cuir ; le contrôle est en réalité assez débonnaire.

Il s'agit d'un ensemble de sept sanctuaires jaïns emboîtés les uns dans les autres (les plus anciens datent du XVe s.) et formant une véritable petite cité religieuse qui témoigne de l'importance de cette communauté marchande à l'époque de la plus grande prospérité de la ville. Face à l'entrée des temples s'étend une cour où les jaïns pratiquent leurs ablutions et se purifient avant d'entrer dans les sanctuaires.

• **Temple de Chandra Prabhu***, le 8e *tirthankara*. Il s'annonce par un élément architectural caractéristique des sanctuaires jaïns, un ***torana*** splendidement orné. Le ***mandapa*** qui précède le saint des saints, merveille d'art ornemental, est orné de guirlandes de pierre que l'on appréciera de plus près en grimpant à l'étage, sous la coupole. À ce niveau se trouve un second sanctuaire entouré d'un couloir.

▲ Sur les murs du temple d'Adinath.

• **Temple d'Adinath**, le 1er *tirthankara*. Passée une cour, on entre dans le *mandapa* qui, ici, n'est pas décoré. Les murs extérieurs de la cella portent en revanche une jolie série de couples divins.

• **Temple de Parshvanath***, le 23e *tirthankara*. En avant de ce temple s'élève un magnifique ***torana*** orné de danseuses et de musiciens peints de vives couleurs, à la manière des poupées du Rajasthan. Une crypte aménagée sous l'édifice abrite une importante **bibliothèque**, dont les plus anciens manuscrits, écrits sur feuille de palme, remontent au Xe s. (quelques-uns sont visibles sous vitrine).

Une fois remonté, on gagnera l'étage (autre sanctuaire) pour passer de l'autre côté de la ruelle par une passerelle de pierres.

Deux autres sanctuaires attendent le visiteur, qui sera accueilli par des centaines de chauves-souris sommeillant sous les plafonds de la passerelle. Ces deux temples superposés présentent une remarquable **décoration sculptée**, avec notamment de nombreux couples divins qui s'enlacent entre des représentations de *tirthankara*, debout et impassibles.

On pourra poursuivre sa promenade au-delà du complexe des temples. Avant que la ruelle vienne buter contre les remparts, prendre deux fois à dr. pour regagner le secteur des temples. En levant les yeux, on peut découvrir en chemin de belles façades de *haveli*.

La visite de la citadelle terminée, vous en ressortirez par le même chemin en franchissant Hawa Pol. En suivant la rue dans le prolongement de la rampe, vous vous enfoncerez dans la ville basse.

2 La ville basse*

Longeant la citadelle jusqu'à la porte d'Amar Sagar, Gandhi Chowk est la principale rue commerçante de la vieille ville : les habitants viennent s'y approvisionner dans les petits marchés de primeurs qui la bordent, tandis que les touristes investissent les nombreuses boutiques de souvenirs. Ces derniers partiront ensuite à la découverte des plus imposantes *haveli* de Jaisalmer. Une promenade à faire à pied, d'autant que la circulation automobile est interdite dans une grande partie de la vieille ville (les rickshaws sont en revanche autorisés à circuler).

Accès. Depuis l'esplanade, suivre la rue dans le prolongement de la rampe.

Combien de temps. Prévoir un minimum de 3 h.

■ Salam Singh-ki-Haveli** C2

Ouv. t.l.j. 8 h-18 h, 19 h en été • entrée payante • visite guidée.

Cette somptueuse demeure s'annonce par une haute tour du côté g. de la rue. Ses six étages furent élevés au XVIIIe s. et servirent au début du siècle suivant de résidence à Salam Singh, le Premier ministre du *maharawal,* qui réussit à devenir le véritable maître de l'État. Il se posa en véritable rival du souverain, comme en témoigne l'éléphant, symbole du pouvoir, qui garde encore la porte. Pour accéder plus facilement au palais, Salam Singh envisagea même de faire construire un pont entre sa demeure et la citadelle, mais il fut assassiné par des nobles rajputs avant d'avoir pu mener à bien son projet. Sous la conduite d'un membre de la famille qui occupe les lieux, l'un des descendants du Premier ministre de triste mémoire, vous découvrirez une partie de la demeure : salles de garde à l'étage, résidence du maître des lieux dans les parties supérieures de la tour : on voit là notamment une somptueuse salle, le **Moti Mahal**, parée d'innombrables miroirs pour refléter à l'infini la lumière des lampes à huile. On découvre également les **caches secrètes** où étaient dissimulés or et bijoux. Certaines, dit-on, n'ont pas été trouvées et recèleraient encore leurs trésors.

Pour poursuivre vers les autres haveli*, tourner à g. au coin de la demeure et prenez la seconde rue à dr.*

▶ Un autre itinéraire un peu plus long *(20 mn de promenade)* permet de découvrir d'autres quartiers, peu fréquentés des touristes, mais qui conservent de splendides demeures anciennes : prendre du

◀ Les deux derniers étages de la tour de Salam Singh-ki-Haveli, autrefois décorés de mosaïques, sont surmontés d'une galerie à 38 balcons ornés de motifs en forme de paon, autre symbole du pouvoir.

Le paon, animal sacré

Dans la mythologie hindoue, le paon serait né d'une aile de Garuda, la monture de Vishnou. Comme lui, il mangerait les reptiles, et son insensibilité au venin des serpents, tant redoutés par la population des campagnes, est sans doute la cause de sa popularité en Inde. Ses plumes multicolores sont utilisées dans les temples hindous pour éventer les statues des dieux. Il est d'ailleurs associé à plusieurs d'entre eux, notamment à Karttik, dont il est la monture, et à Parvati, qui, selon la légende du temple de Mylapore (à Madras), aurait été changée en paon par Shiva pour ne pas avoir écouté ce qu'il disait.

Le paon constituait au temps de la dynastie des Maurya (IVe-IIIe s. av. J.-C.) un mets impérial ; au XVIe s., il fut supplanté à table par le dindon sauvage, de la même famille. Aujourd'hui, c'est un animal sacré. Il est également le symbole de l'amour et de la fertilité : sa danse représente le réveil de la nature à l'époque de la mousson (période qui coïncide avec le début de la saison des amours chez cet oiseau). Emblème du pouvoir pour les Moghols *(→ encadré p. 367)*, ainsi que pour les princes indiens, cet animal est devenu l'oiseau national dans l'Inde indépendante. Mais il est surtout l'emblème du Rajasthan.

▲ Un salon de Patwon-ki-Haveli.

côté dr. de la placette qui fait suite à la *haveli* de Salam Singh, puis la 2e à g. Au bout de cette rue, prendre à g. et continuer tout droit. ◀

■ Patwon-ki-Haveli*** C2

Il s'agit d'un ensemble de cinq demeures accolées, de part et d'autre d'une ruelle enjambée par une galerie. Elles furent construites au début du XIXe s. par un riche marchand, banquier et exportateur d'opium, pour chacun de ces cinq fils. Ces imposantes demeures dressent leurs façades sur quatre étages ornés à profusion de sculptures, balcons et loggias à fines colonnettes. Dispositif rare au Rajasthan, elles disposent également d'un sous-sol. Trois d'entre elles, disposées chacune autour d'une cour centrale, peuvent être visitées. Dans l'une, propriété de l'État du Rajasthan *(ouv. t.l.j. 10 h-17 h • entrée payante)*, on peut accéder à l'ensemble des étages de l'édifice, entièrement vide. L'autre, une demeure privée *(ouv. t.l.j. jusqu'à 20 h • entrée payante)*, présente quelques meubles qui tentent de restituer la vie de ces demeures au XIXe s. ; la visite s'achève par la boutique de souvenirs des propriétaires. La dernière est occupée au rez-de-chaussée par une boutique ; les propriétaires laissent volontiers les visiteurs accéder aux étages.

■ Nathmal-ki-Haveli** BC2

Ouv. 9 h-18 h • entrée libre.

Cette belle résidence fut édifiée en 1885 pour le compte du Premier ministre du *maharawal* d'alors. La façade est l'œuvre de deux frères, les plus fameux sculpteurs de leur temps, musulmans, comme l'étaient la plupart des membres de leur corporation à l'époque. Après 1947, tous ont émigré au Pakistan. Chacun des frères s'attela à un côté de la façade, et tous deux rivalisèrent de brio. On note ainsi quelques différences de traitement d'un côté à l'autre (notamment dans les fenêtres qui encadrent la porte). Au premier niveau court une longue frise où sont représentés des éléphants, des soldats, des machines à vapeur et des chevaux. Vous pourrez accéder au premier étage, que les occupants ont transformé en boutique ; les murs sont décorés de délicieuses miniatures dans le style rajput *(→ encadré p. 373)*.

■ Thar Heritage Museum B2

Gandhi Chowk • ouv. t.l.j. de 9 h à 19 h • entrée payante.

Un journaliste amoureux de sa région a réuni ici de nombreux objets provenant des villages alentours, notamment de grands récipients à *ghee* confectionnés à partir de cuir de chameau, des outils agricoles, des objets de piété : voir l'étonnant ***Jugement dernier*** hindou (milieu du XIXe s.), où les âmes sont pesées par le juge des Enfers avant de recevoir le fruit de leur vie passée, damnation dans des châtiments terribles ou paradis des âmes pures. À noter également un **canon à eau** en cuivre (similaire à ceux figurant sur les miniatures anciennes de la collection du palais de Jodhpur) utilisé lors de la fête de Holi (→ *p. 43*). Une visite passionnante.

3 À l'extérieur des remparts

■ Gadhisar Lake* D3

Env. 1,5 km de l'entrée de la citadelle • entrée libre.

Un élégant **pavillon** très photogénique se dresse au milieu de ce lac artificiel creusé en 1369, auquel on accède par une **porte** monumentale (Tilon-ki-Pol). Elle fut érigée au XIXe s. par une courtisane, au grand scandale des âmes pieuses de la région. Le souverain d'alors voulut faire abattre l'ouvrage mais la belle dame fit construire en hâte un petit temple au sommet de l'édifice. Nul n'osa plus ordonner de détruire l'ouvrage ainsi placé sous la protection divine. L'endroit est particulièrement beau au lever du jour, lorsque les premiers rayons du soleil viennent caresser le grès du pavillon. De plus, on ne voit pas encore à cette heure-là les pédalos aux couleurs vives qui font la joie des touristes indiens.

☞ CONSEIL
Pour visiter ces différents sites assez éloignés les uns des autres, il vous faudra être motorisé : un rickshaw fera très bien l'affaire. Prévoir environ 2 h pour l'ensemble. On peut débuter la journée par le lac de Gadhisar (très belles vues sur la forteresse), et se rendre en fin de journée aux Vyas Chhattri pour assister au coucher de soleil. Mais Sunset Point (B1) offre un plus beau point de vue.

■ Folklore Museum D3

À quelques mètres avant la porte donnant sur le lac, du côté dr. • ouv. t.l.j. 8 h-18 h, 19 h en été • entrée payante.

Il abrite une collection d'art traditionnel de la région : objets usuels des habitants du désert, lampes à huile en terre cuite, autels portatifs *(kavad)* que les brahmanes emmenaient avec eux de village en village, instruments de musique... Un petit **théâtre** *(à 100 m • même billet d'entrée)* abrite une seconde section du musée. Des spectacles de marionnettes traditionnelles s'y déroulent chaque soir *(18 h 30 et 19 h 30)*.

■ Government Museum A2

Ouv. t.l.j. 10 h-16 h 30 • entrée payante.

Seuls les mordus d'archéologie oseront réveiller les gardiens du lieu, qui sommeillent dans la pénombre de l'unique salle du musée local. Ils y découvriront principalement quelques fragments de **sculptures** provenant des temples de Kiradu (à 157 km S. de Jaisalmer, non loin de Barmer) ; certains bustes sont de splendides représentants de cet art médiéval des confins du Rajasthan au XIIe s.

■ Vyas Chhattri* A1-2

Ouv. du lever au coucher du soleil • entrée payante.

Ces *chhattri*, gracieux pavillons à coupoles, marquent le lieu de crémation des Vya, une caste de brahmanes. Ils offrent un splendide premier plan sur les murailles de la ville et la forteresse. Néanmoins, des constructions récentes sont venues s'intercaler dans le paysage et gâchent un peu la vue. Pas tant cependant que l'opiniâtreté des marchands ambulants.

▲ **Les *chhattri* de Bara Bagh. Certains ont conservé les stèles représentant les rois défunts ou leurs veuves, mortes en sati** *(→ encadré p. 69).*

Environs de Jaisalmer

1 Bara Bagh** *6 km N.*

Ouv. t.l.j. du lever au coucher du soleil • entrée payante.

Au-dessus d'une zone d'irrigation aménagée dans une dépression et occupée par des jardins maraîchers, l'ancienne nécropole des souverains de Jaisalmer est très photogénique, malgré la présence de nombreuses éoliennes.

2 Amar Sagar* *6 km N.-O.*

Entrée libre.

Au bord d'un bassin souvent à sec se dresse un **temple jaïn** restauré à la fin du XIXe s. Quelques temples et pavillons se trouvent encore sur la rive la plus proche de la route. Un puits souterrain fournit un peu d'eau aux habitants du village pendant les mois de sécheresse, c'est-à-dire pratiquement toute l'année…

3 Lodurva* *15 km N.-O.*

Ouv. 8 h-20 h • entrée libre.

Au-delà d'Amar Sagar, la route se prolonge jusqu'au site de cette ancienne capitale du Marwar. Mais on cherchera vainement la trace des 12 portes qui étaient percées dans l'immense mur d'enceinte de la cité. Il est vrai qu'elle fut saccagée en 1178 par un général de Muhammad de Ghor (le premier conquérant musulman de Delhi) et abandonnée au profit de Jaisalmer, qui venait d'être fondée. Des anciens temples jaïns des XIe et XIIe s. qui se trouvent parmi les ruines informes, un seul a été restauré jusqu'à présent ; un cobra y aurait élu domicile selon les prêtres qui le nourrissent chaque soir d'un verre de lait.

4 Sam Sand (Desert National Park) *41 km O.*

Permis nécessaire pour entrer dans le parc au-delà de Sam Sand, → p. 203.

Vous découvrirez ici comme un Sahara en miniature, avec des dunes de sable fin. Désignées sous le nom de *dharna*, elles peuvent se développer sur un front d'une dizaine de kilomètres. Cette partie du désert du Thar a été transformée en un parc national couvrant environ 3 000 km². Elle est habitée par une faune assez clairsemée de lièvres des sables, de chats sauvages, de renards, de gazelles, etc., et par quelques espèces d'oiseaux, migrateurs ou non, comme les grandes outardes et les grues. L'endroit est envahi chaque soir par les touristes venus assister au coucher du soleil. Des tentes et des constructions en dur les y attendent pour un dîner spectacle. On cherchera alors en vain les solitudes du désert.

5 Khuri *45 km S.*

Ce petit village à la lisière du désert s'est découvert une vocation touristique ces dernières années : une vingtaine de *guest houses* y proposent hébergement, repas et randonnées à dos de chameaux. On ne sera pas le seul étranger, mais la localité est suffisamment étalée pour ne pas avoir le sentiment de la foule et pour profiter pleinement de l'hospitalité des habitants.

6 Pokaran* *111 km E.*

Cette localité au bazar animé a été la capitale d'un petit État princier rajput. La forteresse, bien conservée, fut fondée par Rao Maldeo (1532-1584), un *thakur* du Marwar. Ses descendants entretiennent aujourd'hui avec passion l'héritage familial, devenu un charmant hôtel *(Fort Pokaran Hotel ☎ [02994] 22-22-74 • www.fortpokaran.com)*. Quelques pièces abritent les collections historiques de la famille : portraits et armes, principalement (entrée payante donnant droit à un thé). L'endroit mérite un arrêt à l'occasion d'un voyage par la route entre Jaisalmer et Bikaner.

▶ **Ramdeora** *(à 11 km N. par la route de Bikaner)*. Ce village est l'un des centres de pèlerinage les plus populaires du Rajasthan. Son temple est dédié à Baba Ramdeo, saint personnage d'origine rajpute qui vécut au XVᵉ s. Connu également sous le nom de « dieu des Intouchables », il présente la particularité d'être vénéré par les hindous comme par les musulmans. D'ailleurs, dans le saint des saints, en lieu et place de l'effigie de Baba Ramdeo, se trouve son tombeau, édifié sur le modèle des tombes musulmanes ; il en est de même pour les sépultures des membres de sa famille, dans la cour du temple. ◀

À NOTER

Gangaur Guest House, à Khuri ☎ 94-14-27-10-35 (portable) ; hameersingh@yahoo.com ; organisation de promenades d'une ou plusieurs journées dans le désert ; possibilité de dormir sur place dans des conditions de confort sommaires mais correctes.

Le Thar, terrible désert

Partagé entre l'Inde et le Pakistan depuis 1947, le désert du Thar couvre une superficie d'environ 200 000 km². C'est le Marusthali, le pays de la Mort des chansons rajputes. Côté indien, il vient buter à l'E. contre les monts Arawalli et s'étend vers le S.-E. jusqu'au Little Rann of Kutch dans le Gujarat. Steppe clairsemée vers l'E., autour de la ville de Jodhpur, le désert se fait plus aride à mesure que l'on avance vers l'O. : on y trouve des dunes à quelques kilomètres de Jaisalmer ainsi qu'autour de Barmer. Région au climat éprouvant et aux terribles sécheresses – le thermomètre peut atteindre 53 °C en mai-juin –, le Thar n'est pourtant pas un désert humain. Des populations d'agriculteurs et d'éleveurs réussissent à y vivre grâce à des réservoirs recueillant les rares eaux de pluie. On y rencontre également des antilopes, des renards, des chats sauvages et, dit-on, le *pivana*, un serpent dont on se raconte les méfaits le soir à la veillée : il ne mord pas mais empoisonne ses victimes pendant leur sommeil en leur insufflant son venin dans les voies respiratoires. Pour s'en défendre, les habitants du Thar s'entourent d'oignons dont l'odeur est insupportable au reptile.

Jodhpur★★★

Situation : à 205 km O. d'Ajmer, 246 km S. de Bikaner, 337 km S.-O. de Jaipur, 295 km S.-E. de Jaisalmer, 260 km N. d'Udaipur.

Alt. 226 m • 972 000 hab.

☎ 0291.

🛈 Tourist Reception Center, *Hotel Ghoomar*, High Court Rd (B1) ☎ 254-50-83 ; ouv. t.l.j. sf sam. et dim. 9 h 30-18 h.

À ne pas manquer

Le fort de Mehrangarh★★★	217
Sardar Bazar★	221

C'est à Jodhpur que l'on verra le plus imposant des forts du Rajasthan : Mehrangarh, la « citadelle du Soleil » des Rathores, qui prétendaient descendre de notre étoile (→ *encadré p. 112*)… Au pied de cette formidable masse de grès rouge qui s'enflamme au couchant s'étend le quartier des brahmanes, aux maisons soigneusement peintes couleur ciel. Cette pratique a gagné aujourd'hui une grande partie de la vieille ville, une façon de se prémunir contre les ardeurs du soleil.

Jodhpur présente aussi des attraits moins martiaux : le Sardar Bazar, un marché grouillant de vie, et l'étonnant Umaid Bhawan, un palais Art déco qui fut en son temps la plus vaste demeure princière au monde. On l'aura compris, l'étape est particulièrement photogénique…

Jodhpur mode d'emploi

■ Arrivée

En train. Main Railway Station A2. Bureau de réservation situé à l'extérieur de la gare, près de Sojati Pol ☎ 263-64-07. Liaisons quotidiennes avec Delhi (13 h), Jaipur (5 h 30), Bikaner (6 h), Jaisalmer (7 h 30, un train de jour et un de nuit – départ 23 h), Ahmedabad (11 h).

En bus. Bus Stand B1 rens. ☎ 254-49-89. Services réguliers pour le mont Abu (6 h), Ajmer (4 h 30), Bikaner (6 h), Jaipur (7 h), Jaisalmer (5 h) et Udaipur (10 h).

En avion. Aéroport à 6 km au S. de la ville (rickshaws et taxis) ☎ 251-29-28. Jodhpur est desservi par des vols quotidiens en provenance de Bombay, Udaipur, Jaipur et Delhi.

■ S'orienter

Juché sur son plateau, le **fort de Mehrangarh A1** domine la vieille ville, qui a pour centre **Sardar Bazar A1**.

Se déplacer

Il est préférable d'être motorisé pour gagner le fort (un rickshaw fera l'affaire) ; de là, on peut en revanche redescendre à pied jusqu'à la vieille ville (→ *p. 217*). Prévoir également un véhicule si vous voulez visiter l'Umaid Bhawan, de l'autre côté de la ville. Pour une arrivée princière, vous pourrez louer une vieille limousine pour quelques heures auprès de l'hôtel *Ajit Bhawan*.

Combien de temps

Une journée permet de découvrir la ville. La première étape sera le fort de Mehrangarh (compter 3 h). De là, on peut descendre à pied jusqu'au bazar de la vieille ville dominé par la tour de l'Horloge, que l'on distingue déjà depuis la terrasse du fort. Ne craignez pas de vous égarer : il se trouvera toujours un habitant du lieu pour vous remettre sur le chemin du Sardar Bazar. Dans l'après-midi, ne manquez pas de vous rendre à Mandore (à 8 km au N.) pour y découvrir les cénotaphes de la famille royale. Si vous n'y logez pas, allez voir l'Umaid Bhawan, le palais du dernier maharaja régnant, et profitez de son bar décoré de trophées de chasse.

Adresses utiles

Change. Nombreux distributeurs et bureaux de change dans toute la ville.

Compagnies aériennes. ***Indian Airlines***, Circuit House Rd B2 ☎ 251-55-03 (Bombay, Udaipur, Jaipur et Delhi) • ***Jet Airways***, 4 Osho Appts, Residency Rd AB2 ☎ 510-22-22, et à l'aéroport (Bombay et Delhi).

Poste. Près de la gare ferroviaire A2 ; ouv. du lun. au sam. 10 h-20 h, dim. 10 h-16 h.

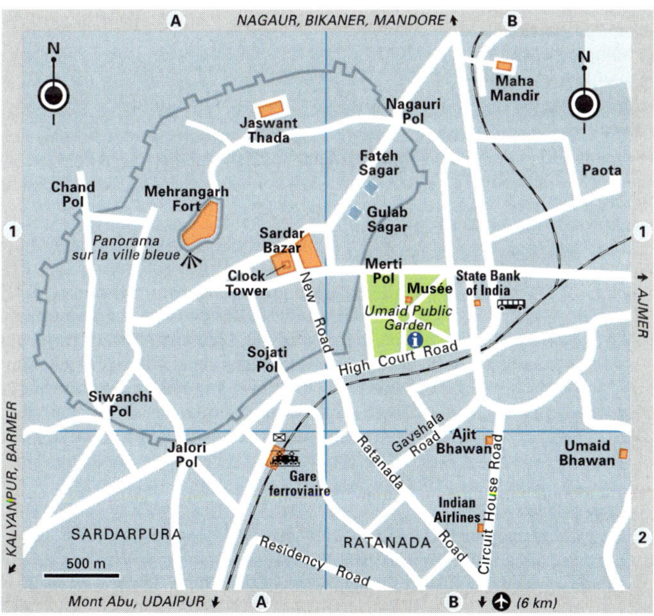

Jodhpur

Urgence. *Umaid Hospital*, Siwanchi Pol A1 ☎ 243-57-30.

■ Fêtes et manifestations

Janvier-février. *Foire de Nagaur*. À 137 km au N.-E. de Jodhpur, se tient chaque année à Nagaur (→ *p. 227*) la seconde plus grande foire au bétail de l'Inde après celle de Pushkar. Plusieurs dizaines de milliers de bêtes à cornes et de chameaux sont présentés par leurs éleveurs. La foire donne aussi lieu à un immense marché où l'on peut se procurer des produits issus de l'artisanat local, ou encore l'une des spécialités du Marwar, le piment rouge. Logement dans de modestes hôtels sur place, ou plus confortablement dans le palais de Khimsar à une quarantaine de kilomètres au S.-O. Prochaines éditions : **2011**, 10-13 janv. ; **2012**, 30 janv.-2 fév. ; **2013**, 17-20 fév. ; **2014**, 6-9 fév. ; **2015**, 26-28 janv.

Octobre. *Marwar Festival*. Spectacles de danses et de chants qui se donnent durant deux jours dans le fort de Mehrangarh, à l'Umaid Bhawan et à Mandore. On peut y entendre les bardes de la région chanter le répertoire traditionnel du Marwar, évocation des faits d'armes et de la vie de cour des maharajas d'antan. Prochaines éditions : **2010**, 21-22 oct. ; **2011**, 10-11 oct. ; **2012**, 28-29 oct. ; **2013**, 17-18 oct. ; **2014**, 7-8 oct. ; **2015**, 26-27 oct.

Octobre. Festival de musiques traditionnelles ; concerts en divers lieux de la ville durant environ une semaine. Rens. www.jodhpurfolkfestival.org.

HÉBERGEMENT

Ajit Bhawan, Circuit House Rd (B2) ☎ 251-33-33. Ch. double à partir de 11 000 roupies. Ce palais appartenant à une branche cadette de la famille royale (elle en occupe toujours une partie) abrite un hôtel d'excellent confort. Les chambres, récemment rénovées, sont aménagées dans des bungalows disséminés dans des jardins. Piscine.

♥ RESTAURANT

Pal Haveli, Gulab Sagar (B1) ☎ 329-33-28. Une halte déjeuner bien agréable : une terrasse ombragée donnant sur le marché, avec en point de mire la tour de l'Horloge, le tout sous l'autorité du fort de Mehrangarh. L'endroit passe pour l'un des meilleurs restaurants de la ville.

Jodhpur dans l'histoire

Un puissant royaume

En 1459, le prince du Marwar Rao Jodha, héritier du clan rajput des Rathores (→ *encadré p. 112*), fonde le fort de Mehrangarh : Jodhpur va devenir la capitale d'un des plus puissants États du Rajasthan. Après un siècle de luttes contre les musulmans, les maîtres de la cité se rangent sous la bannière moghole à la fin du XVIe s., sous le règne d'Udai Singh. L'une de ses filles devient l'épouse du prince Sélim, le futur Jahangir ; elle donnera naissance à l'héritier du trône, Shah Jahan, le bâtisseur du Taj Mahal. Le XVIIIe s. est pour les Moghols la fin de la puissance. Pour Jodhpur, c'est une période de rayonnement : les Rathores font et défont les alliances à la cour de Delhi ; dans leur capitale, ils patronnent les arts et la culture, favorisant l'éclosion de l'école de miniatures du Marwar dont de nombreux témoignages sont visibles au Musée national de Delhi. Seuls les turbulents clans rajputs leur disputent la suprématie dans la région.

Tutelle britannique

Épuisés par d'incessants conflits avec les Rajputs, les Rathores doivent conclure en 1818 un traité avec la Compagnie des Indes britanniques *(→ encadré p. 206)*, qui se solde en 1839 par l'imposition d'un agent politique britannique auprès de la cour de Jodhpur. Désormais sous tutelle, les maharajas du XIXe s. n'en continuent pas moins de moderniser leur royaume déjà prospère. Ils constituent même un régiment d'élite, les Jodhpurs Lancers, qui s'illustrera sur les champs de bataille des deux guerres mondiales.

Gaj Singh II (né en 1948) est l'actuel maharaja de Jodhpur. Il a servi son pays comme diplomate et gère aujourd'hui ses nombreuses propriétés, parmi lesquelles le prestigieux Umaid Bhawan. Il fut à la une des journaux en 2005 lorsque le prince héritier Yuvraj Shivraj, coqueluche de la jet-set internationale, fut victime d'un accident de polo qui l'a laissé en partie paralysé.

Visiter Jodhpur

■ Mehrangarh Fort*** A1

Ouv. t.l.j. 8 h 30-17 h, à partir de 9 h en hiver • le guichet délivrant les billets se trouve juste après la première porte du fort (Jai Pol, accessible en taxi ou en rickshaw) à g. ; au-delà, une longue rampe dominée par des murs vertigineux conduit au sommet du plateau (rude ascension de 10 mn) où se dresse la forteresse ; on peut aussi emprunter un ascenseur situé immédiatement à g. du guichet (billet supplémentaire) et découvrir tout aussi bien la rampe d'accès en redescendant vers la sortie • le billet comprend le prêt d'un audioguide en français pour l'ensemble du parcours (passeport ou document d'identité demandé en caution) • prévoir un minimum de 3 h de visite • agréable café dans le jardin de Chokelao.

Encore propriété du maharaja de Jodhpur, cette citadelle aujourd'hui en partie transformée en musée est constitué d'un ensemble de palais élevés au cours des siècles derrière une vaste enceinte fortifiée. Outre la visite du musée, on pourra longer le chemin de ronde pour découvrir la ville d'en haut et flâner dans le splendide jardin de Chokelao, qui a retrouvé son état du XVIIIe s.

À NOTER
À l'issue de la visite, vous pouvez gagner directement à pied la vieille ville et Sardar Bazar (30 mn env.) sans repasser par l'entrée du fort (Jai Pol). Il vous faut pour cela revenir à Fateh Pol ; juste après cette porte, suivre à g. un chemin dallé qui conduit en 5 mn au jardin de Chokelao, puis au-delà vers la vieille ville *(→ p. 221)*. Si vous disposez de votre propre chauffeur, et si vous comptez entreprendre cette jolie promenade, donnez-lui rendez-vous directement à l'entrée du marché.

• **Jaswant Thada** *(A1 • mêmes horaires • entrée payante, droit photo • se déchausser avant d'entrer)*. Avant d'atteindre le plateau où se dresse la forteresse, arrêtez-vous un instant à ce mausolée blanc construit sur le lieu où, en 1895, fut incinéré le maharaja Jaswant Singh II. Son portrait, au centre de l'édifice, est toujours fleuri par les habitants de Jodhpur.

• **Jai Pol**. La première porte du fort a été élevée pour commémorer la victoire *(jai)* de Jodhpur sur les armées de Jaipur, qui tentèrent d'enlever la ville en 1808.

• **Lakhna Pol**. Cette porte du XVIe s. s'élève au bout de l'esplanade en long qui fait suite à Jai Pol. Elle garde la trace des impacts des boulets de canon (entourés à la peinture rouge) tirés par les armées de Jaipur lors du siège de 1808.

• **Amrit Pol**. La rampe dessine ensuite une épingle à cheveux (ces brusques changements de direction étaient destinés à ralentir la progression des éventuels assaillants) pour passer sous Amrit Pol (XVIe s.). Dans le virage se dresse à dr. **Fateh Pol**, une ancienne porte devenue inutile avec l'agrandissement des remparts en contrebas à dr. Elle fut dressée au début du XVIIIe s. pour célébrer la résistance de Jodhpur contre le Moghol Aurangzeb. À dr. de Fateh Pol débute le chemin conduisant au jardin de Chokelao et à la vieille ville.

• **Loha Pol** (porte de Fer). La rampe continue de grimper jusqu'à venir buter contre un mur aveugle, la porte (XVe s.) se trouvant à dr. Ce dispositif avait pour but de briser, là encore, l'élan des assaillants et des éléphants de combat qui servaient de bélier. Remarquez sur les vantaux les pointes de fer qui ont

Femmes au bûcher

À l'entrée des forts, aux carrefours des villages, des mains sculptées sur les murs ou sur des stèles rappellent le sacrifice des veuves qui se jetaient volontairement sur le bûcher funéraire de leur époux défunt. Cette pratique s'appuie sur un mythe brahmanique :

Sati, épouse de Shiva, s'immola elle-même sur le bûcher que son père Daksha avait allumé en l'honneur de tous les dieux à l'exception de Shiva, un parti qu'il jugeait indigne de sa fille. Ainsi, en agissant comme la déesse, les veuves atteignaient une quasi-divinisation et étaient vénérées bien après leur mort. Cette pratique fut particulièrement vivace dans le Rajasthan, où es femmes se précipitaient dans un bûcher pour échapper aux assaillants sur le point d'investir le palais. Elle fut interdite par les Britanniques dès 1827, car il ne s'agissait pas, dans la grande majorité des cas, d'une pratique dévotionnelle volontaire mais de meurtres *(→ encadré p. 69)*. Pourtant, des cas de sati continuent à faire la une des journaux. Le 14 septembre 1987, Roop Nanwas, jeune mariée de 18 ans, s'immola après le décès de son époux en présence de plusieurs milliers de témoins. Le 6 août 2002, dans le Madhya Pradesh, Kuttu Bai se jetait dans le bûcher funéraire de son époux.

donné son nom à la porte : ils se trouvent à la hauteur de la tête des pachydermes. Dans le passage, des **empreintes de main** rappellent les sati des épouses royales, qui s'immolèrent sur le bûcher de leur époux.
En poursuivant entre le chemin de ronde et les murs des palais, on arrive en une centaine de mètres à **Suraj Pol**, la porte du Soleil, qui donne accès au musée.

▲ **Derrière le grillage de pierre de Sangar Chowk, les recluses du harem observaient les cérémonies se déroulant dans la cour autour de leur époux, installé sur son trône de marbre.**

• **Sangar Chowk**. Cette première cour est dominée par les façades du palais, dont le grès rouge finement travaillé est presque entièrement à claire-voie. À g. de l'entrée, une salle présente des *howdah*, nacelles fixées sur le dos des éléphants et où prennent place les passagers. Notez (au centre) le splendide ***howdah***** en argent finement travaillé, offert en 1653 au maharaja de Jodhpur par le Grand Moghol Shah Jahan. Toujours sur la cour, une autre salle, le **Palki Khana**, abrite une collection de **palanquins** *(palki)* royaux, dont celui qui était utilisé lors des cérémonies de mariage des maharajas.

• **Daulat Khanat Chowk**. Cette salle donnant sur une seconde cour expose quelques trésors royaux, notamment un sabre ayant appartenu à l'empereur moghol Akbar et un splendide **coffre**** en ivoire dans lequel les femmes du harem remisaient les ingrédients pour se parer des 16 articles de la beauté des femmes rajputes.

De là un escalier moderne conduit au second étage.

• **Le Phul Mahal***. Cette somptueuse salle ornée d'un plafond de bois doré et d'une débauche de peintures murales était la salle des plaisirs des souverains, le lieu où ils se prélassaient en écoutant leurs musiciens et en regardant évoluer leurs danseuses. La **terrasse** qui lui fait suite offre une vue panoramique sur les remparts ceinturant la ville, un corset de murailles long d'une dizaine de kilomètres élevé à partir du XVIe s. Sur la terrasse immédiatement en contrebas, on peut voir la dernière des **roues en bois** qui formaient un système de norias destiné à acheminer l'eau dans les étages supérieurs.

• **La chambre à coucher royale**. Elle donne sur une terrasse dominant le palais et la ville. Elle est entièrement ornée, jusqu'au sol, de peintures sur plâtre. L'ensemble date du XVIIIe s. Au-dessus du lit, le grand **éventail** était actionné par un serviteur qui se tenait à l'extérieur de la pièce.

• **La collection de miniatures*** *(salle suivante)*. Elles représentent des portraits de souverains et de nobles à cheval, des scènes de cour et des récits mythologiques dans le style de l'école de Jodhpur (XVIIIe-XIXe s.). Voyez sur le panneau de dr. en entrant une amusante scène où le souverain et ses épouses, pour célébrer la fête de Holi (→ *p. 43*), s'aspergent mutuellement à l'aide de canons à eau identiques à celui exposé au Thar Heritage Museum de Jaisalmer.

▶ Un des berceaux présentés dans le *zenana*.

• **Le *zenana***. En redescendant, on gagne les quartiers réservés aux femmes : les salles sont dotées de *jali* donnant sur les cours en contrebas. Une première pièce abrite une collection de **portes** ouvragées en ivoire et en or. On découvre ensuite la collection des **berceaux** royaux. Le chemin se poursuit vers la cour centrale du *zenana*, **Holi Chowk**, la plus ouvragée du palais. À dr., la cour ouvre sur le **Moti Mahal**, le palais de la Perle, qui servait de salle d'audience (Durbar Hall). Y sont présentés le trône du maharaja ainsi que des copies modernes des coussins où prenaient place les seigneurs qui tenaient leur fief du souverain. On y voit encore les insignes honorifiques offerts par les Grands Moghols aux souverains de Jodhpur : le chasse-mouches, l'ombrelle, le trident, le sceptre et la hampe au tigre, etc.

La visite se termine au guichet, où vous rendrez vos audioguides (les documents laissés en caution auront entre-temps été acheminés jusqu'ici).

• **Les remparts**. La découverte du fort de Mehrangarh ne serait pas complète sans une promenade sur les remparts, splendide belvédère sur la ville, ses murailles, la Clock Tower et au loin la silhouette de l'Umaid Bhawan. Le parcours est hérissé de **canons** dont certains furent pris sur le champ de bataille, jusqu'en Chine où l'armée du maharaja combattit aux côtés des Anglais lors de la révolte des Boxers (1899-1901). À l'extrémité du chemin de ronde se trouve le petit temple réservé au souverain et à sa famille.

Revenir par le même chemin. Après avoir passé Amrit Pol, prendre à g. le sentier dallé qui descend.

Les seize articles de la beauté

Traditionnellement, la femme mariée du Rajasthan doit suivre les seize articles de la beauté *(solah shringar)* qui sont censés protéger son foyer et lui éviter l'épreuve du veuvage. Seize est un chiffre symbolisant la totalité : les quatre parties de la terre sont peuplées chacune de quatre castes ; autrefois la roupie était divisée en seize annas et l'on dit encore d'un homme intègre qu'il est « honnête à seize annas ». Voici une des listes traditionnelles : brossage des dents avec un bâtonnet ou de la pâte de mangousier, bain, parfum, onguent pour le corps, coiffure, poudre brillante pour le visage, raie rouge dans les cheveux, point rouge au milieu du front, henné sur les paumes, pâte rouge sous la plante des pieds, khôl autour des yeux, noix de bétel pour rougir les lèvres, mouche, vêtements, bijoux et fleurs. On dit d'une femme qui se fait belle qu'elle se pare des « seize articles de la beauté ».

• **Chokelao Garden*** *(mêmes heures d'ouverture • entrée payante)*. Ce jardin fut aménagé à l'intérieur de la forteresse au XVIIIe s., pour l'usage exclusif du souverain. Laissé à l'abandon, il a été réhabilité en 2007 et a retrouvé l'aspect qu'il présentait à l'origine. Fondé sur le principe des jardins moghols (parterres symétriques), il s'en éloigne cependant par sa conception en trois terrasses successives et par l'exubérance des essences. Chacune des terrasses avait un usage propre. Ici, les plantes aromatiques et médicinales, là le verger, puis l'évocateur **jardin de la Pleine Lune**, bordé de bananiers autour desquels s'enlacent des plantes à fleurs blanches qui mêlent leur parfum à celui des citronniers. Au centre, un profond bassin conservait l'eau nécessaire à l'entretien de cette merveille.

Plutôt que de revenir au point de départ, vous pourrez continuer au-delà du jardin pour rejoindre la vieille ville.

La descente vers la vieille ville

En sortant du jardin, prenez à dr. et descendez tout droit jusqu'à la sortie de l'enceinte. Là, vous tournerez à g., la rue traverse **Brahmani Puri**, un quartier brahmane dont les maisons peintes de bleu s'accrochent à la colline. Après une dizaine de minutes, au premier carrefour important, prendre à g. et continuer tout droit. À mesure que l'on s'approche de Sardar Bazar, la circulation se fait plus dense et l'animation plus vive : on rencontrera en chemin une placette où s'affairent les pâtissiers de la ville, occupés à confectionner dans leurs grandes marmites une spécialité locale, le *ghevar*, un mélange de farine de blé et de sirop ; plus loin ce sont les orfèvres, puis les marchands d'épices dont les étals précèdent l'arrivée à Sardar Bazar.

Sardar Bazar* A1

Cette vaste esplanade est le centre du commerce dans la vieille ville. Dominée par la masse spectaculaire de la forteresse, elle fut aménagée sous le règne de Sardar Singh (1895-1911), qui lui légua son nom. Ce souverain moderniste voulut remplacer un lacis de ruelles anciennes par un espace ouvert à l'image des villes occidentales. Pour se mettre encore davantage à l'heure européenne, il gratifia l'endroit d'une horloge monumentale, la **Clock Tower**.

Tous les jours de la semaine sur la place et dans les ruelles avoisinantes, les paysans venus vendre leurs légumes côtoient marchands ambulants et artisans. On y trouve également des cotonnades teintes selon la technique du *tye and dye*, une spécialité de Jodhpur, des babouches de cuir, des bijoux d'or ou d'argent, des épices. Sous le passage donnant sur la ville moderne, la petite échoppe *Shri Mishrilal* propose les meilleurs *lassi* de la ville, à en croire la rumeur locale.

► **La Clock Tower est nommée également Ghanta Ghar par les habitants de Jodhpur.**

Les plans d'Umaid Bhawan furent confiés à Henry Vaughan Lanchester (1863-1953). Cet architecte célèbre en son temps (il fut l'un des premiers Anglais à recourir systématiquement à l'acier à la fin du XIXe s.) fut aussi un urbaniste novateur, partisan des voies de circulation rectilignes et des espaces verts. À ce titre, il participa au projet de la Nouvelle Delhi et dessina des plans d'urbanisme pour une vingtaine de villes indiennes, parmi lesquelles Madras.

Chaque année aux alentours du 13 janvier (la date dépend du calendrier lunaire), l'Umaid Bhawan est en fête. Ce jour-là, les grandes familles de l'ancien État du Marwar et les notables de la ville viennent rendre hommage à leur maharaja, son altesse Gaj Singh II.

■ Umaid Bhawan* B2

Musée ouv. t.l.j. 9 h-17 h • entrée payante.

En 1929, alors que le royaume fait face à une famine consécutive à plusieurs années de sécheresse, le maharaja Umaid Singh ordonne l'ouverture d'un gigantesque chantier pour venir en aide à son peuple : celui d'un nouveau palais royal dont la construction va donner du travail à 3 000 de ses sujets durant 14 ans. En 1944, cet ensemble est inauguré ; avec ses salons de réception pharaoniques et ses 347 chambres, il constitue alors le plus grand palais princier au monde.

Si les références à l'architecture indo-musulmane sont nombreuses (coupole magistrale, tourelles surmontées de sortes de *shikhara*, dentelles de pierre ouvragées garnissant les ouvertures), les lignes générales de l'édifice, avec ses masses rectangulaires et ses arêtes droites, restent largement tributaires du style Art déco alors en vogue en Europe ; cette influence apparaît encore plus nettement dans l'aménagement intérieur.

Le palais est en partie transformé en **hôtel** de grand luxe *(Umaid Bhava)*, une aile étant réservée au maharaja, toujours propriétaire des lieux. Le couloir qui prolonge l'entrée mène à une immense salle circulaire, sous la coupole : c'était la salle à manger du souverain. Au-delà, ce même couloir bordé de boutiques conduit au **Trophy Bar**, sans doute l'endroit le plus chaleureux de l'ensemble avec ses boiseries de teck et… ses trophées de chasse.

Un petit **musée** est aménagé dans l'une des ailes. Outre les habituels objets de prix des souverains rajputs (cuillères en argent, vaisselle précieuse, vases de porcelaine, etc.), vous y verrez une salle du Trône, dont les fresques illustrant le *Ramayana* furent exécutées par un peintre polonais.

Environs de Jodhpur

1 Mandore* *8 km N.*

Ouv. t.l.j. 6 h-20 h • entrée libre.

Mandore est une oasis en lisière des étendues désertiques du Thar *(→ encadré p. 213)*, qui offre de luxuriants jardins peuplés de singes (ils ont servi de décor naturel à plusieurs productions de Bollywood). Elle fut la première capitale du Marwar, sans doute depuis le VIe s. jusqu'à la fondation de Jodhpur au XVe s., et abrite à ce titre la **nécropole des maharajas**. Des *chhattri* élevés sur l'emplacement des bûchers voisinent avec des monuments plus imposants en forme de temple hindou, tel le mausolée qui abrite le cénotaphe d'Ajit Singh († 1724).

• **La galerie des Héros*** se trouve près du palais d'Abhai Singh (XVIIIe s.), dans la partie g. du parc : il s'agit de 16 grandes effigies taillées dans un seul bloc de rocher. D'aspect plutôt fruste, elles sont néanmoins l'occasion de se familiariser avec le panthéon du Rajasthan (des inscriptions au bas des représentations permettent de les identifier). Vous y verrez Chamunda, forme terrible de Durga, la Grande Déesse vénérée par le clan rathore, ainsi que Durga terrassant le démon-buffle. Parmi les saints populaires se trouvent Baba Ramdeo, dieu des Parias, à qui on rend toujours un culte à son temple de Ramdeora *(→ p. 213)* ou encore le héros Pabuji *(→ encadré p. 226)*, dont les Bhopas célèbrent toujours la geste : les membres de cette caste de bardes s'en vont de village en village raconter notamment l'histoire de Pabuji, en s'accompagnant de leur viole et en utilisant un long panneau peint où figure l'histoire du héros.

2 Osiyan* *65 km N.-O.*

Ce gros village fut, entre le VIIIe et le XIIe s., un centre de pèlerinage important appartenant au royaume des Pratiharas, le clan rajput qui régnait alors sur cette partie de l'Inde. Les invasions musulmanes des XIIe et XIIIe s. n'en laissèrent rien, excepté une douzaine de **temples**. La plupart se hissent sur une plate-forme et sont coiffés par un *shikhara*. Maillon important de l'histoire de l'art indien, ils perpétuent dans leur décoration sculptée le grand art des Guptas *(→ encadré p. 101)*, tandis qu'ils s'inscrivent dans le Moyen Âge de l'Inde du Nord par leur architecture. Une jolie excursion à faire depuis Jodhpur, qui prendra une demi-journée.

À l'entrée de la localité (rond-point), prendre tout droit la rue qui monte à travers le bourg. À 300 m environ, après une chicane, un escalier monumental à dr. conduit au temple principal d'Osiyan.

• **Le temple de Sachiya Mata*** *(ouv. t.l.j. de 6 h au coucher du soleil • on se déchausse en haut des escaliers • accès libre)* est un lieu de pèlerinage pour les couples en mal d'enfant. Au terme d'une ascension de 151 marches – les fidèles exaucés dans leurs vœux viennent déposer en remerciement une noix de coco sur chacun d'entre elles –, on aboutit à ce sanctuaire dédié à une forme locale de Parvati. Le sanctuaire principal (fin XIIe s.) abrite une statue de la déesse sortie, dit-on, miraculeusement de terre voilà 3 000 ans. Le *mandapa* qui précède la cella est entouré de piliers recouverts de peintures et de miroiteries modernes ; ils soutiennent une splendide coupole sous laquelle se détachent seize gracieuses danseuses. ▶▶▶

Les écologistes du désert

C'est dans un rayon de 50 km au S. de Jodhpur que vivent les **Bishnoïs**. Bien que composée essentiellement de cultivateurs, cette communauté trouve son fondement non pas dans le travail agricole mais dans le respect de 29 règles de vie (*bishnoï* veut dire vingt-neuf) qui mettent en avant la protection de la nature et l'attachement à toute forme de vie, animale (il n'est pas rare de voir des antilopes brouter en toute quiétude aux abords d'une maison bishnoï) ou végétale. Au XVIe s., ces règles furent consignées dans un livre par le maître spirituel des Bishnoïs, Jambhoji. L'existence d'un tel livre saint est unique parmi les communautés hindoues de l'Inde, et semble indiquer l'origine musulmane de ce mouvement.

L'habitat bishnoï se caractérise par des maisons en terre protégées par une enceinte élevée dans le même matériau. Lorsque la terre est encore fraîche, ces maisons sont ornées de motifs végétaux dessinés par les femmes, qui célèbrent ainsi à leur manière Dame Nature. Des excursions vers les villages bishnoïs sont organisées depuis les palais-hôtels de Luni et de Rohet : ***Fort Chanwa Luni***, à Luni (35 km S. de Jodhpur) ☎ (02931) 28-42-16 ; www.fortchanwa.com ; ***Rohet Garh***, à Rohet (39 km S.-E. de Jodhpur) ☎ (0291) 243-11-61 ; www.rohetgarh.com

La passion des étoffes

L'Inde revient à la mode. Après les délires psychédéliques des années 1960, les couturiers occidentaux ont repris le chemin du sous-continent : tissus imprimés et broderies savantes sont de nouveau à l'honneur. Il faut dire qu'entre laine, soie ou coton, processus de teinture, motifs variant d'une région à l'autre, sans oublier l'expérience séculaire des artisans, le choix est vaste.

► **Les saris des femmes font de l'Inde un univers empli de couleurs.**

■ Un mode de vie

Les Indiens ont peut-être tenté de faire contrepoint à l'ocre du désert et des steppes brûlées par le soleil en été en offrant d'éblouissantes palettes de couleurs à leurs étoffes. Sari dans lequel se drapent les femmes, turban des hommes, encadrement de portes des huttes des habitants du désert, épais coussins dans les nobles demeures, le tissu est un véritable art de vivre. Pour l'artisan, il s'agit de perpétuer les traditions de sa caste qui, depuis des générations, est dépositaire d'un savoir-faire qui varie de communauté en communauté, de région en région. Une façon de participer à l'ordre immuable de l'Univers. Un support à la méditation, affirmait le Mahatma Gandhi, qui se livrait quotidiennement au filage sur son rouet. Le symbole de l'appartenance au monde terrestre pour les yogis qui s'en vont nus.

■ La teinture en réserve

Pour composer des motifs sur l'étoffe, une des techniques consiste à tremper le tissu dans plusieurs bains de teinture successifs en réservant à chaque fois une partie de l'étoffe selon divers procédés. L'un consiste à enduire les parties que l'on ne veut pas teindre d'une couche de glaise et de cire. On recommence l'opération à chaque bain. Une autre technique est le *tye and dye* (« nouer et teindre »). Le textile est plié en plages plus ou moins grandes, certaines mesurant moins de 1 cm^2, que l'on noue vigoureusement afin que la partie de tissu réservée échappe au bain de teinture. On recommence l'opération à chaque bain. On trouve ainsi chez les marchands des pièces d'étoffe encore nouées : l'acheteur se chargera ensuite de rompre les liens, révélant au fur et à mesure les motifs du tissu. Les saris *patola* de Modhera, qui comptent parmi les plus chers du

▲ Le *block printing* traditionnel : chaque tampon est gravé d'un motif que l'on reporte avec la couleur correspondante sur le tissu, selon le carton dessiné par le maître d'atelier.

▲ Une technique d'impression plus moderne : sur l'étoffe tendue, on passe des cadres successifs, chacun portant un motif particulier. Un exercice qui demande une grande précision.

marché indien, sont confectionnés selon cette méthode de la teinture en réserve (→ *également encadré p. 288*).

La teinture au tampon

Le *block printing* est une technique répandue au Rajasthan : dans les environs de Jaipur, Sanganer est l'un des centres importants de cet artisanat. Il s'agit d'imprimer les motifs successifs à l'aide de tampons trempés dans de la teinture. Ils portent des motifs différents qui, apposés bord à bord et les uns au-dessus des autres, vont faire naître la composition finale. Cette technique longue et exigeante en main-d'œuvre a été modernisée depuis quelques décennies : sur le tissu tendu sur un cadre, on se contente désormais de passer des rouleaux de motifs successifs. Depuis quelques années, des entreprises ont voulu revivifier les techniques ancestrales en remettant à l'honneur le tampon à la main au service de motifs plus contemporains. Il en est ainsi de la maison *Anokhi*, présente dans plusieurs villes du nord de l'Inde.

Le cachemire

Originaire de la région homonyme du nord-ouest du pays, l'artisanat du cachemire est présent dans toute l'Inde grâce au dynamisme de ses commerçants. Le cachemire, c'est tout d'abord des motifs, reconnaissables entre tous avec leurs entrelacs courbes de motifs végétaux. C'est aussi une étoffe tirée de la laine d'une chèvre de l'Himalaya. Les poils les plus fins servent à confectionner le *pashmina*, un tissu aérien qui sert notamment à la confection de châles très chauds mais ne pesant que quelques grammes.

▶ Séchage des tissus servant à la confection de saris.

Pabuji, ce héros

Né des amours d'un prince et d'une nymphe, Pabuji voulait une monture digne de son rang pour se rendre à son mariage avec la belle Sohri. Après force promesses, il réussit à persuader une princesse voisine de lui prêter Ketra, la jument à la robe safran et aux pouvoirs surnaturels. Arrivé devant le palais de sa belle, il dut, comme la tradition l'exige, frapper de son épée une arche de bois fixée au-dessus de la porte de la maison. Mais les parents de la promise compliquèrent l'entreprise en suspendant l'arche à la plus haute tour du palais. C'était sans compter sur Ketra, qui s'éleva d'un bond jusqu'à la tour. Commencèrent alors les rituels du mariage : les fiancés entreprirent de faire sept fois le tour du feu nuptial. Mais au cinquième tour, la jument se mit à hennir, puis à crier que le bétail de la maison avait été enlevé par Jindarao, le beau-frère de Pabuji qu'il avait omis d'inviter. Pabuji enfourcha alors sa monture pour s'en aller combattre Jindarao à la tête d'une poignée de compagnons. Une troupe trop faible pour vaincre l'armée que Jindarao avait réunie. Pabuji mourut au combat et Sohri devint sati en se jetant sur son bûcher funéraire *(→ encadré p. 218)*.

À NOTER

• Au pied des escaliers du temple de Sachiya Mata, de nombreux jeunes gens se proposent d'accompagner les visiteurs. Ils pourront vous être utiles pour vous repérer dans le bourg, même si leurs connaissances des monuments et leur anglais sont assez limités. Vous pourrez également contacter le pandit Prithiviraj Sarswat, un brahmane plus connu sous le sobriquet de Bablu : il tient le stand de thé au rond-point à l'entrée de la localité. Parlant un anglais satisfaisant, c'est un bon connaisseur de la ville et de ses monuments.

• Possibilité également de randonnées en jeep dans les villages des environs (Bablu dispose de quelques chambres d'hôtes, sommaires mais correctes ☎ portable 941-13-27-97-47).

▶▶▶ À dr. du temple principal, un petit **temple** secondaire dédié à Surya, le dieu solaire, présente une entrée encadrée de deux élégantes représentations de Ganga et de Yamuna. De là, on peut passer à l'arrière du temple pour en admirer les **statues** (divinités, danseuses, musiciens, quelques scènes érotiques) qui ornent l'extérieur de la cella et découvrir l'élévation du *shikhara*.

À g. du temple principal, deux **oratoires** au *mandapa* fermé de grilles de pierre sont dédiés à Shiva et à Ganesha. Là encore, les murs extérieurs s'enrichissent d'une profusion de statues.

Sur la plate-forme en contrebas du temple principal, douze **temples** modernes sont utilisés lors des grands pèlerinages (en mars et sept.-oct.) ; à l'intérieur de plusieurs d'entre eux, vous pourrez voir d'amusantes machines électriques qui permettent de battre le tambour sans discontinuer.

Redescendre par le même chemin ; vous pourrez ensuite faire le tour du village à la découverte des principaux sanctuaires de la ville. Prenez tout droit dans le prolongement des escaliers puis au bout à g. entre les maisons aux façades bleues, puis la 1re rue à dr. La première étape se trouve à 200 m environ sur la g.

• **Le temple de Mahavira*** *(ouv. 6 h-20 h 30 • entrée payante)*. Annoncé par un haut portail moderne flanqué de deux éléphants peints, ce temple jaïn est dans un bel état de conservation. Le *torana* qui le précède est une reconstitution moderne. Ce sanctuaire jaïn date dans son ensemble du XIe s., mais intègre quelques éléments, dans le mur extérieur de la cella notamment, d'un édifice du VIIIe s. L'intérieur est interdit au touriste, mais on peut jeter un coup d'œil depuis le porche et voir tout au fond l'idole qui trône dans la cella.

Revenir sur vos pas et prendre à dr. la rue que vous avez suivie précédemment ; au bout, tourner à g. ; les deux temples de Surya sont à une centaine de mètres plus loin, de part et d'autre de la rue.

• **Les deux temples de Surya** *(accès libre)*. Juchés chacun sur leur plate-forme, ces deux temples dédiés au dieu solaire remontent au VIIIe s. *(→ aussi p. 102)*. Ils sont aujourd'hui désaffectés. Celui de dr. présente les plus belles **sculptures**, d'opulentes danseuses et divinités portant des coiffures en chignon caractéristiques de la période gupta, dont on peut voir ici les derniers échos.

Pour rejoindre le rond-point qui marque l'entrée du village (5 mn), continuez la rue, prenez à dr. en longeant l'arrière du temple, puis la minuscule venelle à g. Elle conduit à un immense réservoir creusé à l'époque de la splendeur de la ville. Au coin du réservoir, prenez à g. et continuer tout droit à travers le bosquet d'acacias : le rond-point se trouve 200 m plus loin. De l'autre côté de la route, un second groupe de temples mérite l'attention.

• **Les trois temples de Harihara** (divinité à deux faces, Shiva et Vishnou) datent des VIIIe s.-début IXe s. et présentent une séduisante décoration *(→ aussi p. 102)*. Le dernier sanctuaire, 200 m plus loin, serait le plus ancien temple d'Osiyan (début VIIIe s.).

3 Nagaur* *137 km N.*

Possibilité de loger sur place ou plus confortablement au fort de Khimsar, à env. 40 km au S.-O.

Aux portes du désert du Thar *(→ encadré p. 213)*, Nagaur fut âprement disputé par les différents clans rajputs et les musulmans. Il reste de ces luttes une enceinte fortifiée entourant la ville. À l'abri de ces fortifications s'étend le fort d'Ahhichatragarh, défendu par une haute muraille longue de près d'un kilomètre et ponctuée de 30 bastions. Les Moghols en commencèrent la construction au XVIe s. puis, la paix faite, les Rajputs le dotèrent de somptueux palais qui ont conservé une grande partie de leur décoration peinte. Le fort, propriété du maharaja de Jodhpur, est en cours de restauration.

▲ **Nagaur accueille chaque année en janv.-fév. une spectaculaire foire au bétail *(→ p. 216)* qui donne lieu à toute sortes de manifestations, notamment des courses de chameaux.**

• **Ahhichatragarh Fort** *(ouv. t.l.j. 9 h-13 h et 14 h-17 h, 8 h 30-13 h et 14 h 30-17 h 30 en été • entrée payante)*. Passé la première porte, on débouche sur une première enceinte où se trouve une **mosquée** *(f. pour restauration)* édifiée par le Grand Moghol Shah Jahan (r. 1628-1658). Une seconde porte permet de gagner l'immense esplanade où les cavaliers faisaient évoluer leurs montures (écuries visibles à dr.). À g., une porte donne accès à la zone des palais : la première cour est dotée d'une **estrade** où subsiste le trône précédé d'un bassin ; le souverain rajput y prenait place lors des grandes audiences publiques (Diwan-i-Am).

L'esplanade des palais. En passant derrière l'estrade, on débouche dans les parties privées du palais, que l'on découvre depuis le ***baradari***, long portique à plusieurs rangées de piliers : une véritable oasis avec ses bassins et ses jardins moghols aux parterres réguliers joliment fleuris. Un système de circulation d'eau alimenté par une gigantesque citerne aménagée dans un bastion S. du rempart courait sous l'ensemble du palais.

Du côté g., un **pavillon** doté de portes modernes abritait la salle des audiences privées (Diwan-i-Khas). Il est parcouru par un petit canal dont le fond est strié afin de faire chanter l'eau. La salle du Trône, où est présentée une reconstitution du siège royal, comporte également un hammam. L'ensemble du pavillon conserve sa décoration peinte (XVIIIe s.).

Le *zenana*. En retraversant le *baradari* par lequel vous êtes entré, vous trouverez du côté dr. un escalier qui conduit aux quartiers des femmes. Deux étages soigneusement grillagés de dentelles de pierre et dont les murs intérieurs sont couverts de **peintures** représentant, à la manière des miniatures rajputes, les femmes du harem vaquant à leurs occupations quotidiennes : bain, toilettes, jeux de balançoire. On peut grimper sur la terrasse pour embrasser d'un coup d'œil l'ensemble du complexe.

Le palais de Bakht Singh. À l'extrémité de la terrasse du *zenana*, un escalier conduit directement au palais royal. Il comporte une salle au rez-de-chaussée avec une plate-forme où prenait place le maharaja et deux étages aux peintures et à l'architecture moins bien conservées.

Le palais d'Akbar. En sortant du palais précédent par la dr., on longe une série de bâtiments en arrière desquels s'élèvent les palais des reines *(accès interdit, en cours de rénovation)*. Plus loin, sur la dr. se trouve le hammam d'Akbar (on est là dans la partie la plus ancienne du fort) : on y voit les trois salles traditionnelles (froide, tiède et chaude) de ce type de construction, peintes de splendides fleurs dont la grâce évoque les miniatures persanes. Peu après le hammam ouvre à g. le palais d'Akbar, un édifice d'une grande simplicité avec une véranda donnant sur les jardins, un vestibule et une cour intérieure carrée. La décoration est également d'une grande simplicité : des stucs dessinant des motifs floraux (les peintures sont un ajout de l'époque rajpute).

Le second *baradari*. En continuant plus avant, on parvient au second *baradari* du complexe, pavillon à colonnes précédent un immense bassin doté d'un gracieux pavillon. C'est là que prenait place le souverain (il y accédait en barque) pour passer les nuits à écouter de la musique et voir évoluer les danseuses.

Vous regagnerez la sortie en traversant les **jardins**, où les anciens systèmes de canalisation sont encore bien visibles.

Mount Abu***

Une route de 20 kilomètres conduit de la plaine au mont Abu, à plus de 1 200 mètres d'altitude. Tout au long de cette rude montée, des tribus de singes observent avec intérêt le va-et-vient incessant des véhicules qui s'époumonent. Seule station d'altitude de la région, le mont Abu est en effet très apprécié des touristes indiens, qui viennent y chercher en été un peu de fraîcheur alors que les plaines sont surchauffées.

Depuis des temps immémoriaux, le mont a été le refuge des ermites jaïns et hindous. En témoignent les 84 lieux de pèlerinage et les nombreux temples, en particulier ceux du Delwara, l'une des merveilles du Rajasthan.

Situation : à 245 km N. d'Ahmedabad, 375 km S.-O. d'Ajmer, 555 km S.-O. de Jaipur, 326 km S. de Jodhpur, 185 km O. d'Udaipur.

25 000 hab.

☎ 02974.

ℹ Tourist Reception Center, face au Bus Stand (A2) ☎ 23-51-51 ; ouv. du lun. au ven. 9 h 30-13 h et 14 h-18 h.

À ne pas manquer

Les temples de Delwara*** 231

Le mont Abu mode d'emploi

■ Arrivée

En train. La gare se trouve dans la localité d'Abu Road, à 27 km E. du mont, sur la ligne Delhi-Ahmedabad ; liaisons quotidiennes avec ces deux villes ainsi qu'avec Jodhpur, Jaipur et Delhi. Rés. dans le village de Mount Abu, à côté du Tourist Reception Center A2, t.l.j. 8 h-14 h ☎ 23-50-81.

En bus. **Bus Stand** à l'entrée du village A2 ☎ 23-54-34. Liaisons quotidiennes pour Ahmedabad (4/jour) Udaipur (2/jour), Jaipur, Agra, Delhi, Jodhpur.

En avion. L'aéroport le plus proche est celui d'Udaipur à 185 km E.

■ S'orienter

La localité s'étend au S.-E. du lac Nakki : on y trouve un bazar, des banques, l'office du tourisme, de nombreux petits restaurants ainsi que des hôtels bon marché. Les hôtels plus luxueux sont disséminés dans les collines à la ronde. Les divers centres d'intérêt, les temples de Delwara notamment, se trouvent tous à plusieurs kilomètres du bourg.

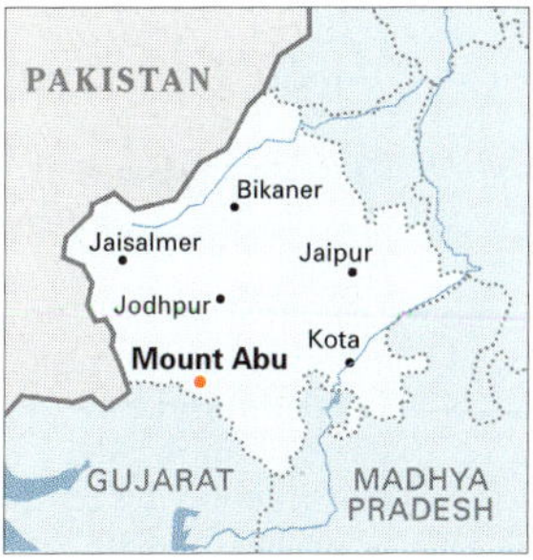

▲ **La région du mont Abu est classée parc naturel et abrite une foule d'espèces animales et végétales, des orchidées notamment. Elle est aussi très prisée des randonneurs.**

■ Se déplacer

Pour visiter les sanctuaires et les beautés naturelles du mont Abu, il est impératif d'être motorisé. Nombreux taxis mais pas de rickshaw. On peut également louer des scooters ou des motos.

■ Combien de temps

Une journée suffit pour voir l'essentiel, mais les temples de Delwara n'ouvrent à la visite qu'à midi. De nombreux sentiers de randonnées parcourent les collines : une raison pour s'attarder dans cette splendide région. Ne pas manquer d'aller flâner autour du lac Nakki en compagnie des nombreux touristes indiens.

■ Adresses utiles

Change. Plusieurs banques de change en lisière du bazar **AB1**.

Location de deux-roues. Plusieurs loueurs sur Nakki Mall **A1**, la rue principale de la localité. Comptez environ 200 roupies par jour pour un scooter.

Poste. Raj Bhawan Rd, en face du musée **B1**.

Urgences. *Government Hospital* ☎ 23-55-35.

Visiter le mont Abu

1 State Museum B1

Dans le village, sur Raj Bjawan Rd • ouv. t.l.j. sf lun. 9 h 45-17 h 15 • entrée payante.

Les quelques miniatures, bijoux et parures de la tribu des Garasiyas (les autochtones de la région) exposés dans ce musée ne justifient guère une visite. Les **sculptures** en revanche méritent l'attention : on découvrira là le lointain passé du mont Abu à travers une série d'œuvres antérieures au XIe s. et à la construction des temples de Delwara : un Surya botté du VIIIe s. découvert à Achalgarh, deux Vishnou du Xe s., l'un méditant la création de l'univers allongé sur le serpent Shesha, l'autre entouré de ses avatars. Voir également, côté dr. de la galerie, un linteau du XIe s. figurant l'ensemble des avatars de Vishnou, et, au fond, des stèles de héros morts au combat au XIIIe s. contre les armées musulmanes.

2 Les temples de Delwara*** *3 km N. de Mount Abu*

Ouv. t.l.j. 12 h-18h • entrée libre • on entre dans le périmètre pieds nus (les dalles de marbre sont rapidement brûlantes en été) sans porter d'article de cuir et sans sac volumineux (vestiaire à l'entrée) • photos interdites.

C'est là le chef-d'œuvre du mont Abu, et l'un des sommets de l'art médiéval indien. Cet ensemble de cinq temples, tous dédiés à la foi jaïne, fut construit du XIe au XVIe s. Le premier d'entre eux, le **Vimal Vasahi**, est l'œuvre d'un pieux ministre et commandant en chef de Bhima Ier, le plus célèbre des rois solankis. Si l'on ne doit voir qu'un seul temple, c'est assurément celui-ci qu'il faut choisir.

• Le **Khatar Vasahi** *(immédiatement à g. après l'entrée)*, construit en grès au milieu du XVe s., se distingue par la triple élévation de son *shikhara*. Il abrite quatre statues de Parshwanath, le 23e *tirthankara*.

• Le **Mahavir Swami** *(à g. de l'entrée de Vimal Vasahi)*, petit temple dédié à Mahavira, date de 1582 et présente quelques restes de peintures murales.

• **Le temple de Vimal Vasahi*****. Après avoir servi son roi et combattu à la tête de ses armées, le ministre Vimal décida de se retirer dans les solitudes du mont Abu pour y expier ses fautes. Aussi riche que puissant, Vimal ordonna la construction d'un temple : elle s'échelonna entre 1031 et 1045 et occupa

HÉBERGEMENT

Shree Ganesh Hotel, **Nakki Lake ☎ 23-72-92. 20 ch., double de 200 à 500 roupies. Accueil très sympathique, jolie terrasse sur le toit.**

♥ HÔTEL

Bikaner House, **Delwara Rd (3 km N. du village, juste avant les temples de Delwara) ☎ 23-87-63 ; 33 ch., double à partir de 4 000 roupies. Dans le palais d'été des maharajas de Bikaner, des chambres d'excellent confort, certaines donnant sur les jardins.**
Très bon restaurant où le chef ne prépare que des produits frais : on vous demande de passer votre commande quelques heures à l'avance.

BON À SAVOIR

À l'O. du bourg, Sunset Point est présenté par l'office du tourisme comme l'un des *must* du mont Abu : c'est de là qu'il faut assister au coucher du soleil. Il est vrai que du haut de ce promontoire le spectacle est splendide. Mais n'espérez pas un moment d'un grand romantisme : l'endroit est bondé le soir... À noter aussi que les voitures doivent s'arrêter sur le parc de stationnement situé à 10 mn à pied du belvédère.

Randonnées sur le mont

Le mont Abu est un paradis pour les randonneurs. De nombreuses pistes de trek ouvertes par le service des Forêts sillonnent les alentours. Aucune ne nécessite une préparation physique particulière, et il en existe pour tous les mollets, de 2 à 8 km. La plus belle est incontestablement le Tiger Path (8 km) qui serpente à l'E. du bourg et offre des vues splendides sur les vallées et les montagnes. Attention, la descente vers le temple de Gaumukh (S. de la localité) est fortement déconseillée : des touristes y ont été détroussés à plusieurs reprises.

Pour toute randonnée, il est nécessaire d'être convenablement équipé (chaussures, eau, bâton pour éloigner les singes trop curieux) et impératif d'être accompagné d'un guide spécialisé. En principe, on peut en trouver au Tourist Reception Center ainsi qu'au Forest Office (route du Sunset Point ☎ 23-52-11). En pratique, ces deux administrations sont le plus souvent incapables de trouver un guide. Mieux vaut s'adresser au *Shree Ganesh Hotel* (→ *ci-dessus*), qui s'est fait une spécialité de l'encadrement de trek.

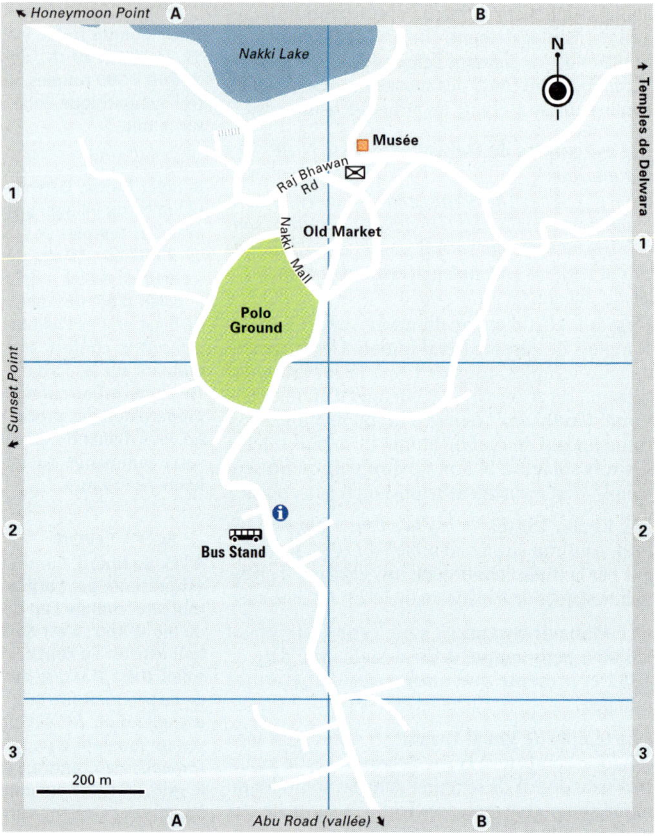

Le mont Abu.

près de 3 000 artistes et ouvriers. Face à l'entrée du temple, un pavillon ouvert abrite les **statues** du ministre à cheval accompagné des membres de sa suite juchés sur des éléphants : réalisées par un descendant du ministre au milieu du XIIe s., elles furent gravement mutilées par les armées musulmanes au XIVe s. ; elles ont depuis été restaurées.

Le **sanctuaire** dédié à Adinath, le premier des prophètes jaïns, se dresse au centre d'une cour bordée d'un **portique** (double sur les côtés, simple au fond), et sous lequel ouvrent 57 chapelles. Sitôt entré, on est ébloui par la blancheur éclatante du marbre au grain d'une extrême finesse, et par la débauche vertigineuse d'ornementation qui ne laisse aucun espace libre.

Le ***mandapa****** situé en avant du sanctuaire est l'espace dédié aux danses sacrées. Il s'inscrit à l'intérieur de huit colonnes reliées entre elles par des *torana*, véritables guirlandes de marbre d'une extraordinaire finesse. L'élévation de la **coupole***** est un véritable tour de force : huit cercles concentriques de diamètres décroissants se superposent jusqu'à la calotte du sommet, sous laquelle est suspendue une clé aérienne en forme de fleur de lotus ; 16 gracieuses Sarasvati,

◀ **Décor sculpté du temple de Vimal Vasahi.**

la déesse des Arts, font office de consoles. Où que le regard se porte, il découvre des centaines de **figures sculptées***** – danseuses, musiciennes, divinités, éléphants, cavaliers –, et ce jusque sur le pendentif qui descend de la coupole. Vous noterez sur les colonnes les supports destinés à recevoir les lampes utilisées pour les cérémonies nocturnes.

Le saint des saints *(accès interdit)* est précédé d'un porche ouvert soutenu par des colonnes finement ouvragées tout comme l'encadrement de la porte.

Les **chapelles** *(elles sont numérotées, suivre le sens des aiguilles d'une montre pour la visite)* sous le portique aux plafonds ornés de divinités (souvent hindoues), de motifs géométriques et floraux, méritent également l'attention. Chacune renferme la statue d'un *tirthankara*. En avant de la chapelle n° 23, un Vishnou porte encore des traces de peintures. La chapelle d'angle au bout du long côté g. abrite une statue monumentale de *tirthankara* qui passe pour antérieure à la construction du sanctuaire. La chapelle voisine à g. est occupée par la statue d'Ambika (une des épouses de Shiva, assimilée à Parvati), toujours parée de riches vêtements par les prêtres : c'est elle qui dans un songe désigna à Vimal l'endroit où il devait bâtir son sanctuaire.

La montagne sainte

L'endroit fut tout d'abord un haut lieu du shivaïsme. Selon la légende, Abu serait la déformation d'Arbuda, nom du serpent qui tira Nandi, la monture de Shiva, d'un gouffre où elle était tombée. Par la suite, Vasishtha, l'un des sept sages qui reçurent les *Veda*, s'y retira après la mort de son fils. D'un feu sacrificiel qu'il offrit aux dieux jaillirent quatre guerriers en armes. Ils fondèrent les quatre branches rajputes *(→ encadré p. 112)* qui se réclament de cette lignée du Feu (Agnikula) et régnèrent sur le N.-O. de l'Inde à partir du IXe-Xe s. : les Pratiharas dans le S. du Rajasthan actuel, les Solankis au Gujarat, les Parmars au Malwa (actuel Madhya Pradesh) et les Chauhans dans l'E. du Rajasthan. Pour les jaïns, le mont Abu est le lieu de retraite de Mahavira, le dernier des *tirthankara*, les 24 maîtres spirituels vénérés par les jaïns.

Telles sont les raisons qui expliquent la présence de nombreux ascètes shivaïtes et d'une importante communauté monastique jaïne sur le mont Abu et sur les collines alentour. Aujourd'hui, en marge des grands lieux de pèlerinage, de nombreux maîtres spirituels et organisations religieuses sont installées sur le mont. On peut par exemple suivre un enseignement de la méditation par le rire, près des temples de Delwara.

En avant de la chapelle n° 32, on découvre Krishna à la queue de serpent. Les plus belles sculptures se trouvent sous le long côté dr. (en regardant depuis l'entrée) : Krishna jouant lors de la fête de Holi (n° 41 ; → *p. 43*) ; Lakshmi entourée de divinités brahmaniques (n° 43) ; gracieuses divinités dont les traits sont habilement soulignés d'un peu de peinture (nos 46, 47 et 48) ; éblouissante représentation de Narasimha (un avatar de Vishnou), l'homme-lion (n° 49) : ses dix bras virevoltent autour du démon qu'il est en train de tuer, saisissant ses pieds, ses mains, fouillant dans ses entrailles, tandis que d'autres se portent à la hauteur de son visage dans un mouvement d'une très grande grâce : un chef-d'œuvre.

• Le **temple de Pittalhar**** *(à l'opposé du temple précédent)*, élevé au milieu du XVe s. par Bhima Shah, ministre du sultan d'Ahmedabad, est beaucoup moins orné que le précédent. De fait, il semble qu'il soit resté inachevé. Il doit sa célébrité à sa monumentale **statue d'Adinath** (premier prophète jaïn), faite d'un alliage de cinq métaux où prédomine le cuivre *(pittal)*. D'un poids de quatre tonnes, elle fut mise en place en 1458 pour remplacer la statue précédente endommagée par une razzia.

• **Le temple de Luna Vasahi***** *(par l'escalier au fond de l'esplanade qui relie les deux temples précédents)*. Cette splendeur de marbre fut construite en 1230 par deux frères, Vastupal et Tejpal, tous deux ministres d'un souverain solanki. Le plan d'ensemble suit celui, à une échelle réduite, du Vimal Vasahi. Sous la coupole du *mandapa* apparaît l'un des chefs-d'œuvre de Delwara : un extraordinaire **pendentif***** en forme de fleur de lotus, véritable travail d'orfèvre qui semble suspendu en l'air en dépit de sa masse considérable. Les 48 chapelles ouvrant sous le portique abritent chacune des statues de *tirthankara*. Le fond (opposé à l'entrée) est occupé par une galerie unique malheureusement fermée au public. À travers les grillages de pierre, on peut cependant découvrir dix splendides **statues d'éléphants** de marbre, tandis que sur le mur du fond apparaissent les représentations des deux frères accompagnés de leurs épouses.

3 Trevor's Tank *4 km N. au-delà des temples de Delwara*

Ouv. t.l.j. 9 h-17 h • entrée payante pour le véhicule et pour chaque passager.

Ce réservoir artificiel se trouve au cœur d'une zone protégée où vivent des ours, des loups, des léopards et de nombreux oiseaux ; on peut observer les grands mammifères le matin et en fin de journée lorsqu'ils viennent s'abreuver (particulièrement pendant les mois précédant la mousson, d'avril à juin). Il n'y aura en revanche aucune difficulté à voir les crocodiles qui peuplent le bassin. Au bout de la route *(1,5 km de l'entrée)* partent des sentiers de randonnées (le plus long fait un peu plus de 2 km). On peut aussi facilement grimper au sommet de l'un des deux belvédères qui encadrent Trevor's Tank.

4 Achalgarh* *11 km N. de Mount Abu*

On verra là un temple shivaïte dont l'origine remonte au XIe s., et un sanctuaire jaïn accessible au prix d'une petite ascension d'une dizaine de minutes. Avec ses boutiques et ses restaurants à l'entrée du village, l'endroit est très animé et plutôt sympathique. En montant à travers le bourg vers le temple jaïn, on passera deux portes fortifiées, vestiges d'un fort que construisit Kumbha, roi de Chittorgarh au XVe s.

• **Le temple d'Achaleshwar Mahadev**. Passé le porche, on pénètre dans une véritable cité religieuse composée d'une vingtaine de petits oratoires entourant le sanctuaire principal. Face à l'entrée de ce dernier veille une monumentale statue du taureau Nandi, la monture de Shiva. Au-dessus se déploient les branches colossales d'un *champa,* une variété de frangipanier aux fleurs dorées et odorantes, vieux de plus de 500 ans.

Le **temple principal** est très peu décoré : les façades extérieures sont dépourvues de toute ornementation, et seules quelques sculptures viennent animer les encadrements de porte. Cette austérité n'empêche pas les fidèles de venir nombreux recevoir du brahmane la bénédiction dans le saint des saints *(accessible aux non-hindous)*. On vénère ici l'empreinte d'un orteil de Shiva qui ferme l'accès aux mondes inférieurs. De fait, si l'on trouve dans la cella une *yoni* monumentale, elle n'est pas surmontée du traditionnel *lingam*. À la place, on découvre un **orifice** plongeant vers les profondeurs de la terre, à peine obstrué par une dalle de pierre sur laquelle les croyants reconnaissent la marque du pied divin. C'est au-dessus de cette bouche des Enfers qu'ils reçoivent la bénédiction. Sur le rebord de la *yoni,* on peut voir deux **idoles** de cristal serties dans un cadre de cuivre représentant Bhairava et Chamunda, formes terrifiantes prises par Shiva et Durga pour terrasser les démons. Elles furent offertes au temple par Kumbha, roi de Chittorgarh.

Le **bassin** sacré à côté du temple *(accès par le parc de stationnement)* conserve trois statues monumentales de buffles en ronde bosse. Elles représentent des démons qui auraient pris la forme de ce placide animal et que le 1er roi de la dynastie des Parmars (Adapala) tua en ce lieu.

• **Le temple de Kantinath**. Au-delà du temple précédent, un chemin monte vers ce sanctuaire jaïn en se faufilant à travers les rues du village. Après la seconde porte fortifiée, juste avant que s'achèvent les escaliers, une porte à g. gardée par deux statues de soldats donne accès au temple *(se déchausser à l'entrée)*. Un escalier conduit à la terrasse (vue splendide sur la vallée) où sont aménagés deux petits oratoires abritant une statue de *tirthankara*. Une dernière volée de marches conduit au temple proprement dit.

Fondé au XIVe s., il a été abondamment remanié au fil des siècles et ne présente pas un intérêt architectural majeur. À l'intérieur, reliefs et statues de la coupole dominant le *mandapa* sont peints de couleurs vives : c'est sans doute ainsi qu'il faut imaginer les temples du Delwara à leur construction. Aux murs, des représentations modernes en relief montrent les grands lieux de pèlerinage jaïns, que l'on atteint en train, en voiture et à pied comme le rappellent ces amusantes et naïves illustrations. Une monumentale statue de *tirthankara* recouverte d'or occupe le saint des saints. En faisant le tour de l'édifice, on verra d'autres représentations des divinités jaïnes, en marbre et en métal, à l'intérieur de galeries fermées par des portes d'argent.

5 Guru Shikhar *18 km N. de Mount Abu*

Depuis le village, prendre la direction d'Achalgarh, puis tourner à g. à 9 km env.
Une étroite route asphaltée grimpe jusqu'à un parc de stationnement, non loin du point culminant du mont Abu (1 772 m). De là, un escalier conduit jusqu'au belvédère, entre échoppes d'où s'échappent des vapeurs de friture et boutiques de souvenirs pour les nombreux touristes indiens. Cinq minutes d'ascension, et l'on se sent prêt à toucher le ciel du doigt. C'est du moins ce que se disent les hindous pour qui le lieu est aussi un but de pèlerinage : sous la roche marquant le sommet, une minuscule cavité abrite un **temple** qui conserve l'empreinte du pied d'une incarnation locale de Trimurti, la divinité aux trois visages (Brahma, Shiva et Vishnou). S'étant glissés dans la cavité, les fidèles sont bénis par un prêtre qui, auparavant, aura attiré l'attention de la divinité en actionnant avec force une cloche assourdissante. Leur hommage au dieu fait, les pèlerins, tout comme les touristes étrangers, profitent de la vue spectaculaire sur tout le mont Abu.

Ranakpur★★

Situation : à 95 km N. d'Udaipur, 159 km S.-E. de Jodhpur.

À ne pas manquer

Le temple d'Adinath★★★ **237**

♥ **HÔTEL**

The Aodhi, **2 km avant l'entrée du fort ☎ (02954) 24-23-41 ; www.eternalmewar.in (rubrique « Travel ») ; 26 ch., double à partir de 6 000 roupies. Splendide havre de paix en pleine nature. Les chambres, très confortables, sont disposées dans des pavillons au milieu d'un jardin traversé par un ruisseau. Chacune possède sa propre terrasse. Excellent restaurant et personnel attentionné. Piscine.**

✐ **HÉBERGEMENT**

Fateh Bagh, **Ranakpur Rd ☎ (02934) 28-61-86 www.eternalmewar.in (rubrique « Travel ») ; 18 ch., double à partir de 6 000 roupies. Un ancien palais du XIXe s. des environs, qui a été reconstruit ici pierre à pierre. Chambres vastes, claires et d'excellent confort.**

Dans un beau vallon de la chaîne des Arawalli se dissimule Ranakpur, l'un des plus remarquables sanctuaires jaïns que l'on puisse voir en Inde de par la complexité de son architecture et la variété de ses détails sculptés. Cet ensemble de temples fut édifié au XVe s. à l'initiative d'un riche marchand jaïn pour honorer les dieux de sa foi ; sans doute voulait-il aussi attirer leur protection sur ses caravanes qui traversaient ces régions où rôdaient tigres et brigands. L'ensemble monastique qui vit ainsi le jour constitua en tout cas un havre de sécurité pour les marchands. Ranakpur abrite aujourd'hui une petite communauté de moines jaïns que visitent de nombreux pèlerins. Ceux-ci peuvent trouver refuge dans une hôtellerie *(dharmasala)*, qui leur offre le gîte et le couvert.

Ranakpur mode d'emploi

■ Arrivée

En train. Ranakpur est situé à 39 km au S.-E. de Palna, dont la gare est desservie par certains trains circulant sur la ligne Delhi-Jaipur-Abu Road-Ahmedabad. Des services de bus locaux assurent la liaison avec Ranakpur. Ce n'est pas, et de loin, la solution la plus commode.

En bus. Les bus (plusieurs par jour) effectuant la liaison Udaipur-Jodhpur s'y arrêtent. Si l'on envisage une excursion d'une journée, le plus simple est cependant de louer un taxi.

■ Combien de temps

La visite des temples ne demande pas plus de 2 h. L'excursion est réalisable en une demi-journée depuis Udaipur (1 h 30 de route). Elle peut être également effectuée au cours d'une liaison Jodhpur-Udaipur en voiture. De bonnes possibilités hôtelières permettent d'y faire étape. On peut compléter la découverte de cette belle région en poussant jusqu'à Kumbhalgarh (1 h 15 de route), splendide fort dominant une nature luxuriante.

▲ **Le temple d'Adinath, étourdissant labyrinthe de marbre.**

Là encore, bonnes possibilités hôtelières. Si l'on veut visiter Ranakpur et Kumbhalgarh dans la même journée, on peut depuis Kumbhalgarh rejoindre directement Udaipur (80 km) sans repasser par Ranakpur.

Visiter Ranakpur

Du parc de stationnement, se diriger vers le temple d'Adinath en laissant à dr. le temple de Neminath • ouv. 11 h-17 h • dans chacun des temples, il est obligatoire de se déchausser et de laisser à l'extérieur tout objet en cuir.

■ Adinath Temple***

Le temple d'Adinath (ou Chaumukh ; 1433-1434) renferme dans sa cella principale une image à quatre faces *(chaumukh)* du 1er *tirthankara*. Sous l'apparente complexité de ce foisonnement de colonnes et de piliers (420), de volutes ouvragées, de divinités et de danseuses sacrées, se dissimule un plan d'une grande rigueur géométrique. Depuis l'enceinte carrée centrée sur la cella principale, la démultiplication des porches, des *mandapa*, des alignements de colonnes, la présence de sanctuaires annexes à chacun des angles intérieurs, proposent d'autres logiques géométriques qui semblent se recomposer à l'infini.

Au vertige suscité par cette mise en abyme architecturale, le foisonnement de la **décoration sculptée*** ** offre au regard une planche de salut. Il s'accroche aux courbes voluptueuses d'une gracieuse danseuse, au regard intérieur d'un sage en méditation, aux volutes des arcs festonnés qui relient les colonnes devant le sanctuaire principal, aux pendentifs ouvragés suspendus sous les coupoles.

Passé l'entrée, l'axe principal, couvert d'une succession de coupoles ornées de splendides **pendentifs**, conduit à la cella principale. Les colonnes du *mandapa* en avant de celle-ci sont reliées par des arcs en S surgissant de la gueule d'animaux fantastiques. Dans l'axe à g. de la cella, un éléphant monumental conserve une inscription dédicatoire. Dans l'axe opposé, on peut voir un des plus somptueux **pendentifs** de l'ensemble ainsi que de gracieuses danseuses servant de consoles.

◄ En réalisant la décoration sculptée du temple d'Adinath, les artistes du temps ont exprimé le meilleur de leur art, travaillant le marbre comme s'il s'agissait d'ivoire.

■ Suparshvanath Temple*

Consacré au 7e *tirthankara*, il est doté d'un portique moderne et localement connu sous le nom de Paturiyom-ka-Mandira, « temple des Prostituées », en raison des sculptures érotiques qui ornent les murs extérieurs de la cella.

■ Surya Temple*

Des quatre temples de Ranakpur, il est le seul qui soit consacré au culte hindou. De taille modeste, il se compose simplement d'un vestibule, d'un petit hall hypostyle et d'une cella surmontée d'un *shikhara* aux lignes verticales caractéristiques de l'architecture du N. de l'Inde. Le vestibule et le hall sont aujourd'hui dépourvus de toiture. La décoration extérieure ne laisse aucun doute sur l'attribution à Surya, le dieu du Soleil de la mythologie védique, plusieurs fois représenté, un lotus dans chaque main, assis sur un char tiré par sept chevaux cabrés. Notez encore, à l'entrée de la cella, les gardiens de porte qui sont censés écarter ceux dont les intentions sont impures.

■ Neminath Temple*

Ce temple précédé d'un hall moderne est dédié au 22e *tirthankara*. Ses murs extérieurs sont animés par de sages beautés célestes parées de joyaux, et par de joyeuses *apsaras*, nymphes qui naquirent du barattage de la mer de lait (→ *théma p. 176-177*). La terrasse offre une belle vue sur le temple d'Adinath ; à distance, on découvre notamment les lignes courbes qui soutiennent les *shikhara*, contrepoints à la rigueur géométrique de l'ensemble.

Un ciel pétrifié

Le plan rituel du temple d'Adinath est d'une très grande complexité. Reposant sur une haute plate-forme, cette énorme cristallisation de lignes courbes, droites et brisées, hérissée de dômes et de *shikhara*, apparaît comme la transposition dans la pierre des conceptions cosmologiques jaïnes.

Le bâtiment est centré sur la cella, qui abrite l'image d'Adinath, dont les quatre visages font face aux quatre points cardinaux. Devant chacun d'eux se trouve un sanctuaire secondaire, séparé de la cella par un hall fermé et un hall ouvert. Mais le plan cruciforme ainsi obtenu est compliqué par quatre sanctuaires d'angle. Des cellules ouvertes vers l'intérieur occupent encore les côtés du quadrilatère. De l'extérieur, les superstructures de l'édifice apparaissent comme une forêt de dômes et de *shikhara*. Le plus élevé de ces derniers se dresse au-dessus de la cella principale ; autour, les petites tours à arêtes curvilignes correspondent aux rangées de cellules. Les autres *shikhara* et dômes, plus ou moins importants, coiffent les halls autour de la cella principale.

Environs de Ranakpur

■ Kumbhalgarh** *40 km E.*

Protégé par une longue enceinte (36 km) qui suit les crêtes des collines alentour, le fort de Kumbhalgarh est la plus impressionnante citadelle du Mewar avec celle de Ranthambore. Au début du XIVe s., Hamir, héritier de la lignée rajpute massacrée par les musulmans en 1303 à Ranthambore, se réfugia sur ce site, occupé sans doute depuis le VIIIe s. Au XVe s., Kumbha, le roi de Chittor, la fortifia et lui donna son nom. Outre la citadelle, la région, en partie classée parc national, est splendide et mérite elle aussi le détour. Enfin,

Kumbhalgarh abrite plusieurs hôtels et reste encore peu fréquentée par les touristes étrangers, ce qui en fait une escale des plus agréables.

• **Le fort de Kumbhalgarh** *(ouv. t.l.j. 8 h-17 h • entrée payante • prévoir 3 h de visite pour le fort et les temples voisins)*. Du village moderne en contrebas, la route grimpe en lacet à travers une végétation luxuriante, franchissant plusieurs portes fortifiées, avant d'atteindre **Ram Pol**, l'entrée de la citadelle, où se trouve le guichet délivrant les billets. Passée cette porte, le chemin continue de grimper vers la citadelle. À dr., un second chemin conduit vers un ensemble de temples *(→ ci-dessous)*. On trouve là également un agréable petit restaurant. Laissant à g. un petit temple dédié à Ganesha, le chemin devient rapidement une pente assez raide qui conduit au sommet en franchissant plusieurs portes dont les noms sont signalés par des panneaux indicateurs.

En chemin, on découvrira au-delà de Pagda Pol, du côté dr., l'ancien **palais du roi Kumbha**, dont ne subsistent que quelques murs ainsi qu'un petit temple toujours en activité. Plus haut s'étend un vaste espace gazonné qui servait jadis à entreposer les canons (quelques-uns sont encore en place). Le sommet de la colline est coiffé par un **palais** construit par le maharana d'Udaipur, Fateh Singh (r. 1884-1930), responsable de nombreuses restaurations sur le site de Chittorgarh. C'est un véritable labyrinthe de pièces aujourd'hui vides et dont les terrasses offrent des vues spectaculaires sur la région.

• **Les temples**. Une dizaine de temples hindous et jaïns sont encore debout, certains au fond du vallon au pied du fort. On pourra pousser jusque-là par un agréable sentier aménagé *(prévoir 1 h 30 supplémentaire)*, autant pour le plaisir de la promenade que pour l'intérêt que présentent les temples.

Depuis Ram Pol, on rencontrera successivement trois temples avant d'atteindre le début du sentier qui descend dans le vallon : **Yagya Devi**, construit au XVe s. par Kumbha pour y allumer des bûchers de sacrifice en l'honneur des dieux. Le **temple de Neelkanth** *(en arrière du précédent)*, du milieu du XVe s., se signale par les puissantes colonnes qui soutiennent la toiture ; à l'intérieur, un déambulatoire permettait aux fidèles de tourner autour de l'idole. D'autres temples en grande partie ruinés occupent également cette zone.

Au-delà, par le sentier qui conduit *(1 500 m)* au grand complexe jaïn (que l'on aperçoit d'en haut), on rejoint le **temple des 52 idoles**. De belles sculptures ornent le rebord du podium sur laquelle il est construit.

BON À SAVOIR

Pour les plus aventureux, on peut, depuis Kumbhalgarh, suivre un sentier à travers la jungle, qui conduit à Ranakpur : une marche de 6 h env., sans difficulté majeure (le chemin descend tout du long) au cours de laquelle vous croiserez peut-être un des habitants de cette région classée en parc naturel : léopard, ours, loup... Il est toutefois impératif d'être accompagné d'un guide local ; s'adresser au Forest Department dans le village ou à votre hôtel.

CONSEIL

Même si l'on ne prévoit pas de visiter l'ensemble des temples de Kumbhalgarh, il faut s'engager sur le chemin qui y conduit ; on découvre de là les plus belles vues sur le fort (pour les photographes, meilleure lumière le matin).

Le Shekhawati★★

Situation : de Mandawa (30 km N. de Nawalgarh) : à 249 km N. d'Ajmer, 160 km N.-O. d'Alwar, 217 km E. de Bikaner, 241 km S.-O. de Delhi, 172 km N.-O. de Jaipur.

À ne pas manquer

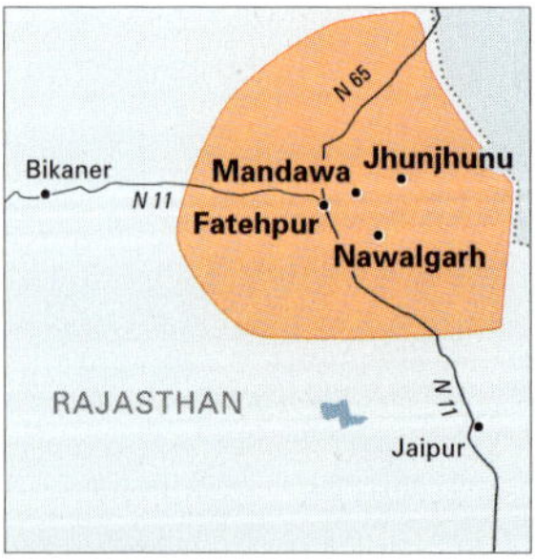

Au nord-ouest de Jaipur s'étend le Shekhawati, un territoire semi-désertique de steppes herbeuses et de dunes. En traversant les bourgades de cette terre ingrate peu propice au développement de l'activité humaine, on découvre pourtant de somptueuses *haveli* abondamment décorées (→ *théma p. 244-245*). Elles furent construites aux XIXe et XXes. par les marchands marwaris (de la région du Marwar, dans laquelle s'inscrit le Shekhawati). Après avoir amassé des fortunes considérables, ces habiles commerçants ont quitté leur fief du Shekhawati et essaimé dans tout le sous-continent indien. Les *haveli*, elles, ont résisté tant bien que mal au temps, pour le plus grand bonheur des touristes qui visitent la région aujourd'hui.

Le Shekhawati mode d'emploi

■ Arrivée

En train. Liaisons entre Jaipur et Jhunjhunu (4 h) via Nawalgarh (3 h) et Dundlod (3 h 20) ; entre Jaipur et Churu (6 h) via Fatehpur (4 h 30) et Bissau (5 h 30) ; entre Churu et Bikaner (4 h).

En bus. Services quotidiens entre les principales localités de la région, Jaipur et Bikaner.

En avion. L'aéroport le plus proche est celui de Jaipur (172 km).

■ Se déplacer

Toutes les localités sont reliées entre elles par des services de bus réguliers. Toutefois, les contraintes d'horaires et les temps d'attente rendent ce moyen de transport peu commode pour visiter le Shekhawati. Le mieux est de louer une voiture avec chauffeur pour la journée afin de pouvoir explorer plusieurs villages. Tous les hôtels peuvent vous mettre en contact avec un chauffeur.

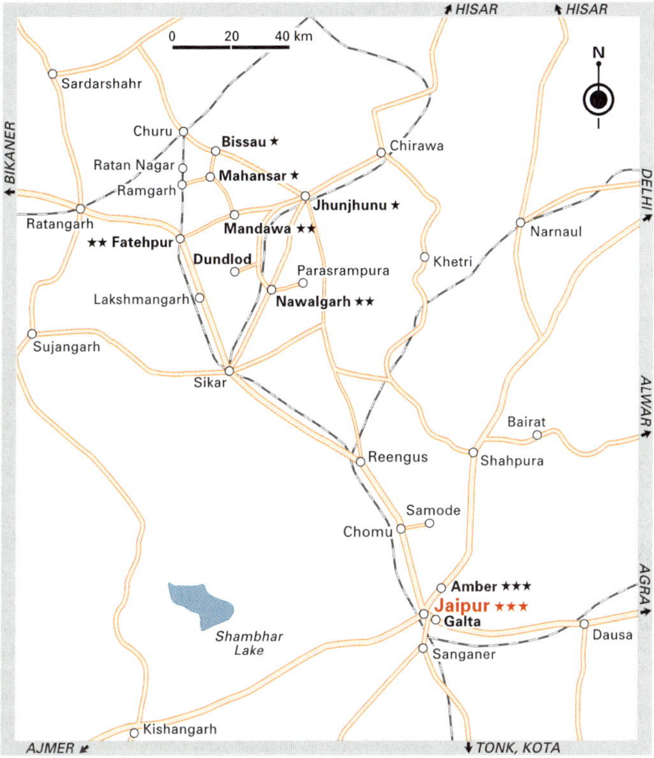

Le Shekhawati.

■ Combien de temps

Une journée complète permet une découverte satisfaisante des plus intéressantes localités de la région, à partir de **Mandawa** ou de **Nawalgarh**. Prévoir donc deux nuits sur place.

■ Meilleure période

D'octobre à mars, lorsque les journées sont douces sans être torrides. Les nuits peuvent en revanche être assez fraîches ; en déc. et janv., il ne faut pas espérer dîner à l'extérieur. Les mois d'été (avr. à sept.) connaissent une chaleur écrasante, avec des températures dépassant allègrement les 40 °C.

■ Hébergement

De nombreux bourgs, même les plus modestes, possèdent un ancien palais que les héritiers des princes d'antan ont aménagé en hôtel. Le confort varie du sommaire au luxueux, mais c'est toujours l'occasion d'un séjour plein de charme. On peut également loger à Mandawa, la capitale touristique du Shekhawati, où l'on trouvera agents de voyages, restaurants, boutiques de souvenirs et d'artisanat. Nawalgarh offre une alternative intéressante avec plusieurs possibilités de logement et une ambiance moins touristique.

Adresses utiles

Informations touristiques. Pas d'office du tourisme dans le Shekhawati. On peut obtenir des renseignements dans les agences de voyages basées à Mandawa.

Change. Distributeurs de billets à Mandawa, Churu, Sikar (sur la route de Jaipur). Bureaux de change à Mandawa.

Le Shekhawati dans l'histoire

Une poussière de principautés

Le Shekhawati doit son nom à un chef de clan rajput, Rao Shekha, qui, au XVe s., s'affranchit du lien de vassalité qui l'attachait au souverain d'Amber et s'empara de ces contrées arides et inhospitalières. Mais de minuscules principautés musulmanes (à Jhunjhunu ou à Fatehpur), fortes du soutien actif des sultans de Delhi et plus tard des Moghols, réussirent à conserver leur indépendance. Après le règne de Shekha (1433-1488), son royaume fut très vite morcelé en une nuée de principautés microscopiques.

Sur les routes des caravanes

Ces petits royaumes étaient dirigés par des *thakur,* qui ne régnaient souvent que sur un gros bourg et quelques arpents de désert. Ils survécurent en attirant auprès d'eux quelques-uns de ces marchands marwaris qui contrôlaient alors le trafic des nombreuses caravanes traversant cette partie du Marwar et l'activité bancaire. D'autres *thakur* (parfois les mêmes), aux mœurs plus expéditives, se livraient tout simplement au brigandage et pillaient les caravanes. Las de cette insécurité, Jai Singh II, le fondateur de Jaipur, imposa sa tutelle en 1738 à cette théorie de roitelets. Au début du siècle suivant, ce fut au tour des Britanniques de dicter leur loi.

Le marwari, aussi connu sous le nom de kathiawari, est une race chevaline particulièrement appréciée dans les régions de Jodhpur et de Jaipur, où ses talents de danseur sont utilisés lors des cérémonies de mariage. Il est remarquable par la forme de ses oreilles, dont les pointes se touchent pour former un croissant de lune. Proche de l'extinction au début du XXe s., l'espèce a été récemment exportée en Europe et aux États-Unis.

L'exil des Marwaris

À partir du XIXe s., l'expansion de l'Empire britannique entraîna la disparition des routes commerciales traditionnelles, mais fit la fortune des marchands marwaris. Désormais, c'était à Bombay, à Calcutta ou à Madras que se traitait l'essentiel des affaires. Quittant leurs terres ancestrales, les Marwaris s'y ruèrent. Quelques années plus tard, ils y détenaient le quasi-monopole du commerce. Ils n'oublièrent pourtant pas leurs villages où demeurait une grande partie de leurs familles, continuant d'y construire de splendides *haveli* : on en compte plusieurs centaines à travers les localités de la région.

Quant aux descendants des négociants marwaris, bon nombre des plus grands capitaines d'industrie d'aujourd'hui sont originaires du Shekhawati : il en est ainsi des Birla – *Aditya Birla Group* emploie 130 000 personnes dans 25 pays –, des Bajaj, dont le nom s'affiche sur les cyclomoteurs et les rickshaws, sans oublier un certain Lakshmi Mittal, né à Sadulpur (Rajgarh) dans les environs de Churu, et aujourd'hui président d'*ArcelorMittal*.

Un patrimoine lentement restauré

Aujourd'hui, la quasi-totalité des *haveli* ont été désertées par leurs propriétaires qui résident dans les grandes métropoles commerciales du pays. Elles sont généralement occupées par un gardien qui n'a pas les moyens d'entretenir ce patrimoine en péril : peintures extérieures recouvertes d'affiches, voire repeintes à la chaux, constructions parasites qui s'appuient contre les murs, infiltrations d'eau qui détachent par plaques le plâtre et les peintures. Depuis quelques années, quelques initiatives heureuses de restauration ont été conduites par des propriétaires conscients de l'intérêt historique – et touristique – des *haveli* du Shekhawati.

L'extérieur et l'intérieur des *haveli* sont décorés de peintures appliquées selon des techniques diverses sur enduit humide ou sec. Jusqu'en 1860, la couleur ocre (un pigment naturel), associée au vert, prédomina. Grâce à l'introduction des couleurs chimiques, la palette s'enrichit, avec une nette prédilection pour le bleu outremer.

Plusieurs équipes d'artisans travaillaient en fait sur une même *haveli*. L'une, composée de maîtres, œuvrait sur les parties les plus nobles de la demeure, tandis que l'autre, réunissant des maçons locaux, se chargeait des décorations mineures. Les maîtres étaient de véritables artistes itinérants qui louaient leurs talents de ville en ville.

Le sud du Shekhawati

Nawalgarh**

Prévoir 2 h pour visiter l'essentiel.

Une trentaine de *haveli*, les vestiges d'un fort et de murailles, les cénotaphes des anciens princes, des puits monumentaux : Nawalgarh s'impose comme l'une des principales localités du Shekhawati. Elle constitue aussi une bonne étape pour explorer la région, la localité ne connaissant pas l'affluence touristique de Mandawa avec son cortège de boutiques et de rabatteurs.

À NOTER
Si vous souhaitez explorer plus à fond Nawalgarh, vous pourrez trouver un guide anglophone à la Morarka Haveli.

• **Morarka Haveli**** *(ouv. t.l.j. 8 h-19 h • entrée payante)*. Belle demeure de 1900 restaurée minutieusement sous la conduite d'un spécialiste venu de Jaipur. Dans la première cour, on découvre une représentation de la légende de Dhola et Maru *(→ encadré p. 247)* ainsi que celle de Jésus, visible entre deux consoles (une autre représentation de Jésus est visible sur le mur latéral au coin dr. de l'entrée). Les pièces conservent également une grande partie de leur décoration peinte. La demeure était dotée d'une aile réservée aux invités, avec sa propre entrée et sa propre cour.

• **Podar Haveli*** *(ouv. t.l.j. 8 h-19 h • entrée payante)*. Ses peintures ont fait l'objet de restaurations (parfois abusives) et un petit **musée** a été

▶▶▶

▲ La façade de grès de la Patwon-ki-Haveli, à Jaisalmer.

Les *haveli*, tout un art de vivre

Opulentes et spacieuses demeures parfaitement adaptées à la forte densité urbaine, les *haveli* furent pour la plupart bâties au XVIIIe s. ou au début du XIXe s., avant que leurs propriétaires – souvent de riches négociants marwaris –, poussés par d'impérieuses nécessités économiques, ne soient contraints de quitter leurs régions natales et d'émigrer dans les grandes villes pour s'y reconvertir dans le commerce du textile.

De grès, de pierre et de bois

Ces habitations, souvent en grès, plus rarement en bois (dans le Gujarat), parfois chaulées et peintes (dans le Shekhawati), présentent des façades richement ouvragées. Elles tirent leur beauté de l'agencement harmonieux et du décor foisonnant de leurs **balcons** et de leurs **loggias**, couronnés d'auvents *(chajja)* et agrémentés d'écrans de pierre ajourée *(jali)*, de leurs portes en bois richement sculptées, ainsi que de la profusion de peintures murales dont elles sont fréquemment ornées.

Un agencement conforme aux usages

Massives et parcimonieusement ouvertes sur l'extérieur, les *haveli*, de par leur agencement interne, étaient parfaitement adaptées aux usages sociaux comme aux impératifs familiaux de l'époque et respectaient la séparation de rigueur entre hommes et femmes. À l'intérieur, les pièces d'habitation se répartissaient généralement autour de deux cours distinctes. La porte d'entrée donnait sur une première cour bordée de deux salles ouvertes, lesquelles constituaient le *mardana*, la partie de l'habitation réservée aux hommes, en particulier au maître de maison, qui y recevait ses hôtes et y traitait les affaires. La seconde cour, souvent dérobée aux regards indiscrets par une chicane, ouvrait quant à elle sur l'espace dévolu aux femmes *(zenana* ou *rawala)* ; au rez-de-chaussée se trouvaient les pièces fonctionnelles (cuisine, réserves d'eau et d'aliments) et au premier étage les chambres d'habitation, pièces sommairement meublées et se prêtant à une décoration abondante.

▲ De tous les sujets européens, symboles de la réussite des marchands marwaris dans les métropoles du Raj, c'est le train qui a le plus fasciné les peintres. Avant même l'ouverture d'une ligne de chemin de fer au Rajasthan (1916), ils ont fait rouler des convois multicolores sur les murs des *haveli*.

Des maisons peintes

De leur splendeur d'antan, les *haveli* conservent un ensemble de **peintures murales**, aux couleurs jadis éclatantes mais aujourd'hui ternies par les ravages du temps. À Nawalgarh, Fatehpur, Mandawa ou Dundlod, à l'époque de l'opulence des négociants marwaris, les murs des demeures se paraient de peintures aux thèmes variés, mêlant avec bonheur les motifs purement décoratifs, les portraits de souverains, les combats d'animaux ou les scènes inspirées de la mythologie hindoue et des grandes épopées sanskrites – *Mahabharata* et *Ramayana* – des scènes de guerre et de chasse ou encore l'évocation de légendes locales, telle la romantique histoire de Dhola et de Maru *(→ encadré p. 247)*.

▲ Fresque de la Nadine Haveli, à Fatehpur.

L'influence de l'Occident

Bientôt, aux thèmes familiers issus du répertoire traditionnel, et également illustrés dans les diverses écoles de miniatures rajputes *(→ encadré p. 373)*, vinrent s'ajouter des innovations thématiques et iconographiques témoignant d'une part de l'impact des **techniques nouvelles** graduellement introduites dans l'Inde du XIXe s., et d'autre part de l'influence manifeste de la **présence britannique**. Cette dernière, tout en sonnant le glas de l'art des peintures murales et des miniatures sur papier – rappelons que la photographie apparut en Inde vers 1840 – contribua néanmoins à enrichir momentanément le répertoire traditionnel des artistes du Shekhawati, qui introduisirent dès lors dans leurs peintures des thèmes et des motifs clairement inspirés de l'Occident : des anges volant parmi les nuées, des automobiles, des trains et des aéroplanes, ou encore des *memsahib* faisant jouer un gramophone ou se promenant dans un *buggy*… Cet art d'effets spectaculaires, volontiers naïf bien que paradoxalement issu de l'esthétique plus raffinée des miniatures, devait néanmoins sombrer dans une inexorable désuétude dans la seconde moitié du XIXe s., en même temps que déclinait la prospérité économique des Marwaris.

A. T. H.-O.

À NOTER
À la lisière de la ville de Nawalgarh, on pourra visiter le quartier des Kumars, caste de potiers descendant des artistes qui décorèrent les *haveli* de la région. Ils continuent depuis des générations à façonner leur production sur des tours rudimentaires.

HÉBERGEMENT
Grand Haveli, Bawari Gate, Nawalgarh ; ☎ (01594) 22-53-01 ; www.grandhaveli.com ; ch. double à partir de 4 000 roupies. Un bijou architectural édifié au début du siècle dernier. Chambres de tout confort autour d'une belle cour intérieure, mais restaurant installé dans une construction moderne attenante.

♥ HÔTEL
Apani Dhani, ☎ (01594) 22-22-39 ; www.apanidhani.com ; 8 ch. Un séjour dans cet « éco-lodge » permettra de rencontrer Ramesh Jangid, un francophone qui saura vous faire découvrir les secrets du Shekhawati hors de toute exploitation touristique. L'hôtel n'utilise que des matériaux biodégradables et la cuisine est préparée à partir des produits du jardin. Les chambres, toutes décorées à l'aide de matériaux traditionnels, ouvrent sur un jardin central, lieu de rencontre des hôtes du lieu.

▶▶▶ aménagé dans quelques salles (collection d'instruments de musique, évocation des coutumes de mariage…). Quant aux peintures, elles représentent des portraits, des défilés militaires, un train, des scènes de jeux…

• **Shish Mahal** *(entrée libre)*. Au centre de la localité, où quelques tours de défense construites dans la première moitié du XVIIIe s. témoignent des anciennes fortifications, se dressent les restes du fort. Sa cour intérieure tient lieu aujourd'hui de marché, et c'est en enjambant veaux et poulets que l'on pourra gagner une pièce à l'étage (Shish Mahal) qui conserve une séduisante décoration de miroirs. On y voit également quelques peintures parmi lesquelles un plan de Nawalgarh.

■ Dundlod *11 km N.-O. de Nawalgarh*

En lisière de ce bourg envahi par le sable se dresse **Dundlod Castle**. Ce fort élevé en 1750 et encore occupé par le descendant de la lignée locale a été en partie aménagé en hôtel. Les salles d'apparat sont ouvertes à la visite *(ouv. t.l.j. 8 h-20 h, 16 h 30 en hiver • entrée payante ☎ [01594] 252199)*.

• **Goenka Haveli**★★ *(sur la place au centre du village • ouv. t.l.j. 8 h-20 h, 16 h 30 en hiver • entrée libre)* fut élevée en 1875 par un membre de la famille des Goenka, une riche lignée de marchands originaires de la région, et dont le descendant a entrepris de réhabiliter le patrimoine familial et de l'ouvrir à la visite. Cette *haveli* comprend deux cours décorées de peintures et une vingtaine de chambres ; certaines sont également ornées de peintures (scènes mythologiques, portraits de familles, représentations d'étrangers). Les cours et quelques pièces abritent de petites collections d'objets usuels et des souvenirs de famille (un gramophone dans la chambre du maître des lieux, des albums de coupons de tissus qui témoignent de l'activité commerçante des Goenka). On peut accéder à la terrasse pour découvrir une vue d'ensemble sur la maison et le village.

La place est bordée par trois autres *haveli* *(f. à la visite)* et par le Satyanarayan Temple *(ouv. t.l.j. 5 h-12 h et 18 h-22 h)*. Ces édifices ont également été construits par la famille Goenka.

■ Fatehpur★★ *45 km N.-O. de Nawalgarh*

Fatehpur est l'ancienne capitale d'un petit État musulman qui fut rattaché en 1730 au royaume de Jhunjhunu. Elle fut fondée au début du XVe s. par un Rajput qui s'était converti à l'islam et avait adopté le nom de Fateh Khan, qu'il laissa à la ville. La ville compte une vingtaine de *haveli*, souvent

◀ **La Nadine Haveli, une visite à ne pas manquer.**

dans un état de délabrement avancé. Mais elle abrite aussi la *haveli* « vedette » du Shekhawati, unanimement appelée « Nadine Haveli », du nom de l'artiste peintre française qui en a fait l'acquisition et l'a splendidement restaurée.

• **Nadine Haveli***** *(ouv. t.l.j. 9 h-18 h • entrée payante ☎ [01571] 23-14-79)*. Cette vaste demeure du XIXe s. a été rénovée de fond en comble pour retrouver son état d'origine. Organisés autour de deux cours, les bâtiments conservent un merveilleux ensemble de peintures où domine le bleu, une couleur privilégiée dans la décoration de cette demeure. La propriétaire a voulu aussi faire de ce lieu un centre culturel où sont exposées, au côté de sa propre production, des œuvres d'artistes indiens. On peut également voir sur place une petite collection d'art tribal. La *haveli* accueille étudiants, chercheurs ou artistes français qui conduisent généralement les visites guidées.

Le nord du Shekhawati

■ Mandawa**

Prévoir un minimum de 2 h de visite.

Depuis le début des années 1980, Mandawa ambitionne d'occuper le rang de petite capitale régionale. Au plan touristique, l'objectif est atteint : l'ancienne famille royale a montré l'exemple

Dhola et Maru

Fils et fille de rois, Dhola et Maru furent promis l'un à l'autre dès leur enfance. Mais devenu adulte, Dhola est marié par son père à Malwani, fille d'un roi du Malwa, la plus riante contrée du Rajasthan. Dans son palais du désert du Thar, Maru vit en rêve son bien-aimé. Elle confia à des bardes le soin d'aller chanter son amour sous les fenêtres du prince. Dhola enfourche son dromadaire noir et traverse le désert en dépit des récriminations de Malwani et de maints obstacles. Accueilli dans une grande joie dans le palais de Maru, il l'épouse enfin. Reste aux deux jeunes mariés à rentrer au palais du prince. Un chemin semé d'embûches – mordue par un serpent, Maru eut la vie sauve grâce à la magie d'un yogi – au bout duquel attend la jalouse Malwani. C'est Dhola qui en vient à bout, en chantant les beautés de son désert natal. Ainsi Dhola réussit à réunir sous un même toit les deux faces du Rajasthan, le Malwa et ses collines verdoyantes et l'aride désert du Thar. La geste de Dhola et Maru, chantée par les bardes, a inspiré les peintres des façades des maisons du Rajasthan.

HÉBERGEMENT
Castle Mandawa
☎ (01592) 22-32-14
www.mandawahotels.com
71 ch., double à partir de 3 800 roupies. Splendides parties communes mais chambres de qualité inégale. Dans les jardins, un bâtiment récent offre des chambres plus modernes, mais avec moins de charme. Jolis jardins, agréable piscine.

À NOTER
Classic Shekhawati, devant l'entrée du fort ☎ (01592) 22-31-44. Visites guidées (payantes) de la ville en une demi-journée, excursions d'une journée à la découverte des localités des environs, randonnées à dos de chameaux (4 500 roupies par personne et pour une nuit).

en transformant son palais en hôtel (le *Castle Mandawa*), puis ce sont quelques propriétaires de *haveli* qui ont fait de leur demeure autant de *guest houses*. Tous les services destinés à faciliter la vie des voyageurs ont suivi : boutiques et restaurants, distributeurs de billets, bureaux de change, agences de voyages, etc.
Le bourg compte une trentaine de *haveli* plus ou moins bien conservées. L'itinéraire qui suit vous fera découvrir l'essentiel.

• **Sonthliya Gate** marque la limite orientale du centre-ville. Passée cette porte datant des années 1930, on suit la rue principale bordée de magasins d'artisanat et de souvenirs. À 200 m env. à g., une rue monte vers le palais royal.

• **Castle Mandawa**. De hautes murailles protègent l'ancienne résidence royale (aujourd'hui un hôtel) construite à partir du tout début du XIXe s. Sur la cour, jolie terrasse où l'on pourra s'arrêter prendre un rafraîchissement.

• **Newatia Haveli** *(continuer dans la rue principale et repérer à dr. la State Bank of Baroda qui occupe une partie de cette* haveli*)*. Sur le mur latéral, on peut voir d'amusantes peintures où les riches marchands propriétaires de la demeure représentèrent les symboles de leur réussite : vélo, voiture, avion…

Continuez tout droit jusqu'au niveau de la station de bus que vous laisserez à g. pour prendre la rue à dr. puis à g. à la première intersection. À 200 m env., le premier carrefour est entouré de plusieurs haveli.

• **Nand Lal Murmuria Haveli*** *(côté dr.)*. Ici, les peintures datent de 1935 : des vues de villes euro-

Chandra Bose, personnage ambigu

C'est en 1919 que Subhash Chandra Bose (né en 1897) gagne Londres pour intégrer l'administration coloniale britannique. Il en démissionne deux ans plus tard pour protester contre la politique anglaise en Inde. Il rejoint le parti du Congrès dont il gravit rapidement les échelons, et s'affirme comme un combattant de la plus grande intransigeance. Il connaît à plusieurs reprises les geôles britanniques et s'oppose à Gandhi *(→ théma p. 282-283)* sur la question de la non-violence. Il est pourtant à deux reprises élu à la tête du Congrès, en 1938 et 1939. Assigné à résidence à son domicile de Calcutta en 1941, il s'en échappe pour gagner Berlin, via Kaboul et Moscou. Avec les nazis, il organise une légion de combattants indiens recrutés dans les camps de prisonniers. Cette troupe est d'abord intégrée à la Wehrmacht, puis à la Waffen SS à partir de 1944. Elle compte 3 500 hommes qui seront stationnés à Lacanau en 1942. Bose rejoint ensuite Singapour, où il crée une armée de libération de l'Inde, l'Azad Hind Rauj, équipée par le Japon et stationnée à Rangoon. En mars 1944, il entre en Inde avec ses soldats mais en est rapidement refoulé. Il disparaît le 18 août 1945 dans le crash de son avion alors qu'il tentait de rejoindre Tokyo.

péennes (dont Venise) voisinent avec les portraits des personnalités du temps : George V, Gandhi, Chandra Bose à cheval. D'autres *haveli (f. à la visite)* s'alignent plus loin dans cette même rue.

• **Gulab Rai Ladia Haveli**** *(à g. au carrefour suivant, puis tout droit et à g.)*. Ses hautes façades présentent un important cycle de peintures : chevaux et éléphants, portraits d'Européens, train…

De là, on regagne la rue principale à 200 m au N.

▲ **Sur les murs de Gulab Rai Ladia Haveli.**

■ Jhunjhunu* *25 km N.-E. de Mandawa*

Cette localité fut la capitale d'un État musulman fondé au XVe s. et qui resta indépendant jusqu'en 1730. Elle ne compte pas moins d'une vingtaine de *haveli (les gardiens laissent volontiers entrer les visiteurs moyennant une petite rétribution)*. C'est aussi une petite cité bouillonnante d'animation où l'on prend plaisir à se promener *(laisser sa voiture à la limite E. du bazar et poursuivre à pied)*.

• **Modi Haveli** *(200 m à dr.)*. La façade présente des portraits de souverains britanniques. Dans la cour, on découvrira des portraits d'Européens fumant la pipe, voisinant avec des scènes empruntées à la mythologie hindoue.

• **Tibrewala Haveli** *(à l'extrémité du bazar)*. En façade de cette *haveli* de la fin du XIXe s., on découvrira le portrait du maître des lieux admirant sa moustache dans une glace ; à l'intérieur deux cours se succèdent, la seconde particulièrement ornée de représentations de légendes populaires.

• **Nuruddin Farooqi Haveli** *(tout droit, puis l'embranchement de g. à la patte-d'oie ; côté g. de la rue)*. Bel exemple de demeure musulmane, sans figuration humaine donc, avec une profusion de motifs floraux et géométriques.

• **Khetri Mahal** *(tout droit, puis la 2e à dr., à g. puis à dr.)*. C'est le « palais des Vents » de Jhunjhunu, probablement édifié à la fin du XVIIIe s., avec une haute façade ouvrant par des colonnes de marbre et percée de multiples fenêtres. Par une rampe, on peut accéder aux terrasses qui offrent de belles vues sur la ville.

• **Sri Bihariji Temple** *(revenir à la rue précédente, puis suivre la 2e rue à dr.)*. C'est le plus joli temple de la ville construit vers 1776 par une riche famille de marchands. À l'intérieur, les peintures montrent de gracieuses représentations de Krishna et Radha, de *gopi*, ainsi que du chef de cette dynastie de marchands de la ville accompagné de ses cinq fils ; scènes de jeux, de lutte, de combat au sabre.

En poursuivant tout droit puis à dr., on rejoint rapidement le bazar.

◀ Dans Sona Chaandi-ki-Haveli, on découvre une vue de la ville de Mathura où Krishna passa son enfance.

Mahansar*

6 km N. de Mandawa

Mahansar, jolie étape dans la région, est une petite bourgade endormie cernée par la steppe et dominée par un imposant palais ; les descendants des seigneurs locaux l'habitent toujours et ont ouvert quelques chambres aux visiteurs *(Narayan Niwas Castle ☎ [01592] 26-43-22)*.

• **Sona Chaandi-ki-Haveli***** bâtie et peinte vers 1850, est surnommée « Golden Shop » en raison de la profusion de peinture dorée qui orne son salon intérieur *(un gardien se tient en principe sur place, en cas d'absence, s'adresser au palais)* : on y voit des scènes du *Ramayana* et de la vie de Krishna. Sous le plafond central décoré à la manière d'un tapis persan figurent les incarnations de Vishnou.

Bissau* *13 km N. de Mandawa par Mahansar*

La ville fut, à partir du milieu du XVIIIe s., la capitale d'une lignée de *thakur*, les plus grands brigands de la région. Ils entretenaient une petite troupe commandée au début du XIXe s. par deux aventuriers français. De belles *haveli* sont ouvertes à la visite dans le centre du bourg *(commencer la promenade par l'entrée S. de la ville, à partir du Bus Stand)*.

• **Sarkari Chhattri** *(à 100 m à dr. en entrant dans la ville)* est le joli monument funéraire de Hammir Singh, qui régna sur la ville de 1833 à 1875 et chassa les brigands de la région : piliers et coupoles conservent de pimpantes couleurs, qui font écho aux saris chatoyants des jeunes collégiennes ayant choisi le lieu pour salle d'études. En arrière du monument, une tombe anonyme abrite la dépouille d'un des deux Français au service des *thakur*.

• **Les *haveli***. La première rue à dr. après le *chhattri* conduit à une place dominée par la monumentale **Sigtia Haveli****. Sous la conduite du gardien, vous pourrez parcourir les étages de la maison, découvrant au passage de nombreux panneaux peints, amusants parfois, comme ces scènes d'une des chambres de l'étage où des portraits de marchands voisinent avec ceux d'Anglaises aux joues roses. À dr. de la place, deux autres *haveli* présentent également de jolies scènes peintes. En arrière de la Sigtia Haveli, la **Tibrewala Haveli** possède au 1er étage un remarquable Shish Mahal (décoration de miroirs).

Revenu à la rue principale, on continuera tout droit jusqu'au **fort** dont les hauts murs se dressent du côté dr. de la rue. Construit en 1746, il est habité aujourd'hui par une famille de marchands qui font volontiers l'honneur de leur demeure aux visiteurs de passage. En poursuivant au-delà du fort sur la rue principale, on pourra visiter la **Ram Lila Society** *(à 200 m env. à dr.)* où sont confectionnés chaque année, puis conservés, les masques de papier mâché utilisés lors de la représentation du *Ramayana* donnée par les enfants de la ville au mois d'octobre, 10 jours avant la fête de Dussehra *(→ p. 44)*. Cette tradition remonte à la fin du XIXe s.

Udaipur★★★

Destination majeure du Rajasthan, Udaipur se distingue des autres capitales princières de l'Ouest indien. Ici, pas de puissante citadelle ni de souvenirs de faits d'armes valeureux. Avec ses lacs cernés de collines verdoyantes et ses palais aux façades crème qui s'embrasent au soleil couchant, Udaipur est une ville de douceur et de voluptés orientales, où il fait bon flâner le long des *ghat* du lac Pichola, sur les rives plus populaires du lac Fateh Sagar ou dans l'un des jardins qui émaillent la cité. Sans oublier les boutiques de la vieille ville, assez touristique, mais où l'on peut faire des trouvailles intéressantes.

Situation : à 250 km N.-E. d'Ahmedabad, 271 km S.-O. d'Ajmer, 112 km S.-O. de Chittorgarh, 260 km S.-E. de Jodhpur, 95 km S.-E. de Ranakpur.

Alt. 577 m • 389 000 hab.

☎ 0294.

ℹ Dans Fateh Memorial, Airport Rd (B3) ☎ 241-15-35 ; ouv. du lun. au ven. 9 h 30-18 h (bureau dans le couloir à g.).

• À l'aéroport ☎ 265-54-33.

Udaipur mode d'emploi

■ Arrivée

En train. Gare de chemin de fer à la limite S.-E. de la vieille ville B3 (taxis et rickshaws à la sortie) rens. ☎ 248-73-90 et 131. Liaisons avec Chittorgarh (2 h), Ajmer (3 h 30), Jaipur (6 h), Agra (10 h 15), Delhi (12 h), Ahmedabad (8 h 30).

En bus. Gare routière à l'E. de la vieille ville B3 ☎ 248-81-91. Nombreuses liaisons quotidiennes avec Bombay (12 h), Agra (16 h), Delhi (14 h), Ajmer (6 h), Jaipur (10 h), mont Abu (6 h), Chittorgarh (2 h).

En avion. L'aéroport se trouve à 21 km à l'E. de la ville ☎ 265-54-53 ; pas de navette vers le centre-ville mais on trouve des taxis sans problème (compter 300 roupies). Udaipur est desservi par *Indian Airlines* (liaisons quotidiennes avec Delhi et Jaipur), *Jet Airways* (liaisons quotidiennes avec Delhi, Jaipur, Bombay) et *Kingfisher* (une liaison quotidienne avec Delhi).

■ S'orienter

Udaipur s'étend à l'E. de deux lacs : le **lac Fateh Sagar** A1-2, qui borde la partie moderne de la ville, et le **lac Pichola**, dominé par le **City Palace** A3, les palais du maharana. En arrière des palais se déploie la vieille ville (au N. et au S.) : c'est là que

À ne pas manquer

se trouvent concentrés de nombreux magasins de souvenirs et d'artisanat ; la presqu'île attachée à la rive nord du lac Pichola (**Hanuman Ghat** A3) est également très commerçante avec de nombreux hôtels de toutes catégories, plus calmes que dans la vieille ville.

■ Se déplacer

À pied dans la vieille ville, en rickshaw pour se rendre au Sakelion-ki-Bari.

■ Combien de temps

Une journée suffit pour voir l'essentiel : le matin (pour bénéficier du meilleur éclairage sur le lac Pichola), visite du City Palace. Promenade dans les bazars et découverte du Sahelion-ki-Bari ; en fin de journée, promenade en bateau sur le lac Pichola pour voir s'embraser les façades du palais au soleil couchant. Deux belles excursions d'une journée sont possibles depuis Udaipur : Ranakpur *(→ p. 236)* et Chittorgarh *(→ p. 172)*. On pourra compléter sa journée de visite par la découverte du parc ethnologique de Shilpgram, si l'on s'intéresse aux traditions populaires, ou tout simplement grimper au Sajjangarh pour admirer le coucher de soleil depuis la plus haute colline de la ville. L'excursion d'Eklingji nécessite trois heures.

■ Adresses utiles

Change. Nombreux distributeurs automatiques dans toute la ville ; bureaux de change agréés autour du Jagdish Temple A3.

Compagnies aériennes. ***Indian Airlines***, IDBI Building, Saheli Marg A1 ☎ 241-09-99 ; ouv. t.l.j. sf dim. 10 h 30-17 h • ***Jet Airways***, Blue Circle I-C Madhuban B2 (près de la poste centrale) ☎ 265-61-92 ; ouv. t.l.j. sf dim. 9 h 30-18 h, jusqu'à 15 h le sam. • ***Kingfisher***, à l'aéroport ☎ 510-24-68.

Poste. ***General Post Office*** *(GPO)*, Chetak Circle AB2 ; ouv. du lun. au sam. 10 h-13 h et 13 h 30-18 h. Vous pourrez aussi acheter vos timbres au bureau de poste du City Palace A3 ; ouv. t.l.j. sf dim. 9 h 30-13 h et14 h-17 h.

Urgences. ***Maharana Bhopal General Hospital***, Hospital Rd, Chetak Circle AB2 ☎ (urgences) 241-50-17.

■ Fêtes et manifestations

Mars-avril. ***Mewar Festival*** : riche programmation de danses, de chants et de musiques traditionnels, feux d'artifice tirés au-dessus du lac Pichola. Le festival correspond à la fête de Gangaur *(→ p. 43)*, qui célèbre l'arrivée du printemps : spectaculaire procession des femmes dans leurs plus beaux atours le long des *ghat* orientaux du lac Pichola.

Novembre-décembre. ***Foire artisanale de Shilpgram***.

Udaipur dans l'histoire

Un refuge paradisiaque

Udaipur est une cité relativement récente, même si la vallée où elle s'étend fut le fief du clan rajput des Guhilots au Moyen Âge. Le fondateur de la ville actuelle, Udai Singh (r. 1537-1572), prince du Mewar et héritier du clan rajput des Sisodias, était parvenu à s'échapper avant l'assaut final des Moghols qui submergea Chittorgarh en 1568-1569 ; il trouva refuge dans ces collines et fut séduit par leur beauté. Il ajouta encore au charme des lieux en édifiant un barrage qui entraîna la formation de petits lacs où se reflètent aujourd'hui les palais de la ville. Ses 21 successeurs régnèrent jusqu'en 1947, défendant farouchement leur indépendance contre les Moghols puis contre les Marathes ▶▶▶

Udaipur

Udaipur

Les danses de l'Inde

Entre le IXe et le XIIIe s., les artistes cholas du sud de l'Inde ont laissé d'étourdissantes statues en bronze de Shiva Nataraja, le dieu suprême représenté à l'intérieur d'un cercle de feu et écrasant le démon sous son pied. Cette danse cosmique, rythmée par le battement du damaru, le tambourin que la divinité tient dans une de ses nombreuses mains, est à l'origine de la création du monde visible. C'est pour commémorer cet acte créateur qu'est née la danse en Inde.

▶ Les attributs de Shiva Nataraja sont éminemment symboliques : la main pointée vers le pied levé représente l'âme qui se libère de l'univers manifesté et des cycles de transmigration, signifiés par le cercle de flammes.

Une expression religieuse

Les murs des temples, les parois des grottes illustrent à profusion le thème de la danse avec des **Shiva Nataraja**, mais aussi avec la cohorte des séduisantes danseuses omniprésentes dans les sanctuaires hindous. Dans les temples mêmes, une salle est consacrée aux évolutions des danseuses, le *mandapa*, plate-forme couverte située en avant du saint des saints. Parmi le nombreux personnel attaché autrefois aux grands sanctuaires (prêtres, barbiers, artisans...), les danseuses occupaient une place privilégiée. Et souvent encore, surtout en Inde du Sud, les *ustads*, les maîtres, dispensent leur enseignement entre les forêts de colonnes de salles plongées dans la pénombre, entretenant avec leurs élèves une relation privilégiée qui se prolonge durant des années.

Questions de style

Selon la tradition, la danse et la musique ont été codifiées par le sage Bharata, pour rappeler l'acte créateur de Shiva par le rythme et le chant. Du nord au sud, l'Inde a donné naissance à de **nombreuses écoles** : *bharata natyam* dans le Sud, *kathakali* dans l'Orissa, *manipuri* dans les confins orientaux, *kathak* dans le Nord. On distingue également **deux types de danses** : les *nritta*, qui ne répondent qu'à des considérations stylistiques et musicales, et les *nritya*, où entrent en jeu l'émotion et le sentiment. C'est en utilisant ce dernier style que danseurs et danseuses miment des épisodes des grandes épopées hindoues, *Mahabharata* et *Ramayana*, utilisant une codification bien précise et immédiatement reconnaissable pour les amateurs au niveau des gestes – les *mudra* –, des expressions du visage, des attitudes du corps.

À partir de l'époque des Grands Moghols, la danse indienne s'est détachée progressivement de son univers religieux pour devenir un **spectacle** dont étaient friands, dans le luxe de leurs palais, tous les grands princes de l'Inde. Cette

▲ Le *ghoomar* est une impressionnante tradition folklorique du Rajasthan : les danseuses, enveloppées de leur *ghaghara*, longue robe colorée, tournent sur elles-mêmes au son de la musique et des chants bhils.

danse classique indienne est réalisée par un seul exécutant, accompagné d'une formation musicale composée de *tabla* (percussion constituée de deux petits tambours), sitar, harmonium... Il existe également des **danses folkloriques**, plus ou moins dérivées des grands styles originels, et qui sont exécutées par des communautés particulières. Elles s'effectuent en groupe et ne présentent pas toujours une dimension directement religieuse : elles peuvent ainsi marquer des moments importants du calendrier agricole ou social, tels les mariages.

■ La danse du Nord, le kathak

Essentiellement narratif et réalisé par un seul exécutant, le ***kathak*** connaît trois variantes en Inde du Nord : celles de Bénarès, de Lucknow et de Jaipur. Héritier d'une tradition de théâtre populaire, le *kathak* fut le style le plus prisé dans les cours royales de l'Inde du Nord. Ce sont les danseuses de *kathak* que l'on voit représentées sur les miniatures indiennes : voile de mousseline, corsage, jupe ample. Le *kathak* exige de véritables prouesses techniques, entre mimiques du visage, gestes codifiées et étourdissante rapidité d'exécution. Les danseuses sont dotées de *ghunguru*, des **grelots** qu'elles portent aux chevilles (jusqu'à 250 par pied). Après un prélude destiné à sanctifier l'espace de la danse et à rendre hommage au dieu, s'engage un véritable dialogue entre les *tablas* qui exécutent une phrase rythmique reprise par la danseuse à l'aide de ses grelots. Lente au départ, la danse accélère progressivement jusqu'à atteindre une vitesse paroxystique, comme celle de Shiva exécutant sa danse cosmique.

▼ Le *bharata-natyam* a été rétabli comme art majeur au XXe s. grâce aux efforts de la danseuse Rukmini Devi Arundale.

(→ *encadré p. 187*). C'est pour échapper à l'emprise de ces derniers que les maharanas, titre des princes d'Udaipur, acceptèrent la tutelle britannique en 1818.

1 Les propriétés royales

La visite immanquable est celle du City Palace, tant pour rêver aux fastes d'antan que pour découvrir les vues splendides sur le lac Pichola, la ville et les collines environnantes. Le Vintage Car Museum intéressera les passionnés de voitures anciennes, la Crystal Gallery les amateurs de vaisselle. La promenade en bateau sur le lac est à faire plutôt en fin de journée pour bénéficier de la meilleure lumière sur les façades des palais.

BON À SAVOIR
Trois sites appartenant au maharana sont ouverts à la visite : le City Palace, le Vintage Car Museum et la Crystal Gallery, située à l'intérieur du Fateh Prakash Palace. Chacun d'eux nécessite un billet ; il faut acquérir un billet supplémentaire pour la promenade en bateau sur le lac Pichola. Autant dire qu'à la fin de la journée, l'addition est assez épicée. Un forfait est proposé pour l'ensemble : il est valable deux jours pour un coût moindre. Signalons cependant que ce *package* n'est réellement intéressant que si l'on projette de visiter la Crystal Gallery, tarifée à 500 roupies et dont l'intérêt est très limité.

■ City Palace*** A3

Le City Palace dispose de deux entrées : l'une au N., du côté de Jagdish Temple (autorisée aux voitures), l'autre au S., du côté de la Crystal Gallery (réservée aux piétons) • ouv. t.l.j. 9 h 30-16 h 30 • entrée payante ; les billets, en vente aux deux entrées, ne doivent être présentés qu'à l'entrée du musée : on peut ainsi se rendre librement sur Manek Chowk, l'esplanade qui précède le palais • prévoir 2 h de visite.

Cet ensemble palatial fut érigé à partir du règne d'Udai Singh (1537-1572) puis agrandi par ses successeurs jusqu'à l'orée du XXe s. Une partie des intérieurs est ouverte à la visite (City Palace Museum), une autre est occupée par l'ancienne

Prince et homme d'affaires

Généreuse barbe poivre et sel, stature royale, le portrait d'**Arvind Singh** (né en 1944) s'affiche partout à chaque détour des palais, des restaurants, des hôtels et des propriétés que l'actuel descendant de la lignée des rois d'Udaipur possède dans la ville et ses environs. S'il porte volontiers le turban plat de ses ancêtres et la longue robe de soie brodée, sa majesté est un homme d'affaires avisé. En l'espace de vingt ans, il a réussi à faire de sa ville l'une des destinations majeures du Rajasthan. Le complexe des palais apparaît aujourd'hui comme une véritable cité interdite où il faut à chaque pas acquérir son ticket. Le lac Pichola est sillonné par ses bateaux de promenade (on y voit même croiser deux barques pointues venues du Cachemire) tandis que sur le lac Fateh Sagar, les bateaux de promenade de la municipalité attendent désespérément le mécanicien qui rendra souffle à leur moteur.

Il s'est aussi entiché d'énergies renouvelables et présente des prototypes de rickshaws solaires. C'est dire que la cité, qui resta longtemps en dehors du mouvement moderniste que connurent de nombreux États princiers, a aujourd'hui rattrapé son retard. Trop peut-être au goût de certains qui regrettent la multiplication des commerces touristiques dans la vieille ville et le grignotage progressif des rives du lac par des constructions modernes.

▲ Dans les eaux du lac Pichola se mire un palais de conte de fées, le City Palace.

famille royale, une troisième abrite deux hôtels de grand luxe (*Fateh Prakash* et *Shiv Niwas*). Depuis le N., on entre dans le complexe en franchissant deux portes. Au-delà de la première porte (Badi Pol), les anciennes écuries à g. abritent aujourd'hui une école huppée ; on voit également les *torana* sous lesquels le souverain avait coutume de se faire peser, le jour de son anniversaire, avec des pièces d'or et d'argent qu'il distribuait ensuite aux pauvres. La porte suivante, Tripolia Gate (*→ encadré p. 111*), donne sur **Manek Chowk**, l'esplanade face à l'entrée du palais ; de nombreuses boutiques et un restaurant y attendent les visiteurs.

• **L'entrée du palais**. La porte d'entrée, surmontée des armes de la famille royale, est précédée de deux estrades : le souverain les utilisait pour monter à cheval ou sur son éléphant. C'est de là que partait la grande procession rituelle de Dussehra (*→ p. 44*). On pénètre dans un vaste vestibule à dr. duquel ouvre une salle présentant une **collection d'armes**. On y verra notamment les bannières du corps des Bhils, une unité militaire fondée par le maharana en 1841 afin de placer définitivement les valeureux mais turbulents membres de cette tribu sous son autorité. Les Bhils continuèrent à servir leur maître jusqu'en 1971, année de la suppression des privilèges des familles royales.

• **Ganesh Chowk**. On débouche ensuite sur une terrasse dominant Ganesh Chowk : c'est là, sous la terrasse, que se trouvaient les écuries royales. De là, on entre à dr. dans la partie du complexe réservée

À NOTER
Un son et lumière en anglais se déroule tous les soirs à 19 h sur Manek Chowk ; rens. et rés. ☎ 252-80-08.

À NOTER
Les salles et cours décrites ci-dessous sont reliées par des escaliers étroits et raides. On monte, on descend, avec le sentiment de se perdre dans un labyrinthe. L'itinéraire est parfaitement fléché ; il est impossible de revenir en arrière.

aux maharanas. Passé un petit temple dédié à Ganesha, comme il se doit à l'entrée de toute demeure hindoue, un escalier bordé de faïences victoriennes conduit à la cour des couronnements.

• **Rai Angan**. Construite en 1559, la « cour royale » est la partie la plus ancienne de l'ensemble (les parties supérieures sont des ajouts postérieurs). Dans cette cour, où les souverains étaient intronisés, se trouve à dr. un pavillon également du XVIe s. ; il est consacré à la mémoire de Pratap Singh, le fils d'Udai Singh, sorte de chevalier Bayard des Indes, dont tous les écoliers du pays connaissent les faits d'armes contre les Moghols. Côté opposé, un temple est consacré à la mémoire du *sadhu* qui vivait ici dans son ermitage ; il fut le gourou d'Udai Singh et lui indiqua l'endroit où construire son palais.

• **Chandi Mahal**. Un escalier grimpe vers ce palais de la Lune (début du XVIIe s.), doté d'un bassin de marbre jadis rempli des milliers de pièces d'or levées par les impôts. Sur une estrade surélevée, un trône accueillait le maharana qui, de là, pouvait contempler son trésor. Du balcon, vue sur le lac Pichola.

• **Badi Mahal★★**. Le palais du Jardin (fin du XVIIe s.), la partie la plus haute du complexe, est planté d'arbres d'un âge vénérable (figuier sauvage, tamarinier, santal). Un **pavillon** offre de larges vues sur la ville. À l'entrée de celui-ci, on verra à g. une peinture de 1835 représentant le jardin à cette époque. Dans le pavillon est également présenté le **fauteuil** du maharana d'Udaipur au début du XXe s. Celui-ci devait y prendre place lors du grand *darbar* organisé par les Britanniques pour l'inauguration de leur nouvelle capitale, New Delhi (1911). Mais le souverain, constatant qu'il ne figurait qu'à la quatrième place dans l'ordre protocolaire, regagna aussitôt sa capitale et le fauteuil resta vide.

▲ Le balcon du Chini-ki-Chita Mahal offre une vue splendide sur la ville.

• **Dilkhush Mahal**. Précédée d'une galerie ouvrant sur la cour du couronnement en contrebas, cette salle (XVIIe s.) présente une **collection de miniatures★★** commémorant les grandes heures des règnes des maharanas des temps jadis. À voir les deux splendides **portes** d'ivoire de la salle à dr. (début du XVIIe s.), entièrement ornées de verres colorés au XIXe s. Au bout de la galerie, le **Chini-ki-Chita Mahal★**, le palais des Merveilles de la Chine, fut décoré au XVIIIe s. de carreaux de faïence chinois et hollandais (Delft).

• **Moti Mahal**. Le palais de la Perle (XVIIe s.) abrite de beaux **vantaux★★** de porte en ivoire. Il servait d'antichambre aux appartements du dernier souverain régnant, Bhupal Singh II (1930-1947), un ensemble de pièces assez simples qui conservent leur ameublement et leur décoration d'époque. Invalide, le souverain s'était fait aménager un ascenseur *(porte à g. en entrant)*.

• **Mor Chowk★★★**. Un étroit escalier carrelé de blanc conduit à l'une des cours les plus prestigieuses du palais, la cour des Paons. Dans l'antichambre qui la précède, le monumental **soleil** doré à l'aide d'un kilo d'or est le symbole de la dynastie des rois d'Udaipur ; il fut réalisé sous le règne de Bhupal Singh II. La cour doit son nom aux cinq **paons** (début du XIXe s.) en verre coloré qui en ornent les murs, trois dans la cour, et un sous chacun des portiques (→ *encadré p. 209*). La façade extérieure du **Moti Mahal** (au-dessus des paons de la cour), également décorée de verres colorés, est un autre témoignage de l'habileté des artisans du royaume. C'est dans ce cadre que le souverain aimait à recevoir ses invités de marque, britanniques notamment.

• **Le *zenana***. Une suite de couloirs conduit aux appartements des femmes ; on peut y voir celui qu'occupa la grand-mère († 1973) d'Arvind Singh, le maharana actuel. L'itinéraire débouche enfin sur **Lakshmi Chowk**, l'immense cour du *zenana* dominée par les hautes façades du harem. Des palanquins y sont exposés. De là, on regagne Ganesh Chowk et la sortie.

■ Crystal Gallery A3

Ouv. t.l.j. 9 h 30-20 h • entrée payante.

Cette collection installée dans une partie du Fateh Prakash Palace (1909) expose une interminable litanie de vaisselles et verreries de l'ancienne famille royale. La visite permet également de découvrir le gigantesque **Darbar Hall** construit pour les réceptions officielles du souverain. Le billet d'entrée donne droit à une consommation servie sous les gigantesques lustres de cette imposante salle.

La rue qui, depuis la sortie S. du City Palace (Crystal Gallery), rejoint le Vintage Car Museum est bordée de **magasins** de souvenirs et d'artisanat. Une promenade d'une dizaine de minutes qui peut s'avérer plus longue que prévue si l'on se laisse séduire par les boniments des boutiquiers.

■ Vintage Car Museum* B3

Ouv. t.l.j. 9 h-21 h • entrée payante donnant droit à une boisson • si l'heure du déjeuner approche, vous pourrez déguster un « thali » correct au restaurant du musée ; prix groupé entrée et repas.

Une visite incontournable pour les amoureux des vieilles voitures. On présente ici, chacune soigneusement rangée dans son box particulier, les automobiles de la collection royale : une Cadillac 1938 dans laquelle prit place la reine Élisabeth lors de son voyage en Inde en 1960, une MG de 1944, une Rolls Royce Phantom de 1938, une autre de 1930 spécialement équipée pour les safaris. Un

▲ Dans la cour des Paons...

Un balcon sur le lac

La visite du City Palace offre de nombreux points de vue sur le lac Pichola et ses palais. Au premier plan se dresse le Jag Niwas (1746), construit en marbre blanc par le maharana Jagat Singh II : c'est aujourd'hui un hôtel *(Lake Palace)*. Plus loin vers la g., on aperçoit le Jag Mandir (1615-1622) avec sa tour ronde élevée en grès ocre jaune et coiffée d'un dôme. Le prince Khurram, qui deviendra empereur sous le nom de Shah Jahan en 1628, y trouva refuge alors qu'il fuyait la colère de son père, Jahangir, contre lequel il s'était révolté. C'est là, dit-on, dans les appartements aux murs de marbre incrusté de pierres, qu'il trouva l'inspiration pour son futur Taj Mahal.

Lors de la révolte des Cipayes (→ *encadré p. 365*), le palais servit à nouveau de refuge, pour les Européens cette fois, protégés par le maharana de l'époque. L'édifice doit son nom au maharana Jagat Singh Ier (1628-1652) qui le fit agrandir. Quant au lac Pichola, il résulte d'un barrage que fit construire Udai Singh, le fondateur d'Udaipur.

▲ Au milieu du lac Pichola, l'îlot du Jag Mandir est occupé par le *Taj Lake Palace*. Mais ce célèbre hôtel n'est pas ouvert à la visite.

♥ RESTAURANT

The Tiger, Gangaur Ghat (A3) ☎ 242-04-30. Au dernier étage de ce petit hôtel, le restaurant (vue splendide sur le lac) propose une excellente cuisine indienne modernisée. Service sympathique. Chambres simples et confortables (double à partir de 1 500 roupies), sauna et centre de massage. Une bonne adresse.

hangar annexe abrite les dernières marottes d'Arvind Singh, des véhicules à énergie solaire parmi lesquels un rickshaw des temps futurs.

■ Lac Pichola*** A3

Les promenades en bateau sur le lac partent de **Bhansi Ghat**, au pied du City Palace. Des promenades en groupe de 30 mn *(200 roupies)* ou une heure *(300 roupies)* sont proposées tous les jours de 10 h à 19 h ; la plus longue inclut la possibilité de débarquer quelques instants sur l'**îlot du Jag Mandir**, un pavillon de plaisance des maharanas de Jaipur. Il est possible de louer pour une heure un bateau mû par l'énergie solaire, à usage privatif (huit personnes maximum).

2 La vieille ville

La vieille ville d'Udaipur, à l'origine entourée de murailles (XVIIe s.), ne manque pas de charme. Entre le temple de Jagdish et Chand Pol s'étend le quartier le plus touristique avec ses boutiques, ses points Internet, ses cafés à l'européenne servant des expresso et ses hôtels bon marché destinés à la clientèle occidentale. Dans Jagdish Temple Street, on retrouve les commerces et les étals traditionnels des villes indiennes à mesure que l'on s'avance vers le N. et Hathi Pol.

Combien de temps. Prévoir 2 h de promenade.

■ Jagdish Temple A3

Ce temple vishnouite fut érigé en 1651 dans le style des sanctuaires de Chittorgarh par le maharana Jagat Singh Ier (r. 1628-1652). Il se compose d'un porche d'entrée, d'un hall à colonnes et d'une cella surmontée d'un *shikhara*. Sur la base qui supporte l'édifice, beaux reliefs sculptés.

Prendre à g. à la sortie du temple la rue qui descend vers Chand Pol, puis à g. à la fourche.

■ Bagore-ki-Haveli* A3

Ouv. t.l.j. 10 h-17 h • entrée payante.

Édifiée au XVIIIe s. pour un Premier ministre du souverain, cette *haveli* *(→ théma p. 244-245)* servit au début du XXe s. de résidence pour les hôtes officiels avant d'être cédée à l'État du Rajasthan en 1947. Après des années d'abandon, elle a fait l'objet de restaurations soignées. Ses 138 pièces sont disposées autour de plusieurs cours ; certaines bénéficient de belles vues sur le lac Pichola, que l'on découvre également depuis les terrasses. Des intérieurs traditionnels des nobles familles rajputes, de la salle de réception à la salle de bains, ont été reconstitués au premier étage. Lors de la restauration, des panneaux de peintures murales qui courent à la base des murs ont été dégagés. On peut également voir une **collection de turbans** portés par les princes et les membres des différentes castes d'artisans, ainsi qu'une splendide *rudra vina*, l'instrument roi de la musique classique indienne. En fin de journée, un **spectacle** (danse, marionnettes) est donné dans l'enceinte de cette demeure *(de 19 h à 20 h • pas de réservation)*.

Gangaur Ghat s'étire au pied du palais le long du lac. C'est là que part, lors de la fête de Gangaur *(→ p. 43)*, la procession des femmes en grande tenue ; le reste de l'année, elles y lavent leur linge.

On pourra poursuivre jusqu'à **Chand Pol** où une passerelle enjambe le bras N. du lac pour conduire au pittoresque quartier de Bhrampura.

♥ SHOPPING

Pearl Point, Chandpole Street (A2) ☎ (portable) 94-14-28-25-09. Les soirées déguisées revenant à la mode, pourquoi ne pas se préparer un costume de maharaja ? On commencera ici avec le turban : vous choisirez tout d'abord le tissu (soie ou coton), puis le modèle. Ensuite, on vous confectionnera ce turban à votre taille. Comptez de 600 à 1 000 roupies.
Le magasin vend également des babouches traditionnelles en cuir.

3 Le nord de la ville

Au N. de la vieille ville s'étend un quartier aéré, avec des rues tirées au cordeau et de confortables villas entourées de jardins. Dans cette zone résidentielle qui offre un autre visage de l'Inde d'aujourd'hui, on verra principalement le Sahelion-ki-Bari, un délicieux jardin aménagé par les maharanas au XVIIIe s., et le joli musée des Traditions populaires.

Situation : AB2-3

À NOTER

Dans cette partie de la ville, il est nécessaire d'être motorisé pour se rendre de site en site. Inutile cependant de conserver le véhicule pour toute la durée de la promenade : vous en trouverez sans problème en maraude où que vous soyez.

Sahelion-ki-Bari* A1

Ouv. t.l.j. 8 h-18 h 30 • entrée payante ; pour quelques roupies vous pourrez demander au gardien de faire fonctionner les jeux d'eau.

Cet ensemble de jardins et de pavillons fut construit au XVIIIe s. par le maharana Sangram Singh pour le plaisir des femmes de son harem. Échappant à l'enfermement et à l'étiquette du *zenana*, elles passaient là les mois précédant la mousson (les plus chauds de l'année) au milieu d'une végétation luxuriante rafraîchie de ruisselets et de jets d'eau.

Au-delà d'une première cour, on pénètre à l'intérieur du pavillon principal, le **palais de la Pluie sans nuage**, planté de majestueux manguiers : dans le kiosque central, l'eau tombe en rideau depuis la corniche ; au sommet, un pigeon tournait sous l'effet de la pression. Pour découvrir les autres jardins du site, on tournera autour de ce pavillon central dans le sens des aiguilles d'une montre. Le **Sawon Bhado**, sur le flanc g. du palais, est le plus touffu de ces jardins, rafraîchi par une fontaine ; on y remarque des dattiers, espèce inconnue au Rajasthan. En arrière du palais, le **bassin au Lotus** est entouré d'éléphants monolithes dont la trompe sert de fontaine. L'estrade de marbre à g. était réservée au souverain. Le dernier jardin, aux espaces plus dégagés, servait de scène aux danseuses et aux musiciens qu'observaient les femmes du harem depuis les balcons du palais.

Moti Magri A1

Ouv. t.l.j. 7 h 30-19 h 30 • entrée libre (payante pour les véhicules).

La « colline de la Perle » se dresse au-dessus du lac Fateh Sagar et offre des vues splendides sur le lac et le Nehru Island Park, un autre jardin aménagé sur un îlot *(accessible par des bateaux qui partent du pied de la colline)*.

Folklore Museum B2

Bhartiya Lok Kala Mandal • ouv. t.l.j. 9 h-17 h 30 • spectacle de marionnettes t.l.j. 12 h-13 h et 18 h-19 h • entrée payante.

Les collections du musée des Traditions populaires présentent un panorama très complet sur les danses et chants du Rajasthan. On peut notamment y voir les grandes **tentures** où sont peints les épisodes de la geste de Pabuji (→ *encadré p. 226*) et qui sont utilisées par les bardes bhopas pour illustrer leurs chants en l'honneur du héros. Une section est consacrée aux ***kavad***, des autels portatifs utilisés par les Bhats, une caste de brahmanes : la dernière porte s'ouvre sur l'image de Rama et Sita. D'autres sections sont consacrées aux fêtes des tribus, aux marionnettes et aux instruments de musique.

Environs d'Udaipur

1 Shilpgram* h. pl. par A2

6 km N.-O. • ouv. t.l.j. 11 h-19 h • entrée payante • après une journée de visites, l'excursion vers Shilpgram apparaît agréable et reposante, mais nombre de chauffeurs de taxis et de guides locaux répugnent à emmener leurs clients dans cet endroit où ils ne perçoivent pas de commission, et prétextent que le parc est fermé : restez ferme sur votre destination.

Ce parc de 70 ha inauguré en 1989 fut créé à l'initiative du gouvernement indien dans le cadre d'un programme culturel regroupant les États de l'Ouest indien (West Zone Cultural Center). Il présente l'habitat, l'outillage, les modes de vie traditionnels des villages des États du Rajasthan, du Gujarat, du Maharashtra et de Goa. Dans un cadre très agréable au pied des monts Arawalli, on découvre près d'une trentaine de **maisons** construites selon les procédés et avec les matériaux traditionnels par des maîtres artisans venus de ces régions. À l'intérieur sont présentés objets usuels, parures et décorations. La visite s'agrémente de spectacles de danses (des troupes villageoises se succèdent sur les lieux) et d'expositions d'artisanat. Chaque année entre le 25 décembre et le 1er janvier, le parc abrite une grande foire.

2 Sajjangarh h. pl. par A2

5 km O. • ouv. t.l.j. 7 h-20 h • entrée payante pour les véhicules et les passagers • il est impératif d'être motorisé pour gravir la rampe (5 km) qui conduit au sommet de la colline (accessible aux rickshaws).

Au sommet d'une colline se dresse le **Monsoon Palace**, un palais élevé à la fin du XIXe s. par le maharana Sajjan Singh (r. 1874-1884). Il abrite aujourd'hui une petite exposition consacrée à la réserve naturelle qui s'étend alentour. Mais si les touristes sont nombreux à grimper jusque-là (surtout en fin de journée), c'est pour assister depuis ce nid d'aigle au coucher de soleil sur Udaipur et ses lacs.

▲ Le site de Nagda, joliment situé en bordure d'un lac.

3 Eklingji* h. pl. par B1

25 km N. • ouv. t.l.j. 4 h 30-7 h, 10 h 30-13 h 30 et 17 h-19 h 30.

Chaque lundi, le rituel se perpétue : lorsqu'il réside en ville, le maharana d'Udaipur vient rendre hommage aux divinités tutélaires de sa lignée. Un pavillon d'entrée lui est réservé, d'où il pénètre dans l'enclos sacré, qui compte 108 sanctuaires. Le plus important est le **temple de Lakulisha***, fondé en 972 sous les Guhilots puis rebâti au XVe s. par le maharana Raimal. Tout de marbre blanc, il est dominé par un *shikhara* tandis que le *mandapa* qui précède l'entrée s'orne de charmantes statues de danseuses sous la coupole. À g., un **temple dédié à Vishnou** présente également un *mandapa* ouvragé ; l'extérieur est orné de frises de sculptures superposées (lions, cavaliers, danseuses, couples d'amoureux divins). Au fond de l'enclos, un **sanctuaire shivaïte** particulièrement vénéré possède un *lingam* constamment immergé. Le sanctuaire retentit de chants religieux durant la fête donnée en l'honneur de Shiva en janv.-fév. (Shivaratri).

▶ **Nagda*** *(2 km au S. d'Eklingji, à g. en venant d'Udaipur)* fut la troisième capitale des Guhilots du Mewar à partir du Xe s. Çà et là, des restes de constructions en partie recouvertes par la végétation sont encore visibles. On verra surtout le **temple de Sas Bahu**** *(entrée libre)*, magnifiquement conservé avec ses murs extérieurs et son *mandapa* richement parés de sculptures et de motifs ornementaux (XIe s.). À l'intérieur, le plafond est décoré de deux scènes de bataille empruntées au *Ramayana* et d'une représentation de l'épisode du barattage de l'océan de lait *(→ théma p. 176-177)*. ◀

Environs d'Udaipur

Le Gujarat

Authentique, le Gujarat ? C'est en tout cas l'avis des stylistes indiens et occidentaux : ils viennent ici nourrir leur inspiration des tissus chatoyants confectionnés par les femmes des communautés tribales. Traditionnel ? Sans aucun doute : on est ici dans le pays natal du Mahatma Gandhi et sur cette terre sanctifiée, toute vente d'alcool est interdite aux citoyens de l'État. Les fêtes religieuses y prennent une dimension particulière : Dwarka, avec ses *ghat* sacrés, est la ville sainte de Krishna ; au pied du mont Girnar se rassemblent au mois de février des centaines de *sadhu* nus, reclus d'ordinaire dans le secret des montagnes et des forêts ; Palitana est dominée par une cité de temples jaïns. Princier ? Certainement : à la veille de l'indépendance, près de 200 États se partageaient le territoire. Il en reste un semis de palais, dont certains abritent désormais des hôtels de charme.

Touristique, alors ? Pas vraiment. L'ensemble de l'État connaît pourtant des températures chaudes toute l'année, torrides même pendant les mois précédant la mousson (avril-mai), avec des températures moyennes de 43 °C à Ahmedabad. On peut parcourir le pays pratiquement sans rencontrer d'étrangers. Une raison de plus pour s'y précipiter. D'autant que le Gujarat, un des États les plus dynamiques de l'Inde, possède un bon réseau routier et des possibilités hôtelières satisfaisantes.

◄ **Vue imprenable sur la mer pour ce temple situé à Dwarka.**

Les entrées principales

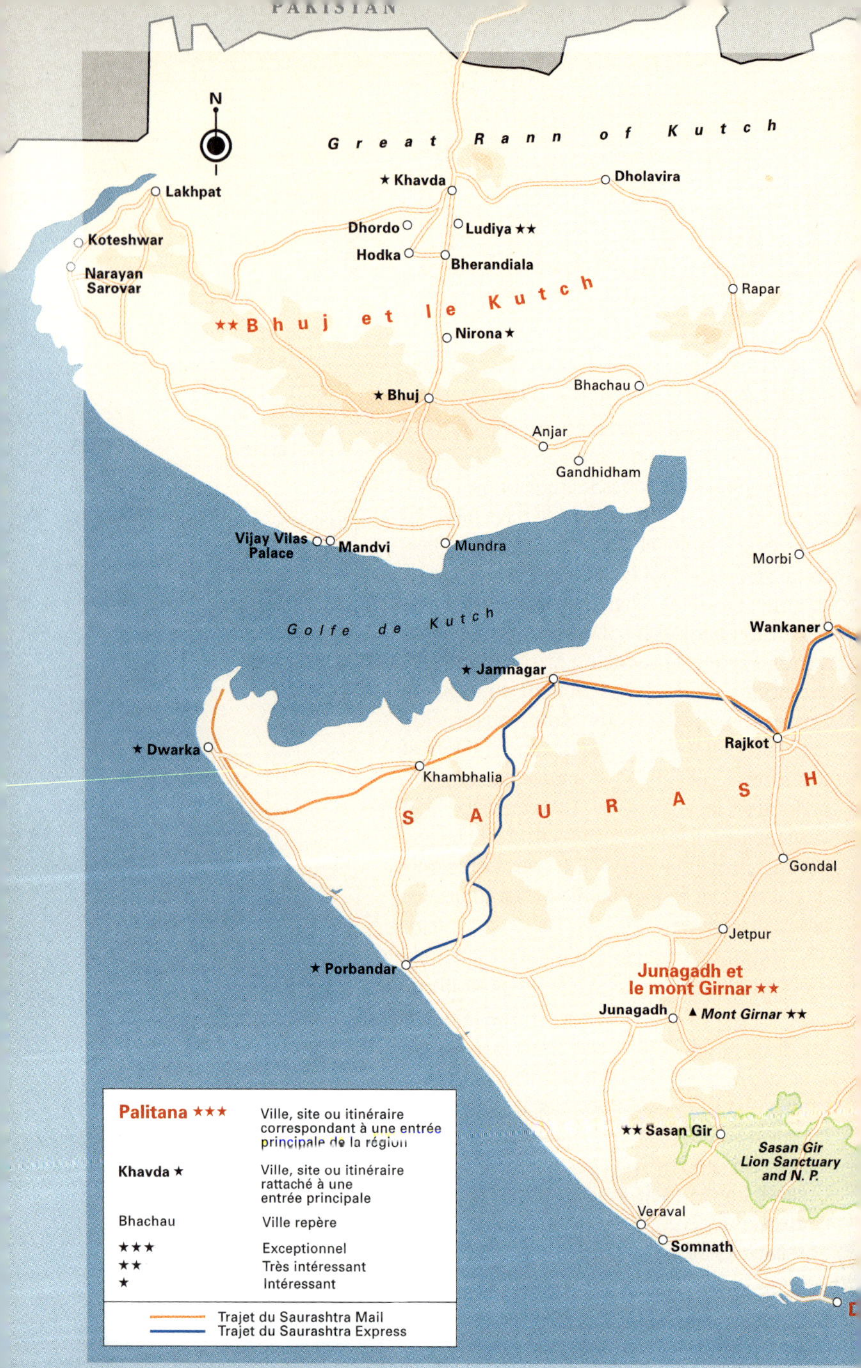

Que voir au Gujarat

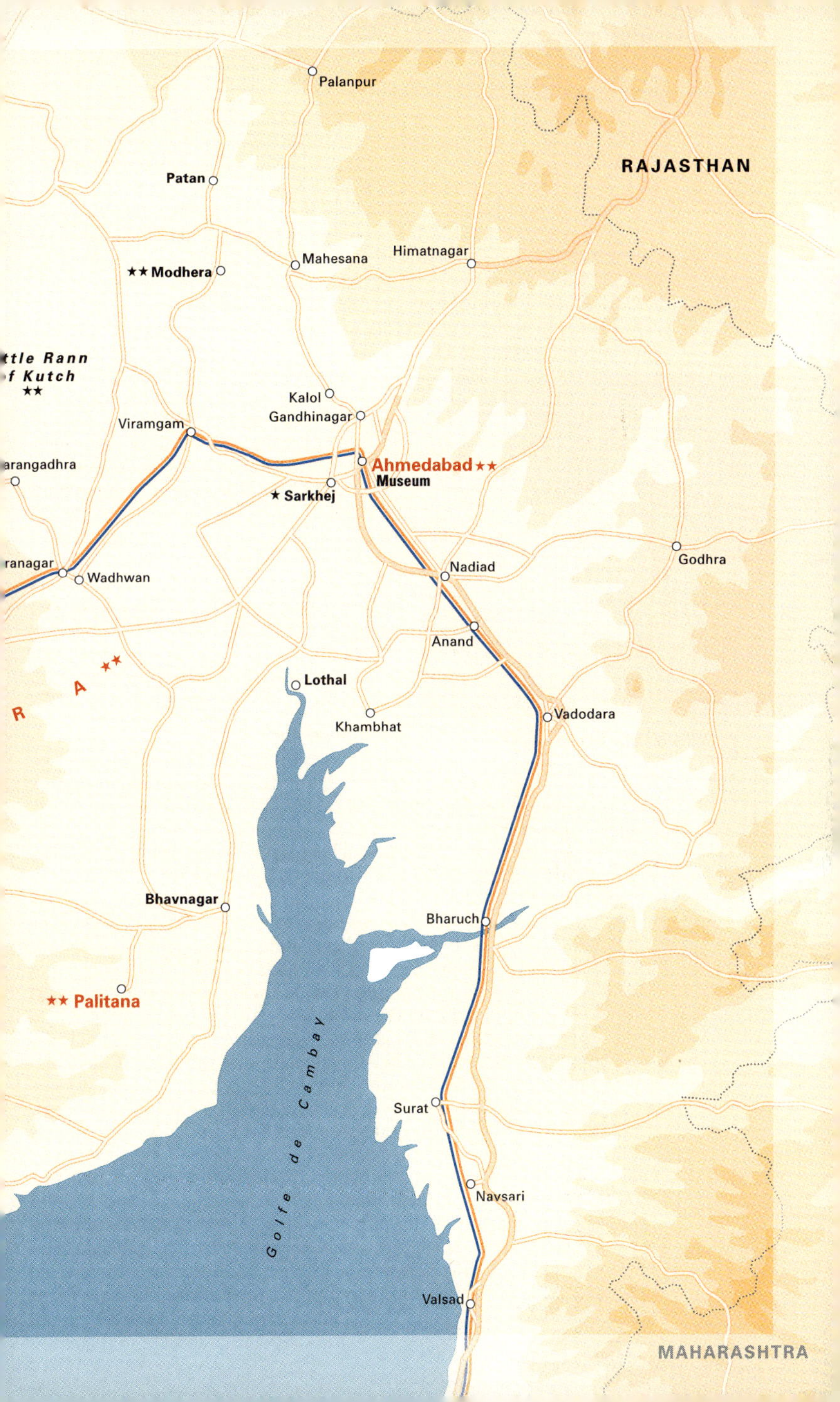

Palanpur
RAJASTHAN
Patan
★★ Modhera
Mahesana
Himatnagar
ttle Rann
f Kutch
★★
Kalol
Gandhinagar
Viramgam
Ahmedabad ★★
Museum
arangadhra
★ Sarkhej
ranagar
Wadhwan
Nadiad
Godhra
Anand
R A ★★
Lothal
Khambhat
Vadodara
Bhavnagar
Bharuch
★★ Palitana
Golfe de Cambay
Surat
Navsari
Valsad
MAHARASHTRA

Des plaines brûlées par le soleil

Avec ses 196 000 km², le Gujarat représente à peine plus de 6 % de la superficie totale de l'Inde, et son territoire est divisé en trois grandes zones géographiques. À l'est s'étend une plaine, domaine des grandes cultures : blé, maïs, millet mais aussi tabac et coton. Ce dernier est à l'origine d'une part importante de la fortune de la plus grande ville de l'État, **Ahmedabad**, un des centres textiles majeurs de l'Inde. En progressant vers l'ouest, on entre dans la péninsule du **Saurashtra** (appelée également Kathiawar), une avancée du sous-continent sur la mer d'Arabie, couverte de forêts broussailleuses et de cultures. Plus à l'ouest encore, s'étend le **Rann de Kutch**, zone aride la plus grande partie de l'année, des plaines recouvertes d'une croûte de sel que submergent les eaux de la mousson en été.

▲ **Exploitation artisanale du sel dans le Rann de Kutch.**

Grâce à sa diversité géographique – zones de marais dans le Kutch, forêts dans le sud du Saurashtra et à l'est de l'État, littoral abritant des forêts de mangroves –, le Gujarat accueille des centaines d'espèces d'**oiseaux migrateurs**. L'hiver est la période la plus propice pour les observer : grues, canards, oies, hérons... avec en vedette les milliers de flamants roses qui viennent nicher dans le Grand Rann de Kutch. Le Gujarat abrite les derniers spécimens de **lion d'Asie**, protégés à l'intérieur du parc national de Sasan Gir. On peut également rencontrer, dans le Petit Rann de Kutch, des troupeaux d'**onagres**, ânes sauvages dont l'espèce est en voie de disparition.

Un balcon sur l'Arabie

Du fait de sa situation géographique à l'extrémité ouest du sous-continent, et encore davantage avant la partition de 1947, lorsque les pistes caravanières le reliaient au Baloutchistan aujourd'hui pakistanais, le Gujarat a depuis des siècles les yeux fixés sur le large. Les archéologues-plongeurs ont identifié au large de Dwarka, l'héritière de la mythique capitale de Krishna, des installations portuaires datant du milieu du IIe millénaire avant notre ère, et ce sont aujourd'hui une cinquantaine de ports qui s'égrènent le long des 1 600 km de littoral que compte l'État. Ports pétroliers comme **Jamnagar**, qui possède la plus grande raffinerie du monde, mais aussi ports de pêche et de petits cargos comme **Porbandar**, où sont toujours assemblés les *dhow*, proches cousins des boutres ventrus qui, durant des siècles, ont assuré le commerce de la mer Rouge aux côtes indiennes en longeant la péninsule Arabique.

Cette ouverture sur le monde a fait des Gujaratis des commerçants hors pair dont la réputation a dépassé les limites de leur région : à Bombay, Calcutta, Cochin, mais aussi outre-mer, en Afrique orientale notamment. Les premiers à s'expatrier furent les membres des **communautés musulmanes** : Bohras chiites, Khojas, également chiites dans leur immense majorité, et Memons sunnites. Les **hindous** quant à eux furent longtemps contraints par leurs préceptes religieux qui leur interdisaient de franchir les mers. Ainsi, Gandhi *(→ théma p. 282-282)*, avant de partir étudier en Angleterre, dut-il convaincre ses parents de le laisser franchir les « eaux noires ». Autre communauté commerçante, les **jaïns**, particulièrement actifs dans la taille et le commerce du diamant à Surat. Présents depuis des siècles dans la région, ils ont orné le Gujarat de ses plus beaux temples, à Palitana par exemple.

▲ **Une famille meghwale dans une *bungha* d'un village du Kutch. Ce type d'habitat léger est bien adapté aux risques sismiques.**

Une mosaïque humaine

Le Gujarat reste fermement attaché à ses traditions : ses habitants s'identifient largement à la communauté à laquelle ils appartiennent. Populations tribales de la région du Kutch, pasteurs rabaris, musulmans mutwas, descendants de nomades ahirs (caste de bergers), Bhils ou encore Siddis qui témoignent, par la couleur de leur peau, de leur ascendance africaine (*→ encadré p. 326*). Chaque groupe perpétue ses traditions ancestrales : artisanat, modes de vie, habitations telles les huttes de terre que l'on rencontre dans le Kutch (*bhunga* ; *→ encadré p. 297*). L'appartenance communautaire chez les hindous et les musulmans tend parfois vers une crispation identitaire qui peut déboucher sur des explosions de violence, comme on a pu le déplorer à Ahmedabad, puis dans toute la région, en mars 2002. Traditions aussi dans les pratiques culinaires : pour une population en grande majorité végétarienne, l'accommodement des légumes est devenu un véritable art, mis en scène dans les fameux *thali*, ces plateaux où sont disposées plusieurs préparations. Le tout arrosé d'un thé que l'on sert dans une tasse, mais que l'on boit à même la soucoupe où on l'a versé, pour éviter de se brûler.

Une société dynamique

Cette région campée sur ses traditions a donné depuis 1995, et presque sans discontinuer, le pouvoir au Bharatya Janata Party (BJP), parti fondamentaliste hindou qui en a fait sa vitrine politique. Il est vrai que le Gujarat est un État dynamique qui peut faire des envieux dans l'Union indienne. Son PIB est notablement supérieur à la moyenne nationale, et il peut s'enorgueillir de nombreuses réussites économiques : raffineries de pétrole, chantiers navals, industries numériques... Un des principaux facteurs de ces succès réside dans le dynamisme des acteurs économiques locaux qui investissent massivement dans leur région, tout comme les Gujaratis de la diaspora qui, tout en étant loin de leur terre ancestrale, depuis parfois plusieurs générations, continuent de s'y intéresser et d'y investir. On l'a vu notamment dans l'extraordinaire mouvement de solidarité à la suite du terrible séisme de janvier 2001 (*→ encadré p. 294*). On le voit également dans la participation active des émigrés gujaratis dans les ONG locales.

Les musulmans, une communauté mal connue

Les musulmans sont 150 millions à l'intérieur des frontières de la seule Inde, et trois fois plus dans le sous-continent. Ils ont régné sur une grande partie de cette région à l'époque médiévale et moderne. Les puissants sultanats du Deccan, l'Empire moghol et les États des marches nord-ouest ont dominé la géopolitique pendant des siècles. Mais la fin lamentable du dernier Grand Moghol, Shah Bahadur II, destitué par les Britanniques pour avoir soutenu la révolte des Cipayes en 1857, puis la partition entre Inde, Pakistan et Bangladesh, qui a coupé en trois la communauté musulmane, sont des souvenirs douloureux encore très présents.

Diversité et intégration

On compte 90 % de sunnites, et environ 10 % de chiites, duodécimains au Nord, ismaéliens à l'Ouest, où ils ont constitué de puissantes castes de commerçants, en particulier les Khojas du Gujarat qui se disent venus de Perse au XIe s. et les Bohras originaires du Yémen, très présents à Bombay. Traversant ces clivages, une hiérarchie s'est peu à peu cristallisée autour de deux pôles : les *ashraf*, « les nobles », qui, d'une manière ou d'une autre, s'arrangent pour descendre du Prophète ou de ses proches, et les *ajhlaf*, « les vils », qui passent pour être d'anciens hindous convertis. Ces derniers se répartissent en groupes professionnels héréditaires, les *zat*, adoptant le modèle des castes. Tout en bas de l'échelle, des groupes de services prennent en charge les mêmes activités impures que les intouchables hindous, et ils ont été tout autant discriminés qu'eux.

◀ Ablutions à la grande mosquée de Delhi.

Le foisonnement des confréries soufies

L'islam légaliste s'est très tôt doublé de confréries mystiques qui ont comblé le besoin d'une relation émotionnelle avec Dieu par l'expérience extatique ou le **culte des saints**. Ce soufisme s'est diffusé en Inde dès l'époque du sultanat de Delhi. La confrérie du grand mystique iranien Suhrawardi a pour figure principale Baha ud-din Zakaria, mort en 1266 près de Multan. La Qadiriyya, fondée par Abdul-Qadir Jilani, né à Bagdad vers 1460, a profité du soutien du prince moghol Dara Sukhoh et de l'appui des sultanats du Deccan. À la même période, Shah

▲ **Les Bauls (mot bengali qui signifie « fous ») sont des musiciens itinérants dont la philosophie syncrétiste est grandement inspirée par le soufisme.**

EN HAUT, À DROITE : à Mehrauli, dans la banlieue sud de Delhi, la *dargah* du saint Qutbuddin Bahktiyar Kaki, disciple de Muin-ud-din Chishti, attire musulmans et hindous.

Badr ud-din Madar, un Juif musulman originaire d'Alep, vint prêcher en Inde et il est le chef de file des Madaris, dont les techniques de méditation sont très proches de celles des yogis. La Naqshbandiyya a été introduite au XVIe s., à partir de l'Asie centrale. D'autres confréries sont autochtones : l'**ordre Chishti**, fondé par Muin-ud-din Chishti, mort à Ajmer au Rajasthan en 1236, et dont la tombe reste le plus grand centre de pèlerinage musulman de l'Inde ; ou la **Shattari**, centrée au Bihar. Certains groupes sont assimilés à de très basses castes, comme les musiciens hermaphrodites Hijra ou les Bauls du Bengale, qui sont de merveilleux chanteurs.

Le culte des saints

On trouve partout en Inde des *dargah*, mausolées de saints hommes que l'on vient prier parce qu'ils sont des « amis de Dieu », et que, de l'endroit où ils sont enterrés, rayonne leur *baraka*, leur capacité à faire des miracles, à guérir, à rendre le bonheur aux individus ou à la communauté villageoise. Les sanctuaires « orthodoxes » sont uniquement consacrés aux saints musulmans, comme ceux de Muin-ud-din Chishti à Ajmer ou de Nizam-ud-din à Delhi. Parfois les *dargah* se trouvent sur le même site que des lieux de pèlerinage hindous ; il arrive aussi qu'un seul monument regroupe sanctuaire musulman et sanctuaire hindou, en l'honneur d'un saint qui est un fakir-yogi. On y célèbre diverses fêtes, dont la plus importante est toujours l'*urs*, l'anniversaire de la mort du saint, de ses « noces mystiques » avec Dieu. Les sanctuaires sont gérés par des associations cultuelles *(jamaat)*, qui comprennent des religieux desservants et des laïcs donateurs. Y. T.-M.

▲ **Jeune musulman indien plongé dans la lecture du Coran.**

Ahmedabad★★

Situation : à 157 km N.-O. de Vadodara, 207 km N.-E. de Rajkot, 251 km S.-O d'Udaipur (Rajasthan).

4,5 millions d'hab.

☎ 079.

🛈 ***Gujarat Tourism***, **HK House, Ashram Road (B1 ; en retrait de la rue, à dr. en direction du N.) ☎ 26-57-64-34 ; www.gujarattourism.com ouv. 10 h 30-18 h ; f. les dim., les 2e et 4e sam. du mois.**

À ne pas manquer

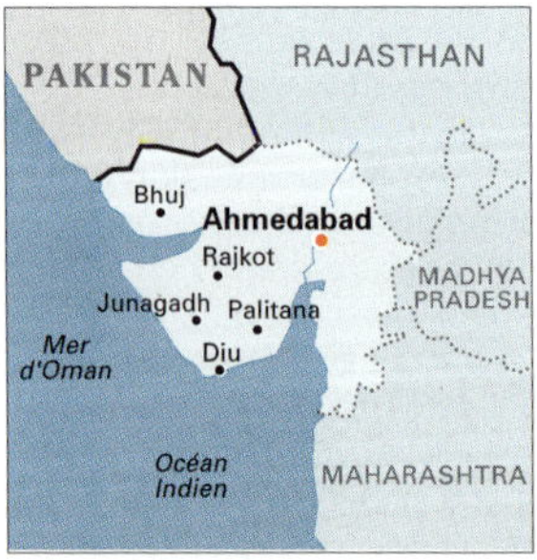

Septième ville d'Inde par la population, Ahmedabad ne le cède en rien aux autres grandes métropoles du pays en matière de trafic et de pollution. Circuler en voiture dans le centre-ville relève de la performance, le bruit et la fumée des gaz d'échappement incitent bien vite à trouver refuge dans les allées du bazar où les autos n'ont pas accès. Pourtant, Ahmedabad est une ville passionnante : la vieille cité, tout d'abord, avec ses dizaines de mosquées et d'édifices médiévaux, ses quartiers traditionnels, bordés de belle demeures en bois ; la ville moderne, ensuite, avec ses réalisations architecturales d'avant-garde et ses larges avenues à l'occidentale. C'est dire que, passé le premier moment d'effroi, on prendra beaucoup de plaisir à un séjour dans cette grande cité du Gujarat.

Ahmedabad mode d'emploi

■ Arrivée

En train. Railway Station D2 rens. (n° national) ☎ 131 ou 135. Liaisons quotidiennes avec Delhi (16 h), Bombay (6 h 45), Jaipur (13 h 30), trains régionaux pour toutes les villes du Gujarat.

En bus. Central Bus Station D1 rens. ☎ 25-46-33-82. Quai n° 5 pour Bombay et le Rajasthan, n° 6 pour le Saurashtra et le nord du Gujarat (quais n° 1 à 4 : services locaux uniquement).

En avion. Sardar Vallabhbhai Patel International Airport, à 10 km N.-E. du centre-ville. Ahmedabad est reliée quotidiennement à Delhi, Bombay, Goa, Bangalore, ainsi qu'à Jaipur (4 vols/sem.). Navette toutes les heures entre l'aéroport et Lal Darwaja B2 ; en taxi, comptez 400 roupies pour rejoindre le centre-ville.

■ S'orienter

La ville est traversée, du N. au S., par la rivière Sabarmati. La vieille ville s'étend sur la rive g. (à l'E.), la partie moderne sur l'autre rive.

◄ **Se frayer un chemin dans les rues d'Ahmedabad : un exercice de haute voltige.**

Se déplacer

À pied dans le centre de la vieille ville. En taxi ou en rickshaw dans la partie moderne, où les distances sont importantes entre deux centres d'intérêt.

Combien de temps

Une journée suffit pour voir l'essentiel. Si vous envisagez de visiter plusieurs musées, comptez deux journées complètes, qui vous permettront en outre de découvrir Sarkhej.

Adresses utiles

Change. Distributeur automatique sur Lal Darwaja, bureau de change à l'hôtel *Méridien*, Nehru Bridge B2.

Compagnies aériennes. *Indian Airlines*, Lal Darwaja B2 ☎ 25-50-30-61 • *Jet Airways*, Ashram Road B1 ☎ 27-54-33-04 • **bureau centralisé** de vente de billets d'avion pour toutes compagnies, à côté de l'office du tourisme (mêmes horaires ; règlement en espèces uniquement).

Poste. Lal Darwaja C2.

Urgences. *Apollo Hospital*, Gandhinagar Road h. pl. par C1 ☎ 23-96-92-09 • **urgences** ☎ 10-66.

Fêtes et manifestations

14 janvier. Lors du *Kite Festival*, les habitants montent sur le toit de leur maison et c'est par milliers que l'on voit évoluer et rivaliser les cerfs-volants *(kite)* multicolores dans le ciel de la ville.

Promenades

Ahmedabad est une ville où les habitants aiment flâner le soir : autour du **Kankaria Lake** h. pl. par D3 pour profiter de la fraîcheur du lac, à **Manek Chowk** C2 pour grignoter des friandises en devisant avec ses amis, au marché de nuit du **Law Garden** A2, où l'on trouve tissus, vêtements et objets artisanaux.

Les minarets oscillants

Au sud de la gare (quartier de Sarangpur), à la lisière de la vieille ville, Ahmedabad possède une curiosité architecturale qui a fait couler beaucoup d'encre : les minarets jumeaux de la mosquée Sidi Bashir, appelés **Shaking Minarets** D2 *(f. au public)*. Très joliment ornés dans un style indo-musulman, ils présentent la particularité suivante : si, grimpé au sommet de l'un d'eux, on lui imprime un mouvement de balancier, l'autre se met à osciller de même après quelques secondes. Et pourtant, la plate-forme qui les réunit ne présente aucune vibration. Depuis l'époque britannique (lorsqu'on l'a découvert pour la première fois), le phénomène reste inexpliqué. Et ce n'est pas faute d'avoir cherché : dans le faubourg de Gomtipur, au-delà de la voie ferrée, deux autres minarets présentaient la même caractéristique. On a démonté l'un d'eux sans pouvoir percer le mystère. Sans doute s'agit-il d'une protection antisismique. Du reste, les minarets ont résisté au tremblement de terre qui mit à bas le reste de la mosquée Sidi Bashir.

A
B
Gandhi Ashram
N
1
2
3
Gujarat University
NAVARANGPURA
Navarangpura Rd
P. L. Desai
Ashram Rd
GANDHI BRIDGE
Sabarmati
Ahmedabad Textile Mills Association
Lady Vidyagauri Rd
Fortifications
LD Institute of Indology
Road
Girdharlal
Chimanlal
Sardar Patel Nagar Rd
R. C. Road
NEHRU BRIDGE
Law Garden
Kharawala Rd
ELLIS BRIDGE
Lal Darwa
Ahma Shah Masjic
Kinariwala Rd
Kavi Nanalal Rd
Gujarat College
ELLIS BRIDGE
Victo Garc
Mangaldas Roa
Shreyas Folk Art Museum
Netaji Road
Road
Ravishankar Raval Road
Pritamrai
KOCHARAB
Sanskar Kendra (City Museum)
Bhagtacharya Road
PALDI
0
200
400 m

Ahmedabad

C
Calico Museum, Rajbhavan
D
Hazipura Garden
Hari Singh
Dada Harini Vav
Delhi Darwaja
Dariapur Darwaja
1
SHAPUR
Maulana
NAGORIWAD
DARIAPUR
Sant Suryadas Road
Dr Pitamber Road
Prem Darwaja
Gazanvi
MIRZAPUR
Rani Rumpavati Nasjid
Road
DABGARWAD
Road
Rd
Road
Rd
Ambedkar
Kamar
Kalupur Darwaja
KALUPUR
KHANPUR
Tankaria
Bapitsa
Swaminarayan Mandir
Swaminarayan Temple Rd
Sidi Saiyad's Mosque
Dr.
Dr
Dr
Relief
Road
2
Rd
Road
Jayanti Dalal Rd
Lala
Rd
Relief
Mohammedshah
Rd
Arjun
KHADIA
Panchkuva Darwaja
Salapose
Bhadra Fort
Gandhi
Rd
Rani ka Hujra
MANEK CHOWK
Sidi Bashir Shaking Minarets
K. T. Desai Rd
Nanjibhai Bhatt Rd
Teen Darwaja
Jumma Masjid Ahmed Shah Hujra
R. M. Rd
Jani Rd
Sardar
Patel
Road
Anandshankar Dhruv Rd
Ramanlal
KHAMSA
RAIKHAD
Road
Rd
Shaikh
Astoria Chakla
Raipur Darwaja
ASTODIA
Rani Sipri's Mosque
Road
Kadri
B.
Ahmedmiya
Vivekanand
3
Karim Chhipa Rd
Dayanand
Road
Central Bus Station
JAMALPUR
Jamalpur Rd
Jagannathji Road
C
D
Kankaria Lake

Ahmedabad

Ahmedabad dans l'histoire

D'or, de soie et d'argent

En 1411, **Ahmed Shah**, vaillant guerrier musulman en mal de capitale, jette son dévolu sur ces rives de la Sabarmati pour fonder une ville à qui il donne son nom : Ahmedabad. Elle devient rapidement l'une des plus prospères de l'Inde, une cité dont la richesse est, dit-on, tissée de trois fils : d'or, de soie et d'argent. Les sultans étaient en effet maîtres des ports d'où s'embarquaient soieries et étoffes de prix vers l'Europe et l'Arabie. Ahmedabad est alors corsetée dans une enceinte de 10 km, hérissée de près de 200 bastions, percée de 10 portes. Seules ces dernières ont survécu à l'extension de la cité, édifices monumentaux plantés au milieu des carrefours. En 1572, les Moghols s'emparent de la ville. Ils y demeurent jusqu'au milieu du XVIIIe s., chassés alors par les Marathes (→ *encadré p. 187)*. Ces derniers occupent la ville jusqu'à la fin du siècle, au moment où un autre puissant conquérant grignote inexorablement le sous-continent : les Britanniques qui, en 1818, annexent Ahmedabad et son territoire.

Une ville en pointe

La mainmise des Britanniques entraîne une modernisation rapide de la ville, reliée dès 1856 à Bombay par le train. En 1870, l'Ellis Bridge **B2** est jeté au-dessus de la rivière, permettant le développement de la rive dr., à l'O. de la ville. Ahmedabad devient un des centres textiles majeurs de l'Inde, de coton notamment. Cette industrie demeure un secteur d'activité important. À la pointe, elle l'a été également dans le combat pour l'indépendance : après son retour d'Afrique du Sud, c'est là que **Gandhi** choisit de s'installer en 1917. Depuis son ashram, devenu aujourd'hui lieu de pèlerinage, il lance les campagnes de boycott des produits textiles britanniques, et entame en 1930 la « marche du sel » qui le conduira en prison *(→ théma p. 282-283)*. À la pointe, Ahmedabad a continué de l'être après l'indépendance, lorsqu'elle devient une véritable vitrine de l'architecture moderne avec les réalisations de Le Corbusier, de l'Américain Louis Kahn (1901-1974) et de l'Indien Charles Correa (ashram de Gandhi, 1958-1963).

Ahmedabad aujourd'hui

Traditionnelle et moderniste, Ahmedabad est un condensé de l'Inde d'aujourd'hui. Ces deux facettes s'incarnent dans la géographie de la ville. Sur la rive g., la vieille ville, avec ses quartiers anciens,

Le Bismarck indien

Natif du Gujarat, **Vallabhbhai Patel** (1875-1950) fut l'un des plus éminents dirigeants du mouvement pour l'indépendance. Cet homme au caractère bien trempé fut séduit par le message de Gandhi en 1917. Aussitôt, il rejoignit le combat contre la présence britannique, dont il devint l'un des militants les plus actifs. Il se révéla maître dans l'art de mobiliser les foules, enrôlant les paysans du Gujarat dans un combat non violent contre les impôts exigés par les Britanniques. Galvanisé par de nombreux séjours en prison, il déploya une activité incessante pour organiser le parti du Congrès, enrôlant des milliers de nouveaux militants et levant des fonds considérables auprès des riches industriels indiens favorables à la cause.

Opposé aux vues socialistes de Nehru, il fut pressenti pour occuper le poste de Premier ministre à l'indépendance de l'Inde mais dut céder la place à son rival. Nommé en 1947 à la tête du ministère de l'Intérieur, il négocia, sous la menace parfois d'une intervention armée, l'intégration des plus de 500 États princiers dans l'Union indienne. Il fut également l'organisateur de la nouvelle armée indienne. En hommage à son action les Gujaratis lui décernèrent le titre honorifique de *Sardar*.

les *pol* (→ *encadré p. 280*), héritiers des villes médiévales, ses marchés et ses activités artisanales ancestrales. Sur l'autre rive, c'est la ville moderne, avec ses immeubles de verre et de béton, ses sièges d'entreprises, parmi lesquelles de nombreuses compagnies étrangères attirées par le climat propice aux affaires et le faible coût de la main-d'œuvre. Ses grandes avenues commerçantes aussi : il faut aller flâner sur CG Road A1-2, large avenue dotée de trottoirs à l'occidentale et bordée de boutiques modernes, où les grandes enseignes internationales ont pignon sur rue. L'activité industrielle s'est étendue vers l'O., une bande ininterrompue d'entreprises qui s'étire sur 20 km. C'est là que l'industriel Tata a projeté l'usine de construction de la Nano, la voiture la moins chère du monde.

1 La vieille ville**

Situation : C-D2-3.

Cette promenade traverse les quartiers anciens, entre mosquées de la fin du Moyen Âge, qui témoignent de la première rencontre entre la rigueur musulmane et l'inventivité indienne, bazars grouillants d'activité et paisibles quartiers populaires à l'écart de l'animation.

Combien de temps. Prévoir au moins 3 heures.

Circuler. À pied uniquement, car les distances sont courtes et les occasions de s'arrêter nombreuses. Pour la fin de la promenade, vous trouverez sans peine un rickshaw.

■ Sidi Saiyad's Mosque** C2

Ouv. du lever au coucher du soleil • entrée libre.

Cette petite **mosquée**, cernée par la circulation automobile, fut bâtie en 1572 par un esclave du sultan. D'apparence assez simple (une salle de prière ouverte sur une cour), elle renferme pourtant un des trésors architecturaux de la ville et l'un de ses symboles : les splendides **fenêtres de marbre ajouré***** qui ornent le fond de la salle de prière. Voir notamment celle de dr. où, dans l'entrelacs de pierre, se dessine la silhouette ondoyante d'un arbre de vie.

▶ **Une fenêtre de Sidi Saiyad's Mosque, remarquable dentelle de pierre.**

♥ HÔTEL

House of Mangaldas Girdhardas, face à Sidi Saiyad's Mosque (C2) ☎ 25-50-69-46 ; www.houseofmg.com ; 15 ch. de différentes catégories, double à partir de 5 300 roupies. Une superbe maison bourgeoise en plein cœur de la ville. Chambres vastes et de caractère, où l'ancien côtoie le moderne (salle de bains, liaison Internet gratuite, riche vidéothèque à la disposition des clients).

♥ RESTAURANT

La ***House of MG*** (→ *ci-dessus*) possède deux restaurants dont un gastronomique, l'***Agashiye***, élu régulièrement meilleur établissement de la ville. Deux menus fixes (végétariens) chaque soir. Accès par la réception de l'hôtel, où l'on règle son repas à l'avance.

♥ SHOPPING

Gamthiwala, devant le portique du mausolée d'Ahmed Shah à dr. (C2) ☎ 22-14-88-79 ; ouv. t.l.j. sf dim., f. ven. entre 12 h 30 et 14 h. Une des maisons les plus cotées du traditionnel *tye and dye* (→ *théma p. 224-225*). La maison produit également un tissu appelé *mushroo* (coton-rayonne) proposé dans de nombreux coloris.

Bhadra Fort C2

L'imposant édifice fut construit par Ahmed Shah pour défendre l'entrée occidentale de la ville. Une porte monumentale donne accès à une cour intérieure dominée par la masse d'un bastion. On peut grimper sur les **terrasses** *(t.l.j. sf dim. 8 h-17 h • accès libre)*, d'où l'on embrasse l'ensemble de l'édifice : casemates, postes de garde surélevés sur la terrasse, bois de justice (échafaud) également, au fond ; les Britanniques avaient aménagé le fort en prison et y avaient construit un tribunal (cour en contrebas). Belle **vue*** également sur Teen Darwaja *(→ ci-après)* et sur l'entrée de MG Road.

Contre la façade orientale *(côté MG Rd)*, un **temple hindou** fut installé par les Marathes lorsqu'ils occupaient la ville, entre 1758 et 1818. Un éléphant s'y trouve d'ordinaire de 7 h à 10 h : il recueille les offrandes faites par les marchands qui tiennent à s'attirer les faveurs de Ganesha, dieu protecteur du Commerce, avant d'ouvrir leur boutique.

Teen Darwaja C2

Cette **porte** monumentale à trois baies, construite par Ahmed Shah, appartient au projet du Bhadra Fort et servait d'entrée à la vaste esplanade qui le précédait. Au-delà, s'ouvre **MG Road** *(Mahatma Gandhi Rd)*, la grande artère commerçante de la vieille ville qui dessert, de part et d'autre, des marchés secondaires comme celui aux poissons *(sur la g.)*. Immédiatement après la porte monumentale, jolis étals de *mukhwa*, ces épices et sucreries que l'on mâche après le repas. Le **marché** attire les villageois des alentours, qui n'hésitent pas à parcourir 50 km pour passer une journée en ville. Les magasins ouvrent à partir de 11 h *(f. dim.)*.

Jumma Masjid* C2

Entrée par MG Rd • ouv. du lever au coucher du soleil • accès libre.

En plein cœur de la ville, la **mosquée du Vendredi** (où tous les fidèles se retrouvent ce jour-là pour la prière de la mi-journée) fut l'un des premiers édifices entrepris par Ahmed Shah. Elle fut achevée en 1424 : une immense cour bordée d'un portique au fond de laquelle ouvre la salle de prière.

Les deux **minarets** qui encadrent le porche principal ont perdu leur élévation à la suite d'un séisme en 1819. Leurs bases témoignent, comme la décoration de la façade, de l'influence de l'ornementation hindoue, avec leurs consoles ouvragées, les motifs décoratifs en forme de *chhattri* (pavillon), les fleurs de lotus.

• **La salle de prière** déploie une forêt de près de 260 piliers, alignés en rangs serrés de manière à déterminer 15 nefs perpendiculaires au mur de qibla (direction de la prière). Cinq rangs de trois **coupoles** dominent l'ensemble. Là encore, avec leurs pendentifs aux motifs complexes, l'influence hindoue est grande, tout comme dans la décoration de l'encadrement des cinq **mihrabs**, faite de colliers, de perles, de motifs en forme de *chhattri*…

Dans l'angle au fond à dr. de la salle de prière, une tribune était réservée aux femmes, qui avaient une entrée particulière à leur disposition. Une curiosité enfin : la **fenêtre** de l'angle g. de la salle de prière *(côté mur de qibla)*, ornée comme toutes les autres d'un grillage de pierre, mais dont le motif évoque la syllabe mystique hindoue *om (panneau de la colonne centrale, 2e en partant du haut)*.

Au fond de la cour, à l'opposé de la salle de prière, un passage (f. au public) conduisait vers le mausolée d'Ahmed Shah.

Ahmed Shah Hujra C2

Ressortir de la mosquée et prendre la 1re rue à dr., puis encore la 1re à dr.

Dressé sur une petite place aux allures de village, avec ses chèvres mâchonnant paisiblement sur les marches de l'édifice, le **mausolée d'Ahmed Shah** s'annonce par un portique magistral. Pour les habitants, l'homme de guerre était aussi un sage, un soufi *(→ théma p. 270-271)* dont ils honorent pieusement la mémoire, espérant s'attirer un peu de sa *baraka*. Ainsi, on ne sort de la chambre funéraire qu'à reculons en signe de respect, et nombreux sont les fidèles à nouer des fils autour des grillages de pierre dans l'espoir que leurs vœux seront exaucés. Sous la coupole se trouve le cénotaphe du sultan, flanqué de ceux de son fils et de son petit-fils. Un couloir fait le tour de la chambre sépulcrale : il conserve une partie de son beau dallage de marbres multicolores d'origine et abrite le cénotaphe de l'architecte de l'édifice.

Rani ka Hujra* C2

En face, de l'autre côté de la rue.

Voici un des coins les plus pittoresques du bazar : là encore une sorte de village, à l'abri du **tombeau** des épouses d'Ahmed Shah. Les femmes y étendent leur linge entre les colonnes du péristyle, les animaux gambadent allègrement en compagnie des enfants, tandis que les boutiques tout autour ont fait de l'endroit un pittoresque **marché aux tissus**. Un projet de réhabilitation menace de transformer l'atmosphère des lieux : le monument *(accès par la g., demander la clé à la gardienne qui se trouve en bas des marches)* a en effet besoin d'une restauration. Il s'agit d'une simple cour où s'alignent les cénotaphes des femmes du harem, entourée d'un portique sous lequel les fenêtres sont ornées de grillages de pierre ouvragée.

Manek Chowk* C2

La rue qui passe entre les deux mausolées précédents débouche sur une place au cœur du Manek Chowk. Autour de cette place s'alignent les **boutiques** d'argenterie, en arrière des étals colorés de *mukhwa*. Après la fermeture des magasins, l'endroit continue d'être animé : de 20 h à 1 h du

▲ Manek Chowk est l'endroit le plus animé du bazar.

♥ RESTAURANT
Mangaldas ni Haveli, en lisière de Manek Chowk (C2-3) ; rés. par l'intermédiaire de *House of MG* (☎ 25-50-69-46 ; www.houseofmg.com). Excellents *thali* gujaratis et snacks plus légers, servis dans le cadre somptueux d'une *haveli* (→ *théma p. 244-245*) en bois vieille de 200 ans et parfaitement restaurée.

Les *pol*

La vieille ville d'Ahmedabad conserve une structure urbaine particulière, héritée du Moyen Âge. L'habitat est regroupé en une centaine de quartiers, les *pol*, réseaux d'allées en cul-de-sac ouvrant sur la rue par un unique passage, jadis fermé par une porte. Le terme *pol* dérive du sanskrit *pratoli*, signifiant « porte ». Isolés ainsi du reste de la ville, protégés d'éventuelles émeutes ou violences, les résidents y vivent en relative autonomie, avec leurs réservoirs d'eau et parfois leurs commerces de proximité. Les habitants d'un même *pol* appartiennent à la même religion (musulmans, jaïns), ou à la même caste en ce qui concerne les hindous. Également protégés du bruit et de l'animation, les *pol* ne connaissent pas le trafic automobile, pas même celui des rickshaws. Dans ces havres de tranquillité, tout le monde se connaît et les enfants peuvent jouer sans danger sous la surveillance de tous. L'intimité des maisons est cependant préservée : les façades étroites qui donnent sur la ruelle s'ouvrent par une porte protégée par un mur, lequel dissimule aux regards la cour intérieure et l'activité féminine qui s'y déploie.

matin, les **marchands ambulants** s'emparent de la place pour proposer des friandises aux nombreux habitants qui viennent profiter ici de la relative fraîcheur du soir. On y trouve notamment du *bhel puri*, un en-cas de riz, tomate et épices que l'on mange à l'aide d'une petite galette.

On pourra poursuivre la promenade en prenant, au fond de la place, la rue à g. Elle longe tout d'abord l'ancienne Bourse du commerce, fondée à l'époque britannique, puis s'éloigne de l'animation des marchés. De part et d'autre ouvrent des **pol**, quartiers typiques de la ville.

Au bout de la rue, prendre à g. En poursuivant tout droit, on atteint rapidement MG Road.

Pour atteindre les objectifs suivants, en lisière de la vieille ville, mieux vaut prendre un rickshaw.

■ Rani Sipri's Mosque* D3

Entrée libre • l'intérieur du tombeau est f. au public.

De part et d'autre d'une plate-forme se font face la **tombe** de la reine Sipri *(à dr.)* et un **oratoire** ouvert *(à g.)*. L'ensemble a été achevé en 1514 : un beau dialogue entre les exigences de l'architecture musulmane et la volubilité hindoue, qui a ciselé ici la pierre comme s'il s'agissait du bois qui orne la façade des *haveli* (→ *théma p. 244-245*). Voir notamment le **balcon**** projeté sur le côté de l'oratoire et, à l'intérieur, le motif en forme de *torana* qui surmonte la niche du mihrab.

■ Kankaria Lake h. pl. par D3

Ouv. t.l.j. 8 h-23 h • entrée payante.

Cet immense **réservoir** circulaire, d'un périmètre de 1 600 m, fut creusé en 1451 pour approvisionner la ville. C'était aussi un lieu d'agrément pour le sultan qui disposait d'un pavillon sur l'îlot au centre du bassin, où Jahangir (r. 1605-1627) et son épouse Nur Jahan passèrent également d'agréables moments. L'ensemble a été réaménagé pour la promenade : on y trouve un **zoo**, des manèges, de nombreuses petites échoppes qui proposent des en-cas ainsi qu'un **train** qui fait le tour du bassin *(billet supplémentaire)*, le tout abondamment sonorisé. Une balade pour la fin de la journée, en compagnie des habitants de la ville.

■ Dada Harini Vav* h. pl. par D1

Ouv. t.l.j. 9 h-17 h • entrée payante.

Dans cette région en proie à la sécheresse, la construction de **puits monumentaux** a toujours été un devoir pour les puissants du Gujarat. Ce magistral ouvrage a été achevé en 1501 : quatre galeries octogonales superposées descendent jusqu'à l'eau, que l'on pouvait atteindre plus directement par un escalier à vis. Si le promoteur de l'ouvrage était musulman (Dada Hari, gouvernante du harem du sultan), les artisans et sculpteurs étaient très probablement hindous : en témoignent des inscriptions commémoratives rédigées en caractères sanskrits et arabes. En arrière du puits se dresse le **mausolée de Dada Hari** (Dada Hari Hujra), autre bel exemple d'architecture indo-musulmane.

Du puits, on se trouve à 5 mn en rickshaw de l'ashram de Gandhi h. pl. par A-B1 *(→ prom. 2).*

2 Musées et lieux de mémoire

Situation : hors plan.

Ahmedabad compte de nombreux musées, la plupart situés sur la rive droite de la Sabarmati. C'est l'occasion aussi de parcourir les grandes artères commerçantes telles Ashram Road B1 **ou CG Road** A1-2.

Combien de temps. Pour découvrir les essentiels, prévoir au moins 4 h. Attention, la visite du Calico Museum n'a lieu qu'une fois par jour, à 10 h 30.

Circuler. Les distances étant importantes, le recours à un taxi ou à un rickshaw s'impose.

■ Calico Museum* h. pl. par C1

Visite guidée uniquement (durée : 2 h), t.l.j. à 10 h 30, 15 participants maximum • la visite se divise en deux temps : les collections de textiles et les sculptures hindoues ; on peut se limiter aux tissus, le point fort du musée, puis arrêter la visite guidée : compter alors 1 h seulement • entrée libre • on peut rés. la vis. au ☎ 22-86-59-95 • www.calicomuseum.com

Inaugurée en 1949 par Nehru, alors Premier ministre, la **collection de textiles** a été réunie par la famille Sarabhai, de riches industriels d'Ahmedabad. Elle est présentée dans l'ancienne propriété familiale avec ses belles pelouses à l'anglaise, reconvertie en espace muséographique. Avant d'aborder les collections, on verra une splendide ***haveli**** *(→ théma p. 244-245)* en bois de teck typiquement gujarati, remontée à cet endroit en 1930. Les tissus exposés offrent un panorama complet des différents styles régionaux de l'Inde. On y voit également des pièces historiques, notamment la reconstitution de la **tente d'apparat** du Grand Moghol, réalisée avec des tissus d'époque.

■ Rajbhavan h. pl. par C1

Ouv. t.l.j. 10 h-18 h • entrée libre.

Cet imposant **palais** fut construit au début du XVIIe s. pour le futur empereur Jahangir, alors prince du Gujarat. Après avoir servi de résidence au gouverneur britannique, puis jusqu'en 1978 à celui du Gujarat de l'Inde indépendante, il abrite aujourd'hui un musée consacré à **Vallabhbhai Patel** *(→ encadré p. 276)*. Des panneaux de photos illustrent la carrière de l'homme, dont on peut voir également quelques objets personnels (lunettes, sandales…).

■ Gandhi Ashram* (Sabarmati Ashram) h. pl. par A-B1

Ouv. t.l.j. 8 h 30-18 h 30 ☎ 27-55-72-77 • www.gandhiashramsabarmati.org • entrée libre.

C'est ici que **Gandhi** s'installa en 1917, alors en dehors de la ville, dans un pavillon face à la rivière Sabarmati ; d'autres huttes l'entourèrent bientôt pour ▶▶▶

Gandhi, Père de la Nation

Dans le langage de la vénération populaire, Gandhi est Bapu, le « Père de la Nation », qui a rassemblé le peuple de l'Inde et guidé sa lutte pour la liberté. Son autre surnom, Mahatma, « la Grande Âme », lui vient de Rabindranath Tagore. Ces deux appellations résument ses apports majeurs au processus d'émancipation de la nation indienne, son charisme unificateur et sa conception morale de la politique.

La genèse du leader

Né à Porbandar (Gujarat) en 1869 dans une famille aisée de caste marchande, Mohandas Karamchand Gandhi reçut de son père les préceptes puritains et non violents de la secte des jaïns. Parti à 19 ans faire son droit à Londres, il y découvre la théosophie et des penseurs spiritualistes occidentaux, qui le conduisent à réfléchir sur sa propre tradition. Il y puisera les deux concepts fondamentaux de son idéologie : la vérité *(satya)* et la non-violence *(ahimsa)*. Rentré en Inde avec un diplôme d'avocat en 1893, il accepte une offre d'emploi en Afrique du Sud, où il se heurte aux pratiques discriminatoires qui frappent la communauté indienne immigrée. Il y passera vingt ans à lutter par des voies légales contre l'oppression raciale. Il développe ainsi une philosophie de l'action et des méthodes d'agitation pour lesquelles il forge le terme *satyagraha* (« étreinte de la vérité »), qui désigne l'action courageuse conduite par des moyens non violents au service de la vérité.

Le tacticien de la non-violence

C'est en leader déjà réputé et décidé à servir la cause nationale qu'il rentre en Inde en 1915. Il lance d'abord en 1917-1918, en marge du parti du Congrès, quelques campagnes locales d'agitation non violente en milieu paysan et ouvrier, qui lui valent aussitôt l'adhésion des masses populaires et contraignent l'élite nationaliste à se ranger derrière lui, bien que son style atypique suscite des réticences. Ayant prouvé ses dons éclatants d'organisateur et de tacticien en montant une manifestation nationale en 1919, il lance avec le parti du Congrès, l'année suivante, un mouvement de non-

1

2

coopération panindien. Le succès de mobilisation est massif, mais Gandhi met soudainement fin au mouvement en 1922 car celui-ci dégénère en violences. Dès lors, Gandhi se voue à l'éducation politique et morale des masses, n'acceptant de revenir au centre de l'activité politique qu'en 1930, alors que la Grande-Bretagne prépare un nouveau statut constitutionnel pour l'Inde. Il lance alors avec le parti du Congrès un mouvement national de désobéissance civile, habilement inauguré par une « marche du sel » très médiatisée, qui défie ostensiblement le monopole gouvernemental de l'extraction du sel. Mais il laisse ensuite le mouvement se désagréger pour se consacrer à la lutte contre le statut d'intouchable, qu'il juge plus essentielle.

De la victoire au sacrifice

Sa troisième grande campagne est le mouvement *Quit India* (« Quittez l'Inde ») de 1942, lancé en pleine guerre mondiale, alors que les Japonais sont aux portes de l'Inde, pour forcer la Grande-Bretagne à promettre l'indépendance. Il est jeté en prison avec les dirigeants du parti du Congrès, et le mouvement prend un tour insurrectionnel dans toute l'Inde, avant d'être écrasé par la répression. Libéré en 1944, Gandhi se donne désormais pour tâche prioritaire la conciliation entre hindous et musulmans, car les massacres intercommunautaires se multiplient à mesure que l'indépendance approche. Au jour de sa proclamation (1947), il se trouve au Bengale et réussit, au risque de sa vie, à éviter un nouveau carnage, alors que l'horreur se déchaîne au Pendjab. C'est ce combat pour la tolérance qui lui vaut d'être assassiné à Delhi sur le chemin de son assemblée de prière quotidienne, en janvier 1948, par un fanatique hindou.

Gandhi reste en Inde une référence morale et un symbole de l'émancipation qu'on invoque partout et en toute occasion, bien que le modernisme résolu de Nehru ait lancé le pays sur des voies bien différentes de celles que Gandhi préconisait. Et il survit au panthéon des héros universels dont se réclament aujourd'hui, au prix peut-être de quelques malentendus, les mouvements pacifistes et alternatifs du monde entier.

1 **Le jeune Gandhi vers 1900.**

2 **En 1931, après s'être rendu à Londres afin de débattre du statut de l'Inde, Gandhi séjourne à Paris. À la fenêtre d'un train, il séduit le peuple parisien comme il a séduit les Londoniens.**

3 **Gandhi lors de la « marche du sel » en 1930. Pendant 24 jours et sur près de 400 km, il est suivi par une foule de villageois, de journalistes et d'intellectuels. Arrivé à la mer, il ramasse une poignée de sel en signe de rébellion, imité par des milliers de personnes.**

3

Le QG du MG

Dans son ashram de Sabarmati, à Ahmedabad, le **Mahatma Gandhi** prôna inlassablement, à partir de 1920, la résistance non violente à l'occupant britannique. C'est dans la capitale de l'industrie textile indienne, durement concurrencée par les cotonnades britanniques, qu'il demanda aux Indiens de filer eux-mêmes leur tissu et d'en confectionner leurs vêtements. Lui-même donna l'exemple en s'adonnant régulièrement au travail du rouet *(charkha)*, qu'il considérait également comme un support pour la méditation. Les militants de l'Inde indépendante se déplaçant sans cesse à travers le pays, on conçut alors des rouets portatifs qui pouvaient se replier dans une petite mallette. C'est dans cet ashram que Gandhi entama son premier jeûne de protestation en 1918, pour soutenir les ouvriers du textile. De là encore, à 60 ans passés, il commença en 1930 sa fameuse « **marche du sel** » : il s'agissait de se rendre à Dandi (au sud de Surat), à près de 400 km, pour recueillir, au bord de la mer, le sel dont les Britanniques détenaient le monopole. Parti avec une poignée de compagnons le 12 mars, il était à la tête d'une foule de 90 000 protestataires lorsqu'il atteignit le rivage après 24 jours de marche. *(→ aussi théma p. 282-283).*

Maria Montessori (1870-1952), médecin psychiatre italienne, prônait une pédagogie fondée sur l'écoute des enfants. Elle a créé de nombreuses écoles, notamment en Inde, où elle séjourna entre 1939 et 1952.

▶▶▶ accueillir ses fidèles, constituant un **ashram**. On verra ainsi le logement qu'occupaient le Mahatma et son épouse, avec la terrasse où il filait à l'aide de son rouet, la cabane de Madeleine Slade, sa fidèle disciple britannique, les parties communes… À l'entrée à g., d'élégantes constructions modernes (1964) dessinées par l'architecte indien **Charles Correa** abritent une exposition consacrée au Père de la Nation : photos, objets personnels… ainsi que plusieurs rouets ayant appartenu au Mahatma ou à ses proches.

■ City Museum* (Sanskar Kendra) B3

Ouv. t.l.j. sf lun. 10 h-18 h • entrée libre.

On vient ici d'abord pour découvrir une belle réalisation de **Le Corbusier** (1951), aux lignes épurées, dressée sur des pilotis, à l'habitude de l'architecte d'origine suisse, où cependant s'insinuent quelques éléments empruntés au vocabulaire indien : le bassin aux lignes courbes du rez-de-chaussée et les gargouilles qui devaient l'alimenter en eau.

Dans ses immenses salles du 1er étage, l'édifice abrite le **musée** de la ville : rétrospective historique des principales réalisations architecturales, présentation des différentes communautés qui constituent la population d'Ahmedabad, évocation de l'industrie textile… On peut demander au gardien l'accès à la **terrasse** qui, à l'origine, devait être aménagée en jardin.

Au rez-de-chaussée *(mêmes horaires • entrée libre)*, une belle collection de **cerfs-volants**, quelques-uns chinois et japonais, rappelle cette grande passion d'Ahmedabad, qui s'exprime à la mi-janvier, lors du *Kite Festival* *(→ p. 273)*.

■ Shreyas Folk Art Museum h. pl. par A3

Ouv. t.l.j. sf lun. 10 h 30-13 h 30 et 14 h 30-17 h • entrée payante.

Une école de type Montessori, fondée en 1947, présente dans un pavillon, au milieu d'agréables jardins, une **collection ethnographique** consacrée au Gujarat : vêtements traditionnels, objets usuels, tapis d'ornements pour les chevaux et les chameaux, parés comme des fiancées. À voir, au rez-de-chaussée, un **lit** doté de chaînes qui permettent de le suspendre au plafond pour l'utiliser comme baldaquin. Une salle est également consacrée aux activités de l'**école**, notamment aux festivals à thème qu'elle organise. À dr. de l'entrée, exposition de **jouets** du monde entier.

■ LD Institute of Indology h. pl. par A1

Ouv. t.l.j. sf lun. 10 h-17 h • entrée payante.

Sur le campus universitaire du **Lalbhai Dalpatbhai Institute**, deux galeries d'exposition sont ouvertes à la visite.

• **Mehta Gallery** présente sur deux niveaux une collection de **miniatures***, des peintures jaïnes du début du XVIe s., à la calligraphie soignée, aux écoles pahariès *(→ encadré p. 373)* du XIXe s. présentées au 1er étage.

• **LD Gallery** *(au-delà de la précédente, en contournant le bâtiment par la g.)* offre, au rez-de-chaussée, une rétrospective courte mais de qualité de la **statuaire indienne** : voir, devant l'entrée, des *tirthankara* en marbre du XIIIe s. et, plus avant dans la salle *(côté g.)*, des **bouddhas**** du Gandhara (aujourd'hui au Pakistan) et d'époque gupta (Ve s.). Le 1er étage est consacré à la **peinture** : on y voit exposés le matériel nécessaire aux artistes et un grand nombre de miniatures jaïnes. Au fond de la salle est présenté un splendide **dais de bois*** (XVIIIe s.) provenant de Patan *(→ p. 289)*.

♥ SHOPPING

Bandej, Shri Krishna Center Mithakali, Six Roads (A2 ; au sous-sol à dr. avant l'entrée de la librairie ***Crosswords***) ☎ 26-42-21-81. Très belle collection de vêtements (hommes et femmes) et de tissus d'ameublement. Un magasin chic et cher, qui sort de l'ordinaire des boutiques touristiques.

Environs d'Ahmedabad

Vers le sud, la romantique Sarkhej et le site archéologique de Lothal sont deux étapes sur la route du Saurashtra *(→ p. 321)*. Vers le nord, le temple de Modhera et le puits de Patan permettront de rompre la longueur du trajet qui rejoint le mont Abu *(→ p. 229)*.

À NOTER

Si vous souhaitez rallier le mont Abu depuis Ahmedabad, comptez 4 h pour couvrir les 160 km de bonne route puis la montée de 20 km qui conduisent à la station d'altitude.

1 Sarkhej* *12 km S.-O.*

Suivre la dir. de Rajkot pour traverser les interminables faubourgs, puis prendre à dr. 500 m avant le grand pont routier qui marque la sortie de la ville ; le site se trouve 1 km plus loin ; passer le 1er accès et poursuivre sur 500 m, puis tourner à g. • ouv. t.l.j. du lever au coucher du soleil • prévoir au moins 45 mn de vis. • entrée libre.

Sarkhej fut le lieu de retraite privilégié des sultans d'Ahmedabad, à la fois cité sainte et résidence d'agrément. La sainteté, l'endroit le doit à la tombe de **Sheikh Ahmed Khattu**, un soufi *(→ théma p. 270-271)* qui s'installa ici en 1398 et y mourut en 1446, à l'âge de 110 ans. Il fut le maître spirituel d'Ahmed Shah, fondateur d'Ahmedabad. Après sa mort, les sultans lui érigèrent un tombeau monumental, auquel fut adjointe une mosquée. Un immense réservoir fut creusé, au bord duquel les sultans construisirent des palais d'agrément ainsi que leurs tombeaux, de manière à bénéficier, même après leur mort, de l'aura du saint. Un très beau site, même si le lac reste aujourd'hui le plus souvent à sec.

Passé un **porche** monumental, on débouche sur une vaste esplanade bordée à g. de tombes royales, tandis que du côté opposé se dresse le mausolée du saint. Entre les deux s'élève un gracieux pavillon où, selon la légende, Ahmed Khattu se tenait pour diriger les travaux de creusement du lac alors qu'il était mort depuis plusieurs décennies.

• **Les tombes royales**. La 1re abrite les cénotaphes de **Mahmud Shah Begada** (r. 1458-1511), qui fit creuser le lac artificiel, et de son fils. Un couloir permet de faire le tour de la chambre sépulcrale et de découvrir le lac depuis la terrasse. Une galerie relie le mausolée à celui des reines, plus simple, lui aussi entouré d'un couloir ouvrant sur le lac par des fenêtres ouvragées. À l'entrée de l'édifice sont présentées deux pièces d'**étoffe** brodées de versets coraniques, rapportées de Médine et de La Mecque par Ahmed Khattu. Remarquez également la délicate ornementation des trois cénotaphes des reines inhumées sous l'édifice.

• **Le tombeau d'Ahmed Khattu**. De très grandes dimensions pour ce type de construction, il est en revanche d'une grande simplicité et peu décoré. L'inscription au-dessus du porche, un poème en persan, porte la date de 1473. Au centre de l'édifice, dans la chambre sépulcrale, le cénotaphe est recouvert d'un drap brodé. Autour, on voit souvent des fidèles assis, récitant des versets du Coran ou des poèmes soufis. Des hommes seulement, les femmes n'étant pas admises à proximité du saint : elles restent en prière devant le porche et reçoivent la bénédiction du gardien des lieux sous la forme de grains de poussière échappés du balai en plumes de paon dont il se sert pour épousseter le cénotaphe.

• **La mosquée** *(accès par le porche au fond de l'esplanade)*. L'ensemble, construit entre 1446 et 1458 et dépourvu de minaret, est d'une grande élégance et d'une ornementation très discrète. La salle de prière est précédée d'une vaste cour bordée d'un portique et ouvrant *(à g.)* une vue d'ensemble sur le **lac** que dominent deux palais : à l'O. *(à dr.)* celui des sultans, au S. celui des reines. D'autres

▲ **Sarkhej forme un ensemble romantique, si l'on fait abstraction des progrès de l'urbanisation alentour.**

pavillons se dressent également sur la rive orientale *(accès par la 1re entrée du site que vous avez laissée en arrivant)*. Dans la **salle de prière**, dotée de cinq mihrabs, une tribune surélevée à dr. est réservée aux femmes.

2 Lothal *78 km S.-O.*

Suivre la dir. de Rajkot, puis tourner à g. vers Bhavnagar ; le site se trouve 19 km plus loin • ouv. t.l.j. sf ven. 10 h-17 h • entrée payante (prévoir de la petite monnaie).

Un site archéologique appartenant aux périodes les plus anciennes de l'histoire indienne : la civilisation de l'Indus qui s'épanouit dans l'O. du sous-continent entre le IIIe et le IIe millénaire av. J.-C. *(→ p. 98)*. On a mis au jour ici les vestiges d'un entrepôt monumental, de la résidence d'un gouverneur, d'ateliers artisanaux et surtout d'un vaste dock où s'amarraient les navires de haute mer : le rivage a reculé depuis et se trouve à une quinzaine de kilomètres de là. Avec ses rues rectilignes, son système d'adduction d'eau caractéristique des cités de cette époque, il s'agissait d'un comptoir commercial prospère entre 2350 et 1900 avant notre ère.

• **Le musée**. Lothal était un centre artisanal important dont les produits étaient exportés par mer loin vers l'Occident, vers les pays de Sumer et l'Égypte. On y confectionnait notamment des **perles** *(beads)* de pierres semi-précieuses tirées des gisements de la région. L'atelier derrière le palais a révélé une jarre enterrée contenant encore 800 perles de ce type, certaines de taille microscopique (1 à 3 mm et pourtant percées pour y passer un fil), qui témoignent de l'habileté des artisans. Des exemplaires de ces perles sont présentés dans les vitrines de g. D'autres vitrines exposent **bijoux** en terre cuite et en coquillage, objets en **bronze** réalisés à partir de lingots de cuivre provenant de la région d'Oman, **céramiques**. On peut également voir des dessins d'artistes restituant la cité.

• **Le site**. Peu après l'entrée, on parvient à la partie la plus spectaculaire de l'ensemble : les **docks** maçonnés de briques, longs de 218 m pour une largeur de 37 m. C'est là que s'amarraient les bateaux, à proximité du vaste entrepôt dont les soubassements sont visibles sur la g. En face, sur la partie la plus haute du site, se dressait le **palais** du gouverneur, là encore réduit à quelques pans de murs. En arrière se trouve l'atelier de fabrication de perles, avec au centre les jarres enterrées où elles étaient entreposées.

À NOTER

Il est préférable de commencer la visite de Lothal par celle du petit musée, qui retrace l'histoire et l'activité du site : elle permet de rendre vie aux vestiges assez peu évocateurs.

♥ HÔTEL

Utelia Palace, à 7 km O. de Lothal ☎ (02714) 29-50-01 ; courriel : uteliareservations@hotmail.com 14 ch., 6 000 roupies la double avec petit déjeuner. Palais construit à la fin du XIXe s. au-dessus du village, toujours habité par l'héritier des rajas de la région, un Rajput descendant de la prestigieuse lignée des Sisodias. Excellente cuisine, véritable festin préparé pour vous par le cuisinier de la maison. De l'hôtel, vous pourrez partir à la découverte du village, de ses communautés et de ses ateliers de taille de diamants.

3 Modhera** *102 km N.-O*

Suivre la route du mont Abu : à 78 km, prendre à g. peu avant Mahesana • ouv. t.l.j. du lever au coucher du soleil • entrée payante • un petit kiosque propose eau minérale et biscuits.

Ce sanctuaire splendide est l'un des rares témoignages de l'architecture des **Solankis** de Patan, brillante dynastie qui régna à partir du XIe s. sur une grande partie de l'ouest et du centre de l'Inde. Les Solankis résistèrent vaillamment aux conquérants musulmans des XIe et XIIe s., avant de s'écrouler sous les coups de la puissance moghole au XVIe s. Les survivants de la dynastie s'éparpillèrent dans le sud du Gujarat, fondant de petites principautés qui, pour certaines, ont survécu jusqu'à l'indépendance de 1947.

Peu de vestiges sont conservés de cette période, ce qui donne d'autant plus de prix au temple de Modhera, l'un des plus beaux du Gujarat. Il fut construit par le roi **Bhima Deva** (r. 1022-1063), héroïque défenseur de l'indépendance hindoue face à la poussée des premiers conquérants musulmans. C'est également l'un des rares temples monumentaux en Inde dédiés à **Surya**, le dieu solaire. L'ensemble comprend trois éléments le long d'un axe.

• **Le Rama Kund**, profond bassin entouré de gradins aux marches très abruptes, présente sur le rebord de petites **chapelles**. Aux angles et au milieu de trois des côtés, elles sont surmontées d'un *shikhara*, modèle réduit de ceux qui coiffaient les deux autres édifices du sanctuaire et qui ont disparu. D'autres petites chapelles sont disposées sur les gradins.

• **Le *mandapa***. La salle dédiée aux **danses sacrées** se hisse sur un haut podium dont la base est ornée de trois registres sculptés : éléphants, scènes d'épopée, scènes guerrières. Quatre **escaliers** alignés sur les points cardinaux donnent accès à l'intérieur, chacun encadré de colonnes ouvragées que reliait à l'origine un *torana* : seul celui du S. est conservé. En avant de l'entrée E. *(côté bassin)*, deux colonnes isolées supportaient également un *torana* monumental, lui aussi disparu. L'espace où évoluaient les danseuses est inscrit dans un octogone délimité par des **colonnes** finement sculptées. Dans la partie haute de plusieurs d'entre elles, ainsi que de celles des accès latéraux, vous remarquerez des évidements, pour certains bouchés d'un bloc de pierre. Ils servaient à installer des consoles de pierre qui supportaient des lampes lors des céré-

Le « double *ikat* » pour les nuls

Patan est célèbre pour la confection des **saris *patola***, produits selon une technique appelée « double *ikat* ». On tend d'abord les fils de soie de la trame, regroupés par huit, afin de reproduire le motif choisi. Pour cela, on procède par bains de couleurs successifs (jusqu'à 15), en réservant chaque fois, par ligature, les parties que l'on ne veut pas teinter. Le même procédé est ensuite appliqué aux fils de chaîne, en respectant scrupuleusement le motif du carton. L'ensemble du processus peut prendre deux mois. Vient ensuite le moment du tissage sur un métier horizontal, les fils de chaîne et de trame devant correspondre parfaitement afin de donner une décoration similaire sur les deux côtés de l'étoffe. Cette partie extrêmement complexe peut prendre également deux mois. Résultat : de somptueux saris de 5,50 m x 1,20 m.

Deux familles perpétuent cette tradition vieille de près de dix siècles. Autant dire que leurs carnets de commande sont pleins, et qu'il faut patienter deux à trois ans pour obtenir le sari désiré. Les prix sont en conséquence, selon la complexité du modèle. On se consolera en pensant qu'un sari *patola* dure cent ans... *(→ aussi théma p. 224-225)*

▲ Le Rama Kund, avec en premier plan un gracieux *shikhara*.

monies nocturnes. Certaines de ces consoles sont encore en place (entrée E., colonnes de l'octogone central côté N.).

• **Le temple** *(se déchausser en bas des marches)*. Il se compose d'un hall soutenu par des **colonnes** tout aussi délicatement ornées que celles du *mandapa* : on y voit, sur deux registres, des danseuses et des saints ainsi que des scènes d'épopée (Rama bandant son arc, sur la colonne à g. de l'entrée) et quelques scènes courtoises. L'entrée de la **cella**, dont la statue de culte a disparu, est encadrée de montants où figure tout un peuple de danseuses et de saints. Un couloir entoure ce saint des saints.

Les **murs** extérieurs du temple méritent l'attention : les niches de la partie haute abritent plusieurs représentations de Surya, reconnaissable à ses bottes (les autres dieux sont toujours représentés jambes nues) et aux sept chevaux miniatures à ses pieds qui tirent son chariot solaire. Le plus souvent, il est encadré par deux gracieuses danseuses célestes. À la base des murs, les esprits curieux découvriront sur les frises de nombreuses scènes érotiques, certaines très explicites (mur S.).

4 Patan *37 km N. de Modhera*

150 km d'Ahmedabad par Sidhpur.

Cette cité active est l'héritière de la prestigieuse capitale de la dynastie des **Solankis**. Les guerres contre les envahisseurs musulmans n'en ont laissé que très peu de choses : une **porte** monumen-

☞ **FÊTE À MODHERA**

Chaque année, durant la 3e sem. de janv., se tient un festival de danse classique de 3 jours dans le cadre somptueux du temple.

✐ **BON À SAVOIR**

Le site est entouré d'agréables pelouses où il fait bon pique-niquer, pour peu que les tribus de singes vous laissent terminer votre repas.

◀ **Le puits de la Rani offre des dimensions impressionnantes : 64 m de long, 20 m de large, et 27 m de profondeur.**

tale de pierre et de brique au centre du bazar, un long pan de **muraille** de pierres soigneusement appareillées supportant un mur de briques, avec de puissantes tours rondes aux angles dont une a subsisté. Reste néanmoins un chef-d'œuvre de l'art médiéval de l'Inde, un puits monumental longtemps recouvert sous la terre et que les archéologues ont dégagé à la fin des années 1950 : le **Rani ki Vav****, « puits de la Rani », *(à la lisière O. de la ville, non loin des restes de la muraille • ouv. t.l.j. du lever au coucher du soleil • entrée payante)*.

Le roi **Bhima Deva** (r. 1022-1063), le plus célèbre des souverains solankis, est à l'origine de cette construction gigantesque, abondamment ornée de **sculptures** dont certaines peuvent être considérées comme de véritables chefs-d'œuvre. On descend vers le puits par de larges escaliers qui aboutissent à deux portiques précédant le bassin proprement dit *(les visiteurs ne peuvent aller au-delà)*. Juste avant le 1er portique, les murs latéraux portent de splendides **statues** représentant plusieurs des avatars de Vishnou : à dr., Vahara le sanglier, Vamana le nain ; à g., Rama à la hache, Krishna, Bouddha et Kalkin (monté sur son cheval), l'avatar qui marquera la fin des temps. Les **piliers** qui soutiennent les portiques sont tout aussi remarquables, avec leurs délicats motifs de jarres : un témoignage exceptionnel du haut degré de raffinement qu'avait atteint l'Inde des Solankis.

Bhuj★ et le Kutch★★

Cette région à l'écart des grandes routes touristiques mérite quelques jours de visite. Les conséquences du séisme de 2001 y sont aujourd'hui à peine visibles, et l'on peut y découvrir une mosaïque d'ethnies qui continuent de produire leur artisanat traditionnel. Une fête pour les yeux et pour les cœurs, au contact des populations rudes mais hospitalières de ces confins désertiques. La région est bordée de deux grands déserts salins : le Grand et le Petit Rann de Kutch. C'est une étape pour les oiseaux migrateurs et notamment pour des dizaines de milliers de flamants roses que l'on peut observer en hiver. La capitale du district de Bhuj offre aujourd'hui le visage avenant d'une petite cité moderne et active, avec son cœur ancien cerné par des quartiers d'habitations construites après le tremblement de terre.

Situation : Bhuj est à 236 km N.-O. de Rajkot, 411 km O. d'Ahmedabad.

Bhuj, 150 000 hab. (1 583 000 pour le district) • Université, aéroport.

ℹ Pas d'office du tourisme à Bhuj, mais on peut obtenir une foule d'informations à l'Aina Mahal *(→ p. 295)*. M. Jethi, responsable de l'association qui en gère les collections, est un fin connaisseur de sa région et peut vous accompagner en excursion le samedi, jour de fermeture du musée ☎ 22-00-04 ; courriel : jethipj@indiatimes.com

☎ 02832.

À ne pas manquer

☞ CONSEIL
Les horaires des trains sont susceptibles de changer : renseignez-vous à l'avance.

Bhuj mode d'emploi

■ Arrivée

En train. **Railway Station**, à 1 km N. du centre-ville. 4 liaisons hebdo. avec Ahmedabad (7 h). Il existe également 2 trains de nuit quotidiens : Kutch Express (départ à 20 h, arrivée à 2 h 45) et Sayaji Nagari (départ à 22 h 15, arrivée à 5 h 05). Rens. ☎ 139.

En bus. **Gare routière**, Bus Stand Rd, à l'E. du lac Hamirsar. Liaisons quotidiennes avec Ahmedabad et les principales localités du Gujarat.

En avion. L'aéroport se trouve à 3 km N. ☎ 24-41-47. Liaisons quotidiennes avec Bombay (Mumbai). Rickshaws et taxis uniquement vers le centre-ville. *Jet Airways*, Station Rd ☎ 25-36-71.

■ S'orienter

L'ensemble des palais royaux se dresse au cœur de la vieille ville. En marge de la partie ancienne, s'est développée une ville moderne dont **Station Road** est l'artère principale : on y trouve hôtels, restaurants, distributeurs automatiques de billets.

À NOTER
Peu de possibilités de logement en dehors de Bhuj.

HÉBERGEMENT À BHUJ
Hotel Prince, Station Rd ☎ 22-03-70 ; www.hotelprinceonline.com 42 chambres, 1 000 roupies la double sans climatisation, 2 200 roupies avec. En dépit d'une façade peu engageante, l'hôtel propose des chambres assez grandes et de bon confort. Une mention spéciale pour les deux restaurants : multicuisine (indien, chinois, international) et végétarien, où l'on peut déguster d'excellents *thali* à petits prix.

Se déplacer

Les nombreux rickshaws sont utiles pour gagner les palais depuis la ville moderne. Pour explorer les environs de la capitale, il est préférable de disposer de son propre moyen de locomotion si l'on envisage de découvrir plusieurs villages dans la journée.

Combien de temps

Une demi-journée suffit pour l'essentiel. À Bhuj, commencez par la visite des palais – l'essentiel des curiosités de la ville –, puis allez flâner dans Station Road. Pour les environs, on peut envisager 2 journées de visite : l'une vers le N., l'autre vers l'O.

Adresses utiles

Change. Distributeurs automatiques dans Station Rd et College Rd.

Internet. ***Reliance World***, Bus Stand Rd • ***Jaysomnath Complex***, Hospital Rd.

Librairie. ***Cross Word***, ST Rd ☎ 22-41-41. Bon choix d'ouvrages en anglais sur Bhuj et la région du Kutch.

Police. ***District Superintendent of Police***, Jubilee Ground ☎ 25-35-93, poste 120 (demander : *extension* 120) ; ouv. 10 h 30-13 h 30 et 15 h-17 h 30 ; f. les 2e et 4e sam. du mois et le dim. C'est là que vous devrez impérativement faire établir un permis si vous souhaitez rayonner au N. et à l'O. de Bhuj.

Poste. ***Centre Post Office***, Jubilee Ground Rd ☎ 22-29-52.

Urgences. ***GK General Hospital***, Hospital Rd.

Fêtes et manifestations

Décembre. ***Kutch Mahotsav*** (ou ***Rann Utsav***) : autour de la pleine lune, le département du tourisme du Gujarat organise, durant une semaine, des circuits accompagnés à travers la région de Bhuj ainsi que des manifestations culturelles et des expositions d'artisanat. Dates et programme : www.gujarattourism.com

Le Kutch, entre Orient et Occident

Aux confins de l'Inde

Tout à l'O. du pays, le Kutch est l'une des zones frontalières entre l'Inde et le Pakistan. Un cul-de-sac aujourd'hui, en raison des relations conflictuelles entre les deux frères ennemis issus de la partition des Indes britanniques en 1947. L'approche de la frontière est interdite et ses parages, jusqu'à Bhuj, sous haute surveillance, avec obligation de se procurer un permis pour y circuler.

Le Petit Rann de Kutch est une réserve naturelle où prospèrent les derniers troupeaux d'ânes sauvages, les onagres qui, lors des crues, trouvent refuge sur les *bet*.

Et pourtant la région partagea pendant des siècles sa destinée avec les vastes étendues du Sind et du Baloutchistan, à l'O., de l'autre côté de la frontière. L'exploration du site de Dholavira *(→ p. 301)*, au N.-O. de Bhuj, a révélé les vestiges d'une cité florissante au IIIe millénaire av. J.-C., contemporaine de Mohenjo-Daro et de la civilisation de l'Indus *(→ Histoire de l'Inde, p. 70)*. Sous l'Empire moghol, le Kutch était, pour les musulmans, un des points de départ pour La Mecque : Mandvi, Mundra furent des escales florissantes jusqu'au XIXe s., lorsqu'elles furent supplantées par le port de Bombay. Ardemment disputée entre clans rajputs rivaux *(→ théma p. 84-85)*, la région fut gouvernée par la dynastie des Jadeja, qui se maintint au pouvoir de 1540 à 1948.

Une région isolée du continent

S'étendant sur 45 000 km², le Kutch prend les allures d'une île. Au S., il est baigné par l'océan Indien, tandis qu'au N. une large bande désertique, le Grand Rann de Kutch, le sépare du Rajasthan. Ancien lit de l'Indus, avant qu'un séisme déroute le fleuve vers l'O. en 1819, le Rann se remplit d'eau de pluie à l'époque de la mousson (juin à sept.), ne laissant émerger que quelques bandes de terre surélevées, les *bet*. Cette zone se prolonge à l'E. par le Petit Rann de Kutch, qui isole le Kutch du reste du Gujarat. Ces déserts sont recouverts de vase séchée et de dépôts salins, laissés par les eaux de l'océan qui s'avancent à l'intérieur des terres lors des grandes marées. C'est un territoire de choix pour les centaines de milliers d'oiseaux migrateurs qui y font escale en hiver, avec en vedette les flamants roses venus de Sibérie, véritables emblèmes des déserts du Gujarat.

Au S. du Rann, le Banni est une région de pâturage qui a attiré de tout temps les pasteurs et les artisans des régions arides environnantes, ce qui a conduit à l'extraordinaire diversité ethnique qui fait aujourd'hui la spécificité de la région. Cette steppe semée de villages abrite les pasteurs rabaris au turban blanc, les artisans meghwals ou les bergers ahirs, qui se proclament descendants de Krishna. C'est là notamment que l'on découvrira les ***bhunga***, maisons circulaires traditionnelles du Kutch *(→ encadré p. 297)*. Entre Bhuj et la côte enfin s'étend une région verdoyante, domaine des champs sur lesquels veillent des bouquets de palmiers.

▲ **Récolte du sel sur le Petit Rann de Kutch.**

► Le séisme de 2001 a beaucoup affecté Bhuj et ses environs.

Résurrection

La reconstruction de la région, après le séisme de 2001, a bénéficié d'une mobilisation exemplaire : des dizaines d'ONG et d'organisations caritatives se sont déployées sur le terrain pour venir en aide aux populations. Le gouvernement indien a également misé sur le développement économique et industriel de la région en exemptant de charges pendant cinq ans les entreprises qui s'y installeraient. Ces mesures auraient sans doute été insuffisantes, et en tout cas leurs résultats moins spectaculaires, sans l'engagement décisif de la diaspora des industriels et financiers originaires du Kutch.

Des investissements massifs ont permis la création d'un tissu d'entreprises : usines de céramique (la région possède de riches gisements d'argile, que l'on voit s'aligner le long de la route nationale dans les environs de Bhachau), production d'énergie grâce au millier d'éoliennes qui se dressent au débouché du Petit Rann de Kutch dans l'océan Indien, unités de pressage de CD et de DVD... Auparavant, le Kutch tirait l'essentiel de son revenu de l'agriculture et de l'exploitation du sous-sol (potasse) ; il est aujourd'hui prospère grâce à l'industrie et aux services.

La catastrophe de 2001

Le 26 janvier 2001, jour de la Fête nationale, un terrible séisme (magnitude de 7,9 sur l'échelle de Richter) a secoué le Gujarat à 8 h 46 du matin. Située à une vingtaine de kilomètres de l'épicentre, Bhuj, la capitale du district, a été détruite à près de 90 %. Plus à l'E., les localités de Bhachau et d'Anjar ont été rayées de la carte. Dans les campagnes, si les constructions rondes traditionnelles en terre ont mieux résisté aux secousses, les infrastructures routières, les barrages, les puits et les réservoirs nécessaires à l'agriculture ont subi d'importants dommages. Près de 30 000 morts et 200 000 blessés ont été retirés des décombres. Des centaines de milliers de familles sans logis ont dû être abritées en urgence. C'est l'un de séismes majeurs de toute l'histoire de l'Inde et pourtant, moins de 10 ans plus tard, les stigmates de la catastrophe sont à peine visibles.

Bhuj*

La ville fut choisie pour capitale en 1549, par le rao (raja) Khengarji Ier, fondateur de la lignée des Rajputs Jadeja. Le tremblement de terre de 2001 a laissé très peu de vestiges de la ville ancienne, à l'exception de la zone des palais, et de son mur d'enceinte en grande partie conservés. Une porte monumentale donne accès au périmètre royal, cet ensemble de palais, dont deux se visitent. Les autres édifices, ceux notamment disposés contre le mur d'enceinte, se sont en grande partie effondrés en 2001. En subsistent quelques belles fenêtres de pierre ouvragée.

Aina Mahal*

Vis. 9 h-12 h et 15 h-18 h ; f. sam. • entrée payante, droit supplémentaire pour l'utilisation d'appareils photo • prévoir 1 h • se déchausser en entrant.

Ce palais d'agrément fut construit en 1761 par le maharao Lakhpatji, qui régna de 1752 à 1761. Un souverain éclairé, amateur d'art et de poésie – il en composait lui-même. Il confia une partie de la décoration de son palais à Ramsinh Malam, un artiste qui avait séjourné 17 ans en Hollande où il se passionna pour certains procédés techniques : verre soufflé, émail céramique, horlogerie... Revenu à Bhuj, il les mit en œuvre à l'Aina Mahal, qui porte ainsi la marque des influences européennes, un siècle avant la rencontre entre l'architecture indo-musulmane et la pompe victorienne.

Dans la 1re salle, on verra au centre les **palanquins** et **insignes royaux** : le tigre, le croissant de lune et le poisson – en référence à l'avatar de Vishnou –, qui servaient aux cérémonies royales au XIXe s. On peut ainsi les reconnaître sur la longue frise *(mur de dr.)* qui dépeint une procession royale du maharao Pragmaji (r. 1860-1875). De l'autre côté de la salle sont exposés une horloge du début du XIXe s., qui indique le calendrier lunaire, et un des premiers phonographes Edison, daté de 1888.

Le **Fuvara Mahal** *(salle suivante)* était dédié aux délices royaux. Au centre, un **bassin** au milieu duquel est aménagée une plate-forme : c'est là que prenait place le maharao Lakhpatji pour composer ses poésies, rafraîchi au plus fort de l'été par la présence de l'eau et par l'air qui circulait depuis les larges ouvertures ménagées dans les parties hautes des murs.

On pénètre ensuite dans la **salle des Miroirs*** (Hall of Mirrors), où Ramsinh Malam a mis en œuvre tout le savoir qu'il avait rapporté de Hollande. On découvre tout d'abord un **pavillon**, entouré d'un couloir, dont les murs intérieurs sont recouverts de 27 miroirs rococo, sertis dans des encadrements d'or et de pierres précieuses. C'était la chambre de repos du maître des lieux : on peut y voir son lit reposant sur des pieds en or massif. Dans la vitrine du fond est présenté un sabre au pommeau incrusté de diamants, présent du Grand Moghol Alamgir II à Lakhpatji. Sur les murs extérieurs du pavillon, des **peintures sur verre** (assez endommagées) portent les portraits de souverains européens : Guillaume IV, le prince d'Orange-Nassau, et son épouse Anne, fille du roi d'Angleterre George II... Du côté dr. du pavillon, belle **porte** aux deux battants incrustés d'ivoire.

À l'école des traditions

À Bhuj, les architectes de l'après-séisme se sont inspirés des constructions ancestrales. Reprenant la disposition des *bhunga* des Rabaris *(→ encadré p. 165)*, ils ont conçu des villas de plan circulaire, organisées autour d'un puits central permettant la ventilation et coiffées d'une toiture conique, comme les maisons du désert. Ce dispositif permet une régulation de la température dans un milieu qui connaît plusieurs mois de canicule. Il a fallu également adapter les habitations pour des familles mononucléaires, une nouveauté en Inde. C'est alors l'habitat des cités du littoral qui a été sollicité pour disposer un cheminement progressif de l'espace semi-public à l'espace privé. Passé la véranda qui fait office de cour ouverte, on entre dans un séjour suivi de la cuisine. Les chambres sont disposées à des niveaux légèrement inférieurs ou supérieurs, de façon à ne pas être de plain-pied avec l'espace de réception. Le béton, qui autorise une plus grande audace dans les formes, voisine avec les matériaux traditionnels, comme des poteries de terre cuite renversées qui servent de tuiles, permettant une meilleure isolation.

▲ La tour d'horloge du Prag Mahal a résisté au séisme de 2001, comme le rappelle une inscription à prétention philosophique.

En avant du pavillon se déploie la salle où le souverain recevait ses hôtes : les carreaux de faïence bleue qui recouvrent le sol, inspirés par les céramiques de Delft (Hollande), furent réalisés à l'initiative de Ramsinh Malam par des artisans locaux.

■ Prag Mahal

Vis. 9 h-12 h et 15 h-18 h ; f. sam. • entrée payante • prévoir 30 mn.

Dans cet imposant édifice qui abritait les *durbar* (grandes réceptions officielles), l'influence occidentale est toujours de mise. Mais, en raison de la date de construction (fin du XIXe s.), c'est plutôt du côté de la pompe britannique que les architectes ont lorgné ici. Une haute **tour d'horloge**, aux vagues réminiscences italianisantes, domine l'ensemble.

Un large escalier donne accès aux salles de l'étage, assez décaties : deux vastes pièces aux murs ornés de trophées de chasse, qui servent désormais de perchoirs aux pigeons, précèdent l'immense **salle de réception**. Aux deux tiers des murs, un promenoir est soutenu par de vigoureux atlantes. Du plafond pendent de monumentaux **lustres** de verre provenant de Belgique, recouverts désormais d'une épaisse couche de poussière.

■ Kutch Museum*

Sur la rive E. du lac Hamirsar • ouv. 10 h-13 h 30 et 14 h 30-17 h 30 ; f. le mer. et les 2e et 4e sam. du mois • entrée payante • prévoir 1 h.

Fondé en 1877 par le souverain de l'époque, le maharao Khengarji III, c'est le plus ancien musée du Gujarat. Au rez-de-chaussée sont exposés quelques témoignages du passé reculé de la région, dont on retiendra une belle **statue** de *tirthankara* du XIVe s. Des vitrines abritent des mannequins revêtus des **costumes** traditionnels des différentes ethnies qui peuplent le Kutch *(→ théma p. 298-299)*.

Le 1er étage propose un tour d'horizon assez complet des traditions artisanales du Kutch : on peut notamment s'y exercer à reconnaître les différents types de broderie propres à chacune des ethnies qui composent la mosaïque humaine du Kutch.

Le reste de la salle présente d'autres spécialités artisanales : fabrication de boucliers – qui fit la renommée du Kutch –, travail de l'ivoire (voir notamment un python enroulé sur lui-même et une délicate paire de ciseaux), etc.

■ Hamirsar Lake

Après la visite du musée, que jouxte l'**Alfred High School**, construite à la fin du XIXe s., on pourra se promener le long de la rive du **lac Hamirsar**, vaste bassin artificiel creusé au XVIe s. En hiver, s'y ébattent pélicans et flamants roses.

■ Sharad Baug Palace

En retrait de la rive du lac opposée au musée • ouv. 9 h-12 h et 16 h-19 h ; f. ven. • entrée payante • prévoir 45 mn.

Une belle allée de margousiers *(neem tree)* conduit à ce palais où vécut le maharao Madhan Singh, dernier souverain du Kutch, qui ne régna que quelques mois avant le rattachement de son État à l'Inde indépendante en 1948, et mourut en 1991. L'intérieur de cet élégant **pavillon** a été soigneusement conservé, exposant notamment les collections du prince : porcelaines européennes et chinoises, ivoires, trophées de chasse... L'ensemble est entouré d'un beau **jardin** où a été remonté un arc monumental provenant d'un temple du VIIIe s. et où figurent les images de Shiva et de Ganesha.

■ Hiralaxmi Memorial Craft Park *8 km S.-E. de Bhuj*

Ouv. t.l.j. 10 h-20 h • entrée libre • compter au moins 1 h • www.hmcraftpark.com

Ce parc artisanal, créé en 2005 sur une initiative privée, permet de faire en un seul lieu un tour d'horizon des différents savoir-faire du Kutch : broderie, tissage, travail du cuir, du bois, poterie... Une quinzaine d'artisans sont à l'œuvre dans les huttes mises à leur disposition par le parc. Ils changent tous les mois. On peut acheter notamment de beaux tissus au mètre.

Le Banni, au nord de Bhuj

Itinéraire de 200 km, sans la visite de Dholavira.

Une excursion qui vous permettra de découvrir les différentes facettes de ce véritable conservatoire des traditions populaires : costumes, habitats, artisanat. Une perpétuelle invitation à la photographie.

Combien de temps. En limitant ses arrêts, on peut découvrir cette région en une journée ▶▶▶

Les *bhunga*

Les maisons traditionnelles de la région du Banni (entre Bhuj et le Rann) sont des huttes circulaires de terre surmontées d'un toit de chaume de forme conique. L'ensemble offre une bonne isolation contre les rigueurs du climat : pluie, mais surtout extrêmes chaleurs de l'été. Une maison familiale est souvent constituée de plusieurs *bhunga* posées sur une plate-forme, chacune réservée à un usage particulier : pièce de réception, cuisine, chambre à coucher.

Les modestes populations de la région apportent un soin particulier à la décoration de leur demeure. Les murs extérieurs sont peints par les femmes de motifs aux couleurs vives qu'elles renouvellent chaque année, généralement lors de la fête de Diwali (oct.-nov.). À l'intérieur court, le long du mur, une banquette de terre recouverte de stuc orné de miroirs. Elle est souvent surélevée de présentoirs et d'étagères où la famille dispose ses quelques objets de valeur. Au contraire des constructions modernes, les *bhunga* ont résisté au séisme de 2001. Leur forme circulaire inspire aujourd'hui les architectes contemporains, notamment pour les villas construites dans la périphérie de Bhuj.

RESTRICTIONS D'ACCÈS

Un permis est nécessaire pour visiter les régions au N. et à l'O. de Bhuj. Il est délivré gratuitement, en 1 h, au poste de police de Bhuj *(→ Bhuj mode d'emploi, p. 292)*. **Présenter une photocopie de votre passeport et remplir une fiche indiquant précisément les villages que vous comptez visiter. On peut demander un permis pour plusieurs jours.**

Ethnies du Kutch

Découvrir la région du Kutch, c'est aussi rencontrer une mosaïque de communautés. Éleveurs ou paysans, sédentaires ou nomades, musulmans ou hindous, chacun cultive fièrement son appartenance à une ethnie en revendiquant ses lointaines origines, parfois mystérieuses, ses modes de vie et son artisanat.

Les Rabaris

Longues silhouettes drapées de blanc, le turban immaculé crânement planté sur la tête, les Rabaris sont les plus aisément identifiables parmi les communautés du Kutch. Si on les rencontre au cœur des villes, c'est qu'ils viennent y faire leurs emplettes les jours de marché. Les Rabaris sont des **éleveurs**, nomades encore pour une majorité d'entre eux, et lorsqu'ils s'installent aux abords des villes, c'est dans des maisons de terre dont les murs sont enduits de bouse de vache, sur lesquels les femmes composent avec leurs doigts des motifs ornementaux : divinités liées à la nature, cobras, chameaux, paons... Si les hommes sont tout de blanc vêtus, les femmes sont immanquablement en noir, une austérité rehaussée par les splendides compositions brodées de la ceinture qui serre leur corsage : des ornementations aux points très serrés, éclairées par l'emploi d'une profusion de petits miroirs ronds, carrés ou en forme de losange. Les Rabaris seraient originaires de la région de Jaisalmer. Ils y auraient fait une longue halte après être venus des hauts plateaux d'Afghanistan.

▲ **Chez les Rabaris, les femmes sont vêtues de noir pour porter le deuil mythique d'un musulman qui aurait aidé une jeune fille de la tribu à échapper à la vengeance d'un roi moghol éconduit.**

Une communauté musulmane, les Jats

On croise parfois le long des routes de campagne des silhouettes toutes drapées de noir, jupe, foulard, corsage dont le plastron est entièrement recouvert de fines broderies, sans doute les plus belles de toute la région. Ce sont des femmes jats, qui portent volontiers de splendides anneaux de nez en or. Tous musulmans, les Jats du Kutch se divisent en **trois clans** : agriculteurs, éleveurs et Fakiranis : les ancêtres de cette communauté étaient des sages mendiants versés dans l'étude du Coran. Leurs descendants exploitent aujourd'hui leurs terres. Les Jats vivent le plus souvent dans des **hameaux**, parfois itinérants lorsqu'il s'agit de pasteurs, à l'écart des villages et ne se mêlent pas volontiers aux autres communautés du Kutch. Les Jats seraient originaires du plateau iranien qu'ils auraient quitté voilà cinq siècles pour trouver de nouveaux pâturages.

Des artisans, les Meghwals

Ce sont les « intouchables » du Kutch venus, dit-on, il y a des siècles du Marwar, au Rajasthan. Ils vivent en quartiers séparés à la lisière des villages, souvent dans le voisinages des communautés musulmanes. Leur condition dans l'échelle de pureté rituelle de la société hindoue les prédestine à **certains types d'artisanat**, celui du **cuir** notamment, un hindou de caste ne pouvant toucher la peau d'un animal mort : ils en font des sacs, des abat-jour rehaussés parfois de tissus colorés. Ils travaillent également le **bois,** qu'ils façonnent sur un tour rudimentaire et avec l'aide d'un *sangada*, une sorte d'archet dont le frottement va creuser le bloc de bois. Ils réalisent ainsi de jolis objets usuels (cuillères, spatules à *chapati*…). Les femmes meghwals sont célèbres pour leurs travaux d'aiguille, broderies colorées et patchworks.

◄ Les tribus jats sont célèbres pour leur travail de broderie.

Bergers ahirs

Présente dans toute l'Inde du Nord, les Ahirs revendiquent Krishna pour prestigieux ancêtre. Ce sont traditionnellement des **bergers** qui jadis colportaient le **lait** et le **beurre** de village en village. Ils sont divisés en nombreuses castes et sous-castes. Les atours des femmes sont particulièrement chatoyants avec leurs jupes plissées teintes selon le procédé du *tye and dye* *(→ théma p. 224-225)* et leurs corsages brodés dont les motifs signalent l'appartenance de celle qui le porte à une sous-caste particulière. Les femmes ahirs se couvrent la tête d'un voile rayé de rouge et de blanc à la bordure brodée.

▼ L'artisanat meghwal dans toute sa splendeur : finesse et abondance de détails sur les tissus et les bijoux.

▶▶▶ bien remplie. On peut également passer la nuit en chemin, dans une *bhunga* traditionnelle ou sous la tente.

■ Bherandiala *51 km N. de Bhuj*

De part et d'autre de la route principale s'alignent de petites échoppes qui proposent le *mawa*, confiserie confectionnée à base de lait que l'on fait bouillir longuement jusqu'à obtenir une pâte à laquelle on ajoute du sucre. Tout au long de la journée, on peut voir les artisans touillant le contenu fumant de leur grande marmite. Le village *(2 km E. de la route)* héberge une communauté de **Meghwals**, des *harijan* (intouchables) autorisés à travailler le cuir.

■ Ludiya** *8 km N.*

À l'entrée du village *(2 km E. de la route principale)*, des constructions rondes abritent la petite **école** qui ne date que de 2006 et accueille une trentaine d'élèves placés sous la houlette de deux institutrices. Un progrès pour cette communauté qui devait jusque-là envoyer ses enfants à Khavda *(→ ci-après)*. Le village lui-même est l'un des plus pittoresques de la région, avec le plus bel ensemble de ***bhunga***.

Le village est peuplé de Meghwals dont les femmes portent le *kanjari* traditionnel, une blouse sans dos, ornée de miroirs et de broderies aux couleurs éclatantes. Elles continuent de confectionner ces merveilles, dans le style appelé *pakko* qui privilégie les motifs floraux finement imbriqués *(→ encadré p. 302)*. Près du temple du village, une estrade couverte *(otlo)* a été construite par une ONG pour servir de petit marché où les femmes sont invitées à présenter leur production. Toutefois, c'est surtout dans les maisons particulières que vous pourrez admirer et acheter la production locale.

■ Khavda* *80 km de Bhuj*

Au bazar de Khavda, on pourra déguster le *masuk*, confiserie locale à base de *ghee* (beurre clarifié) et de sucre.

Le bourg le plus important de la région fait figure de petite capitale du Banni. C'est la seule étape où s'approvisionner en eau minérale et en biscuits, dans le petit bazar coloré du centre-ville. La petite ville abrite également de nombreux ateliers d'artisans : l'occasion de découvrir quelques techniques ancestrales.

BON À SAVOIR
L'association KMVS possède également une boutique dans le hall de l'hôtel *Prince*, à Bhuj *(→ p. 292)*.

• **Qasab** *(à l'entrée du bourg en venant de Bhuj, du côté g. de la route)*. Pas un atelier à proprement parler, mais le siège de l'ONG Kutch Mahila Vikas Sangathan (KMVS), qui a pour objectif de promouvoir l'artisanat traditionnel de la région. Un millier de femmes des villages des environs fournissent leur production, vendue ensuite sous la marque Qasab. L'organisation se charge de fournir à bon prix les matières premières, de proposer des dessins conformes au goût de la clientèle et s'engage surtout à fournir un juste revenu aux productrices l'absence d'intermédiaires. La boutique présente les productions des adhérentes.

• **Abdullah Ibrahim Pottery** *(en retrait de la station de bus – Bus Stand)*. Dans la petite cour ombragée précédant leur maison, les membres de la famille de cet artisan musulman renommé donnent forme à l'argile qui sera cuite dans les fours voisins. Une petite salle d'exposition présente les réalisations de l'atelier, par exemple de jolis petits objets de terre cuite incrustés de miroirs après cuisson, ou des articles en papier mâché que l'on travaille également ici.

• **Mohamed Rahim** *(rue principale du bazar)*. Assis en tailleur à l'entrée de sa boutique, le maître des lieux, longue barbe ondulée teinte au henné, est l'un des meilleurs représentants de la technique d'impression au tampon *(block printing)*. Vous pourrez visiter l'atelier où les ouvriers impriment inlassablement les motifs sur des toiles de coton.

▶ **Dholavira** *(80 km E. de Khavda, mais les 50 derniers km se font sur une piste qui nécessite un véhicule approprié ; sinon, 250 km N.-E. de Bhuj par une bonne route asphaltée via Rapar • accès libre • se munir de provisions suffisantes : eau, sandwiches, biscuits…)*. Une excursion pour mordus d'archéologie désireux de sortir des sentiers battus. Sur le flanc d'un *bet*, une de ces collines qui s'élèvent au milieu du Grand Rann de Kutch, ont été mis au jour les vestiges d'une cité contemporaine de la civilisation de l'Indus (milieu du IVe-milieu du IIIe millénaire). À l'intérieur de l'**enceinte**, de plan sensiblement carré (les murs ont une épaisseur de 11 m à la base), on peut voir les vestiges bien conservés d'une **citadelle**, avec ses portes d'accès et ses escaliers desservant l'étage, un vaste bassin (l'aménagement du système de captation et de retenue des eaux avait fait l'objet d'un soin particulier) ainsi que les soubassements de **quartiers d'habitation**. L'ensemble de la ville fut construit à l'aide de blocs de grès. Les archéologues ont également mis au jour des sépultures avec leur matériel funéraire, sceaux et perles de pierre. ◀

HÉBERGEMENT À DHOLAVIRA

Toran Tourist Complex

☎ (0237) 27-73-95. Cette unité du département du tourisme du Gujarat propose un logement très simple dans des bungalows. L'occasion de voir le soleil se lever sur le Grand Rann de Kutch. Ch. double sans climatisation à 200 roupies.

HÉBERGEMENT

Shaam-e-Sarhad, à Hodka (12 km O. de Bherandiala) ☎ (02803) 29-62-22 ; www.hodka.in ; 3 *bhunga* (compter 3 200 roupies pour 2 personnes en pension complète) et 9 tentes (2 000 roupies pour 2). Logements de tout confort, avec salle de bains attenante. Ce *lodge*, construit en lisière de la steppe en 2005 avec le soutien du Fonds de développement de l'ONU, privilégie le développement local : des artisans ont été mis à contribution pour construire les bâtiments, et les habitants des environs y sont employés. Déjeuner sur rés.

Travaux d'aiguilles du Kutch

Le Kutch Museum de Bhuj propose un bel échantillon de l'artisanat de la région. Les broderies ***ahir*** sont de couleurs vives incrustées de miroirs toujours ronds ; celles des **Rabaris** sont tout aussi chatoyantes, mais les miroirs peuvent emprunter diverses formes (triangles, carrés, ronds...). Les ouvrages ***suf*** au fil de satin composent des figures géométriques dont l'unité de base est le triangle *(suf)*, une technique qu'ont apportée avec elles les populations hindoues fuyant le Pakistan lors de la guerre de 1971. Le style ***pakko*** est orné de motifs animaliers (paons, perroquets, scorpions, éléphants), floraux ou géométriques lorsqu'il est issu des communautés musulmanes. Les broderies ***bavalia***, aux motifs géométriques isolés sur un fond uni, sont communes à différentes ethnies. Enfin, les somptueuses broderies ***zardozi*** dérivent d'un art princier originaire de Perse, qui entrelace fils de satin, de soie, d'or et d'argent.

■ Hodka *15 km O. de Bherandiala*

Des huttes de terre recouvertes de toit de tuiles disséminées dans la steppe poudreuse où s'accrochent les acacias : le village de Hodka est peuplé par une communauté de *harijan* meghwals *(→ ci-avant, Bherandiala)*. Vous pourrez visiter les ateliers de la dizaine d'artisans (uniquement des hommes) qui travaillent ici le cuir. L'occasion aussi de pénétrer dans les maisons du village, dont les terrasses sont soigneusement enduites de bouse de vache par les femmes en grandes tenues colorées. Miroirs encadrés de cuir, abat-jour pliants (pratiques à rapporter en Europe) et toutes sortes d'objets usuels.

■ Dhordo *28 km N. de Hodka*

Tout au bout de la route asphaltée, ce village abrite une communauté mutwa, des populations musulmanes d'origine arabe établies dans le Sind sans doute depuis la fin du Ier millénaire. Ils furent accueillis sur ses terres par le maharao de Kutch au XVIIIe s. À l'époque de l'indépendance, le chef des Mutwas, Gul beg Miya Hussein, fut le porte-parole de toutes les communautés du Banni et, à ce titre, l'interlocuteur respecté des plus hauts dignitaires de la jeune république. Un petit **musée** *(entrée libre)* lui est consacré, dans une aile de son ancienne demeure, à l'entrée du village.

■ Nirona★ *56 km N.-O. de Bhuj*

Au départ de Bhuj, suivre vers le N. la dir. de Khavda, puis à g. à 20 km.

Dans ce gros bourg où cohabitent, dans des quartiers distincts, pasteurs rabaris, harijan meghwals et musulmans, on pourra visiter l'atelier du dernier artisan pratiquant l'art du rogan. À voir également, les fabricants de cloches et, dans le quartier de la communauté vadha (des charpentiers), les artisans qui tournent le bois sur un axe mû par un archet (sangada) pour en faire des objets d'usage quotidien décorés ensuite de laque colorée (rouleaux à chapatis à partir de 300 roupies).

• **Traditional Rogan Art** *(☎ [02835] 27-77-88)*. Les Khatris, une famille installée dans ce village depuis 400 ans, sont aujourd'hui les seuls dépositaires en Inde du rogan, une technique de coloration des textiles venue de Perse, toute de minutie et de patience. Il faut d'abord faire bouillir pendant trois jours de l'huile de ricin, de façon à en obtenir une sorte de gelée. On y incorpore ensuite les couleurs – jaune, rouge, blanc, vert, noir, orange ou bleu. Puis l'artisan place la pâte dans sa paume pour la réchauffer, avant de l'appliquer au stylet sur le tissu (coton ou soie), à main levée. Le motif peut être répété par pliage. Sur place, une écharpe coûte entre 1 500 et 2 000 roupies, un arbre de vie sur soie 4 000 roupies. Le prix des pièces anciennes peut grimper à 15 000 roupies.

• **Luhar Copper Bells** *(☎ [02835] 27-78-23)*. En moins de 15 mn, les artisans musulmans confectionneront devant vous, à partir de métaux de récupération, une de ces clochettes que l'on accroche traditionnellement au cou du bétail. Ces objets entièrement sertis (on n'utilise pas de soudure) peuvent également être réunis pour former de jolis (et bruyants) mobiles. On y fabrique aussi des guimbardes (à partir de 300 roupies).

À l'ouest de Bhuj

Itinéraire de 400 km.

Cette excursion vous conduira aux franges occidentales du Gujarat, en bordure du Kori Creek, un bras de mer qui constituait l'estuaire de la rivière qui, avant les temps historiques, occupait le Grand Rann de Kutch.

Hébergement. Possibilité de logement très sommaire à Narayan Sarovar, à l'hôtellerie pour pèlerins.

■ Lakhpat *135 km N.-O. de Bhuj*

Jadis port florissant sur le rebord du Kori Creek, la ville fut dotée de **fortifications** au début du XIXe s. : 7 km de remparts dont une grande partie est toujours debout. À l'intérieur de la cité, aujourd'hui pratiquement désertée, on peut voir un **temple sikh** *(gurdwara)*, d'aspect moderne, construit sur le lieu où fit halte Nanak, le premier gourou des sikhs, lors de son pèlerinage à La Mecque. La cité conserve également plusieurs **mausolées** de saints musulmans, parmi lesquels celui de Gosh Muhammad, vénéré par les musulmans comme par les hindous, construit au milieu du XIXe s.

■ Narayan Sarovar *40 km S.-O. de Lakhpat, 160 km N.-O. de Bhuj*

Ensemble de **temples**, datant du milieu du XVIIIe s., autour d'un bassin sacré dédié à Vishnou. C'est l'un des cinq bassins les plus saints de l'Inde, à l'égal de celui de Pushkar, au Rajasthan *(→ p. 147)*, et avec ceux de Mansarovar (au Tibet), de Bhubaneswar (dans l'Orissa) et de Pampa (au Karnataka).

■ Koteshwar *3 km N. de Narayan Sarovar*

Ravana, le vaniteux roi de Lanka, avait tant fait pénitence que Shiva lui fit don d'un *lingam* qui lui assurerait l'immortalité, à condition qu'il ne le

RESTRICTIONS D'ACCÈS
Un permis est nécessaire pour visiter les régions au N. et à l'O. de Bhuj. Il est délivré gratuitement, en 1 h, au poste de police de Bhuj (→ *Bhuj mode d'emploi, p. 292*). Présenter une photocopie de votre passeport et remplir une fiche indiquant précisément les villages que vous comptez visiter. On peut demander un permis pour plusieurs jours.

▲ **Les *dhow* jaugent jusqu'à un millier de tonnes. Ils sont construits entièrement en bois, à la manière traditionnelle, même si le moteur Diesel a remplacé aujourd'hui la voile latine triangulaire.**

laisse pas toucher terre avant d'avoir rejoint son île (aujourd'hui Sri Lanka). Dans sa précipitation, Ravana laissa choir le précieux présent qui, aussitôt, se multiplia en un million (*koti*) de *lingam*. Incapable de retrouver la pierre originelle, le roi s'en retourna bredouille dans son île. Au-dessus du lieu du miracle, un **temple** fut construit (dans son état actuel, il remonte sans doute au XVIIIe s.), devenu un lieu de pèlerinage *(plus forte affluence en août-sept.)*. Orné d'une profusion de statues représentant les divinités du panthéon shivaïte, le temple est joliment planté en bordure du rivage, baigné par les eaux de l'océan Indien. On peut accéder aux parties les plus élevées de l'édifice pour découvrir la **vue*** sur l'océan et le Kori Creek.

Le golfe de Kutch

Situation : au S. et à l'E. de Bhuj.

Par une belle route filant entre les plantations de coton et de tabac – c'est le Kutch vert –, on atteint rapidement l'ancien port historique de l'État princier de Bhuj : Mandvi. Dans l'extension orientale du Grand Rann de Kutch, on partira à la découverte des grandes étendues salées et de leurs habitants, des centaines de milliers d'oiseaux qui y font escale durant l'hiver ainsi que des onagres.

■ Mandvi *60 km S. de Bhuj*

La ville fut fondée à la fin du XVIe s., le long de la rivière Rukmavati qui se gonfle d'eau de mer à la marée. Peu de vestiges subsistent des anciennes fortifications : une tour à l'entrée de la ville et quelques pans de murs. Les **chantiers navals** sont en revanche toujours en activité : depuis plus de quatre siècles on y construit des *dhow*, sorte de boutres d'origine arabe que l'on trouve des côtes occidentales de l'Inde au golfe Persique. La **vieille ville**, autour d'Azad Chowk, en retrait des chantiers navals, conserve quelques exemples de maisons de maître des XVIIIe et XIXe s.

La ville est bordée, à l'O., par la longue **plage** municipale, pittoresque avec ses vendeurs ambulants et ses chameliers qui proposent des promenades sur leurs ombrageuses montures, mais pas idéale pour se baigner. Si l'on veut tâter des vagues de l'océan Indien, mieux vaut se rendre 8 km plus à l'O., sur la belle **plage**** du *Mandvi Beach Resort* (→ ci-contre ; *accès payant pour les non-résidents*).

■ Vijay Vilas Palace *8 km O. de Mandvi*

Ouv. t.l.j. 8 h-18 h 30 • entrée payante, droit supplémentaire pour photographier ou filmer • 1 h de vis.

Passé le portail d'entrée du domaine, la route traverse un parc où s'ébattent quelques *nilgai*, la plus grande des antilopes indiennes. Le **palais** lui-même, dressé au milieu de jardin, fut construit en 1929 dans le style du Rajasthan par le souverain de l'État de Kutch. L'intérieur conserve son ameublement des années 1940. On peut grimper sur la terrasse, jadis desservie par un ascenseur niché dans une cage de bois.

■ Petit Rann de Kutch** *200 km E. de Bhuj*

Droit d'entrée à acquitter • possibilité de louer une jeep et de s'adjoindre les services d'un guide.

Cette **réserve naturelle** d'un peu moins de 5 000 km^2 se visite à partir de sa bordure orientale, depuis **Dhrangadhra** ou **Dasada**, deux localités offrant des possibilités de logement *(respectivement à 215 km et 280 km E. de Bhuj)*. On y trouve également des *safari camps* à partir desquels on peut organiser sa découverte du parc : on n'est là qu'à une centaine de km O. d'Ahmedabad. La meilleure saison pour voir les flamants roses se situe entre novembre et avril. L'onagre, âne sauvage appelé aussi hémione, ne vit en liberté qu'en Inde et en Mongolie. Plus grand que son cousin domestique, il a une robe sable, une crinière châtain et des oreilles courtes, à la manière d'un zèbre.

◀ On compte un millier d'onagres dans la réserve du Petit Rann de Kutch.

HÉBERGEMENT

Mandvi Beach Resort, complexe hôtelier dépendant du Vijay Vilas Palace ☎ (02834) 29-57-25 ; www.mandvibeach.com ; 10 logements sous tentes dressées sur des plates-formes ; 6 000 roupies la nuit pour 2 personnes en pension complète. Tout le confort : toilettes et salle de bains particulières, air conditionné et chauffage, avec l'impression de dormir (presque) à la belle étoile. On y vient surtout pour profiter de la belle plage de sable déserte. Agréable restaurant au bord de l'eau.

HÉBERGEMENT

• ***Devjibhai's Kooba***, 40 km N.-O. de Dhrangadhra, à la lisière du désert. Rés. à Dhrangadhra : Dev Krupa Jinplot, près du Motilal Hospital ☎ (02754) 28-05-60 ; www.littlerann.com
Ce village de huttes est animé par Devjibhai Dhamecha. Fin connaisseur de la région, il pourra vous accompagner en safari et vous faire partager sa passion pour la nature. Logement en huttes traditionnelles (avec toilettes et salle de bains) ; compter 1 000 roupies pour une double en pension complète. Randonnées dans le Petit Rann de Kutch : 2 000 roupies pour une excursion de 6 h (prix pour un groupe de 1 à 6 personnes).

• ***Rann Riders***, à Dasada ☎ (02757) 28-02-57 ; www.rannriders.com ; logement en huttes traditionnelles disséminées dans d'agréables jardins. Petite piscine. Pour 2 personnes, comptez 2 800 roupies pour une nuit en demi-pension et un safari en jeep dans le Petit Rann de Kutch.

Diu★

Situation : à 120 km S.-E. de Sasan Gir, 175 km S.-O. de Palitana, 215 km S.-O. de Bhavnagar, 85 km E. de Somnath.

45 000 hab. • Territoire de Daman-et-Diu.

☎ 02875.

Tourism Office, Marine House (port de Diu) ☎ 25-26-53 ; www.diutourism.co.in ; ouv. 9 h 30-13 h 30 et 14 h 30-18 h ; f. le dim.

À ne pas manquer

Cet ancien confetti d'empire est amarré au continent par deux ponts reliant l'île au Gujarat voisin. Pendant quatre siècles et demi, jusqu'à l'opération militaire indienne de 1961, Diu fut une des possessions portugaises en Inde, avec Goa et Daman, de l'autre côté du golfe de Cambay. Il en reste quelques témoignages architecturaux, moins nombreux cependant qu'à Goa : des églises blanchies à la chaux, les ruelles de la vieille ville et un fort imposant dont les plus anciens éléments remontent au XVIe s. Autre legs des Portugais, les palmiers, importés d'Afrique, qui escortent la jolie plage de Nagoa.

Diu mode d'emploi

Accès en train. La gare ferroviaire la plus proche est à Veraval (90 km O.) ; de là, liaisons par car.

Accès par avion. Liaisons avec Bombay t.l.j. sf sam. ***Jet Airways***, à l'aéroport ☎ 25-50-30.

Combien de temps. Une journée suffit pour découvrir l'essentiel. On pourra s'octroyer une journée supplémentaire, histoire de profiter de la plage.

Se déplacer. Liaisons régulières en bus entre la plage de Nagoa et la ville de Diu. On peut aussi utiliser les services des rickshaws qui sillonnent toute l'île.

Se loger. Diu compte un nombre appréciable d'hôtels. Pendant la haute saison (mars à juin), il est préférable néanmoins de réserver si l'on souhaite descendre dans un établissement précis.

S'orienter. L'essentiel de l'animation, bien modeste, se concentre dans la vieille ville et son lacis de ruelles. La plage principale, Nagoa Beach, se trouve à 7 km O. de la ville.

Se baigner. **Nagoa Beach** *(→ p. 310)* est l'endroit le plus agréable pour passer quelques jours • **Jallandhar Beach**, face au large sur la côte S. de l'île

◄ **Nagar Sheth Haveli. D'autres maisons de ce type, construites dans la première moitié du XXe s., sont visibles plus loin, de part et d'autre de Makata Lane.**

(à 1 km du fort) : un bord de mer rocheux peu propice à la baignade • **Ghoghla Beach**, sur l'enclave continentale de Diu (pont depuis la vieille ville).

Adresses utiles. **Change** : plusieurs distributeurs à Bandar Chowk. **Poste**, Bandar Chowk.

Visiter Diu

En retrait du petit port de pêche, la vieille ville conserve la mémoire de son passé portugais avec un réseau de ruelles étroites qui pourrait être celui d'un village de la péninsule Ibérique. À l'exception des églises, on ne trouvera pas cependant d'édifice de style colonial comme à Goa, mais des constructions composites où se mêlent librement influences européennes, musulmanes et indiennes.

■ Old Town

Le plus bel ensemble de la vieille ville se trouve le long de **Makata Lane** : une promenade d'une dizaine de minutes depuis la place face à l'embarcadère *(jetty)*, où est situé l'office du tourisme Au bout de la place, en arrière à dr., se trouve la principale mosquée de la ville (Jama Masjid) ; tournez à g. devant le coin de la mosquée et continuez tout droit sur 500 m. Makata Lane ouvre à dr. : à 200 m

Diu en bref

13 km de long pour une largeur maximale de 3 km, Diu s'étire à quelques encablures de la côte. Deux ponts relient le territoire au Gujarat : l'un à partir de Ghoghla, enclave dépendant de Diu sur le continent, l'autre plus à l'O. Diu forme aujourd'hui, avec Daman (Goa est devenu un État en 1987), un Territoire de l'Union, administré directement par Delhi. Cette particularité lui permet d'être affranchie des règles en vigueur dans le Gujarat voisin : l'alcool notamment y est en vente libre, d'où l'afflux de Gujaratis qui y séjournent le week-end, le temps d'oublier le régime sec qui leur est imposé.

À la sortie du territoire, côté continent, un poste de douane attend les voyageurs : les fonctionnaires peuvent fouiller vos bagages pour voir si vous ne transportez pas d'alcool. En pratique, le contrôle des étrangers est extrêmement rare.

se dresse, du côté g., **Nagar Sheth Haveli★**, une maison de riches marchands du début du XXe s., où les balcons à l'européenne voisinent avec clochetons et colonnes de style indien *(→ théma p. 244-245)*.

▶ Au large de la ville de Diu, au N. vers la terre ferme, l'île de Panikhota et son vieux fort portugais (**Fortim do Mar**) sont accessibles par bateau depuis l'embarcadère *(départs toutes les 30 mn de 9 h à 13 h 30 et de 14 h 30 à 18 h)*. ◀

■ Saint Thomas' Church

À 500 m E. du débarcadère : longer le quai en dir. du fort, puis à dr. au coin de l'hôtel de ville (Municipal Council) • ouv. t.l.j. 9 h-21 h • entrée libre.

Par sa sobre façade au fronton curviligne encadré de tours, l'**église Saint-Thomas** s'apparente aux édifices religieux construits par les Portugais dans les premières décennies du XVIe s. : la présence de frontons triangulaires et de pilastres trahit les innovations de la Renaissance. L'édifice a été construit en 1598. C'est aujourd'hui un petit **musée d'Art religieux**, où l'on voit essentiellement des sculptures de saints des XVIIe-XVIIIe s.

■ Saint Paul's Church★

À 500 m E. de la précédente • ouv. t.l.j. 9 h-19 h • entrée libre.

L'église Saint-Paul fut fondée en 1600 par les jésuites, puis remaniée à la fin du XVIIe s. Sa **façade** principale rappelle celle du Bom Jesus de Goa, elle aussi fondée par les jésuites et construite quelques années plus tôt. Comme son homologue goanaise, elle est divisée en registres superposés (deux ici, trois à Goa) où, aux colonnes à chapiteaux composites, se superposent des pilastres carrés et cannelés. Au sommet, le fronton triangulaire est encadré de deux motifs en arc de cercle creusés d'une décoration en éventail, particularité de l'architecture coloniale religieuse portugaise en Inde qui se perpétuera jusqu'au XVIIIe s. Contrairement à celle de Goa, la façade est ornée d'une profusion de motifs floraux, de volutes et de spirales, abondance toute tropicale

▲ **L'église Saint-Paul est la seule église qui soit ouverte au culte pour la poignée de catholiques que compte encore l'île.**

qui, née en Inde, gagnera les édifices religieux du Portugal. La façade est encadrée de pinacles, tandis que le flanc de l'église est rythmé par de puissants pilastres. En avant, une **fontaine** surmontée d'une croix présente des colonnes torses, dites salomoniques, innovation du dernier gothique portugais au début du XVIe s.

À l'intérieur, voir les splendides **boiseries★**, notamment celles du retable principal. La chaire est soutenue par des êtres fabuleux empruntés aux mythes hindous.

Les jésuites adjoignirent à l'église un **collège**, long bâtiment qui s'étire à dr. et dont l'état actuel date de 1807. On pourra jeter un coup d'œil dans la cour, vaste espace bordé d'un portique avec sa **fontaine** centrale entourée de colonnes.

■ Saint Francis of Assisi

À 500 m S.-O. de Saint-Paul.

Juchée sur la colline qui domine la côte S. de l'île, l'ancienne **église Saint-François-d'Assise** fut fondée en 1593, ce qui en fait la plus ancienne de Diu. Précédée d'un porche, sa façade d'une grande simplicité est percée au rez-de-chaussée de fenêtres par lesquelles on aperçoit l'intérieur à l'abandon. Les bâtiments monastiques (des franciscains) et le cloître attenant abritèrent longtemps un hôpital.

■ Le fort★

À 1 500 m E. du débarcadère en suivant la route côtière • ouv. t.l.j. 8 h-18 h • entrée libre.

Un bel exemple d'art militaire du XVIe s., construit par les Portugais à la pointe E. de l'île. Les plus anciennes parties remontent au tout début de l'occupation de Diu (1535-1546) : ce sont les lignes générales de la forteresse, défendue sur trois côtés par la mer et par une colline vers l'intérieur.

On entre dans la forteresse par un **pont** longeant le mur et qui débouche sur un premier **bastion**, renforcé par des défenses de béton au XXe s. De là, on accède à une première **cour** *(toute la partie dr. est interdite au public, le bâtiment du fond abritant la prison de Diu)*. Par une large porte, à g., on pénètre dans l'immense **esplanade** intérieure, où presque rien ne subsiste des anciens bâtiments militaires. En longeant la muraille dans le sens des aiguilles d'une montre, on découvrira la série d'ouvrages en avancée sur la mer. Le premier d'entre eux, le **bastion Saint-Georges**, date des premiers temps de la citadelle : une rampe donne accès à la plate-forme entourée de casemates et surmontée d'une petite chapelle, de vieux canons sur leurs affûts sont toujours pointés sur le large.

Les Indes portugaises

La capitulation du gouverneur général des Indes portugaises, le 19 septembre 1961, met fin à 450 ans de présence lusitanienne en Inde, après 36 heures de combat et une trentaine de morts de part et d'autre. Le premier Portugais à aborder les côtes du sous-continent est Vasco de Gama, en 1498. La route des Indes est ouverte : pour Manuel Ier (r. 1495-1521), il s'agit de déposséder les marchands arabes du commerce des épices. Mais aussi de propager la foi catholique : les ordres religieux, franciscains et dominicains, sont parmi les premiers à s'implanter sur le sous-continent. Dans cette Inde, alors morcelée en une multitude de principautés rivales, les Portugais, forts de la puissance de leur artillerie, s'imposent en défenseurs des unes contre les appétits des autres.

À partir de 1503, des armadas quittent Lisbonne pour l'Inde, attaquant au passage les ports de l'Arabie pour ruiner le commerce égyptien. Fermement établis à Cochin, les Portugais se rendent maîtres de la côte orientale de l'Inde. Le 3 février 1509, ils infligent une défaite cuisante à une flotte égyptienne devant l'île de Diu. L'année suivante, Afonso de Albuquerque s'empare du joyau des Indes portugaises : Goa. Daman et Diu sont conquises respectivement en 1531 et 1535.

Sur le chemin du **phare** qui domine l'ensemble, découvrez sur la g. les cours où sont déposés canons et mitrailleuses laissées par l'armée portugaise après son retrait de 1961. Au pied du phare, la **chapelle Santiago** (Saint-Jacques) conserve son autel ; au-dessus de l'entrée, un médaillon représente le saint cavalier tueur de Maures (matamore). Depuis la plate-forme du phare on découvre une vue étendue sur l'ensemble de l'île.

■ Nagoa Beach*

7 km O. de la vieille ville, au-delà de l'aéroport.

Cette plage de sable longue de 1 km dessine un long croissant bordé d'une frange de palmiers. C'est le plus bel endroit pour se baigner, en compagnie des enfants des écoles ou des touristes indiens, nombreux le week-end. On y trouve également de petits restaurants de poissons et fruits de mer ainsi que de bonnes possibilités hôtelières.

HÉBERGEMENT

Radhika Beach Resort, Nagoa Beach, à 20 m de la plage ☎ 25-25-53 ; 80 ch., double à partir de 2 250 roupies avec petit déjeuner. Chambres vastes réparties (beaucoup avec terrasse) dans un agréable jardin. Bon restaurant.

Junagadh et le mont Girnar★★

Une ville animée à découvrir, avec son centre ancien fortifié abritant des palais du temps jadis, lorsqu'elle était capitale d'un État princier. Façades monumentales, vastes places à l'européenne, mais aussi lacis de ruelles où se nichent les bazars : Junagadh est une invitation à la promenade. À la grande randonnée aussi, avec l'ascension du mont Girnar qui veille sur la ville, à l'est : 9 999 marches pour une ascension de près de 1 000 m de dénivelé. En récompense, des vues fabuleuses sur les environs et la découverte, en compagnie des nombreux pèlerins qui gravissent quotidiennement la montagne, de temples dont les plus anciens remontent au XIIIe s.

Situation : à 102 km S. de Rajkot, 105 km E. de Porbandar, 183 km O. de Palitana.

250 000 hab.

☎ 0285.

À ne pas manquer

Junagadh mode d'emploi

Accès en train. 3 liaisons quotidiennes avec Ahmedabad (6 h 30), *via* Wankaner et Rajkot ; de là, on peut poursuivre vers Veraval (accès à Somnath) ou Jamnagar.

Accès en bus. Gare routière *(Bus Stand)* à l'O. de la vieille ville. Liaisons régulières avec les principales villes de l'État.

Accès par avion. L'aéroport le plus proche est à Rajkot *(→ p. 322)*.

Argent. Distributeurs sur Mahatma Gandhi Road (MG Road), l'artère principale de la vieille ville. Change dans les banques de Diwan Chowk.

Combien de temps. La découverte de la ville nécessite une journée. Prévoir une journée supplémentaire pour entreprendre l'ascension du mont Girnar.

Fêtes et manifestations. En fév.-mars (mois de Phalguna), *Mahashivaratri* en l'honneur de Shiva. Le mois de Phalguna débute à la pleine lune de février, la fête elle-même culminant la nuit précédant la nouvelle lune *(→ encadré p. suiv.)*.

Adresse utile. **Poste**, Azad Chowk.

HÉBERGEMENT

Leo Resorts, **Taleti Rd ☎ 265-28-44 ; www.leoresorts.com ; 50 ch., double avec climatisation à partir de 2 000 roupies avec petit déjeuner. À l'E. de la forteresse d'Uparkot, cette résidence propose des chambres de bon confort dans des bâtiments disséminés dans un jardin. Petit point noir : le restaurant intérieur n'est pas follement gai, et on ne sert dans les jardins qu'à partir de fév. jusqu'aux premiers froids (nov.-déc.).**

Visiter Junagadh

■ Le fort** (Uparkot)

Ouv. t.l.j. 7 h-18 h • entrée payante • prévoir 1 h 30 au minimum • les différents sites de la citadelle sont desservis par une route circulaire accessible aux voitures ; à pied, c'est une promenade agréable de 2 km • se munir d'eau minérale.

L'éminence naturelle à l'E. de la vieille ville fut habitée dès l'époque des Mauryas (IIIe s. av. J.-C.) jusqu'au VIIe s. apr. J.-C. À cette première période d'occupation appartient un réseau de **grottes** *(→ ci-après)* où s'abritait une communauté de moines bouddhistes. La citadelle fut abandonnée pendant près de trois siècles pour renaître autour de l'an 1000, lorsque Junagadh devint la capitale d'une principauté rajpute. Par la suite, les maîtres successifs de la ville (gouverneur au service des empereurs de Delhi, sultans indépendants à partir du XVIIIe s.) équipèrent la place de fortifications et d'une **mosquée**.

L'entrée s'effectue par un pittoresque **passage voûté**, gardé par trois portes dont sont conservés les vantaux de bois. Une inscription au-dessus de la 1re porte rappelle sa date de construction, au XVe s.

■ Jama Masjid* (Grande Mosquée)

Mêmes horaires que le fort.

Cet oratoire monumental remplaça probablement un temple hindou plus ancien, comme témoigne la présence, çà et là, de matériaux de réemploi - par exemple, les pierres en S (corbeaux) qui soutiennent les balcons et les avancées sur les façades extérieures. L'entrée s'effectue sur le petit côté N., face à un cimetière musulman dont le gardien égrène inlassablement son chapelet. La vaste **salle de prières** couverte est rythmée de piliers composites, passant du carré à l'octogone puis au cercle. Trois grandes ouvertures béantes signalent la présence autrefois de coupoles monumentales. Le mur de qibla, côté O. (qui indique la direction de La Mecque), est creusé de trois **mihrabs** inscrits dans un splendide encadrement de marbre dont l'ornementation emprunte à l'art traditionnel hindou (colonnettes reliées par des chaînes).

Du côté opposé, la salle de prières ouvre sur une **plate-forme**, qui constituait à l'origine l'entrée principale. On y montait par un escalier, dispositif rare dans une mosquée, sans doute imposé par la déclivité du terrain. À l'extrémité g. du mur de qibla, un escalier donne accès à la terrasse, d'où la vue embrasse l'ensemble de la citadelle. Voir également, sur le petit côté S., à l'extérieur, un beau **balcon** ouvragé.

À NOTER

En suivant la route qui, après un coude à g., grimpe sur le plateau de la citadelle, on parvient rapidement à la Grande Mosquée (Jama Masjid). Du côté g., une terrasse ouvrant à l'O. sur la ville en contrebas conserve deux canons fondus en Égypte au XVIe s.

La fête de Mahashivaratri

La nuit précédant la nouvelle lune du mois de Phalguna (fév.-mars), une étonnante procession se met en marche à Junagadh à la nuit tombée : des centaines de *naga sadhu*, renonçants vivant nus, le corps couvert de cendres, viennent célébrer Mahashivaratri. C'est durant cette nuit sans lune que Shiva, après avoir créé l'univers, exécuta sa danse cosmique, et qu'à minuit il s'unit à la belle Parvati. Brandissant leurs tridents, soufflant dans leurs conques, ces sages qui, le reste de l'année, vivent reclus dans leurs ermitages, se dirigent vers le bassin sacré du temple de Bhavnath, au pied du mont Girnar, pour y prendre un bain collectif.

Des centaines de milliers de pèlerins observent le cortège avec un respect mêlé de crainte : ces *sadhu* ont la réputation de détenir des pouvoirs surnaturels et l'on dit que, sous les traits de l'un d'entre eux, se dissimule Shiva en personne. Ce point culminant de la fête est précédé d'une dizaine de jours de préparatifs. Entre le mont Girnar et la ville sont dressées des dizaines de tentes, autant d'ashrams temporaires qui accueillent *sadhu* et pèlerins. La nuit, musiciens et chanteurs viennent dérouler leurs mélopées en l'honneur de la divinité.

Uparkot Buddhist Caves*

À 200 m en contrebas de la mosquée • entrée payante, en plus de l'accès général.

Les grottes bouddhiques constituent les plus anciens vestiges de la citadelle : cet ensemble monastique est en effet daté du IIe s. apr. J.-C. En surface, sur la roche à nu, subsistent des évidements, rigoles, trous circulaires, degrés, qui suggèrent la présence de constructions aujourd'hui disparues. Un escalier dessert le niveau souterrain de l'ensemble, la partie la mieux conservée. Cette cavité fut entièrement taillée pour offrir un espace à deux étages, le niveau inférieur abritant sans doute une salle où se réunissaient les moines. Elle est entourée d'un banc dégagé de la roche, et par endroits les parois conservent des traces de bas-reliefs très érodés aujourd'hui (Bouddha en méditation sur le petit mur face à l'entrée).

Adi-Kadi Vav*

À 200 m des grottes bouddhiques.

Spectaculaire **puits** creusé contre le flanc de la falaise : en suivant le chemin qui borde l'ouvrage, on découvre tout d'abord une **tranchée** longue de 81 m, qui descend au puits proprement dit, véritable gouffre circulaire profond de 41 m, qui daterait du XVe s.

Navghan Kuwo

À 500 m S. du précédent.

Cet autre **nous replonge** au XIe s., lorsque Uparkot était aux mains de princes rajputs et gouvernée par le raja Navghan (1025-1041). Des marches conduisent à une vaste cour au fond de laquelle ouvre le puits : on y descendait par un escalier circulaire, toujours en place.

En regagnant la sortie, on passe au pied de **jardins** *(à g.)* où fut aménagée au XIXe s. une importante réserve d'eau (Mahabat Khan Reservoir), qui subsiste toujours.

La vieille ville

Encore protégée en partie par ses murailles des XVIIIe et XIXe s., elle conserve d'imposants témoignages architecturaux de son passé princier. Pour l'essentiel, ces palais et édifices publics datent de la dynastie des Babi, *nawab* musulmans qui régnèrent de 1748 jusqu'à l'indépendance. Les édifices les plus remarquables sont concentrés autour de **Diwan Chowk**, le centre commerçant de la ville. Ils abritent aujourd'hui des administrations publiques.

Les puits du Gujarat

Dans cette région désertique, la conservation de l'eau est un besoin vital. De nombreuses localités possèdent ainsi un ou plusieurs *vav*, des puits monumentaux dont les plus anciens remontent au XIe s. Ils furent construits par des mécènes, princes ou riches marchands, dans les villages ou le long des routes commerciales. Leur entretien était confié à la communauté des habitants. Ce sont de longues tranchées qui descendent par des marches vers la réserve d'eau, parfois à plusieurs dizaines de mètres au-dessous du niveau du sol. Pour éviter que les parois ne s'effondrent, les architectes y plaquèrent des contreforts, un terrain d'exercice privilégié pour les sculpteurs. Ils firent jaillir de la pierre une luxuriante végétation entourant tout un monde de dieux et de déesses, saisis dans des épisodes empruntés aux grandes épopées indiennes. Il est vrai que les spectateurs étaient nombreux : les villageois venaient prendre le frais sur les plates-formes de pierre ménagées entre les contreforts. Un lieu de sociabilité donc, tout autant qu'une nécessité.

Durbar Hall Museum

Ouv. 9 h-12 h 15 et 14 h 45-18 h ; f. le mer. et les 2e et 4e sam. du mois • entrée payante.

La **salle d'audience** des *nawab* de Junagadh est restée dans l'état où elle se trouvait lorsque le dernier des Babi dut soumettre ses États à l'Inde indépendante. Un processus douloureux puisque le *nawab* musulman souhaitait rattacher Junagadh au Pakistan, en dépit d'une population dans son immense majorité hindoue. Après quelques semaines de tergiversations, de menaces militaires et de blocus imposé par le gouvernement de Delhi, le *nawab* s'exila avec sa famille au Pakistan le 26 octobre 1947 – non sans emporter le trésor de l'État mais laissant derrière lui les meubles de ses palais.

Face au **trône d'argent** sont disposés les sièges où prenaient place ministres et visiteurs de marque. Miroirs et lustres de Belgique ou de Bohême, collection de bibelots complètent l'ensemble. Dans les pièces adjacentes, on peut également voir une galerie de portraits des souverains de Junagadh, des **palanquins** d'apparat en argent ainsi qu'une collection d'armes.

Mahabat Maqbara*

À la limite N. de la vieille ville • entrée libre.

À l'intérieur d'un enclos menacé par les herbes folles se dresse un des plus étonnants monuments de la ville, témoin de l'éclectisme de la cour des *nawab* à la fin du XIXe s. Il s'agit de l'imposant **tombeau** de Mahabat Khan II, qui régna de 1851 à 1882. Un autre **mausolée** se dresse en arrière, celui d'un ministre de l'État, entouré de quatre minarets autour desquels s'enroule un escalier.

Sakkar Bagh Zoo

1 km N. de la ville • ouv. 9 h-17 h 45, f. mer. • entrée payante.

Créé en 1863, c'est le plus ancien **zoo** du Gujarat et le troisième plus vieux de l'Inde. En vedettes, les **lions d'Asie**, pour qui n'aurait pas le temps de visiter la réserve de Sasan Gir (→ *p. 323*).

▲ **Le Mahabat Maqbara, malheureusement peu entretenu, mêle librement les influences musulmanes et hindoues, mâtinées d'emprunts à l'architecture occidentale, comme ces faisceaux de colonnettes gothiques.**

Ashoka Rock Edicts

À la sortie de la ville en dir. du mont Girnar • ouv. t.l.j. 8 h-16 h • entrée payante • traduction en anglais fournie.

On voit ici, abrité sous une construction moderne, un rocher portant une série d'**inscriptions** datées du règne de l'empereur bouddhiste Ashoka (IIIe s. av. J.-C.) : 14 textes qui reprennent pour l'essentiel des préceptes devant guider la vie des sages. L'empereur avait fait graver de très nombreuses inscriptions de ce type, aux frontières de son royaume ou près des sanctuaires et lieux de pèlerinages importants, comme ici.

Le mont Girnar★★

Situation : 4 km E. de Junagadh.

À son sommet le plus élevé, le mont Girnar pointe un cône abrupt d'origine volcanique qui est, avec Palitana et le mont Abu, une des montagnes sacrées des jaïns. Leur 22e *tirthankara*, Neminath, y aurait médité pendant 700 ans avant d'atteindre le nirvana. Contrairement au mont Abu (accessible en voiture) et à Palitana (accessible par randonnée), l'ascension du mont Girnar s'apparente à un véritable trek.

Accès. En voiture jusqu'au pied de la montagne, puis montée par un sentier entrecoupé de marches sur la quasi-totalité du parcours.

Combien de temps. Le tout, montée et descente, demande 7 à 8 h de marche soutenue. Mieux vaut se mettre en route dès le lever du soleil.

Se repérer. Le mont Girnar est couronné par cinq pics, chacun coiffé d'un sanctuaire. L'ensemble le plus important de temples jaïns se trouve en contrebas de ces sommets, au bout de 4 400 marches.

À prévoir. Il est impératif de se munir de suffisamment d'eau (au moins 2 l par personne) et d'être convenablement chaussé. Au départ du sentier, de nombreux vendeurs proposent des friandises énergisantes (raisins secs, noix de cajou, amandes), bien utiles durant l'ascension. En chemin, vous trouverez vendeurs de thé et masseurs qui se proposeront de mettre leur art au service de vos pieds.

Alternative. On peut également se faire hisser en palanquin par des porteurs qui attendent le client au pied des marches. Le prix de la course est fonction de votre poids : avant d'en convenir, il faudra vous soumettre à la pesée. Comptez 1 250 roupies pour une personne de 50 kg, 3 650 pour 70 kg, 4 500 pour 100 kg.

Neminath Temple

Sur un plateau à mi-parcours de la montée • vis. du lever au coucher du soleil • accès libre • se déchausser.

C'est le temple principal. Il fut achevé en 1128, du temps des souverains Solankis qui régnaient à Patan. Il se dresse au centre d'une cour bordée d'un portique sous lequel s'ouvrent 70 chapelles dédiées à des saints jaïns. Dans le sanctuaire trône la **statue** de Neminath, une idole de pierre noire rehaussée de pierres précieuses.

En arrière du précédent, le **temple de Mallinath** (le 19e *tirthankara*) fut construit en 1123, grâce aux libéralités de deux ministres du souverain solanki,

▲ Le mont Girnar compte 16 temples situés à l'intérieur d'une enceinte.

les frères Vastupala et Tejapala, qui offrirent également un temple au mont Abu. Le sanctuaire présente la particularité de posséder trois cellas ouvrant dans le *mandapa* soutenu par des colonnes ouvragées.
Les autres temples furent construits à partir du XVe s.

Vers le sommet

Au-delà, le sentier passe par le temple hindou dédié à la déesse mère **Amba Mata** (1 010 m), où les jeunes mariés viennent faire des offrandes de noix de coco. Plus loin, celui de **Dattatreya** (Vishnou) est perché sur un piton rocheux *(accès difficile)*. Le point culminant du mont Girnar, le **pic de Goraknath** (alt. 1 117 m), porte le nom d'un saint ermite initié par Vishnou. Un petit temple lui est dédié au sommet.

Palitana★★

La petite ville de Palitana est nichée au pied de la colline sacrée de Shatrunjaya. Bien sûr, une ascension de près de deux heures peut décourager les meilleures volontés, surtout par forte chaleur. Pourtant, la récompense est au bout : une cité de temples jaïns, 863, assure-t-on. Un des hauts lieux du Gujarat qu'il ne faut pas manquer, tant pour la découverte de cette cité divine – le soir venu, prêtres et fidèles doivent la quitter pour laisser la place aux dieux – que pour l'expérience de la montée en compagnie des fidèles, venus en famille des quatre coins du pays.

Situation : à 56 km S.-O. de Bhavnagar, 183 km E. de Junagadh, 227 km S. d'Ahmedabad.

☎ 0278.

À ne pas manquer

Le temple d'Adishwara★★ 319

La vue★★ depuis la promenade de la colline nord 320

Palitana mode d'emploi

Accès en train et bus. La gare de chemin de fer se trouve à 2 km de la colline des temples (prendre un rickshaw). Liaisons régulières de bus entre Palitana et Bhavnagar, elle-même reliée à Ahmedabad par le train (en 5 h 45 ; 1 train/j.).

Accès en avion. **Aéroport de Bhavnagar**, à 60 km N.-E. ☎ 220-11-30. Pas de services de bus vers le centre de Bhavnagar (9 km S.-E.) : comptez 100 roupies en taxi, 60 roupies en rickshaw. Liaisons quotidiennes avec Bombay (Mumbai) assurées par ***Kingfisher*** (www.kingfisher-airlines.in) et par ***Jet Airways***, Surat House, Waghawadi Rd ☎ 243-33-71.

Combien de temps. Prévoir 6 h : 2 h de montée, autant de descente et 2 h de visite. Par temps de grande chaleur, il est recommandé de partir tôt le matin, dès le lever du soleil.

Visite. Les temples sont ouverts de 7 h à 19 h. Vers 9 h 30, on peut assister au bain rituel des idoles et, vers 12 h, à la *puja*. Accès libre ; droit photo à l'entrée du temple d'Adishwara.

Départ. Depuis Palitana, l'ascension commence par une longue et difficile volée de marches. Puis c'est une succession d'escaliers et de pentes douces d'un abord moins pénible mais où l'ombre est assez rare.

À NOTER

- **Au pied de la colline, avant d'entreprendre l'ascension, les étrangers doivent inscrire leur nom sur un registre (bureau à g. avant le porche d'entrée).**
- **Au long du chemin sont aménagés sept pavillons de repos où de l'eau est proposée aux pèlerins.**

♥ HÔTELS

• ***Vijay Vilas***, à Adpur (4 km O. de Palitana) ☎ (0248) 28-23-71 ; courriel : vishwa_adpur@yahoo.co.in 6 ch., compter 4 000 roupies pour une double en demi-pension ; pas de carte de paiement. Étape campagnarde dans l'ancien pavillon de chasse des rajas de Palitana, et toujours propriété de leurs descendants. Un brin poussiéreux et décati, mais plein de charme, au milieu des terres agricoles, avec une vue splendide sur la colline de Palitana. Excellent accueil ; cuisine traditionnelle préparée sur place.

• ***Nimlambag Palace***, à Bhavnagar ☎ (0278) 242-42-41 ; www.nilambagpalace.com ; 20 ch. doubles avec air climatisé (préférer celles de l'étage) à partir de 4 000 roupies. Cet ancien palais des maharajas de Bhavnagar a été transformé en hôtel de charme, planté au milieu de vastes jardins. Un pavillon dans le jardin dispose de 8 ch. à partir de 2 100 roupies la double. On dîne très agréablement dans le restaurant de plein air.

À prévoir et à savoir. De l'**eau** en quantité suffisante ainsi que des provisions de bouche. Les jaïns étant végétariens, il vaut mieux éviter, par exemple, de manger ostensiblement un sandwich au poulet. Les articles de **cuir** sont interdits à l'intérieur du périmètre sacré : les chaussures de cuir sont tolérées, mais à déposer à l'entrée des temples. On ne vérifiera pas votre ceinture pour peu qu'elle soit recouverte d'une chemise.

Alternative. Il est possible de se faire hisser au sommet en chaise à porteurs (1 000 roupies).

Fêtes et manifestations. En mars-avril, ***Mahavir Jayanti***, grand pèlerinage célébrant la naissance de Mahavira, dernier des *tirthankara*. Les pèlerins convergent par dizaines de milliers vers la colline pour y assister aux processions en l'honneur de leurs saints.

Hébergement. Palitana possède de nombreuses hôtelleries pour pèlerins, au confort très sommaire. Pour un logement plus satisfaisant, mieux vaut gagner Bhavnagar *(→ p. 320)*.

Une montagne sainte du jaïnisme

Pieds nus, le corps enveloppé de lin blanc, une écharpe jetée sur l'épaule, à jeun – ils sont seulement autorisés à boire de l'eau –, les pèlerins jaïns entament chaque jour par milliers le cheminement qui les conduit vers le but de leur pèlerinage. Pour eux, Shatrunjaya est l'endroit où Adinath, le premier *tirthankara*, aurait séjourné à maintes reprises pour y méditer et où son plus fidèle disciple aurait atteint l'illumination. On ne sait quand les premiers temples furent construits : certainement avant l'an mille, époque dont a été datée la plus ancienne sculpture découverte sur place. Les invasions musulmanes de la fin XIIIe-début XIVe s., sous

▶ Pour monter et redescendre des temples de Palitana, certains pèlerins choisissent la chaise à porteurs.

le règne d'Ala ud-din, ravagèrent la première cité religieuse. Les temples les plus anciens que l'on peut voir aujourd'hui ne sont pas antérieurs au XVIe s.

Visiter la colline de Shatrunjaya

Chaque temple s'élève au cœur d'un périmètre sacré, protégé par de hauts murs nus, certains garnis de merlons. Ces onze enclos *(tuk)* portent le nom des riches mécènes qui en financèrent la construction. Cette tradition de générosité ne s'est pas perdue : de nos jours, les travaux se poursuivent, créant ici de nouvelles statues, restaurant là les plus anciennes. Après la visite du temple principal, on pourra partir à la découverte de la cité sainte des jaïns.

S'orienter. Shatrunjaya s'étend sur deux collines : une au N. (la 1re que l'on rencontre), l'autre au S., d'où la vue s'étend jusqu'à la mer. Entre ces deux éminences se niche une vallée. L'ensemble est construit de temples, dont le plus important, celui d'Adishwara, se trouve au plus haut de la colline S. Au pied de la 1re colline se trouve une fourche : l'embranchement de dr. conduit au sommet de la colline N., celui de g. à la colline S. et au temple principal. L'itinéraire ici proposé suit la branche de g. et redescend par celle de dr. après la visite de la colline N.

Accès. De la fourche, il reste encore 10 mn d'ascension avant le porche d'accès de la colline S. C'est là, sous les frondaisons, que se reposent les porteurs après leur pénible ascension.

Face à l'entrée se dressent les murs du Motisah Tuk, construit au milieu du XIXe s. par un riche marchand de Bombay. Prendre à g. pour gagner le temple principal.

■ Adishwara Temple**

C'est dans ce temple que se concentre l'affluence, entre bonne humeur familiale et dévotion extatique. Après avoir laissé vos chaussures dans la vaste cour qui précède l'entrée, vous gravirez une longue allée bordée d'une soixantaine de petits sanctuaires ouvragés, chacun abritant une statue de saint jaïn et offrant à l'occasion son ombre aux pèlerins fourbus. Par un passage que gardent deux éléphants de pierre (*hathipol* ; XIXe s.), on pénètre dans l'enceinte sacrée. En avant du sanctuaire, un espace est réservé aux fidèles assistant à la *puja*. La cella renferme une **statue monumentale d'Adinath**** (le premier *tir-*

Les chantiers navals d'Alang

Bouées et cordages, mobilier et matériel de cuisine, registres de bord soigneusement empilés, moteurs Diesel : le long de la route d'accès aux chantiers navals s'entasse, dans des centaines d'entrepôts, le formidable bric-à-brac provenant des navires démantelés à Alang (au sud de Bhavnagar). L'arrivé la plus médiatisée fut, en 2007, celle du *Blue Lady*, l'ex-paquebot *France*. On se souvient du périple du porte-avions *Clemenceau* qui, promis en 2006 à la destruction à Alang, fut contraint de faire demi-tour sous la pression des écologistes.

Les conditions de travail sont ici épouvantables : pour 2 dollars par jour, près de 5 000 ouvriers travaillent quasiment sans protection, au contact notamment de l'amiante dont sont bourrés ces géants des mers. Depuis l'épisode du *Clemenceau*, les patrons de chantiers assurent que les conditions de travail se sont améliorées, notamment en matière de protection et de formation, et grâce à la création de sites d'enfouissement des matériaux toxiques. Allégations difficiles à vérifier : l'accès au site est interdit aux particuliers comme aux journalistes.

Depuis que les chantiers ont été placés sous les feux des médias, leur activité s'est considérablement réduite : pendant une vingtaine d'années, à partir de leur création en 1983, les chantiers employaient près de 50 000 ouvriers. Ils sont dix fois moins aujourd'hui.

thankara) ornée d'or et de pierres précieuses. Parvenir face à elle est le but ultime des pèlerins. Les superstructures du temple, construit au XVIe s., sont animées de nombreuses statues de divinités et de danseuses, décapées en 2009.
Autour du sanctuaire, des kiosques annexes – certains sont de véritables dentelles de pierre – abritent des statues de saints et des empreintes de pieds de *tirthankara*.

À travers la ville sainte

Revenu à l'entrée du temple d'Adiswhara, prendre à g. en longeant le mur d'enceinte du Motisah Tuk, puis au coin, tourner à dr. Là un escalier grimpe vers la colline N., en laissant à g. l'entrée du **temple de Vallabhai** (XIXe s.), surmonté d'un élégant *shikhara* de pierres ouvragées. L'escalier aboutit à une petite place sur laquelle donnent d'autres sanctuaires. Prendre en haut des marches le chemin qui s'engage à dr., jolie promenade en balcon d'où l'on découvre des **vues**** splendides sur les sanctuaires de la colline S. et la vallée en contrebas.

▲ Sur la colline sacrée de Shatrunjaya s'élèvent des centaines de temples. Certains sont grandioses et décorés à profusion comme les aiment les jaïns, d'autres ne sont que de modestes édicules au fond desquels resplendit une statue de saint.

Ce chemin mène à la pointe orientale de la colline N., occupée par l'**Angar Pir**, complexe religieux construit autour de la tombe d'un saint musulman qui, dit-on, protégea les sanctuaires contre les fureurs iconoclastes de ses coreligionnaires vers les XIVe-XVe s. L'endroit, signalé par la bannière verte du Prophète, est un lieu de pèlerinage pour les fidèles de toutes les religions : les femmes désireuses d'avoir un enfant viennent y faire un vœu en déposant des petits berceaux de bois sur la tombe du saint.
Sur l'esplanade précédant l'Angar Pir, ouvre l'enceinte du **Khartavarasi Tuk**, au centre duquel s'élève le **Chaumukh Temple**, fondé au XVIe s. et dédié à Adinath. Il abrite une statue à quatre faces du saint.

Du côté N. de l'esplanade, un escalier redescend vers la fourche que vous avez rencontrée en arrivant sur le site. Il ne reste plus qu'à entreprendre la longue descente, tout aussi éprouvante que la montée.

Environs de Palitana

Bhavnagar *56 km N.-E.*

Ce pôle industriel important est surtout une étape commode pour la visite de Palitana et une des portes d'entrée du Gujarat grâce à son aéroport, qui assure des liaisons quotidiennes avec Bombay. La population est aujourd'hui estimée à 750 000 hab. (le recensement de 2001 faisait état de 511 000 hab.).
À partir du début du XVIIIe s. et jusqu'à l'indépendance, elle fut la capitale d'un État princier dirigé depuis le XIIIe s. par les Gohils, un clan rajput. Peu d'édifices subsistent de ce passé : on pourra voir le **temple de Takteshwar**, construit au dernier quart du XIXe s. sur une colline d'où la vue porte jusqu'au golfe de Cambay. À découvrir également, la jolie **gare** de chemin de fer, de la fin du XIXe s.

Le Saurashtra★★

Cette avancée du Gujarat vers la mer d'Arabie est un vaste plateau bosselé de collines que se partageaient, avant l'indépendance, plusieurs dizaines d'États princiers. Il subsiste leurs anciennes capitales : Rajkot, Junagadh, Jamnagar, les villes principales de la région qui conservent leur parure monumentale. Pour les Indiens, le Saurashtra est lié au souvenir de Gandhi *(→ théma p. 282-283)* qui naquit à Porbandar : on peut y voir la maison familiale aménagée en musée. Pour les hindous, ces confins de l'Inde sont liés à la geste de Krishna dont la capitale, Dwarka, est un important lieu de pèlerinage : un Bénarès gujarati avec ses *ghat* où les fidèles viennent prendre un bain rituel. Enfin, le Saurashtra est, avec le parc national de Sasan Gir, le refuge des derniers lions d'Asie.

Situation : péninsule au S.-O. d'Ahmedabad, limitée par les golfes de Kutch et de Cambay • Rajkot, à 102 km N.-E. de Junagadh, 207 km S.-O. d'Ahmedabad.

À ne pas manquer

Sasan Gir★★	323
Porbandar★	328
Dwarka★	330
Jamnagar★	332

■ Programme

Cette région riche en possibilités mérite qu'on y consacre quelques jours. Les opportunités d'hébergement sont bonnes, les distances peu importantes : si vous ne disposez pas de votre véhicule, les transports publics (train, bus) permettent de relier aisément un point à l'autre. Voici un programme possible au départ d'Ahmedabad, en voiture particulière.

Jour 1 : **Rajkot** *(→ p. 322)*. Arrivée en fin de matinée, le reste de la journée à la découverte de la ville principale de la région.

Jour 2 : **Junagadh** *(→ p. 311)*. Une journée ne sera pas de trop pour s'imprégner du charme de la ville ; comptez une journée supplémentaire si vous souhaitez entreprendre l'ascension du **mont Girnar★★** *(→ p. 315)*.

Jour 3 : **Sasan Gir★★** *(→ p. 323)*. À la découverte des derniers spécimens du lion d'Asie, bien protégés à l'intérieur d'un parc national.

Jour 4 : Visite du sanctuaire de **Somnath** *(→ p. 326)*, de **Porbandar★** *(→ p. 328)* et de son port de pêche avant d'atteindre **Dwarka★** *(→ p. 330)*, la cité sainte de Krishna.

Jour 5 : **Jamnagar★** *(→ p. 332)* et son romantique palais au milieu d'un lac. De là, vous pourrez pour-

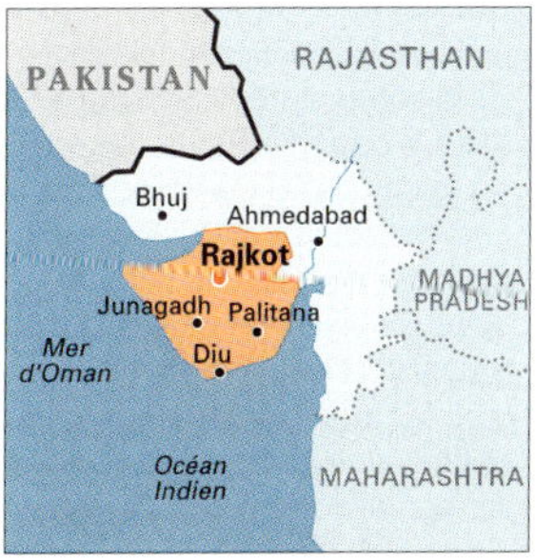

suivre vers **Bhuj** *(→ p. 294)*, vous offrir une nuit dans un palais princier à **Wankaner** *(→ p. 334)*, ou regagner **Ahmedabad**** *(→ p. 272)*.

1 Rajkot

Situation : à 86 km E. de Jamnagar, 101 km N.-E. de Junagadh, 216 km S.-O. d'Ahmedabad, 232 km S.-E. de Bhuj.

1 million d'hab.

Capitale d'un État princier depuis le XVIe s., cette ville active abrita avant l'indépendance le siège de l'administration britannique de la région. Le père de Gandhi y exerça la fonction de Premier ministre auprès du maharaja et le futur Mahatma étudia dans le collège de la ville. En parcourant les larges avenues du centre-ville, on découvrira quelques survivances architecturales du XIXe s.

Rajkot mode d'emploi

Bhavnagar House, Jawarhar Rd ☎ (0281) 223-45-07.

Accès en train. Gare sur Station Rd, au centre de la ville. Rens. et rés. ☎ 131 ou 135 (n° national). Rajkot est desservie quotidiennement par le *Saurashtra Mail* en provenance de Bombay (13 h 45), via Ahmedabad (5 h 15 ; départ à 5 h 15) et Wankaner (1 h) ; au-delà de Rajkot, cette ligne se prolonge vers Jamnagar (2 h), Dwarka (5 h) et Okha (5 h 45). Départ de Rajkot à 10 h 30 pour Dwarka, et 15 h 30 en direction d'Ahmedabad.
Le *Saurashtra Express* dessert les mêmes destinations entre Bombay et Rajkot et continue, au-delà, vers Jamnagar (1 h 20) et Porbandar (4 h 30). Départ de Rajkot vers Porbandar à 1 h 45, vers Ahmedabad à 0 h 55.

CONSEIL
Les horaires des trains sont susceptibles de changer : renseignez-vous à l'avance.

Accès en bus. Liaisons avec les principales localités de l'État. La gare routière *(Bus Stand)* se trouve sur Dhebar Road, à 800 m S. du musée.

Accès par avion. L'aéroport se trouve à 4 km N.-O. du centre-ville ☎ (0281) 245-45-33. Liaisons quotidiennes avec Bombay (1 h de vol) • *Jet Airways*, 7-8 Bilkha Plaza, Kasturba Rd ☎ (0281) 247-96-23.

Intérieurs du Saurashtra

Quelles que soient la communauté et la richesse de leurs propriétaires, les maisons villageoises du Saurashtra présentent les mêmes caractéristiques. Ce sont des bâtisses longues, d'une à trois pièces ouvrant sur une véranda. La pièce principale, généralement la chambre des parents, contient les biens mobiliers les plus importants : d'imposants coffres en bois, montés sur roues, sculptés ou rehaussés de plaques de laiton, et de grands buffets décorés de sous-verre. Les premiers servent de grenier, les seconds à remiser vêtements et bijoux. La porte, à deux vantaux de bois, est toujours surmontée du *toran*, une pièce d'étoffe garnie d'appliques, de broderies et de miroirs.

Les terrasses autour de la maison sont recouvertes de *lipan*, mélange de terre et de bouse de vache qui demande un entretien régulier. Cette technique est répandue dans toute l'Inde, mais les Gujaratis (c'est plutôt le travail des femmes) y apportent un soin particulier en y dessinant de savants motifs sur l'enduit encore frais.

Adresses utiles. **Argent** : plusieurs distributeurs le long de Dr. Yagnik Road, la principale avenue commerçante de la ville • **poste** : Sadar (centre-ville).

Watson Museum

Jubilee Gardens • ouv. 9 h-12 h 45 et 15 h-18 h ; f. le dim et les 2e et 4e sam. du mois • entrée payante • prévoir 45 mn.

Cet édifice néogothique daté de 1888 renferme une petite **collection archéologique**, dont les pièces les plus anciennes remontent à la civilisation de l'Indus, ainsi que des **sculptures** du Xe au XIVe s. et une collection de **tissus** locaux. Le bâtiment abrite aussi une **bibliothèque** dotée d'un important fonds d'ouvrages en anglais remontant à la période britannique *(Lang Library ; ouv. t.l.j. sf dim. 8 h-16 h 30)*.

Alfred High School

À 300 m S. du musée (à g. en sortant).

Ce collège fondé en 1878 par le *nawab* de Junagadh fut fréquenté par le jeune **Gandhi**. On peut jeter un coup d'œil à l'intérieur de l'imposante construction néogothique pour découvrir son hall d'entrée monumental et sa cour intérieure. Une petite salle est consacrée à la mémoire du Mahatma.

Le **Rajkumar College** *(500 m S. du Watson Museum)* est une autre institution scolaire datant de l'époque britannique : elle fut fondé en 1870 par un colonel anglais pour assurer l'éducation des jeunes princes des familles royales indiennes. Monumental et néogothique.

Kaba Gandhi no Delo

Gheekanta Rd, à 500 m en arrière de l'Alfred High School • ouv. t.l.j. 9 h-16 h • entrée libre.

La maison qu'habitait la famille **Gandhi** lorsqu'elle résidait à Rajkot abrite un petit musée à la mémoire du Mahatma : photographies, reproduction de documents. Rien qui mérite vraiment le détour, si cette petite promenade ne permettait pas également de découvrir le pittoresque **Bangdi Bazar**, quartier commerçant très animé du centre-ville.

2 Sasan Gir★★ (Gir National Park)

Au cœur d'une région de forêts et de vallées tapissées de hautes herbes, prospèrent les plus célèbres habitants du Gujarat : les lions d'Asie, dont c'est ici le dernier refuge. Au milieu de la

HÉBERGEMENT

***Imperial Palace*, Dr. Yagnik Rd ☎ (0281) 248-00-00 ; www.theimperialpalace.biz 80 ch., double à partir de 3 900 roupies. Moderne et d'excellent confort, c'est le meilleur choix pour une étape à Rajkot.**

À l'école des Britanniques

Bien peignés, cravatés et sanglés dans leur uniforme bleu, bordeaux ou gris, les petits écoliers indiens ont tout de leurs collègues britanniques. Depuis l'époque coloniale, la transmission traditionnelle de maître à élève n'est plus qu'un souvenir confiné au domaine religieux. Après avoir misé sur la culture indienne, les Anglais ont changé de cap au début du XIXe s. : « On commerce mieux avec des peuples civilisés qu'avec des sauvages », s'exclamait un gouverneur général. La révolte des Cipayes de 1857 accélère le processus : les universités de Bombay, Calcutta et Madras sont créées. Dans les capitales des principautés soumises aux Britanniques se multiplient les collèges où, dans de prétentieux édifices néogothiques, des maîtres à lorgnon et col dur apprennent l'anglais, les mathématiques, la géométrie aux enfants des classes moyennes qui pourront ainsi prétendre à intégrer l'administration coloniale. En 1870, lord Mayo fonde à Ajmer l'université qui porte son nom. Cet Eton College indien est destiné aux fils des maisons princières qui apprennent là à devenir de véritables *gentlemen*, tout aussi à l'aise dans un salon que sur un court de tennis, un stade de cricket ou un terrain de polo *(→ encadré p. 188)*.

Situation : le village de Sasan Gir est à 45 km N.-E. de Somnath, 56 km S.-E. de Junagadh, 120 km N.-O. de Diu, 159 km S. de Rajkot.

ⓘ ***Reception Center***, au village de Sasan Gir ☎ (02877) 28-55-41 ; ouv. 6 h 30-10 h 30 et 15 h-17 h. Vente des billets pour la visite.

HÉBERGEMENT

Sinh Sadan Guesthouse ☎ (02877) 28-55-40 ; 16 ch., compter 1 500 roupies pour un bungalow ; rés. conseillée, surtout à partir de fév. et le w.-e. En arrière du Reception Center, l'hôtellerie du parc est l'ancien pavillon de chasse du *nawab* de Junagadh. Les chambres se répartissent entre le bâtiment central (où se trouve le restaurant) et des bungalows, de part et d'autre d'un jardin. Ceux avec climatisation sont plus propres et mieux entretenus.

♥ HÔTEL

Lion Safari Camp, 4 km O. du village de Sasan Gir ☎ (02877) 28-59-20 ; 21 ch. ; compter 190 $ la nuit pour 2 personnes en pension complète. En pleine campagne, au bord d'une rivière, on loge sous des tentes spacieuses dressées sur des plates-formes de béton au milieu d'un luxuriant jardin. Confort digne d'un hôtel de luxe : climatisation, salle de bains et sanitaires privés. Excellente cuisine, servie sur la terrasse en surplomb de la rivière.

BON À SAVOIR

Le ***Lion Safari Camp*** organise également des safaris dans le parc national :4 500 roupies tout compris (entrée, véhicule, guide), pour une demi-journée et par véhicule, quel que soit le nombre de participants (jusqu'à 5 personnes).

réserve, le village de Sasan Gir est le point de départ pour la découverte de ces survivants. Outre les lions (que l'on n'aura pas toujours la chance de croiser sur sa route), le parc est peuplé de léopards (plus de 500), de chacals, de chats sauvages, de hyènes, sans oublier les nombreux herbivores (cerfs chitals et sambars, antilopes à quatre cornes) qui fournissent des mets de choix aux grands prédateurs.

■ Sasan Gir mode d'emploi

Accès en bus. Plusieurs liaisons quotidiennes avec Junagadh, Veraval (Somnath), Diu.

Visite. La réserve est ouv. de mi-oct. à mi-juin, t.l.j. 7 h-12 h et de 15 h (16 h de mi-fév. à mi-juin) au coucher du soleil. La visite s'effectue obligatoirement sous la conduite d'un guide, à bord d'une jeep découverte qu'on loue sur place. L'entrée est payante : 40 $ (ou l'équivalent en euros) par véhicule, à quoi s'ajoutent le prix de la location de la jeep (700 roupies) et la rétribution du guide (50 roupies la 1re heure, puis 20 roupies/h).

Le meilleur moment. La période d'observation la plus propice s'étend d'avril à juin, la saison sèche poussant les animaux vers les points d'eau.

Combien de temps. La promenade dure 2 h 30 à 3 h.

Hébergement. Le village de Sasan Gir offre de nombreuses possibilités de logement qui permettent de partir en safari aux premières lueurs de l'aube.

Le sauvetage d'une espèce

Le **lion d'Asie** était autrefois répandu des côtes orientales de la Méditerranée à l'Inde. Dans la seconde moitié du XIXe s., il avait disparu de ses habitats du sous-continent, sauf dans les forêts du Gujarat où, au début du XXe s., il en subsistait une soixantaine. Dès avant l'indépendance, à l'initiative du *nawab* de Junagadh, des mesures de protection furent prises, notamment en limitant sa chasse d'une manière drastique. En 1936, la population de lions était remontée à 287 individus. C'est en 1965 que l'Inde indépendante déclara la zone protégée : un domaine de plus de 1 400 km² (le sanctuaire), au cœur duquel s'étendent les 258 km² du parc national.

Pour protéger les fauves, il fallut déplacer les habitants de la région, les **Maldharis**, une population d'éleveurs-cultivateurs dont les troupeaux fournissaient la pitance des lions. Un programme de logement, accompagné de l'octroi de terres agri-

◀ Le lion d'Asie est plus petit que son cousin d'Afrique (1 m au garrot contre 1,20 m chez le lion africain), et doté d'une crinière moins abondante.

coles, fut mis en place pour déplacer les villageois hors de la zone du parc naturel, vide aujourd'hui de toute présence humaine permanente.

Sasan Gir

À l'entrée du village, à dr. en venant de Junagadh, les **Siddis** habitent un quartier distinct. Classés parmi les populations tribales, ils ont tout oublié de leur passé. En grande majorité musulmans, ils parlent le gujarati et ne doivent leur survivance qu'à une stricte endogamie. Une seule tradition les rattache pourtant à leurs origines : leur danse, le *dhamal*, suite de mouvements et de sauts rythmés par le battement de tambours circulaires, qu'ils pratiquent à l'occasion de certaines fêtes, la peau peinte et la tête ceinte d'une couronne de plumes de paon.

Orientation Center

100 m du pavillon de réception • ouv. t.l.j. 8 h-18 h • entrée payante • panneaux explicatifs en anglais.

Une exposition didactique sur le **lion d'Asie**, ses caractéristiques physiques, son mode de vie, à l'aide de photos, planches et bornes audio (on peut entendre le rugissement de l'animal qui porte jusqu'à 8 km). Une section est consacrée à la réserve et à ses réalisations. On y expose notamment les difficultés à faire cohabiter les lions, la population maldharie et le bétail.

Crocodiles Farm

À 300 m du pavillon de réception • ouv. t.l.j. 8 h-12 h et 15 h-18 h • accès libre.

Cette ferme a pour objectif de favoriser et de protéger la nidification des sauriens afin d'en maintenir

Le lion d'Asie sauvé

Avec 359 lions au dernier recensement (2005), la réserve de Sasan Gir est proche de la surpopulation. D'autant que le nombre d'ongulés se maintient à un niveau élevé : près de 50 000 individus, soit 139 prises potentielles pour chaque lion de la réserve. Cela semble bien suffisant quand on sait qu'un lion consomme une soixantaine de proies par an et que ceux de Gir choisissent un repas sur trois parmi le bétail des Maldharis, qui vivent en lisière du parc naturel. Depuis 1995, on a ainsi signalé des groupes de félins qui s'étaient aventurés dans d'autres régions des environs, au pied du mont Girnar ou même jusque sur la portion continentale du territoire de Diu. Ces fuyards ont été promptement reconduits dans la forêt de Gir.

Une tribu oubliée

Silhouette athlétique, peau noire, cheveux crépus, les **Siddis** que l'on croise dans les rues du village de Sasan Gir se démarquent radicalement du reste de la population indienne. Ce sont les descendants d'esclaves africains arrivés dans le sous-continent, en plusieurs vagues, sans doute depuis le XIe s. Raflés sur les côtes de l'Afrique orientale (Kenya, Tanzanie, Zanzibar) par les marchands arabes, ils étaient jetés dans des boutres pour être vendus dans les ports négriers de l'ouest de l'Inde. Leur vigueur physique en faisait des esclaves recherchés par les maîtres musulmans de l'Inde, tant pour les travaux des champs que pour grossir les rangs de leurs armées. Conformément aux traditions islamiques, il arrivait que les plus valeureux soient affranchis et occupent des positions éminentes dans l'armée ou l'administration. Certains se hissèrent même à la tête de petits États princiers.

À une trentaine de kilomètres S. de Sasan Gir, le village de Jambur est entièrement habité par les Siddis. Cette communauté compte 15 000 membres dans le Gujarat, une autre est installée au Pakistan. On rencontre également des descendants d'esclaves africains à Goa, amenés eux par les marchands portugais.

la population à l'intérieur de la réserve. On peut voir quelques dizaines de **crocodiles des marais**, espèce autochtone dont les représentants peuvent atteindre 4 à 5 m de long.

■ Devalia Interpretation Center

12 km O. de Sasan Gir, en bordure de la route de Junagadh • ouv. de mi-oct. à mi-juin 8 h-11 h et 15 h-17 h, f. le mer. • entrée : 20 $ par véhicule.

Le nombre de lions dans la réserve de Sasan Gir a beau satisfaire les autorités du parc (→ *encadré p. 325*), il n'est pas certain qu'on en rencontre à l'occasion d'un safari. Si l'on veut voir des lions à coup sûr, on peut se rendre au **parc de Devalia**. Un enclos de 1 600 ha y a été aménagé, reconstituant les différents milieux naturels de la réserve, où l'on peut circuler avec son propre véhicule. La présence d'un guide n'est pas requise. Une demi-douzaine de lions y regardent placidement passer les voitures de visiteurs. Pas vraiment l'aventure, mais un bonheur pour les enfants.

3 Somnath

Pieds nus et en famille, venus de tout le Gujarat et des États voisins, des milliers de pèlerins affluent sur ce rebord du continent, en balcon sur l'océan. Ils viennent vénérer l'un des 12 *jyotirlinga* de l'Inde, ces symboles de Shiva évoquant une colonne de lumière mystique. Au bout de l'immense esplanade se dresse le temple monumental du dieu, dominé par sa tour haute de 50 m.

■ Somnath mode d'emploi

Veraval (130 000 hab.), port de pêche actif à 6 km O., est le point d'accès au temple de Somnath (gare ferroviaire, bus). On y trouve également des possibilités de logement modestes.

Accès en train. Plusieurs liaisons quotidiennes entre Veraval et Junagadh, Rajkot ou Ahmedabad.

Accès en bus. Liaisons quotidiennes de Veraval avec les principales localités de l'État. De là, prendre un taxi ou un rickshaw.

Situation : Somnath est à 45 km S.-O. de Sasan Gir, 79 km S. de Junagadh, 85 km O. de Diu.

Le chasseur et la lune

Si l'on traçait une ligne imaginaire entre le temple de Somnath et le pôle Sud, elle ne rencontrerait en chemin aucune terre émergée. C'est cette particularité géographique qui aurait déterminé le choix de cet emplacement. L'endroit fut également le théâtre de plusieurs épisodes mythologiques : c'est ici que Krishna, après avoir quitté son royaume de Dwarka, fut blessé mortellement par un chasseur bhil qui lui décocha accidentellement une flèche au talon, le seul point faible du dieu à la peau bleue. C'est ici également que Soma, le dieu de la Lune, se purifia dans les eaux de la mer d'Arabie pour échapper à la malédiction de son beau-père. Les sages affirment que le site est un lieu d'adoration depuis des temps immémoriaux, 80 millions d'années, avancent les plus précis.

Un temple de mille ans

Les investigations archéologiques font remonter la présence d'une ville au milieu du IIe millénaire av. J.-C. Le plus ancien temple historique connu est celui que dévasta Mahmud de Ghazni en 1026, durant la dernière des 17 razzias qu'il conduisit à travers l'Inde. L'édifice fut entièrement mis à bas et son trésor, de pleins chariots d'or et de pierres précieuses, prit le chemin de l'Afghanistan où régnait l'envahisseur. La porte en bois de santal est aujourd'hui exposée au fort Rouge de Delhi. Reconstruit, le temple fut à nouveau détruit à plusieurs reprises par les souverains musulmans, la dernière fois sous Aurangzeb, l'empereur moghol, en 1706. L'édifice actuel est le 7e à s'élever en cet endroit. Commencée en 1951, sa construction s'est achevée en 1995.

■ Somnath Mahadev Temple

Ouv. t.l.j. 6 h-21 h 30 • accès libre • on doit entrer pieds nus (on peut laisser ses chaussures au vestiaire à dr. en avant de l'entrée) • appareils photo, téléphones portables et sacs sont strictement interdits à l'intérieur du périmètre du temple • cérémonies à 7 h, 12 h et 19 h (arati : *offrandes des lumières*), *à 6 h et 21 h* (darshana : *révélation de la présence divine*) *• son et lumière chaque soir à 19 h 45 (1 h ; estrades en arrière du temple).*

Les pierres ne sont pas anciennes : l'édifice a été consacré en 1951 par Rajendra Prasad, alors président de l'Union indienne. Le résultat est un sanctuaire monumental, inspiré du style des Chalukyas,

La punition de la lune

Lorsque **Soma**, dieu de la Lune, épousa les 27 filles de Daksha (divinité cosmique née du pouce de Brahma), il eut le malheur de porter plus d'attention à la belle Rohini. Exaspéré par les plaintes de ses 26 autres filles, Daksha jeta un sort à son gendre : la Lune commença de décroître, semant la désolation sur la Terre sur laquelle elle brillait jusque-là de façon pleine chaque nuit. Ce n'est qu'au prix d'une longue pénitence, d'une dévotion absolue à Shiva et de la construction du temple de Somnath que l'astre échappa à la disparition. On dit que ce premier édifice était en or. Plus tard, il fut rebâti en argent par le roi-démon Ravana. Krishna le remplaça par un sanctuaire de bois de santal. Enfin, le roi Bhima Deva (r. 1022-1063), de la dynastie des Solankis, le fit réédifier en pierre après sa destruction par Mahmud de Ghazni. La légende veut que 2 000 brahmanes servaient dans le temple en compagnie de 500 danseuses, 300 musiciens et 300 barbiers pour raser les pèlerins qui sacrifiaient leur chevelure en offrande.

▲ Dans le temple de Somnath Mahadev, un fidèle en prière agite une petite cloche et disperse force encens à côté d'un monumental Nandi.

déployé au Moyen Âge dans le Deccan : un vaste hall hérissé de colonnes précède la cella que surmonte une haute tour. L'urne de pierre qui la coiffe ne pèse pas moins de dix tonnes. L'ensemble est abondamment orné de statues, qui rappelle l'horreur du vide dont témoignent les temples jaïns. Dans le sanctuaire *(les non-hindous peuvent s'en approcher)*, le *lingam* sacré autour duquel s'enroule un cobra est noyé sous les fleurs, renouvelées quotidiennement.

■ Musée archéologique

À l'entrée de l'esplanade précédant le temple • ouv. 10 h-15 h ; f. le mar. et les 2e et 4e sam. du mois • entrée payante.

Il conserve des éléments des temples précédents exhumés par les archéologues, principalement de celui détruit par Aurangzeb au début du XVIIIe s.

■ Triveni Sangam

À 3 km E. du temple.

À l'endroit où convergent trois rivières avant de se jeter dans la mer d'Arabie, des *ghat* sont aménagés pour les bains rituels des pèlerins.

4 Porbandar★

Bonne nouvelle : le centre ancien est interdit à la circulation automobile. On peut ainsi partir à pied dans les rues entourant Manek Chowk, la place principale, sans avoir à slalomer entre les voitures comme il est de mise dans les villes indiennes. Dès avant l'ère moghole, Porbandar a été un port florissant, tête de pont entre l'Inde et la péninsule Arabique. Cette prospérité, qui a commencé de décliner avec le développement de Bombay au XIXe s., vaut à la ville une parure architecturale d'opulentes maisons de maître construites dans la belle pierre blonde locale. Jusqu'à l'indépendance, Porbandar fut la capitale d'un petit État rajput où est né Gandhi en 1869.

Porbandar mode d'emploi

Accès en train. Gare sur SV Patel Rd, à la limite N.-E. de la vieille ville. Liaisons quotidiennes *(Saurashtra Express)* avec Bombay (22 h), via Jamnagar (3 h), Rajkot (4 h 30), Wankaner (6 h), Ahmedabad (10 h 30). Départ vers Ahmedabad et Bombay à 20 h 25.

Accès en bus. Gare routière, en arrière de Chowpatty Beach, près de la poste centrale. Liaisons avec les principales localités de l'État.

Accès par avion. L'aéroport se trouve à 5 km E. du centre-ville ☎ (0286) 224-24-11. Liaisons quotidiennes avec Bombay et Diu (dans le sens Diu-Porbandar uniquement) • ***Jet Airways*** ☎ 39-89-33-33 (n° national) ; bureau à l'aéroport.

Adresses utiles. **Change** : plusieurs distributeurs sur MG Rd • **poste** près de la gare routière.

Situation : Porbandar est à 105 km O. de Junagadh, 129 km S.-O. de Jamnagar, 132 km N.-O. de Somnath, 187 km S.-O. de Rajkot.

200 000 hab.

☞ **CONSEIL**
Les horaires des trains sont susceptibles de changer : renseignez-vous à l'avance.

HÉBERGEMENT
***Hotel Sheetal*, en face de la poste centrale ☎ (0286) 224-75-96. 40 ch. doubles avec climatisation à partir de 700 roupies. Bon confort ; préférez les chambres de catégorie supérieure.**

Kirti Mandir

Manek Chowk • ouv. t.l.j. 7 h 30-19 h 30 • entrée libre.

Une jolie rue bordée de maisons anciennes : on est là au cœur du Porbandar commercial du XIXe s. C'est dans ce quartier qu'était établie la famille de **Gandhi**, de riches commerçants de la caste des Baniyas. La **maison** *(à g. de la cour qui suit l'entrée)* a été conservée dans son état originel : une demeure de maître, achetée en 1777 par les ancêtres du Mahatma *(→ théma p. 282-283)*. Au rez-de-chaussée, on montre l'endroit, désigné par un svastika, où naquit le Père de la Nation. Les deux étages présentent un ensemble de pièces, désormais vides, que surmonte une terrasse. Une petite pièce y est aménagée où, dit-on, Gandhi enfant aimait à se retirer pour se plonger dans ses lectures. Autour de la cour, un complexe construit dans les années 1950 abrite une exposition consacrée au plus célèbre enfant de Porbandar : photographies, lettres manuscrites…

Le port

Il ne faut pas quitter Porbandar sans s'être promené sur le port. Les bateaux de commerce ont laissé place aux embarcations de pêcheurs, amarrées bord à bord par centaines. On peut voir là toute l'animation d'un port : déchargement des prises sous l'œil expert des négociants, embarquement de glace avant de prendre la mer, pêcheurs remaillant leurs filets, sans oublier les chantiers navals où les charpentiers assemblent pièce à pièce les boutres en bois.

Dans le prolongement du port, **Chowpatty** est la grande plage de Porbandar, lieu de promenade plutôt que de baignade, en raison de la propreté douteuse de l'eau. Le long de Chowpatty s'alignent quelques jolies maisons de maître (fin XIXe-début XXe s.).

5 Dwarka★

Situation : Dwarka est à 130 km N.-O. de Porbandar, 131 km O. de Jamnagar.

Une interminable route toute droite entre deux étendues de broussailles rases, sans un arbre ou un village pour distraire de la monotonie du paysage : Dwarka a tout d'un bout du monde. Un bout du monde où les pèlerins affluent quotidiennement par milliers car c'est l'une des sept villes saintes de l'hindouisme, la capitale de Krishna lorsque le dieu à la peau bleue dut quitter Mathura. Le long de la rivière Gomti, des *ghat* hérissés d'oratoires permettent aux fidèles de s'immerger pour se purifier, tandis que la longue plage de sable face à la mer d'Arabie prend des allures plus festives, avec ses manèges pour les enfants et ses chameaux pour la balade.

Les sept villes saintes de l'hindouisme sont : Dwarka, Hardwar, Mathura, Ayodhya, Bénarès (Varanasi), Ujjain et, dans le sud, Kanchipuram.

Dwarka mode d'emploi

Accès en train. Gare à la lisière N. de la ville. Liaison quotidienne *(Saurashtra Mail)* avec Jamnagar (2 h 50), Rajkot (5 h), Wankaner (6 h), Ahmedabad (10 h), Bombay (18 h 30). Départ en direction d'Ahmedabad à 13 h ; départ vers Okha à 15 h 05.

☞ CONSEIL
Les horaires des trains sont susceptibles de changer : renseignez-vous à l'avance.

Accès en bus. Liaisons quotidiennes avec les principales villes de l'État.

✐ HÉBERGEMENT
Dwarka Residency, **Iskon Gate ☎ (02892) 23-50-32 ; courriel : info@dwarkaresidency.com ; 20 ch. ; 1 450 roupies la double avec petit déjeuner.**

Fêtes et manifestations. Pendant le mois de Savana (août-sept.), la fête de ***Janmashtami*** marque l'anniversaire de la naissance de Krishna. Dwarka accueille alors des dizaines de milliers de pèlerins qui célèbrent l'événement par des danses traditionnelles. La fête culmine le 7e jour à minuit.

Une capitale engloutie

Une cité de 900 000 palais de marbre aux portes d'argent, de 16 000 quartiers le long d'avenues rectilignes et ombragées, chacun abritant l'une des épouses de Krishna, des résidences royales aux colonnes de corail et aux plafonds sertis de pierres précieuses : ainsi apparaît Dwarka dans le *Bhagavata-Purana*, l'un des textes sacrés de l'hindouisme. Sept jours après la mort de Krishna, qui inaugura le Kali-yuga, l'ère de la violence et des conflits dans laquelle nous vivons, la cité fut engloutie sous les flots.

Les fouilles sous-marines, conduites depuis 1983 au large de l'embouchure de la Gomti, ont donné un passionnant écho à la légende. Les plongeurs ont relevé les traces d'installations portuaires, des fragments de céramique, des ancres de marine en pierre, datant du milieu du IIe millénaire av. J.-C., époque à laquelle certains historiens situent les guerres relatées dans le *Mahabharata*.

▶ **Avec sa tour qui culmine à 78 m et sur lequel flotte l'immense drapeau multicolore de la divinité, le temple principal de Dwarka s'annonce de loin aux pèlerins, surgissant de la mer de joncs qui couvre les accès de la ville.**

■ Dwarkadhish Temple

Au centre de la ville, en retrait des ghat • ouv. 6 h-12 h 30 et 17 h-21 h • se déchausser avant d'entrer ; laisser ses chaussures à la consigne de la porte E. (en haut de l'escalier qui descend vers la rive).

Le temple principal de Dwarka se dresse à l'emplacement même du palais de Krishna. On rapporte aussi que la cella, où est conservée l'image de la divinité, remonterait à 2 500 ans. Elle est exposée à la vue des fidèles de 6 h 30 à 8 h et de 17 h 30 à 20 h 30. Le temple, avec son monumental *mandapa* à trois étages, date des XVe-XVIe s.

■ Les *ghat**

Sur la rive de la rivière Gomti, des marches descendent dans l'eau. Tout au long de la promenade, des prêtres accroupis veillent sur leur sanctuaire, d'autres font des horoscopes, d'autres encore sont penchés sur leur ordinateur dans leur petite cellule. La foule est particulièrement dense le matin : on peut y croiser de nombreux pèlerins venus du Rajasthan voisin, parfois par villages entiers, dans leurs habits traditionnels aux couleurs chatoyantes.

Les *ghat* conduisent à la **plage** de bord de mer, terrain de jeu idéal pour les enfants et source d'émerveillement pour les paysans venus de l'intérieur des terres *(en raison de vigoureux courants sous-marins, la baignade est fortement déconseillée)*.

■ Rukmini Devi Temple

À la sortie de Dwarka (1,5 km), dir. Okha • ouv. 6 h 30-16 h • entrée libre.

Rukmini était l'épouse préférée de Krishna, la favorite parmi les 16 000 femmes qui peuplaient le harem du dieu. Le petit temple qui lui est consacré remonterait au XIIe s. Hissé sur une plate-forme et doté d'un *mandapa* précédant la cella, il est orné sur ses murs extérieurs d'une profusion de sculptures qui ont beaucoup souffert de l'érosion. On peut y reconnaître de gracieuses danseuses et, à la base, une frise d'éléphants entre lesquels apparaissent de petites scènes érotiques.

▶ **Beyt Dwarka** *(30 km N. • prévoir de l'eau minérale pour la visite de l'île)*. La route mène tout d'abord au petit port d'**Okha**, où des dizaines d'embarcations aux coques colorées agitent leur mât sous la houle. Ce sont les bateaux de pêche de marins qui appartiennent, pour la plupart, à une communauté musulmane. On découvre ensuite l'embarcadère d'où des barques conduisent jusqu'à l'île de Beyt Dwarka, bande de terre au ras de l'eau longue de 6 km *(traversée en 20 mn de 7 h 30 à 20 h, prix du passage 5 roupies)*.

Selon les fidèles de Krishna, c'est là que leur dieu aimait à séjourner. Un **temple** *(ouv. aux fidèles 6 h 30-12 h et de 17 h au crépuscule)*, dont les parties les plus anciennes remontent au XVIe s., marque l'emplacement de sa résidence : il abrite une image du dieu façonnée par sa bien-aimée Rukmini. ◀

Le Saurashtra

5

6 Jamnagar★

Le maharaja Kumar Shri Ranjitsinhji, établi dans ses jeunes années en Angleterre, s'illustra au sein de l'équipe de cricket de Cambridge puis de l'équipe nationale britannique.

Situation : à 88 km O. de Rajkot, 129 km N.-O. de Porbandar, 131 km E. de Dwarka.

550 000 hab.

Sous le nom de Nawanagar, l'État princier de Jamnagar était l'un des plus importants du Gujarat. L'un des plus modernistes aussi dans les décennies qui précédèrent l'indépendance, grâce aux efforts de son maharaja, Kumar Shri Ranjitsinhji (1872-1933), qui fut également un joueur de cricket légendaire. Ce prince éclairé, monté sur le trône en 1904, dota son État d'un réseau routier moderne, d'hôpitaux, d'institutions scolaires et scientifiques. Il en reste, dans le centre-ville, de beaux ensembles architecturaux dans le goût victorien.

Jamnagar mode d'emploi

Informations touristiques : www.jamnagar.org

CONSEIL
Les horaires des trains sont susceptibles de changer : renseignez-vous à l'avance.

Accès en train. Gare à 2 km N.-O. du centre-ville. Le *Saurashtra Mail* relie quotidiennement Jamnagar à Bombay (16 h) via Rajkot (2 h), Wankaner (3 h) et Ahmedabad (7 h 20 ; départ à 5 h 15). Au-delà de Jamnagar, ce train dessert Dwarka (2 h 50) et Okha (3 h 15). Départ de Jamnagar vers Ahmedabad à 15 h 30, vers Dwarka à 15 h 09.

Le *Saurashtra Express* relie quotidiennement Ahmedabad (départ 20 h 05) à Jamnagar (6 h 35) via Rajkot et Wankaner. Au-delà, la ligne se prolonge vers Porbandar (3 h). Depuis Jamnagar vers Ahmedabad, départ à 23 h 25.

HÉBERGEMENT
Hotel President, Teen Batti ☎ (0288) 255-74-91 ; www.hotelpresident.in ; courriel : info@president.in
48 ch. doubles avec air conditionné, à partir de 1 250 roupies avec petit déjeuner. Moderne et confortable, dans le centre-ville. Bon restaurant de poissons et fruits de mer.

Accès en avion. L'aéroport se trouve à 10 km O. du centre-ville ☎ (0288) 256-64-77. Liaison quotidienne avec Bombay • *Indian Airlines*, à l'aéroport ☎ (0288) 255-29-11.

Combien de temps. Prévoir au moins 3 h.

Adresses utiles. **Change** : plusieurs distributeurs sur G Rd • **poste** à 100 m O. de Darbargadh (Willingdon Crescent).

Jamnagar aujourd'hui

La ville est un centre industriel important grâce à sa gigantesque raffinerie de pétrole, mise en service le 25 décembre 2008 : c'est le plus vaste complexe de ce type dans le monde avec une capacité de raffinage de 1,24 million de barils/j. Jamnagar possède également une université de médecine ayurvédique dont les cours, dispensés en anglais, attirent des étudiants venus du monde entier.

Lakhota Talav★

Sur la rive E. du lac, le Bala Hanuman Temple est le théâtre d'un extraordinaire exemple de dévotion : depuis le 1er août 1964, des fidèles s'y relaient jour et nuit sans interruption pour psalmodier le *mantra* « *jai ram* », celui qui délivre les âmes du péché.

En 1839, l'État du Nawanagar fut frappé par une terrible famine. Pour donner du travail à ses sujets, le maharaja d'alors décida d'aménager un lac dans sa capitale et d'y construire un palais. C'est aujourd'hui la promenade favorite des habitants qui, le soir venu, viennent profiter de la fraîcheur de l'eau en grignotant sous les banians les friandises proposées par les marchands ambulants. On peut également y observer plus de 70 espèces d'oiseaux, migrateurs et sédentaires.

• **Le palais**, qui servait de résidence aux visiteurs de marque du maharaja, abrite un petit **musée** *(ouv. 10 h-13 h 15 et 14 h 45-18 h ; f. le mer. et les 2e et 4e sam. du mois • entrée payante • accès par la passerelle partant de la rive N. du lac)* consacré à l'histoire de Jamnagar et de sa dynastie. Dans la cour intérieure sont déposées quelques sculptures, comme des stèles de héros du XVIIe s., tandis que des canons font encore mine de défendre les accès de la place. Les différents pavillons exposent des **collections archéologiques et artisanales**. Celui qui surplombe l'escalier d'entrée conserve un remarquable **plafond*** peint (scènes de chasses royales).

Jain Temple Triad

À l'E. du lac Lakhota • ouv. t.l.j. 5 h 30-13 h et 15 h 30-21 h • entrée libre • accès par l'E. du complexe.

Cet imposant ensemble de trois temples jaïns se dresse au centre d'une pittoresque place circulaire le long de laquelle s'alignent les façades à étages de magasins.

▲ Willingdon Crescent, à 300 m E. des trois temples jaïns, est un imposant ensemble architectural construit dans le goût britannique. C'est l'œuvre du maharaja Ranjitsinhji, un arc de cercle dont les rez-de-chaussée abritent des boutiques. L'endroit est également connu localement sous le nom de Darbargadh.

• **Raisi Shah's Temple** (XXe s.) est le plus important des trois. Coiffé d'un dôme décoré à l'or fin, il présente une succession de salles somptueuses : murs, plafonds et dallages de marbre, portes d'argent, qui précèdent le sanctuaire où, sous un dais d'argent, apparaît l'image de Shantinath, le 16e *tirthankara*. Il est entouré d'un portique sous lequel des niches accolées abritent des statues de saints jaïns. À l'entrée du temple (à l'opposé du sanctuaire), les murs sont ornés de peintures naïves laissées en ex-voto par les fidèles en mémoire de leurs pèlerinages (au mont Girnar, par exemple).

Khijadia Bird Sanctuary

15 km E. (dir. Rajkot) • ouv. de 6 h 30 au crépuscule • entrée : 900 roupies par véhicule, prix majoré de 25 % les w.-e. et j. fériés • meilleure saison d'oct. à mars • prévoir au moins 2 h.

Une petite **réserve** (605 ha) accueille plus de 200 espèces d'**oiseaux**, dont plus de la moitié sont des migrateurs. Cette zone humide offre la particularité de deux milieux distincts : eau douce et eau de mer, séparées par une digue construite avant l'indépendance pour servir de retenue d'eau. Dans le pavillon d'entrée est présentée une introduction à la réserve et à sa faune *(panneaux en anglais)*. Avec le billet est remis un petit livret où figurent les espèces principales que l'on peut rencontrer. Pistes *(praticables par des véhicules de tourisme)* et sentiers pédestres permettent de parcourir la réserve, où sont également installées trois **tours d'observation**.

7 Wankaner

Situation : Wankaner est à 84 km N. de Rajkot, 203 km S.-E. de Bhuj, 210 km O. d'Ahmedabad.

Cette bourgade endormie de la plaine du Kathiawar fut jadis la capitale d'un des nombreux États princiers du Gujarat. En témoigne un formidable château de conte de fées, construit entre 1907 et 1914 sur sa haute colline à l'ouest de la ville.

▲ Le Ranjit Vilas Palace, une apparition fantomatique dans la poussière de la plaine du Kathiawar.

Ranjit Vilas Palace

Une sorte de *castle* victorien qui aurait la nostalgie de la brume et se serait acclimaté à l'Inde en lui empruntant ses coupoles mogholes et ses *chhattri* hindous, qui voisinent avec crénelages et tourelles (la plus haute décoiffée par le séisme de 2001). L'État a disparu avec l'indépendance, mais la noble famille rajpute qui gouverna la région pendant des siècles l'habite toujours sous la houlette de l'héritier du titre, qui fut un temps député à New Delhi. Le **rez-de-chaussée** du palais est ouvert à la visite *(t.l.j., se présenter à la grille)*. On peut ainsi pénétrer dans l'intimité du salon du maître des lieux et y admirer notamment le bel **escalier** en pierre à double révolution. En avant de la grille, le **garage** abrite quelques voitures anciennes utilisées par la famille princière : Rolls Royce de 1910, Ford Mercury de 1936, voisinant avec un modeste Fiat 1100 d'après l'indépendance.

Un pavillon dépendant du palais est aménagé aujourd'hui en hôtel de charme. Dans les jardins, on peut voir une grande piscine couverte ainsi qu'un puits monumental, tous deux construits également dans les années 1930.

♥ HÔTEL

Royal Oasis ☎ (02828) 22-00-00 ; 12 ch., double à partir de 3 500 roupies. Joli pavillon Art déco des années 1930, dont les chambres vastes et confortables conservent le style d'origine.

Les capitales mogholes

Depuis Alexandre le Grand, l'Inde a fait rêver tous les grands conquérants. Lorsque Babur traverse en maître la plaine indo-gangétique en 1526, il met ses pas, ainsi que ceux des milliers de chevaux de son armée, dans les pas d'un autre grand guerrier, son ancêtre Tamerlan (→ *encadré p. 338)*. Mais plutôt que de conduire une razzia sans lendemain, Babur va fonder la plus prestigieuse des dynasties musulmanes de l'Inde, celle des Grands Moghols. Ces guerriers venus d'Asie centrale, pour qui la Perse reste le modèle culturel – le persan est la langue officielle de l'empire – sont rapidement subjugués par leur conquête. Grâce à une habile politique matrimoniale, les premiers empereurs s'assurent le soutien des princes locaux, les Rajputs notamment, et Akbar fait abolir l'impôt dû par les infidèles dans les États musulmans. Les Moghols adoptent les coutumes indiennes : celle du *darshan* par exemple, qui consiste à apparaître solennellement au peuple. Dans leurs palais, étourdis d'alcool et d'opium, ils se laissent bercer par les grâces des danseuses au grand scandale des docteurs de l'islam. Maîtres des richesses inépuisables de l'Inde, ils font édifier des palais – les forts d'Agra et de Delhi – et des mausolées gigantesques, en grès tout d'abord – celui d'Humayun – puis en marbre : c'est le célébrissime Taj Mahal.

Les entrées principales

☞ **Pour les capitales mogholes :**
→ *carte régionale p. 136-137.*

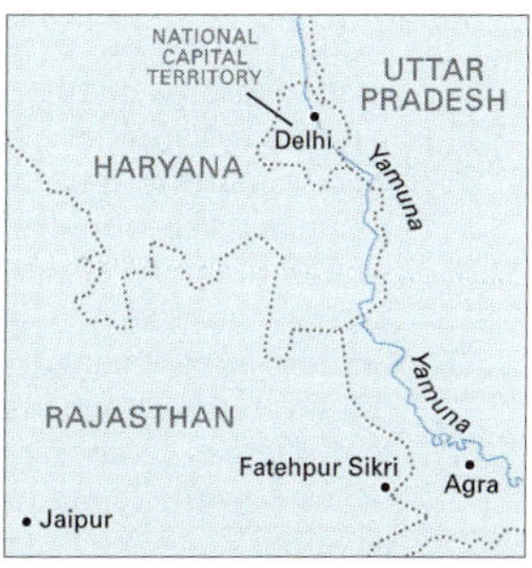

▲ Au début des années 2000, le jardin moghol s'étendant autour du mausolée d'Humayun a été soigneusement restauré.

De la gloire à l'impuissance

De Babur à Aurangzeb, mort en 1707, six empereurs se succèdent sur le trône. En un peu moins de deux siècles, ces **Grands Moghols** vont créer une civilisation originale au carrefour des mondes indien et persan. Après Aurangzeb, dont le règne marque l'un des apogées de la puissance de l'empire, ses successeurs voient peu à peu grignoter leur puissance par les forces montantes du sous-continent, Marathes *(→ encadré p. 187)*, puis Britanniques qui, en 1803, s'installent en maîtres dans Delhi. Confinés dans leur palais, les héritiers de Babur ne sont plus que des marionnettes entre les mains des agents politiques anglais, jusqu'au dernier d'entre eux, Bahadur Shah, déposé et exilé en 1857 à la suite de la révolte des Cipayes *(→ encadré p. 365)*.

Des jardins de Paradis

Pour ces conquérants descendus des fraîches montagnes d'Afghanistan, la chaleur écrasante des plaines indiennes fut un aussi terrible ennemi que les cavaliers rajputs. Sitôt après avoir conquis le pays, Babur n'eut qu'une hâte, échapper à la chaleur. Une de ses premières décisions fut de construire un **jardin** aux environs d'Agra : c'est l'ancêtre des jardins dits à la moghole, le *char bagh*, divisé en quatre *(char)* parties par des allées rectilignes se croisant au centre. Un complexe système de canalisations souterraines assurait l'irrigation de ce paradis terrestre rafraîchi de jets d'eau et de cascades. Arbres fruitiers – orangers, citronniers, grenadiers – et espèces florales étaient choisis avec soin pour composer de véritables bouquets autour d'un thème : on trouve ainsi des jardins du Clair de Lune, plantés d'espèces aux fleurs blanches et destinés à l'agrément des nuits d'été. Le *char bagh* se répandra partout en Inde, qui ne pratiquait pas jusque-là l'art des jardins, la tradition hindoue préférant le mystère et la poésie d'une nature sauvage. Il servira de modèle pour les palais des princes hindous comme on peut le voir à Amber, dans les environs de Jaipur.

▲ **Les deux grandes innovations du mausolée d'Humayun, la surélévation de l'édifice et son intégration dans un jardin conçu dans le même temps, seront reprises par les successeurs de l'empereur.**

Un art de vivre...

Les jardins n'y suffisaient plus, les nouveaux maîtres voulurent des palais. Pour ces héritiers de conquérants nomades, toujours entre deux chevauchées, il fallait des demeures rappelant leurs errances guerrières. Les **palais impériaux** se présentent ainsi comme un ensemble de pavillons disposés au milieu d'espaces ouverts et de jardins, comme des tentes pétrifiées (→ *encadré p. 382*). C'est Akbar qui, le premier, conçut une ville idéale, **Fatehpur Sikri**, où le souverain pouvait, selon les heures du jour et ses obligations, passer d'un pavillon à l'autre, donnant ici ses audiences publiques, tenant là ses conseils privés, se laissant bercer ailleurs par les musiciens attachés à la cour... Les palais d'**Agra** et de **Delhi** suivirent ce dispositif avec leurs pavillons largement ouverts vers l'extérieur pour permettre l'indispensable circulation de l'air durant les mois de canicule. Les demeures impériales empruntaient autant à la tradition musulmane qu'à l'architecture hindoue : la stricte séparation entre les domaines public et privé voisinait avec la délicatesse des ornementations de pierre. La vie de cour y était somptueuse : les Moghols patronnaient des ateliers artisanaux qui produisaient des merveilles : orfèvrerie, tapis, textiles, miniatures... (→ *encadré p. 372*).

...et de mourir

Autre grande création des Moghols, les **mausolées** monumentaux. Jusque-là, les souverains musulmans de l'Inde étaient inhumés sous des édifices à coupole, de dimensions modestes même si leur réalisation mobilisait les meilleurs architectes du temps. Avec les Moghols, place au grandiose : le premier tombeau monumental est celui d'**Humayun**, dressé aux portes de Delhi. Outre ses proportions gigantesques, ce mausolée introduit deux autres innovations : l'édifice est désormais hissé sur un podium pour s'offrir plus encore au regard (le pinacle de la coupole devient ainsi le sommet d'un triangle isocèle, impossible à réaliser sans ce podium à moins d'élargir de façon disgracieuse la façade de l'édifice) ; l'autre nouveauté est de placer le mausolée au centre d'un jardin.

Agra★★★

Situation : à 200 km S.-E. de Delhi, 233 km N.-E. de Jaipur.

Alt. 169 m • 2 500 000 hab.

☎ 0562.

ℹ Government of India Tourist Office, 191, The Mall (B3) ☎ 222-63-68 ; ouv. du lun. au ven. 9 h-17 h 30, sam. et j. fériés 9 h-14 h. • Uttar Pradesh Government Tourist Information and Assistance, à la Agra Cantonment Railway Station (A3) ☎ 242-12-04 ; ouv. t.l.j. 24 h/24. • Uttar Pradesh Government Tourist Office, 64, Taj Rd (C3) ☎ 222-64-31 ; ouv. t.l.j. sf dim. et j. fériés 10 h-17 h.

À ne pas manquer

Le Taj Mahal★★★	343
Le fort d'Agra★★★	347
Le mausolée d'Itimad-ud-Daula★★★	354

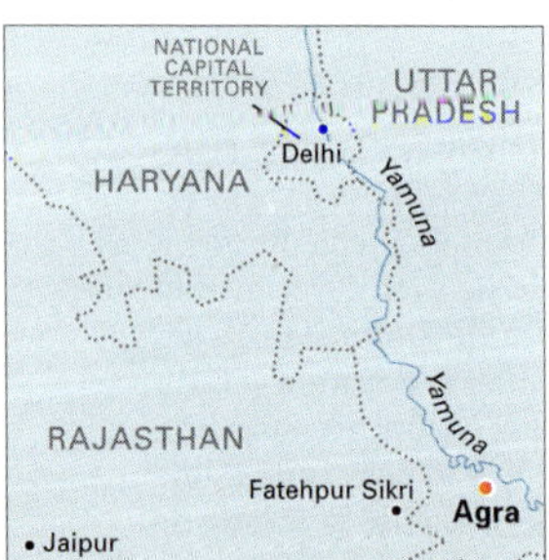

Agra fut une très belle ville à l'époque moghole. Pendant la colonisation britannique, la cité fut en partie convertie en cantonnement militaire puis, après l'indépendance, elle s'agrandit et se transforma sans chercher à préserver son cachet ancien ni à suivre un quelconque plan d'urbanisme. C'est donc essentiellement pour voir le Taj Mahal que les touristes indiens et étrangers s'y pressent toute l'année. Ce monument, le plus visité du pays, est devenu l'un des symboles de l'Inde. Bâti par un empereur musulman, il prouve, une fois de plus, le caractère composite de la culture indienne, qui associe harmonieusement les éléments de la culture indigène à ceux provenant de l'islam et d'autres religions.

Agra mode d'emploi

■ Arrivée

En train. Agra Cantonment Railway Station A3 ☎ 131 ou 242-10-39. Le *Shatabdi Express* est le moyen de transport le plus commode et le plus rapide pour se rendre à Agra depuis Delhi et y retourner. Départ à 6 h de la gare de New Delhi, arrivée à 8 h 10 (bien descendre à la station « Agra Cantonment ») ; retour pour Delhi à 20 h 30. Le *Jaipur Intercity Express* relie Jaipur à Agra (arrivée à Agra à 10 h 30).

En bus. Idgah Bus Stand, Idgah B3 ☎ 242-03-24 ; liaisons avec le N. et l'O. : Delhi (5 h), Bharatpur et Jaipur (5-6 h), Fatehpur Sikri (1 h 15), etc. • **Power House Bus Stand**, en face du fort d'Agra C2 ☎ 236-45-57 ; liaisons avec Mathura (1 h 30).

En avion. Aéroport de Kheria à 6 km O. de la ville ☎ 230-22-74. Il n'y a actuellement aucun vol vers ou depuis Agra.

■ S'orienter

Agra présente deux facettes : le **Cantonment** AC3, l'ancienne ville britannique, et la **cité ancienne**, au N.-O. du fort d'Agra C2. Ces quartiers n'ont conservé ni le charme ni l'harmonie d'autrefois.

Cependant, une promenade en rickshaw du côté de la Jama Masjid C2, la mosquée bâtie à l'époque moghole, vous permettra de découvrir le pittoresque marché alentour. Les grands hôtels se trouvent pour la plupart à l'E. du Taj Mahal.

■ Se déplacer

Les distances sont assez importantes entre les principaux centres d'intérêt (le Taj Mahal, le fort d'Agra et le mausolée d'Itimad-ud-Daula). Déplacez-vous en auto-rickshaw ou en rickshaw-bicyclette. Négociez les prix préalablement et refusez fermement les « détours shopping » (les conducteurs touchent une commission de la part des commerçants).

■ Combien de temps

Une journée suffit pour voir l'essentiel. Deux jours sont nécessaires si vous souhaitez découvrir Fatehpur Sikri. Le matin du premier jour, on peut visiter le fort puis le Taj Mahal *(pour le meilleur horaire : → ci-dessous la rubrique « meilleur moment »)*. L'après-midi, ne manquez pas le splendide mausolée d'Itimad-ud-Daula C1, sur l'autre rive du fleuve.

Il serait dommage de séjourner à Agra sans faire une excursion à **Fatehpur Sikri** *(37 km O. ; → p. 379)*. Le site se trouve sur la route de Jaipur et peut fort bien se visiter en chemin si vous avez choisi de rejoindre cette ville par la route.

■ Adresses utiles

Change. Nombreux distributeurs et bureau de change partout dans la ville.

Poste. *General Post Office* (GPO), The Mall B3 ; ouv. du lun. au sam. 10 h-18 h.

Urgences. *Apollo Pankaj Hospital*, NH-2 Mathura Rd ☎ 305-80-10, urgences : ☎ 264-04-44. Cet hôpital collabore avec la chaîne privée *Apollo*, réputée pour l'excellence de ses services, sa propreté et la grande compétence de ses médecins.

Agra dans l'histoire

La résidence de Sikandar Lodi

La cité du Taj Mahal n'est pas de fondation moghole. La ville est mentionnée dans le *Mahabharata* sous le nom d'Agraban, et le Grec Ptolémée signale dans sa *Géographie* l'existence d'une ville du même nom sur les rives de la Yamuna. Mais elle sort de l'ombre sous l'hégémonie musulmane avec Sikandar Lodi (r. 1488-1516), issu d'une dynastie afghane : profitant des troubles

BON À SAVOIR

On peut admirer et photographier le Taj Mahal depuis le fort d'Agra, mais la clarté avec laquelle ce monument se détache sur l'horizon au bord de la Yamuna dépend du temps et de la pollution.

BON À SAVOIR

Du fait de l'affluence touristique, l'industrie du souvenir est devenue l'une des activités majeures d'Agra. Il faut donc se méfier des vendeurs ambulants et des petites boutiques qui proposent des objets en stéatite décorés de pièces en plastique en prétendant qu'il s'agit de marbre incrusté.

♥ BONNES ADRESSES

- ***Subhash Emporium*, 18/1 Gwalior Rd (C3) ☎ 222-58-28. Ce fabricant de marbre incrusté authentique est également exportateur.**
- ***Kohinoor*, 41, Mahatma Gandhi Road (B3). Pour découvrir l'ancien art moghol du *zardozi* (incrustations de pierres précieuses et semi-précieuses sur étoffes). Pas de vente.**

MATHURA, DELHI, Sikandra (Akbar's Tomb)
A
B
MATHURA, DELHI
FATEHPUR SIKRI, JAIPUR, BHARATPUR
FATEHPUR SIKRI
GWALIOR, MUMBAI
1
2
3
Agra
Bypass
Khandari
Road
Dayalbagh Rd
R. B. Singh Road
Church
Road
Anjana
Delhi Gate
Catholic Cathedral
Chillint Rd
Mathura
Road
Karbla
Raja-ki-Mandi Station
Road
Ramratan
Ratan Muni Rd
Amba Prasad Road
Ramratan Rd
Raja Mandi Rd
Mahatma Gandhi
Nuri Gate Rd
Kinari
Hospital
S.N. Hospital
Gokalpura Rd
Ratan Muni Rd
Ghalib Pura Rd
Azad
Mantola
Subhash Park
Badia
Road
Syed Ali Nabi Rd
Sangita Rd
Fatehpur
Sikri
Road
Road
Fatehpur
Sikri
Road
Rakabganj Road
Road
S.R. Medical Institute & Research Centre
Idgah Bus Stand
Fatehpur
Road
Namner
Road
Gandhi
Ajmer
Malpura
Sikri
Road
Road
Station
Agra Cantt. Station
Taj
Mahatma
Shivaji Rd

Agra

C
D
N
1
2
3
Road
Bypass
Ram
Bagh
JUMMA
BRIDGE
Road
Karbala Rd
KANPUR, BÉNARÈS (VARANASI)
Chini-ki-
Rauza
Saadabad Road
University
Road
Kanpur Road
Itimad-
ud-Daulah
Rd
Road
Gurdwara
STRACHEY
BRIDGE
Chhatta
Strand
Kinari
Bazar
Jama
Masjid
Agra Fort Station
Yamuna
Agra
Fort
Power House
Bus Stand
Strand
Taj Mahal
Mosquée
Musée
Porte E.
Fatehabad Road
Shah
Jahan
Gardens
Golf
Course
BALUGANJ
Road
Meher
Cinema
Hastings Road
Road
Dr Shyamlal Marg
Mall Road
Sardar
Patel Park
Fatehabad Road
Taj
Shamsabad Rd
Minto Rd
Road
500 m

Agra

engendrés par le raid de Tamerlan en 1398, celui-ci s'empara du trône de Delhi. Il se fit aussi bâtir un palais appelé Baradari dans un village près d'Agra, village qui porte aujourd'hui son nom : Sikandra.

Babur, maître d'Agra

Averti des conquêtes des Lodis, Babur, descendant de Tamerlan et de Gengis Khan, quitta les montagnes de l'Afghanistan où il s'était taillé un petit royaume pour arracher le trône aux souverains afghans. En 1526, il triompha du sultan Ibrahim Lodi, petit-fils de Sikandar, se rendant maître de Delhi et d'Agra. Préférant vivre sous la tente comme ses ancêtres, le fondateur de l'Empire moghol ne laissa dans sa nouvelle capitale, Agra, aucune construction, mais il entreprit d'y aménager un jardin dans le style de sa contrée natale, le Ram Bagh.

Une capitale par éclipses

Si Humayun, fils de Babur, décida de s'établir à Delhi, Akbar, dès le début de son règne (1556-1605), choisit Agra qu'il baptisa Akbarabad. Il finit pourtant par la délaisser pour Fatehpur Sikri, sa création, puis pour Lahore, devenu le nouveau centre stratégique. Sous ses successeurs Jahangir (r. 1605-1627) et Shah Jahan (r. 1628-1658), Agra perdit son rang de capitale unique. Mais c'est sous le règne de Shah Jahan que furent édifiés le Taj Mahal et de nombreux palais du fort d'Agra.

Le déclin du pouvoir moghol fit de cette parure monumentale qu'était devenue Agra une proie facile pour les Jats *(→ encadré p. 388)*, puis pour les Marathes *(→ encadré p. 187)* qui la pillèrent à plusieurs reprises. C'est en 1803 que la Compagnie des Indes britanniques *(→ encadré p. 206)* fit de la cité un de ces bastions. Elle fut un temps (jusqu'en 1877) la capitale des Provinces du N.-O., puis connut l'existence paisible d'une petite ville de province des Indes britanniques, avec son *Cantonment* et sa ville indigène.

Sauver le Taj Mahal

Bien qu'elle compte 2 millions et demi d'habitants, Agra peut être considérée comme un modèle de ville d'importance moyenne du nord de l'Inde. Les usines (chimiques, textiles, automobiles, cuirs, raffineries de canne à sucre, matériaux de construction) ont été déplacées dans les environs pour freiner les dommages occasionnés par la pollution qui menace de détériorer l'un des plus beaux monuments du monde. Outre le tourisme et l'artisanat, l'activité industrielle, en pleine expansion, contribue à la prospérité croissante de la ville.

Tamerlan et le massacre de Delhi

Popularisé dans la littérature occidentale grâce aux œuvres de Christopher Marlowe et Edgar Allan Poe, Tamerlan (Timur Lang, « Timur le boiteux », 1336-1405) était un conquérant turco-mongol né dans les environs de Samarkand (dans l'actuel Ouzbékistan). Il régna sur une grande partie de l'Asie centrale au terme de sanglantes campagnes. Bien que considéré comme un fin lettré et un protecteur des arts, il est resté célèbre pour son génie stratégique et sa cruauté : on raconte ainsi que lors de son expédition en Inde, en 1398, il n'hésita pas à mettre le feu aux chameaux de sa propre armée pour effrayer les éléphants du sultan de Delhi. Le sac de la cité se solda ensuite par la mort de près de 100 000 hindous.

▲ Le Taj Mahal, l'un des monuments les plus photogéniques au monde. Malgré ses proportions monumentales, l'édifice donne une impression de légereté quasi aérienne.

1 Le Taj Mahal★★★

Situation : D2-3

Rien n'illustre mieux le symbolisme de l'âme reposant au paradis du Coran que cet extraordinaire mausolée de marbre blanc inscrit au Patrimoine mondial de l'Unesco. L'idée du tombeau-jardin, qui était née en Iran et s'était épanouie en Asie centrale, trouve ici sa plus belle expression. C'est sans doute l'amour exceptionnel que l'empereur Shah Jahan vouait à sa jeune épouse qui a inspiré ce chef-d'œuvre : le Taj Mahal est comme la représentation sublimée de Mumtaz Mahal, exprimant à la fois sa beauté physique et ses qualités morales – car l'impératrice était aussi louée pour les nombreux actes charitables auxquels elle se consacrait.

Meilleur moment. C'est sans doute en fin de journée que la lumière est la plus belle au Taj Mahal, mais il y a souvent du monde, surtout le jeudi soir, avant la fermeture du vendredi. En raison de la brume qui se lève rarement avant 10 h, y compris en été, les visites au lever du soleil ou trop tôt le matin sont déconseillées.

Visite. Ouv. t.l.j. sf ven. du lever du soleil jusqu'à 30 mn avant son coucher ; musée du Taj Mahal : t.l.j. sf ven. et j. fériés 10 h-17 h • billets à retirer à l'une des deux entrées, porte E. ou O. • entrée payante très chère (750 roupies soit 15 $) incluant couvre-chaussures, petite bouteille d'eau minérale

À NOTER

L'entrée du Taj Mahal (750 roupies) comprend une taxe importante de 500 roupies. De même, les billets d'entrée pour le fort d'Agra, le palais de Fatehpur Sikri, le tombeau d'Akbar et le mausolée d'Itmad-ud-Daula incluent chacun une taxe (50 roupies pour le fort d'Agra, 10 roupies pour les autres sites). Si on visite le Taj Mahal en premier, on ne paie pas les taxes applicables aux autres monuments visités dans la même journée. En revanche, si la visite du Taj Mahal n'est pas faite en premier ou si les visites se font sur plusieurs jours, les taxes sont à payer pour tous les monuments (la taxe du Taj Mahal est toujours due). Le vendredi, jour de fermeture du Taj Mahal, il n'y a pas de taxe à acquitter pour les autres monuments.

BON À SAVOIR
Photos gratuites et autorisées partout sauf à l'intérieur du mausolée, caméras vidéo et pieds d'appareils photo permis seulement sur la plate-forme d'entrée qui fait face au monument. Objets interdits au-delà du guichet où l'on présente les billets : piles et batteries de rechange, torches, tout objet électronique sauf le téléphone portable, cosmétiques, liquides autres que l'eau, médicament, bonbons et tous comestibles. Le mieux est de se munir d'une petite pochette avec le minimum d'effets personnels : argent, lunettes, mouchoir, stylo, papier.

À NOTER
On peut aussi admirer (à distance) le Taj Mahal à la pleine lune 5 fois par mois : de 20 h 30 à 00 h 30 le jour même de la pleine lune, 2 jours avant et 2 jours après (sf les ven.). Seuls des groupes de 50 personnes sont admis pour une durée maximale de 30 mn. Les billets (750 roupies) doivent être achetés 24 heures avant au bureau d'*Archaeological Survey of India*, 22 The Mall (B3) ☎ 222-72-63.

À NOTER
Sur la plate-forme du mausolée proprement dit, avant de franchir le double escalier qui mène au tombeau, il faut recouvrir ses chaussures avec les babouches en papier remises à l'entrée avec le billet.

Passé le porche principal du mausolée, un escalier aujourd'hui condamné mène à la crypte où se trouvent les vrais tombeaux.

et le transport AR en autobus électrique depuis le parking • possibilité de prix réduit en cas de visite d'autres sites *(→ ci-joint)*.

Accès. Par les portes E. et O. Pour se rendre à la **porte E.**, rejoindre d'abord le parking du centre d'artisanat Shilpgram ; un peu plus loin vous trouverez des autobus électriques *(gratuits)* qui vous conduiront à la porte E. Même trajet pour le retour si l'on sort par cette porte. Pour entrer par la **porte O.**, il faut laisser son véhicule à l'entrée d'un jardin *(pas de parking)* que l'on traverse à pied jusqu'à l'entrée *(promenade très agréable le long d'une allée bordée d'arbres)*. Accès par cette porte à éviter le jeu. a.-m. en raison de la foule de touristes indiens. Les portes E. et O. débouchent sur la **cour du Jilau Khana**, d'où l'on rejoindra le portail du Taj après avoir acheté les billets.

■ Portail d'entrée

Un monumental portail de grès rouge incrusté d'arabesques et d'inscriptions coraniques en marbre blanc (1648) donne accès aux jardins qui entourent le célèbre mausolée. Flanqué de tours, il est surmonté de kiosques à coupoles de marbre blanc. C'est en passant sous l'arcade de ce portail que vous découvrirez la plus belle perspective du Taj Mahal, au fond du jardin, sur un immense socle de marbre. À cette distance, il apparaît davantage comme une sculpture d'un marbre diaphane, presque irréelle, mais à mesure de votre progression à travers le jardin, vous percevrez les volumes de ce monument aux proportions grandioses et harmonieuses.

■ Jardins

Le mausolée s'élève à l'extrémité d'une double allée bordée d'arbres, traversée en son centre par un long canal. Cette configuration met en valeur le monument, qui apparaît alors dans toute sa splendeur. Quand la brume se dissipe (parfois tard dans la matinée en hiver), l'effet est encore plus magique. Bien entretenu, le jardin n'offre cependant plus les arbustes fleuris et les parterres multicolores qui ornaient autrefois les jardins moghols. À l'époque britannique, les deux allées latérales ont été plantées d'arbres majestueux dont on peut lire les noms : flamboyants royaux, arbres à bois de santal, margousiers…

■ Mausolée

Interdiction de photographier au-delà du porche principal.

Dressé sur une haute terrasse revêtue de marbre, l'édifice, conçu sur un plan central d'origine persane comme le tombeau d'Humayun à Delhi,

◀ **Sur les murs du Taj Mahal, versets du Coran, arabesques florales et géométriques composent un magnifique ensemble décoratif.**

repose sur un carré à pans coupés. Mais ici, les angles des façades latérales sont plus prononcés, ce qui fait que l'ensemble apparaît de loin presque comme un triangle isocèle. Chacune des **façades** s'ouvre sur une arcade en forme d'iwan. La partie centrale du mausolée est coiffée d'un **dôme** plus bulbeux que celui du monument de Delhi, et qui, contrairement à lui, se détache nettement grâce au haut tambour sur lequel il est fixé. La coupole est flanquée de quatre ***chhattri*** décoratifs (kiosques à piliers). Moins élevés que le monument central, qui mesure 75 m depuis le sol jusqu'au pinacle, quatre **minarets** (environ 42 m de hauteur) légèrement inclinés vers l'extérieur parachèvent l'élégance de la perspective. Ainsi, en cas de tremblement de terre, une chute des minarets épargnerait le mausolée.

L'**ornementation**** de l'extérieur est sobre mais raffinée. Le haut du tambour sur lequel la coupole est montée est décoré de guirlandes de fleurs stylisées et de motifs géométriques. Trait caractéristique de l'architecture moghole, la **coupole** elle-même est recouverte d'un lotus inversé et surmontée d'un pinacle fait de plusieurs vases dorés superposés dans le style des temples indigènes.

L'intérieur

Il comprend une **salle centrale** de forme octogonale et **quatre salles latérales** originellement

La construction du Taj Mahal

On sait d'après les dernières recherches quel est l'architecte qui conçut ce chef-d'œuvre : il s'agit d'**Ustad Ahmad Lahori**, qui fut aussi le constructeur du fort Rouge de Delhi. Les noms cités par les guides britanniques et les voyageurs étrangers du XIXe s. ont peu de rapport avec la réalité. Ustad Ahmad était le principal et le plus compétent des architectes de l'empereur Shah Jahan, et il avait pu admirer les mausolées de Delhi et de Mandu, dont il s'inspira. Son fils, lui-même maître d'œuvre, nous a laissé un important témoignage sous la forme d'un poème en persan dont voici quelques extraits : « Shah Jahan, le grand conquérant et justicier, lumière de Tamerlan. […] Ahmad, l'architecte qui devançait de cent pas les plus grands experts de son art, connaissait parfaitement Euclide et ses théorèmes, ainsi que les œuvres des astronomes. […] Il fut l'architecte de ce souverain en présence duquel il se trouva plus d'une fois. […] Lorsque l'empereur établit sa résidence à Agra, obéissant à ses ordres il bâtit le mausolée de Mumtaz Mahal… ».
Les travaux débutèrent en 1632 et s'achevèrent en 1644. Il fallut encore plusieurs années pour que l'ensemble – la mosquée et son pendant, les jardins et bâtiments annexes – soit prêt.

destinées à abriter les tombes d'autres membres de la famille. Des versets du Coran sont incrustés en marbre noir sur les murs. À l'époque de l'empereur Shah Jahan, la partie abritant les cénotaphes était protégée par une clôture en argent. Aurangzeb, le fils cadet de Shah Jahan, la fit remplacer par une très belle **clôture**** en marbre incrustée de pierres semi-précieuses. Vous pourrez aussi admirer l'art de la *pietra dura* moghole *(→ encadré p. 353)* dans la bordure des **lambris**** ornés de motifs floraux en marbre : le jade, ici d'un vert sombre, est utilisé pour représenter les tiges, tandis que les pétales sont en corail (vermeil), cornaline (rouge orangé translucide), malachite (vert diapré) et différentes variétés d'agates (gris et beige) ; le lapis-lazuli est utilisé pour certaines corolles et le marbre noir pour les bordures.

• **Le cénotaphe de Mumtaz**, l'épouse de Shah Jahan, se trouve tout naturellement au centre, tandis que celui de l'empereur est à dr. Pour indiquer qu'il s'agit d'un homme, conformément à une coutume musulmane, la tombe est surmontée d'un petit demi-cylindre (dit *kalamdani* ou plumier). Shah Jahan n'a jamais exprimé le désir de se faire bâtir un monument à part ; en l'enterrant aux côtés de son épouse préférée, son fils Aurangzeb a certainement réalisé son plus cher désir. L'idée d'un Taj en marbre noir érigé sur la rive opposée de la Yamuna n'est qu'une légende due au joaillier français Tavernier, qui se rendit à la cour d'Aurangzeb.

En sortant, faites le tour de la **terrasse** qui domine la Yamuna. Vous pourrez ainsi admirer encore les proportions imposantes du monument et peut-être apercevoir dans la brume les murailles du fort d'Agra. Quand le soleil se couche et que le temps est clair, un jeu d'ombres et de lumières rehausse encore la beauté du tombeau.

■ La mosquée et son pendant D2

À l'E. et à l'O. du mausolée, deux édifices identiques se font face. Le monument tourné vers l'O. est une mosquée funéraire, tandis que celui d'en face est un bâtiment sans fonction précise qui fut érigé uniquement pour préserver la symétrie chère aux Moghols.

■ Musée du Taj Mahal D3

Entrée le long du mur d'enceinte à l'O. du Taj Mahal • ouv. t.l.j. sf ven. et j. fériés 10 h-17 h.

On pourra y voir des peintures d'album et des portraits, des manuscrits et divers documents dont des édits de l'époque de Shah Jahan (XVIIe s.).

L'élue du harem

Arjumand Banu Begum, qui reçut après son mariage le titre de **Mumtaz Mahal** (« Excellente Dame du Palais »), était la nièce de Nur Jahan, principale épouse de Jahangir et petite-fille de Mirza Ghiyas Beg, noble persan qui administra le royaume et reçut le titre d'Itimad ud-Daula (« pilier de l'État »). Née en 1593, elle épousa en 1612 l'héritier moghol, le prince Khurram, fils de Jahangir, qui allait régner sous le nom de Shah Jahan. Celui-ci se révolta contre son père mais finit par monter sur le trône à la mort de celui-ci en 1628. L'amour qu'éprouvaient l'un pour l'autre l'empereur Shah Jahan (« roi du monde ») et son épouse favorite était tel que Mumtaz, contrairement à la coutume, l'accompagna dans presque toutes ses campagnes militaires. C'est en 1631, à Burhanpur, qu'elle mourut en mettant au monde son neuvième (ou quatorzième) enfant. Inconsolable, l'empereur conçut l'idée de lui bâtir un mausolée à la mesure de son amour, un pur rêve de marbre ou, comme le disent les chroniques de l'époque « une larme sur la face du temps ».

▲ **Le Taj Mahal est flanqué à l'O. et à l'E. de deux édifices en grès rouge décorés de bandeaux de marbre blanc.**

Plans et dessins en couleur montrent les principaux éléments de l'architecture du Taj Mahal. Deux piliers de marbre incrusté de pierres semi-précieuses font aussi partie de cette collection.

2 Le fort d'Agra★★★

Situation : C2

Si le Taj Mahal est un admirable témoignage du raffinement qui prévalait au XVIIe s. à la cour des Grand Moghols, le fort d'Agra, également inscrit au Patrimoine mondial de l'Unesco, révèle au visiteur la puissance atteinte par cet empire qui s'étendait sur une grande partie de l'Inde. Avec Akbar, fondateur de cette impressionnante forteresse, naîtra le style moghol impérial. Un style que ses successeurs, Jahangir et Shah Jahan, porteront à son apogée.

Visite. Accès par la porte d'Amar Singh • ouv. du lever au coucher du soleil • entrée payante (300 roupies, seulement 250 roupies si on a visité le Taj Mahal avant dans la journée, → *ci-dessus*) • comptez env. 1 h 30.

■ L'enceinte

Avant de vous faire déposer à l'entrée du fort, demandez à votre chauffeur de faire le tour du tertre, à l'extérieur de l'enceinte. Vous découvrirez ainsi la puissante enceinte de grès rouge qui défendait la citadelle impériale. Renforcés de tours et de bastions et précédés d'un large et profond fossé, les remparts comportent deux murs crénelés distants de 12 m. La façade, surmontée des pavillons des palais impériaux, est imposante.

• **Delhi Gate**★. Chemin faisant, arrêtez-vous quelques instants en face de la porte de Delhi, qui s'ouvre entre deux énormes tours octogonales. Devant celle-ci s'étendait une cour, démolie en 1857 pendant la révolte des Cipayes (→ *encadré p. 365*). Là se trouvait le Nakkar Khana (pavillon de la Fanfare)

Agra

2

▲ Des quatre portes que comportait la forteresse il ne reste plus que la porte de Delhi et la porte d'Amar Singh (ci-dessus). Les deux autres ont été murées.

où les musiciens de la cour se tenaient prêts à accueillir l'empereur au son des tambours et des *shenai* (sortes de hautbois).

• **Amar Singh Gate***. Percée dans un puissant bastion, la porte d'Amar Singh porte le nom d'un prince du Marwar et fidèle allié de Shah Jahan qui, victime d'une trahison, fut exécuté en 1644 en présence de l'empereur.

Après avoir franchi la porte d'Amar Singh qui donne accès à une cour, vous passerez par une seconde porte conservant quelques restes d'un décor de céramique. Au-delà, vous continuerez la visite par une ancienne rampe à éléphants qui mène aux différentes parties du palais.

• **Hauz-i-Jahangir**. À dr. en haut de la rampe, on découvre au milieu du jardin le **bassin de Jahangir**, immense vasque à laquelle on accède par quelques marches de pierre et qui devait servir de baignoire. Elle fut sans doute trouvée dans les appartements des femmes et placée à cet endroit lors d'une restauration.

■ Jahangir Mahal**

Le palais de Jahangir développe une élégante façade ocre rouge, typiquement hindoue avec sa longue véranda au-dessus de hautes arcades aveugles aux moulures soulignées de marbre blanc.

• **Une vaste cour** protégée des regards indiscrets par une entrée en chicane forme la 1re partie du palais. Si l'on en juge par son style, elle doit dater de l'époque d'Akbar (r. 1556-1605) ; sa configuration rappelle, en plus petit, celle de la cour du harem principal de Fatehpur Sikri. La décoration sur grès rouge des pilastres, arcades, corbeaux et auvents est d'une grande finesse. Trait original : sur les linteaux, on peut voir une frise d'oiseaux, perroquets et oies sauvages sculptées dans le grès.

• **La 2e partie du palais** est accessible par un passage aménagé récemment en face du portail d'entrée. L'atmosphère y est tout à fait différente : cette belle salle de dimensions modestes était décorée dans le goût de Jahangir, le fils

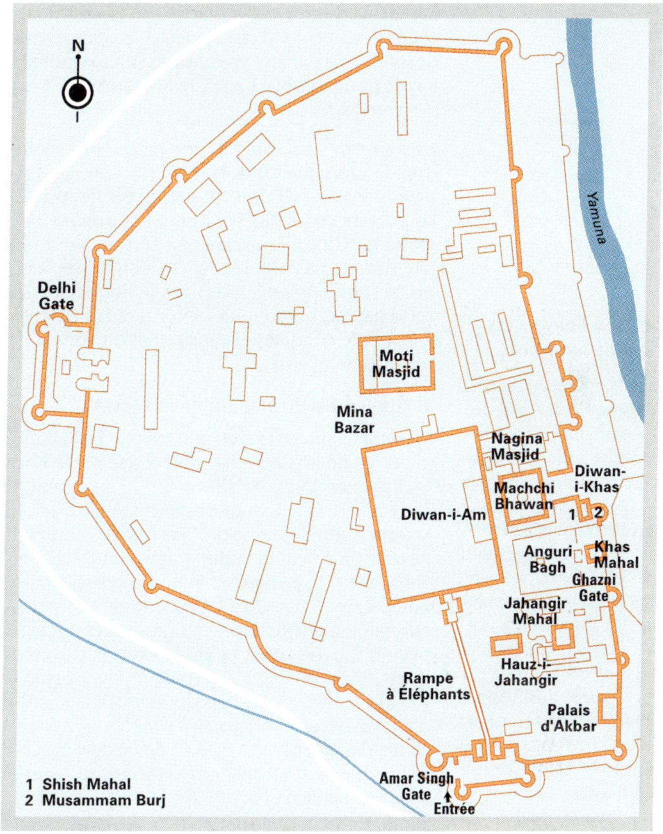

Le fort d'Agra

aîné d'Akbar (r. 1605 à 1627) ; celui-ci fut fortement influencé par la famille persane qui l'entourait : son épouse Nur Jahan, le père de celle-ci et son frère, important dignitaire de la cour. Il reste quelques traces des **peintures** aux couleurs vives qui embellissaient le plafond et les demi-coupoles latérales, deux grandes niches creusées dans le mur et divisées en niches plus petites, polylobées et de formes variées. Elles étaient destinées à recevoir des vases moghols et des lampes ornementales, comme en témoignent les enluminures de l'époque de Jahangir. À g., une toute petite partie de la salle a été restaurée.

En sortant de cette salle, vous déboucherez dans une vaste **cour** donnant sur le fleuve. Elle est ornée de hauts piliers de grès rouge et traversée de canaux avec une fontaine en son milieu. Les arcades ouvertes qui donnent sur le fleuve vous permettront d'apercevoir une première fois le Taj Mahal.

• En prenant à g., vous rejoindrez un beau **pavillon octogonal** de grès rouge d'où, si le temps est clair, on a une très belle vue du mausolée. De là aussi, vous pourrez voir les douves et le double rempart. À dr. s'alignent des bâtiments de grès rouge, tandis qu'à g. vous pourrez d'un seul coup d'œil apprécier le changement de style : Shah Jahan y fit construire un magnifique pavillon de marbre blanc, le **Musammam Burj** *(→ ci-contre)*.

• En quittant le pavillon de grès rouge, vous rejoindrez la **cour du Khas Mahal**. Du côté g., derrière une porte vitrée, sont préservées des **portes** en bois de cèdre ; elles ornaient le tombeau de Mahmud Ghazni, qui lança au XIe s. une série de raids destinés à piller les richesses de l'Inde. Selon une version fabriquée à des fins politiques par les colonisateurs britanniques, elles auraient été enlevées par le conquérant musulman du temple de Somnath (Gujarat).

S'opposer à l'empereur et devenir un héros

Fils aîné de Gaj Singh, souverain du Marwar et fidèle allié des Moghols, **Amar Singh** fut déshérité au profit de son frère cadet Jaswant Singh. Présent à la cour de Shah Jahan à Lahore puis à Agra, il reçut en compensation le titre de *mansabdar* (officier supérieur) et le fief de Nagaur. Ayant désobéi à l'empereur et insulté son conseiller, Amar Singh poignarda ce dernier. Les soldats de Shah Jahan se jetèrent sur lui et finirent par le tuer, malgré le secours que lui portèrent ses alliés en forçant l'entrée principale du fort d'Agra. Ce personnage historique, connu pour son esprit rebelle, devint vite un héros de légende. Selon une tradition populaire, il se serait échappé du fort en franchissant d'un bond, sur son cheval, les douves et le double rempart. Poursuivi par les hommes de l'empereur, il se serait battu près de Nagaur et aurait perdu la vie au cours de la bataille. Son épouse principale serait devenue sati *(→ encadrés p. 69 et 218)* en s'immolant sur son bûcher funéraire. La geste d'Amar Singh a inspiré les marionnettistes du Rajasthan ainsi que de nombreux auteurs de poèmes, de chants populaires et de pièces de théâtre.

■ Anguri Bagh* (jardin des Vignes)

Si l'on veut apprécier d'un seul coup d'œil l'harmonie et la symétrie de l'ensemble formé par le **Khas Mahal** et les deux **pavillons** qui le flanquent, il faut se rendre au bout du jardin et se placer devant la porte centrale qui mène vers une des sorties. Il ne reste plus rien du jardin moghol aménagé sous Shah Jahan où, comme son nom l'indique, devaient pousser des vignes. Pendant les travaux de restauration, on a refait le tracé traditionnel et placé des plantes dans les parterres qui devaient être couverts d'arbustes et de fleurs aux couleurs vives. Selon le joaillier français Jean-Baptiste Tavernier, le jardin comptait des écrans décoratifs dans lesquels étaient serties des grappes de raisin en émeraudes et rubis. Mais un doute subsiste car les récits du joaillier sont peu fiables.

En revenant vers le Khas Mahal, vous apercevrez un **bassin à jets d'eau** (ils ne fonctionnent plus) : l'eau s'écoulait le long d'une pente décorée de zigzags dans le canal central du jardin des Vignes, au milieu duquel se trouve une autre fontaine.

■ Khas Mahal**

Le splendide pavillon des audiences spéciales édifié en 1605 devait servir aux audiences spéciales données en certaines occasions par l'empereur à quelques dignitaires choisis. Murs, piliers et plafonds étaient entièrement recouverts de **motifs floraux** peints avec des couleurs vives, or, rouge vermeil et bleu, comme en témoigne la toute petite partie qui a été restaurée dans le style de l'original. Si les couleurs ont pratiquement disparu, le tracé des motifs est resté intact. Au fond du pavillon, on pourra observer l'aspect translucide des panneaux de marbre.

De chaque côté du Khas Mahal, les deux **édifices jumeaux** sont coiffés de deux dômes latéraux et d'un toit cuivré (sans doute doré au XVIIe s., à l'époque de Shah Jahan). Formant une courbe parfaite, il imite les toits traditionnels du Bengale conçus pour que les eaux de pluie s'écoulent librement. Cet élément de décoration commun à l'architecture rajpute et moghole porte le nom de « toit bengali ».

Shish Mahal

Actuellement f. à la visite.

Ce hammam (→ plan n° 1) privé est situé en contrebas, à dr. quand vous sortez du Khas Mahal. Murs et plafonds étaient constellés de petits miroirs. Le pavillon n'a pas encore été restauré.

Musammam Burj***

Sur le côté g. en sortant du Khas Mahal (en faisant face à la Yamuna).

Ce magnifique **pavillon octogonal** (2) était, dit-on, le balcon favori de la prison de Shah Jahan, qui fut confiné dans le fort par son fils cadet, le futur Aurangzeb, en 1658. L'empereur y demeura captif jusqu'à son décès en 1666, consolé et soigné par sa fille Jahanara. De ce balcon, il apercevait le Taj Mahal et devait songer avec nostalgie à tout ce qu'il avait perdu : son royaume et sa bien-aimée.

Vous ne pourrez voir le pavillon que de l'extérieur. Faites-en le tour en vous approchant des écrans ajourés qui le ferment pour observer les détails des **incrustations*****. Deux styles se distinguent nettement. Le premier, qui s'observe sur les murs de la **tour octogonale** en avancée sur le fleuve, est d'origine plus ancienne et apparenté à celui du mausolée d'Itimad ud-Daula *(→ ci-après)* : ce sont des coupes et vases décoratifs faits d'agates et de marbres incrustés dans les tons gris et beige. Sur les **piliers** et autour de la **fontaine** centrale, on retrouve le style du Taj Mahal.

En arrivant en face de l'entrée du Musammam Burj, vous pourrez voir de près les **motifs floraux***** faits de cornaline (ici d'une teinte plus rose), de corail, de lapis, de jade, de malachite et de turquoise (cette pierre semi-précieuse est absente au Taj).

En face de l'entrée du pavillon, en tournant le dos au fleuve, on aperçoit sur le sol un **tracé en forme de croix** rappelant le dessin du *pachhisi* de Fatehpur Sikri *(→ p. 384)*. Ce tracé correspond au canal à deux branches latérales qui y avait été aménagé, la branche principale rejoignant une pente formant cascade. L'eau qui s'en écoulait s'épandait dans le canal central pour aboutir à la fontaine au centre du Musamman Burj.

Diwan-i-Khas**

À l'étage supérieur ; prendre le passage situé à g. de la cascade qui mène à un escalier.

En chemin, une grille fermée donne sur une des trois mosquées de marbre du fort. En continuant, on aboutit à la salle des audiences privées, un pavillon à colonnades ouvert que l'on pourra admirer de l'extérieur. Dans les deux parties du Diwan-i-Khas, les plafonds originaux qui s'écroulaient ont été remplacés par de simples dalles de marbre blanc. De nombreuses pierres semi-précieuses serties dans le marbre des piliers et des lambris ont été pillées. Les pièces ont été, pour la plupart, remplacées en faisant appel aux artisans locaux descendant de ceux qui réalisèrent le travail de *pietra dura* du Taj et du fort.

Dans la **cour des audiences privées**, du haut de laquelle vous pourrez encore une fois apercevoir le Taj, deux **trônes impériaux**, respectivement en marbre blanc et noir, ont été placés au cours des restaurations sur des plates-formes se faisant face.

▲ Les coupoles de la mosquée de la Perle (Moti Masjid) vues depuis le Diwan-i-Khas.

Machchi Bhawan

Cette vaste cour entourée de galeries est dominée par le Diwan-i-Khas. En bas, subsistent les vestiges d'un jardin qui abritait, dit-on, en son milieu un bassin avec des poissons. Mais la véritable origine du nom de cette partie du palais, la « maison des Poissons », reste obscure.

À l'angle de la cour opposée au Diwan-i-Khas, un passage donne accès à la **Nagina Masjid**, une petite mosquée construite entièrement en marbre. Elle doit son nom, la « mosquée-joyau », à la beauté et la finesse de son travail.

Diwan-i-Am

En sortant de la mosquée, reprendre à dr. la galerie ; accès direct par un passage.

Cette immense salle des audiences publiques où se réglaient les affaires courantes de l'État et la justice a été construite en grès rouge partiellement revêtu de stuc. D'élégantes colonnes la divisent en trois parties principales. Les piliers extérieurs sont jumelés. Le trône impérial était placé sur une loge surélevée au fond de la salle. On peut encore en admirer les **murs en marbre blanc** dans lequel sont serties, selon la technique traditionnelle de la ***pietra dura***, des pierres semi-précieuses. Un peu plus bas, une plate-forme était réservée aux ministres et hauts dignitaires de la cour. Notables et riches négociants se tenaient aux pieds de cette plate-forme, tandis que le petit peuple assistait aux audiences à l'extérieur de la salle.

Mina Bazar

On ne sait pas exactement dans quelle partie du palais se déroulait le « bazar fantaisie » que décrivent certains documents et mémoires de l'époque de Shah Jahan et de ses successeurs. C'était une sorte de jeu au cours duquel, dit-on, les dames et nobles demoiselles de la cour s'amusaient à vendre châles, étoffes précieuses et bijoux à l'empereur et à ses dignitaires. Toutefois, la stricte coutume du *pardah* (réclusion des femmes de la noblesse moghole) laisse planer un doute sur l'existence réelle de ce jeu. Selon la légende, c'est là que l'empereur aurait vu pour la première fois celle qui allait devenir son épouse, Mumtaz Mahal (→ *encadré p. 346*).

Moti Masjid**

La mosquée de la Perle fut bâtie par Shah Jahan au milieu du XVIIe s. Également tout en marbre, elle ressemble, en plus majestueux et plus élaboré, à la Nagina Masjid, et devait être la mosquée principale du fort. Fermée à la visite depuis de nombreuses années, elle ne laisse voir au-dessus du mur d'enceinte que ces trois élégantes coupoles de marbre blanc.

En sortant du fort par la porte d'Amar Singh, vous pourrez aller jeter un œil à la Jama Masjid avant de prendre un rickshaw pour vous promener dans la vieille ville au N.-O. du fort.

Jama Masjid C2

Contemporaine (milieu du XVIIe s.) et proche par sa structure de la Jama Masjid de Delhi, la mosquée de la Congrégation, souvent appelée par erreur la mosquée du Vendredi (Juma Masjid), se trouve au milieu de la vieille ville, près d'un marché aux fruits et aux légumes. Mais ce beau monument en piteux état attend encore une restauration qui le mettrait à nouveau en valeur.

À voir encore

Ram Bagh* D1

Ouv. t.l.j. du lever au coucher du soleil.

Il reste peu de choses du jardin qui fut aménagé par Babur dès sa conquête d'Agra et de ses environs (1526). On pourra en apercevoir une partie en franchissant le pont qui mène à l'autre rive de la Yamuna. Les deux kiosques à piliers au bord de l'eau furent érigés au début du XVIIe s., à l'époque de l'empereur Jahangir.

Chini-ki-Rauza* D1

Ouv. t.l.j. du lever au coucher du soleil • entrée payante.

Au milieu de beaux jardins des pépiniéristes du quartier, ce mausolée s'inspire essentiellement du style persan largement imité en Asie centrale. Construit entre 1628 et 1639, il abrite la sépulture d'un poète persan, originaire de Chiraz qui devint ministre de Shah Jahan. Contrairement à la plupart des monuments de cette époque où peintures et incrustations ornaient le marbre et le grès, on est revenu ici au **décor de céramiques** (*chini*, mot qui rappelle l'origine de cette technique) dont l'Inde a peu fait usage et qui connut une vogue passagère au XVe s et au début du XVIe s.

Précieuse marqueterie

L'art de la ***pietra dura***, héritière des mosaïques dites « byzantines », naquit à Rome vers le milieu du XVIe s. Les incrustations de pierres semi-précieuses que l'on peut admirer à Agra (l'art du *pachchikari*) sont inspirées du style florentin qui connut son épanouissement à la fin du XVIe s. grâce aux Médicis. Les artisans indiens apprirent vite cette technique difficile, qui consiste à creuser le marbre avec un instrument à pointe très fine et à y insérer de tout petits morceaux de pierres semi-précieuses taillés à la meule selon la technique traditionnelle et dont la forme correspond au dessin en creux dans le marbre. Aux motifs géométriques évoquant une mosaïque, que l'on peut voir au tombeau d'Akbar, succèdent les motifs floraux plus raffinés du Taj et des forts de Delhi, Agra et Lahore. Lapis, turquoise, cornaline, corail, jade, malachite et onyx sont utilisés à profusion. À partir de 1630, la *pietra dura* apparaît, comme c'est le cas d'abord en Italie, sur des panneaux et objets décoratifs. Le *zardozi*, véritable broderie faite de pierres précieuses et semi-précieuses insérées dans des étoffes ornementales, est un autre art qui fleurit à Agra à l'époque moghole.

■ Le mausolée d'Itimad-ud-Daula*** C1

Ouv. t.l.j. du lever au coucher du soleil • entrée payante.

Bâti en 1626, ce magnifique mausolée de marbre blanc abrite la tombe du noble persan **Mirza Ghiyas Beg**, qui reçut de Jahangir le titre d'Itimad-ud-Daula (« pilier de l'État »). Il fut érigé par sa fille, principale épouse de Jahangir, Nur Jahan. Ministre et général, son frère Asa Khan, dont la fille n'était autre que la fameuse Mumtaz Mahal *(→ encadré p. 346)*, fut plus tard nommé vizir de l'empire. Jahangir, qui préférait se consacrer aux arts, aux plaisirs de la chasse et de la table, laissa pratiquement l'administration de son empire aux mains d'Itimad-ud-Daula et de sa famille.

Le monument est un tombeau-jardin classique : la tombe se trouve au milieu d'un jardin divisé en quatre carrés et traversé par des canaux. Son plan carré et ses dimensions plus modestes lui confèrent moins de grâce et de légèreté que le Taj Mahal. On admirera pourtant les proportions parfaites du monument et le raffinement de sa décoration. Le corps central de l'édifice est flanqué de tours octogonales et surmonté d'un pavillon carré abritant les cénotaphes d'Itimad-ud-Daula et de son épouse. Conformément à la coutume moghole, il s'agit en effet d'un double tombeau.

• **L'extérieur** du monument est une précieuse **marqueterie***** : vases, coupes et cyprès faits de morceaux d'agate et de marbres jaune et noir incrustés se succèdent en un splendide camaïeu de gris et beige. Ces décorations forment un élégant leitmotiv répété à intervalles réguliers sur les murs.

• **L'intérieur** se compose d'une série de passages et de salles funéraires annexes disposés symétriquement autour de la chambre principale, où se trouvent les pierres tombales du « pilier de l'État » et de son épouse, érigés dans un beau marbre jaune. Des restes de peintures ornent encore murs et plafonds. Ici, contrairement au Taj, on peut visiter les vrais tombeaux alors que le 1er étage est fermé à la visite.

Environs d'Agra

■ Sikandra* *8 km N.-O. par la route de Delhi* h. pl. par A1

Sikandra, la cité fondée par le sultan Sikandar Lodi (r. 1488-1516), n'est plus qu'une banlieue d'Agra. Elle abrite le tombeau d'Akbar, que l'on considère généralement comme le plus grand empereur moghol (1556-1605).

• **Guru-ka-Taal** *(à la sortie d'Agra en direction de Delhi • ôter ses chaussures et chaussettes en bas des marches et se couvrir la tête (foulards mis à la disposition des visiteurs).* Vous verrez d'abord sur la route nationale un ensemble de **monuments** blancs à coupoles : il s'agit d'un *gurudwara* érigé dans les années 1970 en hommage au 9e gourou sikh Tegh Bahadur, qui, en 1675, se rendit en cet endroit à l'empereur moghol Aurangzeb ; celui-ci le fit décapiter. C'est aujourd'hui un important lieu de pèlerinage pour les sikhs. En fin de matinée et le soir, vous pourrez assister et même participer au pittoresque *langar*, repas communautaire offert à tous les voyageurs qui le souhaitent. On vous laissera aussi visiter les cuisines où des plats végétariens cuisent dans d'énormes chaudrons et où les volontaires préparent des centaines de galettes de blé.

• **Le tombeau d'Akbar*** *(10 km N.-O. sur la route de Delhi • ouv. du lever au coucher du soleil • entrée payante).*

Le tombeau se trouve au milieu d'un vaste jardin divisé en quatre carrés et traversé de canaux. Construit par l'empereur Akbar lui-même, il fut achevé par son fils Jahangir en 1613. Sa forme massive évoquant une pyramide tronquée

▲ La décoration du portail du tombeau d'Akbar est faite de mosaïques de marbre blanc, remarquable travail d'incrustation dont le style diffère notablement de celui du tombeau d'Itimad-ud-Daula et du Taj Mahal qui lui sont postérieurs.

contraste avec l'élégance de la porte. Trois pavillons à arcades de grès rouge superposés dont les dimensions vont en diminuant sont couronnés d'un dernier étage en marbre construit par Jahangir et entouré d'un bel écran ajouré.

L'entrée, qui est sans conteste la partie la plus réussie du monument, se remarque de loin : c'est un **portail**★★ monumental en grès rouge d'une grande beauté. La structure générale du monument ressemble en plus grand à celle du Panch Mahal de Fatehpur Sikri, elle-même inspirée des temples rupestres à deux ou trois étages que l'on peut encore voir notamment à Ellora (État du Maharashtra). Mais malgré son originalité, l'architecture du mausolée manque d'unité et de légèreté. L'accès à la tombe se fait par un passage aménagé dans l'alcôve S. (faisant face à l'entrée). On peut voir des **restes de peintures** dans la salle qui précède le couloir menant vers la chambre funéraire. Aucune trace de décoration ne subsiste dans la salle centrale abritant le tombeau d'Akbar, qui fut pillé et profané par les Jats en 1691 *(→ encadré p. 388)*.

• **Le tombeau de Mariam** *(de l'autre côté de la route)*.

Cet édifice de grès rouge à deux étages est le tombeau de Mariam-uz-zamani, l'épouse rajpute d'Akbar, édifié à sa mort en 1623 par son fils, l'empereur Jahangir. Aujourd'hui à l'abandon, ce dut être un très beau monument, à en juger par les restes d'incrustations de marbres et de céramiques qui le décorent.

Sa situation dans le jardin de la Church Missionary Society et le fait qu'il s'agisse apparemment d'une vraie tombe a donné naissance à une légende populaire : Mariam ne serait pas le nom de cour de l'épouse rajpute d'Akbar mais celui d'une chrétienne de Goa... C'est oublier que la société missionnaire est une création beaucoup plus tardive. D'autre part, on sait que, même sans changer de religion, les épouses des souverains, comme les disciples hindous des soufis *(→ théma p. 270-271)*, étaient souvent enterrées.

Né à Amritsar dans le Pendjab, Tegh Bahadur (« puissant de l'épée ») était le fils du 6ᵉ gourou des sikhs, Hargobind. Préférant une vie de méditation, il résida 27 années dans le village de Bakala jusqu'à ce que le jeune gourou Har Krishan le désigne comme successeur sur son lit de mort (ce dernier avait huit ans !). Confronté aux ambitions prosélytes d'Aurangzeb, Tegh Bahadur prit la défense de brahmanes du Cachemire, assurant que tous abandonneraient l'hindouisme si les maîtres de Delhi arrivaient à le convertir à l'islam. Convoqué à la capitale moghole, il subit le martyre sans jamais abjurer sa foi.

Delhi★

Situation : à 200 km N.-O d'Agra, 258 km N.-E. de Jaipur.

Alt. 293 m ; mousson (très atténuée) de juil. à sept. • 17 000 000 hab. (estimation 2009) • Capitale de l'Inde, siège du gouvernement et du Parlement.

☎ 011.

ⓘ Government of India Tourist Office, 88 Janpath (I C3) ☎ 23-32-00-05 ; ouv. t.l.j. sf dim., du lun. au ven. 9 h-18 h, sam. 9 h-14 h.

• Bureaux également à l'aéroport national ☎ 25-67-52-96 et à l'aéroport international ☎ 25-69-11-71.

À ne pas manquer

Le tombeau d'Humayun★★★	374
Le fort Rouge★★	364
Le Musée national★★	370
Raj Path★	369

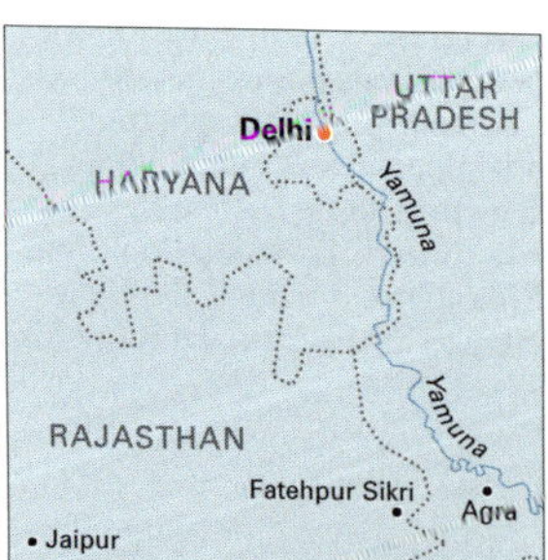

Bien que baignée par les eaux saintes de la Yamuna, Delhi ne possède ni *ghat,* ni temples vénérables. Elle n'est pas une ville de tradition hindoue mais un ensemble de capitales successives fondées par les conquérants de l'Inde du Nord. Tous étaient musulmans à l'exception des derniers arrivés, les Britanniques, qui firent d'une ville entièrement nouvelle, New Delhi, la capitale de leurs possessions indiennes. Siège du gouvernement et des institutions depuis l'indépendance, Delhi s'est également affirmée depuis une vingtaine d'années comme un pôle économique majeur. Pour preuve les zones industrielles des périphéries, les hauts immeubles de verre du centre-ville et les centres commerciaux flambants neufs fréquentés par une classe moyenne toujours plus nombreuse. Une plongée dans l'Inde du XXIe s. d'où surgissent les vestiges d'un long passé, tel le tombeau d'Humayun, l'une des merveilles de l'architecture moghole.

Delhi mode d'emploi

■ Arrivée

En train. La capitale est dotée de trois gares : **New Delhi Railway Station** (la gare centrale) I C3 **Old Delhi Railway Station** I C2 et **Nizam-ud-Din Railway Station** h. pl. II par D2. Les trains font escale dans l'une ou l'autre selon les destinations. Si un représentant d'une agence de voyages doit vous attendre à l'arrivée, faites-vous préciser la gare. À la New Delhi Railway Station, vous trouverez un service de *pre-paid taxis* (taxis pré-payés), à utiliser impérativement (ne pas faire appel aux taxis en maraude à la sortie de la gare) : on y règle la course puis, muni d'un bon, on est dirigé vers le taxi qui vous prend en charge ; des porteurs sont présents dans toutes les gares. Rens. et rés. pour les étrangers seulement : ***International Tourist Bureau***, New Delhi Railway Station (1er étage) ☎ 23-34-68-04 ; ouv. t.l.j. 8 h-20 h, dim. jusqu'à 14 h. On peut y réserver et acheter des billets au départ des trois gares. Delhi est reliée à toutes les grandes agglomérations du pays.

En bus. **Inter State Bus Terminal**, Kashmiri Gate I C1 ☎ 23-86-44-70. Lignes régulières vers le Rajasthan, le Gujarat, le Jammu-Cachemire, l'Himachal Pradesh, l'Haryana, le Pendjab, l'Uttar Pradesh.

En avion. L'aéroport **Indira Gandhi** se trouve à 20 km au S.-O. du centre-ville h. pl. II par A3 (prévoir de 45 mn à 1 h de trajet en taxi, 20 mn en métro). Il compte deux terminaux (international et national) distants d'environ 5 km (navettes gratuites). International : rens. ☎ 47-19-70-01 ; arrivée des vols (répondeur automatique) ☎ 25-60-29-99 ; national : ☎ 25-66-10-00. Dans les deux terminaux, vous trouverez un bureau de change ainsi qu'un guichet de *pre-paid taxis* à utiliser impérativement (ici aussi, ne pas se fier aux taxis en maraude à la sortie du terminal).

■ S'orienter

Connaught Place I C3 est le pivot entre New Delhi, au S., avec ses larges avenues, ses nombreux hôtels et ses majestueux bâtiments, et Delhi, au N., aux ruelles encombrées et populeuses. Autour de cette place, qui est le centre commerçant de la ville, sont regroupées les principales agences de voyages et compagnies aériennes. C'est ici que se trouve le bureau du tourisme.

■ Se déplacer

Taxis et rickshaws. Delhi est une ville extrêmement étendue : à l'exception du quartier de Connaught Place que l'on peut parcourir à pied, il est nécessaire de prendre un rickshaw ou un taxi pour se déplacer de site en site. Vous trouverez toujours un véhicule après votre visite, inutile donc de demander qu'on vous attende. Comptez env. 100 roupies pour une course en taxi en ville, la moitié en rickshaw. Toujours négocier le prix avant le départ. En cas de litige, appelez ☎ 23-37-88-88 (heures de bureau). Évitez les bus, toujours bondés.

Métro. Delhi possède désormais son métro ultramoderne, comptant trois lignes. En 2010, les lignes 2 et 3 ont été prolongées jusqu'aux deux terminaux de l'aéroport : liaison directe avec Connaught Place (appelée officiellement Rajiv Chowk). Les billets sont en vente dans les stations (de 6 à 22 roupies selon le trajet). On trouve également des cartes permettant d'emprunter librement le réseau pendant 1 ou 3 jours pour respectivement 70 et 200 roupies. Cependant, le réseau permet essentiellement de relier les quartiers résidentiels des périphéries au centre et n'est pas d'un grand intérêt pour les touristes partant à la découverte de la ville.

■ Combien de temps

En une journée, on peut avoir fait le tour des principaux sites de la ville : le fort Rouge, le tombeau d'Humayun et le Qutb Minar, en passant par Rashtrapati Bhavan. On peut terminer la journée par une promenade autour de Connaught Place et Janpath. Deux jours permettent en outre de visiter le Musée national et de se réserver du temps pour flâner à Haus Khaz ou dans le sanctuaire de Nizam-ud-din, ou faire des achats dans les magasins d'État le long de Baba Kharak Singh Marg.

■ Adresses utiles

Agences de voyages. ***KT Holidays***, 402 Saraswati House, 27 Nehru Place h. pl. II par D3 ☎ 26-47-71-04 ; réservations hôtelières, billets d'avion • ***Lawrence Travels***, Chanderlock Building, Janpath I C3 ☎ 23-35-31-55 ; location de voitures, réservations d'hôtels et de train.

Ambassades et consulats. ***France*** : 2/50-E, Shantipath, Chanakyapuri II A2 ☎ 24-19-61-00 • ***Belgique*** : 50-N Shantipath, Chanakyapuri II A3 ☎ 42-42-80-00 • ***Canada*** : 7/8 Shantipath, Chanakyapuri II A3 ☎ 41-78-20-00 • ***Suisse*** : Nyaya Marg, Chanakyapuri II A2 ☎ 26-87-83-72.

Change. Distributeurs dans toute la ville, nombreux bureaux de change à Connaught Place.

Compagnies aériennes. ***Air France***, 7 Atma Ram House, Connaught Place I C3 ☎ 23-31-00-68 • ***Indian Airlines***, Malhotra Building, Connaught Place I C3 ☎ 24-63-13-37 • ***Air India***, Jeevan Bharati Building, Sansad Marg, Connaught Place I C3 ☎ 23-73-12-25 • ***Jet Airways***, N40, Block. N, Outer Circle, Connaught Place I C3 ☎ 39-89-33-33 (24 h/24).

Poste. ***General Post Office*** (GPO), Baba Kharak Singh Marg II B1 ☎ 23-74-36-02.

Radio-taxis. ***Delhi Cab*** ☎ 44-33-32-22 • ***Easy Cab*** ☎ 43-43-43-43 • ***Quick Cab*** ☎ 45-33-33-33.

Urgences. ***Apollo Indraprastha Hospital***, Sarita Vihar, Mathura Rd h. pl. II par D3 ☎ 26-92-58-58 ; urgences (équipement type SAMU) ☎ 1066 ; établissement moderne au standard occidental • Pharmacie 24/24 ***Chemico Chimist***, H 45 Connaught Place I C3 ☎ 23-32-18-74.

■ Fêtes et manifestations

26 janvier. ***Republic Day***. Cet anniversaire de la proclamation de la République indienne (1950) prend un lustre particulier dans la capitale de l'Union : gigantesque défilé militaire sur Raj Path, suivi de la parade des États de l'Inde dont les participants ont revêtu les plus beaux atours de leur région d'origine.

15 août. ***Fête de l'Indépendance*** : discours du Premier ministre au fort Rouge devant des centaines de milliers de personnes. Ce jour-là, la ville est quasiment bouclée par les forces de sécurité et il est très difficile de circuler dans le centre-ville.

Septembre. ***Phoolwalon ki Sair*** (dates variables ; 2 jours) ; festival très coloré des vendeurs de fleurs : une immense procession part de Mehrauli, non loin du Qutb Minar pour se rendre au *dargah* de Nizam-ud-din : une fête célébrée ensemble par les hindous et les musulmans.

Octobre-novembre. ***Qutb Festival***. Pendant trois jours, festival de musique traditionnelle dans le cadre prestigieux du Qutb Minar.

Delhi dans l'histoire

Des capitales éphémères

Son nom, Delhi le doit à une cité dont rien ne subsiste : Dilli, capitale d'un royaume hindou, fondée au XIe s. La première cité musulmane, il faut aller la chercher à une dizaine de kilomètres au S. du centre-ville : c'est le site appelé Qutb Minar, fondé à la fin du XIIe s. Jusqu'au règne de Shah Jahan au XVIIe s., les maîtres successifs de Delhi voudront marquer leur règne en fondant de nouvelles capitales, la plupart aussi éphémères que leur dynastie. De nombreux vestiges en subsistent dans le S. de la ville (tombeaux romantiques, murailles, bassins…). Lorsque Babur, le premier des Grands Moghols, s'empare de l'Inde du Nord en 1526, il néglige Delhi et choisit Agra pour capitale. Ses successeurs font de même jusqu'à Shah Jahan (r. 1628-1658), qui transporte la cour à Delhi : le fort Rouge et la Jama Masjid sont construits ; c'est l'origine de la vieille ville actuelle.

La pompe britannique

Après la mort d'Aurangzeb (1707), le dernier des Grands Moghols, les maîtres de Delhi voient le pouvoir leur échapper peu à peu. Toujours parés du titre d'empereur, ils ne règnent plus en fait que sur leur capitale et ses faubourgs, sous l'œil des Britanniques installés dans leurs quartiers du nord de la vieille ville, les *Civil Lines*. La révolte des Cipayes en 1857 *(→ encadré p. 365)* marque un tournant décisif : le dernier Moghol Bahadur Shah, poussé à la tête des insurgés, est déposé par les Britanniques après l'échec de l'insurrection. En 1877, au cours d'une visite mémorable, la reine Victoria est proclamée impératrice des Indes à Delhi. Pourtant, Calcutta reste la capitale des possessions britanniques. Ce n'est qu'en 1911 qu'est annoncée la décision de transférer la capitale à Delhi. L'architecte Edward Lutyens est chargé de dessiner les plans d'une nouvelle cité au S. de la vieille ville. New Delhi est officiellement inaugurée en 1931 : un ensemble aéré de larges avenues, où s'alignent les somptueux bungalows des fonctionnaires coloniaux, dominés par la coupole du palais du vice-roi, aujourd'hui le Rashtrapati Bhavan, la résidence du président de la République.

Delhi aujourd'hui

Capitale de l'Union indienne, Delhi constitue depuis 1956 un Territoire de l'Union indépendante des États de l'Inde. Avec un million d'habitants à l'indépendance, Delhi en compte près de 17 millions en 2010. On estime que 700 personnes venues des États déshérités de l'Inde du Nord vien-

Delhi est une ville nomade : du XIIe s. jusqu'à la Nouvelle Delhi, sept cités se sont succédé en divers lieux de cette vaste plaine traversée par les eaux sacrées de la Yamuna. Toutes, à l'exception de la Nouvelle Delhi britannique, ont été fondées par des conquérants musulmans. Et le nomadisme continue puisque vers l'O., au-delà de l'aéroport, la ville nouvelle de Gurgaon rassemble déjà plusieurs centaines de milliers d'habitants.

▼ Bidonville à Gurgaon, une ville en plein essor située à une vingtaine de km au S.-E. de Delhi, et qui est aujourd'hui l'un des plus grands centres d'affaires d'Inde.

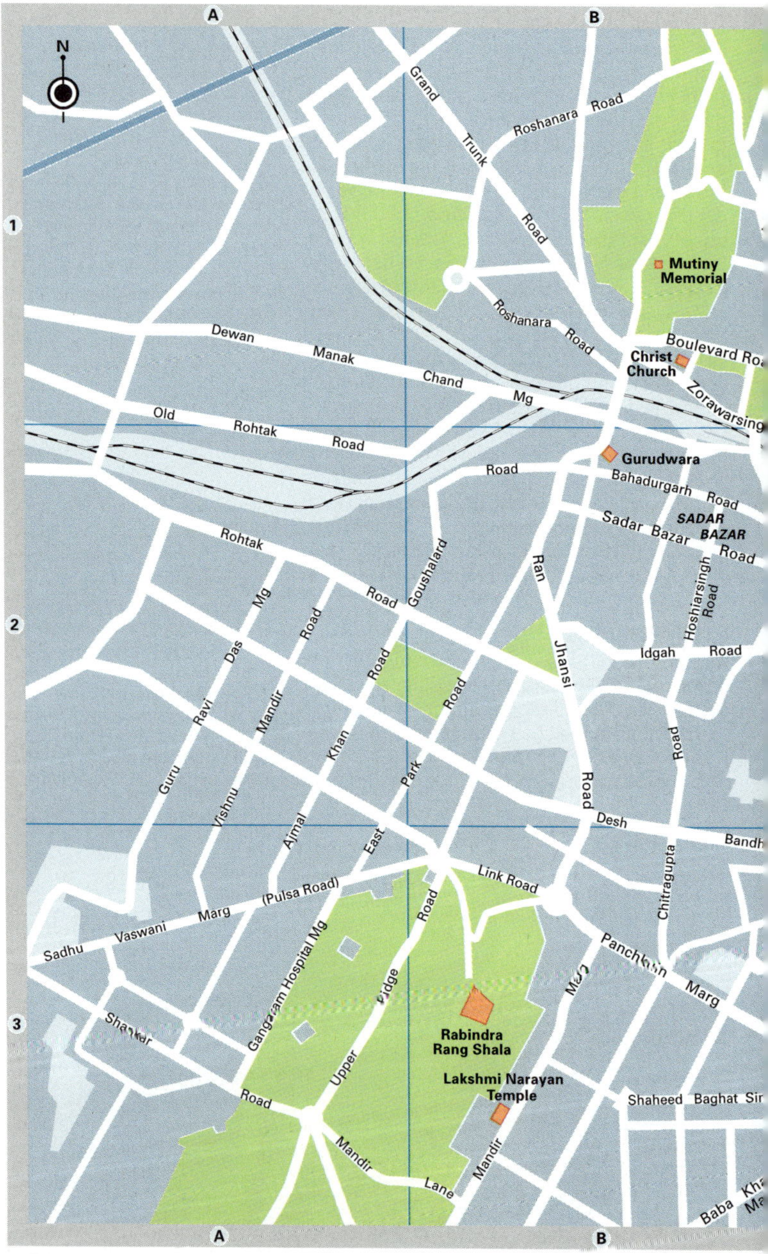
A
B
N
1
2
3
Grand Trunk Road
Roshanara Road
Mutiny Memorial
Roshanara Road
Boulevard Ro
Christ Church
Zorawarsing
Dewan Manak Chand Mg
Old Rohtak Road
Gurudwara
Road
Bahadurgarh Road
SADAR BAZAR
Sadar Bazar Road
Rohtak Road
Goushalard
Ran Jhansi Road
Hoshiarsingh Road
Idgah Road
Das Mg
Road
Road
Road
Ravi
Mandir
Khan
Park
Guru
Vishnu
Ajmal
East
Road
Desh Bandh
Chitragupta
Link Road
(Pulsa Road)
Sadhu Vaswani Marg
Road
Ridge
Upper
Gangaram Hospital Mg
Panchkuin Marg
Marg
Rabindra Rang Shala
Lakshmi Narayan Temple
Road
Shaheed Baghat Sir
Mandir Lane
Mandir
Baba Kh
M

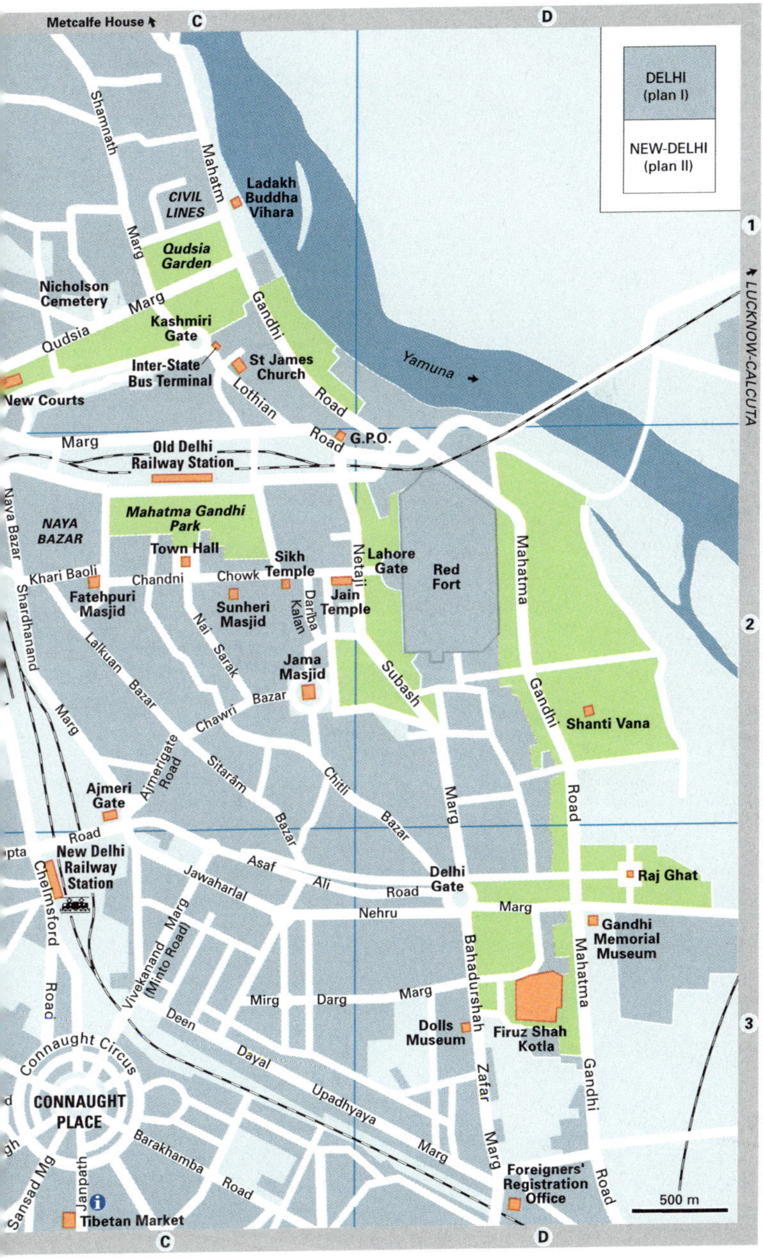
Metcalfe House
C
D
DELHI (plan I)
NEW-DELHI (plan II)
1
2
3
LUCKNOW-CALCUTA
Shamnath Marg
CIVIL LINES
Mahatm Gandhi Road
Ladakh Buddha Vihara
Qudsia Garden
Nicholson Cemetery
Qudsia Marg
Kashmiri Gate
Inter-State Bus Terminal
St James Church
Lothian Road
New Courts
Yamuna
G.P.O.
Marg
Old Delhi Railway Station
Mahatma Gandhi Park
NAYA BAZAR
Nava Bazar
Town Hall
Sikh Temple
Lahore Gate
Red Fort
Netaji Subash Marg
Khari Baoli
Chandni Chowk
Fatehpuri Masjid
Sunheri Masjid
Dariba Kalan
Jain Temple
Mahatma Gandhi Road
Shardhanand Marg
Lalkuan Bazar
Nai Sarak
Jama Masjid
Chawri Bazar
Shanti Vana
Ajmerigate Road
Sitaram Bazar
Chitli Bazar
Ajmeri Gate
Road
New Delhi Railway Station
Chelmsford Road
Asaf Ali Road
Jawaharlal Nehru Marg
Delhi Gate
Raj Ghat
Gandhi Memorial Museum
Vivekanand Marg (Minto Road)
Mirg Darg Marg
Bahadurshah Zafar Marg
Dolls Museum
Firuz Shah Kotla
Deen Dayal Upadhyaya Marg
Connaught Circus
CONNAUGHT PLACE
Barakhamba Road
Sansad Mg
Janpath
Tibetan Market
Foreigners' Registration Office
500 m

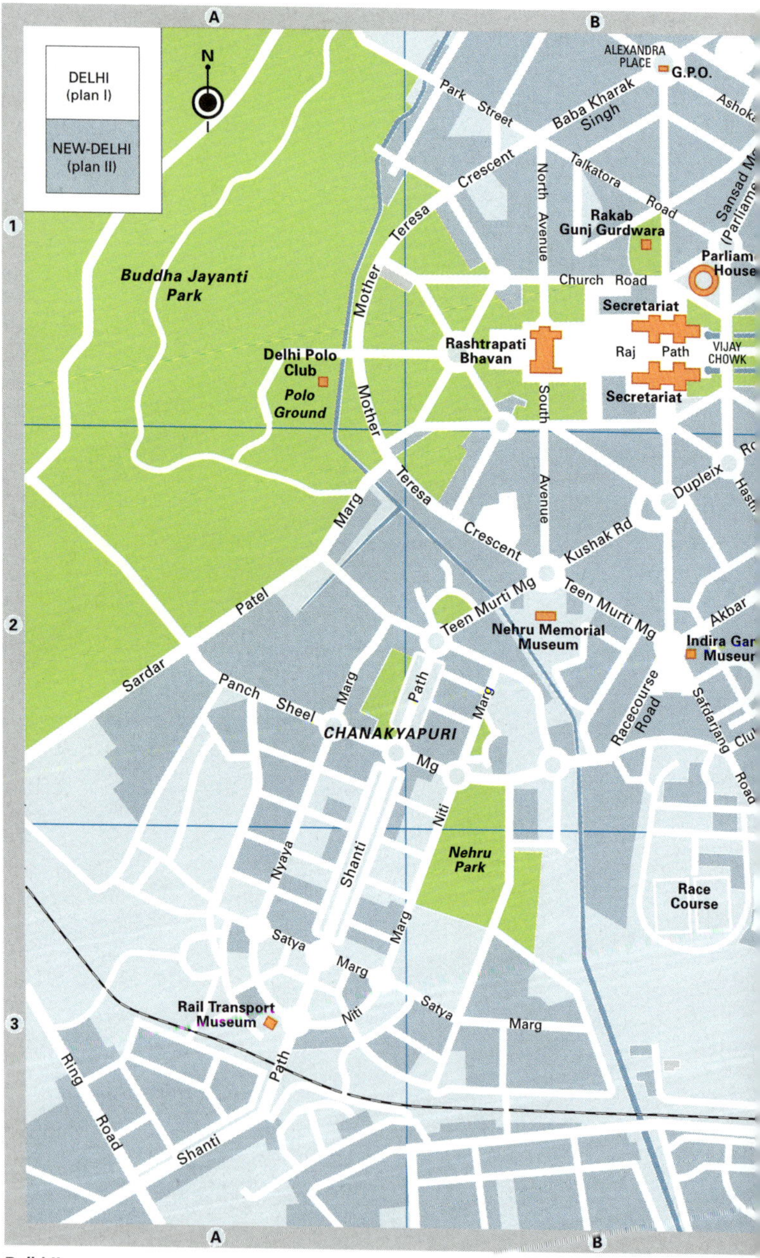
A
B
1
2
3
N
DELHI
(plan I)
NEW-DELHI
(plan II)
ALEXANDRA PLACE
G.P.O.
Park Street
Baba Kharak Singh
Talkatora Road
Crescent
Mother Teresa Crescent
North Avenue
South Avenue
Rakab Gunj Gurdwara
Church Road
Parliament House
Secretariat
Rashtrapati Bhavan
Raj Path
VIJAY CHOWK
Buddha Jayanti Park
Delhi Polo Club
Polo Ground
Dupleix
Kushak Rd
Teen Murti Mg
Nehru Memorial Museum
Akbar
Racecourse Road
Safdarjang Road
Patel
Sardar
Marg
Panch Sheel Marg
Path
CHANAKYAPURI
Mg
Niti
Nyaya
Shanti
Nehru Park
Race Course
Satya Marg
Niti
Rail Transport Museum
Path
Ring Road
Shanti

Delhi II

C
D
Jantar Mantar
Western Court
Eastern Court
Rabindra Bhavan
Supreme Court
Kasturba Gandhi Marg (Curzon Road)
Copernicus Road
Firoz Shah Road
WINDSOR PLACE
Ashoka Road
Tilak Marg
Mathura Road
Mahatma Gandhi Road
Purana Qila Rd
Rajendra Prasad Road
Exhibitions Ground
National Stadium
Crafts Museum
National Archives
Janpath
Raj Path
War Memorial
India Gate
Qila-i-Kohna Masjid (Sher Shah's Mosque)
Purana Qila (Old Fort)
Sher Manzil
National Museum
National Gallery
Moti Lal Nehru Marg
Akbar Road
Man Singh Rd
Shahjahan Road
Pandara Road
Dr. Zakir Hussain Road
MOTI LAL NEHRU PLACE
Zoological Garden
Humayun Road
January South End Rd
Aurangzeb Road
Cornwallis Road
Delhi Golf Course
Sundar Nursery
Tomb of Sikandar Lodi
Lodi Estate Road
Ghalib's Tomb
Humayun's Tomb
Prithviraj Road
Lodi Road
Arab-ki-Sarai
Nizam-ud-Din Dargah
Lodi Garden
Tibet House
Fourth Avenue
Safdarjang's Tomb
AGRA
LODI COLONY
JANGPURA
Sri
Mar
500 m
Qutb Minar
1
2
3

Delhi

Les ancêtres de Delhi

À la première Delhi musulmane du Qutb Minar a succédé Siri, à quelques kilomètres au N.-E. de la précédente. Elle fut fondée par le célèbre Ala ud-din Khalji (r. 1296-1316), qui lança de furieuses campagnes contre le Rajasthan et le Gujarat. De cette ville au fabuleux palais de 1 000 colonnes, rien ne subsiste. En 1320, le nouveau maître de la place, Ghiyas-ud-din, décide la construction de sa propre capitale, Tughluqabad. Faute d'eau, elle est abandonnée cinq ans plus tard. Ces imposantes murailles se dressent encore sur leur éminence naturelle, à l'est du Qutb Minar. En 1325, une quatrième cité est fondée : elle ne vivra que deux ans, le sultan ayant intimé l'ordre à ses habitants d'émigrer dans une nouvelle ville, à 1 200 km de là. Des milliers d'habitants périrent au cours de cet exode insensé. La cinquième cité, Firuzabad, fondée dans la seconde partie du XIVe s., ne subsiste plus que dans les chroniques. C'est à l'usurpateur Sher Shah (r. 1540-1545), qui chassa le Moghol Humayun de son trône, que Delhi doit sa sixième ville : Shergarh, construite autour du Purana Qila, à l'E. de New Delhi.

La ville était entourée d'un mur d'enceinte de près de 9 km de long ; il en subsiste d'importants tronçons, principalement du côté du fleuve, et quelques portes aujourd'hui isolées comme Delhi Gate.

nent chaque jour grossir la population de la capitale. Ainsi, en marge des nouveaux quartiers (les Colonies) qui se déploient en couronne autour de la ville historique, la capitale possède également son lot de bidonvilles et d'habitat précaire jusqu'en plein cœur de la ville. En effet, à côté de son rôle administratif, Delhi s'est imposé comme une capitale économique majeure du pays. Son revenu par habitant est supérieur à celui de Bombay. Si les services demeurent la première source de richesses (80 %), l'industrie n'est pas absente (textile, automobile). La tenue des Jeux du Commonwealth en 2010 a donné lieu à d'importants travaux, comme la prolongation du métro jusqu'à l'aéroport ou la création d'une rocade pour désengorger le trafic automobile du centre-ville.

1 Delhi moghole★★★

Situation : I C-D 2

Cette promenade vous permettra de découvrir la ville créée par les Moghols au XVIIe s. Depuis cette époque, Chandni Chowk est resté le principal marché d'Old Delhi (certaines boutiques existaient déjà au XVIIIe s.). Cette large avenue aboutit au fort Rouge, l'imposant palais des derniers Moghols dont la visite est incontournable.

Combien de temps. Comptez quatre heures pour l'ensemble, deux pour le seul fort Rouge.

S'organiser. S'y rendre en taxi ou rickshaw (inutile de demander de vous attendre). En raison du trafic automobile, mieux vaut partir tôt le matin. Le dimanche matin, un marché aux puces se tient le long de Subash Marg I D2 : la circulation automobile est alors particulièrement difficile. Les boutiques de Chandni Chowk sont fermées le dimanche.

■ Red Fort★★ I D2

Ouv. t.l.j. sf lun. 8 h-17 h • entrée payante (150 roupies) ; les billets se prennent au guichet en avant de la porte d'entrée, en contrebas • 2 spectacles son et lumière en anglais chaque soir sf lun. : de fév. à avr. et en sept.-oct. à 20 h 30 et 21 h 30, de mai à août à 21 h et 22 h, de nov. à janv. de 7 h 30 à 8 h 30.

C'est Shah Jahan qui, abandonnant Agra, décida de transporter la cour à Delhi. À l'abri d'imposantes murailles, il fit aménager les traditionnels pavillons des palais moghols. De somptueux édifices de marbre aux murs et plafonds couverts d'or, d'argent et de pierres précieuses. Son dernier occupant, Bahadur Shah II, après avoir pris la tête de la révolte des Cipayes en 1857, fut déporté par les Anglais à Rangoon. Devenus maîtres incontestés de l'Inde, les Britanniques édifièrent des casernes à l'intérieur de l'enceinte. Après l'indépendance, elles ont été occupées par l'armée indienne jusqu'en 2003.

• **L'accès**. On entre dans le fort par la **porte de Lahore**, une barbacane ajoutée au temps d'Aurangzeb. Elle entoure une petite cour sur laquelle ouvre la porte originelle, celle de Shah Jahan. De là, on suit une longue allée, **Chatta Chowk**, bordée de magasins de souvenirs : une longue tradition puisque, au temps des Moghols, les marchands proposaient ici leurs merveilles aux occupants du palais : bijoux, soieries, brocarts, pierres précieuses... Chatta Chowk débouche sur une esplanade au fond de laquelle se dresse le **Nakkar Khana**, la maison des Tambours : des musiciens y rythmaient la vie du fort Rouge et accueillaient les hôtes illustres qui, parvenus à ce point, devaient descendre de leur monture. Avant de franchir le Nakkar Khana, les passionnés d'histoire pourront visiter *(à g. en sortant de Chatta Chowk)* une **exposition** consacrée la lutte de l'Inde pour son indépendance (Swatantra Sangam Sangrahalaya). On peut y voir notamment des objets ayant appartenu au dernier Moghol.

• **Diwan-i-Am****. Au fond du jardin qui fait suite au Nakkar Khana, un imposant bâtiment de grès rouge, le hall des Quarante colonnes, servait aux audiences publiques. L'« ombre de Dieu » y siégeait sur des coussins moelleux, depuis une estrade placée au centre du mur du fond, sous un dais de marbre au plafond recouvert d'or et aux murs incrustés de pierres précieuses. À ses côtés se tenaient les princes, tandis que, derrière lui, des eunuques de confiance agitaient sans cesse chasse-mouches et éventails. Son vizir était assis devant lui, à ses pieds, sur une plate-forme. À certaines occasions, le fabuleux **trône du Paon**, créé au XVIIe s. pour Shah Jahan, y était même apporté (il fut enlevé par Nadir Shah, l'aventurier persan qui délogea les Moghols et pilla Delhi en 1739). Notez la beauté du travail des incrustations du mur du fond (attribué à un artiste français) où Orphée, jouant de la flûte, charme oiseaux et fleurs.

La révolte des Cipayes

L'épisode est resté célèbre : en découvrant le nouveau fusil Enfield, les cipayes (troupes indigènes) découvrirent en même temps les cartouches qui l'équipaient. Elles étaient enduites d'une graisse animale, de vache ou de porc. De quoi en tout cas les rendre odieuses aux hindous comme aux musulmans. Le 10 mai 1857, les cipayes de Meerut se soulevèrent ; ils massacrèrent leurs officiers avant de fondre sur Delhi. Au fort Rouge, ils portèrent à leur tête Bahadur Shah, qui n'en demandait pas tant. De là, la révolte se répandit à travers toute l'Inde du Nord. Il fallut aux Britanniques le renfort de troupes venues du S. et de régiments sikhs restés loyaux pour venir à bout du soulèvement qu'appuyaient de nombreux princes dépouillés de leurs prérogatives. Après de terribles massacres de part et d'autre, la prise de Gwalior (le 10 juin 1858), où s'étaient réfugiés la *rani* (reine) de Jhansi et le dernier carré d'insoumis, mit un point final à la révolte. La même année, le gouvernement de Londres se substituait à la Compagnie des Indes *(→ encadré p. 206)* pour administrer les possessions britanniques dans le sous-continent. Les historiographes indiens voient dans cet épisode la première manifestation du combat anticolonialiste.

▲ Le Khas Mahal (à dr.) et le Diwan-i-Khas. Sur l'arche centrale de ce dernier bâtiment court une inscription en persan : « S'il est un paradis sur terre, il se trouve ici ».

• **La résidence impériale**. Derrière le Diwan-i-Am s'alignent, le long du front E. de l'enceinte, les pavillons réservés à l'empereur. En commençant par la dr., on trouve le **Mumtaz Mahal*** qui servait de résidence aux princesses. Il abrite aujourd'hui des collections de miniatures mogholes *(→ encadré p. 372)*, de tapis, de tissus et de porcelaines. On y verra également les portraits des Grands Moghols, d'Akbar à Aurangzeb. Le **Rang Mahal****, avec son bassin de marbre en forme de lotus épanoui, était le plus richement orné des appartements privés : son plafond était entièrement revêtu d'argent incrusté de fleurs d'or. Pour satisfaire les exigences de leurs sens alanguis, les derniers Moghols monnayèrent le somptueux revêtement. Le **Khas Mahal**, triple pavillon de marbre, abritait les appartements de l'empereur. Adjacente à la chambre à coucher du souverain, une tour, la Musammam Burj, lui permettait chaque matin d'apparaître à la foule en contrebas. Le **Diwan-i-Khas****, splendide écrin de marbre au plafond enrichi jadis de pierres précieuses, abritait le trône du Paon. C'est là que Bahadur Shah II fut proclamé empereur par les révoltés de 1857.

• **Les pavillons annexes**. À la suite du Diwan-i-Khas se font face deux édifices fermés à la visite : le **hammam** – où dit-on les fontaines déversaient de l'eau de rose –, et la **Moti Masjid**, un bijou de marbre édifié par Aurangzeb. Au-delà s'étend le **Hayat Baksh Bagh**, jardin moghol dont les parterres géométriques étaient plantés d'espèces multicolores. Au fond du jardin, un pavillon d'origine moghole, mais remanié par les Britanniques pour en faire un mess d'officiers, abrite un petit café-restaurant.

■ Jama Masjid* I C2

Ouv. t.l.j. du lever au coucher du soleil • entrée libre.

En plein cœur du bazar du vieux Delhi, cette immense mosquée (1650-1656) est la plus vaste de l'Inde. Érigée sur l'ordre de Shah Jahan, elle demanda six années et mobilisa 5 000 ouvriers pour être achevée. Des galeries bordent une immense cour sur laquelle s'ouvre la salle de prière. Au-dessus, trois énormes dômes bulbeux en marbre blanc, côtelés de rainures noires, offrent un saisissant contraste avec le grès rouge incrusté de marbre blanc du reste de l'édifice.

■ Chandni Chowk** I C2

Cette longue rue rectiligne fut l'axe principal de la ville moghole. Populeuse, vibrante, avec cette invraisemblable mêlée de voitures, de charrettes et de piétons, elle est restée la plus importante artère commerciale du vieux Delhi. Elle est bordée du côté g. par un **temple sikh**. Il fut élevé à l'endroit où l'avant-dernier gourou de la secte, Tegh Bahadur, fut décapité en 1675 sur l'ordre d'Aurangzeb. Lui fait suite **Sunehri Masjid**, la mosquée d'Or (1772), qui doit son nom à ses dômes dorés. On prétend que c'est du balcon qui donne sur le bazar que Nadir Shah, le conquérant de la ville en 1739, contempla le massacre perpétré par ses soldats : plusieurs dizaines de milliers d'habitants périrent ainsi sous les coups des Persans. Plus loin sur la dr., le **Town Hall** (ou Municipal Corporation) est un édifice de style colonial érigé en 1886. À l'extrémité de l'avenue, **Fatehpuri Masjid** fut bâtie en 1650 par la princesse Fatehpuri, l'une des épouses de Shah Jahan.

• **Les marchés**. En entrant dans Chandni Chowk depuis le fort Rouge, la troisième rue à g., **Dariba Kalan** (rue de la Perle incomparable), est la rue des bijoutiers et des orfèvres depuis la création de la ville. Autour de Fatehpuri Masjid se pressent les marchés alimentaires : le long de la façade N., **Khari Baoli** est le marché aux épices et aux fruits secs. Ouvrant à g. de ce marché, Gadodia Market est un bazar couvert qui abrite le marché de gros des épices. L'animation y est à son comble le matin entre 10 h et midi, lorsque des centaines de porteurs se bousculent dans les allées étroites.

♥ RESTAURANT

Karim, **Motia Mahal Bazar, Jama Masjid (I C2) ☎ 23-23-98-80 ; ouv. t.l.j. sans interruption de 7 h à minuit. Le temple des kebabs à Delhi. À ne pas manquer si vous êtes dans le coin, après la visite du fort Rouge par exemple.**

✎ À NOTER

Digambara Jain Mandir, **Jain Temple, sur Chandni Chowk (I C2) ; ouv. 10 h-17 h. Ce temple jaïn abrite un hospice qui recueille les oiseaux malades et infirmes. On peut y entrer (se déchausser) pour visiter à l'étage les salles où sont soignés les animaux. Dans la cour stationne une amusante cyclo-ambulance pour volatiles blessés.**

♥ SHOPPING

Ghantewala, **Chandni Chowk (I C2). À une vingtaine de mètres au-delà du temple sikh, cette confiserie est la plus ancienne (1790) et l'une des plus fameuses de la ville. Elle propose un amoncellement de délices sucrés et multicolores auxquels il est difficile de résister.**

Le trône du Paon

« Le grand trône est à peu près de la forme et de la grandeur de nos lits de camps. [...] Tant les pieds que les barres qui soutiennent le fond du trône, tout est revêtu d'or émaillé et enrichi de quantité de diamants, de rubis et d'émeraudes Au milieu de chaque barre on voit un gros rubis cabochon avec quatre émeraudes autour qui forment une croix carrée. Le long des barres se voient de semblables croix. Les places qui sont entre les rubis et les émeraudes sont couvertes de diamants. Il y aussi en quelques endroits des perles enchâssées dans l'or.

Je fis compte des gros rubis : il y en a environ 108, dont le moindre pèse 100 carats. Pour ce qui est des émeraudes, j'en comptai jusqu'à près de 160. Le fond du ciel est tout couvert de diamants et de perles avec une frange de perles tout autour. Au-dessus du ciel qui en fait une voûte à quatre pans on voit un paon qui a la queue relevée faite de saphirs bleus et autres pierres de couleur, le corps d'or émaillé de quelques pierreries. Des deux côtés du paon il y a un gros bouquet de la hauteur de cet oiseau fait de plusieurs sortes de feuilles d'or émaillées de pierreries. Du côté du trône qui regarde la cour pend un diamant de 90 carats avec des rubis et des émeraudes autour et quand le roi est assis, il a ce joyau droit à la vue. »

Jean-Baptiste Tavernier, 1676.

Delhi

1

▶ Dans les bazars de Chandni Chowk.

La prochaine rue à g., **Gali Batasha**, est celle des sucres, mais aussi des chutneys et des pickles ; les premiers sont acides et sucrés, les seconds acides et piquants.

2 New Delhi★★

Situation : I C3 et II B-C 3

Larges avenues aérées, immenses perspectives, les Britanniques avaient vu grand et majestueux pour leur nouvelle capitale. Dans le projet initial, le Raj Path constituait l'épine dorsale de New Delhi. Au nord et au sud devaient s'étendre deux quartiers conçus en triangle se terminant par une place monumentale. Seul le quartier nord fut achevé selon les plans prévus avec la construction de Connaught Place. C'est autour de cette dernière que l'on prendra plaisir à flâner, entre le marché tibétain de Janpath et les magasins d'artisanat des différents États de l'Inde de Baba Kharak Singh Marg.

Combien de temps. La découverte en taxi des grandes artères ne prendra pas plus de 30 mn, arrêts photo compris. Pour flâner autour de Connaught Place, prévoir un minimum d'1 h, 2 h pour la visite du Musée national.

Se déplacer. Si l'on est pressé, on pourra prendre un taxi entre Connaught Place et le Musée national en passant par Raj Path. À pied, compter 20 mn entre Connaught Place et Raj Path.

■ Connaught Circus★ I C3

Au point de rencontre de la ville ancienne et de la ville moderne, la place principale de la Nouvelle

Les tapis indiens

Moins réputés que leurs homologues turcs ou persans, les tapis indiens ont cependant une longue histoire. Le tapis noué commença d'être fabriqué en Inde sous le règne d'Akbar (1556-1605), qui fit appel à des artisans persans pour fabriquer les centaines de tapis destinés à couvrir le sol des salles de son palais de rêve, à Fatehpur Sikri. Agra devint la capitale du tapis indien. L'autre grand centre de production fut le Cachemire, le paradis frais et verdoyant où les Grands Moghols passaient les mois torrides de l'été. Le déclin de la dynastie entraîna celui de la production de tapis. Elle ne renaît qu'au milieu du XIXe s. sous l'impulsion de marchands anglais désireux de satisfaire la clientèle européenne. Le secteur du tapis reste encore important en Inde autour des principaux centres de production, Agra, le Cachemire et Jaipur. Largement inspiré des motifs persans, le tapis indien se distingue cependant par quelques particularités, qu'il soit de laine ou de soie, une spécialité du Cachemire. Les tons y sont plus doux, la couleur rose est très fréquente, les animaux représentés sont de préférence des oiseaux plutôt que les lions et les tigres persans. Au Cachemire, les artisans contemporains reproduisent des motifs de châles anciens.

Delhi devait être, aux yeux de ses architectes, le centre des échanges de la capitale indienne. Il s'agit d'un double cercle concentrique avec un parc au centre. Le cercle extérieur est appelé Connaught Circus, celui de l'intérieur, Connaught Place. Sur les façades intérieures et extérieures court une colonnade qu'on dirait importée d'une station thermale britannique. Magasins, agences de voyages et restaurants s'alignent sous les portiques. Autour de la place, le quartier est en pleine mutation, avec la construction de hauts immeubles de béton et de verre, abritant centres commerciaux et bureaux d'affaires. À proximité, deux endroits invitent au shopping : les **magasins d'artisanat des États de l'Inde** dans Baba Kharak Singh Marg I B-C3 *(prix fixes)* et le **Tibetan Market** I C3 *(un ferme marchandage s'impose)*. Pour être plus près des préoccupations quotidiennes des habitants, on peut descendre dans le **Palika Bazar**, un centre commercial souterrain *(accès par l'extrémité de Janpath)*.

■ Raj Path* II B-C1

Cette immense avenue longue de près de 3 km est l'épine dorsale de la Nouvelle Delhi britannique. Elle conduit vers l'O. au **Rashtrapati Bhavan** II B1 dressé sur Raisina Hill. Cet immense palais dessiné par sir Edward Lutyens fut achevé en 1929 pour servir de résidence au vice-roi des Indes. Un projet pharaonique avec ses 140 ha de jardins, ses 340 pièces, ses kilomètres de couloirs. C'est aujourd'hui le palais officiel du président de la République. En contrebas, les **Secretariats**, deux immenses édifices de part et d'autre de Raj Path, abritent les principaux ministères du gouver-

♥ RESTAURANT

Dilli Darbar, L-9, Connaught Place (I C3) ☎ 23-41-75-27 ; ouv. t.l.j. Cuisine traditionnelle du Nord de l'Inde.

♥ SHOPPING

• ***State Emporia***, Baba Kharak Singh Marg (I B-C3). Sur le trottoir de dr. de cette avenue en s'éloignant de Connaught Place, s'alignent les magasins d'artisanat d'une dizaine d'États indiens (f. le dimanche). L'occasion de découvrir les multiples facettes de l'artisanat du pays : celle aussi de se faire une idée du juste prix des articles proposés, les prix étant fixes.

• ***Tribes India***, Baba Kharak Singh Marg (I B-C3) ☎ 23-34-12-82. On propose ici des articles confectionnés par les populations tribales de l'Inde. C'est la vitrine d'un projet gouvernemental visant à sauvegarder les traditions locales et à permettre aux populations d'en vivre. Prix fixes.

◄ Raj Path, une artère impériale pour rejoindre India Gate, où repose le Soldat inconnu.

nement central. En retrait au N. s'élève le **Parlement**, un vaste bâtiment circulaire.
Vers l'E., Raj Path conduit à **India Gate** II C1, monumental arc élevé à la mémoire des 100 000 soldats indiens tombés pendant la Première Guerre mondiale. Il abrite le tombeau du Soldat inconnu.

À NE PAS MANQUER

Danseuse de Mohenjo-Daro**
Bodhisattva gupta**
Nataraja chola***
Bouddha gupta**
Les collections de miniatures**

■ National Museum** II C1

Sur Janpath • ouv. t.l.j. sf lun. 10 h-17 h • entrée payante comprenant le prêt d'un audioguide ; droit supplémentaire pour l'usage d'appareils photo et de caméras • cafétéria au 2e étage • prévoir 1 h 30 de visite.

Le Musée national présente au rez-de-chaussée un panorama très complet du passé du sous-continent au long d'un itinéraire chronologique qui se termine par les miniatures. Le 1er étage (histoire de la marine indienne) et le 2e étage (arts tribaux) sont de moindre intérêt.

Passé le hall d'entrée, on suit un couloir qui conduit à l'espace central circulaire. La visite commence à g.

Les collections d'histoire

• Galerie de Harappa

La civilisation de Harappa ou civilisation de l'Indus (→ *encadré p. 99*) s'épanouit entre les IIIe et IIe millénaire av. notre ère. Outre Harappa, au Pendjab, d'autres centres urbains avec leurs rues rectilignes, leurs systèmes de canalisation, leurs maisons et leurs ateliers, témoignent de cette brillante société d'artisans et de marchands : Mohenjo-Daro, aujourd'hui au Pakistan, Lothal et Dholavira, dans le Gujarat.
Immédiatement à dr. en entrant, une vitrine abrite l'une des œuvres emblématiques de cette période : une petite figurine de bronze, la **danseuse de Mohenjo-Daro****, fière et provocante, comme essoufflée par la danse qu'elle vient d'exécuter. Dans la seconde partie de la salle, vous verrez un **bœuf*** et un **rhinocéros*** en bronze montés sur des roulettes, sans doute des objets de culte. Les vitrines exposent des figurines en terre cuite où l'on devine encore l'empreinte du potier, des objets usuels, des récipients à fard, des poids ainsi que des **sceaux** *(au fond de la salle)* ; les plus anciens présentent des similitudes avec ceux de Sumer, témoins muets (les inscriptions portées par certains n'ont pas été déchiffrées) des relations entre l'Indus et la Mésopotamie.

• Galerie maurya, shunga et shatavahana

Les œuvres de pierre de la dynastie des Mauryas (IVe-IIIe s. av. J.-C.) se distinguent par la perfection de leur poli, illustrée par deux **têtes** de grès rouge *(côté g. de la salle)* provenant de Sarnath. Au centre de la salle, la dynastie des Shungas (v. 185 av. J.-C.–v. 70 de notre ère) est représentée par des fragments de la **balustrade du stupa de Barhut★**, monument bouddhiste situé dans le Madhya Pradesh : linteau sculpté d'une frise d'éléphants ainsi que deux piliers à médaillon. En arrière du linteau, un médaillon sculpté sur une **dalle** de grès rouge (Mathura) appartient à la même période : on y voit deux personnages juchés sur le dos d'un éléphant.

• **Galerie kushana**
La dynastie des Kushanas domina toute l'Inde du Nord du Ier au milieu du IIIe s. de notre ère. Originaires d'Asie centrale, les Kushanas importèrent en Inde l'art du Gandhara, appelé également gréco-bouddhique, où pour la première fois le Bouddha fut représenté sous des traits humains sous l'influence des canons esthétiques hellénistiques. Mathura fut un grand centre artistique de cette période. Sur le mur de g. est exposée une série de **bustes** en stuc des IIe et IIIe s., caractéristiques de la période ; on verra notamment la **figure d'un homme barbu**, comme un philosophe de l'Antiquité classique. À la suite, voir également un **Bouddha** de pierre noire, de provenance inconnue, vêtu d'une toge drapée à l'antique. À l'entrée de la salle, des reliefs représentent des scènes domestiques, des courtisans… (Mathura, IIe s.).

• **Galerie gupta** *(mur de g. de la salle suivante puis salle à g.)*
Cette puissante dynastie (IVe-VIe s. ; → *encadré p. 101*) marque un âge d'or : c'est l'art classique indien. Contre le mur sont exposées des **terres cuites** encadrées de deux statues de Ganga et de Yamuna juchées l'une sur son crocodile, l'autre sur sa tortue : elles flanquaient l'entrée d'un sanctuaire. Dans la salle, contre le mur de g., voir une remarquable **statue de *bodhisattva*★★** provenant de Sarnath (Ve s.), caractéristique de l'art gupta : visage plein et d'une infinie sérénité, esquisse d'un sourire, regard intérieur. À dr. du précédent, **Parvati**, le pied appuyé sur le taureau Nandi et tenant son fils Skanda sur les genoux. Contre le mur en face, autre remarquable **figure du Bouddha★** (Ve s., Sarnath), contre le mur du fond, Vishnou de mêmes époque et provenance.

• **Galerie du Moyen Âge** *(salle du mur des Guptas et salle suivante)*
Cette section offre un tour d'horizon des dynasties médiévales de l'Inde. Dans la première salle, le mur de g. présente un **linteau** provenant de Chittorgarh (dynastie des Pratiharas) et représentant les *navagraha*, les neuf planètes de la cosmogonie hindoue ; sur le mur du fond, gardiens de portes *(dvarapala)* aux yeux exorbités, à la manière des masques des danses indiennes (Inde du Sud, Chola, Xe s.). Dans la salle suivante, voir surtout les belles **sculptures hoysalas★** *(mur du fond)*, des œuvres très ouvragées caractéristiques de cette période (XIe-XIVe s., Inde du Sud) ; voir notamment une déesse chasseresse à l'extrémité g.

• **Galerie des bronzes** *(à dr. de la première salle du Moyen Âge)*
Elle abrite de splendides **œuvres de la dynastie des Cholas** (IXe-XIIIe s., Inde du Sud), l'âge d'or du bronze indien. Voir surtout sur le mur de g. un magnifique **Nataraja★★★** (Shiva exécutant sa danse cosmique) du XIIe s. Dans le fond de la salle sont présentés des **bronzes palas** (Xe s.) provenant de Nalanda (Bihar).

• **Galerie bouddhique** *(à la suite de la seconde salle du Moyen Âge)*
Le bouddhisme n'est plus pratiqué aujourd'hui en Inde que par une petite communauté de fidèles ; le sous-continent fut pourtant sa terre natale, et il y resta florissant jusqu'à la fin du Ier millénaire. Voir un beau **Bouddha Maitreya** au drapé à l'antique dans le style de l'art du Gandhara (dynastie

kushana, IIe s.). En face, splendide **buste de Bouddha****, emblématique du classicisme gupta. Le bouddhisme s'est ensuite épanoui dans d'autres terres d'Asie comme en témoignent des bronzes népalais (XVIIIe-XIXe s.) et des peintures sur soie du Xe s. provenant de Dunhuang, une oasis située en Chine sur la route de la Soie (elles furent rapportées par l'archéologue anglais Aurel Stein au début du XXe s.).

Les miniatures**

La collection de miniatures *(accrochage fréquemment renouvelé)* est présentée en trois moments : la période moghole, les écoles du Deccan, le Rajasthan et ses écoles. En préambule sont exposés (à g. à l'entrée de la première salle) les plus anciens exemples de miniatures indiennes réalisées sur feuilles de palmier sous la dynastie des Palas (Inde du Sud, XIe s.), qui voisinent avec des peintures religieuses jaïns du XVe s.

• La période moghole

Voir en particulier ***Babur à la chasse***** (1598) et le portrait de **Jahangir**** (XVIIe s.) tenant à la main une image de la Vierge : la représentation de thèmes chrétiens est loin d'être rare dans l'art des Moghols, fidèles en cela à la tradition musulmane qui considère le Christ comme un prophète. Est également exposée l'une des plus anciennes œuvres mogholes (1590), le portrait de Tansen, un célèbre musicien de la cour d'Akbar.

• Les écoles du Deccan

Depuis le XVe s., des sultans musulmans se partageaient cet immense plateau du centre de l'Inde. Ils favorisèrent l'épanouissement d'écoles de miniatures placées sous la double influence de la rigueur persane et du foisonnement des couleurs et des motifs décoratifs hindous. Tout en réalisant des portraits de nobles personnages, les artistes du Deccan privilégièrent les thèmes amoureux ou poétiques, comme l'illustration des *ragini* hindous (raga et *ragini* sont les modes musicaux indiens correspondant à une émotion ou à un moment particulier tels que la nuit, la pluie…). Les plus anciennes miniatures viennent du sultanat d'Ahmadnagar (Maharashtra), fondé en 1494 et enlevé par Akbar

Le grand atelier des Moghols

Sous les premiers Grands Moghols jusqu'à Akbar (r. 1556-1605), un nouveau style de **miniatures** se développa en Inde : la fusion des conceptions esthétiques des miniaturistes persans et des traditions picturales locales. Selon Abu al-Fadl, historien à la cour d'Akbar, l'empereur protégeait un atelier où des artistes persans et indiens travaillaient de concert. Ils illustrèrent plusieurs ouvrages de la littérature épique persane et indienne, ainsi que l'*Akbar Nama*, histoire des hauts faits du souverain. Cette école produisit également de nombreux portraits d'Akbar, des princes et des courtisans dans un style d'une noble beauté.

Sous Jahangir (r. 1605-1627), l'école moghole délaissa les sujets de la littérature épique. Elle se consacra à la description de la vie de l'empereur, et traduisit son engouement pour la nature en évoluant vers le romantisme dans le traitement des paysages et dans les reproductions de délicates scènes d'amour. L'art de la miniature atteignit son apogée sous l'empereur Shah Jahan (r. 1628-1658). Servis par une technique très élaborée, les miniaturistes s'attachèrent à reproduire le faste de la cour et exécutèrent des portraits des grands personnages de l'empire.

en 1599 : on verra un **portrait de Malik Amber l'Abyssin** (1546-1626), général du dernier sultan d'Ahmadnagar. Il voisine avec des ***ragini*** provenant de Golconde, une ancienne cité de l'Andhra Pradesh fondée au XVIe s. dont l'école de miniatures se caractérise par une palette aux couleurs vives et l'emploi généreux de l'or.

• **Les miniatures rajputes** *(à suivre dans le sens des aiguilles d'une montre)*

Parmi les œuvres de l'école de Jaipur, on peut voir une illustration de l'**histoire de Dhola et Maru**, l'une des grandes épopées populaires du Rajasthan *(→ encadré p. 247)*, et un **portrait de Jai Singh II**, maharaja de Jaipur de 1699 à 1743. Au-delà du passage vers la salle suivante, l'école de Kota est l'une des mieux représentées : elle se fit une spécialité des figurations féminines d'une grâce infinie, telle cette illustration d'un **raga** nocturne d'une femme malade d'amour ou encore d'une maharani à la chasse.

Dans la salle suivante sont exposées les peintures paharies. Voir de l'école de Chamba les ***Fidèles rendant hommage à Shiva et Parvati*****, où le dieu est représenté avec une grâce toute féminine ; au fond de la salle, une splendide **œuvre inspirée du *Ramayana***** provenant de la même école montre Lakshma prévenant son frère Rama de l'arrivée de Bharat, leur frère également, venu remettre le trône d'Ayodhya au pied de Rama. Ici l'artiste a choisi de représenter de façon presque anecdotique cet épisode majeur de l'épopée en faisant de l'arbre monumental le sujet principal de la composition.

3 Le sud de la ville*

On verra là l'un des chefs-d'œuvre de l'architecture moghole, le précurseur du célèbre Taj Mahal d'Agra, le tombeau d'Humayun. À une dizaine de kilomètres au sud, le Qutb Minar conserve les vestiges de la première cité musulmane du XIIe s. En chemin, on pourra faire halte à Hauz Khas, un village au bord d'un lac artificiel creusé au XIVe s., où un ensemble de boutiques attirent expatriés et Indiens branchés.

Combien de temps. En raison des distances importantes (une trentaine de kilomètres), prévoir une demi-journée

Se déplacer. En taxi uniquement, les rickshaws étant inconfortables sur une longue distance. Inutile de demander au chauffeur de vous attendre.

Les écoles du Rajasthan

Du XVIe au XVIIIe s., chaque principauté rajpute abrita une florissante **école de miniatures** *(→ aussi encadré p. 160)*. Sous l'influence grandissante du vishnouisme et du développement de la doctrine de la *bhakti* – la dévotion amoureuse due à la divinité –, les mythes de Krishna fournirent un thème privilégié aux peintres : Krishna et les *gopi*, Krishna enfant, Krishna protégeant les paysans du déluge… Les peintres du Rajasthan témoignèrent d'un goût prononcé pour les représentations de la nature, non dans un réalisme minutieux à la persane, mais dans une explosion de couleurs comme un paysage indien après la mousson. Un art éminemment sensuel, opposé à l'intellectualisme moghol. Les **écoles paharies**, apparentées à l'art du Rajasthan, s'épanouirent dans les petits États hindous des contreforts de l'Himalaya. Elles connurent leur âge d'or au XVIIIe s., lorsque les ateliers furent enrichis par l'arrivée d'artistes musulmans fuyant Delhi, saccagée par le Persan Nadir Shah en 1739. Bahsoli et Kangra furent les plus célèbres de ces écoles, marquées par l'influence moghole et celle des peintres du Cachemire. Ce sont peut-être les œuvres les plus poétiques de la miniature indienne, avec un goût romantique prononcé inspiré par les légendes de Krishna.

Renaissance d'un jardin moghol

Pendant des siècles, le jardin moghol s'étendant autour du mausolée d'Humayun est resté à l'abandon : la terre s'accumulait dans les canalisations, les allées disparaissaient sous les herbes folles, les parterres étaient couverts d'une maigre végétation brûlée par le soleil. Grâce au soutien financier de l'Aga Khan Trust, le jardin a retrouvé sa splendeur passée. Entre 2000 et 2003, les 3 km de canalisations souterraines alimentant fontaines et bassins ont été remises en état, tout comme les promenades dallées de quartzite provenant de carrières des environs de Delhi. Des milliers d'arbres et de fleurs ont été replantés : manguiers, lilas des Indes, citronniers et orangers, grenadiers, hibiscus... La renaissance d'un écrin exceptionnel, que les pieux musulmans voyaient comme une préfiguration du paradis. Derrière le haut mur qui protège des regards extérieurs, mais aussi des brûlants vents de sable, l'eau circule de nouveau sur les échelles de marbre *(chadar)* que l'on trouve de place en place dans tous les jardins moghols.

■ Humayun's Tomb*** II D2

Ouv. t.l.j. du lever au coucher du soleil • entrée payante.

Humayun, second des empereurs moghols mort en 1556, fut le premier à être inhumé en Inde (la dépouille de son père Babur fut ramenée à Kaboul). Sa veuve, aidée d'architectes persans, fit ériger un monument à nul autre pareil : pour la première fois l'édifice reposait sur un socle, comme pour l'offrir à l'admiration des regards, et s'entourait d'un jardin qui participait du même projet d'ensemble.

En avançant vers le mausolée, on découvre le **tombeau d'Isa Khan** *(à dr. de l'allée)*, général de Sher Shah qui, en 1540, réussit à détrôner Humayun durant cinq ans. L'édifice est antérieur d'une vingtaine d'années à celui d'Humayun. Plus loin du même côté, l'**Arab-ki-Sarai** est un vaste complexe largement ruiné, doté d'encorbellement à la manière hindoue. C'est là dit-on que demeurèrent les ouvriers employés à la construction du mausolée de l'empereur.

• **Le mausolée** se dresse au centre d'une vaste **plate-forme** dont la base est percée de chambres abritant les tombes des membres de la famille impériale. Un dôme de marbre blanc entouré de kiosques coiffe la **chambre centrale**, de plan octogonal, où se trouve le cénotaphe de l'empereur. Son plafond forme une coupole contenue dans le

▶ Le mausolée d'Humayun.

tambour du dôme extérieur : c'est le principe de la double coupole, technique utilisée en Perse depuis le XIIIe s. Quatre énormes **tours** à pans coupés sont accolées à l'octogone de manière à encadrer les quatre **porches** monumentaux qui débouchent sur la chambre sépulcrale. Les jeux de lumière sur l'édifice ont fait l'objet de recherches attentives : porches et tours sont ornés d'arcatures aveugles de profondeurs diverses, de manière à produire des ombres d'intensités variables tandis que, sur les façades, le soleil met en valeur bandeaux, panneaux et tympans décorés d'incrustations de marbre blanc et noir.

Des **salles annexes** donnant dans la chambre principale abritent les cénotaphes de plusieurs membres de la dynastie, notamment l'épouse de l'empereur Humayun, Dara Shikoh, le fils aîné de Shah Jahan qui fut assassiné par son propre frère Aurangzeb, ou encore Jahandar Shah, qui ne régna que quelques mois avant de périr sous les coups des conspirateurs.

■ Nizam-ud-din Dargah* II D2

Du flanc S. du tombeau d'Humayun, une allée toujours plus étroite et bordée d'échoppes d'articles pieux – on y trouvera également des disques de *qawali* – conduit à l'entrée de ce complexe religieux surgi du Moyen Âge au beau milieu de la Delhi moderne *(se déchausser et entrer la tête couverte • des petites calottes sont vendues aux visiteurs pour quelques roupies)*. Sous la *dargah*, mausolée de marbre aux belles ouvertures ajourées, repose Nizam-ud-din Aulia, un maître soufi *(→ théma p. 270-271)* qui mourut au XIVe s. et dont l'enseignement influença sultans et Grands Moghols. Autour de lui, dans le rayonnement de sa sainteté, sont enterrés d'autres personnages illustres : le poète Amir Khusrau, son contemporain, un fils d'Akbar et une fille de Shah Jahan. Plus que l'architecture de ses tombeaux, c'est l'animation incessante autour du lieu saint qui en fait tout le charme. Tout au long du jour, chanteurs et musiciens égrènent sans relâche de lancinantes mélopées, les *qawali* (chants d'amour en ourdou), en s'accompagnant de leur *rebab* (sorte de violon), de tambourins, ou plus prosaïquement d'un harmonium. Lors de l'anniversaire de la mort du saint (Urs Festival, avril-mai), ces chants durent toute la nuit, accompagnés de la déclamation de poèmes.

■ Qutb Minar*** h. pl. II par C3

Ouv. du lever au coucher du soleil • entrée payante • env. 1 h de vis.

Sitôt arrivés à la fin du XIIe s., les musulmans entreprirent d'édifier une ville à leur usage, en tout premier lieu une mosquée mais aussi une tour monumentale symbole du nouveau pouvoir : ce fut le Qutb Minar. Elle porte le nom du général Qutb-ud-din (le « Pôle de la Foi ») qui en ordonna la construction en 1199. Par sa conception, elle doit tout à l'architecture musulmane, mais ce sont des mains hindoues, rompues depuis des siècles au travail de la pierre, qui accomplirent la tâche. Chaque étage est délimité par un balcon supporté par des encorbellements de stalactites. Sur chacun des trois premiers, bâtis en grès rouge et cannelés, sont reproduites des sourates du Coran, dans des bandeaux d'arabesques fleuries. Les deux autres étages sont en marbre avec des anneaux de grès rouge. L'accès à la plate-forme supérieure est interdit au public.

• **Ala-i-Darwaza****. Au pied de la tour, ce magnifique portail fut bâti par Ala ud-din Khalji en 1311 pour servir d'entrée monumentale à la mosquée Quwwat-ul-Islam. Un soin particulier a été apporté à sa décoration intérieure et extérieure : calligraphies, arabesques, motifs géométriques, alternance des marbres veinés blanc et noir et du schiste bleu sur le fond rouge et jaune du grès.

Le mariage des styles

L'architecture en Inde, ce sont bien sûr les grandeurs du Taj Mahal, les fastes des palais moghols, les délicatesses des temples hindous et jaïns. Mais au XIXe s., une architecture hybride apparaît, qui célèbre la rencontre entre le style victorien et les ornements indo-musulmans. Avec elle, les princes soumis à l'autorité britannique font preuve de modernité en adoptant les innovations occidentales, tandis que les Britanniques rendent hommage, en quelque sorte, aux joyaux de l'Empire.

▲ **L'Eton College des Indes britanniques, le Mayo College, est un bâtiment de style indo-gothique.**

Le goût de l'éclectisme

Durant le dernier tiers du XIXe s., sans renoncer à la certitude de leur supériorité, les Britanniques intégrèrent des éléments de l'architecture locale, une manière de souligner l'enracinement de leur présence dans la continuité de l'histoire de l'Inde. Ils se mirent alors à agrémenter leurs édifices de tout un décor emprunté aux architectures moghole et rajpute : kiosque à coupoles rappelant les *chhattri*, dômes plus ou moins bulbeux, balcons surmontés d'auvents en arc, écrans de pierre ajourés... Le **Mayo College** d'Ajmer est un bel exemple de ce compromis, et la Nouvelle Delhi son illustration la plus majestueuse avec le pharaonique palais des vice-rois. De leur côté, certains maharajas et nababs commandèrent à des architectes venus d'Europe d'extravagants palais mi-classiques, mi-orientaux. Tel est le cas de l'époustouflant **Lakshmi Vilas** de Baroda, dessiné par le même architecte que le Mayo College, et du mausolée du nabab Mahabat Khan de Junagadh, où une profusion de clochetons moghols coiffent un bâtiment néogothique.

Le respect du passé

Toutefois, quelques princes rajputs de lignée très ancienne, fiers de leur passé glorieux, ne voulurent pas se contenter de ces références d'importation. Ils cherchèrent à remettre à l'honneur

ce que les artisans indiens pouvaient produire de mieux sans renoncer pour autant aux facilités de la vie moderne – chauffage, plomberie, ascenseur – mais en les fondant dans un moule respectueux des traditions.
Le meilleur représentant de ce courant fut sans doute **Samuel Swinton Jacob**, qui construisit l'Albert Hall et le Rambagh Palace pour le maharaja de Jaipur, et le Lalgarh Palace pour le maharaja de Bikaner. C'est un de ses disciples indiens qui est l'auteur du très réussi Mubarak Mahal dans le palais de Jaipur. Mais à côté de ces exemples séduisants, combien de pastiches de manoirs écossais plantés au beau milieu de la steppe, de *cottages* britanniques lugubres dans les environnements chatoyants des stations d'altitude. Pour les princes indiens, il s'agissait d'offrir un cadre moderne et familier à leurs hôtes européens dont ils adoptaient les modes de vie.

L'Indo-déco

Alors que les travaux de la Nouvelle Delhi touchaient à leur fin, le maharaja de Jodhpur décida de construire l'immense **Umaid Bhawan** (1929-1944), synthèse monumentale et glacée, mais de grande allure, du style Art déco – alors en vogue en Europe – et de la tradition rajpute. Ce fut le dernier grand palais princier de l'Inde (c'est aujourd'hui un hôtel de luxe).

▶ Façade du New India Assurance Building à Bombay. Cette ville est, après Miami, celle qui abrite le plus d'immeubles Art déco au monde.

▲ L'impressionnant Darbar Hall du palais Lakshmi Vilas, imaginé en 1890 par l'architecte Charles Mant.

Il faut noter que tous ces palais, même ceux dont l'architecture paraît la plus occidentale, respectent la division traditionnelle de l'habitat princier indien, qui distingue les parties publiques réservées à l'accueil des hôtes, les appartements privés du maître des lieux et les quartiers réservés aux femmes. Le mobilier et la décoration intérieure sont en revanche calqués sur les modes européennes du moment. Ce qui vaut à l'Umaid Bhawan d'être un catalogue des arts décoratifs des années 1930. Et aux boutiques d'antiquaires de proposer tout un bric-à-brac d'objets décoratifs, pendules, tableaux, luminaires…

▶ Qutb Minar s'élève à 72 m de hauteur et présente un diamètre de base de 14,40 m.

Dans la cour de la mosquée se dresse une colonne de fer haute de 7,20 m pour un diamètre de 0,93 m à la base. Bien que remontant à l'époque gupta (IVe s.), elle ne porte aucune trace de rouille. Une inscription en sanskrit précise qu'elle fut consacrée à Vishnou. Mais pour les habitants de Delhi, son intérêt n'est pas archéologique : pour s'attirer la chance, il faut, en étant adossé à la colonne, pouvoir joindre les mains autour de celle-ci. Protection du patrimoine oblige, les services des Antiquités ont entouré la vénérable colonne d'une balustrade de métal.

♥ SHOPPING

Hauz Khas, à 8 km au S. du centre-ville, peu avant d'atteindre le Qutb Minar, du côté dr. de Sri Aurobindo Marg (h. pl. II par C3). Ce quartier aux allures de village est celui des magasins branchés : une balade reposante dans des ruelles piétonnes, entre boutiques de mode, de tissus, de cotonnades ou d'articles artisanaux.

• **Quwwat-ul-Islam Masjid*** *(à dr. du Qutb Minar)*. Cette mosquée dite de la « puissance de l'islam » fut érigée à partir de 1193 au-dessus d'un temple hindou à l'aide de matériaux provenant d'une vingtaine de sanctuaires brahmaniques et jaïns. Ainsi, sous le stuc dont les recouvrirent les pieux musulmans, apparaissent çà et là des figures animées et de gracieuses danseuses. En 1230, le sultan Iltutmish agrandit la salle de prière et ajouta une aile au S. de manière à englober le minaret.

• **Tombeau d'Iltutmish*** *(à dr. de la mosquée)*. Construit par le sultan en 1235, il marie à l'intérieur des éléments décoratifs issus des traditions musulmanes et hindoues. La coupole qui l'abritait a disparu.

• **Ala-i-Minar** *(à dr. du précédent)*. Le sultan Ala ud-din Khalji voulut surpasser Qutb-ud-din et son minaret en faisant bâtir une tour de Victoire deux fois plus haute. Les travaux furent abandonnés alors que le premier étage n'était même pas encore achevé : il s'élève pourtant à une vingtaine de mètres pour un diamètre qui est le double de celui du Qutb Minar.

Fatehpur Sikri★★

Depuis la plaine ocre et poudreuse qui s'étend aux environs d'Agra, on aperçoit sur une éminence rocheuse un ensemble de monuments dominés par une haute porte, celle de la grande mosquée de Fatehpur Sikri. De loin, la vision a quelque chose d'irréel, comme si la cité elle-même reflétait le rêve de son bâtisseur. Mais cette ville, qui fut pendant quelques brèves années la nouvelle capitale de l'Empire moghol, est bien plus que la fantaisie d'un souverain ambitieux. C'est avant tout un hommage au saint soufi *(→ théma p. 270-271)* qui, selon la tradition, donna un héritier à Akbar, assurant la continuité d'un empire alors en pleine expansion. Fatehpur résume à sa façon la personnalité complexe d'un empereur qui fut tout à la fois brillant stratège, fin politicien et amateur d'art.

Situation : à 37 km S.-O. d'Agra, 196 km E. de Jaipur, 237 km S.-E. de Delhi.

Alt. 230 m • 29 000 hab.

☎ 05613.

À ne pas manquer

Le Diwan-i-Khas★★★	383
La Grande Mosquée★★★	386

Fatehpur Sikri mode d'emploi

■ Arrivée

Par la route. Services réguliers de cars depuis Agra ; depuis Jaipur et Bharatpur, prendre le bus qui va à Agra demander au chauffeur de s'arrêter à Fatehpur Sikri car il n'y a pas d'arrêt prévu • prévoir 1 h de route depuis Agra en raison des encombrements à la sortie de la ville.

En train. À 1 km du centre. Plusieurs trains par jour entre 6 h et 20 h au départ d'Agra (1 h).

■ Visite

Ouv. du lever au coucher du soleil • entrée payante sf pour la Grande Mosquée et le tombeau de Sheik Salim, supplément pour les caméras • eau minérale et boissons capsulées en vente autour du site • compter env. 3 h de visite.

■ Accès

Il y a deux entrées différentes (et deux billetteries) : l'une du côté de la Grande Mosquée au niveau du palais de Jodh Bai, l'autre au niveau du Diwan

HÉBERGEMENT

• ***Gulistan Tourist Complex***, juste après le marché, env. 1 km après avoir franchi la porte d'Agra ☎ 28-24-90. Une vingtaine de chambres de bon confort. Agréables jardins intérieurs, piscine, restaurant. Fréquenté surtout par des groupes.

• ***Govardhan Tourist Complex*** (nouveau) ☎ 28-26-43. Petit établissement proposant une dizaine de chambres bien tenues. Très bon restaurant.

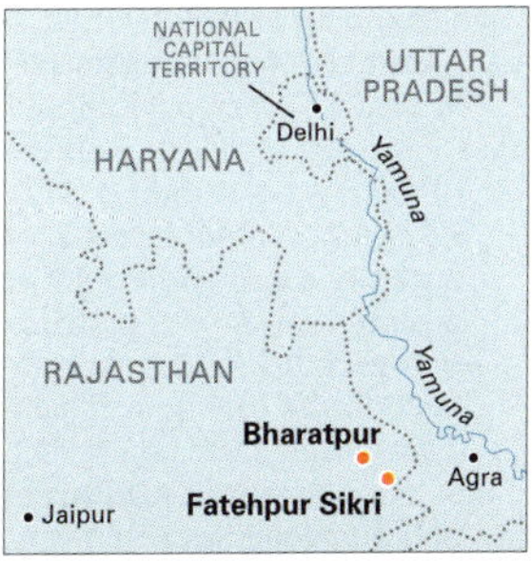

Akbar le mystique

Malgré son réalisme politique, Akbar était un perpétuel inquiet, un mystique à la recherche d'une vérité intérieure : aucune forme de religion doctrinaire et ritualiste ne le satisfaisait pleinement. Son attrait pour le soufisme (→ *théma p. 270-271*), sa tolérance et son ouverture d'esprit l'aliénèrent des docteurs de la loi (uléma) qui se voulaient les gardiens de l'orthodoxie musulmane. Esprit curieux, il chercha à comprendre les autres religions. Il commença par réunir différents théologiens musulmans dans son palais de Fatehpur Sikri. Plus tard, il invita d'autres penseurs et philosophes, hindous, jaïns, zoroastriens et chrétiens à se joindre à ces débats. Mais s'il admirait nombre de leurs principes, il ne se convertit à aucune de ces religions. Il déçut les jésuites qui, jusque sur son lit de mort, espéraient en faire un chrétien. Akbar tenta, sans grand succès, de fonder une nouvelle foi baptisée Din-i-illahi (« religion divine »), centrée sur sa personnalité. Loin d'être une synthèse de toutes les religions comme on l'a souvent cru, il s'agissait d'une forme de soufisme modifié par le courant « illuminationniste » des philosophes chiites iraniens.

L'empereur Akbar était un grand amateur d'art et de littérature. Il s'adonnait lui-même à la peinture, et c'est lui qui créa à Fatehpur Sikri le premier atelier de peinture moghole **(→ *encadré p. 372*).** **S'il refusa, contrairement à ses ancêtres, d'apprendre à lire et à écrire, il avait pour habitude de convoquer des membres de sa brillante cour pour se faire lire, jusque tard dans la nuit, les textes littéraires, religieux et philosophiques les plus divers.**

Khana-i-Am. Désormais tous les véhicules doivent s'arrêter dans un complexe éloigné des deux entrées du site, comprenant un grand parking et un marché regroupant des boutiques de souvenirs. De là, des navettes laissent les passagers à la demande soit sur la place qui conduit à la Grande Mosquée, soit à l'entrée du Diwan Khana-i-Am. En fin de visite, on reprend la navette sur la place de la mosquée pour rejoindre le parking.

■ Fêtes et manifestations

L'*Urs* (anniversaire de la mort du saint soufi Sheikh Salim) dans l'enceinte de la Grande Mosquée : 10 jours avant l'Eid du Ramadan selon le calendrier musulman.

Fatehpur Sikri dans l'histoire

L'empereur et le derviche

Le derviche soufi Sheikh Salim (1480-1575) vivait à Sikri depuis son enfance ; il appartenait à la confrérie des Chishtis, dont le premier représentant en Inde fut Muin-ud-din, le célèbre soufi d'Ajmer. Parvenu à l'âge mûr, Salim visita l'Iran et fit de nombreux pèlerinages à La Mecque. Tourmenté par l'absence d'un héritier mâle, le Grand Moghol Akbar (r. 1556-1605) fut attiré par l'extraordinaire charisme de Sheikh Salim. En 1571, il se rendit auprès de lui. Deux grands esprits se rencontraient… En bénissant Akbar, Sheikh Salim lui prédit la naissance de trois fils. Le premier naquit un an plus tard à Sikri, auprès du saint dont il reçut le nom. Le prince Salim allait régner plus tard (1605-1628) sous le nom de Jahangir.

La cité de la Victoire

Lorsque Akbar rendit visite à Salim, il décida, avec l'approbation du saint, de construire une nouvelle capitale qui associerait grandeur impériale et sainteté. Les travaux furent promptement menés et supervisés par Akbar lui-même. En juillet 1572, l'empereur quitta Sikri pour aller conquérir Ahmedabad, capitale d'un royaume musulman rival. Il en revint victorieux presque un an plus tard et, rebaptisant sa création *Fatehpur* (« cité de la Victoire »), fit construire une porte monumentale au S. de la Grande Mosquée. Mais, en 1585, Akbar dut quitter Fatehpur pour défendre la frontière N.-O. de son empire. Le centre des opérations stratégiques ayant changé, la nouvelle capitale fut abandonnée. L'empereur Jahangir y fit un bref séjour en 1619, alors que la peste sévissait à Agra. Le lent déclin de la cité se poursuivi jusqu'à la fin du XVIIe s. avec les conquêtes des Jats (→ *encadré*

Fatehpur Sikri

p. 388) qui pillèrent et détruisirent de nombreux sites moghols.

1 L'enceinte

La ville, planifiée pour être le centre administratif de l'empire, occupe une vaste aire rectangulaire sur un plateau rocheux des monts Vindhya. Elle est en partie protégée par un mur d'enceinte crénelé et percé de neuf portes.

De la porte d'Agra au Diwan Khana-i-Am

Agra Darwaza (la porte d'Agra), qui s'ouvre entre deux puissantes tours, est la mieux conservée du site. Au-delà se trouvent les ruines d'un **caravansérail** ; on voit aussi un pavillon de grès rouge, la **résidence de Tansen**, qui porte le nom du plus célèbre musicien de la cour d'Akbar (v. 1506-1589), mais qui était la demeure d'un dignitaire. L'enceinte appelée **Naubat Khana** devait être l'entrée d'un bazar aujourd'hui disparu. Un peu plus loin, l'énorme bâtiment ruiné est une partie des **Kar Khana**, les anciens ateliers impériaux. En face des ateliers, le **Khazana** (Trésor) était probablement la demeure d'un noble.

Un palais tout en couleur

Le **Daulat Khana**, l'ensemble des pavillons dispersés autour et sur la cour du Pachhisi, représente la partie du palais où les femmes n'avaient pas accès, le *mardana*. La disposition de ces édifices rappelle les coutumes nomades des ancêtres turco-mongols d'Akbar : l'ensemble pourrait faire penser à l'une de ces cités de toile qui, même pendant le règne des Moghols, se déplaçaient au gré des campagnes militaires. Et si la teinte ocre rouge des bâtiments enchante les visiteurs d'aujourd'hui, elle ne doit pas faire oublier que Fatehpur Sikri était ornée autrefois de nombreuses fresques, de tapis et de tentures aux couleurs chatoyantes, tandis que de somptueux brocarts étaient tendus entre les pavillons pour se protéger du soleil ou des intempéries.

2 Les palais★★★

L'ensemble palatial de Fatehpur Sikri fut abandonné très rapidement, au bout de seulement douze ans. Aussi, les nombreux chroniqueurs de l'époque d'Akbar sont restés muets sur la cité, n'évoquant que les exploits et conquêtes du Grand Moghol. Le jésuite Monserrate, qui visita la cour en 1580, n'a laissé lui-même qu'une description très incomplète de la nouvelle capitale. C'est donc aux historiens d'art et aux archéologues qu'est revenue la tâche de faire revivre Fatehpur Sikri et les fastes d'une cour parmi les plus raffinées de son temps.

Diwan Khana-i-Am

Passé le guichet, vous entrerez dans une vaste cour entourée de portiques, partiellement restaurée et plantée de gazon. Elle servait aux audiences publiques (Diwan-i-Am). Depuis une **loggia** surélevée et ornée de beaux écrans ajourés, Akbar se montrait tous les matins à son peuple, dispensait la justice et réglait les affaires courantes de l'État. Au-delà commençaient les parties privées de l'ensemble palatial (Daulat Khana). Avant d'en franchir le seuil, les rares courtisans qui y étaient admis

▲ **Le chapiteau du Diwan-i-Khas et les balustrades, qui partent chacune d'un angles de l'édifice.**

devaient y déposer un baiser, selon l'étiquette persane adoptée par les empereurs moghols.

À dr. de la loggia, un passage donne accès à la 1re cour de l'ensemble palatial (présenter le billet d'entrée et le permis vidéo).

■ Diwan-i-Khas*** (Jewel House)

Ce beau pavillon à la symétrie parfaite, flanquée à chaque angle d'un élégant kiosque à piliers et à coupole *(chhattri)* attire tout de suite le regard. Mais c'est l'intérieur qui présente une disposition probablement unique en Inde : un **pilier central** supporte un extraordinaire **chapiteau**** formé de trois séries de consoles à clefs pendantes superposées. Les consoles sont surmontées d'un **balcon** circulaire accessible par quatre passerelles à balustrades de pierre ajourée. La tradition a fait de cette salle celle des audiences privées, mais il s'agissait probablement d'un **pavillon de garde du trésor** : du haut du balcon, il était en effet aisé de surveiller l'entrée des lingots d'or et des joyaux qui étaient déposés à proximité.

■ Ankh Micholi* (Treasury)

Ce bâtiment en deux parties dit des « yeux fermés » renvoie à une légende selon laquelle, en ce lieu, l'empereur aurait joué à ce jeu avec les femmes de son harem. Il s'agit en fait d'une partie du **Trésor**, comme le montrent encore les gonds sur lesquels devaient êtres fixées de solides portes de bois et les niches profondes aux angles des deux salles. Celles-ci devaient servir de coffres, ainsi que d'autres cachettes scellées dans le sous-sol dont on peut encore voir quelques traces çà et là.

■ Kiosque de l'Astrologue**

À l'angle du bâtiment précédent, face à la cour, se dresse un petit kiosque à piliers carré, bâti dans le style des pavillons d'entrée des temples de l'époque classique. Voir notamment les *makara*, monstres aquatiques formant les consoles des linteaux. Vu sa situation, le kiosque de l'Astrologue ne pouvait permettre l'observation des astres. Il est plus logique de penser que cet édifice servait soit à un haut fonctionnaire chargé de surveiller le Trésor, soit à l'empereur lui-même.

Cour du Pachhisi

Cette partie de la cour, dallée depuis la restauration des palais, devait faire partie d'un jardin aujourd'hui disparu. Dès que l'on s'en approche, en quittant le Trésor pour se diriger vers le pavillon de la Sultane turque, on aperçoit sur le sol un **échiquier** en forme de croix, qui évoque le jeu traditionnel du *pachhisi*, une sorte de jeu de dames aux règles compliquées, encore pratiqué de nos jours. Un banc de pierre a été placé au milieu à une époque récente. Selon la légende, l'empereur s'y asseyait pour jouer avec des femmes qui servaient de pions vivants. Outre que cette activité est peu conforme à l'esprit d'Akbar, c'est oublier qu'il s'agit ici d'un espace semi-privé réservé aux hommes, auquel seuls les dignitaires avaient accès en vue d'activités plus sérieuses… Plus probablement, cet échiquier est le vestige d'un canal alimentant l'ancien jardin (un canal de forme semblable se trouve au fort d'Agra).

Hujra-i-anup Talao (Turkish Sultana's House)

Le **pavillon de la Sultane turque** est entouré d'un portique de grès richement sculpté imitant une structure en bois. Le motif dominant des murs est un dessin en vagues ou en zigzag inspiré de l'art persan. Les pilastres sont décorés de grappes de raisin et de grenades.

L'**intérieur** est pourvu d'un complexe réseau de niches autrefois peintes. Les lambris sont dotés de très beaux **bas-reliefs*** : lions et oiseaux du paradis au milieu d'une végétation luxuriante. Avec la prédominance de motifs d'origine persane, on a voulu voir dans cet édifice l'appartement privé de la principale épouse d'Akbar (à l'époque, les musulmans originaires d'Asie centrale étaient appelés *turk*). Inutile de dire qu'aucune femme n'était autorisée à résider ou circuler dans le Daulat Khana, réservé aux hommes ; ce pavillon devait donc être une chambre de repos de l'empereur, agréablement située près d'un bassin.

▲ **Anup Talao. Selon la tradition, cet ensemble était une sorte de kiosque à musique à l'usage du musicien Tansen.**

Anup Talao (Peerless Pool)

Le « bassin sans pareil » aurait été achevé en 1575. Il est peu profond car il fut partiellement comblé au milieu du XIXe s. par les Britanniques. En son centre se trouve une plate-forme à laquelle on accède par quatre passerelles. C'est là que le Grand Moghol venait parfois s'installer sous un dais richement orné, entouré de porteurs de chasse-mouches, pour goûter la fraîcheur de cette pièce d'eau. Confortablement assis, entouré des passerelles et de l'eau symbolisant les continents et les océans, il affirmait ainsi sa souveraineté et son rôle de « Maître du monde ». On peut voir une disposition similaire dans d'autres palais moghols et rajputs.

Diwan Khana-i-Khas

En s'asseyant sur les marches à l'entrée de ce double édifice partiellement destiné aux audiences privées, face au bassin, on a une très belle vue sur une partie des bâtiments et la cour du Daulat Khana. La **chambre située à l'E.** dut

être richement décorée et peinte, comme en témoignent encore les restes de couleurs et les contours évoquant des motifs floraux.
Dans la 2e **chambre**, l'élément le plus frappant est une haute et spacieuse **plate-forme** adossée au mur du fond. L'empereur s'y asseyait sur une couche de tapis de la plus belle couleur écarlate. C'est là qu'il discutait avec ses ministres et conseillers. L'imagination populaire a fait de cette salle des audiences la chambre à coucher de l'empereur ; d'autres ont voulu y voir un lieu destiné aux débats interreligieux. La légende veut aussi qu'un brahmane ou un yogi hissé sur un lit de cordes tressées aurait instruit l'empereur par une fenêtre aménagée dans le mur.
Une **galerie ouverte** à deux étages, peut-être destinée aux gardes, court face au bassin et au Diwan Khana-i-Khas.

Panch Mahal**

En se dirigeant vers ce pavillon à quatre étages visible de loin, on observera une petite construction à deux étages, l'**Abdar Khana**, où étaient conservés l'eau et les fruits destinés à la table impériale. En passant sous les colonnades du Panch Mahal, on se retrouve face à un **mur** brisé séparant le *mardana*, la partie des palais réservée aux hommes, du *zenana*, le harem impérial, auquel seuls l'empereur et les femmes pouvaient accéder. En s'adossant à ce mur, on a une belle vue du Panch Mahal.
Le **Panch Mahal** est un élégant pavillon pyramidal dont la base est surmontée de quatre étages de forme décroissante, chacun entouré de piliers au nombre également décroissant. C'est un palais des Vents, c'est-à-dire une structure érigée pour se protéger de la chaleur. Ce type d'édifice était courant en Iran et en Asie centrale, où il était généralement bâti en forme de tour. L'accès aux étages est interdit : on peut seulement traverser le rez-de-chaussée.

Sunahra Makan** (Maryam's Mansion)

Au-delà du mur qui fait face au Panch Mahal, sur la g.
La maison de Mariam (ou la maison Dorée) est tantôt la demeure de Mariam Makani, mère de l'empereur, tantôt celle d'une prétendue épouse chrétienne d'Akbar. Mais comme elle fait face à l'austère muraille qui protège le harem *(ci-après)*, il est peu probable qu'elle ait servi de résidence à une dame, même de rang impérial. En revanche, nous savons qu'Akbar aimait y venir dîner ; se trouvant alors à proximité du harem, on peut imaginer qu'il lui était facile d'inviter une de ses nombreuses épouses à se joindre à lui.
Ce bel édifice conserve encore quelques-unes des nombreuses peintures murales qui ornaient Fatehpur Sikri. Ainsi, à l'intérieur de la pièce centrale, on peut encore voir une très belle **fresque****, imitation d'une gravure ou d'une peinture européenne représentant une jeune femme vêtue d'une longue robe rouge sur fond de forêt ou de jardin ; c'est là peut-être l'origine de la légende de l'épouse portugaise d'Akbar. Sur le pourtour, murs, niches et pilastres sont encore ornés de restes de peintures représentant diverses scènes de la cour impériale, notamment des combats d'éléphants.

Jodh Bai's Palace*

La visite se limite à la cour centrale.
Le palais de Jodh Bai est entouré d'une haute et puissante muraille protectrice : il s'agit du **harem impérial** *(zenana)*, qui s'ouvre du côté du Sunahra Makan par un imposant portail ; lorsque celui-ci était ouvert, une entrée en chicane protégeait des regards indiscrets. La vaste **cour** à la symétrie parfaite est surmontée de quatre **pavillons** à dômes et de deux **loggias**. Les toitures étaient recouvertes de céramiques bleues dont on peut encore voir les traces. Celles-ci provenaient de Multan (aujourd'hui au Pakistan), dont les ateliers gardaient jalousement

Au milieu de la cour du palais de Jodh Bai, on peut voir un grand bac carré en grès rouge où l'on faisait pousser le basilic sacré dont l'épouse hindoue d'Akbar devait faire quotidiennement le culte. Il est presque certain que celle-ci logeait dans ce palais en compagnie de sa belle-mère et d'autres épouses importantes. D'autres bâtiments aujourd'hui en ruine servaient de logement aux épouses de moindre rang, ainsi qu'aux concubines.

le secret de cette couleur originaire d'Iran. La structure des colonnades du bas rappelle les balcons des temples brahmaniques. Il en est de même des niches semblables à celles qui abritaient les statues des dieux : ici, elles servaient à placer des lampes et des vases décoratifs, comme en témoignent de nombreuses peintures mogholes.

Le harem impérial était pourvu d'un hammam et d'une vaste loggia en saillie appelée palais des Vents, d'où les femmes pouvaient regarder à l'extérieur et profiter de la fraîcheur sans être vues.

■ Birbal's House**

La légende a attribué le **palais de Birbal** à Raja Birbal, conseiller de l'empereur, dont les ruses et les mots d'esprit sont restés fameux jusqu'à nos jours. Cependant, aucun dignitaire ne pouvait résider dans l'ensemble palatial de Fatehpur Sikri, et leurs demeures étaient toutes situées dans la ville. Ce palais était en réalité une partie du harem. Il est composé de plusieurs salles somptueusement décorées avec des motifs sculptés d'inspiration persane et indigène. Sa structure peut faire penser qu'il s'agissait de salles de réception attenantes au harem impérial, à l'usage exclusif de l'empereur et de ses femmes. Il pouvait aussi accueillir les courtisanes-danseuses de la cour dans la mesure où elles ne pouvaient se produire dans la partie réservée aux hommes.

■ Lower Haramsara

La présence d'**écuries** destinées aux chevaux, aux chameaux et aux éléphants a quelque chose d'incongru en cet endroit, juste derrière le harem impérial. Une succession de cellules face auxquelles on trouve des anneaux de pierre ne contredit pas en soi cette destination pourtant très improbable. Peut-être était-ce là que logeaient les nombreuses servantes du harem, comme peut le faire penser le hammam à proximité.

3 La Grande Mosquée*** (Jama Masjid)

Dans l'inscription dédicatoire que l'on peut lire de chaque côté de l'arche centrale de la salle de prière, cette mosquée est comparable par sa beauté à la Kaaba de La Mecque. Elle fut achevée en 1571-1572, peu de temps avant la mort de Sheikh Salim, dont elle abrite la tombe. C'est un édifice très vaste qui pouvait accueillir environ 10 000 fidèles. Sa structure d'ensemble a dû inspirer l'architecte qui construisit la Grande Mosquée de Delhi.

BON À SAVOIR

Il faut déposer ses chaussures en haut de la volée de marches qui mènent à la mosquée. Penser à mettre des chaussettes car le sol de pierre est parfois brûlant. À la sortie, on pourra laisser 5 ou 10 roupies au gardien de chaussures.

Buland Darwaza**

Au-delà de **Badshahi Darwaza**, la Porte impériale que franchissait l'empereur venant de son palais, s'ouvre l'immense esplanade intérieure de la mosquée. À g., Buland Darwaza, la **Sublime Porte**, fut érigée pour commémorer la victoire de l'empereur Akbar sur le sultan d'Ahmedabad en 1572-1573. Bien qu'elle rompt, par ses dimensions excessives, la symétrie de l'ensemble, cette construction monumentale mérite d'être observée de près. C'est de l'extérieur que l'on peut en admirer la décoration et les imposantes proportions. Sa façade en grès rouge et beige relevé de marbre blanc rappelle celle du tombeau d'Humayun à Delhi. Elle porte sur ses trois côtés des versets du Coran calligraphiés.

En revenant vers la cour, on longera les arcades jusqu'à la mosquée proprement dite.

La salle de prière

Peu profonde et tout en longueur comme les mosquées mogholes inspirées d'Iran et d'Asie centrale, elle s'ouvre par un **portail central** flanqué de portiques de grès rouge. Elle est dotée de trois coupoles de marbre blanc précédées d'une série de *chhattri*, petits kiosques carrés surmontés de dômes. L'intérieur, somptueusement décoré dans un style qui associe éléments persans et indigènes, comprend trois **niches de prière** *(mihrab)*. Les arcades qui s'alignent du N. au S. entre les différentes parties de la salle forment une très belle perspective. Le **plafond**** décoré de motifs floraux est une des plus belles réalisations de cette mosquée.

En sortant, on se dirigera vers le tombeau de Sheikh Salim, mausolée de marbre qui se démarque nettement du reste par sa couleur et son style.

Le tombeau de Sheikh Salim**

Construit en 1580-1581, ce tombeau, d'abord très sobre, fut rénové et agrandi par Jahangir dans le style persan qu'il prisait particulièrement. Entre auvent et piliers, d'élégantes **consoles** de forme serpentine font l'originalité de ce monument, ainsi que les panneaux finement ajourés du déambulatoire.

À l'intérieur, le **baldaquin** en ébène qui abrite la tombe est recouvert de milliers de petites pièces de nacre. Les dévots de toute religion vont y faire l'offrande d'un drap ornemental sur lequel on répand des pétales de rose. On fait aussi des vœux en nouant à l'une des claustras de la chambre funéraire de petits fils de coton tressés qu'il faudra venir soi-même dénouer si le vœu est exaucé… C'est à cet endroit que, dans les dernières années de sa vie, Sheikh Salim transféra son centre religieux qui était visité non seulement par des soufis mais aussi par des ascètes hindous et des

▶ **Pour la rénovation du tombeau de Sheikh Salim, Jahangir utilisa son matériau favori : le marbre blanc.**

L'épopée des Jats

Les Jats forment une communauté d'agriculteurs du N.-O. de l'Inde (6 millions de personnes) et du Pakistan (4 millions). Durant la seconde moitié du XVIIe s., avec le déclin de l'empire moghol, ces rudes paysans commencèrent à se livrer au brigandage, puis, fédérant leurs forces jusque-là divisées, s'enhardirent à piller le tombeau d'Akbar à Sikandra en 1691. Au XVIIIe s., ils se taillèrent dans le centre et le N. de l'Inde un vaste royaume (ce sera le seul État non rajput du Rajasthan) ayant pour capitale Bharatpur, et défièrent pendant près d'un siècle les forces du temps : en 1753, ils assiégèrent Delhi, en 1761, ils s'emparèrent d'Agra. Défaits en 1773, ils retournèrent à l'anonymat d'un peuple d'agriculteurs. Une éphémère dynastie survécut à Bharatpur, et soutint plusieurs sièges contre les Britanniques avant de succomber en 1826.

laïcs soucieux de recevoir un enseignement spirituel ou un simple conseil.
En bas des marches se tiennent des musiciens traditionnels qui chantent des hymnes à la gloire du saint *(qawali)*.

En sortant du tombeau, rejoindre la grande place d'où l'on reprendra la navette vers le parking.

Environs de Fatehpur Sikri

1 Bharatpur *23 km N.-O.*

Connue aujourd'hui pour son parc national *(→ ci-dessous)*, l'ancienne capitale du royaume jat abrite en plein centre-ville une imposante forteresse dotée d'un double rempart et de douves, le **Lohagarh Fort** *(ouv. t.l.j. sf ven. 10 h-16 h 30 • entrée payante)*. Elle fut élevée durant la première moitié du XVIIIe s. par Suraj Mal à l'instigation de son père adoptif, le souverain jat Badan Singh. L'enceinte extérieure, dont il ne subsiste plus grand-chose, a conservé deux majestueuses tours (Jawahr Burj et Fateh Burj). À l'intérieur se trouvent trois **palais**. L'un d'eux abrite un **musée** présentant des collections d'antiquités, des sculptures jaïnes et hindoues, des trophées de chasse. Le **hammam** constitue la partie la plus remarquable de cet ensemble.

2 Keoladeo Ghana National Park* *2 km S. de Bharatpur*

Ouv. d'avr. à sept. 6 h-18 h, d'oct. à mars 6 h 30-17 h • entrée payante • visite à pied, à bicyclette (on peut alors emprunter tous les chemins qui sillonnent la réserve) ou en rickshaw à pédales (2 passagers par véhicule) • meilleure saison d'oct. à mars si la mousson a été bonne, de préférence tôt le matin ou le soir.

Destiné autrefois à la chasse aux canards et aux oies, l'un des passe-temps favoris des souverains locaux et des Britanniques, l'endroit fut transformé en réserve en 1956 avant de devenir un parc national au début des années 1980. Keoladeo fut également classé au Patrimoine mondial de l'Unesco. Traversée de chemins aménagés pour les visiteurs, cette réserve ornithologique s'étend sur à peine 29 km^2, mais ses étangs, marais et zones à végétation dense accueillent de nombreux oiseaux, soit environ 370 espèces dont 150 migratrices venues d'Asie centrale, de Sibérie et même d'Europe. Leur nombre tend cependant à diminuer de façon alarmante depuis quelques années, notamment en raison des mauvaises moussons qui entraînent la raréfaction des étendues d'eau au sein de la réserve.

♥ HÔTEL

Laxmi Vilas Palace, Kakaji Ki Kothi ☎ [05644] 23-11-99 ; www.laxmivilas.com
Un véritable palais digne des *Mille et une Nuits*, élevé en 1887 par le frère du maharaja de l'époque. Superbe architecture, chambres avec tout le confort, piscine.

HÉBERGEMENT

Hotel Bharatpur Ashok, dans la réserve de Keoladeo Ghana National Park ☎ [05644] 22-27-22 ; www.bharatpurashok.com ; 17 ch. Établissement géré par un organisme gouvernemental, un peu désuet mais de bon confort. Idéal pour une nuit au calme et pour être à pied d'œuvre dès le petit matin.

▲ **À la découverte de la faune du Keoladeo Ghana National Park en rickshaw. La visite avec ce moyen de locomotion est recommandée car, bien que n'étant pas guide, les conducteurs sont capables de vous montrer les oiseaux et de vous donner leurs noms dans de nombreuses langues.**

3 Deeg Palace** *34 km N.-O. de Bharatpur*

Ouv. du lever au coucher du soleil • musée ouv. t.l.j. sf ven. 9 h 30-17 h 30 • entrée payante.

Le palais de Deeg, vrai chef-d'œuvre d'architecture, fut élevé à partir de 1730 par les souverains jats de Bharatpur Badan Singh et Suraj Mal. Il s'agit d'une série d'élégants pavillons dans le style rajput qui se reflètent dans les eaux de deux bassins. De beaux jardins à la moghole ajoutent encore une note romantique à cet endroit plein de charme. Une grande partie des puissants remparts qui protégeaient cette résidence royale est toujours visible.

• **Le Gopal Bhavan** est sans conteste le plus beau des pavillons royaux. Achevé en 1760, il est précédé d'un jardin orné de fontaines dont les jets, la nuit venue, sont éclairés avec des lumières colorées ; l'arrière du bâtiment surplombe un bassin, le Gopal Sagar. De chaque côté de cet édifice se trouvent deux charmants petits **pavillons** appelés Sawan et Bhadon, du nom des deux principaux mois de la mousson ; en face se dresse un trône de marbre noir. Sur la terrasse qui surplombe le jardin, on peut voir une arche de marbre reposant sur un soubassement en forme de balançoire, trophée de guerre rapporté par Suraj Mal de Delhi. La salle de banquet du Gopal Bhawan, aujourd'hui transformée en **musée**, abrite une collection de meubles de l'époque victorienne ainsi que diverses curiosités.

• **Les autres pavillons**. Le **Nand Bhavan** est une vaste salle d'audiences bâtie en grès dans les tons gris et flanquée de deux vérandas. Le **Suraj Bhavan**, situé à l'E. du palais principal, est un pavillon ouvert tout en marbre, avec des balcons surplombant le premier bassin. Le **Keshav Bhavan** est un autre pavillon de plaisance situé au-dessus du second bassin. Il est équipé d'un remarquable système de canalisations qui permettait d'approvisionner les bassins même pendant la saison sèche.

découvrir
partir
séjourner
comprendre
visiter

en savoir plus

Quelques pages pour aller plus loin

Petit dictionnaire

A **Agnikula** (« la lignée du feu ») : clans royaux rajputs qui seraient nés au cours d'un grand feu sacrificiel sur le mont Abu *(→ encadré p. 233)*.

Ahimsa : non-violence ; non-nuisance ; attitude maîtrisée et ferme.

Alvar : poètes d'expression tamoule et dévots de Vishnou à l'époque des Pallavas. Au nombre de 12 selon la tradition, ils sont les auteurs de quelque 4 000 stances religieuses, encore lues dans de nombreux temples où l'on vénère leurs statues.

Ambedkar, Dr Bhimrao Ramji (1891-1956) : homme politique issu d'une caste d'intouchables, éminent juriste formé aux États-Unis, principal rédacteur de la Constitution ; 1er intouchable à accéder à un poste ministériel après l'indépendance, il lutta toute sa vie pour faire sortir les intouchables de leur condition inférieure.

Ananta (« sans fin ») : nom du serpent sur lequel s'étend Vishnou pour se détendre entre deux créations de monde. Personnification de l'éternité, il repose sur les eaux de l'océan primordial.

Annapurna (« donneuse de nourriture ») **:** divinité hindoue, c'est un aspect particulier de Parvati *(→)* et de Durga *(→)*.

Apsaras (« venues des eaux ») : nymphes célestes qui inspirent amour et plaisir. Peintres et poètes les ont souvent figurées sous les traits de danseuses et de musiciennes célestes.

Arati : cérémonie faisant partie du culte du soir, qui consiste à offrir la lumière à la représentation de la divinité.

Arjuna : l'un des cinq frères Pandavas, fils du roi Pandu, héros du *Mahabharata*. Son dialogue avec Krishna, sur le champ de bataille de Kurukshetra, où il commande l'armée des Pandavas, constitue la *Bhagavad-Gita (→)*.

Ashram : lieu de retraite où un ascète se retire pour méditer ; monastère où les fidèles d'une communauté religieuse se placent sous la direction d'un maître spirituel qui leur enseigne.

Atman : nom donné au principe éternel qui anime tout être, âme individuelle, soi, réalité ultime *(→ brahman)*.

Avatar *(avatara)* : « descente » sur terre d'un dieu (plus spécialement Vishnou et Shiva) sous une forme humaine ou animale (ou participant des deux à la fois) pour restaurer l'ordre *(→ dharma)* ; par extension, transformation, métamorphose.

B **Banian** *(Ficus indica)* : très répandu en Asie du Sud-Est, cet arbre possède de nombreuses racines aériennes et pendantes qui forment de nouveaux troncs en touchant le sol. Se propageant par ses « rejets », il symbolise la vie « têtue et proliférante ». Consacré à Vishnou et aux divinités de chaque village, il est particulièrement vénéré.

Baraka nom féminin (mot arabe) : influence bénéfique qu'exercent certains personnages révérés de l'islam, ou certains objets sacrés.

Bhagavad-Gita : poème philosophique rédigé en sanskrit, composé entre le IIIe et le IIe s. av. notre ère. Comprenant 18 chants et 700 versets, il constitue un chapitre du *Mahabharata (→)*. Il met en scène Krishna enseignant la philosophie de l'action à Arjuna *(→)*. Ce texte est l'un des plus sacrés de la littérature brahmanique.

Bhagavata-Purana : le 5e et le plus populaire des *Purana (→)*.

Bhakti (du sanskrit « partager ») : attitude et philosophie religieuse consistant à adorer une divinité *(bhagavat)* jusqu'à se fondre en elle dans un acte d'absolue confiance et de pure contemplation ; chant et méditation concourent à cette fusion amoureuse. Cette dévotion est très populaire chez les sectateurs de Vishnou et de Krishna.

◄ Au bord du lac de Pushkar.

Bharata : ce terme désigne, en 1er lieu, l'un des ancêtres des Pandavas, qui régna sur la tribu védique des Kurus et conquit des populations dravidiennes. Le mot qualifie aussi le *Mahabharata*. Enfin, Bharata est le nom du sage qui aurait créé le bharatanatyam (danse religieuse classique de l'Inde du Sud) et la musique codifiée.

Bodhisattva (« Être éveillé ») : dans le bouddhisme du Mahayana (« Grand Véhicule »), sages qui ont atteint l'Éveil mais renoncé à la délivrance totale des réincarnations pour demeurer auprès des hommes et les aider.

Bouddha (« l'Éveillé ») : Siddharta Gautama naquit au VIe s. av. notre ère dans une famille princière, les Shakyas, d'où son autre désignation de Shakyamuni (le « Sage des Shakyas »). De nombreuses légendes l'entourent, consignées dans les *Jataka*. Dans une Inde en proie au chaos religieux, il initia une forme de spiritualité nouvelle centrée sur le concept de Loi, rétribuant la chaîne des actes et promettant à chaque individu la délivrance du cycle des renaissances. Cette nouvelle spiritualité connut un succès immédiat.

Bouddhisme : issu du brahmanisme, le bouddhisme insiste sur le concept de douleur humaine et sur les moyens de s'en affranchir. Deux écoles majeures se divisent en de nombreuses sectes : l'Hinayana (« Petit Véhicule ») et le Mahayana (« Grand Véhicule »). Le bouddhisme disparaît de l'Inde au Ier millénaire, sous les assauts de l'hindouisme. Il essaime alors dans toute l'Asie, s'acculturant avec bonheur aux différentes civilisations rencontrées (Chine, Japon, Tibet, etc.), créant chaque fois des formes particulières de religiosité à partir des concepts originels.

Brahma : dieu créateur de l'Univers, l'une des trois divinité de la triade hindoue avec Shiva *(→)* et Vishnou *(→)*.

Brahman : Absolu, Âme universelle qui, selon les *Upanishad (→)* et le *Vedanta (→)*, se confond avec l'âme individuelle *(→ atman)*.

Brahmanes : membres de la 1re caste de l'Inde brahmanique, on les dit nés de la bouche de l'Homme primordial. Parmi eux étaient choisis les membres chargés des sacrifices. Par droit de naissance, ils sont les seuls habilités à enseigner et à commenter les *Veda (→)* et les traditions (et, anciennement, à pratiquer les sacrifices). Aujourd'hui, ils représentent 6 % de la population env., divisés en de très nombreuses sous-castes. Leur champ d'activités est très étendu (professions libérales, administration, affaires diverses...).

Brahmanisme : système religieux et social fondé sur le système des castes *(→ varna)* qui a succédé au védisme en intégrant au panthéon originel des divinités locales (Shiva, Krishna) et en ajoutant une dimension à la fois plus philosophique et plus populaire. Ce système a consacré le pouvoir des brahmanes sur la société.

Brahmi : la plus ancienne écriture déchiffrée de l'Inde.

C

Caste : → *Varna.*

Cénotaphe : chez les musulmans, le corps des défunts doit être enterré à même la terre, drapé dans un linceul. Au-dessus de la sépulture des personnages importants, il était d'usage d'élever un cénotaphe, édicule évoquant la levée de terre que l'on trouve dans les cimetières. Pour les personnages illustres, un mausolée était construit audessus de ce cénotaphe.

Chhattri : kiosque, petit pavillon coiffé d'un dôme.

Chowk : place, élargissement d'une rue, au cœur d'une ville, où se trouve un bazar.

Cipaye : fantassin indien. Leur mutinerie dans l'armée anglaise fut considérée par les nationalistes comme la première lutte de libération contre l'occupant européen *(→ encadré p. 365)*.

D

Dalaï-lama : titre d'origine mongol porté depuis le XVIe s. par le plus vénéré des dignitaires religieux tibétains. Il est considéré comme la réincarnation du bodhisattva Avalokiteshvara. Tenzin Gyatso, né en 1935 et XIVe dalaï, vit depuis 1959 en exil en Inde.

Darbar (ou **durbar**) : audience publique tenue autrefois par les Grands Moghols, puis par les souverains indiens et le pouvoir britannique.

Dargah : lieu saint musulman ; tombe musulmane.

Darshan : bénédiction conférée par la simple « vue » d'une statue, d'un saint personnage, etc.

Dharma (« loi ») : concept essentiel de la tradition indienne dès les origines, équivalent à l'ordre du monde.

Dharmasala : gîte pour les pèlerins.

Dravidien : adjectif formé par R. Caldwell en 1856 à partir du mot Dravida (Sud de l'Inde). Il désigne les populations du Sud, celles dont la langue ne dérive pas de l'indo-européen.

Durga (l'« Inaccessible ») : forme de Parvati *(→)*, sous son aspect terrible. Représentée avec deux paires de bras et portant les emblèmes de Vishnou *(→)* et de Shiva *(→)*, elle chevauche un lion ou un tigre pour combattre les démons. Elle peut prendre diverses formes (dont celle de Kali). De nombreux temples lui sont consacrés.

Dvarapala (« gardien de porte ») : demi-dieux, gardiens des portes des temples hindous et bouddhiques, représentés armés de lances et de massues.

F

Fakir (de l'arabe *fukr*, « mendier ») : moine mendiant musulman appartenant généralement à une des congrégations religieuses qui visitent les lieux saints.

G

Gandhi (Mohandas Karamchand, dit le Mahatma Gandhi ; Purdanbar, 1869-Delhi, 1948) *(→ théma p. 282-283)*.

Ganesha : fils de Shiva *(→ ce nom et théma p. 120-121)* et de Parvati *(→)*, c'est l'une des divinités les plus populaires du panthéon hindou. Représenté avec une tête d'éléphant, il dirige ses troupes de nains ou génies *(gana)*. Dieu de la chance, il écarte les obstacles. Il chevauche un rat et son symbole est le svastika *(→)*.

Ganga : déesse du Gange, elle descendit sur terre en empruntant la chevelure de Shiva *(→)*. Représentée sous une forme anthropomorphique, elle se tient debout sur un *makara* *(→)*. Le mot désigne également le Gange, fleuve sacré, le plus long de l'Inde (2 700 km) qui prend sa source dans l'Himalaya.

Garbha-griha (« maison matrice ») : sanctuaire où réside le dieu dans les temples brahmaniques.

Ghat (« marche ») : escaliers construits sur les rives d'un fleuve, au bord d'un bassin, qui en facilitent l'accès.

Ghee : beurre plusieurs fois clarifié, utilisé en cuisine, pour les lampes des autels et divers rituels telles les oblations au feu.

Gita Govinda : poème en sanskrit, accompagné de notations musicales, composé par Jayadeva v. 1200. Il chante les amours passionnées du dieu Krishna *(→)* et de Radha *(→)*. Ce texte a fait l'objet de quantité de commentaires et d'adaptations modernes.

Gopi (« vachère ») : bergères amantes de Krishna *(→)*. Gravitant autour du dieu, qu'elles égaient de leurs chants et de leurs rondes, elles représenteraient les âmes individuelles en quête d'union mystique. Elles sont souvent figurées dans les miniatures, particulièrement celles du Nord.

Gourou : maître, guide spirituel.

H

Hanuman : doté d'une force colossale, il est fils du Vent. Général de l'armée des singes et allié du roi Rama *(→)*, héros du *Ramayana* *(→)*, il est très populaire et vénéré comme une divinité.

Harijan (« enfants de dieu ») : le Mahatma Gandhi appelait ainsi les intouchables et les hors-caste. Le mot désigne aussi le mouvement qu'il fonda en 1929 visant à abolir l'intouchabilité.

Haveli : riche demeure fortifiée des marchands du Rajasthan *(→ théma p. 244-245)*.

Howdah : nacelle munie de sièges et fixée sur le dos d'un éléphant.

Hypostyle : se dit d'une salle dont le plafond est supporté par des colonnes.

I

Indra : chef des *deva* (divinités des panthéons védique, brahmanique, hindou) et dieu de la guerre dans le panthéon védique. Compagnon de Vishnou *(→)* dans l'hindouisme, il incarne la jeunesse et la puissance. Il monte Airavata, l'éléphant blanc à quatre défenses, et tient l'arc magique (l'arc-en-ciel).

Intouchables *(→ harijan)* : tous les hors-caste qui sont destinés, par leur seule naissance, à accomplir les travaux impurs mais indispensables (équarisseurs, vidangeurs...).

Iwan : porche monumental, très profond ; forme architecturale originaire de Perse.

J

Jaïnisme : courant religieux. Contemporain du bouddhisme, il fut fondé par le prince Vardhamana, nommé Mahavira, « le Grand Héros », ou Jina, « le Victorieux ». Il prône la délivrance par l'ascèse totale et par la « non-nuisance » *(ahimsa)* absolue, et le respect de toute vie *(→ aussi tirthankara)*.

Jali : écran ajouré de pierre ou de marbre décorant les fenêtres. Ces claires-voies, qui permettent de voir sans être vu, correspondent aux moucharabiehs du Proche-Orient.

Jati (« naissance ») : catégories sociales ou professionnelles au sein du système des castes *(→ varna)* incluant les intouchables *(→)*.

Jauhar : sacrifice collectif accompli par les femmes rajputes qui, pour ne pas tomber aux mains des assaillants, se jetaient ensemble sur un bûcher.

Jyotirlinga (« lingam de lumière ») : il en existe douze à travers l'Inde, qui n'ont aucune représentation matérielle.

K

Kali (« la Noire ») : déesse, de couleur noire, *shakti (→)* de Shiva *(→)*. Elle est représentée sous une forme terrifiante : un collier de crânes coupés au cou et tirant une langue ensanglantée, elle danse sur un corps inanimé. Elle incarne la destruction des illusions et des apparences.

Kalkin : 10e avatar *(→)* de Vishnou (homme à tête de cheval).

Kama : dieu du désir cosmique et de l'amour charnel.

Kama-sutra (« aphorismes sur le plaisir ») : ouvrage en sanskrit rédigé entre le IVe et le VIe s., traitant des techniques de l'union sexuelle et de l'art de courtiser.

Karttik : dieu hindou de la guerre, fils de Shiva *(→)* et de Parvati *(→)*, également connu sous le nom de Skanda *(→)*.

Kathak : une des formes de danse classique indienne, du N., alliant influences hindoue et musulmane et s'inspirant des grandes épopées et de la geste de Krishna. Né au XVe s., il fut codifié au XIXe s. Les mouvements élaborés des pieds sont appuyés par les grelots que les danseurs portent aux chevilles. *(→ théma p. 254-255)*

Kathakali : théâtre dansé, originaire du Kerala, au maquillage et aux costumes très élaborés *(→ théma p. 254-255)*.

Krishna : 8e avatar *(→)* majeur de Vishnou *(→ théma p. 176-177)* qui revint sur terre pour débarrasser Mathura d'un tyran. Ses jeux amoureux avec Radha *(→)* et les *gopi* *(→)* symbolisent l'union mystique avec le dieu. Son culte, centré sur la *bhakti (→)*, est très développé dans l'Inde contemporaine. Dans la *Bhagavad-Gita (→)*, il enseigne Arjuna *(→)*.

Kurma : tortue, 2e avatar *(→)* de Vishnou *(→)*.

L

Lakshma : frère de Rama *(→)*.

Lakshmi : épouse de Vishnou *(→)*, divinité présidant à la fortune et la beauté. Encadrée de deux éléphants, elle est appelée Gajalakshmi.

Lassi : yaourt liquide battu, servi sucré ou salé. Boisson très populaire.

Lingam : litt. « signe ». Pierre dressée arrondie, symbole de Shiva *(→)*.

Lotus *(padma)* : fleur dont la beauté triomphe des eaux troubles d'où elle naît, le lotus fait l'objet d'une symbolique – fécondité, pureté, connaissance – et d'une iconographie très riches en Asie. Les bouddhistes en ont fait le trône de Bouddha ; pour les hindous, c'est d'un lotus que naît Brahma *(→)*.

M

Mahabharata : grande épopée sacrée du brahmanisme relatant une guerre fratricide entre descendants de clans aryas.

Maharaja (« grand roi »), fém. maharani : titre qui servait à désigner les rois dès l'époque de la dynastie Kushan (IIe et IIIe s.).

Mahatma (« grande âme ») : titre attribué à un chef spirituel ou politique charismatique ; désigne en particulier Gandhi *(→)*.

Mahavira (Vardhamana) : 24ᵉ et dernier *tirthankara (→)*, contemporain du Bouddha et fondateur du jaïnisme *(→)*.

Maitreya : dans le bouddhisme du Mahayana (« Grand Véhicule »), grand bodhisattva *(→)*, futur sauveur du monde.

Mandala : diagramme symbolisant le cosmos et servant de support à la méditation.

Mandapa : salle hypostyle formant un vestibule ou une dépendance dans les temples.

Manipuri : danse originaire du Manipur.

Mantra (« instrument de pensée ») : formule sacrée dotée, selon la tradition, d'une énergie potentielle qui se manifeste quand elle est prononcée et répétée. Chaque divinité a un ou plusieurs mantras, qui la signifient.

Mihrab nom masculin : dans une mosquée, niche creusée dans le mur indiquant la direction de La Mecque, vers laquelle on se tourne pour prier.

Mudra (« sceau ») : geste de la main qui symbolise un état mental ou les pouvoirs d'une divinité, selon l'orientation de la paume et la disposition des doigts. Très utilisé dans le bouddhisme Mahayana (« Grand Véhicule »).

N

Nabab *(nawab)* : gouverneur dans l'Inde musulmane.

Nandi : animal-monture de Shiva *(→)*. Représenté sous la forme d'un taureau à bosse magnifique, assis sous un dais de pierre face à l'entrée des temples (ceux dédiés à Shiva), il est très vénéré.

Narasimha : avatar *(→)* de Vishnou *(→)*, sous la forme de l'homme-lion.

Nataraja : qualificatif désignant Shiva *(→)* « roi de la danse ».

Nawab : → *Nabab*.

Nirvana (« extinction ») : dans le bouddhisme, extinction des trois racines du mal (désir, haine et erreur), qui délivre du cycle des renaissances.

O

Ourdou : → *Urdu*.

P

Padma : → *Lotus*.

Pandit : titre honorifique attribué aux brahmanes ayant une connaissance approfondie des textes sanskrits.

Paria : du tamil *parayan*, désignant la caste des joueurs de tambour aux funérailles, le mot a été appliqué à tous les *harijan (→)*.

Parvati (« fille de la Montagne ») : épouse et *shakti (→)* de Shiva *(→ ce nom et théma p. 120-121)*, reine des esprits errants et mère de Ganesha *(→)*. Elle a plusieurs aspects, bienveillants et terrifiants (Devi, Durga, Kali, Kamakshi).

Prana : en sanskrit, désigne « le souffle », « le souffle vital ». Le *prana* est essentiel dans le yoga qui propose de nombreuses techniques de « maîtrise du souffle » *(pranayana)*.

Puja (« culte ») : adoration du dieu à travers son image sacrée ; cérémonie rituelle, qui peut être publique.

Purana (« antiquité ») : recueils tardifs (XIIᵉ-XIVᵉ s. env.) recensant mythes et légendes, généalogies, commentaires sur la cosmologie, les pèlerinages, etc.

Q

Qawali : chant dévotionnel musulman, à l'origine venu d'Iran. Il est exécuté en groupe, avec un ou deux chanteurs guidant l'ensemble, dans un échange constant de solos et de chœurs.

R

Radha : *gopi (→)* préférée de Krishna *(→ ce nom et théma p. 120-121)* ; les aventures mystiques du dieu et de la bergère, très populaires, ont inspiré poètes et miniaturistes *(→ Gita Govinda)*.

Raga (« teinture », « couleur », « mode musical ») : terme employé principalement en musique, mais aussi en peinture. Il définit le moyen de traduire et de provoquer une émotion, un sentiment, nés d'une influence extérieure (la pluie, la ronde des saisons, un moment de la journée) ou intérieure (amour, tristesse…). Ces sentiments peuvent être masculin *(raga)* ou féminin *(ragini)*.

Raj : pouvoir de contrôle, État.

Raja, fém. **rani** : mot hindi qualifiant le roi. Vassal des Britanniques.

Rakshasa : demi-dieux, mangeurs d'hommes.

Rama : 7ᵉ avatar *(→)* de Vishnou *(→)*, il est le héros du *Ramayana (→)*. Souvent représenté accompagné de son épouse Sita *(→)*, de son frère Lakshma *(→)* et du général des singes Hanuman *(→)*.

Rao : raja *(→)* du Kutch.

Ramayana (« Geste de Rama ») : l'une des deux grandes épopées de l'Inde qui conte les tribulations de Rama *(→)*, avatar *(→)* de Vishnou, et de ses proches.

Rashtrapati : titre du président de l'Union indienne.

Ravana : roi-démon.

Rickshaw : pousse-pousse, devenu aujourd'hui cyclopousse, sauf à Calcutta, et souvent à moteur (autorickshaw). Très utilisé, il se faufile dans les rues encombrées des villes indiennes.

Rishi (« voyant ») : sages de l'Inde védique dont les noms et le nombre varient. Les dieux leur auraient dicté les *Veda (→)*.

S

Sadhu (« bienveillant ») : ascète brahmanique, souvent doué de pouvoirs magiques.

Sanskrit (« parfait ») : langue indo-aryenne ancienne, tenue pour sacrée, dans laquelle sont rédigés les textes sacrés du védisme (forme religieuse et sociale antérieure au brahmanisme), du brahmanisme et de l'hindouisme.

Sari : vêtement féminin composé d'une pièce d'étoffe de 1 m de large sur 5 m de long, drapée autour du corps. Maintenu sans coutures ni épingles, il se porte sur un *choli* (corsage) et un jupon retenu à la taille par un cordon. Il en existe de toutes sortes. Les saris de mariage sont d'un rouge intense brodé de fils d'or.

Sati : épouse de Shiva *(→)*, symbole de la fidélité. Le terme désigne également l'ancienne coutume hindoue du sacrifice des veuves *(→ encadrés p. 69 et 218)*.

Shakti (« énergie ») : énergie féminine sans laquelle un dieu ne peut agir (parfois qualifiée de parèdre), appelée souvent Bhagavati (« toute-puissante »). Bienveillantes (Parvati, Uma, Lakshmi, Sarasvati) ou terribles (Kali, Durga), elles sont très vénérées.

Shastra (« règle », « précepte ») : traités sanskrits non religieux, explorant tous les domaines de la connaissance, en général philosophiques.

Shesha : *→ Ananta.*

Shikhara : tour pyramidale aux arêtes droites ou curvilignes surmontant le sanctuaire du temple. Ce type architectural est surtout répandu dans le N. de l'Inde, mais n'est pas absent dans le S.

Shiva (« gentil », « bon ») : dieu de la triade hindoue (Brahma, Vishnou et Shiva) considéré comme le grand Créateur. Il est souvent représenté en roi de la danse cosmique (Nataraja), créatrice et aussi destructrice (Tandava), ou encore recevant le Gange dans sa chevelure *(→ théma p. 120-121)*.

Shivaïte : sectateur de Shiva. Certains sont sadhus *(→)*, allant nus, leurs cheveux longs tressés et couverts de cendre sacrificielle ; les autres se distinguent par trois traits de cendre horizontaux en travers du front.

Sikh (« disciple ») : adepte du sikhisme. Les sikhs portent turban et barbe non coupée. De tradition combattante, ils tiennent à leur autonomie et sont à l'origine de mouvements de résistance au pouvoir en place.

Sikhisme : ce mouvement religieux et politique, fondé par Nanak en 1469 et particulièrement développé au Pendjab, prône un dieu unique et rejette le système des castes.

Sita : dans le *Ramayana (→)*, incarnation de Lakshmi *(→)* qui est enlevée par le démon Ravana *(→)*, puis sauvée par son époux Rama *(→)*.

Skanda (« jet de semence ») : fils de Shiva *(→)* né directement de son sperme sans intermédiaire féminin et frère de Ganesha *(→ Karttik)*. Le *Mahabharata (→)* lui donne 31 noms.

Soufi : adepte du soufisme *(→)*.

Soufisme : secte mystique musulmane, anciennement implantée en Perse, qui valorise l'expérience mystique au-delà du ritualisme *(→ théma p. 270-271)*.

Stupa : monument en forme de tumulus hémisphérique qui contient des reliques du Bouddha ou de saints personnages du bouddhisme ; plus simplement, tout monument commémoratif.

Surya : dieu du Soleil. Seul de tous les dieux de l'Inde, il est représenté avec des bottes de cavalier, probablement selon un modèle d'origine perse. Il sillonne le ciel sur un char tiré par 7 chevaux.

Svastika (« de bon augure ») : représentation du char solaire. Symbole sacré et bénéfique en forme de croix aux branches coudées à angle droit vers la droite (gammée) souvent dessiné sur les murs extérieurs des maisons.

T

Tank : bassin, réservoir, étang artificiel.

Thali : grand plateau de métal, individuel, sur lequel est traditionnellement servi le repas.

Theravada (« Voie des Anciens ») : la seule école subsistant des premiers âges du bouddhisme.

Tilak : marque religieuse ou décorative apposée sur le front.

Tirthankara (« faiseur de gué ») : nom donné par les jaïns à leurs patriarches, qui, au nombre de 24 au cours des âges, guidèrent les hommes vers le salut.

Torana : portique décoré à l'entrée de l'enclos d'un stupa, d'un temple.

U

Upanishad : textes sacrés de la révélation védique rédigés en sanskrit ; à l'origine (VIe-IIIe s. av. notre ère), commentaires des *Veda (→)*. Y sont consignés, en vers et en prose, sous forme d'exposés ou de dialogues, les enseignements philosophiques.

Urdu ou **Ourdou** (« langue des camps ») : forme du hindi, mais rédigée à l'aide de l'alphabet arabe et comprenant un nombre croissant de mots arabes et persans, surtout depuis qu'elle est devenue la langue nationale du Pakistan.

V

Varaha : 3e avatar *(→)* de Vishnou *(→)* ; sous la forme de sanglier, il alla repêcher la Terre au fond des océans.

Varna (« couleur », « catégorie ») : castes de la société brahmanique au nombre de 4. Par ordre d'importance sociale : *brahmana* (brahmanes), *kshatriya, vaishya, shudra.*

Vasishtha : un des sept *rishi* (→).

Veda (« Savoir ») : révélation, Savoir révélé aux *rishi (→)*. À l'origine transmis de maître en maître, ils furent consignés par écrit quelques siècles av. notre ère. Les textes qui les constituent sont regroupés en 4 grands recueils sacrés : *Rigveda, Yajurveda, Samaveda* et *Atharvaveda.*

Vimana : tour-sanctuaire de type pyramidal, équivalent, dans les temples du S., à la tour appelée *shikhara* au N.

Vishnou : divinité dont l'importance est considérable car il maintient l'univers. Il apparaît sous dix avatars *(→)*, les deux principaux étant Krishna *(→)* et Rama *(→)* *(→ théma p. 176-177).*

Y

Yakshi : nymphes des forêts, dont le chef est Kubera. Elles sont souvent représentées aux entrées des sanctuaires bouddhiques où elles servent de gardiennes.

Yama : divinité présidant au royaume des morts.

Yamuna : fleuve divinisé, représenté sous les traits d'une jeune femme juchée sur une tortue. D'une longueur de 1 370 km, il prend sa source dans l'Himalaya.

Yoga (de la racine *yug*, « atteler ») : discipline alliant la maîtrise de l'esprit et du corps, par le biais de techniques mentales et physiques précises, et aussi l'un des six *darshana* (systèmes de philosophie hindous : Mimansa, Nyaya, Vaisheshika, Samkhya, Vedanta et Yoga). Le but du yoga est d'accéder à la délivrance dès cette existence. Les différentes techniques, classifiées et codifiées selon les moyens utilisés, ont donné plusieurs écoles.

Yogi, fém. yogini : adepte d'un des courants du yoga. Le féminin *yogini* possède également le sens de « démon femelle, doué de pouvoirs maléfiques ».

Yoni : associée au lingam *(→)*, elle en est le symbole féminin. De forme circulaire ou ovale, ou encore triangulaire ; on dresse le lingam en son milieu.

Z

Zenana (ou **Mahal**, « palais ») : palais habité par les femmes des harems des empereurs moghols.

Bibliographie

Généralités

Angot M., *L'Inde classique*, Les Belles Lettres, coll. « Guide des civilisations », 2001.

Biardeau M., *L'Hindouisme, anthropologie d'une civilisation*, Flammarion, coll. « Champs », 2009.

Bouglé C., *Essais sur le système des castes*, Kessinger Publishing, 2009.

Da Lage N. et **O.**, *L'Inde de A à Z*, André Versaille éditeur, 2010.

Dumont L., *Homo hierarchicus : le système des castes*, Gallimard, 1979.

Lardinois R., *L'Invention de l'Inde : entre ésotérisme et science*, CNRS Éditions, 2007.

Renou L. et **Filliozat J.** (dir.), *L'Inde classique*, t. I, rééd. Maisonneuve, 1985 ; t. II, rééd. EFEO, 2001.

Sorman G., *Le génie de l'Inde*, LGF, coll. « Le Livre de poche », 2007.

Histoire

Berthod C., *La Partition du Bengale, 1947-1972*, L'Harmattan, 2008.

Boivin M., *Histoire de l'Inde*, PUF, coll. « Que sais-je ? », n° 489, 2005.

Clément C., *Gandhi, athlète de la liberté*, Gallimard, coll. « Découvertes », 2008.

Dalrymple W., *Le Dernier Moghol : la chute d'une dynastie, Delhi, 1857*, Payot, coll. « Petite bibliothèque Payot », 2010.

Deleury G., *Le Voyage en Inde : anthologie des voyageurs français (1750-1820)*, Robert Laffont, coll. « Bouquins », 2003.

Dupuis J., *Histoire de l'Inde : des origines à la fin du XXe siècle*, Kailash, 2005.

Haudrère P., *Les Compagnies des Indes orientales : trois siècles de rencontre entre Orientaux et Occidentaux*, Desjonquères, 2006.

Lapierre D. et **Collins L.**, *Cette nuit la liberté : l'épopée de l'indépendance de l'Inde*, Pocket, 2004.

Markovits C. (dir.), *Histoire de l'Inde moderne, 1480-1950*, Fayard, 1994.

McCearney J., *La Révolte des Cipayes*, J. Picollec, 1999.

Meyer E., *Une histoire de l'Inde : les Indiens face à leur passé*, Albin Michel, coll. « Planète Inde », 2007.

Roux J.-P., *Histoire des Grands Moghols : Babur*, Fayard, 1986.

Tharoor S., *Nehru, l'invention de l'Inde*, éd. du Seuil, 2008.

Virmani A., *India, 1900-1947 : un Britannique au cœur du Raj*, Autrement, 2002.

Société contemporaine

Assayag J., *La Mondialisation vue d'ailleurs : l'Inde désorientée*, éd. du Seuil, 2005.

Boillot J.-J., *L'Économie de l'Inde*, La Découverte, coll. « Repères », n° 443, 2006.

Brégéat-Padamsee R. (dir.), *Bombay-Mumbai : de fureur et de tendresse*, Autrement, 2000.

Cadène P. et **Balavoine G.**, *Atlas de l'Inde : une fulgurante ascension*, Autrement, 2008.

Das G., *Le Réveil de l'Inde*, Buchet-Chastel, 2007.

Deleury G., *Le Modèle indou*, Kailash, 2006 ; *L'Inde, continent rebelle*, éd. du Seuil, 2000.

Deliège R., *Les Intouchables en Inde ; des castes d'exclus*, Imago, 1995 ; *Les Castes en Inde aujourd'hui*, PUF, 2004 ; *Intouchables : entre révoltes et intégration*, Albin Michel, coll. « Planète Inde », 2007.

Dupuis J., *L'Inde, une introduction à la connaissance du monde indien*, Kailash, 2007.

Géopolitique, n° 99, « L'Inde : État souverain », PUF, 2007.

Jaffrelot C. (dir.), *L'Inde contemporaine de 1950 à nos jours*, Fayard, 2006.

Jaffrelot C., *La Démocratie en Inde*, Fayard, coll. « L'espace du politique », 1998 ; *Les Nationalistes hindous*, Presses de la Fondation nationale des sciences politiques, 1993.

Kakar S. et **K.**, *Les Indiens : portrait d'un peuple*, éd. du Seuil, 2007.

Racine J., **Racine J.-L.** et **Viramma**, *Une vie paria : le rire des asservis, pays tamoul, Inde du Sud*, Pocket, 2001.

Reynolds N., *Le Cachemire dans le conflit indo-pakistanais : 1947-2004*, L'Harmattan, 2005.

Van Woerkens M., *Nous ne sommes pas des fleurs : deux siècles de combats féministes en Inde*, Albin Michel, 2010.

Varma Pavan K., *Le Défi Indien*, Actes Sud, 2005.

Philosophie et religions

Arvon H., *Le Bouddhisme*, PUF, coll. « Quadrige », 2005.

Assayag J., *Au confluent de deux rivières : musulmans et hindous dans le sud de l'Inde*, Presses de l'École française d'Extrême-Orient, 1995.

Aurobindo S., *La Synthèse des yoga*, Buchet-Chastel, 1994 ; *Les Fondements de la culture indienne*, Buchet-Chastel, 1997.

Ballanfat M., *Introduction aux philosophies de l'Inde*, Ellipses, 2002.

Bareau A., *En suivant Bouddha*, Philippe Lebaud, 2000.

Bouez S. (dir.), *Ascèse et renoncement en Inde ou la solitude bien ordonnée*, L'Harmattan, 1992.

Bouillier V., *Itinérance et vie monastique : les ascètes Nath Yogis en Inde contemporaine*, Éd. de la Maison des sciences de l'homme, 2009.

Chenet F. (dir.), *Cahiers de L'Herne*, n° 63, 1993, « Nirvana ».

Clémentin-Ojha C., *Les Chrétiens de l'Inde : entre castes et Églises*, Albin Michel, 2008.

Conze E., *Le Bouddhisme*, Payot, coll. « Petite bibliothèque Payot », 2002.

Daniélou A., *Mythes et dieux de l'Inde, le polythéisme hindou*, Flammarion, coll. « Champs », 2009.

Deleury G., *Les Grands Mythes de l'Inde ou l'empreinte de la tortue*, Fayard, 1992.

Desjardins A., *Yoga et spiritualité, l'hindouisme et nous*, La Table ronde, 1992 ; *Les Chemins de la sagesse*, La Table ronde, 1999.

Doniger W., *Siva, érotique et ascétique*, Gallimard, coll. « Bibliothèque des sciences humaines », 1993.

Droit R.-P., *L'Oubli de l'Inde, une amnésie philosophique*, éd. du Seuil, 2004.

Du Breuil P., *Les Jaïns de l'Inde*, Aubier, 1990.

Dumézil G., *Mythe et épopée*, Gallimard, coll. « Quarto », 1995.

Eliade M., *Le Yoga : immortalité et liberté*, Payot, coll. « Bibliothèque historique », 1991 ; *Patanjali et le Yoga*, Éd. du Seuil, coll. « Points sagesse », 1976.

Feuga P. et **Michaël T.**, *Le Yoga*, PUF, coll. « Que sais-je ? », n° 643, 2003.

Gaborieau M., *Un autre islam : Inde, Pakistan, Bangladesh*, Albin Michel, coll. « Planète Inde », 2007.

Gira D., *Comprendre le bouddhisme*, LGF, coll. « Le Livre de poche », 2007.

Herbert J., *Le Yoga de l'amour*, Albin Michel, coll. « Spiritualités vivantes », 1992.

Keller C., *Ramakrishna et la voie de l'amour*, Bayard éditions, 1997.

Krishnamurti J., *Commentaires sur la vie*, Buchet-Chastel, 3 vol., 1996-1998.

Maillard C., *L'Inde vue d'Europe : histoire d'une réception*, Albin Michel, 2008.

Malamoud C., *Cuire le monde : rite et pensée dans l'Inde ancienne*, éd. de la Découverte, 1989 ; *Féminité de la parole : études sur l'Inde ancienne*, Albin Michel, 2005.

Matringe, D., *Les Sikhs : histoire et tradition des « Lions du Panjab »*, Albin Michel, 2008.

Nityabodhananda S., *Mythes et religions de l'Inde*, Maisonneuve et Larose, 2001.

Padoux A., *Comprendre le tantrisme : les sources hindoues*, Albin Michel, 2010 ; *L'Image divine : culte et méditation dans l'hindouisme* (dir.), éd. du CNRS, 1990.

Renou L., *L'Hindouisme*, PUF, coll. « Que sais-je ? », n° 475, 2001.

Sailley R., *Les Déesses de l'Inde*, éd. du Cerf, coll. « Bref », 1999.

Tarabout G., *Rites hindous, transferts et transformations*, EHESS, 2006 ; *Altérité et identité : islam et christianisme en Inde*, EHESS, 1997.

Tardan-Masquelier Y., *L'Hindouisme : des origines védiques aux courants contemporains*, Bayard-Centurion, 1999 ; *L'Esprit du yoga*, Albin Michel, 2005 ; *Un milliard d'hindous : histoire, croyances, mutations*, Albin Michel, 2007 ; *Ramana Maharshi, le libéré-vivant*, textes choisis et présentés, éd. du Seuil, 2010.

Varenne J., « La Religion védique », dans *Histoire des religions*, Gallimard, coll. « Encyclopédie de la Pléiade », 1970 ; *Vocabulaire de l'hindouisme*, Dervy-Livres, coll. « Mystiques et religions », 1985 ; *Dictionnaire de l'hindouisme : introduction à la signification des symboles et des mythes hindous*, éd. du Rocher, 2002 ; *Zoroastre : le prophète de l'Iran*, Dervy, 2006.

Weber M., *Hindouisme et bouddhisme*, Flammarion, coll. « Champs », 2003.

Weinberger-Thomas C., *Cendres d'immortalité : la crémation des veuves en Inde*, éd. du Seuil, 1996.

Zimmer H., *Les Philosophies de l'Inde*, Payot, 1997.

Arts

Généralités

L'Âge d'or de l'Inde classique : l'empire des Gupta, Réunion des musées nationaux, 2007.

Béguin G., *L'Art indien*, Flammarion, coll. « La grammaire des styles », 1984.

Busquet C. et G., *Tableaux du Rajasthan*, photographies B. Morandi, Arthaud, 2003.

Brac de la Perrière E., *L'Art du livre dans l'Inde des sultanats*, Presses de l'Université Paris-Sorbonne, 2008.

Craven R. C., *L'Art indien*, Thames & Hudson, coll. « L'Univers de l'art », 2005.

Dawson B., *Inde graphique*, Thames & Hudson, 2001.

Loth A.-M., *Art de l'Inde, diversité et spiritualité*, Chapitre Douze, Bruxelles, 1994.

Michell G., *Splendeurs mogholes : art et architecture dans l'Inde islamique*, Gallimard, 2007.

Morley G., *La Sculpture indienne*, C. Moreau, 2005.

Okada A., *Sculptures indiennes du musée Guimet*, Réunion des musées nationaux, 2000.

Okada A. et **Zéphir T.**, *L'Âge d'or de l'Inde classique*, Gallimard-Réunion des musées nationaux, 2007.

Sivaramamurti C., *L'Art en Inde*, Citadelles & Mazenod, 1974.

Van Geel C. et **Lévy C.**, *Cent pour cent Indian*, éd. du Seuil, 2004.

Musique

Auboux F., *L'Art du raga : la musique classique de l'Inde du Nord*, Minerve, 2003.

Clinquart I., *Musiques d'Inde du Sud*, Actes Sud, 2001.

Daniélou A., *La musique de l'Inde du Nord*, Fata Morgana, coll. « Hermès », 1995.

Gohin F., **Marolleau C.**, **Papaloïzos I.**, **Parmentier M.** *Sangeet. La musique indienne : discographie, bibliographie*, Ville de Paris, Discothèque des Halles, 1986.

Servan-Schreiber C., *Chanteurs itinéraires en Inde du Nord – la tradition orale bhojpuri*, L'Harmattan, 2000.

Danse, théâtre

Amar G., *L'Inde danse : une saison de musique*, L'Harmattan, 2005.

Bansat-Boudon L., *Poétique du théâtre indien : lectures du Natyasastra*, École française d'Extrême-Orient, 1992.

Chemana M., *Kathakali, théâtre traditionnel vivant du Kerala*, Gallimard, coll. « Connaissance de l'Orient », 1994.

Frédéric L., *La Danse sacrée de l'Inde*, éd. Chariot d'or, 2010.

Légeret K., *Danse contemporaine et théâtre indien : un nouvel art ?*, Presses universitaires de Vincennes, 2010.

Martin-Dubost P., *Théâtre dansé du Kérala*, La Différence, coll. « Mobile Matière », 1990.

Visakhadatta, *Le Ministre et la marque de l'anneau (Mudrarakshasa)*, trad. A. Poulter, L'Harmattan, coll. « Théâtre des 5 continents », 2003.

Cinéma

Grimaud E., *Bollywood Film Studio ou Comment les films se font à Bombay*, CNRS, 2004.

Grimaud E. et **Gormley K.** (dir.), *Le Cinéma indien/Indian cinema*, Asiexpo Association, 2008.

Ishaghpour Y., *Satyajit Ray : l'Orient et l'Occident*, La Différence, 2002.

Polomé P. et **Broquet V.**, *Bollywood : dans les coulisses des Film Cities*, éd. du Rouergue, 2005.

Thoraval Y., *Les Cinémas de l'Inde*, L'Harmattan, 1998.

Torgovnik J., *Il était une fois Bollywood : voyage dans l'industrie cinématographique indienne et sa culture*, Phaidon, 2003.

Albums, reportages photo

Baldizzone T. et **G.**, **Quigley D.** et **Strivastava V.**, *L'Inde des tribus oubliées*, éd. du Chêne, 2008.

Barot O., *Inde, rêve de pierre, textes de Malraux A. et Tagore R.*, Éd. les Météores, 2005.

Bourzat C., **Mouton L.** et **Ramazotti L.**, *Inde*, éd. du Chêne, coll. « C'est le rêve », 2007.

Chorier N., *En vol au-dessus de l'Inde*, La Martinière, 2007.

Guedj P. et **Durruty V.**, *Parfums de l'Inde*, Flammarion, 2002.

Rabotteau D. et **Soltan F.**, *L'Inde de la mer et des hommes*, Flammarion, 2004. ; *Les Rendez-Vous de l'Inde et du sacré*, La Martinière, 2007.

Rai R. et **Terzani T.**, *India notes*, Intervalles, 2007.

Stil-Rever S., **Ricard M.** et **Bauer M.**, *Kalachakra : un mandala pour la paix*, La Martinière, 2008.

Willaume A. (dir.), *India now : nouvelles visions photographiques de l'Inde contemporaine*, Textuel, 2007.

Littérature

Généralités

Balbir N. (dir.), *Genres littéraires en Inde*, Presses de la Sorbonne nouvelle, 1994.

Baneth-Nollaitehas E. L., *Le Roman anglo-indien : de Kipling à Paul Scott*, Presses de la Sorbonne nouvelle, 1999.

Christian P., *L'Inde des romans*, Kailash, 1995.

Revue *Europe*, n° 864, « Littératures de l'Inde », avril 2001.

Classiques indiens

Adigal I., *Le Roman de l'anneau : Shilappadikaram*, trad. A. Daniélou et R. S. Denikan, Gallimard, 1990.

Bilhana, *Poèmes d'un voleur d'amour*, trad. A. Okada, Gallimard, coll. « Connaissance de l'Orient-Unesco », 1988.

La Bhagavad-Gita, trad. M. Ballanfat, GF Flammarion, 2007.

Le Chant ultime : trois nouveaux poèmes de la Bhagavad-Gita, trad. A. Porte, Arfuyen, 2001.

Contes du perroquet : Sukasaptati, trad. A. Okada, Gallimard, coll. « Connaissance de l'Orient-Unesco », 1984.

Hanuman ou le chemin du vent suivi de *La Descente du Gange*, adaptation C. Devin, Les Belles Lettres, coll. « La Voix de l'Inde », 2005.

Jayadeva, *Gita-Govinda*, introduction, traduction J. Varenne, éd. du Rocher-Unesco, 1991.

Kabir, *Au cabaret de l'amour*, trad. C. Vaudeville, Gallimard, coll. « Connaissance de l'Orient », 1986.

Le Mahabharata, trad. M. Biardeau, 2 vol., éd. du Seuil, 2002.

Le Mahabharata conté selon la tradition orale, adaptation S. Demetrian, Albin Michel, 2006.

Pancatantra, trad. E. Lancereau, Gallimard, coll. « Connaissance de l'Orient », 1991.

Peterfalvi J. M., *Le Mahabharata*, extraits traduits et commentés, 2 vol., Flammarion, 1985.

Le Ramayana conté selon la tradition orale, adaptation S. Demetrian, Albin Michel, 2006.

Renou L. (dir.), *Les Upanishad*, J. Maisonneuve, 21 vol., 1983-2005 ; *Hymnes spéculatifs du Veda, traduits du sanskrit et annotés*, Gallimard, coll. « Connaissance de l'Orient », 1956.

Shiva, le Seigneur-du-Sommeil, trad. A. Porte, éd. du Seuil, coll. « Points sagesse », 1993.

Théâtre de Kalidasa, trad. L. Bansat-Boudon, Gallimard, coll. « Connaissance de l'Orient », 1996.

Toukaram, *Psaumes du pèlerin*, trad. G. Deleury, Gallimard, 1989.

Valmiki, *Le Ramayana*, éd. C. Le Brun, Dervy, 2006.

Valmiki, *Le Ramayana*, éd. M. Biardeau et M.-C. Porcher, Gallimard, coll. « Bibliothèque de la Pléiade », 1999.

Varenne J., *Upanishads du yoga*, Gallimard, coll. « Connaissance de l'Orient-Unesco », 1990 ; *Sept Upanishad*, traduction, introduction, commentaires, éd. du Seuil, 1981 ; *Le Veda*, textes réunis et présentés, Deux Océans, 1984.

Vatsyayana, *Le Kama Sutra : le bréviaire de l'amour*, trad. A. Daniélou, éd. du Rocher, 2003.

Romans

Banerji T. S., *Radha au lotus*, trad. F. Bhattacharya, Gallimard, coll. « Connaissance de l'Orient », 1988.

Banerji B. B., *La Complainte du sentier*, trad. F. Bhattacharya, Gallimard, coll. « L'Imaginaire », 2008.

Chatterji B. C., *Le Testament de Krishnokanto*, trad. N. Dé, Gallimard, coll. « Connaissance de l'Orient », 1988.

Desai A., *La Claire lumière du jour*, Denoël, 1993 ; *Le Jeûne et le Festin*, Gallimard, coll. « Folio », 2002.

Devi M., *Indiennes : Rudali et autres nouvelles*, trad. M. Morin, Actes Sud, 2004.

Divakaruni C. B., *Ma sœur, mon amour*, 10/18, 2004 ; *Mariage arrangé*, Philippe Picquier, 2006 ; *Les Erreurs inconnues de nos vies*, Philippe Picquier, 2005 ; *La Maîtresse des épices*, Philippe Picquier poche, 2002.

Ghosh A., *Les Feux du Bengale*, éd. du Seuil, 2009.

Gupta B. P., *Gange, ô ma mère*, Gallimard, coll. « Connaissance de l'Orient », 1991.

Hariharan G., *Les Mille Visages de la nuit*, Philippe Picquier, 2006.

Hesse H., *Siddhartha*, LGF, coll. « Le Livre de poche », 2007.

Kakar S., *L'Ascète du désir*, éd. du Seuil, 2001.

Kanga F., *Grandir*, Philippe Picquier, 2002.

Kipling R., *Le Livre de la jungle*, Hachette Jeunesse, coll. « Le Livre de poche », 2004 ; *Le Second Livre de la jungle*, Gallimard, coll. « Folio », 1998 ; *Œuvres complètes*, Gallimard, coll. « Bibliothèque de la Pléiade », 4 vol., 1988-2001.

Lapierre D., *La Cité de la joie*, Robert Laffont, 1992.

Larneuil M., *Le Vautour et l'Enfant*, Kailash, 1997.

Manganelli G., *Itinéraire indien*, Le Promeneur, 1994.

Mehta R., *À l'ombre du haveli*, Kailash, 2007.

Mistry R., *L'Équilibre du monde*, Albin Michel, 1998.

Naipaul V. S., *Une maison pour Monsieur Biswas*, Gallimard, coll. « L'Imaginaire », 2001 ; *L'Énigme de l'arrivée*, Christian Bourgois, 1991.

Narayan R. K., *Le Conte de grand-mère*, Belfond, 1990 ; *Mes jours : mémoires d'un Indien du Sud*, Serpent à plumes, 2005.

Nasreen T., *Lajja : la honte*, LGF, coll. « Le Livre de poche », 2008.

Pasolini P. P., *L'Odeur de l'Inde*, Gallimard, coll. « Folio », 2001.

Ray S., *Les Criminels de Katmandou*, Kailash, 1997 ; *Le Mystère du dieu éléphant*, Kailash, 1997 ; *Le Brigand du Kailash*, Kailash, 2001.

Roy A., *Le Coût de la vie*, Gallimard, 1999 ; *Le Dieu des petits riens*, Gallimard, coll. « Folio », 2000.

Rushdie S., *Les Versets sataniques*, Plon, 1999 ; *Les Enfants de minuit*, Plon, 1997.

Seth V., *Un garçon convenable*, LGF, coll. « Le Livre de poche », 2007.

Sharma B., *La Colère des aubergines*, Philippe Picquier poche, 2002.

Singh K., *Je n'entendrai pas le rossignol*, Philippe Picquier, 2004.

Sutcliffe W., *Vacances indiennes*, Denoël, 2003.

Swarup V., *Les Fabuleuses aventures d'un Indien malchanceux qui devint milliardaire*, 10/18, coll. « Domaine étranger », 2009.

Tagore R., *La Maison et le Monde*, Payot, coll. « Petite bibliothèque Payot », 2002 ; *L'Offrande lyrique*, Gallimard, coll. « Poésie », 1971 ; *Souvenirs*, Gallimard, coll. « Connaissance de l'Orient poche », 1991 ; *Le Vagabond et autres histoires*, Gallimard, coll. « L'Imaginaire », 2002 ; *La Petite Mariée*, suivi de *Nuage et soleil*, Gallimard, coll. « Folio », 2004 ; *Histoires de fantômes indiens*, Arléa, 2008.

Tejpal T. J., *Loin de Chandigarh*, LGF, coll. « Le Livre de poche », 2007.

Tharoor S., *Le Grand Roman indien*, éd. du Seuil, coll. « Points », 2002 ; *L'émeute*, éd. du Seuil, coll. « Points », 2004.

Témoignages, essais, récits de voyage

Boulet M., *Dans la peau d'un intouchable*, éd. du Seuil, 1994.

Clausel J., *Indes*, Payot, 2001.

David-Néel A., *L'Inde où j'ai vécu : avant et après l'indépendance*, Pocket, 2003.

Daya P., *Ma vie d'intouchable*, La Découverte, 2007.

Gandhi M. K., *Autobiographie ou Mes expériences de vérité*, PUF, coll. « Quadrige », 2007 ; *Lettres à l'ashram*, Albin Michel, coll. « Spiritualités vivantes », 1989.

La Borie G., *Indira Gandhi*, éd. de la Loupe, 2007.

Loti P., *L'Inde (sans les Anglais)*, Kailash, 2007.

Mahodaya M. de, *Sur le Gange un oiseau blanc*, G. Trédaniel, 1996.

Maindron M., *Dans l'Inde du Sud*, 2 vol., Kailash, 1992.

Malraux A., *Antimémoires*, Gallimard, coll. « Folio », 1972.

Manier B., *Quand les femmes auront disparu : l'élimination des filles en Inde et en Asie*, La Découverte, 2008.

Mehta S., *Bombay maximum city*, Buchet-Chastel, 2006.

Michaux H., *Un barbare en Asie*, Gallimard, 1994.

Moravia A., *Une certaine idée de l'Inde*, Arléa, 2008.

Moraze M., *Jawaharlal Nehru : la promesse tenue*, avant-propos de Rajiv Gandhi, L'Harmattan, 2004.

Poitevin G., *Inde, les marginaux de l'éternel*, L'Harmattan, 1984.

Rairkar H. et **Poitevin G.**, *Inde, village au féminin : la peine d'exister*, L'Harmattan, ACIAD, 1985 ; *Inde, le développement, une impasse ? Trois études indiennes*, L'Harmattan, ACIAD, 1985.

Bandes dessinées

Banerjee S., *Calcutta*, Denoël Graphic, 2007.

Ceppi D., *Stéphane Clément : chroniques d'un voyageur*, 11 vol., Les Humanoïdes associés, 1999-2003.

Charles J.-F. et **M.**, *India Dreams*, 5 vol., Casterman, 2002-2005.

Cuisine

Cavicchioli C., *Tandoori ! plus de 30 recettes pratiques pour préparer chez soi le meilleur de la cuisine indienne*, éd. De Vecchi, 2009.

Collingham L., *Le Curry : une histoire gastronomique de l'Inde*, Payot, 2009.

Bourzat C., *Saveurs indiennes*, photographies L. Mouton, éd. du Chêne, 2001.

Mendes A., *La Cuisine indienne : 230 recettes*, Albin Michel, 2002.

Panjabi C., *Les meilleurs currys indiens*, Albin Michel, 2005.

Papin J., *L'Inde gourmande : encyclopédie de la cuisine indienne*, Philippe Picquier, 1999.

Vyas K., *Recettes végétariennes de l'Inde selon l'Ayurveda*, éd. La Plage, 2004.

Index des encadrés et des thémas

Index général

Agra : nom de lieu

Gandhi, Indira : personnages, divinités, civilisations, ethnies, etc.

CASTES : mot-clé

Les noms en **gras** signalent un traitement plus développé ; ceux en **bleu** indiquent une carte ou un plan : ceux en *italique* une illustration séparée de l'entrée correspondante.

A

K

L

M

T

U

V

W

Dépot légal : septembre 2010
24-4555-9 - Édition 01
ISBN : 978-2-01-244555-0
Imprimé en Italie par Bona

AFGHANISTAN
HINDU KUCH
PAKISTAN
CHINE
NÉPAL
BHOUTAN
BANGLADESH
JAMMU-ET-CACHEMIRE
HIMACHAL PRADESH
PENDJAB
HARYANA
UTTARANCHAL
UTTAR PRADESH
RAJASTHAN
GUJARAT
MADHYA PRADESH
BIHAR
JHARKHAND
BENGALE-OCCIDENTAL
SIKKIM
ARUNACHAL PRADESH
ASSAM
NAGALAND
MANIPUR
MIZORAM
1 MEGHALAYA
2 TRIPURA
N
Shache
Hotan
Da Qaidam
Yushu
Qamdo
Lhassa
Gyangze
Shiquanhe
Barga
Kaboul
Peshawar
Islamabad
Srinagar
Kargil
Lahore
Amritsar
Ludhiana
Simla
Chandigarh
Dehra Dun
Hardwar
Panipat
Meerut
Delhi
New Delhi
Haridabad
Mathura
Agra
Gwalior
Lucknow
Kanpur
Ayodhya
Bénarès (Varanasi)
Allahabad
Bharhut
Patna
Gaya
Dhambad
Asansol
Ranchi
Jamshedpur
Calcutta
Katmandou
Gangtok
Thimbu
Itanagar
Nizamghate
Dispur
Shillong
Kohima
Imphal
Aizawl
Agartala
Dacca
Mandalay
Harappa
Sukkur
Mohenjo-Daro
Hyderabad
Bikaner
Jodhpur
Ajmer
Jaipur
Uda pur
Gandhinagar
Ahmedabad
Rajkot
Vadodara
Ujjain
Indore
Bhopal
Sanchi
Jabalpur
Indus
Jhelum
Chenab
Ravi
Sutlej
Gandh
Indira Canal
Chambal
Yamuna
Gange
Ghaghara
Gandak
Sun Kost
Betwa
Brahmapoutre
Kamet
7 885
Disteghil Sar
8 611
K2
7 672
Saser
7 026
7 756
Dhaulagiri
8 172
Mont Everest
8 850
1 052
387
1 722
690
1 366
1 225
1 127
1 412
3 824
2 704